"十四五"普通高等教育本科规划教材

供基础、临床、护理、预防、口腔、中医、药学、医学技术类等专业用

急诊医学
Emergency Medicine
第3版

主 编 陈玉国 朱继红

北京大学医学出版社

JIZHEN YIXUE

图书在版编目（CIP）数据

急诊医学 / 陈玉国，朱继红主编. -- 3版. -- 北京：北京大学医学出版社，2024.8. -- ISBN 978-7-5659-3239-7

Ⅰ. R459.7

中国国家版本馆 CIP 数据核字第 20247JA604 号

急诊医学（第3版）

主　　编：陈玉国　朱继红
出版发行：北京大学医学出版社
地　　址：（100191）北京市海淀区学院路 38 号　北京大学医学部院内
电　　话：发行部 010-82802230；图书邮购 010-82802495
网　　址：http://www.pumpress.com.cn
E-mail：booksale@bjmu.edu.cn
印　　刷：北京溢漾印刷有限公司
经　　销：新华书店
责任编辑：杨　杰　　**责任校对**：靳新强　　**责任印制**：李　啸
开　　本：850 mm×1168 mm　1/16　**印张**：36.5　**字数**：1039 千字
版　　次：2013 年 12 月第 1 版　2024 年 8 月第 3 版　2024 年 8 月第 1 次印刷
书　　号：ISBN 978-7-5659-3239-7
定　　价：75.00 元

版权所有，违者必究
（凡属质量问题请与本社发行部联系退换）

编者名单

主　　编　陈玉国　朱继红

副 主 编　徐　峰　张国强　柴艳芬　郭树彬　钱素云　王　彤　邓　进

编　　委　（按姓名汉语拼音排序）

曹立军（山东大学齐鲁医院）
柴艳芬（天津医科大学总医院）
陈　兵（天津医科大学第二医院）
陈凤英（内蒙古医科大学附属医院）
陈　良（山东大学齐鲁医院）
陈　彦（南京医科大学附属苏州医院）
陈玉国（山东大学齐鲁医院）
邓　进（贵州医科大学附属医院）
甘桂芬（青海大学附属医院）
郭　萍（山东大学齐鲁医院）
郭树彬（首都医科大学附属北京朝阳医院）
高恒妙（首都医科大学附属北京儿童医院）
胡　毅（新疆医科大学第五附属医院）
黄齐兵（山东大学齐鲁医院）
菅向东（山东大学齐鲁医院）
雷大鹏（山东大学齐鲁医院）
李传保（山东大学齐鲁医院）
李力卓（首都医科大学宣武医院）
李　纾（北京大学人民医院）
李晓娟（宁夏医科大学附属自治区人民医院）
李　欣（广东省人民医院）
李　燕（山西医科大学第二医院）
李　颖（山东大学齐鲁医院）
刘　刚（重庆医科大学附属大学城医院）
刘　英（西南医科大学附属医院）

吕　奔（中南大学湘雅三医院）
罗　霞（山东大学齐鲁医院）
马　渝（重庆大学附属中心医院）
潘曙明（上海交通大学医学院附属新华医院）
庞佼佼（山东大学齐鲁医院）
彭　绵（深圳大学第三附属医院）
彭正良（南华大学附属第一医院）
钱素云（首都医科大学附属北京儿童医院）
邵　菲（首都医科大学附属北京朝阳医院）
宋彦军（长治医学院附属和平医院）
宋振举（复旦大学附属中山医院）
王春庆（贵州医科大学附属医院）
王　岗（西安交通大学第二附属医院）
王　彤（中山大学附属第八医院）
王旭东（航天中心医院）
徐　峰（山东大学齐鲁医院）
薛　丽（山东大学齐鲁医院）
薛维亮（宁夏医科大学附属自治区人民医院）
姚冬奇（河北医科大学第二医院）
张国强（中日友好医院）
张劲松（南京医科大学第一附属医院）
张　玲（宁夏医科大学附属自治区人民医院）
张瑛琪（河北医科大学第三医院）
朱继红（北京大学人民医院）
朱立群（哈尔滨医科大学附属第一医院）

编写秘书　高璐瑶（山东大学齐鲁医院）

第 5 轮修订说明

国务院办公厅印发的《关于加快医学教育创新发展的指导意见》提出以新理念谋划医学发展、以新定位推进医学教育发展、以新内涵强化医学生培养、以新医科统领医学教育创新，要求全力提升院校医学人才培养质量，培养仁心仁术的医学人才，发挥课程思政作用，着力培养医学生救死扶伤精神。《教育部关于深化本科教育教学改革全面提高人才培养质量的意见》要求严格教学管理，把思想政治教育贯穿人才培养全过程，全面提高课程建设质量，推动高水平教材编写使用，推动教材体系向教学体系转化。《普通高等学校教材管理办法》要求全面加强党的领导，落实国家事权，加强普通高等学校教材管理，打造精品教材。以上这些重要文件都对医学人才培养及教材建设提出了更高的要求，因此新时代本科临床医学教材建设面临更大的挑战。

北京大学医学出版社出版的本科临床医学专业教材，从 2001 年第 1 轮建设起始，历经多轮修订，高比例入选了教育部"十五""十一五""十二五"普通高等教育国家级规划教材。本套教材因骨干建设院校覆盖广，编委队伍水平高，教材体系种类完备，教材内容实用、衔接合理，编写体例符合人才培养需求，实现了由纸质教材向"纸质＋数字"的新形态教材转变，得到了广大院校师生的好评，为我国高等医学教育人才培养做出了积极贡献。

为深入贯彻党的二十大精神，落实立德树人根本任务，更好地支持新时代高等医学教育事业发展，服务于我国本科临床医学专业人才培养，北京大学医学出版社有选择性地组织各地院校申报，通过广泛调研、综合论证，启动了第 5 轮教材建设，共计 53 种教材。

第 5 轮教材建设延续研究型与教学型院校相结合的特点，注重不同地区的院校代表性，调整优化编写队伍，遴选教学经验丰富的学院教师与临床教师参编，为教材的实用性、权威性、院校普适性奠定了基础。第 5 轮教材主要做了如下修订：

1. 更新知识体系

继续以"符合人才培养需求、体现教育改革成果、教材形式新颖创新"为指导思想，坚持"三基、五性、三特定"原则，对照教育部本科临床医学类专业教学质量国家标准，密切结合国家执业医师资格考试、全国硕士研究生入学考试大纲，结合各地院校教学实际更新教材知识体系，更新已有定论的理论及临床实践知识，力求使教材既符合多数院校教学现状，又适度引领教学改革。

2. 创新编写特色

以深化岗位胜任力培养为导向，坚持引入案例，使教材贴近情境式学习、基于案例的学习、问题导向学习，促进学生的临床评判性思维能力培养；部分医学基础课教材设置"临床联系"模块，临床专业课教材设置"基础回顾"模块，探索知识整合，体现学科交叉；启发创新思维，促进"新医科"人才培养；适当加入"知识拓展"模块，引导学生自学，探索学习目标设计。

3. 融入课程思政

将思政元素、党的二十大精神潜移默化地融入教材中，着力培养学生"敬佑生命、救死扶伤、甘于奉献、大爱无疆"的医者精神，引导学生始终把人民群众生命安全和身体健康放在首位。

4. 优化数字内容

在第4轮教材与二维码技术结合，实现融媒体新形态教材建设的基础上，改进二维码技术，优化激活及使用形式，按章（或节）设置一个数字资源二维码，融知识拓展、案例解析、微课、视频等于一体。

为便于教师教学、学生自学，编写了与教材配套的PPT课件。PPT课件统一制作成压缩包，用微信"扫一扫"扫描教材封底激活码，即可激活教材正文二维码，导出PPT课件。

第5轮教材主要供本科临床医学类专业使用，也可供基础、护理、预防、口腔、中医、药学、医学技术类等开设相同课程的专业使用，临床专业课教材同时可作为住院医师规范化培训辅导教材使用。希望广大师生多提宝贵意见，反馈使用信息，以便我们逐步完善教材内容，提高教材质量。

序

医学关乎人类生命的存在与繁衍，医学卫生事业的发展涉及国家安全、经济发展、社会文明和人民福祉。医者德为先，能为重，技为精。医学教育应既科学、严谨、规范，又充满温情与关怀。"健康中国"的美好愿景与目标，激励着医务工作者为之奋斗。医学教育要坚守为国育才、立德树人的根本任务，落实《关于深化新时代学校思想政治理论课改革创新的若干意见》《高等学校课程思政建设指导纲要》《教育部关于深化本科教育教学改革全面提高人才培养质量的意见》《关于深化医教协同进一步推进医学教育改革与发展的意见》《关于加快医学教育创新发展的指导意见》等文件精神，以适应我国"大医学、大卫生、大健康"的发展需求，为"健康中国"筑牢人才基础。

近年来，高等院校探索新医科建设，推进现代医学教育教学新模式，坚持以人和健康为中心，建立健全覆盖生命全周期和健康全过程、"促防诊控治康"一体化的人才培养体系，高度重视身心、社会、环境等要素，融通医工理文学科，提升新时代医学生的整体素养；运用现代数字信息技术，增强情境化教学，加强临床实践教学，有效地提高了学生专业胜任力。同时，高等院校深化落实党和国家关于加强大学生思想政治教育的指示精神，将思想政治教育贯穿于人才培养体系和课程教学，使习近平新时代中国特色社会主义思想进课堂、入头脑，培养人民群众满意的、医术精湛的社会主义卫生健康事业接班人。

北京大学是经历过百年洗礼的老校，为我国建设和发展做出了杰出贡献，与全国医学教育界的同道们共同努力，在医学教育教学研究、教师培养、教材建设、实践教学规范等多方面不断改革创新。北京大学医学出版社秉承医学教育宗旨，落实党和国家对教材建设的要求和任务，立足北大医学，服务全国高等医学教育，与各院校教师一起不懈努力，打造精品教材，以高质量完成课程教学活动的"最后一公里"。本套本科临床医学专业教材是在教育及卫生健康部门领导的关心指导下，由医学教育专家顶层设计，北京大学医学部携手全国各兄弟院校群策群力、共同建设的成果。本套教材多年来与高等医学教育改革相伴而行，与时俱进，历经多轮修订，体系日趋完善，符合专业要求，编写队伍与院校构成合理，编写体例不断优化创新，实现了纸质教材与数字教学资源结合的精品新形态教材建设。实践证明，这套教材满足本科医学教育的专业标准要求，在适应多数院校的教学能力与资源的情况下，能很好地引导、深化专业教学，已成为本科医学人才培养的精品教材，为我国高等医学教育事业发展做出了突出贡献。

第5轮教材建设坚持以习近平新时代中国特色社会主义思想为指引，积极探索思政元素融入教材，落实立德树人根本任务，坚持现代医学教育理念，体现生命全周期、健康全覆盖的整体要求，与相关学科恰当融合，全面更新了医学知识和能力体系，体现了"中国本科医学教育标准—临床医学专业（2022）"的要求，配合教学模式与方法的改革，吸收"金课程"建设经验，优化教材体例，融入医学文化，重视中华医学文明，强调适用、实用，行稳致远，开创新局，锤炼精品。

在第 5 轮教材出版之际，欣为之序。相信第 5 轮教材的高质量建设一定会为我国新时代高等医学教育人才培养和健康中国事业发展做出更大贡献。

前 言

急诊医学是临床医学二级学科，以现代医学的发展为基础、以临床医学救治措施为手段，是急危重症患者接诊救治的第一道防线。我国现代急诊医学的发展始于20世纪80年代，医学技术的进步和社会需要的增长，极大地促进了我国急诊医学的发展。经过几代急诊人数十年的努力与奋斗，我国已经建立了较为完善的"院前急救—院内急诊—急危重症监护"的急诊医疗体系。2017年10月，国家卫生和计划生育委员会（现国家卫生健康委员会）提出，要全面推进急诊急救大平台的建设。这标志着从国家层面组织体系建设的角度，急诊医学的发展进入了一个全新的时代。新时代急诊医学发展的总体目标是真正做到以急诊患者需求为导向，为患者提供最佳、最快、最安全的服务，提高救治成功率，降低致残率与病死率。

急诊医学作为医学领域的一个重要分支，致力于为急危重症患者提供及时、专业的救治服务。急诊科患者具有发病急、病情变化迅速、严重程度差异大、救治时间性紧迫等特点，这就需要急诊医生具备较强的应急、快速反应和组织协调能力，在短时间内能够快速诊断、积极救治、保护脏器功能、降低死亡率。回顾我国急诊医学的发展，政府高度重视急诊急救、社会需要日益突出。我国急诊科从支援型到自主型再到急诊亚专科建设，是社会发展到一定阶段的必然要求。人口老龄化、心血管疾病人群数量日益增长、交通意外频发等问题给急诊科带来了严峻挑战。因此，培养大批专业的急诊急救人才，建立涵盖院前、院内的一体化、无缝衔接的急危重症救治体系，对提高救治效率、挽救急危重症患者的生命意义重大。

本教材以"早期诊断、危险分层、正确分流、科学救治"的方针与"先救命后辨病"等急诊医学临床治疗原则为指导思想，以症状学-各系统急症-综合重症-检查和治疗技术的编写体系为特色。全书内容涵盖急诊医学领域的基本知识、研究热点和临床常见问题。一方面，本教材体现了急诊医学与各临床专科之间的交叉渗透与借鉴融合；另一方面，本教材又与诊断学、内科学、外科学等学科存在本质上的区别。急诊医学强调"以症状就诊、病因不明、病情危急、急需迅速救治"的临床工作特点，突出了急危重症患者的早期病情评估、危险分层与急诊救治。

本教材共分为22章，主要介绍了院前急救、急诊常见症状的病情评估及危险分层救治、心肺脑复苏等基础内容；阐述了各系统急症、急性创伤、休克及多器官功能障碍综合征等常见急症，以及急诊危重症监测及管理；同时介绍了急性内环境紊乱、急性中毒、理化因素损伤，以及常见女性生殖系统急症、皮肤急症和五官急症等内容；纳入了常用的急诊检查与治疗技术，旨在以尽量精简的篇幅涵盖急诊医学体系的全部基本内容。本教材适用于临床医学本科学生以及从事急诊医学的医务人员学习和使用，有助于其全面、系统地掌握急诊急救的基本知识和技能，提高临床实际工作能力。

本教材在修订时，融入思政元素，在病情描述中加入临床案例，使学生的学习更贴近临床，有助于提高学生的综合分析、判断和临床思维能力；增加了"基础回顾"与"知识拓展"等模块，凝练知识点、拓展知识面，以提高学生学习的广度与深度；章末增加了"思考题"模块，以帮助学生回顾本章的重点内容，全面、系统地掌握急诊急救基本知识和技能。本教材积极适应教育信息化转型，将传统出版与数字技术有机融合，实现了以纸质教材为核心，配套数字教学资源的融媒体教材建设。本教材体现了"结合实践、贴近临床、紧扣实用、注重'三基'、条理清晰、简洁明了、易学易记、学以致用"的编写思路，以保证读者能在短时间内掌握更多的知识。

本教材的编写得到了北京大学医学出版社以及山东大学有关领导的支持和指导，衷心感谢所有编委在本教材编写过程中付出的辛勤劳动，各位编委认真、细致、严谨的态度值得学习。由于急诊知识更新快，教材所呈现的内容有限，书中难免存在不足和疏漏之处，恳请读者不吝赐教，以便再版时完善。

陈玉国　朱继红

目 录

第一章　绪论 ····· 1
　第一节　急诊医学发展史 ········ 1
　第二节　急诊科建设要求及标准 ····· 3
　第三节　急诊临床诊断思维方法 ····· 5
　第四节　急诊科病情评估的方法学 ···· 7
　第五节　急诊科医患沟通技巧及
　　　　　人文关怀 ············ 11
　第六节　急诊医学面临的挑战和
　　　　　发展方向 ············ 13

第二章　院前急救 ········· 16
　第一节　院前急救的主要任务 ····· 16
　第二节　现场急救技术 ········· 17
　第三节　院前转运的监护与救治 ···· 20
　第四节　立体救援体系建设 ······ 23
　第五节　突发公共卫生事件的
　　　　　紧急处理 ············ 24
　第六节　灾难紧急医学救援 ······ 27

第三章　急诊常见症状的病情
　　　　　评估及危险分层救治 ····· 33
　第一节　急性胸痛 ············ 33
　第二节　急性腹痛 ············ 38
　第三节　急性头痛 ············ 41
　第四节　其他急性疼痛 ········· 43
　第五节　发热 ··············· 46
　第六节　心悸 ··············· 50
　第七节　呼吸困难 ············ 53
　第八节　咯血 ··············· 58
　第九节　呕血与便血 ··········· 63

　第十节　黄疸 ··············· 66
　第十一节　呕吐与急性腹泻 ······ 70
　第十二节　排尿困难 ··········· 75
　第十三节　水肿 ············· 78
　第十四节　眩晕 ············· 82
　第十五节　晕厥 ············· 87
　第十六节　意识障碍 ··········· 90
　第十七节　抽搐 ············· 95
　第十八节　急性瘫痪 ··········· 98
　第十九节　精神异常 ··········· 101

第四章　心肺脑复苏 ········ 104
　第一节　心搏骤停与心肺复苏 ···· 104
　第二节　基础生命支持 ········ 106
　第三节　高级心血管生命支持 ···· 111
　第四节　脑复苏 ············· 116
　第五节　心搏骤停后综合征 ····· 121

第五章　心血管系统急症 ····· 125
　第一节　急性冠脉综合征 ······· 125
　第二节　恶性心律失常 ········ 131
　第三节　急诊高血压 ·········· 139
　第四节　急性主动脉综合征 ····· 145
　第五节　常见周围血管急症 ····· 150

第六章　呼吸系统急症 ······ 158
　第一节　重症肺炎 ··········· 158
　第二节　重症哮喘 ··········· 163
　第三节　急性肺栓塞 ·········· 168
　第四节　气胸 ·············· 176

第七章 消化系统急症 …………… 179
- 第一节 消化道出血 …………… 179
- 第二节 急性胰腺炎 …………… 185

第八章 神经系统急症 …………… 193
- 第一节 急性缺血性脑卒中 …… 193
- 第二节 出血性脑卒中 ………… 200
- 第三节 癫痫持续状态 ………… 207
- 第四节 颅内感染 ……………… 211

第九章 代谢性与内分泌系统急症 …………… 215
- 第一节 糖尿病酮症酸中毒 …… 215
- 第二节 高血糖高渗状态 ……… 220
- 第三节 低血糖症 ……………… 224
- 第四节 甲状腺危象 …………… 228
- 第五节 肾上腺危象 …………… 234

第十章 血液系统急症 …………… 239
- 第一节 弥散性血管内凝血 …… 239
- 第二节 贫血与输血 …………… 245

第十一章 急性创伤 ……………… 250
- 第一节 胸部创伤 ……………… 250
- 第二节 腹部创伤 ……………… 256
- 第三节 颅脑损伤 ……………… 260
- 第四节 面颈部外伤 …………… 266
- 第五节 脊柱与四肢损伤 ……… 269
- 第六节 危重创伤的急救 ……… 279

第十二章 急性内环境紊乱 …… 289
- 第一节 水、电解质紊乱 ……… 289
- 第二节 酸碱平衡失调 ………… 298

第十三章 急性中毒 …………… 307
- 第一节 急性有机磷农药中毒 …… 307
- 第二节 急性镇静催眠药及抗精神病药中毒 …………… 313
- 第三节 灭鼠药中毒 …………… 317
- 第四节 急性酒精中毒 ………… 322
- 第五节 急性有害气体中毒 …… 325
- 第六节 急性毒品中毒 ………… 329
- 第七节 急性百草枯中毒 ……… 332
- 第八节 毒蛇咬伤中毒 ………… 336
- 第九节 急性亚硝酸盐中毒 …… 342
- 第十节 急性重金属中毒 ……… 345

第十四章 理化因素损伤 ……… 350
- 第一节 中暑 …………………… 350
- 第二节 电击伤 ………………… 354
- 第三节 淹溺 …………………… 357
- 第四节 冻僵 …………………… 360
- 第五节 强酸、强碱灼伤 ……… 363
- 第六节 高原病 ………………… 366

第十五章 儿科急症 …………… 370
- 第一节 儿童及婴儿心肺复苏 … 370
- 第二节 急性呼吸衰竭 ………… 374
- 第三节 惊厥 …………………… 378

第十六章 女性生殖系统急症 …………… 383
- 第一节 异位妊娠 ……………… 383
- 第二节 卵巢囊肿蒂扭转 ……… 388
- 第三节 卵巢黄体破裂 ………… 391
- 第四节 子痫前期 - 子痫 ……… 394

第十七章 皮肤急症 …………… 400
- 第一节 药疹 …………………… 400
- 第二节 急性荨麻疹及血管性水肿 ………………… 404

第十八章　五官急症 …… 407

第一节　急性喉梗阻 …… 407
第二节　开放性喉外伤 …… 410
第三节　鼻出血 …… 413
第四节　化学性眼外伤 …… 416

第十九章　休克 …… 421

第一节　分布性休克 …… 421
第二节　心源性休克 …… 429
第三节　低血容量性休克 …… 434
第四节　梗阻性休克 …… 439

第二十章　多器官功能障碍综合征 …… 445

第一节　急性心力衰竭 …… 445
第二节　急性肺损伤及呼吸衰竭 …… 452
第三节　急性肝损伤及肝衰竭 …… 457
第四节　急性肾损伤及肾衰竭 …… 463
第五节　急性肠损伤及肠衰竭 …… 466
第六节　全身炎症反应综合征与多器官功能障碍综合征 …… 469

第二十一章　急诊危重症监测及管理 …… 474

第一节　心血管功能监测 …… 474
第二节　呼吸功能监测 …… 478
第三节　肝功能监测 …… 483
第四节　肾功能监测 …… 485
第五节　肠功能监测 …… 488
第六节　脑功能监测 …… 491
第七节　凝血功能监测 …… 493

第二十二章　急诊检查与治疗技术 …… 497

第一节　气管插管术 …… 497
第二节　气管切开术 …… 499
第三节　环甲膜切开术 …… 501
第四节　机械通气 …… 504
第五节　电除颤与电复律 …… 510
第六节　临时心脏起搏 …… 514
第七节　心包穿刺置管引流术 …… 517
第八节　主动脉内球囊反搏 …… 519
第九节　急诊介入技术 …… 521
第十节　中心静脉置管术 …… 525
第十一节　胸腔闭式引流术 …… 528
第十二节　洗胃术 …… 531
第十三节　血液净化技术 …… 533
第十四节　镇静、镇痛疗法 …… 539
第十五节　床旁超声技术 …… 540
第十六节　重点照护检验技术 …… 543
第十七节　高压氧疗 …… 547
第十八节　营养支持治疗与技术 …… 550
第十九节　亚低温技术 …… 554
第二十节　体外膜肺氧合技术 …… 556
第二十一节　清创术 …… 558

参考文献 …… 562

中英文专业词汇索引 …… 563

第一章 绪 论

第一章数字资源

第一节 急诊医学发展史

急诊医学（emergency medicine）是临床医学领域中一门独立的年轻学科，也可称为交叉学科，与传统的临床学科有着密切联系，又各有分工。虽然急诊医疗的提供与医学具有等长的历史，但现代急诊医学作为独立学科只有50年左右的历史。

在西方经济发达国家，早在20世纪60年代，高速公路发展迅速，交通意外频发，由此造成的死亡占青壮年死亡原因的第一位。另外，随着人们生活水平的提高，心血管疾病的危险因素（如高血压、糖尿病、吸烟、肥胖）增加以及生活节奏加快等，使心脏性猝死发生率随之增高。因此，应积极呼吁全社会重视急诊急救，以挽救更多急诊患者的生命，这也给急诊医学的发展提供了机遇。

欧美国家开始意识到，要抢救急危重症患者的生命，传统的模式即医生、护士轮流到急诊科工作已不能满足要求，必须要有一批专业的急诊医生和护士，建立一支"呼之即应、召之即来、来者能战、战则必胜"的急诊急救队伍，因此，开始安排固定的医护人员在急诊科工作。1968年成立了美国急诊医师学会（American College for Emergency Physicians，ACEP），1972年美国医学会认可将急诊医学作为一门独立学科。1973年创办了专门的急诊医学杂志——*Annals of Emergency Medicine*。美国急诊住院医师培训工作始于20世纪70年代，并于1976年成立了美国急救医学委员会（American Board of Emergency Medicine，ABEM）。1989年，ABEM被授予一级委员会。

我国现代急诊医学的发展始于20世纪80年代。1980年10月，国家卫生部（现国家卫生健康委员会，以下简称国家卫健委）颁布了《关于加强城市急救工作的意见》，1984年6月颁布了《关于发布[医院急诊科（室）建设方案（试行）]的通知》，推动了我国大中城市急诊医疗体系及综合医院急诊科的建设与发展。1980年8月举行了全国危重病急救医学学术会议。1981年，《中国急救医学》杂志创刊。以邵孝鉷教授为首的全国急诊医学学会筹备组于1986年10月在上海组织召开了第一次全国急诊医学学术会议；同年12月，中华医学会常务委员会正式批准成立中华医学会急诊医学分会，并于1987年5月在杭州举行了成立大会。至此，急诊医学正式成为我国临床医学领域的一门独立学科。各省区市亦相继成立了急诊医学分会。中华医学会急诊医学分会已设立22个专业学组，新学组正在积极筹建。目前已举办了26次全国性的急诊医学学术交流会和经常性的专业学术会议，全国急诊医学学术会议每年举办1次。

我国老一辈急诊急救专家邵孝鉷教授、蒋健教授、景炳文教授、王一镗教授、樊寻梅教

授、江观玉教授等为急诊医学的发展做出了积极的贡献,对我国急诊医学和急诊科的建设与发展提出了许多很好的建议并达成共识。在建立独立急诊科的同时,还要重视院前急救,建立城市急救中心,开通"120"急救电话,建立急诊重症监护病房(emergency intensive care unit, EICU),建设符合我国国情的急诊医疗体系。经过近40年的建设,我国的急诊医疗体系不断完善,院前急救、院内急诊、急危重症监护都得到了快速的发展。从患者发病之初或在事故现场即对伤病员实施有效的初步急救,然后用配备有急救器械及无线通讯装置的运输工具把伤病员安全护送到急救中心或急诊科,并进行快速诊断和有效救治,待患者病情稳定后,再将其转送到 EICU 或专科病房。将院前急救—院内急诊—急危重症监护紧密地联系起来,形成"三环模式"的急救链环,这就是急诊医疗体系。"三环模式"理论体现了急诊医学的整体性和协作性、院前急救的时效性、院内急诊的有效性及急危重症监护的整体性和连续性。这就是中国特色的急诊医疗体系的标志。

我国急诊医学的发展过程大致可划分为三个阶段。

第一阶段:急诊医学被确定为独立学科。国家卫健委要求有条件的医院建立急诊科,有条件的大中城市要建立急救中心,全国统一急救电话为"120",这标志着我国急诊医学从无到有。中华医学会急诊医学分会的成立是我国急诊医学正式成为独立临床学科的里程碑。这一阶段,全国急诊医学的总体水平不高,着重于急诊科的硬件建设及人员、设备的配置;多数医院采取人员少数固定、多数轮转的方式来解决急诊临床医疗问题;急救中心的建设取决于政府的重视和投入程度。由于各级政府的高度重视和大力支持,院前急救成为优先发展而且是发展最快的部分,学术交流也注重对急救模式的探讨。

第二阶段:急诊医学稳步发展阶段。建立了较完善的院前急救—院内急诊—急危重症监护的急诊医疗体系,将急诊医学的"三环模式"理论付诸实践。急诊科发展成自主型的急诊模式,临床急救医疗水平不断提高,开展了许多临床急救新技术,如院前溶栓、急诊介入术、急诊微创术等,取得了一批科研成果。急诊重症监护病房的建立,连续的生命体征监护和器官功能支持技术,使各种急危重症、心肺复苏的抢救成功率显著提高。急诊专业人员队伍不断壮大、稳定,急诊科的规模也由小变大,许多医院形成急诊专科特色。急诊医学初步形成多个亚专业,并开展广泛的国内外学术交流和研讨。我国目前实行的三级医院建设制度中,一级、二级、三级医院都设有急诊科,并且有统一的建设标准和管理规范。部分三级医院已将院前急救、院内急诊和急诊重症监护作为急诊医学的三级临床专科进行规范化建设和管理。急诊医学已成为成熟的二级临床学科。

第三阶段:急诊医学快速发展阶段。急诊诊疗技术进一步发展,急诊专业人员学历水平明显提高,硕士、博士学历人员比例增加,院前急救的救治团队逐步专业化。急诊医学硕士点、博士点、博士后流动站遍地开花,住院医师规范化培训顺利开展。《国家突发事件应急体系建设"十三五"规划》要求推进国家紧急医学救援基地和区域紧急医学救援中心建设,构建陆海空立体化、综合与专科救援兼顾的紧急医学救援网络。2018年,中华医学会急诊医学分会第九届委员会牵头发起的"急诊急救大平台"建设,进一步落实国家卫健委"分级诊疗"与"五大中心建设"规划。2021年《"十四五"国家应急体系规划》指出,要形成统一指挥、专常兼备、反应灵敏、上下联动的中国特色应急管理体制,建成统一领导、权责一致、权威高效的国家应急能力体系;到2035年,建立与基本实现现代化相适应的中国特色大国应急体系,全面实现依法应急、科学应急、智慧应急,形成共建共治共享的应急管理新格局。

总之,急诊医学的发展是医学科学进步和社会需要的必然结果,并将伴随我国社会经济的快速发展而进入发展的快车道。

(陈玉国)

第二节 急诊科建设要求及标准

急诊科是整个医院的前沿阵地，是医院提供紧急医疗服务的首诊场所，亦是突发事件紧急医疗救援的核心力量。急诊科的工作是医院总体工作的缩影，直接反映了医院的急救医疗、护理工作质量和人员素质水平。因此，要求急诊科人员素质高、责任心强、技术精湛，同样要求急诊科房屋建设达标，仪器设备、人员配备以及辅助部门齐全等。

一、急诊科的基本设置与要求

（一）急诊科的组织机构设置

急诊科的设置有两种：一种是把急诊工作作为医院门诊的一部分，在门诊部内设急救室，属于门诊部管理；另一种是设独立于门诊部的急诊科，可设急救中心，以利于急诊工作的开展。采取的方式主要根据国家卫生部 1984 年下发的《关于发布〈医院急诊科（室）建设方案（试行）〉的通知》以及《关于下发〈医疗机构基本标准（试行）〉的通知》提出的要求办理，一般一级医院设急救室，二级及以上综合医院必须设独立的急诊科。

急诊科管理体制的基本要求：①急诊科由直属副院长（分管业务）或院长管理。②实行科主任负责制，通常可设副主任 1~3 人。③急诊科必须创造条件实现急诊医师全部固定制，并逐渐建立合理的医疗梯队；规模较大的急诊科可分设若干个急诊组长，具体负责相应单元的急诊急救及抢救工作。④有专职的急诊科护士长，可设副护士长 1~3 人；三级甲等医院的急诊科可以按照急诊单元数量配备相应的护士长。⑤科学、合理地配备足够数量的护士。

（二）急诊科的专业设置

急诊科的专业可根据地区特色、地域特点设置，不要求统一，但以下几点须作为共同要求：①必须保证内科、外科、儿科等的基本专业设置。其中，内科主要包括普通内科、神经内科及心血管内科等，外科主要包括创伤外科及普通外科等。②必须保证不设专业的其他专科医师随叫随到，急诊科应设置其专业诊室。③急诊科须常年 24 h 应诊，医护人员必须坚守工作岗位，明确急救工作的性质和任务，严格执行首诊负责制、抢救规程，以及相应的职责和制度等。

（三）急诊科的建制

急诊科占地面积不应低于医院总面积的 5%，床位数占医院开放床位数的 3%~5%。二级以上综合医院的急诊科应设立院前急救科、急诊分诊区、急诊门诊、急诊抢救室、急诊留观室、急诊病房、急诊重症监护病房（EICU）等医疗单元；设立分诊区、药房、检验科、放射科、收款处、急诊入院等功能单元。急诊科应通过信息化建设，实现院前急救—急诊科—EICU 的绿色通道建设及信息系统无缝对接。急诊科应走自主型发展道路，固定的急诊医师不少于在岗医师的 75%，固定的急诊专科护士不少于在岗护士的 80%，形成独立的急诊医学专业。

1. 院前急救科 院前急救科接到"120"急救调度指挥中心的任务后，应立即响应；到达患者处后，应尽可能实施现场抢救；若抢救条件不允许或初步抢救后，应将患者快速转运至就

近医院的急诊科。

2. 急诊分诊区　分诊护士应 24 h 坚守岗位，热情接待来诊患者，立即通知值班医师，严格按照急诊接诊范围，登记患者的姓名、性别、年龄、症状、住址、来院准确时间和工作单位等信息。值班医师接到通知后，应立即接诊处理。有条件的单位，应实施现代化信息管理，使用计算机登记患者信息，以便于进行患者管理、工作总结、数据统计和临床科研工作等。

3. 急诊门诊　应保证入口通畅，有急救车通道和专用停靠处；有醒目的路标和标识。设有急诊内科、急诊外科、急诊中毒科、急诊神经科，有条件者应设立亚专科或特色门诊，如胸痛门诊。

4. 急诊抢救室　是急诊科最重要的"战场"，是体现医院急诊急救综合能力的地方，是急诊科工作的重点和难点。急诊抢救室应配有急救药品和抢救转运推床、心电监护仪、球囊面罩、氧气供应设施、吸痰设施、无创及有创呼吸机及可视喉镜等建立气道所需的器材，以及除颤器、洗胃机、床旁血液净化设备、心电图机、自动心肺复苏机等设备。需要配备精干的医护人员，形成救治团队，每班都应设立 1 名组长，负责组织协调抢救、患者转出、住院、手术等事宜。三级甲等综合医院急诊抢救室床位数不应少于 20 张。急诊抢救室应当邻近急诊分诊区，并根据诊疗量设置充足数量的抢救单元，建议大型医疗中心设立特色救治单元，如急性冠脉综合征救治单元、心搏骤停复苏单元、创伤救治单元、中毒救治单元。

5. 急诊留观室　三级甲等综合医院抢救室及留观室总床位数占医院总床位数的 2%～4%，三级以下医院可按照规模相应减少床位数设置。急诊留观室应配有普通病床或急诊转运推床、心电监护仪、无创及有创呼吸机、除颤器、球囊面罩、心电图机、床旁血液净化设备等。对在急诊科留观的患者，应做到科学救治、合理分流；对需要继续住院的患者，应根据病情将其收入急诊普通病房、急诊重症监护病房或专科病房。

6. 急诊病房　三级甲等医院有条件者应设置急诊内科病房、外科病房、中毒病房和综合病房等，床位数占医院总床位数的 5%～8%，三级以下医院可相应减少床位数设置。

7. 急诊重症监护病房　负责急危重症患者的救治。三级甲等医院急诊重症监护病房应设床位 10～20 张，三级以下医院可相应减少床位数设置。每床面积为 15～18 m^2，配有多功能抢救床、心电监护仪、有创压力监护系统、脉冲指示剂连续心输出量（pulse index continuous cardiac output，PICCO）监测系统或其他循环监测系统、床旁血液滤过机、纤维支气管镜、体外膜肺氧合（extracorporeal membrane oxygenation，ECMO）、主动脉内球囊反搏（intra-aortic balloon pump，IABP）、亚低温设备、床旁超声等生命体征辅助监测支持系统。

8. 急诊手术室　三级甲等医院应设 3～5 间急诊手术室，三级以下医院可相应减少。

9. 独立的导管室　三级甲等医院应设 2～3 间导管室，三级以下医院可相应减少。

10. 支持区域　急诊药房、急诊检验室、急诊放射室应独立设置。急诊检验室需 24 h 开放，常规进行血常规、尿常规、粪便常规检查，脑脊液、胸腔积液及各种穿刺液常规检查，肝功能、肾功能、电解质检查，能检测各种急危重症相关指标，如心肌损伤标志物、D- 二聚体、酮体、淀粉酶等；急诊常规检查 ≤30 min 出结果，急诊生化、免疫检查 ≤2 h 出结果。

11. 教学要求　三级甲等医院，尤其是大学附属医院或教学医院需设立急诊医学教研室、急危重症研究所、基础实验室、生物样本库等教学科研单元。

二、急诊科的技术标准

急诊科全体医护人员均应熟练掌握各种原因所致心搏骤停的心肺复苏和循环支持，包括但不限于高级生命支持、休克容量复苏、血管活性药物的使用。

急诊医师应掌握各种高危疾病的快速诊断和应急处理，包括但不限于致死性胸痛、脑卒中、创伤、致死性心律失常、高危孕产妇等的快速诊断和处理。

急诊科医师、护士（3年以上）应能通过心电图判断心室颤动、宽QRS性心动过速、房室传导阻滞、严重的心动过缓（心率<60次/分）。

急诊医师应具有独立处理常见急重症的能力，掌握气道建立与管理、氧气疗法、无创/有创呼吸支持及紧急心肺功能替代治疗、血液净化技术、紧急心脑血管溶栓及血管再通治疗（根据医院安排以及是否具备区域胸痛中心及卒中中心）等辅助技术。

主治医师及以上人员应掌握床旁超声技术。

急诊科医护人员应掌握床旁快速监测技术，包括血气分析、心肌损伤标志物、D-二聚体、心力衰竭标志物、血栓弹力图、降钙素原等。

三、急诊科的工作质量标准

急诊患者到院后，应立即开始抢救。

院内急会诊应在10 min内到位。

急危重症患者抢救成功率≥80%。

急诊留观患者留观时间原则上不超过72 h。

必须严格执行急诊分诊及登记制度。

确保手术"绿色通道"畅通，对需要进行紧急手术者，应在30 min内做好术前准备。

急诊患者优先住院，医院应制定确保患者从急诊转运至住院的制度和流程。

确保每一位急诊患者都有完整的急诊病历，尽快建立电子病历，并采用国际疾病分类（International Classification of Diseases，ICD）方法规范疾病诊断。

抢救室、监护室采用科学的管理制度：①抢救设备齐全、完好、适用；②急救药品齐全、未过期，摆放位置固定，由专人保管；③设有"120"急救系统的医院，应保证通讯畅通，急救车出车及时，装备完善。

（郭　萍）

第三节　急诊临床诊断思维方法

急诊医学不是以系统器官，而是以症状、发病急缓以及病情严重程度等来界定临床工作的范围，是临床对急危重症患者进行快速诊断、有效抢救的第一环节。急诊患者具有突发性、随机性和不可预见性，这就要求急诊医师具备较强的应急能力、快速反应和组织协调能力。及时接诊、快速诊断、即刻处理是急诊医学的精髓，是常规处理急诊患者的"三部曲"。

急诊患者具有病情危重、病情变化快、临床资料不完整等特点，因此，急诊医师需要在很短的时间内快速诊断、积极救治、保护脏器功能、降低死亡率，除应具备丰富的专业知识和临床经验外，还应具备科学的急诊临床诊断思维。

一、整体观

急诊医学以抢救生命、稳定生命体征为首要目标，必须强调整体观。急诊医学的诊治手段几乎囊括了临床各专科急症的诊断、鉴别诊断和紧急处理的所有内容。但与临床各专科不同的是，急诊医学不满足于对局部的处理，而是立足于患者的全身情况，以挽救生命和最大限度地减少各种致命性并发症为目标。

急诊医师需要在最短的时间内，以最敏捷的逻辑思维判断患者的病情，对危急情况的多种因素进行综合评估，需要打破单一医学模式的思维局限，摆脱先入为主的思维定势，避免主观性、片面性、狭隘性，诊断思路要宽广、全面，坚持整体观。

二、风险观

急诊医师需要根据急诊患者的病情轻重对其进行危险分层，确定接诊患者的优先次序。急诊危险分层是指在患者到达急诊科时，对其进行快速分类的过程，分辨患者的病情轻重，确定患者就诊的顺序，其目标是使患者在合适的时间到合适的区域获得合适的医疗资源。急诊危险分层是急诊医疗服务体系中的重要环节，进行有效的危险分层可以快速发现需要紧急干预的患者，对危重患者的及时救治至关重要，并且可以合理、科学地分配医疗资源和医疗空间，提高急诊工作效率。

三、降阶梯诊断思维

急诊救治策略首先是挽救生命，其次是保护器官，再次是恢复功能。对急诊患者而言，时间就是生命，时间就是功能。但医学是不确定的科学，一种疾病的临床表现不尽相同，而不同的疾病可存在相似的症状，即存在"同病异症"和"异病同症"现象，这给急诊快速诊断带来了很大的困扰。

急诊医师需掌握降阶梯诊断思维，即在临床鉴别诊断中，要从危重疾病到一般疾病，从器质性病变到功能性病变，从进展迅速的疾病到进展缓慢的疾病，逐一降级排除。与一般临床专科重在治病不同，急诊科重在挽救生命，需要把最危重、最致命的疾病放在首位，以挽救更多患者的生命（图1-1）。

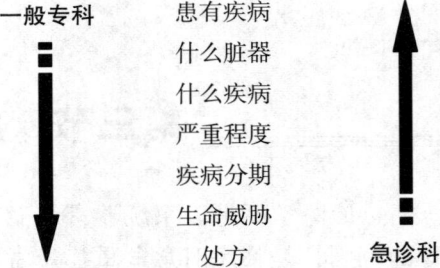

图1-1 急诊科和一般专科诊断思维的区别

四、动态性

急诊患者病情复杂，往往很难在短时间内明确诊断，或者患者就诊时处于疾病的早期阶段，不确定因素多，病情不断变化，需要进行治疗性观察，逐步完善诊断。对极危重患者，需要立即抢救生命、稳定病情，在做出明确诊断前就应进行积极干预，有时难免出现误诊、漏诊情况，需要在治疗过程中不断补充、完善。对于一般急危重症患者，需要在初步处理后观察其治疗反应，进行动态评估、动态危险分层，并通过观察与思考，不断分析和总结，最终完善诊断。

五、时效性

对各种急危重症患者的救治都有黄金时间，急性心肌梗死和急性脑梗死的溶栓和介入治疗有"时间窗"；严重感染与感染性休克的救治同样有黄金时间，需要在 6 h 内完成早期容量复苏；创伤后数小时内是抢救伤者的黄金时间，可以最大限度地降低死亡率和致残率。如果没有把握住黄金时间，则可造成严重后果。因此，急诊医师应当是"特种兵"，是"快速反应部队"，是抢救生命的"突击队"。

总之，急诊医师在临床工作中，应该时刻牢记上述方法并灵活应用，将患者看成一个整体，考虑到疾病的不断变化，根据患者的病情轻重实施分层救治，突出时间的重要性，最大限度地降低死亡率，保护重要脏器功能，并积极促进患者康复。

（陈玉国）

第四节 急诊科病情评估的方法学

急诊患者就诊时，由于基础疾病、年龄分布等各种差异，导致就诊情况具有异质性和复杂性。急诊医护人员需要迅速收集患者的生理指标、实验室检查数据、症状和体征等信息，从而快速、准确地评估患者的病情，早期识别病情变化。如何对众多不同性质的患者进行快速、有效的病情评估，一直是急诊工作的焦点。良好的病情评估体系可以让医护人员在繁忙的工作中轻松获得各项相关指标数据，然后分层救治急诊患者。对急危重症患者，应及时安排到人力、设备集中的抢救室进行救治；对病情较轻的患者，应安排在急诊留观室进行救治。

急诊病情评估系统主要包括早期预警评分（early warning score，EWS）、改良的早期预警评分（modified early warning score，MEWS）、格拉斯哥昏迷评分（Glasgow coma score，GCS）、CRAMS 创伤评分、创伤患者的四级检伤分类、五级分诊制度等。有效利用这些病情评估系统，不仅可以提高急诊医护人员的工作效率、降低医疗风险、优化配置急诊医疗资源，而且有助于各类专业人员进行临床和科研工作。

改良的早期预警评分（MEWS）包括 5 项指标：收缩压、心率、呼吸频率、体温及意识状态，每个指标计 0~3 分，总分为 0~15 分。将 5 项指标得分相加即得到总分。总分>9 分表明患者的死亡风险明显增加，需要入住 ICU 接受专科治疗；总分为 5~9 分表明患者的病情变化风险较大，入住专科病房甚至 ICU 的风险增大；总分<5 分表示患者不需要住院治疗。目前，各种 MEWS 在世界各地均有应用，是应用最广泛的病情评估系统，见表 1-1。

表 1-1 改良的早期预警评分（MEWS）

指标	评分（分）						
	3	2	1	0	1	2	3
收缩压（mmHg）	≤70	71~80	81~100	101~199	—	≥200	—
心率（次/分）	—	≤40	41~50	51~100	101~110	111~129	≥130
呼吸频率（次/分）	—	<9	—	9~14	15~20	21~29	≥30

续表

指标	评分（分）						
	3	2	1	0	1	2	3
体温（℃）	—	<35	—	35~38.4	—	≥38.5	—
意识	—	—	—	觉醒	对声音刺激有反应	对疼痛刺激有反应	无反应

CRAMS创伤评分是以循环（circulation，C）、呼吸（respiration，R）、腹部情况（abdomen，A）、运动（motor，M）和语言（speech，S）5个方面作为评判指标的评估方法，主要用于院前急救患者的创伤评分。每个方面计0~2分，总计0~10分。将5项指标得分相加即得到总分，9~10分为轻伤，7~8分为重伤，6分为极度重伤。运用该评估方法可以在现场把严重创伤患者与一般创伤患者区分开来。具体见表1-2。

表1-2 CRAMS创伤评分

评估项目	检测结果	评分（分）
循环	毛细血管再充盈正常，收缩压>100 mmHg	2
	毛细血管再充盈延迟，收缩压85~99 mmHg	1
	无毛细血管充盈或血压<85 mmHg	0
呼吸	正常	2
	异常（费力或表浅，或R>35次/分）	1
	无自主呼吸	0
胸腹部	无压痛	2
	有压痛	1
	腹壁紧张，连枷胸，或胸、腹部贯通伤	0
运动	正常	2
	对疼痛刺激有反应	1
	无反应，或呈去大脑强直	0
语言	正常	2
	言语混乱或不恰当	1
	无语言或有不能理解的语言	0

注：总分9~10分为轻伤，7~8分为重伤，6分为极度重伤。

格拉斯哥昏迷评分（GCS）是评定患者（如头部外伤）神经功能状态的工具，评估内容包括睁眼、语言及运动反应，三者得分相加得到的总分对应意识障碍的程度，最高为15分，表示意识清楚，12~14分为轻度意识障碍，9~11分为中度意识障碍，3~8分为昏迷；分数越低，表明意识障碍程度越严重。具体见表1-3。

表1-3 格拉斯哥昏迷评分（GCS）

评估内容	反应情况	得分
睁眼反应	自动睁眼	4
	呼叫睁眼	3
	刺痛睁眼	2
	不能睁眼	1

续表

评估内容	反应情况	得分
语言反应	回答切题	5
	答非所问	4
	用词错乱	3
	只能发音	2
	不能发音	1
运动反应	按指令运动	6
	对疼痛能定位	5
	对疼痛能逃避	4
	受到刺激后双上肢屈曲	3
	受到刺激后四肢强直	2
	对刺激无反应	1

注：总分为15分，表示意识清楚，12~14分为轻度意识障碍；9~11分为中度意识障碍；3~8分为昏迷

近年来，随着人们生活水平的不断提高，患者对急诊医疗服务的需求已经远远超出有限的急诊医疗资源。急诊评估系统及预检分诊制度直接影响患者的救治效果和患者对医院的满意度。与上述病情评估方法略有不同，分诊主要是由护士对急诊就诊患者进行初步筛选，运用分诊相关评分系统可以迅速识别需要立即处理的急诊患者，进行精确分诊，改善医疗决策。迄今为止，已有4个分诊体系被广泛认可，分别是澳洲分诊量表（Australasian triage scale，ATS）、曼彻斯特分诊系统（Manchester triage system，MTS）、加拿大分诊及敏感量表（Canadian triage and acuity scale，CTAS）及急诊严重程度指数（emergency severity index，ESI），前三者见表1-4。急诊严重程度指数（ESI）是另一项应用广泛的五级分诊系统（图1-2）。

表1-4 五级分诊制度

分诊系统	使用国家	分级	要求接诊的时间
ATS	澳大利亚及新西兰	1：复苏	即刻
		2：急救	10 min 内
		3：紧急	30 min 内
		4：半紧急	60 min 内
		5：不紧急	120 min 内
MTS	英格兰及苏格兰	1：立即（红色）	即刻
		2：非常紧急（橙色）	10 min 内
		3：紧急（黄色）	60 min 内
		4：常规急诊（绿色）	120 min 内
		5：不紧急（蓝色）	240 min 内

续表

分诊系统	使用国家	分级	要求接诊的时间
CTAS	加拿大	1：复苏	即刻
		2：急救	15 min 内
		3：紧急	30 min 内
		4：不太紧急	60 min 内
		5：不紧急	120 min 内

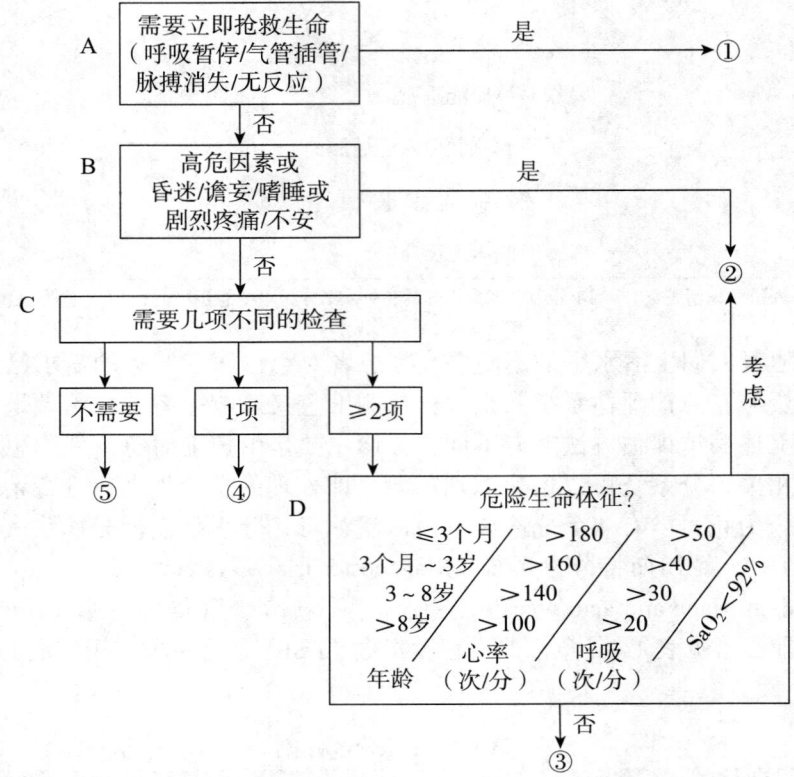

图1-2　ESI 五级分诊示意图

对创伤患者应进行四级检伤分类，有助于评估其病情严重程度并进行分诊分流。具体见表1-5。

表1-5　创伤患者的四级检伤分类

伤员等级	腕带标识	举例
一类伤员（立即治疗类）	红色	重伤员，如开放性气胸、实质脏器破裂、大量出血、内脏脱出、重度休克
二类伤员（延迟治疗类）	黄色	中度伤，2～4 h内不会有生命危险，如长骨骨折、空腔脏器穿孔、20%以上的Ⅱ度烧伤
三类伤员（简单治疗类）	绿色	轻伤员，如单纯关节脱位、20%以下的Ⅱ度烧伤
四类伤员（死亡患者）	黑色	死亡患者

总之，急诊病情评估系统很多，但是基于无线网络信息技术，以急诊患者病情分级评估标

准、MEWS、CRAMS、GCS等评估工具为框架，构建智能化急诊患者病情评估系统，应该是未来急诊科发展的重中之重。

（王　岗）

第五节　急诊科医患沟通技巧及人文关怀

案例 1-1

某日，某院急诊科接诊一位由警察发现并送来急诊的自行服用有机磷农药的女性患者，没有家属陪同。医护人员了解情况后，立即进行抢救洗胃。患者非常不配合，拼命抵抗，并把污秽溅到医生和护士身上。接诊医生顿时火冒三丈，怒斥道："您要是真的想死就多喝点儿，省得现在受这个罪！"患者听了医生的话后，更是要死要活，更加不配合治疗，使得抢救陷入停顿，也无法建立静脉通路进行快速治疗，更无法进一步与患者协商气管插管和呼吸机辅助支持治疗。5 min后，患者昏迷，呼吸微弱，医护人员配合立即采取气管插管及呼吸机辅助通气等心肺复苏急救措施，快速建议静脉通路，并予以阿托品、氯解磷定等药物进行综合治疗，患者最终转危为安。

问题：
1. 急诊医师面对自杀患者时，应如何与其沟通？
2. 当遇到情况紧急的患者又无法找到家属签署知情同意时，急诊医师应如何处理？

急诊科是医院急危重症患者最集中、抢救任务最重的科室，也是医患关系敏感的科室，是医患纠纷的高发地带。调查显示，许多医疗纠纷都是由于医患沟通不畅、缺乏相互理解造成的。因此，良好的医患沟通技巧和真诚的人文关怀是急诊专业从业人员应具备的基本技能和素养。

一、急诊科医患沟通及人文关怀的重要性

医学之父希波克拉底指出："医生有两种东西能治病，一种是药物，另一种是语言。"世界医学教育联合会《福冈宣言》指出："所有医生都必须学会交流和处理人际关系的技能。"医患沟通贯穿于医疗活动的整个过程，良好的医患沟通是建立信任关系、提高诊疗效率、减少医患纠纷和提高患者满意度的关键因素。尤其是在急诊科，由于患者病情危重，时间紧迫，医患沟通的重要性更为突出。同时，作为医疗服务重要组成部分的人文关怀，强调以患者为中心，尊重、理解和关心患者。良好的人文关怀赋予了医患沟通温度和深度，在医患沟通的效果提升中起到重要的作用。

二、急诊科医患沟通技巧和注意事项

急诊科医务人员的压力大、任务重，急诊患者发病突然、病情变化快、病情危重，这些都

对急诊科医患沟通提出了更高的要求。急诊医务人员要达到与患方顺畅、有效交流和赢得对方理解、信任和配合的目的，就需要掌握一定的医患沟通技巧和注意事项。

（一）医患沟通技巧

1. 要"有沟通" 由于急诊科工作节奏的紧张性和收治患者的不规律性，容易导致医务人员在"抢救患者"和"医患沟通"之间的顾此失彼。据统计，医患纠纷的发生原因中，医患沟通不到位约占80%。因此，急诊科医务人员应重视与患者进行顺畅、有效的交流。针对急诊科的工作特点，在进行医患沟通时，可以"忙时精说、闲时细说"，但无论再忙，也务必要将患者的病情信息传递到位，以免患者及家属因不知晓相关情况而导致不理解、不信任、不配合，甚至由此引起纠纷和法律问题。这也是急诊科医患沟通最基本的方法与技巧。

2. 要"会沟通" 急诊科医务人员除应当以高效的救治行为赢得患者的理解和信任外，与患者沟通时还需要把握以下几个要点：一是尊重对方、平等相待，切忌高高在上、冷漠无情，在人格和情感上将患者"拒之门外"。二是利用深入浅出、通俗易懂的语言解释病情，使患者更易于理解和接受。三是善于使用非语言沟通技巧，通过保持良好的眼神交流（如关切的目光）、适当的身体接触（如轻轻拍肩或握手）、保持面部表情温和、稳定等友好的举止，拉近与患者的心理距离。四是留意患者及家属的情绪状态、对病情的认知程度和期望、对医患沟通的反应，并进行有针对性的交流。五是在患者或家属出现无助、激动、绝望等情绪时，主动予以心理疏导，帮助、陪伴对方，避免对方的情绪进一步失控。

3. 要"留证据" 鉴于社会的复杂性和患者的多样性，急诊科医务人员应充分意识到急救过程中潜在的纠纷、法律风险甚至自身安全问题。除应严格按照各项规章制度进行执业外，还应如实书面记录病情变化和救治经过，重要环节还需要患者或家属签署知情同意；对有纠纷隐患的情况更应翔实记录，包括时间、地点、过程、在场人员等，切不可忽视。必要时可留取语音及视频记录，这些是处理医患纠纷的重要法律依据，是对医护人员的自我保护，也是对患者及家属权利的保障。

（二）医患沟通的注意事项

1. 抓住重点，抓住主要病情或主要矛盾 多名患者到来时，应先与病情重、变化多、可能突发恶化者的家属沟通；如果遇到患者及家属不理解、不信任、不配合的情况，则应进行重点沟通。

2. 沟通需要找准对象 应该与患者或其直系亲属、负责人、知情人沟通，留意其中实际做决定的人。

3. 沟通需要安排合适的时机、地点 应远离其他无关患者、家属进行沟通，有时需要与全部家属一起沟通，有时需要先逐个与家属沟通，再一起沟通。一般病情可以在病房里沟通，特殊病情或危重病情，可以在医生办公室沟通，并有多人参与，以体现严肃性和重视程度。

4. 沟通方式 对危重患者，若急诊医师因实施抢救而无法亲自长时间沟通，则应简短沟通或委托其他医务人员沟通；与患者家属沟通时，应采取循序渐进的方式，使家属逐步接受所沟通的内容。

5. 特殊情况的处理 遇到沟通困难时，应积极请示、寻求帮助、协调统一。当患者及家属不理解、不信任、不配合时，应积极请示上级医师及医院管理部门，请上级医师一起与患者及家属沟通；当患者及家属出现不理智行为时，应在保卫处工作人员在场时沟通，注意医护人员的自身保护；当存在医患纠纷隐患时，应寻求医务处工作人员参与沟通；当遇到复杂疑难疾病时，医-医、医-护之间要协调统一、及时解释，以免因解释不一致而使患者及家属产生不信任和疑虑。

6. 记录与备案　若危重患者家属不能及时到院，则应进行电话沟通，并做好相关记录；对"三无人员"（无生活来源、无劳动能力、无法定抚养义务人或法定抚养义务人丧失劳动能力而无法扶养的），应及时向医务处备案，并按医疗原则进行相关救治。

三、急诊科人文关怀的要求

1. 尊重患者的人格尊严和权利　无论患者的年龄、性别、种族、宗教或社会地位如何，医务人员都应该尊重其人格尊严，避免任何形式的歧视和侮辱。尊重患者的隐私权、知情同意权，尊重患者的生命价值。

2. 关注患者的身心健康　急诊科环境往往充满压力和紧张感，医务人员可以通过聆听、安慰，予以心理疏导，帮助患者缓解焦虑和恐惧心理，鼓励其保持积极、乐观的心态。

3. 提供个性化的服务　医务人员要有主动服务的意识，根据患者的个人需求和偏好提供个性化的服务，不仅可以提高患者的满意度，也有利于取得对方的信任。

医患沟通是一门学问，需要临床医学、心理学、伦理学、社会学、人类学、行为学和语言学等多方面知识的积累。急诊科医务人员在临床工作中应与患者建立和谐的医患关系，掌握医患沟通技巧，注重人文关怀，达到医患沟通的最佳效果；要以严谨的工作作风、高超的技术水平、高度的责任心、真诚的关怀，为广大患者提供优质的服务，践行医者的神圣使命。

（马　渝）

第六节　急诊医学面临的挑战和发展方向

急诊医学是社会需求的产物，急诊科的成立是现代医学模式转变以适应社会发展需要的结果，急诊科是社会医疗服务体系的重要组成部分。急诊科已发展为医院的形象窗口和重要科室，急诊医学的水平在一定程度上综合反映了一所医院、一个地区甚至一个国家临床医学的总体水平。因此，大力发展急诊医学具有重要的意义。

由于各省市及各医院的医疗设备、人力资源、技术力量、人员素质、管理水平和抢救条件等有所不同，急诊医学的发展面临诸多困难和挑战。而社会需求的不断提高，医学模式的不断转变，又给急诊医学的发展带来了诸多机遇。

一、面临的挑战

急危重症患者的特点是病情急、重、突发、多变，患者及其家属期望值高、情绪易激动，加之缺乏医学知识，医患沟通不畅，因此，容易产生各种矛盾和冲突。近年来，公共卫生事件和社会突发事件日益增多，人民群众的健康需求不断提高，对急诊急救工作提出了新的挑战。

1. 工作环境差，医护人员压力大，医患冲突高发　急诊工作环境嘈杂，患者情况复杂，极具挑战性。患者流量是随机的，急诊科人力资源往往不足，尤其是在就诊量突增时。患者具有疾病谱广、病情轻重悬殊、紧急程度不一、临床表现复杂多变等特点，且中毒、群体伤和公共卫生事件相对较多。医护人员需要面对患者及家属的各种需求，涉及法律及社会的问题也较多。急诊科全年无休，不分昼夜，随时面对未知的急危重症患者和潜在的医患纠纷风险，导致

医护人员劳动强度大，精神高度紧张。

2. 各级卫生行政部门重视程度亟待加强 急诊抢救是急诊科的主要职能，在实施院前急救、重大抢救时，特别是在应对突发公共卫生事件或群体灾害事件时，急诊科承担着重要的社会职责。因此，急诊科（包括承担院前急救任务的急诊科）需要有强大的基础设施，并配备各种抢救仪器设备及车辆。急诊科人员配置及资源消耗都非常巨大，因此，需要卫生行政部门加大政策支持和财政支持力度，才能不断增强急诊科履行职能的基本能力。

3. 社会对急诊急救的认知程度有待加强 应加强急救知识宣传和普及，提高人民群众的健康素养，加强社区急救能力培训，使急性心肌梗死、脑卒中及心搏骤停的危重症患者尽快进入急救系统，早期开始自救与互救，尽量缩短急救中医护人员科普医学常识及患方决策所需的时间。全社会应鼓励目击者尽早实施心肺复苏。高层建筑均应安装医用电梯，以保障患者能够快速转运，这需要得到政府、行业和社会的重视与支持。

4. 急诊急救任务重、突发事件多、业务范围广 急诊病种繁杂，涉及各个临床专业。急诊医师不仅需要掌握各科专业知识，还需要熟悉各种抢救技术。加之近年来自然灾害、集体中毒事件、突发公共卫生事件、交通事故频发，突发情况增多，以及心脑血管危险因素剧增，使心脑血管疾病暴发，导致急诊急救任务繁重，给急诊医学带来新的巨大挑战。

5. 急诊医学的科学研究相对落后 急诊科繁重的工作使大多数医护人员对科研的兴趣不高；急诊治疗时间短，人群异质性大，急诊病例随访追踪困难，尤其是在缺乏一体化电子病历信息管理系统的医院，临床数据收集困难。

6. 社会、经济和科学、教育的发展对急诊医学提出的挑战 随着社会的进步和经济的发展，出现了一些新的问题，如社会人口老龄化、社会心理问题、工业和交通伤害等相关疾病，急诊医学面临着更艰巨的急危重症救治任务。随着国家的发展，《关于推进分级诊疗制度建设的指导意见》《"健康中国 2030" 规划纲要》《国务院关于积极推进"互联网"+行动的指导意见》及医保按病种付费（diagnosis related groups，DRGs）/按病种分值付费（diagnosis intervention packet，DIP）等政策的提出，对急诊医学的发展提出了新的要求。

总之，急诊科面临着严峻的困难和挑战，需要借助现代化技术手段，加快发展速度，不断改善硬件设施，提高专业技术水平，加强急诊科学研究，迎接新机遇和新挑战。

二、发展方向

急诊医学是一门用最少的信息和最短的时间来挽救生命、减轻病痛的学科。急诊科应向综合急诊、专科急诊、社会急诊并重的多元方向发展，加强横向联合、纵向分化，既要借鉴国外的成功经验，又要适应中国国情，适合中国不同地区的"地情"，开拓具有中国特色的急诊急救发展道路。

1. 急诊科应具备强大的综合处置能力 急救具有很强的时效性，应做到快接诊、快诊断、快处置。稳定患者的生命体征是抢救的实际内容。医护人员应迅速、准确地判断患者的病情，并及时予以救治。急诊患者发病急骤、基础健康状况不同、病情发展轻重不一、疾病种类复杂，接诊时间短，因此，急诊科医护人员应具备极强的综合处置能力。要求医护人员迅速做出初步诊断，并实施有效救治，充分体现"时间就是生命"。另外，急诊科医护人员还需要不断地开展更多新技术［如体外膜肺氧合（ECMO）技术、体外心肺复苏术、各种器官及生命支持技术］和新项目，学习各种先进的救治理念及技术，建立快速反应小组。通过建立一套完善的诊疗工作制度，配备责任心强、技术水平高、临床经验丰富、有一定组织和沟通能力的医护人员，建立抢救工作协调小组，保证 24 h 连续提供同质化的急诊医疗服务并进行规范化管理。

2. 根据各地区情况，急诊急救方向应各有侧重　南方地区雨水多，泥石流等地质灾害频发，中西部地区地震等自然灾害多发。急诊科作为医院紧急医疗救援的主要部门，要加强应对此类突发事件的急救能力。北方地区心脑血管疾病、中毒事件多发，急诊科要加强对这些疾病患者的急诊急救能力。

3. 树立大急诊观　急诊医学的构成包括院前急救、院内急诊、急诊重症监护病房以及急诊医疗管理体系等。急诊医学体系是医疗服务中最大的一个体系，是拯救生命和救治危重患者的前哨，是反映医院综合救治水平的缩影。急诊科应与院内各个专业科室建立密切的联系，形成协调机制，相互支持与配合，不断搭建各种急危重症救治平台，相互借鉴、有机融合，不断提高急诊医疗水平。

4. 加强院前急救的信息化建设　信息化技术是院前急救体系建设的关键，通过实施信息化技术，可以将单纯的调度转运职能转变为急救智慧平台功能；通过完善流程及应用信息化技术，可以将远程的语音及视频指导应用于公众的自救与互救、现场急救及转运的全过程，实现车载设备数据及患者信息院前与院内实时互联互通，全面提高院前急救的综合能力。

5. 加强特色急诊医学中心建设　院前急救、院内急诊及各专业科室作为急诊医疗急救体系中的重要环节，应做到无缝对接、紧密配合，为后续治疗提供有力支撑。

6. 加强急救能力培训和急救知识宣传　针对重大灾害事故、心脑血管疾病、日常急救等，应加强基层医护人员的急救基本技术培训。以科普宣传为载体，全民普及急救知识及技能，如心肺复苏、创伤止血、包扎、骨折固定及转运患者等，增强公众的急救意识，提高公众的急救科学素质及自救与互救能力。

7. 加强急诊学科建设和人才培养　急诊医学为二级学科，必须明确发展方向，规范执业管理，加强学科建设，突出专业特点。应积极开展急诊医学科学研究，开发各种急救新技术、新装备，制定技术规范，形成急危重症抢救体系，推动我国急诊医学的发展。人才是学科发展的基础及强劲动力，急诊医学发展的关键在于专业技术队伍的发展壮大和专业技术水平的不断提高。因此，培养高素质的急诊人才是当前的重要任务。

8. 推动全社会关注急诊医学的发展　急诊医学的发展离不开社会的关注、政府的支持和行业主管部门的重视，以及急诊科医护人员的共同努力。希望在政府的支持和全社会的共同关注下，共同努力，促进急诊医学的不断进步和发展。

（马　渝）

思 考 题

1. 评估急诊就诊患者的病情严重程度时，常用的评估方法有哪些？
2. 急诊患者预检分诊制度将患者的病情分为几级？常用的评估方法有哪些？
3. 急诊医学面临的挑战是什么？
4. 急诊医学的发展方向是什么？

第二章 院前急救

院前急救是急诊医疗服务体系（emergency medical service system，EMSS）最初和重要的一环。急诊医疗服务体系是包括院前急救机构、医院急诊科（室）和急诊重症监护病房或专科病房三个基本机构在内的具有独立职责和任务，又相互紧密联系的完整的医疗系统。目前，国内院前急救网络主要有以下组织形式：①独立型；②指挥调度型；③依托型。其工作特点是：①社会性及随机性强；②急救事件的紧迫性；③急救病种的复杂多样性；④急救工作覆盖面广；⑤急救现场条件较差；⑥急救人员素质要求高。

第一节 院前急救的主要任务

院前急救有广义和狭义之分。广义的院前急救是伤病员在发病或受伤时，由医护人员或目击者对其进行必要的急救，以维持其基本生命体征和减轻痛苦的医疗行为的总称。狭义的院前急救则是指由通讯、运输和医疗等基本要素所构成的专业医疗机构在患者到达医院前所实施的现场救治和途中监护的医疗行为。二者的主要区别在于是否有公众的参与。

一、院前急救的特点

院前急救的特点：一是"急"，其实质是患者发病急、需求急，医护人员抢救处置急。尤其应重视发病后 10 min 内的首诊处理，即"生命白金 10 min"，以及 1 h 内急救，即"生命黄金 1 h"。二是病种广泛而复杂，资料表明，院前急救以心脑血管急症和创伤最多；春季以心脑血管疾病为多，冬季以呼吸道急症为多，交通事故创伤以夜间为多，昏迷是院前急救的常见病症。三是院前急救的现场情况复杂多变，可在工厂、机关、学校、山区、农村、家庭等发生。四是院前急救的时间无规律，急危重症的发生无时间规律，故参与院前急救的医护、勤杂人员应确保 24 h 坚守岗位并处于待命状态。进行院前急救时，由于无充足的时间和良好的条件进行鉴别诊断，因此很难做出明确的医疗诊断，只能以对症治疗为主。

二、院前急救的原则

一是救命为先，治病为后，这里指的是处理疾病或创伤的急性阶段，而不是治疗疾病的全过程；二是在处理成批伤病员或灾害性事故的过程中，首先要进行准确的检伤分类，然后予以相应的急救处理。

三、院前急救的任务

（一）院前急救医疗和医院间转运

院前急救医疗不是一般的出诊，而是采用先进的现代装备和技术，迅速到达现场，施行综合救治措施。呼救患者一般分为两种类型：①在短时间内有生命危险的患者，称为危重或急救患者，如心肌梗死、肺动脉栓塞、窒息、休克等患者。此类患者占呼救患者的10%~15%，其中5%以下的患者病情特别危重，必须进行现场心肺复苏抢救。救治目的是挽救患者的生命或维持其生命体征。②病情紧急但在短时间内尚无生命危险的患者，称为急诊患者，如骨折、急腹症、重症哮喘等患者。此类患者占呼救患者的85%~90%，现场处理的目的是稳定病情、减轻患者在运送过程中的痛苦和避免并发症的发生。在维持患者生命体征基本稳定、使患方了解病情的前提下，若患者病情严重或专科治疗需要进行医院间转运，则应尽可能在进行有效的医疗沟通后实施医院间转运。

（二）突发公共卫生事件的指挥、组织和紧急救援

院前急救系统是联络急救中心（站）、医院和上级行政部门的信息枢纽。为了有效预防、及时控制和消除未来突发公共卫生事件的危害，保障公众的身体健康与生命安全，维护正常的社会秩序，国务院于2003年5月颁布了《突发公共卫生事件应急条例》。

（三）在重大活动中预防意外

院前急救系统在承担大型集会、重要会议、国际比赛、外国元首来访等救护任务时，需要加强责任心，禁止擅离职守。

（四）承担急诊急救方面的业务培训以及健康教育宣传

院前急救的关键问题是要大力进行急救知识普及并提高广大群众的初步急救技能，提高公众自救与互救的能力和效果；医护人员也同样具有普及急救知识的任务。专业分科越来越细，过于专业化带来的问题是缺乏对急诊患者进行有效急救的技能，因此，要求医护人员掌握全面的急救知识，满足各类急诊患者的需要。尤其是现场急救技术，其特点是基本以徒手方式进行，很少依赖器械设备；操作简单易行，容易掌握；效果确定、可靠，要求程序和操作方法的准确性；不仅医护人员需要掌握现场急救技术，一般群众接受系统培训后也能掌握。

（李力卓）

第二节　现场急救技术

一、现场个人防护

突发公共事件现场存在不确定性危险因素，如病原微生物、化学毒物、放射性尘埃或某种传染病早期传播以及缺氧等。院前急救人员所面临的正是此类不确定因素，因此必须采取防

护措施，即应认定患者的血液、体液、分泌物、排泄物、呼出的气体等都具有传染性。做好患者、医护人员的隔离防护工作，既防止疾病经患者感染医护人员，也防止疾病经医护人员感染其他患者。如果没有适当的防护，任何救援人员都不应暴露于能够或可能危害健康的环境中；没有正确的个人防护的救援工作可能会增加事件的危害程度和事件处理的复杂性，甚至造成严重的后果。

现场医护人员的个人防护用具包括：工作帽、口罩（医用外科口罩或医用防护口罩）、防护手套，护目镜和防护眼罩、面罩，呼吸防护面具，隔离衣、防护服，防护鞋、靴，污物袋等。

二、初级心肺复苏术

当患者发生心搏、呼吸骤停和意识丧失时，应迅速、有效地进行人工呼吸与心脏按压，以恢复呼吸、循环功能，这一系列抢救过程称为心肺复苏（cardiopulmonary resuscitation，CPR）。常温下，心搏骤停 3 s，患者即感觉头晕；10 s 后即可发生晕厥；40 s 左右即可发生惊厥；45 s 后可出现瞳孔散大；1 min 后延髓受抑制，可导致呼吸停止、排尿与排便失禁；4~6 min 后，脑细胞即发生不可逆性损害。因此，对心搏骤停患者，必须在 4 min 内实施有效的心肺复苏。复苏措施实施得越早，救治成功率越高；反之，则患者死亡率越高。当患者发生猝死时，患者身旁的亲属或群众可以在最短的时间内对患者进行 CPR，同时呼救，为医护人员的到来争取时间，从而提高患者的生存率。因此，全民普及现场进行 CPR 是十分有必要的，而院前急救医护人员作为最早到达现场的专业人员，进行及时、有效的 CPR 可以为后续治疗赢得宝贵的时间。具体操作详见第四章第二节。

三、气管插管术

及时、有效地保持呼吸道通畅是抢救成功的关键。气管插管术是院前抢救急危重症患者的重要措施之一。具体操作及注意事项详见第二十二章第一节。

四、喉罩通气

喉罩具有操作快捷、简单，易掌握，效果可靠，可为进一步抢救赢得时间，且不影响心脏按压的优点，尤其是当患者出现深昏迷、舌咽反射和喉反射消失时，操作更为方便，且能提高气道管理的质量。与面罩通气相比，喉罩通气可提高氧饱和度，更容易维持气道通畅，经验不足的医师也容易放置。院前急救中使用插管型喉罩，现场操作时不要求患者取特殊体位，操作者不一定需要在患者头部上方进行操作，可避免搬动患者而节省时间。喉罩通气可用于不适合行气管插管的患者，可以在短时间内实施紧急气道管理。

五、电除颤与心脏电复律

电除颤与心脏电复律是抢救致命性快速型心律失常患者最有效的方法。由于心室颤动后患者的血液循环停止，任何药物都无法迅速到达靶器官，因此电击是治疗心室颤动唯一有效的手段，目前没有任何一种方法能够与之相比。具体操作详见第二十二章第五节。

六、气管异物阻塞清除术

气管异物阻塞是常见的紧急意外,可导致患者窒息。海姆利希手法(Heimlich maneuver)是一种简单、有效地解除气道异物阻塞的急救方法。现场抢救操作简单,易于掌握,效果突出,尤其适用于院前急救。患者取坐位或站立位,施救者站在患者后方,将双手交叉握紧并置于患者剑突下,然后向上、向内快速冲击上腹部;反复重复这一动作,从而使膈肌升高,直至将阻塞的异物排出气道。如果患者躺在地上不醒,则应使其取仰卧位,将左手掌根置于患者剑突下,右手放在左手手背上,然后快速向上推;重复这一动作,直至阻塞物排出。

七、临时心脏起搏

临时心脏起搏主要用于抢救心脏停搏及严重缓慢型心律失常患者。一般认为临时心脏起搏对早期心脏停搏的疗效较好。熟练掌握该技术后,整个过程不到 1 min 即可完成,可以提高抢救的成功率,为进一步治疗赢得时间。具体操作详见第二十二章第六节。

八、胸腔穿刺术

胸腔穿刺术是经皮穿刺进入胸膜腔,以诊断和治疗胸部疾病的技术。在院前急救中,胸腔穿刺术主要用于胸部外伤或自发性气胸、血胸、血气胸和其他因素导致的胸腔积液对患者呼吸、循环产生压迫时的减压抢救治疗。

九、环甲膜穿刺术

环甲膜穿刺术是对无法立即解除上呼吸道阻塞的患者紧急开放气道的临时急救措施之一,而非常规的复苏手段,同时,还可经环甲膜穿刺达到给药的目的。环甲膜穿刺术尤其适用于院前急救。具体操作详见第二十二章第三节。

十、便携式呼吸机

便携式呼吸机可以为呼吸衰竭、急性心肌梗死、呼吸停止或缺氧患者(适用于体重大于 20 kg 的儿童或成人)提供有效、安全的人工呼吸支持。其特点是轻巧、便携、经久耐用,可以替代手动球囊,在院前急救的各种复杂环境以及 CPR 后的转运过程中发挥极大的作用。

十一、创伤急救的四大技术

创伤是在致伤因素作用下造成的人体组织损伤和功能障碍。现代创伤以严重创伤、多发伤和同时多人受伤为特点。危重创伤可造成心脏、脑、肺和脊髓等重要器官组织功能障碍,以及出血过多而导致患者休克甚至死亡。创伤现场救护要求快速、正确、有效。实施正确的现场救

护能挽救伤病员的生命、防止损伤加重和减轻伤病员的痛苦；反之，则可加重损伤，造成不可挽回的损失，甚至危及伤病员的生命。止血、包扎、固定和搬运是创伤急救的四大技术。具体操作详见第十一章。

（李力卓）

第三节 院前转运的监护与救治

院前转运是院前急救与院际间医疗的重要组成部分，它不是一个单纯的运输过程，而是在医疗机构外，对伤病员进行现场评估、救治，并利用专业运输工具将患者安全转运到目标医院，对病情进行交接的全过程。确保患者安全是目前院前转运的主要目标，其主要工作是在现场及转运途中监测患者的生命体征，观察患者的病情变化，进行紧急临床救治及必要的生命支持。对急危重症患者，如果在转运途中未采取良好的医疗救护措施，则可导致其病情恶化，甚至死亡；反之，如果对患者采用安全的转运方法，密切地进行监护和观察，采取必要的救治措施，则可提高患者的生存率，降低伤残率。

一、院前转运

（一）迅速评估现场

转运前对患者的病情进行综合评估是安全转运的前提和基础。进行急救现场评估时，应遵循 DR.ABCDFE 原则进行初步评估。其中，D 代表危险（danger），即排除现场环境中的危险因素，确保急救现场安全；R 代表反应（response），即检查意识状态；A 代表气道（airway）即检查气道是否通畅；B 代表呼吸（breath），即检查有无呼吸；C 代表循环（circulation），即检查循环状态；D 代表障碍（disability），即检查神经系统体征；E 代表检查（examination），即进行细致、全面的体格检查。首先对危及患者生命的具体伤病情迅速做出判断，并予以相应的急救处理；对危重创伤患者，应即刻进行救治、复苏；待初步抢救成功后，在病情许可的情况下，快速进行 CHANS 检查。CHANS 检查即对头（head）、颈（neck）、胸（chest）、腹（abdomen，包括骨盆）或脊柱（spine）进行全面评估，检查患者是否有大量出血、骨折、肢体活动受限等情况，并进行简单、有效的止血、固定和包扎等处理，尽量缩短现场急救时间。转运的同时，应了解患者的病史及发病时间、出血量等相关信息，以便为途中进行监护救治和后续治疗提供依据。待患者病情相对稳定后，应尽快转运。转运顺序为危重患者第一优先，重伤患者第二优先，轻伤患者延迟转运。

（二）关注重要环节

重视人员搭配，促进急救、监护、搬运的密切配合，使转运各环节不断档，每个岗位不错位。加强急救搬运及各项技术培训，使急救人员熟练掌握各项急救技能及搬运技术，如心肺复苏术、除颤器的使用、气管插管、静脉留置导管及不同患者的搬运技术、不同病种患者的转运体位等。

搬运患者时，要求动作准确，并做到轻、稳、快，避免震动；对病情危重或颈椎、腰椎骨折患者，需要 3~4 人同时整体搬运，保持患者头部与躯干在同一直线；采用推车搬运时，应保持患者头部在大轮端，可因大轮转速慢、稳而减轻震动；上下坡时，应保证患者头部始终在高处。

转运患者时，其体位应根据病情和伤情而定。一般轻伤员取仰卧位，颅脑损伤者应取侧卧，或将头偏向一侧，以防止舌后坠或分泌物阻塞呼吸道；胸部损伤者应取半坐卧位或伤侧向下的低斜坡位，以减轻呼吸困难；腹部损伤者应取仰卧位，将小腿垫高，使腹部松弛；休克患者应取仰卧中凹位等。采用急救车转运患者时，应尽量保持快速、稳定行驶，减少途中颠簸，不仅有利于实施急救措施，而且有利于促进患者舒适。转运过程中，医护人员应始终守护在患者上身靠近其头部的位置，以便于观察患者的面色、瞳孔、呼吸和神志等的变化。对昏迷躁动的患者，应用约束带予以保护，以防止其坠落，酌情盖好被服。若途中发现患者病情恶化或发生意外，则应立即停车进行处理，并及时与接收医院取得联系，妥善处理紧急情况，确保患者得到更好的救治。

（三）途中监护与救治

院前转运的主要工作是监护和救治，所以转运途中最关键的就是运用车载救护和监测设备持续监测、评估和稳定患者的生命体征，积极进行综合救治及护理，并及时做好监护和处理记录，尤其是对于创伤性急危重症患者，还应记录搬运的方法、体位、途中特殊情况的处理等。

主动救治就是要适时评估患者可能出现的问题，确定护理的重点，尽早采取有效措施，最大限度地减少患者的痛苦。具体措施包括：及时清理口、鼻腔内分泌物，保持呼吸道通畅；对舌后坠者，予以口咽管通气；对呼吸肌麻痹或重度呼吸困难且予以面罩吸氧不能缓解者，应尽早进行气管插管、呼吸机辅助呼吸等。

（四）信息无缝对接

院前与院内信息无缝对接，即"上车即入院"，是指将急危重症患者在急救车上的基本信息、初步病情、诊断、监护信息、车载设备检查结果、车辆位置信息、预计到达目标医院的时间等相关综合信息，动态传输到院内急诊抢救室，进而实现病情提前预警，院内人员提前做好抢救准备，必要时获得院内专家团队支持，全力做好救治准备。

二、转运注意事项

（一）车辆和物品准备

加强急救车辆、随车物品及设备管理，按要求做到用物齐全、定点放置、专人管理、用后及时补充，使其随时处在完好、有效、备用状态。同时，根据患者所处的急救转运环境增加备用急救物品种类，如急救药品、氧气、气管导管、便携式呼吸机、多用急救包、照明设备等。

（二）做好转运准备

转运前，医护人员须全面评估转运风险和获益，与接收医院做好沟通，同时向患者或家属充分告知转运途中的危险因素并签订院前医疗急救病情知情（医患沟通）告知书。转运前，应认真检查患者携带的各种治疗管道连接是否紧密，静脉用药是否有渗漏、途中是否够用；对留置气管导管者，需标明导管深度，必要时做好记录，防止移位。同时，做好配套的监护和治疗措施预案。

（三）保障转运安全

转运途中，应尽量避免剧烈颠簸。患者与担架应固定牢靠，以免紧急刹车造成患者坠落。

转运途中，院前急救人员须留在医疗舱，密切、动态观察患者的病情变化。紧急情况下，需停车进行紧急救治，做好病情变化时间、救治措施等相关记录，同时与陪同人员做好病情告知和医患沟通。

（四）做好交接工作

转运人员将患者运送到目的地后，应与接收医院（科室）的医护人员共同安置患者，包括摆放体位、固定管道、予以吸氧等，然后进行详细的床旁交接，包括病历交接，转运前后和途中的病情、生命体征、用药情况、特殊治疗措施、心理状态等，填写《院前医疗急救机构与医院急诊科病情交接单》，接收方确认交接内容无误后，由双方医护人员签全名，即完成交接流程。

三、常用的转运方式

由于患者的伤情种类各不相同、转运距离长短不一、路况各有差异，转运方式的选择十分复杂。转运方式包括陆路转运、空中转运和水路转运，前两者较为常用。

（一）陆路转运

区域性急救网络系统仍以急救车为主要转运交通工具。急救车上应配备完善的抢救设备，并定期检查。在灾害事件发生时，由于大量伤员需要分流和长途转运，火车转运可作为安全、快速的转运方式。

（二）空中转运

对需要转运的复合伤、危重创伤患者，应首选空中转运。空运伤员所用飞行器包括直升机和固定翼飞机两种，两者均各有利弊。具体转运方式的选择主要根据空运距离而定，距离在 500 km 以内时，宜用直升机；超过 500 km 时，宜用固定翼飞机。发生大型灾难事故时，一般用固定翼飞机转运；对危急重症患者，一般均用小型直升机转运。

（三）水路转运

对于海事及水上活动、作业等造成的海难伤员，可以用船、快艇、渡轮（冲锋舟）、医疗专用船等运载工具。水路转运受自然条件影响较大，很少常规用于转运患者。

四、院前转运过程中的不安全因素

（一）患者自身因素

1. 病情不稳定 急危重症患者多有复合伤或多脏器功能不全或衰竭，病情极不稳定。
2. 患者不配合 采取特殊的治疗措施（如携带氧气装置、气管插管、使用呼吸机、留置静脉导管）后，患者在转运过程中可能出现不配合的情况，容易引起管道扭曲、滑脱和移位，可导致严重后果。

（二）外部环境因素

1. 转运工具 由于转运工具的原因造成现场照明受限，或运输过程中的颠簸、噪声，均

可影响静脉穿刺、气道管理等抢救技术操作,影响听诊等诊断措施的进行。

2. 监护和救治操作困难　由于担架、推车和急救车等颠簸以及危重患者常常无法配合,可能导致继发性损伤或病情加重;同时实施监护措施难度加大,可导致脉搏、血压测不准;救治时抽吸药液或复苏操作困难等,可直接影响监护和救治效果。

(三)准备不够充分

1. 急救转运物品准备不充分　可导致转运途中中断治疗和延迟抢救。

2. 转运工具准备不充分　如车辆无法正常使用、驾驶技术不够娴熟等。

3. 接收医院(科室)未做好准备　当患者转送到接收医院时,其床位、监护设备、生命支持设备等尚未准备好。

4. 交接班制度不完善　急救人员和接收科室的医护人员床旁交接不细致,致使对患者转运途中的病情了解不充分。

五、院前转运的进展

院前转运将以"快速、安全、协同"为发展方向。随着我国社会经济的发展,航空医疗救援在各地逐渐成为现实,这将显著提高院前转运的速度和效率,使院前急救水平达到一个新的高度。随着各种车载医疗设备的完善和应用,如移动 ICU 车、新生儿车、移动 POCT 车、移动 CT/MRI 车、移动手术车等应用于实践,院前转运途中的监护和救治能力将得到进一步的提升。随着信息技术和远程传输技术的发展,可以通过语音、图像、视频等形式实现现场急救、转运过程中的远程诊疗及救治,使院内医师更早地直接参与患者第一时间的诊断、监护和救治,甚至还可以将多学科诊疗前移至院前急救的各个环节,使院前与院内的协同能力不断提高,推动急救战线前移和院前与院内的无缝衔接,从而提升急诊急救的整体水平。

(马　渝)

第四节　立体救援体系建设

立体救援是指通过陆地、空中、海上等多种方式将患者从现场转送至医院,是院前急救的重要组成部分,是现场急救与院内救治之间的桥梁。无论采取何种转运方式,都应以最大限度地缩短运送时间、保证转运安全为目标。在转运的同时,应根据病情开展救治,以降低死亡率,提高救治成功率。

一、立体救援的方式

(一)陆地救援

陆地救援是目前我国院前转运的主要方式,转运工具包括急救车、卫生列车等。转运过程中应具备全程生命体征监护和生命支持所需设备,转运人员能及时发现患者的病情变化,并及时处理。其中,山区救援作为陆地救援的一种特殊形式,需要根据山区的地理位置特点、道路交通状况、转运医院的距离等因素综合考虑评估，再决定采用陆路转运或空中转运。

（二）空中救援

空中转运具有速度快、机动灵活等优点，可缩短转运时间，提高转运效率，尤其适用于偏僻山区、岛屿、交通阻塞及道路中断地区等急救车不能完成转运任务的情况，对提高急危重症患者的救治转运成功率、降低病死率具有重要意义。空中救援体系是我国今后院前急救和突发公共事件医疗救援的重要发展方向。

（三）海上救援

海上救援用于海上、江湖水域的船只、岛屿发生灾难时，转运工具包括救护艇等，其影响因素较陆地或空中转运多，受水域、水文、气象、地理等自然条件的限制，救护人员站立不稳、物品难以固定、无菌区域难以保证、生命体征难以监测、护理技术操作难以完成等，可显著影响转运途中的监护和救治，故应严格把握适应证。

二、立体救援体系建设的意义

随着社会经济的发展和人民生活水平的提高，对生命健康和医疗保障提出了更高的要求。传统的地面急救服务体系已经越来越不能满足人们对于急救服务日益多元化的需求，同时我国也面临着众多自然因素、人为因素导致的各种突发公共卫生事件的风险，因此，建立城市陆地、空中与海上相结合的立体化医疗救援体系，是提高处理突发公共事件医疗应急能力的必然趋势和要求。

立体救援体系的建设是一项极其复杂的系统工程，需要急救医疗、陆海空交通、公安、消防等多部门的通力合作。各级政府应根据实际情况制定城市立体救援规划，优化立体救援的标准和流程，建立专业的救援队伍和统一的指挥协同机制，充分发挥信息技术的作用，以实现平战结合、统一指挥、高效协作的救援模式，不断完善立体救援体系，提高院前急救综合能力及紧急医学救援能力，全方位保障人民群众的健康和生命安全。

（马　渝）

第五节　突发公共卫生事件的紧急处理

人类的发展史是一部与疾病抗争的历史，鼠疫、霍乱、流感等传染性疾病时有发生，严重威胁着人类的健康。即使现代文明高速发展，人类社会仍未摆脱重大传染病及中毒事件等公共卫生事件对人民群众生命安全的危害。对这些突发公共卫生事件进行紧急处理，可以最大限度地减少对公众健康造成的危害，保障公众的身心健康与生命安全。

一、突发公共卫生事件的概念

根据国务院颁布的《突发公共卫生事件应急条例》，突发公共卫生事件是指突然发生、造成或者可能造成社会公众健康严重损害的重大传染病、群体性不明原因疾病、重大食物和职业中毒以及因自然灾害、事故灾难或社会安全等事件引起的严重影响公众身心健康的突发事件。突发公共卫生事件具有突发性和难以预测性、公共卫生属性、对公众健康造成严重损害等特点。

二、突发公共卫生事件的分类

根据事件的成因和性质，可将突发公共卫生事件分为：重大传染病疫情，群体性不明原因疾病，重大食物中毒和职业中毒，新发传染性疾病，群体性预防接种反应和群体性药物反应，重大环境污染事故，核事故和放射事故，生物、化学、核辐射恐怖事件，自然灾害（如水灾、旱灾、地震、火灾、泥石流）导致的人员伤亡和疾病流行，以及其他影响公众健康的突发事件。

三、突发公共卫生事件的分级

根据突发公共卫生事件的性质、危害程度和涉及范围，可将突发公共卫生事件分为一般（Ⅳ级）、较大（Ⅲ级）、重大（Ⅱ级）和特别重大（Ⅰ级）四级，并分别采用蓝色（Ⅳ级）、黄色（Ⅲ级）、橙色（Ⅱ级）和红色（Ⅰ级）标示预警级别。

四、突发公共卫生事件的工作原则

突发公共卫生事件的工作原则是统一领导、分级负责、预防为主、平战结合、迅速反应、果断处置、依靠科学、依法管理。

五、突发公共卫生事件的应急处理措施

1. 各级人民政府
（1）组织协调有关部门参与突发公共卫生事件的处理。
（2）调集本行政区域内各类人员、物资、交通工具和相关设施、设备参加应急处理工作。
（3）划定控制区域：甲类、乙类传染病暴发、流行时，县级以上地方人民政府报经上一级地方人民政府决定，可以宣布疫区范围；对重大食物中毒和职业中毒事故，根据污染食品扩散和职业危害因素波及的范围，划定控制区域。
（4）疫情控制措施：当地人民政府可以在本行政区域内采取限制或者停止人群聚集的活动；停工、停业、停课；封闭或者封存被传染病病原体污染的公共饮用水源、食品以及相关物品等紧急措施；临时征用房屋、交通工具以及相关设施和设备。
（5）流动人口管理：对传染病患者、疑似患者采取就地隔离、就地观察、就地治疗的措施，对密切接触者根据情况采取集中或居家医学观察。
（6）实施交通卫生检疫：组织铁路、交通、民航、质检等部门在交通站点和出入境口岸设置临时交通卫生检疫站，对出入境、进出疫区和运行中的交通工具及其乘运人员和物资、宿主动物进行检疫查验，对患者、疑似患者及其密切接触者实施临时隔离、留验并向地方卫生行政部门指定的机构移交。

（7）信息发布：突发公共卫生事件发生后，有关部门应按照有关规定做好信息发布工作。信息发布要及时主动，准确把握，实事求是，正确引导舆论，注重社会效果。

（8）开展群防群治：街道、乡（镇）以及居民委员会、村民委员会协助卫生行政部门和其他部门、医疗机构，应做好疫情信息的收集、报告、人员分散隔离及公共卫生措施的实施工作。

（9）维护社会稳定：组织有关部门保障商品供应，平抑物价，防止哄抢；严厉打击造谣传谣、哄抬物价、囤积居奇、制假售假等违法犯罪行为和扰乱社会治安的行为。

2. 卫生行政部门

（1）开展突发公共卫生事件的调查与处理。

（2）组织突发公共卫生事件专家咨询委员会对突发公共卫生事件进行评估，提出启动突发公共卫生事件应急处理的级别。

（3）应急控制措施：根据需要组织开展应急疫苗接种、预防服药。

（4）督导检查：国务院卫生行政部门组织对全国或重点地区的突发公共卫生事件应急处理工作进行督导和检查。省、市（地）级以及县级卫生行政部门负责对本行政区域内的应急处理工作进行督查和指导。

（5）发布信息与通报：国务院卫生行政部门或经授权的省、自治区、直辖市人民政府卫生行政部门及时向社会发布突发公共卫生事件的信息或公告。国务院卫生行政部门及时向国务院各有关部门和各省、自治区、直辖市卫生行政部门以及军队有关部门通报突发公共卫生事件情况。对涉及跨境的疫情线索，由国务院卫生行政部门向有关国家和地区通报情况。

（6）制订技术标准和规范：国务院卫生行政部门对新发现的突发传染病、不明原因的群体性疾病、重大中毒事件，组织力量制订技术标准和规范，及时组织全国培训。地方各级卫生行政部门开展相应的培训工作。

（7）普及卫生知识：根据事件性质，有针对性地开展卫生知识宣传和健康教育，提高公众健康意识和自我防护能力，消除公众心理障碍，开展心理危机干预工作。

（8）进行事件评估：组织专家对突发公共卫生事件的处理情况进行综合评估，包括事件概况、现场调查处理概况、患者救治情况、所采取的措施、效果评价等。

3. 医疗机构

（1）开展患者接诊、收治和转运工作，实行重症和普通患者分开管理，对疑似患者及时排除或确诊。

（2）协助疾病预防控制机构人员开展标本采集、流行病学调查工作。

（3）做好医院内现场控制、消毒隔离、个人防护、医疗垃圾和污水处理工作，防止发生院内交叉感染和污染。

（4）做好传染病和中毒患者的报告工作。

（5）对群体性不明原因疾病和新发传染病做好病例分析与总结，积累诊断、治疗的经验。对重大中毒事件，按照现场救援、患者转运、后续治疗相结合的原则进行处置。

（6）开展科研与国际交流。

4. 疾病预防控制机构

（1）进行突发公共卫生事件信息报告。

（2）开展流行病学调查。

（3）组织开展实验室检测。

（4）开展科研与国际交流。

（5）制订技术标准和规范。

（6）开展技术培训。

5. 卫生监督机构

（1）对医疗机构、疾病预防控制机构突发公共卫生事件应急处理各项措施的落实情况进行督导、检查。

（2）围绕突发公共卫生事件应急处理工作，开展食品卫生、环境卫生、职业卫生等的卫生监督和执法稽查。

（3）协助卫生行政部门依据《突发公共卫生事件应急条例》和有关法律法规，调查处理突发公共卫生事件应急工作中的违法行为。

6. 出入境检验检疫机构

（1）突发公共卫生事件发生时，调动出入境检验检疫机构的技术力量，配合当地卫生行政部门做好口岸的应急处理工作。

（2）及时上报口岸突发公共卫生事件信息和情况变化。

7. 非事件发生地区的应急反应措施 未发生突发公共卫生事件的地区应根据其他地区发生事件的性质、特点、发生区域和发展趋势，分析本地区受波及的可能性和程度，重点做好以下工作。

（1）密切保持与事件发生地区的联系，及时获取相关信息。

（2）组织做好本行政区域应急处理所需的人员与物资准备。

（3）加强相关疾病与健康监测和报告工作，必要时，建立专门报告制度。

（4）开展重点人群、重点场所和重点环节的监测和预防控制工作，防患于未然。

（5）开展防治知识宣传和健康教育，提高公众的自我保护意识和能力。

（6）根据上级人民政府及其有关部门的决定，开展交通卫生检疫等。

知识拓展

突发公共卫生事件应急反应的终止

突发公共卫生事件应急反应的终止需符合以下条件：突发公共卫生事件隐患或相关危险因素消除，或末例传染病病例发生后经过最长潜伏期无新的病例出现。特别重大突发公共卫生事件由国务院卫生行政部门组织有关专家进行分析论证，提出终止应急反应的建议，报国务院或全国突发公共卫生事件应急指挥部批准后实施。特别重大以下突发公共卫生事件由地方各级人民政府卫生行政部门组织专家进行分析论证，提出终止应急反应的建议，报本级人民政府批准后实施，并向上一级人民政府卫生行政部门报告。上级人民政府卫生行政部门要根据下级人民政府卫生行政部门的请求，及时组织专家对突发公共卫生事件应急反应终止的分析论证提供技术指导和支持。

（李晓娟）

第六节　灾难紧急医学救援

世界卫生组织将灾难定义为任何引起设施破坏、经济严重损失、人员伤亡、人类健康状况及社会卫生服务条件恶化的事件，当其规模超过了事发地区所能承受的限度，不得不向事发区以外的地区寻求援助时，即称为灾难。灾难分为自然灾难、人为灾难、突发公共卫生事件和社会安全事件等。灾难具有破坏性和破坏程度必须超出受灾地区承受能力的特点。

灾难医学是一门研究在各种灾难情况下实施紧急医学救援和医学准备的学科。它涉及灾难预防、灾难现场急救、救援的组织管理和灾后恢复与重建等。其研究内容包括紧急救援、公共卫生及卫生防疫、心理救援、康复、减灾备灾、教育培训及科学普及等。灾难紧急医学救援是指灾难发生后，政府、社会团体等各级各界力量，特别是医护人员和广大民众参与救灾，以减轻人员伤亡和财产损失为目标的行动。灾难发生时，常有大批的伤病员，救援人员需要开展伤员的就地抢救、分拣、转运等工作，常涉及多个部门、多个环节的共同协作。因此，灾难紧急医学救援是一项复杂的系统工程，需要多个部门参与合作，需要政府和各级管理部门统一协调、统一组织、统一指挥，才能有效应对。急诊急救是灾难紧急医学救援的基础，灾难紧急医学救援是急诊急救的延伸和特殊形式，两者是统一的整体。急诊急救的操作流程是否规范、医护人员平时是否训练有素、资源配置是否得当等，都直接关系到灾难紧急医学救援的效果。

一、灾难紧急医学救援的发展历程

20世纪60年代，瑞典国家医学防护咨询委员会成立了世界上第一个灾难紧急医学救援组织。20世纪70年代，德国成立了灾难救援医学会，美国也成立了世界灾难与急救医学协会（World Association for Disaster and Emergency Medicine，WADEM）。1987年，第42届联合国大会通过第169号决议，号召国际社会开展"国际减灾十年"活动，规定每年10月的第二个星期三为"国际减灾日"，创立了灾难医学学科建设的思想和理论体系，为各国研究灾难和医学救援提供了机遇，推动了灾难紧急医学救援的发展。

我国是世界上自然灾害较为严重的国家之一，灾害种类多、分布地域广、发生频率高、造成损失重，各种重大灾难都会造成大量人员伤亡和巨大经济损失，突发事件紧急医学救援形势严峻，任务艰巨。基层应急能力薄弱，公众风险防范意识、自救与互救能力不足等问题比较突出，应急管理体系和能力与国家治理体系和治理能力现代化的要求存在较大差距。

2003年，严重急性呼吸综合征（severe acute respiratory syndrome，SARS）暴发，我国相继完成了应急管理"一案三制"（即应对突发公共事件所制定的应急预案、管理体制、运行体制和有关法律制度）建设。2008年，汶川地震发生后，致力于发展中国灾难医学事业的专家学者提出成立属于我国的灾难医学学术组织。2011年12月，中华医学会灾难医学分会成立，是我国灾难医学学科发展的里程碑，标志着我国灾难医学进入了全新的发展阶段。2020年，新型冠状病毒感染疫情暴发，依托我国较为完善、完备的突发事件紧急医学救援体系，在极短时间内实现快速响应、合理调配、科学救治、精准防控等，从各方面检验了我国灾难紧急医学救援体系的建设成果，标志着我国灾难紧急医学救援能力进一步提高。然而，我国无论是在灾难的预防与公众教育方面，还是在灾难的救援与处理机制方面，仍与发达国家存在一定的差距。

二、灾难紧急医学救援需要具备的知识与技能

灾难紧急医学救援的环境与医疗机构不同，需要在灾难现场或临时医疗场所等院外环境中开展救治，往往伤员众多、卫生条件差、医疗设备简单与药物短缺，甚至连食物、饮用水都无法及时供给，同时需要在时间紧迫的情况下完成伤病员的分级救治任务。因此，从事灾难救援

的人员必须掌握一定的知识、技能，以满足救援工作的需要。

（一）灾难紧急医学救援需要掌握的基本概念和知识

1. 减灾 是将社会脆弱性和灾难的危害最小化，消除或减少灾难对社会造成的负面影响而采取的措施。其内容包括：灾难预防、制定政策和措施，以减少灾难危害。

2. 备灾 是指在灾难发生前所采取的计划和行动。其内容包括：灾难管理体系建设，应急预案的制定，避难设施及场所的完善，灾难救援知识宣传、培训及演练等。

3. 灾难救援的基本原则 灾难救援是一个系统工程，需要遵循人道救援原则、快速反应原则、安全救援及自救与互救原则、科学及专业救援原则、区域救援原则、检伤分类及分级救援原则、备灾原则。

4. 灾难救援的分期 灾难救援有其自身的规律性，为提高救援效率并达到满意的效果，可将灾难救援分为3期。①紧急救援期：一般是指灾后1周，尤其应重视黄金72 h，以处理创伤为主。②持续救援期：通常是指灾后1周至1个月，针对高发疾病，尽量减少人员伤亡，降低致残率。③恢复重建期：是指灾难发生1个月以后，针对常见病及传染病的防治，建立及恢复功能齐全的各级医疗机构。

5. "三七分"理念 王一镗教授提出的现代灾难医学救援的"三七分"理念，是处理灾难救援及发展灾难医学须遵守的基本理念。其内容包括"三分救援，七分自救；三分急救，七分预防；三分业务，七分管理；三分战时，七分平时；三分提高，七分普及；三分研究，七分教育"。

（二）灾难紧急医学救援需要具备的技能

1. 通用救援技能

（1）搜索与营救技能：救援人员需要寻找被困者，并准确判断其位置，为营救行动提供依据，并运用起重、支撑、破拆及其他方法使存活者脱离险境。

（2）通讯设备使用技能：通讯系统是灾难救援工作的重要一环，可以保障全部救援人员、各部门的通信联络。参加救援的人员需掌握通讯设备的使用方法。

（3）野外生存技能：医学救援人员除需要掌握医学相关知识外，还需要掌握个人在恶劣环境条件下生存、生活的基本技能。这有助于提高个人的环境适应能力，保障医学救援人员自身的生命安全，从而顺利开展灾难紧急医学救援工作。

（4）语言和人文常识：灾难救援队伍需要在本地、全国甚至其他国家和地区开展灾难紧急医学救援，因此需掌握通用基础外语知识，了解不同地区、国家的人文知识、风俗习惯和宗教信仰等。

（5）身体和心理素质：灾难紧急医学救援场地往往处于极端恶劣或危险的环境中，救援人员在面对极端环境的同时，需承受严重的体力消耗和巨大的心理压力，因此需要有强健的身体和良好的心理素质。

2. 专业救援技能

（1）生命支持：在救援现场，可由非医学专业人员实施基础生命支持，包括保持呼吸道通畅、维持呼吸和循环功能；由专业人员实施高级生命支持，包括管理气道、维持呼吸和循环功能、予以液体复苏、应用药物等。

（2）创伤急救：灾难现场最常见的外伤是出血和骨折。常用的急救技术包括通气、止血、包扎、固定和搬运等。

（3）检伤分类：伤病员的早期紧急救治对降低死亡率具有决定性的作用。当伤病员数量超过救治能力或医疗资源的承受限度时，救治的前提是分检，以明确现场救治和转运的先后顺

序，区分需要紧急救治、需要限期手术、暂时不需要手术和已死亡的伤病员。通常将伤病员分为四类：第一优先（红色）、第二优先（黄色）、第三优先（绿色）和零优先（黑色），国际上较为通用的是简明检伤分类法（simple triage and rapid treatment，START）。

（4）临床专业技能：参与救援的医护人员需要掌握相关临床专业技能，如内科、外科病情评估和救治等，还需要掌握常用医疗设备（如心肺复苏机、除颤器、心电监护仪、呼吸机、便携式医用超声仪）的使用方法。

近年来，随着智慧医疗的建设与发展，一些新技术的出现对灾难救援现场的诊疗产生了重大影响。例如，特殊医学救援装备的研发和佩戴；灾难现场与后方指挥的视频会商、远程会诊、远程机器人手术等；在救援现场提供快速、准确、优质的影像学诊断等医疗服务的 3D/4D 打印技术等。因此，这就要求参加救援的人员掌握更多的现场救援技能。

三、灾难紧急医学救援的组织管理

大型自然灾难或恶性意外事故突然发生时，常来势凶猛，受灾面积广，影响因素多。为使整个救援工作高效有条不紊地进行，必须由经过训练的、具有一定组织能力的人进行指挥调度和协调，确立指挥官观念，在现场对人力、物力进行合理调配，维护现场抢救秩序，协调解决各种困难，以提高抢救成功率。灾难紧急医学救援的组织管理包括准备阶段、灾难现场、医疗机构和灾后的组织管理。灾难紧急医学救援的组织管理不同于通常的门诊急救、住院治疗和卫生防疫，具有突发性、紧迫性、复杂性、不可预测性、综合性与艰巨性等，需要制定完善的救灾预案，对实时灾难进行充分评估，制订周密的组织计划，利用现有的卫生医疗设备、物资和人力，争分夺秒地进行自救与互救，同时做好灾区卫生防疫，并根据不同的灾难等级设立不同等级的启动和终止级别，制定响应的标准和流程，为科学实施灾难应急医疗救援提供统一的决策依据。灾难紧急医学救援的组织管理，始于灾前、重于灾中、延至灾后，要充分做好军民融合，常态化进行灾难应急演练，做到平战结合，这是组织管理者的重要延伸工作之一。

四、灾难紧急医学救援的信息化建设

信息是灾难紧急医学救援的关键要素之一，对灾难现场与后方指挥的联动至关重要，实时、准确的灾情信息和指挥信息在救援行动中起着关键作用。利用"互联网 5G+"技术，建立和整合各种信息平台，对灾难全过程的处置进行跟踪、指导和处理，建立从灾难相关数据采集、危机判定、决策分析、指令发布、实时沟通，到联动指挥、资源整合、现场救援等功能为一体的大数据平台。在灾难现场无法实现基本网络信息互通时，应充分利用卫星通信技术进一步加强保障，实现灾难现场与后方指挥的联动互通。

五、灾难紧急医学救援知识的宣传与普及

现代灾难紧急医学救援强调和重视"三分提高，七分普及"，即要以"三分"的力量关注灾难医学专业学术水平的提高，以"七分"的努力向广大群众宣传、普及灾难救援知识，使广大群众树立灾难预防意识，积极参与灾难救援和自救。鼓励社会应急力量深入基层排查风险隐

患，普及应急救援知识。

宣传、普及灾难救援知识重在行动。医护人员可通过进社区、学校、军营、农村、企业等现场形式，逐步开展急救知识、技能的培训，也可利用互联网、广播、电视、报刊等平台宣传、普及救援和自救知识。建立急救知识培训基地，建立灾难医学智能数据信息网络系统，建设高素质的专业救援队伍，宣传、普及防灾、抗灾和减灾相关知识。定期进行防灾、抗灾演练。尝试建立多维度、多领域协作的体系和机制，增强民众的急救意识和能力，构建民众广泛参与的灾难急救"绿色生命通道"。

六、灾难紧急医学救援的应急物资储备管理

灾难发生时，开展紧急医学救援需要大量的应急物资。政府和卫生行政部门应建立应急物资保障体系，加强应急物资资产管理，建立健全应急物资管理情况的报告制度，建立跨部门应急物资保障联动机制，健全跨区域应急物资协同保障机制，加强应急物资分类编码和信息化管理；扩大人口密集区域、灾难事故高风险区域和交通不便区域的应急物资储备规模，丰富物资储备品种、完善储备仓库布局。

七、灾难紧急医学救援体系的建设

灾难紧急医学救援体系建设是一项复杂的系统工程，也是国家灾难救援体系建设的重要组成部分。

（一）灾难紧急医学救援体系的基本框架

国务院和各级卫生行政部门成立医疗卫生救援领导小组，负责领导、组织、协调、部署各类各级突发公共事件的医疗卫生救援工作；各级卫生行政部门组建医疗卫生应急救援专家组，对突发公共事件的医疗卫生救援工作提供咨询建议、技术指导和支持；各级各类医疗机构承担突发公共事件的医疗卫生救援工作，各级卫生行政部门根据实际工作需要在突发公共事件现场设立医疗卫生救援指挥部，统一指挥、协调现场医疗卫生救援工作。国家按照"统一指挥、纪律严明、反应迅速、处置高效、立足国内、面向国际"的原则组建各类国家紧急医学救援专业队伍，以更好地应对灾难和公共安全事件。

（二）灾难紧急医学救援体系的区域化构建

我国地大物博，各地区的地理环境、多发及易发的灾难种类、急救医疗资源力量等均有各自的特点。因此，因地制宜地建设具有区域化特点、具有中国特色的灾难紧急医学救援体系十分重要。可建立区域化灾难紧急医学救援基地（中心）和队伍，承担区域内突发灾难事件的医疗应急职责，筹建灾难救援"流动医院"，建立区域化灾难紧急医学救援指挥调度系统等。

（邓　进　夏　飞）

思 考 题

1. 简述院前急救的任务及急救技术。
2. 院前转运的注意事项和不安全因素是什么？
3. 南方某地出现冻雨天气，导致多车连环追尾交通事故，初步统计约有 50 辆车相撞（含大型货车、客车 7 辆，），130 余人有不同程度的受伤。
（1）按照突发事件分类，该事件属于何种类型？
（2）现场救援人员应具备什么技能？
（3）需要哪些部门联动救援？
（4）我国最常用的检伤分类方法是什么？伤员的分级救治原则是什么？

第三章 急诊常见症状的病情评估及危险分层救治

第三章数字资源

在急诊实践中，医生需要对患者的症状进行快速而准确的评估，以确定病情的严重程度和危险分层，从而为患者提供及时、有效的救治。本章内容涵盖急诊科常见症状的分类和评估，以及相应的危险分层和救治策略，旨在帮助急诊科医生快速识别和处理各种常见症状。首先，对每种症状的病因、发病机制和临床表现进行了详细的描述，以便医生能够快速识别和诊断患者。其次，对每种症状的危险分层进行了评估，使医生能够准确把握患者的病情严重程度，为制订治疗决策提供依据。最后，介绍了针对每种症状的治疗方法和策略，包括药物治疗、手术治疗和其他治疗措施，以帮助医生为患者提供及时、有效的救治。

第一节　急性胸痛

急性胸痛是急诊科常见症状，病因复杂，病情严重程度差异较大。急性胸痛包括急性非创伤性胸痛和急性创伤性胸痛，本节主要介绍急性非创伤性胸痛。急性非创伤性胸痛既包括任何解剖学胸部范围内的原因所导致的任何不适，又包括躯体其他部位疾病所致疼痛放射至胸部的疼痛。不同病因所致急性胸痛的危重程度差异较大，且疼痛的程度常与预后不完全平行，诊治措施是否及时、有效，对高危胸痛患者的预后有显著影响。

案例 3-1

患者，男性，85岁，昨日夜间无明显诱因突然出现胸痛，位于心前区，疼痛范围约手掌大小，呈压榨样疼痛，伴胸闷、气短、全身乏力，症状持续未缓解，遂来医院急诊科就诊。患者进入急诊科胸痛中心，医护团队第一时间予以心电图检查、心电监护、抽血送检并建立静脉通道。心电监护示血压134/71 mmHg，心率86次/分，SpO_2 98%；心电图示多导联ST段显著压低，QRS波群无明显变化；实验室检查结果示：肌钙蛋白大于10 μg/L（正常参考范围为0.02~0.13 μg/L），1 h后复查为20 μg/L，K^+ 5.25 mmol/L，D-二聚体2.36 μg/ml。患者既往有高血压、冠心病病史8年，4年前行经皮冠状动脉介入治疗。查体：神志清楚，口唇无发绀，无颈静脉怒张，心率86次/分，心律齐，各瓣膜听诊区未闻及杂音，双下肢无水肿。

问题：
1. 考虑该患者为何种疾病？
2. 诊断该疾病的依据是什么？
3. 应如何治疗？

一、病因

急性非创伤性胸痛的常见致命性病因包括急性冠脉综合征（acute coronary syndrome，ACS）、主动脉夹层、急性肺栓塞、张力性气胸；常见低危性病因包括反流性食管炎、食管裂孔疝、胆结石、胆囊炎、急性肋软骨炎、心脏神经症、胸膜炎、心包炎等。其中，急性冠脉综合征是致命性非创伤性胸痛的最常见病因，占 90% 以上。急性胸痛的病因见表 3-1。

表 3-1 急性胸痛的病因

分类		病因
心血管系统疾病		急性冠脉综合征、稳定型心绞痛、心肌炎、梗阻性肥厚型心肌病、急性心包炎、二尖瓣病变、主动脉瓣狭窄、主动脉夹层、主动脉瘤破裂、主动脉窦瘤破裂、肺栓塞、肺动脉高压、梅毒性心血管病等
非心血管系统疾病	呼吸系统疾病	气胸、胸膜炎、胸膜肿瘤、血胸、血气胸、脓胸、肺炎、急性气管支气管炎、肺癌等
	消化系统疾病	反流性食管炎、食管裂孔疝、食管癌、胆结石、胆囊炎、肝癌、肝脓肿等
	胸廓疾病	急性肋软骨炎、肋间神经炎、带状疱疹、急性皮炎、蜂窝织炎、肌炎、非化脓性肋软骨炎（Tietze 病）、肋骨骨折、骨质疏松、胸椎疾病、流行性胸痛（Bornholm 病）、胸壁浅表血栓性静脉炎（Mondor 病）等
	纵隔疾病	纵隔气肿、纵隔炎、纵隔肿瘤等
	其他病变	颈椎疾病、膈疝、膈下脓肿、急性白血病、多发性骨髓瘤、转移性肿瘤、强直性脊柱炎、脾梗死、心脏神经症等

二、病情评估与危险分层

（一）病情评估

对急性胸痛患者，应立即评估意识、呼吸、脉搏、心率、血压、血氧饱和度等基本生命体征，先挽救生命，再辨别病情，识别引起胸痛的致命性疾病。

1. 识别危及生命的症状和体征 包括无脉搏、呼吸困难或停止、突发晕厥或抽搐、发绀、大汗淋漓、血压<90/60 mmHg、血氧饱和度<90%、咳粉红色泡沫样痰、双肺湿啰音、四肢湿冷等，需立即抢救患者。

2. 尽快完成第一次心电图检查 了解患者是否存在心肌缺血及其范围和程度。典型的缺血性心电图改变表现为新发或一过性 ST 段压低≥0.1 mV，或 T 波倒置≥0.2 mV。

3. 初步识别急性冠脉综合征和非急性冠脉综合征疾病 若患者无危及生命的情况，或经抢救处理，患者的生命体征稳定后，即应识别胸痛的病因。

（1）提示为急性冠脉综合征的胸痛特征包括：胸痛呈压迫性、紧缩性、烧灼感或沉重感；伴有无法解释的上腹痛或腹胀；疼痛放射至肩部、背部、左臂或双上臂、颈部、下颌、牙齿、耳部；胃灼热（烧心）、胸部不适，伴恶心和（或）呕吐；伴持续气短或呼吸困难；伴无力、眩晕、头晕或意识丧失；伴大汗淋漓。需要注意的是，女性、糖尿病患者和老年患者有时症状不典型。

（2）提示为非急性冠脉综合征的胸痛特征包括：以胸闷、呼吸困难、咯血为主，伴有轻微胸痛；胸痛呈刀割样或撕裂样，疼痛部位随时间延长向上或向下逐渐移动；胸痛为锐痛，与呼吸或咳嗽有关；疼痛部位多变、不固定；胸痛与体位或按压身体局部有关；胸痛的持续时间很短（<15 s）。但是，非典型胸痛不能完全除外急性冠脉综合征。

4. 尽早完成体格检查　主要应注意观察颈静脉是否充盈、胸痛与呼吸的关系、双肺呼吸音是否对称一致、双肺听诊是否有啰音、双上肢血压是否一致、心音是否可听到、心脏听诊是否有杂音、腹部有无压痛和肌紧张等情况。

5. 了解相关病史　向患者本人或其家属了解病史，包括此次胸痛的发作时间、既往胸痛史、既往心脏病、糖尿病和高血压等病史、既往药物治疗史、既往药物过敏史等情况。

6. 尽早完成相关辅助检查　除应尽快完成第一次心电图检查外，还应尽快完成血气分析、心肌损伤标志物、D-二聚体、肝功能、肾功能、血常规、血液生化等实验室检查。在患者身体条件允许的情况下，进行床旁胸部 X 线、床旁超声心动图、主动脉 CT 增强扫描或胸部 CT 等检查。

（二）危险分层

评估病情的同时，应进行危险分层。对存在危及生命的症状或体征的患者，应评估为极高危患者，需要立即予以抢救。经抢救，待其生命体征稳定后，应早期进行初步诊断；对怀疑为急性冠脉综合征、主动脉夹层、急性肺栓塞、张力性气胸等疾病的患者，应评估为高危患者，需迅速进行检查和治疗，避免病情恶化；对考虑为其他疾病（如自发性气胸、带状疱疹、急性肋软骨炎），往往不会危及生命的患者，可评估为低危患者，应逐步完善检查，予以对症处理。

若判断患者为急性冠脉综合征，则需进一步评估其危险性，这对于判断患者的预后有重要意义，并可指导选择合理的临床治疗方案。目前常用的急性冠脉综合征危险分层评价方法包括：心肌梗死溶栓治疗（thrombolysis in myocardial infarction，TIMI）评分和全球急性冠状动脉事件注册（global registry of acute coronary events，GRACE）评分。

1. TIMI 评分　包括 7 项指标：年龄≥65 岁；至少具有 3 个冠心病危险因素；冠状动脉狭窄≥50%；心电图检查可见 ST 段改变；24 h 内至少有 2 次心绞痛发作；7 天内使用过阿司匹林；心肌损伤标志物水平升高。每项指标计 1 分，各项指标得分相加后即得到 TIMI 评分。危险评分：0~2 分为低危；3~4 分为中危；5~7 分为高危。不同 TIMI 评分患者的心血管事件发生率见表 3-2。

2. GRACE 评分　包括 8 项指标：年龄、心率、收缩压、血肌酐、心电图显示 ST 段改变、心功能 Killip 分级、入院时心搏骤停、心肌损伤标志物水平升高。GRACE 评分虽然较为复杂，但其变量容易获得，且评分可通过向相应软件输入变量直接得到。GRACE 评分>140 分者考虑为病情危重，需行急诊介入手术治疗。

表 3-2　不同 TIMI 评分患者的心血管事件发生率

TIMI 评分	心血管事件*发生率（%）	TIMI 评分	心血管事件*发生率（%）
0 分、1 分	4.7	4 分	19.9
2 分	8.3	5 分	26.2
3 分	13.2	6 分、7 分	40.9

注：*心血管事件包括 14 天内的死亡、新发或复发性心肌梗死、严重缺血需紧急进行血运重建的情况

知识拓展

心电图机的发展

心电图机的发展历程可以追溯到 20 世纪初，第一个系统性地从电生理学角度研究心脏电活动的是英国伦敦帕丁顿圣玛丽医院的 Augustus Waller，他制作了固定在投影仪上的微电流计，通过将心脏产生的电信号投射到照相机底片上，实现了心电图的实时记录。1902 年，荷兰生理学家 Willem Einthoven 发明了弦线电流计，是心电生理学发展史上的里程碑事件。与目前可粘贴在皮肤上的电极不同，该装置重约 600 磅（1 磅 ≈ 0.45 kg），需要 5 个人同时操作，使用时患者需将双臂和一条腿泡在盛有盐水的桶内，以增强导电性。Willem Einthoven 创立的心电图分析和解读方法仍被现代医学沿用。由于对心电图机制研究做出的开创性工作，Willem Einthoven 于 1924 年获得诺贝尔生理学或医学奖。20 世纪 50 年代中期，心电向量图应用于临床，心电图机技术逐渐多样化和精细化。进入 21 世纪，心电图机经历了数字化和智能化的革新。小型、便携式心电图机的出现使心电监测更加灵活，数字化心电图机显著提高了信号处理和判读的精准度。

三、诊断思路与流程

（一）根据病情，判断患者胸痛的病因性质

1. 心血管系统疾病

（1）心脏疾病：如急性冠脉综合征、肥厚型心肌病、主动脉瓣狭窄、二尖瓣脱垂、二尖瓣狭窄。胸痛多在劳累、情绪波动、饱食、排便、输血、输液等使心脏负荷增加的诱因下出现，常表现为心前区或胸骨后压榨样剧痛，持续时间多在 10~15 min 以内，严重者在 20 min 以上，可伴肩、臂、后背、腹部、下颌等部位放射痛。疼痛可在休息、含服硝酸酯类药物后逐渐缓解。辅助检查：心电图可有 ST-T 段缺血性改变，或心肌酶学指标有动态变化；心脏彩色多普勒超声检查有助于诊断心肌病、心脏瓣膜病变。

（2）心包炎：咳嗽、体位变化可使疼痛加剧，早期即有心包摩擦音。90% 的急性心包炎患者可出现心电图异常，其主要表现包括：aVR 导联 ST 段压低，其余导联 ST 段呈弓背向下抬高；除 aVR 和 V_1 导联外，其他导联 PR 间期均普遍下移，aVR 导联 PR 间期抬高；窦性心动过速；还可出现 QRS 波群低电压及电交替现象。

（3）主动脉夹层：表现为胸骨后持续性剧痛，疼痛一开始即达高峰，常放射至背、胁肋、腹、腰部和下肢，双上肢血压和脉搏可有显著差异。患者可有主动脉瓣关闭不全的表现，但一般无心肌酶学指标显著升高，行主动脉 CT 增强扫描和超声检查有助于诊断。

（4）肺栓塞：患者可发生胸痛、咯血、呼吸困难，甚至休克，但有右心负荷急剧增加的表现，如发绀、肺动脉瓣区第二心音亢进、颈静脉充盈、肝大、下肢水肿等。心电图的典型表现为 S I Q Ⅲ T Ⅲ 征（即 I 导联 S 波加深，Ⅲ 导联出现 Q/q 波及 T 波倒置），肺动脉 CT 增强扫描检查有助于鉴别诊断。

2. 呼吸系统疾病

（1）胸膜炎和累及胸膜的肺炎：胸痛由于炎症累及壁胸膜所致，呈单侧刀割样锐痛，吸气

时加重,行胸部 CT 检查有助于鉴别诊断。

(2)自发性气胸:多见于瘦高体型的男性青壮年,X 线检查可见局部肺纹理消失,行胸部 X 线、CT 检查有助于诊断。

3. 消化系统疾病 可根据病史、诱因、体格检查、心电图、血清生化标志物、CT 和超声、胃镜检查等协助诊断。

4. 胸廓疾病

(1)颈椎、胸椎骨质增生,椎间盘突出:胸痛由脊髓外肿瘤压迫神经后根所致,疼痛常呈持续性,有神经压迫症状,可行 CT 检查明确诊断。

(2)带状疱疹:检查可见数个或成簇的水疱沿一侧肋间神经分布,并伴有剧痛,疱疹不超过体表中线。

5. 纵隔疾病 纵隔气肿常表现为剧烈胸痛,向肩部放射,伴呼吸困难、发绀。患者可出现皮下气肿,常因食管穿孔所致,可行胸部 CT 检查鉴别诊断。

(二)对诊断为急性冠脉综合征者,进一步明确亚型

1. ST 段抬高型心肌梗死(ST-elevation myocardial infarction,STEMI) 根据症状、心电图检查显示 ST 段抬高或新发左束支传导阻滞等典型改变,结合心肌损伤标志物,可明确诊断。

2. 不稳定型心绞痛(unstable angina pectoris,UA)/非 ST 段抬高型心肌梗死(non-ST elevation myocardial infarction,NSTEMI) 根据临床表现、心电图改变及心肌损伤标志物,可明确诊断。

(三)对怀疑为急性冠脉综合征者,启动急性冠脉综合征筛查流程

1. 若患者就诊时心电图和肌钙蛋白正常,需 6 h 后再次观察心电图或肌钙蛋白变化。若患者持续胸痛,或需要应用硝酸甘油缓解,则提示为高危,建议早期、连续复查心电图和肌钙蛋白。

2. 若复查心电图示 ST-T 段呈动态变化,或肌钙蛋白升高或血流动力学异常,则提示为不稳定型心绞痛或非 ST 段抬高型心肌梗死,应启动不稳定型心绞痛/非 ST 段抬高型心肌梗死救治流程。

3. 若患者就诊后间隔 6 h 或胸痛发生后 6~12 h 心电图检查无 ST-T 段动态变化或肌钙蛋白未升高,则提示患者近期发生心肌梗死或死亡的风险为低危或中危。危险分层可采用 TIMI 评分或 GRACE 评分。

(四)非急性冠脉综合征疾病筛查流程

对未确诊为急性冠脉综合征的患者,均需结合病史、胸痛特点、体征等,必要时进行主动脉或肺动脉 CT 检查明确诊断,尽快排除主动脉夹层、肺栓塞或张力性气胸等致命性疾病,并进一步完善相关辅助检查,以确定病因。

四、救治原则

(一)紧急处理原则

若患者存在生命危险,则应立即建立静脉通道和予以吸氧,并应用药物予以对症处理,以期尽快稳定患者的生命体征,必要时进行心肺复苏。

（二）急性冠脉综合征的紧急处理

1. ST 段抬高型心肌梗死的紧急处理 立即启动 ST 段抬高型心肌梗死救治流程，目标是尽可能降低再灌注时间，挽救患者的生命，改善预后。需进行心肌再灌注治疗，包括急诊经皮冠状动脉介入治疗（percutaneous coronary intervention，PCI）或溶栓治疗，并进行抗血小板、抗凝及优化心肌能量代谢等对症处理。

对急性冠脉综合征筛查流程提示为不稳定型心绞痛或非 ST 段抬高型心肌梗死的患者，按照不稳定型心绞痛/非 ST 段抬高型心肌梗死流程处理。

2. 不稳定型心绞痛或非 ST 段抬高型心肌梗死的紧急处理 治疗的关键是准确进行危险分层、早期识别高危患者，根据不同的危险分层采用相应的介入治疗或药物治疗方案。

3. 危险分层 对急性冠脉综合征筛查流程复查结果呈阴性者，可进行危险分层。低危患者若没有其他引起胸痛的明确病因，则可出院后 72 h 内行心脏负荷试验或冠状动脉 CT 检查，并到门诊就诊；对心脏负荷试验或 CT 血管成像（CT angiography，CTA）提示为中危患者，建议请心内科医生会诊，出院前行上述检查。

（三）非急性冠脉综合征疾病的治疗原则

1. 对怀疑为主动脉夹层、肺栓塞或张力性气胸等致命性疾病患者 需迅速予以对症治疗，避免病情恶化，并立即请相应专科协助诊治。

2. 对怀疑为其他低危和中危疾病患者 应予以对症处理，逐步完善检查，待症状缓解后到相关专科门诊进一步诊治。

五、注意事项

1. 急性胸痛的病因复杂、严重程度差异较大，且预后常与疼痛程度不平行，早期诊断并进行危险分层十分重要。
2. 对急性胸痛患者，应立即评估生命体征，先救命，再辨病。
3. 急性冠脉综合征是致命性非创伤性胸痛最常见的病因，对于急性胸痛患者，必须常规进行心电图检查。

（徐　峰）

第二节　急性腹痛

急性腹痛是急诊患者常见的主诉之一，约占全部急诊就诊患者主诉的 10%。年龄＞65 岁的腹痛患者中需要住院处理的比例可高达 65%。引起腹痛的原因多种多样。某些引起腹痛的疾病可迅速进展甚至危及生命，故首先应对患者的生命体征进行评估。如果患者存在低血压或血流动力学不稳定，则需寻找威胁生命的病因，并考虑外科介入的必要性。对于腹痛患者，需详细进行问诊，注意了解腹痛发生的时间、部位、程度、规律、性质（撕裂样痛、绞痛、隐痛）及转移情况，外伤情况等；注意询问伴随症状，如食欲缺乏、恶心、呕吐、腹泻、便血、发热、排尿等情况；对女性患者，应问问月经史及性生活情况；询问患者的既往病史、服药史、过敏史及家族史等。

一、病因

首先应确定腹痛的部位，然后分析其发生原因，如出血、缺血、梗阻、穿孔、炎症（表 3-3）。

表 3-3 急性腹痛的常见病因

腹痛性质	腹腔内疾病	腹腔外疾病
弥漫性腹痛	腹膜炎、胰腺炎、胃肠炎、主动脉夹层、肠梗阻、肠系膜动脉缺血、阑尾炎、消化道穿孔、实质脏器破裂等	糖尿病酮症酸中毒、急性溶血、重金属（如铅）中毒、腹型过敏性紫癜、系统性红斑狼疮等
右上腹痛	急性胆囊炎、急性化脓性胆管炎、胆绞痛、急性肝炎、肝破裂、消化道穿孔、胰腺炎、急性阑尾炎等	带状疱疹、急性冠脉综合征、右下肺炎、肺栓塞等
右下腹痛	急性阑尾炎、肠炎、憩室炎、异位妊娠、卵巢黄体破裂、卵巢囊肿蒂扭转、盆腔炎、输尿管结石、疝等	腹壁血肿、精囊炎、腰肌损伤等
左上腹痛	胃炎、胰腺炎、脾破裂、脾梗死、腹主动脉瘤等	急性冠脉综合征、左下肺炎、肺栓塞、带状疱疹等
左下腹痛	憩室炎、异位妊娠、卵巢黄体破裂、卵巢囊肿蒂扭转、盆腔炎、输尿管结石、疝及肠痉挛等	腰肌损伤等

二、病情评估与危险分层

应当先评估患者的生命体征，如果患者血流动力学不稳定，则表明病情危重。同时，可以根据腹痛的持续时间及程度来判断病情的严重程度。持续时间长的剧烈疼痛多表明病情急重，需要考虑到存在腹外疾病或全身系统疾病的可能。对于有心脏、脑等器官基础疾病史的患者，其危险程度亦会增加，病情随时会有变化的可能，尤其应予以重视。另外，还需要注意老年人的症状和体征可能并不明显，但其病情亦可能随时发生变化。

三、诊断思路与流程

对于腹痛患者，应按下述流程进行诊断（图 3-1）。

在进行诊断的过程中，应注意以下情况：对于上腹痛原因不明的老年患者，尤其是具有心脏病危险因素者，应进行心电图及心脏超声检查。诊断盆腔炎或泌尿系统感染时，应注意与阑尾炎相鉴别。对年龄>50 岁的腹痛原因不明患者，应进行腹部超声或 CT 检查，以除外主动脉夹层。

四、救治原则

首先，应对患者的整体情况进行全面评估，稳定患者的生命体征，同时进行相关的实验室检查，必要时进行动态复查，尽早得出诊断；其次，应注意判断患者是否存在外科系统疾病、

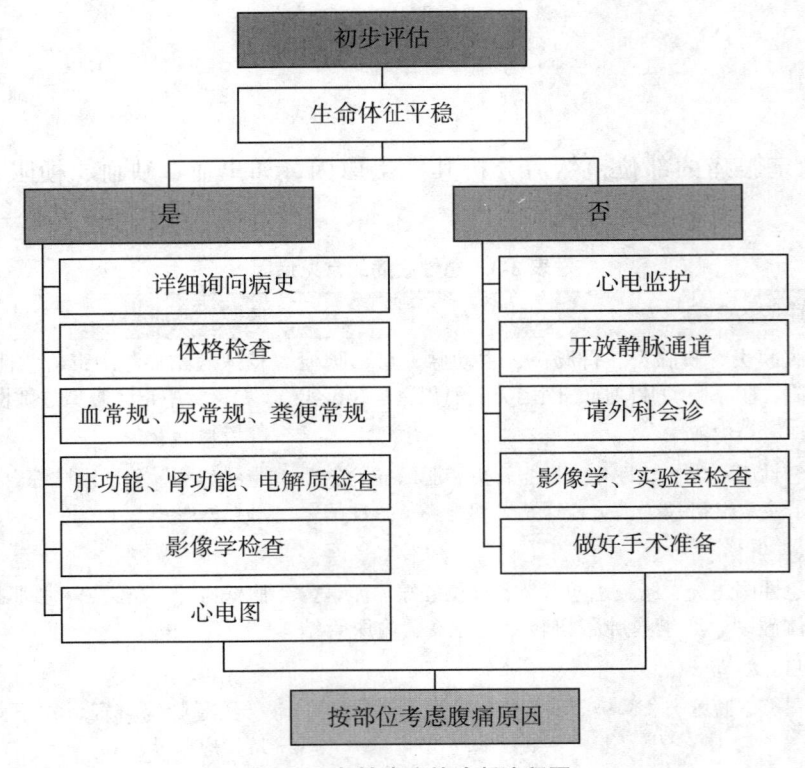

图 3-1　急性腹痛的诊断流程图

必要时请相关科室会诊,以决定是否需要进行手术或介入治疗;最后,若需要进行手术治疗,则应积极做好术前准备。

五、注意事项

1. 以维持生命体征为第一要务　若患者的生命体征不稳定,则需要进行生命体征监测,开放静脉通道;若患者存在意识障碍,则须进行气道保护。在明确诊断前,应予以禁食、禁水,观察患者的病情变化,同时根据需要予以静脉补液。

2. 对危急情况做好手术准备　在整个诊治过程中,需要注意除外危及生命的疾病,如腹主动脉夹层、实质性器官(肝、脾)破裂出血、肠系膜动脉缺血、空腔脏器(胃、肠、阑尾)穿孔及急性心肌梗死。若存在上述情况,则应注意掌握外科或介入治疗的手术时机,并积极做好术前准备。

3. 识别腹腔以外疾病　腹痛的部分原因是腹腔以外疾病,诊断时需要加以考虑。尤其是对危及生命的疾病,如急性心肌梗死、肺栓塞的识别。

4. 对于有肠梗阻或肠麻痹的患者,进行胃肠减压,并进行肛诊。许多临床医生容易将其忽略,但这个简单的检查可以帮助判断直肠、下段结肠的病变情况,可以对部分肠梗阻的原因进行鉴别。对于有感染证据的患者,尽早应用抗生素。

5. 镇痛　关于是否镇痛及何时镇痛一直存在争议。过去主张不轻易应用药物,以免掩盖病情,影响判断。目前倾向于适当使用镇痛药物,以减轻患者的痛苦。以吗啡类为佳,可不掩盖腹部体征。解热镇痛药物有抗炎作用,可以掩盖早期腹膜炎的表现,不建议使用。

(邵　菲)

第三节　急性头痛

头痛（headache）是急诊常见的症状，一般表现为眉弓、耳廓上缘、枕外隆凸连线以上部位的疼痛，其表现多样，病因复杂。急性头痛起病突然，常是神经急危重症的表象，给患者造成极大的痛苦，有时甚至威胁患者的生命，造成沉重的经济和社会负担。

一、病因

在急诊患者中，大多数头痛是良性的，但急诊科医生仍需要详细询问患者病史并全面进行体格检查，以防止遗漏危及生命的头痛。引起急性头痛的病因很多，常分为3类：原发性头痛、继发性头痛，以及脑神经痛、中枢性和（或）原发性面痛及其他头痛。原发性头痛以临床症状为主要分类依据，继发性头痛以病因为主要分类依据（表3-4）。

表3-4　急性头痛的病因

原发性头痛	继发性头痛	脑神经痛、中枢性和（或）原发性面痛及其他头痛
偏头痛	缘于头颈部外伤的头痛	脑神经痛和中枢性面痛
紧张性头痛	缘于头颈部血管病变的头痛	其他类型头痛、脑神经痛
丛集性头痛	缘于非血管性颅内疾病的头痛	中枢性或原发性面痛
其他原发性头痛	缘于某物质或物质戒断的头痛	—
	缘于感染的头痛	
	缘于内环境紊乱的头痛	
	缘于头面部结构病变的头面痛	
	缘于精神疾病的头痛	

知识拓展

偏头痛

偏头痛是临床常见的原发性头痛，表现为反复发作的搏动性中度、重度头痛，常伴有恶心或呕吐、畏光和畏声等症状。《国际头痛分类（第三版）》将偏头痛分为无先兆偏头痛、有先兆偏头痛、慢性偏头痛、偏头痛并发症、很可能的偏头痛和可能与偏头痛相关的周期性综合征6个类型。诊断偏头痛需要结合病史、体格检查以及辅助检查，还应根据不同的临床特征进行亚型诊断，并评估其严重程度和患者的失能程度。偏头痛急性发作期治疗的核心目标是快速持续止痛、恢复患者的功能、减少不良事件的发生。急性发作期的治疗药物主要包括非特异性药物治疗，主要是解热镇痛药，如对乙酰氨基酚、布洛芬、阿司匹林、双氯芬酸；特异性药物治疗主要包括曲普坦类（利扎曲普坦、佐米曲普坦）、降钙素基因相关肽受体拮抗剂（rimegepant）、选择性5-羟色胺受体激动剂（lasmiditan）。甲氧氯普胺、多潘立酮等镇吐药和胃肠促动药可有效治疗与偏头痛发作相关的恶心、呕吐。

二、病情评估与危险分层

急性头痛可由很多疾病导致，应密切关注患者头痛的特征及伴随症状，进行全面的病因分析，以明确诊断，并进行有效的危险分层评估。对出现下列情况者，应警惕继发性头痛，需要进一步检查，以明确诊断。

（1）突然发生的头痛：需考虑蛛网膜下腔出血、脑出血、脑卒中、脑外伤、颅内占位性病变。

（2）逐渐加重的头痛：需排除颅内肿瘤、硬脑膜下血肿等疾病的可能。

（3）伴有系统性病变征象：应注意颅内感染、系统性感染、结缔组织疾病、血管炎等。

（4）伴有视神经乳头水肿、神经系统局灶性症状和体征、认知障碍的头痛。

（5）50岁后出现的新发头痛：可行神经影像学检查，以排除颅内占位性病变。

（6）妊娠期或产后头痛：需注意脑皮质静脉及静脉窦血栓形成、垂体卒中的可能。

（7）癌症患者或获得性免疫缺陷综合征患者出现的新发头痛：应排除颅内转移瘤、机会性感染等。

三、诊断思路与流程

对急性头痛的诊断需要进行全面分析，根据病史、体格检查及实验室检查等有关资料，结合所掌握的理论知识进行全面而辨证的分析，找出其规律性，以利于明确诊断（图3-2）。

四、救治原则

（一）急诊处理

急性头痛的急诊诊断流程如图3-2所示。

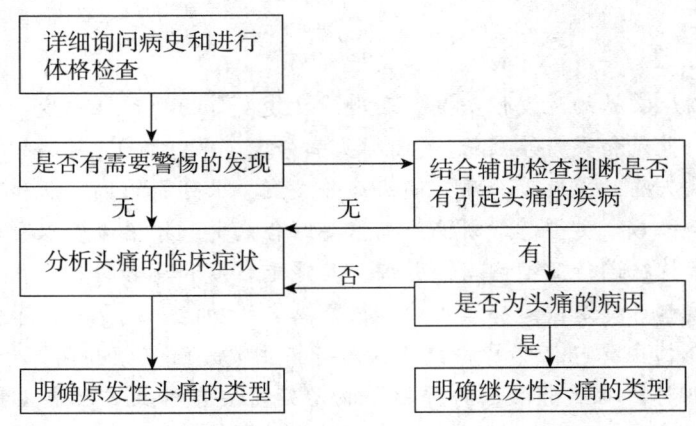

图3-2 急性头痛的急诊诊断流程

1. 镇痛、镇静 疼痛是患者的主观感受。对于各种原因导致的头痛，应常规予以镇痛处理。根据头痛的剧烈程度，可选择阿片类或非甾体抗炎药（如吗啡、曲马多、布洛芬）等镇痛。对伴有焦虑、紧张情绪的患者，可适当予以镇静治疗，可选用异丙嗪与氯丙嗪。

2. 对疑为颅内压增高者 立即予以降颅内压治疗，予以适当镇静，并应密切监测患者的生命体征，关注瞳孔及意识变化，保持呼吸道通畅。

3. 对于诊断未明确、风险评估困难的患者 在对症治疗的基础上，应严密动态观察患者的病情变化，并进行多次评估，及时进行鉴别诊断。

（二）病因治疗

1. 原发性头痛 如偏头痛，予以麦角胺咖啡因、曲普坦类药物治疗。

2. 继发性头痛 应根据病因予以针对性治疗，对外伤、血管疾病、感染、肿瘤源性头痛患者，在镇痛、镇静、控制颅内压的基础上，应根据适应证实施手术、介入或微创治疗。

3. 中枢性和（或）原发性面痛 可实施神经阻滞、理疗、穿刺等治疗方法。同时需进行专科有效治疗。

（张瑛琪）

第四节 其他急性疼痛

一、病因

其他急性疼痛可分为脊柱源性急性疼痛、脊髓血管及四肢血管源性急性疼痛、腹膜后源性急性疼痛和精神性急性疼痛。其病因见表3-5。

表3-5 其他急性疼痛的分类及病因

分类	病因
脊柱源性急性疼痛	急性（创伤性）颈椎或腰椎间盘破裂、颈椎或腰椎椎体爆裂骨折、枕髁骨折、枢椎齿状突骨折、枢椎椎弓骨折、寰枢椎脱位、寰枢椎旋转半脱位、颈椎或腰椎间盘特异性或非特异性感染（结核/化脓性椎体炎）等压迫脊髓、神经根引起的急症
脊髓血管及四肢血管源性急性疼痛	出血、栓塞、血栓形成、畸形及夹层等
腹膜后源性急性疼痛	上尿路病变（如肾结石、输尿管结石、肿瘤）、腹膜后肿瘤等造成尿路梗阻及肾动、静脉阻塞引起的急症
精神性急性疼痛	单纯精神性腰背痛很少见；对怀疑疼痛与精神情绪暗示有关的患者，须认真检查，排除器质性疾病，才能诊断精神性疼痛

二、脊柱源性急性疼痛

（一）病情评估与危险分层

1. 病情评估 脊柱源性急性疼痛可表现为颈项痛、腰背痛，应评估患者是否存在脊髓损伤，同时以救命处置为先、保证脊髓损伤患者的生命体征平稳。进行相关区域的CT平扫及重

建，可发现骨折或骨折脱位、椎间盘突出压迫脊髓等证据。通过 MRI T1 和 T2 加权像上的脊髓形态和髓内信号的变化和范围，可推断脊髓情况，同时推断预后。

不同节段脊髓损伤的临床评估包括以下几方面。

（1）上位颈椎部（枕部~C_2椎体：C_1~C_3脊髓节段）：完全/不完全瘫痪通常伴有膈肌麻痹，可导致患者发生呼吸衰竭而死亡。

（2）中、下位颈椎部（$C_{2/3}$椎间~C_7/T_1椎间：C_4~T_2脊髓节段）：横断性损伤表现为完全性四肢瘫痪和胸廓运动障碍，通常可引起呼吸障碍。

（3）上、中胸椎部（T_1椎体~$T_{10/11}$椎间：T_3~L_2脊髓节段）：损伤多表现为完全性瘫痪。上位胸髓损伤可造成肋间肌麻痹，引起呼吸障碍。

（4）胸、腰移行部（T_{11}~L_2椎体：L_3~S_5脊髓节段）：此部位为脊髓损伤的好发部位。脊髓、神经根完全损伤表现为双下肢完全瘫痪，脊髓圆锥损伤，膀胱、直肠功能障碍，伴会阴区感觉障碍。

（5）腰椎部（$L_{2/3}$椎间~骶椎：马尾）：马尾神经损伤的发生率较低，多表现为双下肢不完全瘫痪。

2. 危险分层 对脊柱源性急性疼痛患者进行危险分层，应当先关注患者是否存在脊髓损伤及其损伤程度。脊柱不同部位损伤的严重程度可有不同，高位脊髓损伤不仅可导致肢体瘫痪，而且可造成呼吸肌瘫痪，进而导致呼吸衰竭，具有致命危险。

（二）急诊处理

1. 一般处理 予以吸氧，密切监测患者的循环容量状态，积极纠正休克、电解质紊乱及酸碱平衡失调；予以患者制动平卧，以确保损伤脊椎固定；予以镇痛等对症处理；保持呼吸道通畅，必要时可行气管插管、呼吸机辅助通气。

2. 病因治疗 ①对椎管内急性进行性压迫性疾病（如出血、骨折等压迫）引起胸痛的患者，应进行紧急手术解除压迫。②对常见疾病（如椎间盘突出症、椎管狭窄症、腰椎滑脱症、软组织损伤）患者，经保守治疗无效时，可考虑进行手术治疗。③对于感染性疾病引起胸痛者，在应用抗生素的同时，可适当应用镇痛药物，以缓解疼痛。④大剂量类固醇激素是急性脊髓损伤急性期的首选治疗药物。

三、脊髓血管及四肢血管源性急性疼痛

（一）病情评估及危险分层

1. 脊髓血管源性急性疼痛 脊髓动静脉畸形（arteriovenous malformation，AVM）是指脊髓上、中或脊髓附近的血管出现缠结。髓内或髓周的动静脉畸形可导致脊髓受压、缺血，髓质出血以及蛛网膜下隙腔出血，或同时出现上述多种情况。临床可表现为逐渐进展的上行性或波动性节段性神经功能缺损，或者表现为突发背部疼痛，伴节段性神经功能受损。对脊髓动静脉畸形患者，应行全脊髓增强 MRA、脊髓全血管 CTA 检查，以明确病变。脊髓梗死常由椎外动脉缺血引起，主要症状包括突发剧烈背痛、迅速进展的双侧肢体弛缓性瘫痪和感觉缺失，尤其是痛、温觉缺失。MRI 检查结果可作为诊断依据。

2. 四肢血管源性急性疼痛 急性四肢缺血的临床表现及严重程度取决于腔内闭塞的部位、程度以及侧支循环建立情况。缺血 4~6 h 后，缺血肢体远端的肌肉和神经组织可能发生不可逆的损伤甚至坏死。动脉栓塞患者很少有机会建立侧支循环，所以栓塞引发的缺血通常较严

重，需要急诊处理。动脉栓塞的诊断包括突发肢体疼痛，既往有心肌梗死、心房颤动或栓塞病史，而无周围血管疾病史；患肢多普勒超声检查显示动脉形态及搏动正常。通常可考虑直接行动脉取栓手术治疗；急性血栓形成导致的急性肢体缺血患者往往存在慢性肢体缺血病史，如下肢常伴有间歇性跛行、患肢静息痛和溃疡等下肢缺血症状。通常用 5P 征归纳急性肢体缺血的典型临床症状，即疼痛（pain）、苍白（pallor）、无脉（pulselessness）、感觉障碍（paresthesia）及麻痹（paralysis）。严重下肢深静脉血栓形成导致组织张力增高，累及动脉引起供血不足等情况，均可表现为 5P 征。血管外科学会/国际心血管外科学会（Society for Vascular Surgery/International Society for the Cardiovascular Surgery）将急性下肢缺血的严重程度分为三级，即 Rutherford 急性下肢缺血的严重程度分级，见表 3-6。

表 3-6 Rutherford 急性下肢缺血严重程度分级

分级	预后	临床表现		多普勒信号	动、静脉
		感觉缺失	肌无力		
Ⅰ级．活力性	下肢缺血程度较轻，无需紧急处理	无	无	可及（踝部＞30 mmHg）	可及
Ⅱ级．威胁性					
a. 边缘状态	立即治疗可挽救肢体功能	最小（足趾）或无	无	不可及	可及
b. 紧急状态	立即进行血管重建可挽救肢体功能	超过足趾，与静息痛相关	轻、中度	不可及	可及
Ⅲ级．不可逆性	无法避免组织损伤或者肢体缺失	感觉丧失	深部麻痹	不可及	不可及

注：Ⅱ级，肢体活力受到威胁，需进行血管重建才能保肢；Ⅱa，肢体没有立即受到威胁；Ⅱb，肢体严重受累，为保肢，需急诊行血管重建手术；Ⅲ级，肢体发生不可逆性缺血、坏死，保肢已不可能

（二）急诊处理

1. 一般处理 予以吸氧、纠正休克、维持内环境稳定、保护肾功能。

2. 病因治疗 ①脊髓动静脉畸形的治疗可通过常规手术或立体定向放射手术，或在血管造影下行栓塞术。脊髓梗死的治疗主要为支持治疗。②对任何急性下肢缺血患者，都应在第一时间开始予以药物治疗（抗凝、溶栓、扩血管）。患者发病后，及时、有效地恢复患肢血供是挽救肢体最重要的因素。

四、腹膜后源性急性疼痛

（一）病情评估及危险分层

以上尿路结石为例：

肾和输尿管结石（renal and ureteral calculus）为上尿路结石，主要症状是疼痛和血尿，其程度与结石的部位、大小及其是否活动，以及是否有损伤、感染、梗阻等有关。肾结石可引起肾区疼痛，伴肋脊角叩击痛。输尿管结石可引起肾绞痛（renal colic）或输尿管绞痛，典型的表现是阵发性腰部或上腹部疼痛，疼痛剧烈难忍，并沿输尿管放射至同侧腹股沟，还可放射至同侧睾丸或阴唇。双侧上尿路、孤立肾上尿路结石引起完全性梗阻时，可导致无尿，需进行急诊处理。超声检查作为首选的影像学检查方法，可以显示结石的高回声影及其后方的声影，还

可显示结石梗阻引起的肾积水及肾实质萎缩等征象。

（二）急诊处理

1. 肾绞痛 是常见急症，需予以紧急处理。用药前应注意与其他急腹症相鉴别。急诊处理以解痉、止痛为主。

2. 尿路梗阻 对发生尿路梗阻的患者，需尽快解除梗阻。

3. 取石、碎石方法 包括体外冲击波碎石术、经皮肾镜碎石取石术、经输尿管镜碎石术、腹腔镜输尿管切开取石术、开放式手术。

（李力卓）

第五节 发 热

发热（fever）是指体温升高超过正常范围的现象。通常认为，口腔温度高于37.3℃，肛温高于37.6℃，或一日体温波动超过1.2℃时，即称为发热。发热是人体对致病因子的一种病理生理反应。临床上根据热度高低将发热分为低热（体温为37.3~38℃）、中度发热（体温为38.1~39℃）、高热（体温为39.1~41℃）及超高热（体温达41℃以上）。发热病程在2周以内的发热称为急性发热。发热病程≥3周，经过细致的检查仍不能确诊的一组发热疾病称为不明原因发热（fever of unknown origin，FUO）。不明原因发热的病因复杂、常缺乏特征性的临床表现及实验室检查结果，已成为急诊常见的复杂疑难病症之一。

一、病因与发病机制

（一）病因

根据病史、体格检查和实验室检查结果进行综合分析，通常可以得到急性发热的病因诊断。根据是否有病原体侵入机体，可将发热分为感染性发热和非感染性发热两大类，前者较为多见，占发热病因的60%~70%。引起感染性发热的病原体有细菌、病毒、支原体、衣原体、立克次体、螺旋体、真菌及寄生虫等。无论是急、慢性感染，还是局灶性或全身性感染，均可引起发热。非感染性发热是由病原体以外的其他病因引起的发热。常见的发热病因见表3-7。

表3-7 常见的发热病因

类型		病因
感染性发热	病毒感染	新型冠状病毒感染、流行性感冒及其他病毒性呼吸道和消化道感染、病毒性肝炎、流行性出血热、严重急性呼吸系统综合征、病毒性心肌炎、艾滋病、传染性单核细胞增多症、各种病毒性脑炎、脊髓灰质炎等
	细菌感染	急性细菌性上呼吸道感染、细菌性肺炎、支气管扩张并发感染、胸膜炎、结核病（包括肺结核和肺外结核，如淋巴结核、结核性脑膜炎、肾结核、肠结核、脊柱结核）、炭疽、心包炎、感染性心内膜炎、泌尿系统感染、胆道感染、腹腔感染（包括急腹症）、局灶性细菌感染（如肝脓肿、脾脓肿、肺脓肿、膈下脓肿、肾周脓肿、盆腔脓肿、牙龈脓肿、臀肌脓肿、脑脓肿及）浅部化脓性感染（疖、痈、皮下急性蜂窝织炎）、脓毒症、急性细菌性痢疾、伤寒或副伤寒、流行性脑脊髓膜炎等

续表

类型		病因
感染性发热	支原体、衣原体感染	鹦鹉热、支原体肺炎、衣原体肺炎等
	立克次体感染	斑疹伤寒、恙虫病
	螺旋体感染	钩端螺旋体病、回归热、鼠咬热
	真菌感染	深部真菌感染与真菌性脓毒症（包括隐球菌病、念珠菌病、曲霉菌病）等
	寄生虫感染	疟疾、急性血吸虫病、阿米巴肝脓肿、丝虫病、旋毛虫病、利什曼原虫病（黑热病）、蜱虫病等
非感染性发热	吸收热	物理性和机械性损伤：大面积烧伤、创伤、大手术后、骨折、内脏出血和热射病等； 血液系统疾病：白血病、恶性淋巴瘤、恶性组织细胞病、骨髓增生异常综合征、多发性骨髓瘤、急性溶血、血型不合输血等； 肿瘤：血液恶性肿瘤以外的各种恶性肿瘤
	变态反应性疾病	药物热、血清病
	结缔组织病	类风湿关节炎、系统性红斑狼疮、结节性多动脉炎、皮肌炎、多发性肌炎、干燥综合征、硬皮病、原发性血管炎、白塞综合征、血管炎等
	中枢性发热	中暑、颅内出血或颅内肿瘤、间脑综合征、自主神经功能紊乱和感染后低热
	其他病因	甲状腺功能亢进症、甲状腺危象、亚急性甲状腺炎、痛风、严重脱水、输液或输血反应、坏死性肉芽肿、广泛性皮炎、鱼鳞病、慢性心力衰竭、恶性高热及不明原因发热等

（二）发病机制

人体的正常体温是由大脑皮质和下丘脑的体温调节中枢进行调节的，通过产热和散热之间的动态平衡保持体温相对恒定。由于各种原因导致产热增加和散热减少，即引起发热。

1. 致热原机制 引起发热的物质主要是外源性致热原和内源性致热原。内源性致热原主要是某些蛋白质，由外源性致热原刺激后产生，即当外源性致热原（包括各种病原体、炎性渗出物和无菌性坏死组织、抗原抗体复合物、某些类固醇物质、多糖体成分及多糖苷酸、淋巴细胞激活因子等）作用于粒细胞（中性粒细胞和嗜酸性粒细胞）和单核-巨噬细胞系统后，经过一系列反应，即产生内源性致热原，如白细胞介素-1（interleukin-1，IL-1）、肿瘤坏死因子（tumor necrosis factor，TNF）和干扰素。当内源性致热原作用于体温调节中枢后，经交感神经作用，使皮肤血管收缩，散热减少；经运动神经作用，使骨骼肌周期性收缩，引起寒战，使产热增加，结果使体温上升。

2. 非致热原机制 引起发热的常见情况包括以下几种。

（1）体温调节中枢直接受损：如颅脑外伤、出血、炎症等。

（2）引起产热过多的疾病：如癫痫持续状态、甲状腺功能亢进症等。

（3）引起散热减少的疾病：如广泛性皮肤病变、心力衰竭等。

二、病情评估与危险分层

（一）病情评估

引起发热的病因复杂，临床表现各异。约有10%的发热患者最终病因不明。详细采集病史并进行全面的体格检查是诊断的主要步骤。

1. 观察体温与发热病程 观察患者是急性发热，还是慢性发热。急性发热病程在2周以内，以感染性疾病最为常见。慢性发热是指发热持续3周以上，发热病因较复杂。

2. 观察发热病程与伴随症状 发热病程的长短对发热待查诊断有一定的参考价值，可以根据症状与体征特点做出相应的诊断，判断患者是感染性发热还是非感染性发热。

3. 筛查高危患者 应尽快筛查并找出危及生命的高危发热患者。

4. 仔细追溯病史 仔细询问病史是做出正确诊断的重要环节，尤其是对缺乏客观体征的长期发热患者更为重要。注意询问患者是否有基础疾病；询问患者的免疫及营养状况；询问患者的生活史、用药史、职业史、外科手术史、输血史、动物接触史、旅游史、近期住院史及业余爱好史等。

5. 进行全面、深入的辅助检查 辅助检查可补充病史和体格检查的不足，尤其是对仅以发热为主要症状而缺乏明确反映脏器损害的症状和体征的患者，辅助检查具有重要的诊断与鉴别诊断意义。除常规检查外，还需要完善各种体液和传染病的病原学及血清学检查、炎症和肿瘤标志物的血清学检查、结缔组织病相关检查及活体组织检查等。近年来，高通量测序技术（NGS）和正电子发射计算机断层显像（positron emission tomography，PET）-CT等的应用，对不明原因发热的鉴别诊断有很大的帮助。

（二）危险分层

在评估患者病情的同时，还应进行危险分层。对危及生命的发热患者，需收入重症监护病房，在生命体征监护下进行诊治。对不危及生命的发热患者，主要采取病因治疗。对慢性不明原因发热患者，应进行深入、全面、细致的检查，必要时请多学科会诊查找病因。

发热患者具备下列其中1项或多项者，应视为高危发热患者：①年龄＞70岁；②发热伴不同程度的意识障碍；③发热伴抽搐或精神障碍；④发热伴呼吸窘迫；⑤发热伴血流动力学不稳定；⑥发热伴内环境紊乱；⑦发热伴低氧血症；⑧发热伴免疫缺陷性疾病；⑨发热伴多器官损害；⑩发热伴全身皮疹或出血；⑪发热伴基础疾病，尤其是糖尿病。

三、诊断思路与流程

对大部分发热患者，通过询问病史、进行体格检查和辅助检查，可明确诊断。对少数患者，通过各种检查也难以做出病因诊断，需要继续密切观察其病情变化或按可能性较大的病因进行经验性诊断和治疗。发热的诊断流程如图3-3所示。

发热是急诊就诊患者常见的急性症状之一，占所有急诊患者的4.4%~7.5%，其中以急性发热最常见。引起急性发热的原因很多，大部分为感染性发热，以呼吸道、泌尿道和消化道感染最多见。对发热患者，除需要判断是否发生上述系统感染性疾病外，还需要鉴别某些急性传染病和其他系统感染性疾病。这些疾病引起的发热常伴有不同的临床表现和相应系统或部位的症状和体征，通常不难诊断。需要注意的是脓毒症，这是目前急诊常见的一种严重血液感染，

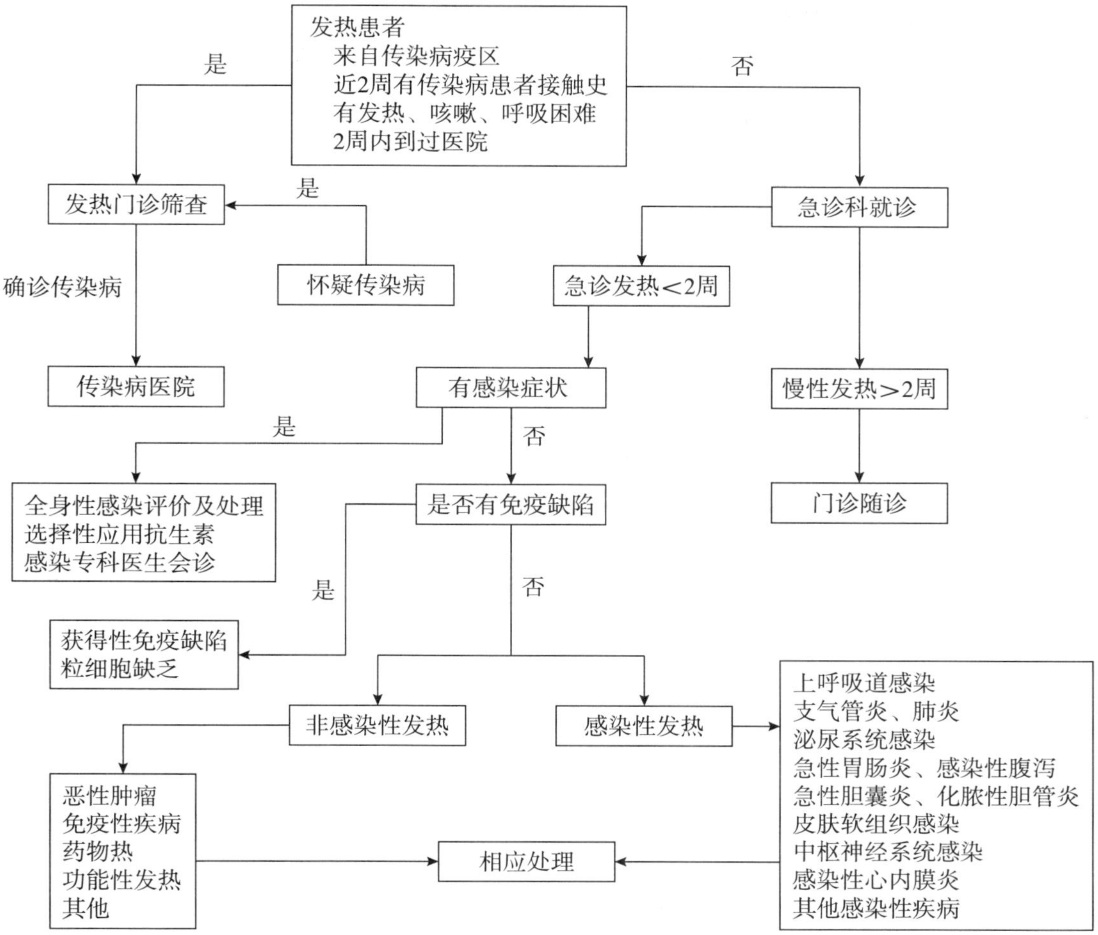

图 3-3 发热的诊断流程

常见的病原体有金黄色葡萄球菌、需氧性革兰氏阴性杆菌、表皮葡萄球菌、肠球菌、厌氧菌及真菌等。此外，脓毒症还可见于结核病、伤寒、布鲁氏菌病、极少见的人类猪链球菌病、炭疽等患者。对脓毒症、脓毒症休克和中枢神经系统感染患者，强调早期综合救治。

四、救治原则

对发热待查患者，按诊断步骤明确诊断后，可针对病因进行相应的处理和治疗。在病因未明确时，合理的处理十分重要。对低热和中度发热患者，在疾病未得到确诊和有效治疗时，不宜予以解热治疗。即使是高热患者，尚未诊断为感染性发热和诊断未明确时，也不宜轻易应用抗菌药和解热药。

1. 对于高危发热患者 收入监护病房，加强医疗护理，建立静脉通道，实施气道管理，必要时予以呼吸支持治疗。对休克患者，应考虑予以液体复苏和使用血管活性药物。立即采集血液、痰液、尿标本，进行病原学及相关辅助检查。对可疑感染性发热患者，可进行初始经验性抗菌药治疗，并尽快根据病原学检查结果针对致病菌应用有效抗生素。

2. 对于轻度局限性细菌或病毒感染患者 可选择院外口服药物治疗。

3. 支持、对症治疗 注意休息，补充水和电解质，予以清淡饮食，补充营养。当患者出现高热时，可予以物理降温和适当的药物降温。

4. 注意维护重要脏器的功能　避免引起重要器官功能损害。

5. 治疗基础疾病，防治并发症　保持机体内环境稳定，进行免疫调理治疗，积极治疗基础疾病，防治并发症。

6. 诊断性治疗　若病因暂时难以查明，在不影响进一步检查的情况下，应按可能性较大的病因进行诊断性治疗，以期获得疗效而做出临床诊断。

五、注意事项

1. 对于病因不明的急性发热患者，不能完全凭借体温高低判断疾病的严重程度，也不能完全根据发热病程长短预测严重细菌感染的总体发生风险。对于患者而言，发热程度与个体反应的强弱有关，但老年休克型肺炎患者可仅有低热或无发热。

2. 对不明原因的发热患者，涉及多学科疾病时，需请相关专科会诊，共同诊治。

3. 疑诊发热患者可能为传染性疾病时，应做好隔离防护。

4. 对发热病因复杂的患者，应向其解释病程和诊疗时间长、费用高甚至难以确诊的可能，并做好医患沟通记录。

（李　燕）

第六节　心　悸

心悸（palpitations）是主观上感觉心脏快速跳动的不适感或心慌感，是一种常见症状。当心脏收缩过强或者发生心动过速、心动过缓及其他心律失常时，患者均可感到心悸。

案例 3-2

患者，女性，22岁，因"反复发作心悸10余年"入院。患者10余年前在情绪激动等情况下开始发作心悸，伴胸闷、胸痛、恶心、呕吐，持续数分钟至数小时，可自行缓解，于当地医院就诊，心电图检查示室上性心动过速；之后，患者每隔1~2年均出现上述症状。今年患者再次发作上述症状，到当地医院急诊，心电图检查示室上性心动过速；予以维拉帕米静脉注射后，患者症状缓解。为进一步治疗，患者来我院就诊，以"心律失常，阵发性室上性心动过速"被收治入院。

体格检查：T 36.5℃，P 94次/分，R 18次/分，BP 107/69 mmHg；心音正常，无杂音；双肺呼吸音清晰，双下肢无水肿。辅助检查：血常规、生化、凝血功能、心肌标志物、NT-proBNP、甲状腺功能等检查均未见明显异常。胸部正位X线检查示：心脏、肺未见异常。心脏彩超检查示：心内结构未见异常。

问题：
1. 对室上性心动过速患者应如何进行急诊治疗？
2. 后期应如何对该患者进行治疗？

一、病因及临床表现

心脏过度活动是心悸发生的基础,常与心率和心输出量改变有关。心悸的病因可以是生理性和病理性的,也可以是其他功能性疾病。心律失常是心悸发生的最常见病因,心悸与心律失常的发生及其持续时间有关。患者通常会以"心跳快""心慌"等来形容心悸的感觉。心悸患者可由于病因不同而呈现出不同的临床表现。

(一)心律失常导致的心悸

进行心电图检查一般可以明确诊断,包括心动过速、心动过缓和其他心律失常。

1. 心动过速 一般包括窦性心动过速、房性心动过速、心房扑动、心房颤动、交界性心动过速、室性心动过速、心室颤动。其中,室性心动过速、心室颤动患者经常合并血流动力学障碍,需要予以紧急处置,终止心律失常发作。

2. 心动过缓 一般包括窦性心动过缓、窦性停搏、病态窦房结综合征、窦房传导阻滞、房室传导阻滞。患者的临床症状与心率缓慢的程度、是否伴有血流动力学障碍有关,严重时可以出现黑矇、晕厥、阿-斯综合征甚至导致猝死。

3. 其他心律失常 可见于期前收缩、心房扑动或颤动、心脏起搏器和植入型心律转复除颤器的功能和(或)程序异常等情况。

知识拓展

室性心动过速/心室颤动电风暴

室性心动过速/心室颤动电风暴是临床急症,常需要多学科共同诊治。室性心动过速/心室颤动电风暴是指24 h内发生3次或3次以上室性心动过速或心室颤动,需予以抗心动过速起搏器(anti-tachycardia pacemaker,ATP)或电复律、电除颤治疗。对于住院治疗的患者,应根据其发生室性心动过速/心室颤动时的血流动力学及相关伴随症状进行危险分层。对于高危患者,需转入重症监护病房,予以镇静、气管插管及血流动力学支持等治疗。室性心动过速/心室颤动电风暴的紧急治疗目的是降低室性心律失常的发生率和提高患者生存率。

(二)非心律失常导致的心悸

非心律失常导致的心悸常见于器质性心脏病、系统性疾病、药物影响、心身疾病、生理性搏动增强及心脏神经症等情况。

1. 器质性心脏病 一般包括各种器质性心脏病变,常见于各种瓣膜病变,如重度瓣膜关闭不全、分流型先天性心脏病、肥厚型心肌病、各种病因导致的心力衰竭或者心脏扩大等情况。

2. 系统性疾病 一般包括甲状腺功能亢进症、嗜铬细胞瘤、低血糖、更年期综合征、发热、贫血、妊娠、低血容量、体位性低血压、体位性心动过速综合征、动静脉瘘等情况。心悸只是系统性疾病的一种表现,需要积极寻找病因,积极治疗原发病。

3. 药物影响 一般包括应用各种拟交感神经药、血管扩张药、抗胆碱药、肼屈嗪,或者在短时间内停用抗心律失常药(如β受体阻滞剂)。此外,咖啡因、二醋吗啡、尼古丁、大麻

等也可导致心悸发作。

4. 心身疾病 一般包括焦虑、惊恐发作，或者抑郁症等导致的躯体疾病。此外，个体在外伤、精神刺激等情况下也可出现心悸。排除器质性病变后，可以考虑为自主神经功能紊乱导致的心脏神经症，一般预后良好。

二、诊断

诊断思路：询问病史，进行体格检查，尽快明确心悸患者是否发生心律失常及其性质，明确患者是否有器质性心脏病、全身系统性疾病。

（一）病史询问

详细了解心悸的诱因、持续时间、伴随症状以及患者的既往史等。

1. 诱因 了解患者发病前是否有失眠、大量饮浓茶及咖啡、过量吸烟及饮酒、过量运动等，是否有服药史；注意询问患者是否有外伤、精神刺激等情况。若心悸多在静息时发生，转移注意力（如聊天、适量运动等）后症状可消失，则一般为神经功能紊乱。

2. 持续时间 了解患者心悸的发作特点，是阵发性还是持续性，是突发、突止，还是渐缓变化。了解患者病史的长短，以及是否伴有意识改变和周围循环障碍等。

3. 伴随症状 不同的伴随症状往往提示导致心悸的病因不同。

（1）伴心前区疼痛：常见于急性冠脉综合征、心肌炎、心包炎等。

（2）伴发热：见于感染性疾病、风湿热、心肌炎等。

（3）伴晕厥或抽搐：见于心室颤动或室性心动过速、高度房室传导阻滞、病窦综合征等。

（4）伴呼吸困难：见于急性心肌梗死、心力衰竭、心肌炎、心包积液、肺栓塞等。

（5）伴消瘦及出汗：见于甲状腺功能亢进症、结核、低血糖发作等。

（6）伴贫血：见于急、慢性失血患者，可伴有休克。

（7）伴失眠、头晕及乏力等神经衰弱表现：多见于心脏神经症。

4. 既往史、基础疾病 了解患者是否有系统性疾病或心脏病、甲状腺功能亢进症或家族史。

（二）体格检查

1. 生命体征 监测患者的体温、血压、心率、呼吸、脉搏、氧饱和度、血糖等指标。

2. 一般状况 注意检查患者的一般状况，如观察患者是否有焦虑、情绪激动等。

3. 头部 观察患者是否存在二尖瓣面容、突眼、贫血貌、发绀等。

4. 颈部 检查甲状腺的大小、是否有震颤、血管杂音，是否有颈静脉怒张等。

5. 胸部 听诊呼吸音，是否有啰音，是否有呼吸音减低或者消失，是否有心界扩大；是否有病理性杂音等。

（三）辅助检查

1. 心电图 患者心悸发作时记录的 12 导联心电图是诊断的"金标准"，可以识别各种心律失常。对于静态心电图检查正常的患者，必要时可进行运动负荷试验。

动态心电图检查可以连续监测 24 h 心电活动，而植入型心电监护仪可以长期（数月至数年）监测心律失常，适用于间歇发作的患者。进行动态心电图检查或心电监护可以明确心悸的发生是否与心律失常、心肌缺血和日常活动有关。对于高危患者，可以选择进行电生理检查。

2. 超声心动图检查 进行超声心动图检查可以直观地评估心脏以及主动脉的结构、瓣膜活动情况、心脏舒张功能和收缩功能以及血流变化，还可以及时发现器质性心脏病变，评估心功能，为其他心脏病变提供诊断依据。

3. 胸部 X 线检查、CT 检查 进行胸部 X 线检查或胸部 CT 检查可以检测心影大小等参数，可以发现肺部疾病，如肺水肿、胸腔积液、肺炎。

4. 实验室检查 进行血常规、肝功能、肾功能、电解质、心肌酶谱、肌钙蛋白等检查，可以对多种可能导致心悸的疾病做出初步诊断。通过完善的生化检查，可以明确其病因是否为非心血管疾病。

三、急诊治疗

心悸的急诊治疗需要遵循以下原则：

明确病因，治疗原发病，根据心律失常的类型进行相应的处理。对于心律失常且伴有严重血流动力学障碍的患者，首先要终止心律失常发作，然后根据心律失常的类型予以相应的处置；对无心律失常的患者，一般仅需予以对症治疗。对于病理性原因引起心悸的患者，应积极治疗原发病。对神经功能失调引起心悸的患者，可进行心理治疗。

心悸患者的急诊救治流程如图 3-4 所示。

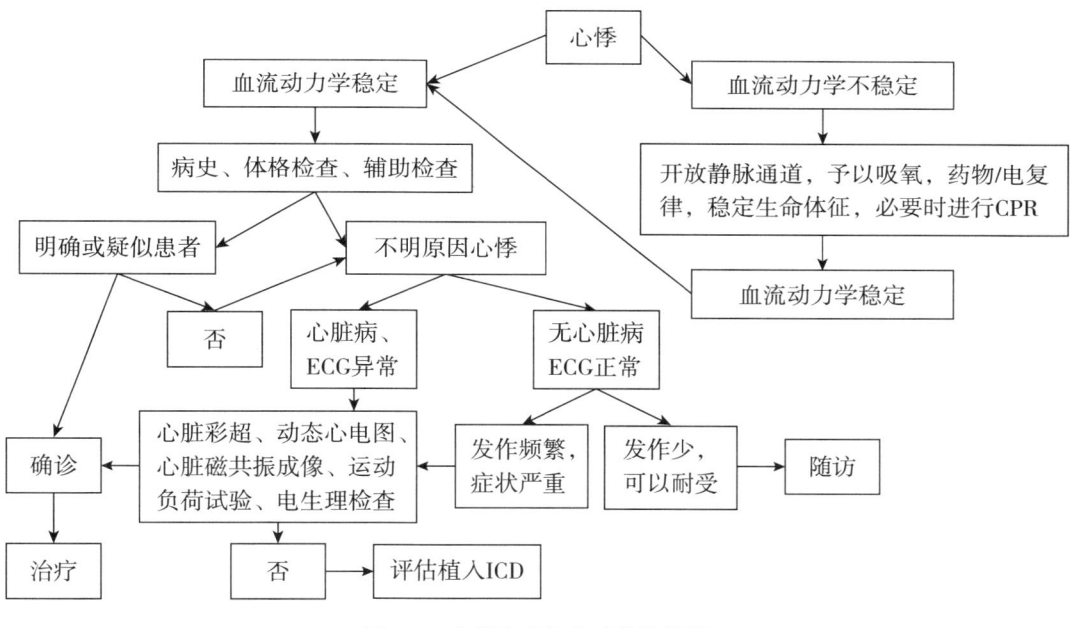

图 3-4 心悸患者的急诊救治流程

（陈 彦）

第七节 呼吸困难

呼吸困难（dyspnea）是指患者主观上感到换气不足、呼吸不畅及窒息等呼吸不适感的体验，伴或不伴呼吸费力表现，如张口呼吸、鼻翼扇动、呼吸肌辅助参与呼吸运动等，也可伴有呼吸频率、深度与节律的改变。呼吸困难的病因涉及呼吸、循环、消化、神经、血液、精神等多个系统,及时、准确鉴别引起呼吸困难的原因,有利于指导疾病的诊治。

一、病因与病理机制

(一)病因

呼吸困难按病因可分为肺源性呼吸困难、心源性呼吸困难、中毒性呼吸困难、血源性呼吸困难和神经精神性呼吸困难。其中,肺源性呼吸困难又分为呼气性呼吸困难、吸气性呼吸困难和混合性呼吸困难。呼吸困难的类型和常见病因见表3-8。

表3-8 呼吸困难的类型和常见病因

类型	病因
肺源性呼吸困难	
肺部疾病	各型肺炎、肺结核、肺脓肿、肺水肿、肺不张、肺尘埃沉着病、慢性阻塞性肺疾病、肺梗死、肺癌等
呼吸道梗阻	咽喉、气管、大支气管的炎症、水肿、肿瘤或异物所致的狭窄或阻塞
胸壁、胸廓与胸膜疾病	气胸、大量胸腔积液、广泛胸膜粘连增厚、胸廓外伤、严重胸廓及脊柱畸形等
神经-肌肉疾病与药物不良反应	脊髓灰质炎和运动神经元疾病累及颈髓、重症肌无力、应用药物导致呼吸肌麻痹等
横膈疾病与运动受限	重度肠胀气、膈肌麻痹、膈疝、大量腹水、过度肥胖、腹腔巨大肿瘤、胃扩张和妊娠晚期等
心源性呼吸困难	心力衰竭、急性冠脉综合征、心脏瓣膜病、高血压性心脏病、心肌病、心肌炎、心包积液、心律失常等
中毒性呼吸困难	
酸中毒性疾病	肾衰竭、糖尿病酮症酸中毒、肾小管性酸中毒等
急性感染与传染病等	毒血症等
药物和化学物质中毒	吗啡类、巴比妥类、苯二氮䓬类药物、有机磷农药或灭鼠剂中毒;化学毒物或毒气(如一氧化碳、亚硝酸盐、苯胺)中毒
血源性呼吸困难	重度贫血、白血病、输血反应、甲状腺危象等
神经精神性呼吸困难	
器质性颅脑疾病	颅脑外伤、脑血管疾病、脑炎、脑膜炎、脑脓肿及脑肿瘤等
精神或心理疾病	癔症、抑郁症等
其他	中暑、高原病、肺出血型钩端螺旋体病等

(二)病理机制

呼吸困难的病理机制尚未完全阐明,可能与呼吸系统的机械负荷增加、神经肌肉功能降低、呼吸驱动异常增加、呼吸反射异常及精神异常等综合因素有关。

二、临床表现

1. 起病方式 突然出现呼吸困难多见于自发性气胸、肺水肿、支气管哮喘、急性心肌梗死和肺栓塞等患者。夜间阵发性呼吸困难以急性左心衰竭患者最为常见，慢性阻塞性肺疾病（chronic obstructive pulmonary disease，COPD）患者夜间可因液体聚积而引起咳喘，被迫取端坐体位。慢性支气管炎及肺气肿患者的呼吸困难可随肺功能减退而加重。急性呼吸窘迫综合征（acute respiratory distress syndrome，ARDS）患者多在原发病起病后 5 日内出现呼吸困难，而约有半数患者在发病后 24 h 内出现呼吸加快，随后出现进行性呼吸困难或呼吸窘迫。

2. 伴随症状 呼吸困难患者可伴有发热、咳嗽、咳痰、胸痛等症状，有助于病因的诊断与鉴别诊断。

3. 呼吸困难的类型 ①吸气性呼吸困难：多见于喉、气管狭窄（炎症、水肿、异物或肿物压迫），表现为喘鸣，吸气时胸骨和锁骨上窝及肋间隙凹陷，称为"三凹征"；②呼气性呼吸困难：多见于支气管哮喘、COPD 患者，表现为呼气相延长，伴有喘鸣音；③混合性呼吸困难：见于重症肺炎、肺间质纤维化、大量胸腔积液和气胸患者；④潮式呼吸（tidal breathing）和间停呼吸（meningitic breathing）：见于中枢神经系统疾病及糖尿病酮症酸中毒、急性中毒等患者。

三、辅助检查

1. 常规检查 进行血常规、生化检查，心电图、超声心动图检查。

2. 胸部 X 线检查 有助于发现各种心肺疾病及胸腔疾病。对急危重症患者行床旁 X 线检查时，尽量使患者取半卧位，必要时进行胸部 CT 扫描、MRI、放射性核素扫描。

3. 动脉血气分析 可通过动脉血氧分压（arterial partial pressure of oxygen，PaO_2）、动脉血二氧化碳分压（arterial partial pressure of carbon dioxide，$PaCO_2$）、酸碱指标来判断患者的病情。

4. 肺功能检查 对病情并非危急的患者，可选择进行肺功能检查，有助于判断功能障碍的程度和性质。但肺功能检查项目较多，应根据患者的病情需要及其耐受能力选择检查。

四、诊断

（一）诊断思路

1. 呼吸系统疾病

（1）上呼吸道疾病：常见于喉及气管内异物、喉头水肿或肿物等情况。患者有异物吸入史、过敏等相关病史，表现为吸气性呼吸困难、"三凹征"，听诊可闻及喉鸣音；使用喉镜或支气管镜进行咽喉部或支气管上段检查时，可发现阻塞性病变或异物。

（2）支气管及肺部疾病：如急性支气管炎、肺炎、支气管哮喘、急性肺水肿。患者有相关病史，肺部可闻及干、湿啰音，进行胸部 X 线检查或 CT 检查、血常规检查等可明确诊断。

（3）肺血管疾病：如急性肺栓塞。患者多有长期卧床、手术史、持续性心房颤动等病史，突然出现呼吸困难，伴胸痛、咯血等症状，行 D-二聚体测定、肺动脉造影等检查可明确诊断。

（4）其他：如气胸、胸腔积液，进行胸部 X 线检查可明确诊断。

2. 心血管系统疾病

（1）急性左心衰竭：患者常有冠心病、高血压等病史，呼吸困难常于夜间发作，呈端坐呼吸，咳粉红色泡沫样痰，双肺可闻及干、湿啰音，进行超声心动图、胸部 X 线、心力衰竭标志物等检查可明确诊断。

（2）急性冠脉综合征：患者常有心前区或胸骨后压榨样剧痛，心电图检查可见 ST-T 段缺血性动态改变，或心肌酶谱检测显示有动态变化。

（3）其他：包括心肌病、心肌炎、心脏瓣膜病、心律失常等，进行心电图、心肌酶谱、心脏彩色多普勒超声检查等可明确诊断。

3. 中毒性疾病 包括一氧化碳、有机磷农药、药物中毒等。患者常有毒物或药物接触史。

4. 血液和内分泌系统疾病 包括重度贫血、糖尿病酮症酸中毒、甲状腺危象等。患者有贫血、糖尿病、甲状腺功能亢进症等相关病史，血常规、血糖、血酮体、甲状腺功能检查等有助于诊断。

5. 神经精神性疾病 如严重颅脑病变（包括出血、肿瘤、外伤等）。患者常伴有神经系统症状和体征。进行颅脑 CT、颅脑 MRI 检查可协助诊断。精神刺激后出现呼吸困难常提示为癔症。

（二）鉴别诊断

呼吸困难最常见于心血管系统疾病、呼吸系统疾病和神经肌肉疾病，其鉴别诊断需要综合判断。

首先应区分急性、慢性和发作性呼吸困难；其次应区分两类呼吸困难：一类是病因尚未明确的新发呼吸困难；另一类是已有心肺疾病及神经系统疾病等基础疾病的患者出现的呼吸困难加重。

因此，对于呼吸困难的鉴别诊断，需全面、系统了解患者的基础疾病，并遵循"系统、有序、快捷、准确"的原则进行。

引起呼吸困难的常见心血管疾病包括：心肌病变、心脏压塞及缩窄性心包炎、各种原因所致的左心和（或）右心功能不全等。

引起呼吸困难的常见呼吸系统疾病包括：慢性阻塞性肺疾病、支气管哮喘、肺栓塞、肺炎等。

五、病情评估

1. 评估与判断 对于呼吸困难患者，应立即评估其神志、呼吸、脉搏、心率、血压、氧饱和度等基本生命体征，迅速进行必要的体格检查。判断并识别患者是否有呼吸停止、气道阻塞、严重低氧血症、心律失常、血流动力学障碍、低血压、休克等危及生命的症状和体征，并立即实施抢救。

2. 尽快完善相关的辅助检查 进行血常规、D-二聚体、电解质、血气分析等血液检查，胸部 X 线检查或 CT 检查，心电图、超声心动图检查，以及肺功能、纤维支气管镜、支气管造影、肺部血管造影等检查。

六、救治措施

呼吸困难的处理通常分为一般处理、紧急处理和对症处理、病因处理或特殊处理等。对任何原因引起的呼吸困难，最根本的处理措施都是针对患者原发病的治疗，即病因治疗。保持充分的通气和氧合，维持血流动力学稳定，及时发现并处理致命性或不稳定性呼吸困难是首要处理原则，继而考虑原发病和相关并发症的处理。呼吸困难患者的急诊救治流程如图 3-5 所示。

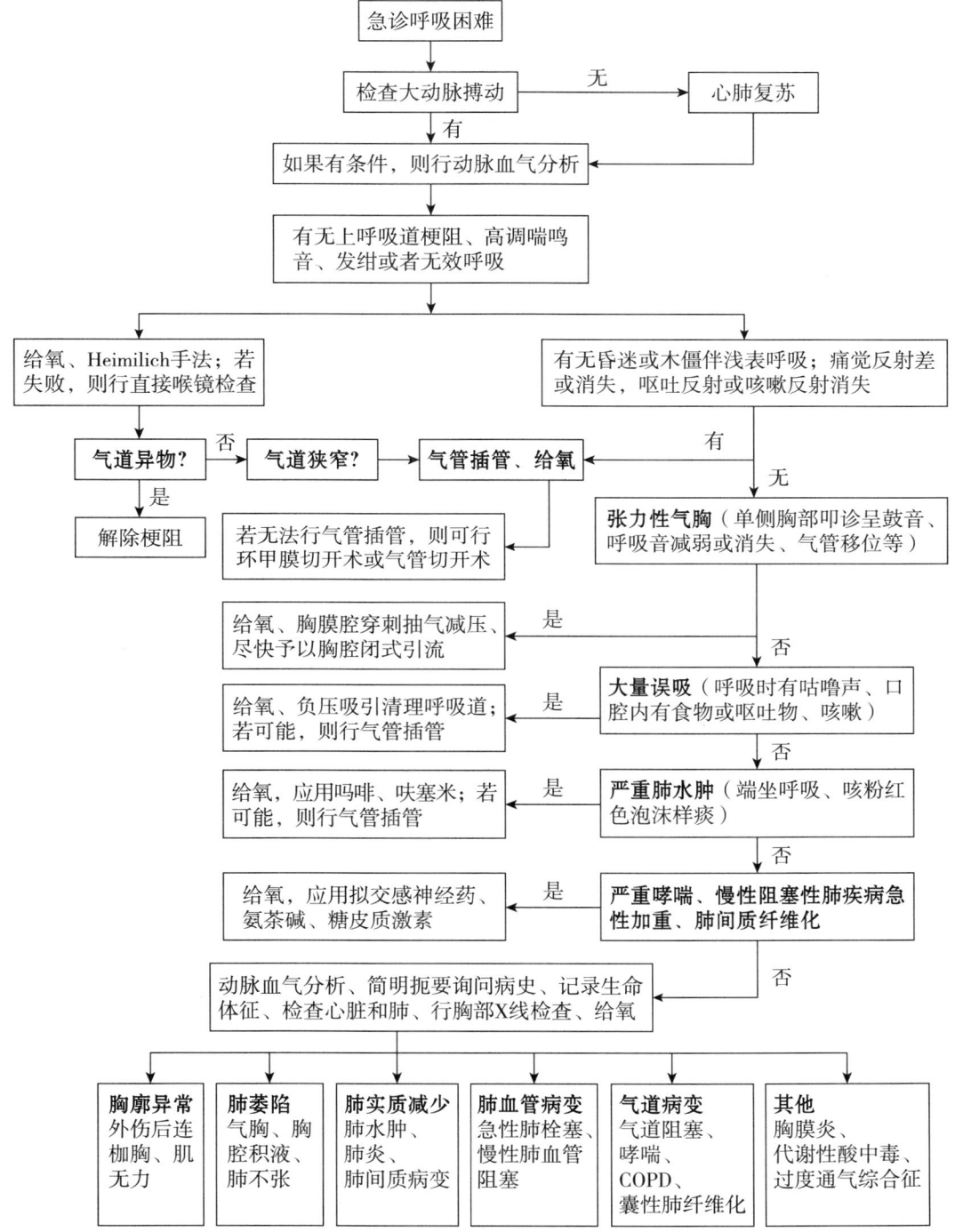

图 3-5　呼吸困难患者的急诊救治流程

（王　彤）

第八节 咯血

一、概念

声门以下的呼吸器官（即气管、支气管或肺组织）出血，经咳嗽动作从口腔排出的现象称为咯血（hemoptysis）。通常，大量咯血是指每次咯血量≥300 ml，或24 h内咯血总量超过500 ml。大量咯血时，血液从口、鼻涌出，常可阻塞呼吸道，引起窒息而导致患者死亡。咯血患者常有功能性肺泡内血液聚积，即使予以气管插管和高浓度吸氧，也无法进行有效的气体交换。

二、病因与发病机制

（一）咯血的解剖基础

肺约有95%的血供来自肺动脉，而气道及其支撑系统的血供来自支气管循环。咯血部位可接受支气管循环和肺循环的多重血液供应，90%的大量咯血患者出血来源于支气管循环，主要来自毛细血管、小血管（通常为动脉）或大血管，极少数来自肺动脉和动静脉瘘。

1. 支气管循环　大多数慢性肺实质感染性炎症（如肺脓肿、真菌性感染和肺结核）所致的咯血来源于支气管动脉。支气管肺癌、肺转移癌、肺动脉血流减少的先天性心脏病和支气管结石等疾病引起的咯血均来源于支气管动脉。肺静脉也是咯血的来源，如风湿性心脏病伴二尖瓣狭窄。

2. 肺动脉　由肺动脉损伤和破裂引起的咯血相对少见，一般是由于外伤、肉芽肿、钙化的淋巴结、肿瘤破坏了某一肺动脉系统分支所致。肺动静脉畸形引起的咯血主要来自肺动脉。肺栓塞或梗死后，咯血来自肺动脉，此时咯血量较少。肺结核患者可因肺动脉瘤破裂而突然死亡，动脉瘤破裂是由于炎性空洞使其附近的肺动脉壁因炎症损伤而扩张破裂。

（二）咯血的机制

各种病因导致咯血的机制不同，常见的机制有血管通透性增高；血管壁被侵蚀、破裂；病变引起血管瘤破裂；肺血管压力增加；止血、凝血机制障碍；机械性损伤。另外，还有部分患者咯血的机制尚未明确。

（三）咯血的病因

1. 感染　是咯血的常见原因，尤其是在不发达国家。肺结核、肺脓肿、肺部真菌感染、细菌和病毒感染是大量咯血的常见病因。

2. 肿瘤　支气管肺癌患者出现咯血的比例可达30%~50%。肺癌患者间断性咯血可达2周以上，其引起大量咯血者约占3%。偶尔有肿瘤浸润肺血管或主动脉而引起咯血者，特别是与气道有相连者。其机制可能是肿瘤侵及气道或血管、黏液阻塞气道或血管，或感染导致气道阻塞。

3. 气道炎症　支气管扩张是大量咯血的主要原因之一。囊性肺纤维化和支气管炎也是咯血的常见原因。

4. 肺血管疾病　咯血常发生在原发性和继发性肺动脉高压患者，在未服用抗凝血药或没有凝血异常疾病的情况下，出血量通常较小。在肺血管压力较高和血流量较大的情况下，患者肺血管可能破裂。慢性肺动脉高压可使肺的大血管或小动脉形成动脉粥样硬化斑块，后者破裂时，可导致大量咯血。

5. 其他血管和心血管疾病 如风湿性心脏病二尖瓣狭窄，这与长期肺静脉高压所致的支气管小血管破裂有关。

6. 其他疾病 例如，医源性咯血常见于经支气管活检、经皮肺穿刺活检和气管导管气囊导致肺动脉损伤等情况。

咯血的病因繁多，按解剖部位可分为因支气管、肺部、心血管或全身疾病而引起的咯血，按病因可分为感染性疾病、肿瘤、支气管-肺和肺血管结构异常、血液病、免疫性疾病、肺损伤和物理因素等引起的咯血。引起咯血最常见的病因依次为支气管扩张、肺结核、肺癌、肺脓肿。此外，虽然经细致检查，但仍有20%的患者咯血病因始终难以明确。

三、病情评估与危险分层

（一）症状

1. 询问主诉及现病史 应详细了解患者咯血发生的急缓、咯血量和性状，是初次咯血还是多次咯血，咯血前是否有诱因等。

2. 伴随症状 了解患者是否有发热、胸痛、咳嗽、胸闷、出汗、恐惧、呼吸困难、心悸、黄疸、皮肤黏膜出血以及咯血与月经的关系等。

3. 既往史 注意询问患者的职业、旅游史、吸烟史，是否有胸部外伤史，是否有潜在的心肺疾病；询问患者既往是否有上呼吸道、鼻窦或上消化道疾病史，以及最近的感染症状；询问患者既往是否有咯血史或家族咯血史；询问患者用药史，以及单侧或双侧腿部肿胀情况等（表3-9~表3-13）。

（二）体征

观察咯血的量、性状和颜色；患者的一般状态，特别是血压、脉搏、呼吸、心率和神志；皮肤颜色，是否有贫血、皮肤黏膜出血、皮下结节和杵状指（趾），肝、脾淋巴结大小；注意是否有肺部湿啰音、肺内呼吸音变化，心脏杂音、心律，肝、脾大小，是否有下肢水肿及体重减轻等。

表3-9 咯血量与提示意义

出血量	提示意义
24h咯血<100 ml	小量咯血
24h咯血100~500 ml	中等量咯血
24h咯血>500 ml 或一次咯血>100 ml 或发生失血性休克	大量咯血

表3-10 出血或血痰的颜色和性状与提示意义

痰液的颜色和性状	提示意义
鲜红色	肺结核、支气管扩张、肺脓肿和出血性疾病
铁锈色血痰	肺炎球菌肺炎、肺吸虫病和肺泡出血
砖红色胶冻样痰	肺炎克雷伯菌肺炎

续表

痰液的颜色和性状	提示意义
暗红色	二尖瓣狭窄
浆液性粉红色泡沫样痰	左心衰竭
黏稠的暗红色血痰	肺梗死

表 3-11　咯血的伴随症状与提示意义

伴随症状	提示意义
发热	肺结核、肺炎、肺脓肿、肺出血型钩端螺旋体病、支气管肺癌等
发热、咳痰	上呼吸道感染、急性鼻窦炎、急性支气管炎肺炎和肺脓肿
咳脓性痰	支气管扩张症、肺脓肿、空洞型肺结核继发细菌感染
胸痛	肺炎球菌肺炎、肺结核、肺梗死、支气管肺癌
呛咳	支气管肺癌、支原体肺炎
皮肤黏膜出血	血液病、风湿病、肺出血型钩端螺旋体病和流行性出血热
劳力性呼吸困难、乏力、端坐呼吸、夜间阵发性呼吸困难、咳粉红色泡沫样痰	充血性心力衰竭、二尖瓣狭窄

表 3-12　咯血的病史与提示意义

病史特点	提示意义
年龄	青壮年常见于肺结核、支气管扩张、风湿性心脏病二尖瓣狭窄；对 40 岁以上患者，应注意肺癌
年轻女性反复咯血	支气管内膜结核、支气管腺瘤
儿童慢性咳嗽伴小量咯血与低色素性贫血	特发性含铁血黄素沉着
使用抗凝血药	凝血功能紊乱
月经期发病	肺子宫内膜异位症和雌激素周期性浓度增高
慢性肺部疾病史、反复呼吸道感染、咳大量泡沫样脓性痰	支气管扩张症、肺脓肿
艾滋病、免疫功能低下	肿瘤、结核和卡波西肉瘤
吸烟史	急性支气管炎、慢性支气管炎、肺癌、肺炎
旅游史	结核、寄生虫或生物因素
消瘦	肺气肿、肺癌、结核、支气管扩张、肺脓肿和艾滋病

表 3-13　咯血的体征特点与提示意义

体征特点	提示意义
恶病质、杵状指（趾）、喘鸣、库欣综合征、蕈样肉芽肿、Horner 综合征	支气管来源的癌肿、小细胞肺癌及其他原发性肺癌
杵状指（趾）	原发性肺癌、支气管扩张、肺脓肿、严重慢性阻塞性肺疾病、肺转移癌
肺实变体征、发热、单侧肺部听诊闻及湿啰音	肺炎
面部压痛、发热、黏性鼻涕和擤鼻后流涕	急性支气管炎、急性鼻窦炎

续表

体征特点	提示意义
发热、呼吸急促、低氧血症、辅助呼吸肌肥大、桶状胸、肋间隙增宽、缩唇呼气；听诊闻及干啰音、喘息；叩诊呈鼓音、心音遥远	慢性阻塞性肺疾病急性加重期、原发性肺癌和肺炎
牙龈增生、牙龈呈暗红色，鞍状鼻、鼻中隔穿孔	韦格纳肉芽肿病
漏斗胸，听诊可闻及心脏杂音	二尖瓣狭窄
淋巴结肿大、恶病质和皮肤紫色肉瘤	继发于艾滋病的卡波西肉瘤
面部和黏膜毛细血管扩张、鼻出血、心动过速、呼吸急促、低氧血症、颈静脉充盈，可闻及第三心音奔马律、呼吸音减低；双侧肺部听诊可闻及啰音；双下肺叩诊呈浊音	由左心室功能不良引发的充血性心力衰竭或严重的二尖瓣狭窄
呼吸困难、低氧血症、心动过速，听诊可闻及第二心音固定分裂、胸膜摩擦音、单侧腿疼痛和水肿	肺血栓性疾病
恶病质，肺尖部叩诊呈鼓音	结核

四、诊断思路与流程

1. 明确是否为咯血　根据咯血的表现和特点，排除口腔、鼻咽及牙龈等部位出血和消化系统疾病所致的呕血。

2. 明确病变性质

（1）发热伴咳嗽、痰液量增多：外周白细胞计数和（或）中性粒细胞比例增高，见于肺部感染性疾病患者。

（2）低热、盗汗、乏力：结核菌素试验呈阳性、痰涂片抗酸杆菌检测呈阳性或痰培养查到结核分枝杆菌、胸部X线检查显示肺部特征性异常表现，见于肺结核患者。

（3）小量咯血伴乏力、消瘦：患者有长期吸烟史、慢性病程，胸部X线检查提示有占位性病变等，见于肺部肿瘤患者。

（4）急性发病伴流行病学史：多见于传染病患者。

（5）伴心血管症状和体征：见于心血管疾病患者。

（6）伴有肺外症状或其他脏器功能损害：见于胶原病、免疫性疾病或血液病患者。

3. 判断严重程度　咯血的严重程度决定于咯血量、咯血速度和持续时间。咯血量的估计存在一定的困难，因为有时会混入痰液、唾液，以及患者有时会将血液吞入胃内。此外，还应注意咯血的严重程度与患者的年龄、基础状态和基础疾病有关。

五、救治原则

（一）大量咯血引起窒息的评估与急救

1. 初步评估　如果患者咯血后发生窒息，而没有被及时发现和得到有效抢救，则可以在数分钟内迅速死亡。致命性大量咯血表现为患者咯血量突然增多（如满口血痰或连续咳嗽并咯出鲜血），或胸闷、气促，伴烦躁、大汗淋漓等。当咯血患者突然出现呼吸加快、"三凹征"、一侧肺呼吸音减弱或消失，甚至意识不清时，均提示发生窒息。

2. 急救处理措施

（1）体位引流：使患者取头低足高 45°俯卧位，迅速拍背，以排出积血；尽快清理口腔内积血，保持呼吸道通畅，有效给氧。

（2）气管插管：迅速行气管插管，同时将口腔、气道内的血液尽可能抽出（必要时经支气管镜抽血），直至窒息缓解。

（3）纤维支气管镜止血：可在纤维支气管镜下行气囊压迫、电凝止血、激光止血及使用止血药。

（4）支气管动脉栓塞治疗：对于大量咯血或顽固性咯血患者，可在防治窒息、保持气道通畅的前提下，行支气管动脉造影及栓塞术。

（二）咯血的治疗

1. 一般治疗　予以吸氧，进行心电、血压、脉搏血氧饱和度监测；即刻建立静脉通道；出血部位明确者，应取患侧卧位；鼓励患者轻轻将痰血咳出，保持呼吸道通畅，避免误吸和窒息。

2. 药物止血

（1）垂体后叶素：具有收缩支气管动脉和肺小动脉的作用，可使肺内血流量减少，降低肺循环压力，是治疗咯血，尤其是大量咯血的首选药物。通常将 5~10 U 垂体后叶素加入 20~40 ml 25% 葡萄糖溶液中，缓慢静脉注射，继之将 10~20 U 垂体后叶素加入 250~500 ml 5% 葡萄糖溶液中，缓慢静脉滴注，直至咯血停止 1~2 d 后停用。用药期间需要严格掌握药物的剂量和滴速，并严密观察患者是否有头痛、面色苍白、出虚汗、心悸、胸闷、腹痛、便意、血压升高等不良反应。若出现上述不良反应，则应及时减慢输液速度，甚至停药。患有冠心病、动脉粥样硬化、高血压、心力衰竭的患者及妊娠妇女应慎用或禁用此药。

（2）酚妥拉明：属于 α 受体阻滞剂，可以直接舒张血管平滑肌，降低肺动脉和肺静脉压力，主要用于有垂体后叶素禁忌证或治疗无效的患者。可将 10~20 mg 酚妥拉明加入 250~500 ml 5% 葡萄糖溶液中，静脉滴注，每日 1 次，连用 5~7 d。用药时患者需卧床休息，注意观察患者的血压、心率和心律的变化，并随时酌情调整药物的剂量和滴速。

（3）其他药物：可选用氨基己酸或氨甲苯酸、酚磺乙胺、降纤酶、肾上腺色腙、维生素 K_1、鱼精蛋白、云南白药、生长抑素、阿托品或山莨菪碱等。

3. 纤维支气管镜止血　对于经药物治疗无效者，可经纤维支气管镜清除积血并进行止血。此外，还可考虑用冷盐水灌洗、微波和气囊导管止血、弹簧圈压迫止血、激光冷冻止血等。

4. 支气管动脉栓塞治疗及手术止血　栓塞治疗通常在进行选择性支气管动脉造影确定出血部位的同时进行。如果患者无法进行支气管动脉造影，则可先行支气管镜检查，以明确大量咯血的原因及出血部位。对于反复大量咯血、经积极保守治疗无效，24 h 内咯血量超过 1500 ml，或一次咯血量达到 500 ml，有引起窒息先兆而出血部位明确，且没有手术禁忌证者，可考虑进行急诊手术止血。

5. 并发症和病因治疗　对大量咯血患者，在进行积极止血治疗的同时，应尽早明确诊断。咯血并发症主要有窒息、失血性休克、吸入性肺炎和肺不张等，应注意保持气道通畅、扩充血容量、抗感染等。

（宋振举）

第九节 呕血与便血

呕血（hematemesis）是指上消化道（屈氏韧带以上的消化器官，包括食管、胃、十二指肠、肝、胆道、胰腺）疾病或全身疾病所致的急性上消化道出血，经口呕出的现象。便血（hematochezia）是指消化道出血时血液由肛门排出的现象。消化道少量出血不造成粪便颜色改变，须经隐血试验才能确定者，称为隐血（occult blood）。

一、病因

临床上呕血最常见的病因是消化性溃疡、食管胃底静脉曲张破裂、急性糜烂出血性胃炎和胃癌。食管贲门黏膜撕裂综合征也可引起呕血。呕血与便血的主要病因见表3-14。

表3-14 呕血与便血的主要病因

呕血	食管疾病	食管静脉曲张破裂、食管炎、食管癌、食管异物、食管外伤、食管贲门黏膜撕裂综合征等
	胃、十二指肠疾病	消化性溃疡、急性胃黏膜病变、急性或慢性胃炎、胃癌、胃黏膜脱垂等
	肝、胆、胰腺疾病	肝硬化引起的食管胃底静脉曲张破裂出血、肝癌、肝脓肿或肝动脉瘤破裂出血、急性出血性胆管炎、胆囊癌、胆石症、胰腺癌破裂等，大量血液流入十二指肠、反流入胃而引起呕血
	血液疾病	血小板减少性紫癜、白血病、血友病、再生障碍性贫血及弥散性血管内凝血等
	急性传染病	流行性出血热、钩端螺旋体病、急性重型肝炎等
	其他	尿毒症、血管瘤、结节性多动脉炎等
便血	小肠疾病	肠结核、肠伤寒、急性出血性坏死性肠炎、钩虫病、克罗恩病、小肠肿瘤、小肠血管瘤、空肠憩室炎或溃疡、梅克尔憩室炎或溃疡、肠套叠等
	结肠疾病	急性细菌性痢疾、阿米巴痢疾、血吸虫病、溃疡性结肠炎、结肠憩室炎、结肠癌、结肠息肉、缺血性结肠炎等
	直肠肛管疾病	直肠肛管损伤、非特异性直肠炎、放射性直肠炎、直肠息肉、直肠癌、痔、肛裂、肛瘘等
	血管病变	血管瘤、毛细血管扩张症、血管畸形、血管退行性病变、缺血性肠炎、静脉曲张等

二、病情评估与危险分层

（一）病情评估

1. 紧急评估 ①对以呕血、黑便或便血等典型症状就诊的患者，容易做出急性上消化道出血的诊断；②对以头晕、乏力、晕厥等不典型症状就诊的患者，应保持高度警惕，特别是伴有血流动力学不稳定、面色苍白或存在无法解释的急性血红蛋白降低患者，应积极判断上消化道出血的可能性；③对意识丧失、呼吸停止及大动脉搏动不能触及的患者，应立即开始进行心

肺复苏。

(1) 意识判断：判断患者的意识状态。意识障碍既是急性严重失血的重要表现之一，也是患者误吸呕吐物而导致窒息死亡和坠积性肺炎的重要原因。

(2) 气道评估：评估患者气道的通畅性以及可能存在的梗阻风险。若存在任何原因引起的气道阻塞，则应当及时采取必要的措施，保持气道开放。

(3) 呼吸评估：评估患者的呼吸频率、节律是否正常，患者是否有呼吸窘迫的表现（如"三凹征"），是否有氧合不良（发绀或血氧饱和度下降）等。

(4) 循环评估：对疑为上消化道出血的患者，应当及时测量脉搏、心率、血压、末梢灌注情况，以估计失血量，判断患者的血流动力学状态是否稳定。如果条件允许，则可考虑行有创血流动力学监测。出现以下表现，表明患者血流动力学状态不稳定，应立即将其收入抢救室，并开始予以液体复苏：心率>100次/分，收缩压<90 mmHg（或在未使用抗高血压药的情况下收缩压较基线水平下降超过30 mmHg），出现晕厥、四肢厥冷、少尿或休克的其他表现，以及持续呕血或便血。

2. 全面评估 待消化道大量出血患者活动性出血或大量出血等危及生命的情况得到暂时控制、液体复苏和初始经验性药物治疗开始后，或初次评估病情较轻、生命体征稳定时，即可开始全面评估并推测患者发生消化道大量出血的病因和出血部位。全面评估的内容主要包括：询问病史、进行体格检查和实验室检查等。通过全面评估，对患者病情的严重程度、可能的诊断、是否有活动性出血及预后做出判断。

3. 预后评估 待急性消化道出血患者病情稳定后，可进行预后评估。

(二) 危险分层

在病情评估的同时进行危险分层，常用的方法有消化道出血严重程度分级和急性上消化道出血Rockall再出血和死亡危险性评分，后者可用于判断预后。对严重消化道出血收入重症监护病房的患者，需进行急性生理学和慢性健康状况评价Ⅱ（acute physiology and chronic health evaluation Ⅱ，APACHE Ⅱ）以及序贯器官衰竭评分（sequential organ failure assessment，SOFA）。

三、诊断思路与流程

(一) 判断是否为呕血

对呕血患者，需要将呕血与咯血或鼻腔、口腔、咽喉等部位的出血相鉴别。

(二) 估计出血量

根据患者的红细胞计数、血红蛋白及血细胞比容测定，也可估计失血程度。在连续测定中，若上述3个指标均迅速下降，则表示有持续出血，血红蛋白每下降10 g/L，提示出血量约为400 ml。

(三) 进行实验室及其他检查

1. 常规检查 血常规、尿常规、粪便常规检查。
2. 其他血液学检查 肝功能、肾功能、淀粉酶等检查对病因诊断有一定的帮助。
3. 内镜检查 是诊断呕血病因的重要手段。

4. X 线钡餐检查 可显示病变的部位和大小等。

5. 选择性动脉造影 对内镜及 X 线钡餐检查均无阳性发现的呕血患者，可考虑进行选择性腹腔动脉造影，必要时还可经动脉导管局部注入止血药或栓塞剂。

（四）判断出血是否停止

下列征象提示有活动性出血，需及时处理：①经内科积极治疗无法止血，仍有呕血，或呕出的血液由咖啡色转为鲜红色，黑便次数增多，粪便由干燥黑便转为暗红色稀血便，或伴有肠鸣音亢进；②周围循环衰竭的表现经积极补充血容量未见明显改善，或短暂好转后再度恶化，或中心静脉压稍正常后又下降；③红细胞计数、血红蛋白与血细胞比容持续下降，网织红细胞计数持续升高；④胃管内抽出新鲜血；⑤在补液与尿量足够的情况下，血尿素氮异常或再次增高。

四、救治原则

1. 紧急处置 ①使患者卧床休息，保持呼吸道通畅，防止呕血时引起窒息；②对烦躁不安者，可酌情应用地西泮等药物；③必要时行中心静脉压及心电、血压、血氧饱和度监测；④患者呕血时，应暂时予以禁饮食。对消化性溃疡所致呕血患者，主张在出血停止后尽早予以进食；一般呕血停止 12～24 h，即可予以流质饮食，尽早恢复饮食可中和胃酸，维持营养及水、电解质平衡，并促进胃肠蠕动。食管静脉曲张破裂出血患者应在出血停止 48～72 h 后进食。

2. 容量复苏 常用的复苏液体包括生理盐水、平衡液、人工胶体和血液制品。通常主张先输入晶体溶液，对合并感染的患者应禁用或慎用人工胶体。在没有控制消化道出血的情况下，应早期使用血液制品。

3. 输血 ①输血对于短期内大量出血，尤其循环衰竭患者是首选治疗；②当患者收缩压<90 mmHg，心率>110 次/分，血红蛋白<70 g/L，血细胞比容<25% 或出现失血性休克时，应考虑予以输血；③对肝硬化患者，应输注新鲜血，输血量应小于出血量，以避免门静脉压力增高导致再出血；④输血、补液的同时，应注意补充电解质，维持酸碱平衡，并注意补充凝血因子；⑤对大量输血患者，应予以经验性补充钙剂，并注意可能出现的低体温、酸中毒以及高钾血症。

4. 止血 可使用抗酸药、垂体后叶素、生长抑素及其类似物、沙利度胺、蝮蛇血凝酶、全身止血药物（如云南白药及维生素 K），还可进行局部止血、三腔二囊管压迫止血和内镜止血。内镜治疗常采用内镜药物注射止血、内镜热凝固止血。

5. 介入治疗 选择性血管造影及栓塞治疗适用于内科保守治疗无效、内镜止血失败以及腹部 CTA 提示出血者。

6. 手术治疗 对经积极内科治疗未能有效止血或反复出血者，以及无法进行介入治疗或介入治疗失败者，条件允许时应尽早考虑行手术探查治疗。

五、注意事项

1. 急性呕血与便血 应注意先稳定患者的生命体征，然后查找病因。急性上消化道出血的诊治流程如图 3-6 所示。

2. 输血 大量输入红细胞时,应同时输注适量新鲜血浆和血小板。对于老年心血管病患者,应注意控制输血速度。

3. 难以控制的出血 对药物治疗难以控制的出血患者,应果断考虑介入栓塞或外科手术治疗。

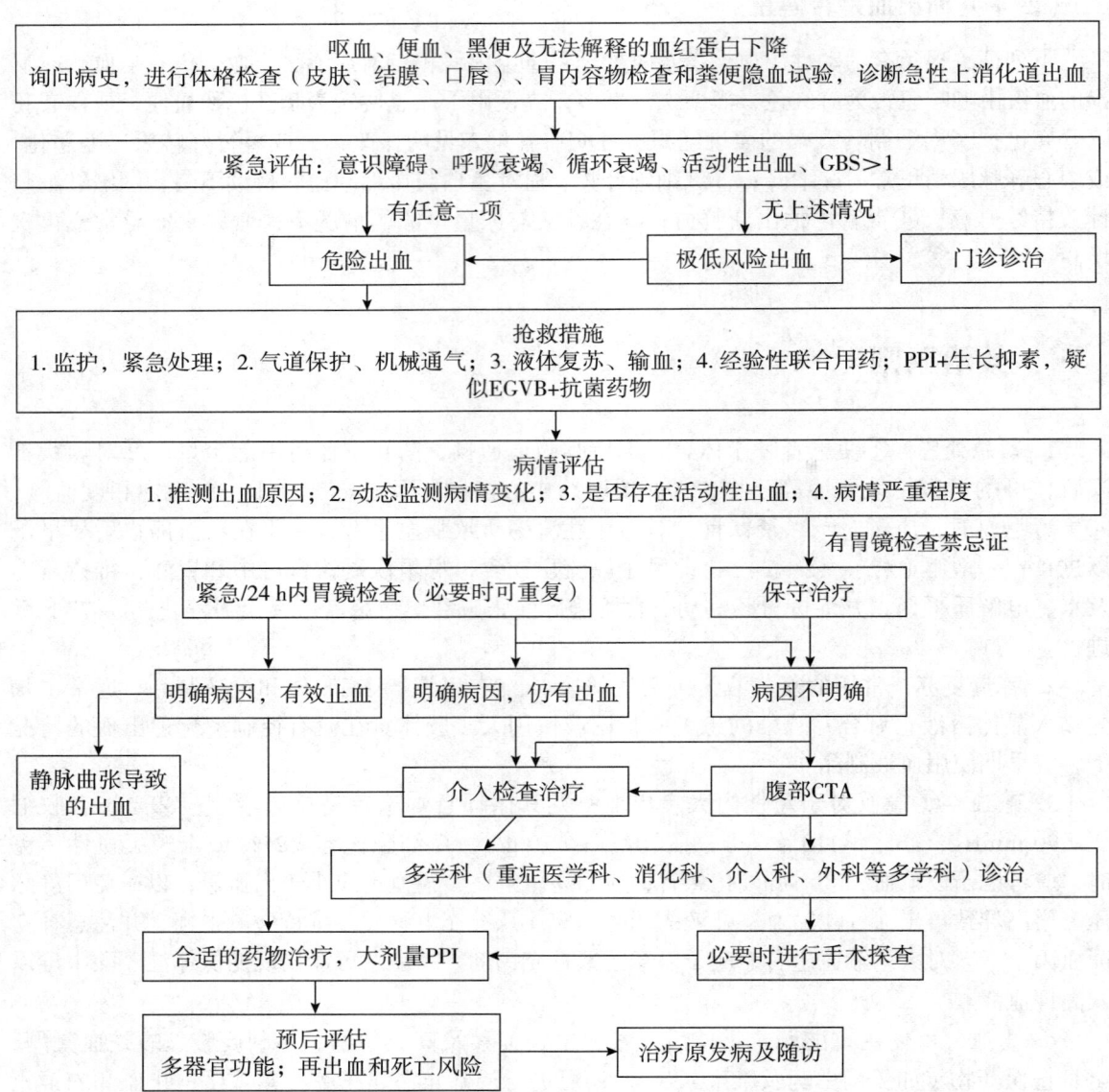

图 3-6 急性上消化道出血的诊治流程

GBS:Glasgow Blatchford 评分(Glasgow Blatchford Score);PPI:质子泵抑制剂(proton pump inhibitor);EGVB:食管-胃底静脉曲张破裂出血(esophago-gastric variceal hemorrhage);CTA:CT 血管成像(computed tomography angiography)

(王 岗)

第十节 黄 疸

黄疸(jaundice)是由于血液中胆红素浓度增高,使巩膜、皮肤、黏膜以及其他组织和体液发生黄染的临床征象,是高胆红素血症的临床表现。正常血浆胆红素浓度为 5~17 μmol/L

（0.3~1.0 mg/dl）。血浆总胆红素超过 34.2 μmol/L（2.0 mg/dl）时，肉眼可观察到组织黄染者，称为显性黄疸。血浆总胆红素为 17.1~34.2 μmol/L（1.0~2.0 mg/dl）时，肉眼通常难以观察到组织黄染，称为隐性黄疸。当摄食较多富含胡萝卜素的水果、蔬菜或服用某些药物时，可出现巩膜或皮肤发黄，但血浆总胆红素不高，称为假性黄疸。

一、病因

胆红素分为结合胆红素和非结合胆红素。临床上，任何导致血浆结合胆红素和（或）非结合胆红素升高的因素都可以导致黄疸。黄疸的类型和常见病因见表 3-15。

表 3-15 黄疸的类型和常见病因

黄疸的类型	病因
溶血性黄疸	获得性溶血性贫血（如自身免疫性溶血性贫血）、先天性溶血性贫血、药物及中毒引发的溶血、阵发性睡眠性血红蛋白尿等
肝细胞性黄疸	各型病毒性肝炎、肝硬化、肝癌、钩端螺旋体病、四氯化碳中毒、药物性肝炎、严重脓毒症、中毒等
胆汁淤积性黄疸	
肝外阻塞	胆管内因素：如结石、蛔虫、血凝块阻塞等 胆管壁因素：如胆管狭窄、胆管癌、壶腹癌、胆管炎等 胆管外因素：如胰腺癌、胰腺炎、肝门区淋巴结转移癌压迫等
肝内阻塞	肝内泥沙样结石，原发性肝癌侵犯肝内胆管或形成癌栓等
肝内胆汁淤积	病毒性肝炎、药物性肝病、中毒、严重脓毒症、原发性胆汁性肝硬化、妊娠期胆汁淤积等

二、病情评估与危险分层

黄疸可表现为慢性渐进性过程，也可表现为急性进展过程。黄疸所反映的疾病可以是相对良性的，也可能预后凶险。进行病情评估与危险分层主要应考虑伴随症状或体征以及重要脏器的功能情况。

当合并以下情况时，应视为高危情况：①意识障碍；②低血压和末梢组织灌注不足；③严重感染；④急性溶血；⑤黄疸迅速加深，总胆红素水平显著升高，超过正常值的 5 倍以上，合并肝功能异常，血清白蛋白水平明显降低；⑥严重凝血功能障碍，有出血倾向；⑦低氧血症或呼吸衰竭。

三、诊断思路与流程

黄疸的诊断包括病因诊断以及分类诊断。临床上，黄疸的诊断步骤一般包括：是否存在黄疸、属于何种类型的黄疸、黄疸的病因。黄疸的观察应在自然光线充足的环境下进行，应仔细观察巩膜和皮肤黄染的色泽和程度，并排除黄染或假性黄疸。黄疸的诊断和鉴别诊断应结合病史、症状、体征、辅助检查结果，进行综合分析和判断。

接诊黄疸患者后,应详细询问其症状及病史;询问患者尿液、粪便的颜色,并进行全面、细致的体格检查;认真观察患者是否有贫血貌,注意肝、脾的质地和大小,是否有压痛;观察患者是否有腹胀、腹水和包块等;完善血常规、网织红细胞计数、血清结合胆红素、血浆总胆红素、胆酸、尿胆素原、尿胆素等血液检查,肝功能检查,腹部 B 超、CT 和 MR 检查等。一般而言,根据临床表现和实验室检查,可明确 80% 的黄疸病因;结合影像学和病理检查结果,可明确 95% 的黄疸病因。

(一)根据黄疸的起病方式、进展情况以及伴随症状和体征进行诊断

1. 发热 病毒性肝炎、胆道系统感染、恶性组织细胞病、癌性黄疸,尤其是肝癌合并感染及组织坏死患者发生溶血时,常先出现寒战、高热,之后出现黄疸。

2. 腹痛 胆石症患者常先出现腹痛,可呈剧痛,伴寒战、发热,并放射至右肩,继之出现黄疸;胆道蛔虫症患者常先有急性上腹部绞痛,之后出现黄疸;病毒性肝炎患者可出现肝区隐痛或胀痛;溶血性黄疸患者发生溶血危象时,可伴有上腹部及腰背部酸痛;肝癌、肝脓肿侵犯肝包膜时,患者可出现肝区剧烈疼痛;肝外伤或肝癌引起肝破裂造成腹腔积血时,可引起腹部剧烈疼痛。

3. 皮肤、黏膜改变 发生急性溶血性黄疸时,巩膜呈浅柠檬色,皮肤颜色较深,无瘙痒;发生肝细胞性黄疸时,皮肤和巩膜呈浅黄色至金黄色,有时伴有皮肤瘙痒;发生胆汁淤积性黄疸时,初期皮肤呈金黄色,之后可呈暗黄色、黄绿色或绿褐色,以足底瘙痒最明显,且有晨轻夜重的特点,持续时间较长,这与血清胆盐浓度的高低、胆盐的肝肠循环改变、皮肤内游离胆汁酸及脱氧胆酸比例增高而刺激皮肤神经末梢有关。

4. 肝大 急性肝炎或中毒性肝炎患者可有轻度至中度肝大,质软而有触痛。肝损害严重时,黄疸呈进行性加重,患者无肝大,甚至可出现肝缩小。慢性肝大可表现为硬度增加、边缘变钝。肝脓肿接近肝表面时,局部皮肤可出现红肿、压痛等炎症征象。发生慢性右心衰竭时,下腔静脉回流受阻,导致肝淤血,可引起肝大,并有压痛。

5. 尿液、粪便颜色的改变 先天性非溶血性黄疸患者尿液颜色正常;发生急性溶血性黄疸时,尿液常呈酱油色,是由溶血所致的血红蛋白尿,患者粪便颜色加深;发生肝细胞性黄疸时,尿液颜色加深,粪便呈浅黄色;严重的肝细胞性黄疸患者,偶尔也可出现短暂的陶土样便;发生胆汁淤积性黄疸时,尿液呈深黄色、橘色或浓茶色,粪便颜色变浅灰或呈陶土色。陶土样便是胆汁淤积性黄疸的特征之一。

6. 腹水 多见于肝硬化失代偿期、肝癌及急、慢性肝炎患者,多为漏出液。并发腹膜炎时,患者可有腹痛,腹水为渗出液或脓性。血性腹水多见于肝癌患者。

胆红素的代谢过程

胆红素是红细胞内血红蛋白的主要代谢产物。红细胞老化、分解或病理破坏后释放出血红蛋白;血红蛋白在单核吞噬细胞系统内酶的作用下被分解为血红素和珠蛋白;血红素可进一步转化为非结合胆红素。非结合胆红素经血浆白蛋白转运进入肝内,在肝内葡萄糖醛酸转移酶的催化下,与葡萄糖醛酸结合,生成结合胆红素。结合胆红素随胆汁排入肠道,在肠道细菌作用下水解成尿胆素原等成分。尿胆素原大部分转化为粪胆原而随粪便排出,少部分经肠道重吸收进入门静脉系统,在肝内再次形成结合胆红素并随胆汁排入肠道,形成肠肝循环。此外,还有少部分尿胆素原随血液循环经肾排出。

（二）根据血浆胆红素的升高水平进行诊断

1. 以非结合胆红素增高为主　多见于溶血性黄疸患者。此时，结合胆红素也有相应增高，尿液中尿胆素原增加而胆红素检测呈阴性。急性溶血发作时，患者常伴有发热、寒战、腰背酸痛、贫血，尿液呈酱油色，为血红蛋白尿。由输血引发的溶血性黄疸患者通常有明确的输血史。

2. 以结合胆红素增高为主　多见于胆汁淤积性黄疸患者。此时，尿液中胆红素检测呈阳性，尿胆素原减少或消失，粪便中尿胆素原减少或消失。

3. 非结合胆红素和结合胆红素均增高　多见于肝细胞性黄疸患者。肝细胞对胆红素的摄取、结合和排泄功能发生障碍，导致血液中非结合胆红素潴留、血浆胆红素增高，同时又因肝细胞受损及肝小叶结构破坏，致使结合胆红素不能正常排入细小胆管而经肝细胞反流入血，最终导致血浆非结合胆红素和结合胆红素均增高，其中以结合胆红素增高为主。

四、救治原则

（一）维护重要脏器功能

对高危患者，救治重点是予以脏器功能支持。

1. 对合并呼吸衰竭者　应保持呼吸道通畅，纠正低氧血症，必要时采用机械通气，予以呼吸支持。

2. 对合并休克者　应予以补液、应用血管活性药物，维持血压稳定。同时，积极纠正电解质紊乱和酸碱失衡、低蛋白血症。

3. 对合并肝衰竭者　可考虑予以血液净化或人工肝支持。

4. 对凝血时间显著延长者　可酌情予以静脉注射凝血因子和新鲜血浆，补充维生素K，纠正凝血功能障碍。

（二）积极寻找并去除引起黄疸的病因

1. 溶血性黄疸　应根据溶血性贫血的病因进行积极治疗，去除病因，如对药物诱发的溶血性黄疸患者，应立即停用该药物；糖皮质激素可用于自身免疫性溶血性黄疸和阵发性睡眠性血红蛋白尿患者。

2. 肝细胞性黄疸　对于肝细胞性黄疸患者，应针对不同的肝损害病因，进行相应的抗微生物治疗，并予以抗氧化、保肝、降酶治疗。

3. 胆汁淤积性黄疸　对于肝外阻塞和肝内阻塞导致黄疸的患者，应予以对症治疗，以减轻黄疸和瘙痒，完善肝胆超声、上腹部CT、磁共振胰胆管成像（magnetic resonance cholangiopancreatography，MRCP）或内镜逆行胰胆管造影（endoscopic retrograde cholangio-pancreatography，ERCP）等检查。对病因明确者，应同时予以病因治疗。对于由严重脓毒症、休克引发的肝内胆汁淤积性黄疸患者，应加强抗感染、抗炎、抗休克治疗。

五、注意事项

1. 黄疸的病因较多，发病机制复杂，多个发病机制可以并存，如严重脓毒症可导致肝细胞性黄疸和肝内胆汁淤积性黄疸。

2. 对合并全身表现的黄疸患者，尤其是有感染中毒表现的患者，应采用多学科联合救治。

（郭树彬）

第十一节 呕吐与急性腹泻

一、呕吐

呕吐（vomiting）可能是多种疾病的非特异性表现。呕吐是指通过胃的强烈收缩，迫使胃或部分肠内容物经食管、口腔而排出体外的现象。患者多伴有恶心等先兆表现，并且常有头晕、流涎、心悸等表现。在临床接诊时，需注意患者的体液状态和营养状况。

（一）病因与发病机制

呕吐的分类及常见病因见表 3-16。

表 3-16 呕吐的分类及常见病因

分类	常见病因
反射性呕吐	消化系统疾病：急性消化道感染性疾病、胃十二指肠溃疡、幽门梗阻、幽门痉挛、胃黏膜脱垂、上消化道肿瘤、胃内肉芽肿、功能性消化不良、肠系膜上动脉综合征、胃切除术后空肠输出袢功能性梗阻、急性肝炎、肝硬化
	腹腔脏器疾病：腹腔脏器急性炎症、神经病变所致假性肠梗阻综合征
	呼吸道感染疾病：急性肺炎、剧烈咳嗽
	循环系统急症：高血压脑病、急性心肌梗死、主动脉夹层动脉瘤破裂、低血压
	泌尿生殖系统疾病：急性肾盂肾炎、肾结石、急性输卵管卵巢炎、急性盆腔炎、异位妊娠破裂、卵巢囊肿蒂扭转
	其他：闭角型青光眼、屈光不正
中枢性呕吐	中枢神经系统疾病：脑血管病变（脑出血、Wallenberg 综合征、椎基底动脉供血不足）和中枢神经系统感染（流行性乙型脑炎、病毒性脑膜炎/脑炎、脊髓灰质炎、流行性脑脊髓膜炎、结核性脑膜炎、真菌性脑膜炎、脑脓肿等）、脑外伤、脑肿瘤、脑积水、癫痫、偏头痛
	药物不良反应：阿片类药物、洋地黄类药物、依米丁、硫酸铜、甲睾酮、化疗药物（如环磷酰胺、氟尿嘧啶、丝裂霉素）等的不良反应
	急性中毒
	代谢障碍：体内毒素刺激、电解质紊乱（低钠血症）、尿毒症、糖尿病酮症酸中毒、内分泌危象（甲状腺危象、甲状旁腺危象、肾上腺危象）、妊娠剧吐、急性全身性感染、放射性损害
	前庭功能障碍：迷路炎、梅尼埃病、晕动病
	神经症：功能性呕吐、神经性厌食症

> **基础回顾**
>
> **呕吐的发生机制**
>
> 恶心、呕吐的发病机制尚不明确,目前认为呕吐是一种由呕吐中枢调控的多步骤反射过程,其发生机制包括外周途径及中枢途径。抗肿瘤药可刺激胃肠黏膜上皮的嗜铬细胞释放 5-羟色胺,并与 5-羟色胺受体结合而诱发急性呕吐。P 物质可与位于呕吐中枢的神经激肽 1 受体结合而诱发呕吐,常为延迟性呕吐。

案例 3-3

患者,刘某,男,38 岁,既往身体健康。5 天前,患者外出旅游后突发下腹部疼痛,伴有恶心、呕吐,体温最高达 38℃,自行口服解热药物治疗,体温短暂降至正常,腹痛及恶心、呕吐无明显缓解。查体:T 38.1℃,P 122 次 / 分,R 27 次 / 分,BP 112/70 mmHg;精神萎靡,可唤醒,偶尔能正确回答问题;双肺听诊呼吸音粗糙,未闻及广泛湿啰音;下腹部及右侧腰部有可疑压痛,心率 122 次 / 分,双下肢无水肿。腹部 CT 检查提示:胆囊壁增厚,胆囊内可见高密度影。

问题:
1. 考虑该患者为何种疾病?
2. 诊断该疾病的依据是什么?
3. 还需要进行哪些辅助检查?

(二)病情评估与危险分层

呕吐一般预后良好,但并发以下情况时,应予以高度注意。

1. 频繁呕吐 可导致水、电解质紊乱(如低钠血症、低氯血症、低钾血症)和酸碱平衡失调、营养障碍。

2. 剧烈呕吐 可引起食管贲门黏膜撕裂,导致上消化道大量出血。

3. 呕吐伴意识障碍 有并发气道梗阻、窒息的风险。

4. 呕吐伴急性腹膜炎 可导致感染性休克及多器官功能衰竭。

5. 呕吐伴心血管疾病 可诱发恶性心律失常,甚至增加猝死的风险。

(三)诊断思路

1. 询问病史

(1)先兆表现:询问患者是否有恶心等先兆表现。

(2)呕吐的时间:育龄妇女晨起呕吐见于早期妊娠;此外,晨起呕吐还可见于尿毒症、慢性酒精中毒及功能性消化不良患者;晚上或夜间呕吐见于幽门梗阻、小肠和结肠梗阻等患者。

(3)诱因:询问患者呕吐与食物、药物、体位、精神因素的关系。

(4)呕吐物情况和伴随症状:观察患者呕吐物的性状与量;询问患者呕吐的伴随症状。

(5)毒物、化学物质接触史:询问患者是否有毒物、化学物质接触史。

(6)既往史和外伤、手术史:询问患者是否有酗酒史、既往发作史、腹部疾病或腹部手术史、颅脑疾病或外伤史。

（7）疾病史：询问患者是否有慢性疾病（如高血压、心脏病、肾病、糖尿病）病史。

2. 临床表现 了解不同疾病患者呕吐的临床特点有助于诊断。引起呕吐的常见疾病及其特点见表 3-17。

表 3-17 引起呕吐的常见疾病及其特点

呕吐的特点	常见疾病
进食不洁食物、宿食时呕吐，可伴有腹痛、腹泻	急性胃肠炎、急性细菌性食物中毒
有毒物接触史	急性中毒
呕吐呈喷射性，伴剧烈头痛或意识障碍	急性脑出血、高血压脑病、青光眼
伴头痛、发热和（或）脑膜刺激征	中枢神经系统感染
呕吐呈喷射性，伴头痛，不伴恶心，与饮食无关，呕吐后头痛可缓解	颅内肿瘤
呕吐频繁、严重，呕吐量大	幽门梗阻合并胃扩张与潴留
呕吐物中混有胆汁，患者有口苦感	高位小肠梗阻、胆道疾病、妊娠及晕动病
有脑外伤史	颅内出血
呕吐伴眩晕、耳鸣、眼球震颤	前庭功能障碍性呕吐
反复呕吐而无导致呕吐的病理性因素或有明显情绪因素	功能性呕吐
全身疾病导致的呕吐	原发病表现：如尿毒症患者可出现血肌酐增高，病毒性肝炎患者可出现肝酶异常，糖尿病酮症酸中毒者可出现血糖增高、尿酮体阳性、电解质紊乱、内分泌危象及全身感染等
伴胸闷、憋气、心前区不适或上腹痛	急性心肌梗死
伴发热、咳嗽、咳痰	急性呼吸系统疾病

（四）辅助检查

1. 血常规、尿常规、粪便常规、生化及内分泌等检查 可明确是否有相应的全身疾病所致呕吐。

2. 心电图、超声心动图、心肌标志物检查 明确是否有急性心肌梗死等疾病。

3. CT 和 MRI 检查 明确是否有中枢神经系统疾病。

4. X 线检查 进行立位腹部 X 线检查可明确是否发生肠梗阻。

5. 腹部超声、胃镜及肠镜检查 可明确是否有腹腔脏器疾病引起的呕吐。

6. 妇科检查 对育龄妇女，应行妇科检查。

7. 特殊检查 若患者有相关毒物接触史或中度病史，则应行毒物分析。

（五）救治措施

1. 病因治疗 通过病史、体征，结合辅助检查，尽快判明引发呕吐的原因，并进行病因治疗。

2. 补液 对出现低血压或休克的患者，应予以积极补液，增加有效循环血量。尿液中检出酮体、尿比重升高，均提示缺水。

3. 维持体液平衡 及时纠正水、电解质紊乱和酸碱失衡。

4. 对症治疗 对呕吐剧烈或频繁者，可酌情使用具有中枢性镇吐作用的药物和抗组胺药物。对急性食物中毒或急性中毒，以及病因未明的患者，不宜盲目使用镇吐药物。常用的镇吐药物包括：甲氧氯普胺 10 mg 肌内注射或静脉注射，有助于减轻恶心及呕吐症状。丙氯拉嗪 12.5 mg 肌内注射，异丙嗪 25 mg 肌内注射（成人）。对儿童患者，需警惕锥体外系不良反应。

二、急性腹泻

腹泻分为急性腹泻和慢性腹泻两类。急性腹泻是指每天排便 3 次或 3 次以上，总量超过 250 g，持续时间不超过 2 周的腹泻。粪便性状可为稀便、水样便、黏液便、脓血症或血样便，或者带有黏液、脓血、未消化的食物，可伴有恶心、呕吐、腹痛或发热等全身症状。

（一）病因与发病机制

急性腹泻的常见病因分类见表 3-18。

表 3-18　急性腹泻的常见病因分类

类型	病因
急性细菌性食物中毒	沙门菌属、金黄色葡萄球菌、变形杆菌、嗜盐菌、肉毒杆菌、副溶血弧菌、肠致病性大肠埃希菌等所致的中毒
急性肠道感染	病毒感染：如轮状病毒、腺病毒、诺沃克病毒等感染
	细菌感染：如痢疾志贺菌（志贺菌属）、肠产毒性大肠埃希菌、沙门菌属、霍乱弧菌、弯曲杆菌属、厌氧性产气荚膜梭菌感染
	寄生虫感染：鞭毛虫、隐孢子虫、溶组织阿米巴原虫、血吸虫感染
	真菌感染：白念珠菌感染
急性中毒	植物类：发芽马铃薯、白果、火麻仁（大麻仁）
	动物类：河豚、动物肝、鱼胆、毒蕈
药物	泻药、高渗性药物（甘露醇）、拟胆碱药（新斯的明）、抗生素、抗肿瘤化疗药物和某些抗高血压药（利血平、胍乙啶）
全身疾病	急性全身性感染：如脓毒症、流行性感冒、脊髓灰质炎、急性病毒性肝炎、麻疹、肺炎、钩端螺旋体病、回归热、伤寒和副伤寒
	过敏性紫癜
	变态反应性胃肠病
	尿毒症
	甲状腺危象、肾上腺危象
	其他：急性放射性肠炎、急性溃疡性结肠炎、缺血性肠病
旅行者腹泻	旅途中或旅行后发生，多数为细菌感染所致

慢性腹泻的常见病因见表 3-19。

表 3-19 慢性腹泻的常见病因

类型	疾病
消化系统疾病	
胃部疾病	慢性萎缩性胃炎、胃大部切除术后胃酸缺乏
肠道疾病	肠道感染、肠道非感染性疾病、肠道肿瘤
胰腺疾病	慢性胰腺炎、胰腺癌等
肝胆疾病	肝硬化、胆汁淤积性黄疸、慢性胆囊炎及胆石症
全身疾病	内分泌及代谢性疾病：甲状腺功能亢进症、肾上腺皮质功能减退症、胃泌素瘤、类癌综合征等
其他系统疾病	系统性红斑狼疮、尿毒症、放射性肠炎、肠易激综合征等

（二）病情评估与危险分层

评估患者的病情与预后时，应注意其伴随症状和病因，尤其是感染性腹泻病原菌的致病力以及原发疾病情况。

1. 起病急缓 起病急骤、早期出现明显全身感染中毒症状、严重电解质紊乱及脏器功能损害、凝血功能障碍甚至发生休克，提示预后不良，可见于中毒性细菌性痢疾、急性出血性坏死性肠炎、急性中毒等。

2. 排便情况 粪便性状为严重脓血便、排便次数频繁、粪便量明显增多者更容易出现全身并发症，如脓毒症、严重脱水、电解质紊乱和酸碱失衡。

3. 药物所致腹泻 药物因素导致急性腹泻的患者，一般很少出现并发症，停药后腹泻即消失，预后良好。应注意老年人抗生素相关性腹泻，预后较差。

4. 全身疾病所致腹泻 全身疾病所致腹泻的病程及疾病转归与原发病的病情严重程度有关。

（三）诊断思路

急性腹泻的诊断应注重病因诊断，同时应注重并发症的诊断。病因诊断主要依靠病史、症状、体征，并结合辅助检查，尤其是粪便检查结果。反复评估患者的病情，才能做到早期诊断。急性腹泻最常见的原因是急性细菌性食物中毒和肠道感染。急性腹泻的诊断与鉴别诊断需注意以下情况。

1. 起病情况与病程

（1）急性细菌性食物中毒：患者发病前 2~24 h 有进食不洁食物史和（或）进食有毒食物（如毒鱼、毒蕈）史，应注意采集流行病学调查资料，明确是否有集体或患者家属在短时间内发病且有类似表现。

（2）肠道感染：患者通常可出现发热、脓血便、白细胞计数增高。

（3）食物过敏：患者在进食后数小时可突然出现脐周剧烈疼痛，排水样便 2~4 次后，病情可自行缓解。

（4）抗生素相关性腹泻及伪膜性肠炎：长期应用广谱抗生素者，突然发生腹泻，一般在停用可能引起腹泻的药物后，病情可缓解。

（5）急性放射性肠炎：表现为在放疗期间发生腹泻或伴有血便。

（6）急性中毒所致腹泻：患者有明确的毒物接触史，需进行毒物分析，以明确诊断。

2. 鉴别感染性腹泻与非感染性腹泻。

（四）急诊检查

1. 血常规、尿常规、粪便常规检查　尤其是粪便培养，必要时可进行特殊菌培养，以及寄生虫、真菌培养和病毒检测。

2. 特殊检查　对脱水及病程迁延者，需检查尿素氮、电解质等，并进行其他毒物分析。

3. CT、超声或内镜检查　可根据患者的病情，进行腹部 CT、腹部超声或内镜检查。

（五）救治措施

1. 病因治疗　根据不同的病因采取不同的治疗手段。对感染所致腹泻患者，以抗菌治疗为主；对中毒所致腹泻患者，应使其迅速脱离中毒物质，同时予以相应的解毒治疗；对大多数食源性腹泻患者，不需要使用抗生素。对出现水样便的患者，排除霍乱后，多为病毒性或产肠毒素性细菌感染，不应常规使用抗菌药物；对轻、中度腹泻患者，一般不用抗菌药物。

2. 调节肠道微生态平衡　肠道微生态失衡可能是成人急性感染性腹泻的诱发因素，也可以是其后果。近年来已有较多证据表明，由肠道益生菌组成的特殊活性微生物制剂，不仅对人体健康有益，还可以用于治疗腹泻。

3. 补液　急性腹泻患者因丢失大量体液，容易发生周围循环衰竭，迅速补液是当务之急。

4. 慎重使用止泻药和镇痛药　在病因未明的情况下，应慎重使用止泻药和镇痛药，以免造成误诊和漏诊。常用的止泻药地芬诺酯，可减少腹泻的频率，对 9 岁以下儿童不建议服用。其他还包括洛哌丁胺、活性炭、次水杨酸铋等。解痉药丁溴东莨菪碱，可用于缓解腹部绞痛伴腹泻的症状。

5. 中医药治疗　中医药治疗急性腹泻在我国应用广泛，如盐酸小檗碱对改善临床症状和缓解病情有一定效果。

（陈　兵）

第十二节　排尿困难

排尿困难（dysuria）是指膀胱内尿液排出受阻引起的一系列症状，表现为排尿不畅、排尿等待且费力、排尿间断或无力、尿线变细、排尿末滴沥状等，有时须增加腹压才能排出尿液，有时甚至需要屏气用力，甚至用手压迫下腹部才能将尿液排出，患者可发生急性尿潴留。

一、病因

排尿困难的常见病因见表 3-20。

表 3-20　排尿困难的常见病因

类型	病因
阻塞性	前尿道病变：见于前尿道狭窄、肿瘤、结石、异物、先天畸形、阴茎包皮嵌顿、阴茎异常勃起等； 后尿道病变：见于后尿道炎症、水肿、肿瘤、结石、异物，或前列腺肥大、前列腺癌，以及前列腺炎症、出血、积脓、纤维化等压迫后尿道； 膀胱颈病变：见于膀胱颈部炎性狭窄、纤维化、挛缩、肿瘤、结石、异物，或妊娠子宫、盆腔肿瘤、卵巢囊肿压迫膀胱颈

续表

类型	病因
功能性	神经系统或肌肉本身的功能障碍：如脊髓损伤、糖尿病神经源性膀胱； 手术后排尿困难：如会阴部手术或产伤可反射性引起尿道括约肌痉挛； 精神心理障碍：如神经症患者在公共厕所可能出现排尿困难； 药物导致的排尿困难：应用各种松弛平滑肌的药物（如阿托品、溴丙胺太林、山莨菪碱），使用麻醉药物，长期使用利尿剂等

二、病情评估与危险分层

国际前列腺症状评分（international prostate symptom score，IPSS）列出了前列腺增生患者主要的 7 种排尿症状（排尿不尽、排尿间隔小于 2 h、间断性排尿、憋尿困难、尿线变细、排尿费力、夜尿次数增多）。这 7 种排尿症状可作为排尿困难的症状表现（不一定仅仅是指前列腺增生一种因素所致的排尿困难，也适用于其他病因导致的排尿困难）；每种症状根据发生频率可分为 6 个评分段（无、发生率少于 1/5、少于 1/2、约 1/2、多于 1/2、几乎总是），分数分别为 0~5 分。总评分由每个症状的评分叠加，分数为 0~35 分。0 分代表没有症状，而 35 分代表症状最为严重。根据不同的评分，可以将症状程度分为轻、中、重度：0~7 分为轻度症状，一般不需要治疗，可继续观察，对生活质量几乎不会造成明显影响；8~18 分为中度症状，患者的临床症状比较明显，已影响到生活质量，应予以药物治疗，必要时行导尿术；19~35 分为重度症状，需要药物治疗，如果药物治疗效果不理想，则可以考虑行导尿术、膀胱穿刺术或手术治疗。IPSS 应作为排尿困难患者病情评估的重要依据。

除应根据排尿症状对患者进行病情评估外，还应结合排尿困难导致靶器官损害的危险因素，对患者进行危险分层。排尿困难导致靶器官损害的危险因素包括：男性>55 岁，女性>65 岁；合并严重尿潴留；合并血尿、蛋白尿；合并脓尿；合并反复泌尿系统感染；直肠指检表明前列腺肥大达正常腺体的 2 倍以上，中间沟不明显或消失，表面平滑；超声检查显示前列腺增大；膀胱结石或肾、输尿管积水；膀胱残余尿量≥39 ml；血尿素氮、肌酐水平升高；血清前列腺特异性抗原（prostate-specific antigen，PSA）水平升高。

根据 IPSS 及导致靶器官损害的危险因素情况，可对排尿困难患者进行危险分层，具体包括以下几种。

1. 低危 IPSS≤7 分，无导致靶器官损害的危险因素。

2. 中危 8 分≤IPSS≤18 分，无导致靶器官损害的危险因素；或 IPSS≤7 分，伴有 1~2 个靶器官损害的危险因素。

3. 高危 IPSS≥19 分，暂无靶器官损害的危险因素；或 IPSS≤18 分，同时合并 3 个或更多靶器官损害的危险因素。

4. 超高危 IPSS≥19 分，同时合并 1~2 个靶器官损害的危险因素；或 IPSS≤18 分，同时合并 3 个或更多靶器官损害的危险因素。

三、诊断思路与流程

1. 询问病史 应仔细询问病史，如患者是否有排尿困难病史，是否有腰腹部或会阴部绞痛史，疼痛如何缓解，每次发作后是否到医院进行检查、诊断和治疗，以及用药等情况；询问

患者是否有外伤史及手术史,如是否有头部、脊柱、骨盆、盆腔脏器、会阴部外伤史或手术史;询问患者是否有尿路结石、尿路感染、血尿、糖尿病等病史,是否有插入导尿管、尿道镜检查等情况。

2. 年龄、性别 患者的年龄、性别对诊断也有一定的意义。例如,老年男性以前列腺增生和前列腺癌多见,成年男性以尿道狭窄、前列腺炎、神经性膀胱功能障碍多见,婴幼儿以包茎、尿道外口狭窄、尿道结石、先天性后尿道瓣膜多见;对女性患者,应注意妊娠子宫、卵巢囊肿、盆腔肿瘤等膀胱外病变压迫或神经性膀胱功能障碍的可能性。

3. 排尿困难的程度与病情相关 轻者表现为排尿延迟、射程短;重者表现为尿线变细、尿流淋漓且不成线;排尿困难较严重者,表现为膀胱内有尿液而不能排出,称为尿潴留。当尿液因不能排出而在膀胱内迅速积聚引起急性尿潴留时,患者膀胱迅速膨胀、膀胱壁变薄,由于膀胱逼尿肌高频率收缩,虽然患者有强烈的尿意,但不能排出尿液,可出现难以忍受的下腹部胀痛,常将手置于下腹部,表情非常痛苦,有时从尿道口溢出少量尿液,但不能减轻下腹部疼痛。长时间排尿困难可导致慢性尿潴留,多表现为排尿不畅、尿频、排尿后淋漓不尽,有时可出现尿失禁现象,还可出现尿液反流及肾损害,患者往往有明显的上尿路扩张、肾积水,甚至出现尿毒症症状。

四、辅助检查

若合并尿潴留,则进行体格检查时可见耻骨上区呈半球形膨胀的膀胱,用手按压时,患者有明显尿意,叩诊呈浊音。直肠指检可确定前列腺的大小、质地、表面光滑度、触痛以及肿瘤等。

1. B超检查 B超检查对诊断前列腺疾病、尿路结石、膀胱内尿潴留情况有一定的帮助;B超检查能清楚显示肾实质、肾盂及输尿管扩张的状态,同时辨明尿道管腔、海绵体组织及尿道周围的层次,明确诊断尿道狭窄的长度、程度及尿道狭窄周围瘢痕组织的厚度。

2. X线检查 进行X线检查有助于发现隐性脊柱裂和脊柱损伤。

3. 前列腺液检查 前列腺液常规检查对诊断前列腺炎导致的排尿困难有一定的意义。

4. 尿流动力学检查 尿流动力学检查是非常有效、精确的手段。通过尿流动力学分析仪检测尿路各部的压力、流率及生物电活动,可了解患者的排尿功能和引起排尿功能障碍的病理生理改变,从而明确排尿困难的确切病因。

5. 膀胱镜检查 膀胱镜检查对诊断膀胱颈狭窄、结石、肿瘤有一定的帮助,前列腺增生时,患者可有后尿道延长,膀胱底部下陷,进行尿道镜检查可直接观察尿道的情况。

知识拓展

尿流动力学检查

进行尿流动力学检查可以对下尿路功能状态进行客观、定量的评估,是揭示神经源性膀胱患者下尿路功能障碍的病理生理基础的最主要方法,在神经源性膀胱患者的诊疗与随访中具有不可替代的重要作用。患者的病史、症状及体格检查结果是选择尿流动力学检查项目的主要依据。鉴于大部分尿流动力学检查项目为有创性检查,因此,应当先记录排尿日记,进行尿流率测定、残余尿量测定等非侵入性检查项目,然后再进行充盈期膀胱测压、膀胱压-尿流率检查、肌电图检查等侵入性检查项目。影像尿流动力学检查是证实神经源性膀胱患者上/下尿路功能障碍及其病理生理改变的"金标准"。

五、救治原则

（一）紧急处理

排尿困难的救治原则是解除病因，恢复正常的排尿功能。若患者病因不明或梗阻暂时难以解除，则应先进行尿液引流，以解除患者的痛苦；然后进一步检查，以明确病因，并进行治疗。常用的辅助治疗方法包括：①局部热敷法，热敷下腹部，并配合温水坐浴；②针灸刺穴法，针灸关元、中极、三阴交等穴位；③加压按摩法，在排尿时按摩下腹部，并逐渐加压，可促进排尿；④呼吸调息法，指导患者连续吸气 2 次，然后呼气 1 次，如此反复进行，直到排尿为止；⑤通下排便法，将开塞露注入肛门内，嘱患者有便意时排便，一般尿液会随粪便排出；⑥条件反射法，拧开水龙头或用水杯倒水，利用流水声刺激排尿中枢，诱导排尿。

1. 对合并急性尿潴留的患者　应尽快排空膀胱，以减轻患者的痛苦。导尿术是解除尿潴留最常用、最简便的方法。导尿时，须注意严格执行无菌操作。对短时间内不能解除尿潴留的患者，应留置导尿管予以持续引流，1 周左右再拔管。对急性尿潴留患者，在无法插入导尿管时，可采用耻骨上膀胱穿刺术或耻骨上膀胱穿刺造瘘术，持续引流尿液。若梗阻原因不能解除，则可选择永久性引流尿液。

2. 对合并慢性尿潴留的患者　若病因是机械性梗阻病变，且患者伴有上尿路扩张、肾积水、肾功能损害，则应先行膀胱穿刺引流尿液；待肾积水缓解、肾功能改善后，再针对病因进行择期手术或采取其他治疗方法，以解除梗阻。若病因是动力性梗阻病变，则对多数患者需要进行间歇性清洁导尿；对自行导尿困难或上尿路积水严重者，可进行耻骨上膀胱穿刺造瘘术或其他尿流改道术。

（二）并发症的处理

急性尿潴留常见的并发症包括感染、出血和阻塞后多尿，可导致严重的水、电解质紊乱，应予以相应的处理。

六、注意事项

对急性尿潴留患者进行尿液引流时，应间断、缓慢地放出尿液，一次性导尿量不应超过 1000 ml，以避免因快速排空膀胱导致膀胱内压突然降低而引起大量出血。

（宋彦军）

第十三节　水　肿

水肿（edema）是指血管外的组织间隙有过多的体液潴留引起的组织肿胀。急诊常见急性左心衰竭、肾源性疾病及过敏反应导致的水肿等。

从临床医学的角度来看，水肿是一种临床症状。脑水肿、肺水肿等内脏器官的水肿在临床表现上往往难以用肉眼与水肿这一症状联系起来，其常以意识改变、呼吸困难等症状作为表现形式，故不在此加以讨论。本节内容主要讨论以水肿为主要表现的疾病。

一、病因

水肿可分为局限性水肿和全身性水肿。水肿的常见病因见表3-21。需要注意的是，某些引起全身性水肿的疾病，在发病初期，也可能表现为局限性水肿。例如，心力衰竭导致的水肿可先出现在双下肢或眼睑处，诊断时需要结合临床表现、体格检查和病史等，对水肿的病因进行判断。

表3-21　水肿的常见病因

类型	病因	常见疾病
局限性水肿	静脉梗阻性水肿	下肢静脉曲张、静脉血栓、肿瘤压迫等
	炎性水肿	蜂窝织炎、丹毒等感染
	淋巴梗阻性水肿	淋巴结清扫术后、丝虫病等
全身性水肿	心源性水肿	各种原因引起的心力衰竭、缩窄性心包炎、心包积液、心肌病等
	变态反应性水肿	各种过敏原导致的过敏反应
	肾源性水肿	肾小球肾炎、肾病综合征、肾盂肾炎、肾衰竭、肾小管病变等
	肝源性水肿	肝硬化、肝癌、急性肝炎、肝衰竭等
	营养不良性水肿	蛋白质摄入不足、感染性疾病、慢性消耗性疾病
	内分泌性水肿	库欣综合征、原发性醛固酮增多症、甲状腺功能减退症或甲状腺功能亢进症等
	弥漫性结缔组织病所致的水肿	红斑狼疮、硬皮病及皮肌炎等
	特发性水肿	原因未明，多见于妇女，与月经周期有关

二、诊断思路与流程

一般而言，以水肿为主要表现的常见急危重症有急性左心衰竭、变态反应性疾病、泌尿系统疾病，需要积极处理。在接诊水肿患者时，需要首先排除这三类疾病，然后再考虑其他病因。一旦确诊，即应及时联系相关科室进行诊治。对临床症状单纯表现为水肿的患者，通常可以按照水肿的诊断流程（图3-7），结合患者的体征，对水肿的病因进行识别和诊断，尽早采取措施进行干预。

三、引起水肿的急危重症诊断要点

（一）急性左心衰竭的诊断要点

根据引起急性左心衰竭的诱因及病因、突然出现呼吸困难、咳大量白色痰或粉红色泡沫样痰、双肺布满湿啰音及哮鸣音等临床表现，诊断并不困难。某些特殊检查（如心脏彩超检查、心电图检查、胸部X线检查、胸部CT检查），对诊断急性左心衰竭及血流动力学改变的程度

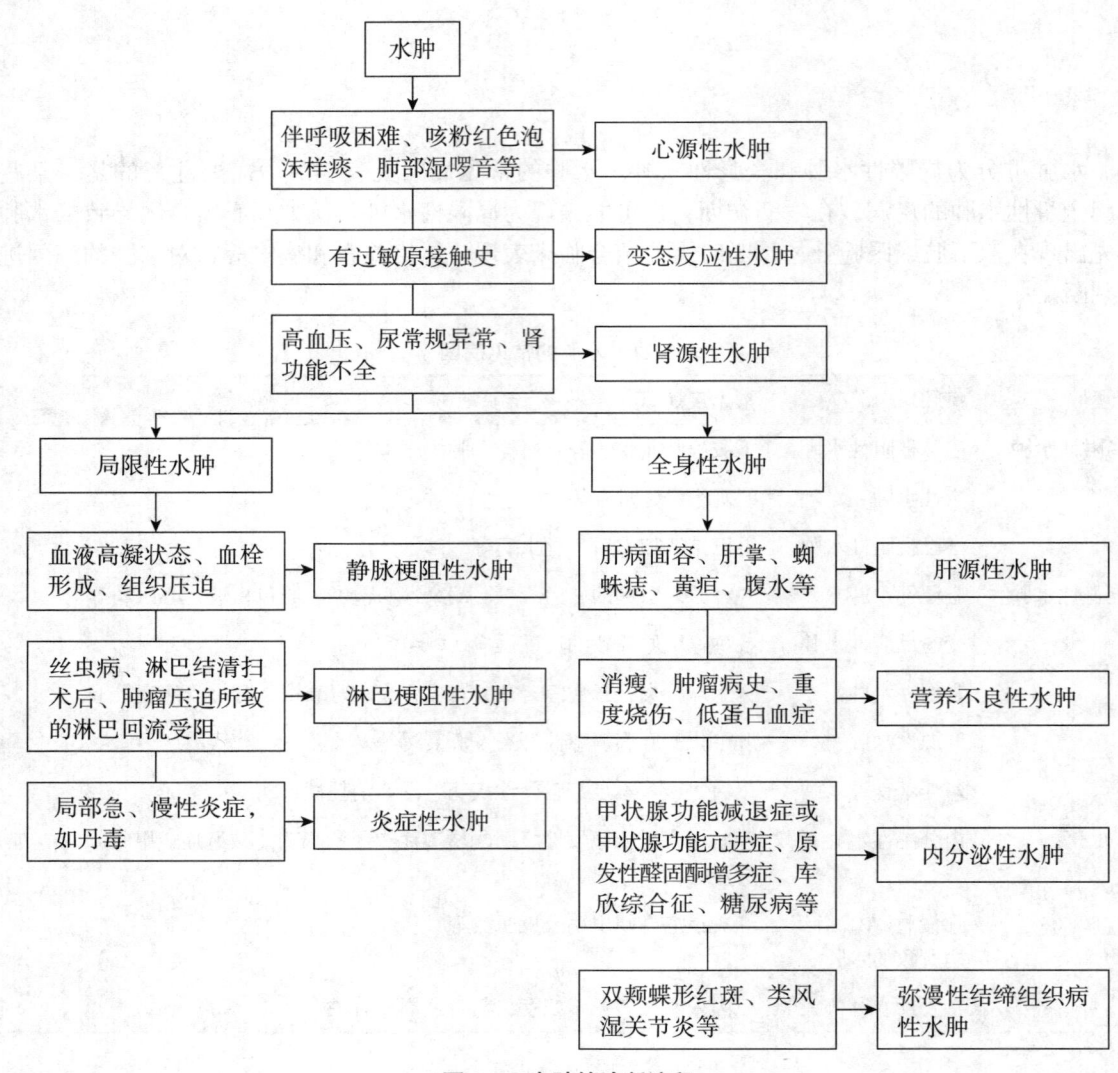

图 3-7 水肿的诊断流程

有一定的帮助。急性左心衰竭应与下列伴有呼吸困难的疾病相鉴别。

1. 急性肺栓塞 患者常突然出现呼吸困难、烦躁、发绀甚至发生休克等，临床表现与急性左心衰竭相似。但急性肺栓塞患者一般有典型的三联征：呼吸困难、胸痛、咯血。

2. 自发性气胸 多发生于既往身体健康的青壮年或有肺气肿、肺大疱、肺结核等病史的患者；发作时，患者胸痛较剧烈，可出现刺激性干咳；患侧胸廓较膨胀，肋间隙增宽，叩诊呈过清音，听诊呼吸音减低或消失，无干、湿啰音及哮鸣音；进行胸部 X 线或 CT 检查可确诊。

3. 支气管哮喘 多发生于青少年，患者常有反复发作的病史，且多在冬、春季节发作，也可有家族史，常表现为突然发作、突然停止。胸部 X 线检查示心脏正常，肺野透亮度增加。而心源性哮喘多见于中年以上患者，多发生于高血压、冠心病、二尖瓣狭窄患者，常在夜间熟睡后突然发作。患者常有相应的心脏体征。若暂时难以鉴别，则可先注射氨茶碱，待患者症状缓解后再进一步检查，但应避免使用吗啡和肾上腺素。

4. 成人呼吸窘迫综合征 常由创伤、感染、休克、误吸、氧中毒等因素引起。患者常平卧而不愿取端坐位，肺动脉楔压≤18 mmHg，胸部 X 线或 CT 检查显示双肺弥漫性间质浸润等，可与急性左心衰竭相鉴别。

5. 其他原因引起的肺水肿 如农药中毒、二醋吗啡中毒及高原性肺水肿等，此类患者都有明确的病因，诊断并不困难。

（二）变态反应性水肿的诊断要点

变态反应性水肿常由各种变应原（如食物、动物毛发、化学物质、药物）导致的过敏反应引起。患者可出现局限性水肿或全身性水肿，可伴有皮疹。根据患者的变应原接触史及临床表现可得出诊断。接诊时，需关注患者是否出现呼吸困难、口唇发绀等急性喉头水肿的表现。该病进展快，严重时可导致过敏性休克，甚至死亡，需要随时关注患者的病情变化。

（三）肾源性水肿的诊断要点

泌尿系统疾病常导致机体水、钠潴留，临床表现上常以综合征的形式出现，容易导致水肿的疾病包括肾病综合征、肾炎综合征及肾衰竭。

1. 肾病综合征 以大量蛋白尿、低蛋白血症、水肿及高脂血症为主要表现。肾病综合征的始动因素是大量蛋白质随尿液丢失，故患者出现水肿的概率较大，常为凹陷性水肿。

2. 肾炎综合征 以血尿为主要表现，常伴有蛋白尿、水肿、高血压。急性肾小球肾炎多见于儿童，患者发病前1~3周有链球菌感染史，伴血清C3一过性下降。急进性肾小球肾炎患者肾功能急剧恶化，应尽早行肾活检，以明确诊断。

3. 肾衰竭 肾衰竭是各种肾脏病的终末期表现，患者常出现水、电解质紊乱。肾衰竭常由慢性肾疾病进展而来，通过病史、临床表现及肾功能检查等，诊断并不困难。肾衰竭可引起水、钠潴留，导致稀释性低钠血症。患者除可出现皮下水肿外，还可出现脑水肿、肺水肿等；由于氢离子排出受阻及肾小管对碳酸氢根的重吸收能力降低，代谢性酸中毒也是肾衰竭患者常见的水、电解质紊乱类型；钾代谢紊乱，无论是高钾血症还是低钾血症，都可能导致患者死亡，也是急诊医师应该予以高度重视的电解质紊乱类型。心血管病变是肾衰竭患者最主要的死因，高血压在这类患者中较为常见，接诊时应注意询问相关症状。需要特别注意的是，长期慢性肾脏病常导致患者发生心力衰竭，肾源性水肿可以同时合并心源性水肿。

四、引起水肿的急危重症救治原则

（一）急性左心衰竭的救治原则

急性左心衰竭的救治原则是以增强心肌收缩力和减轻心脏负荷为主。防止左心衰竭发展到急性肺水肿阶段是降低死亡率的关键。对于急性左心衰竭的初发阶段及时采取下列措施，往往可以使病情很快得到控制。

1. 保持适当体位 使患者采取坐位或半坐卧位，将双腿下垂，以减少静脉回流。必要时使用止血带轮流结扎四肢。

2. 吸氧 对昏迷患者，应小心平放，使其平卧，将头偏向一侧，清除口、鼻腔内的分泌物和污物，保持呼吸道通畅。

3. 应用吗啡 特别适用于间质性肺水肿及早期肺泡内水肿期，有镇静、抑制过度兴奋的呼吸中枢、扩张小动脉及静脉、增加内脏循环血量等作用。但对肺水肿晚期、休克及呼吸衰竭者，应禁用吗啡及哌替啶，以免加重对呼吸的抑制。

4. 应用血管扩张药 对于血压较高而急需降压者，可应用硝普钠，同时需进行血压和心电监护。二尖瓣狭窄及主动脉瓣狭窄患者忌用血管扩张药。

5. 快速利尿 利尿剂可快速降低心脏负荷，迅速缓解症状，为成功抢救患者争取宝贵的

时间，但对已发生心源性休克者不宜使用利尿剂。

6. 应用强心药　①最常用的是强心苷类，适用于治疗以心肌收缩功能异常为特征的心力衰竭及室上性因素所致的心室率过快，尤其适用于心房颤动或室上性心动过速诱发的心力衰竭患者。②磷酸二酯酶抑制剂：对单纯二尖瓣狭窄引起的肺水肿患者，不宜使用强心药，以免因右心输出量增加而加重肺淤血。此时宜使用利尿剂。患者伴有心房颤动、心室率快时，可使用洋地黄类药物。

7. 应用氨茶碱　在难以判断患者发生的是心源性哮喘还是支气管哮喘时，使用该药较为安全。

8. 应用消泡剂及机械通气辅助呼吸　在肺泡性水肿阶段，应尽早使用消泡剂，如雾化吸入二甲硅油，可以使泡沫样痰液减少，以改善通气。对发生极严重的肺水肿，伴神志不清、休克且痰液较多的患者，宜行气管内吸痰、气管插管配合机械通气辅助呼吸。对发生咯血、气胸、肺大疱及急性心肌梗死的患者，应慎重使用机械通气辅助呼吸。

9. 应用肾上腺皮质激素。

10 纠正酸中毒　注意及时纠正酸中毒，维持体液平衡。

（二）变态反应性水肿的救治原则

对于变态反应性水肿患者，应及时判断并去除变应原，可及时使用抗组胺药或糖皮质激素，必要时予以氧疗和镇静，随时观察患者的生命体征。若患者出现明显喉头水肿而导致呼吸困难，则应及时行机械通气辅助呼吸、环甲膜穿刺或气管切开，以改善缺氧并抢救生命。患者发生过敏性休克时，应及时使用肾上腺素，并充分补液，扩充血容量。

（三）肾源性水肿的救治原则

对于肾源性水肿患者，急诊急救的原则是及时纠正水、电解质紊乱，预防心血管并发症，尽早将患者转入相关科室行进一步治疗。血气分析是该类患者的一项重要辅助诊断措施。行床旁血气分析可以及时分析患者的水、电解质紊乱情况。对于合并肺水肿、心力衰竭的患者，也可以及时判断患者是否符合机械通气的指征。采用肾脏替代治疗可以及时排出患者体内多余的水分，减轻心脏负担，纠正水、电解质紊乱。肾源性水肿患者常伴有高血压，应注意及时处理。进行床旁心电图检查可以判断患者是否存在发生心律失常的风险。

五、注意事项

1. 注意交代病情　应及时将病情向患者家属交代清楚，使其有充分的思想准备。

2. 动态观察患者的病情变化　及时处理危及生命的症状。

3. 及时分流　待患者脱离生命危险后，应及时联系相关科室对患者进行分流，保证急诊效率。

（王　彤）

第十四节　眩　晕

眩晕（vertigo）是指机体因对空间定位障碍而产生的一种运动性错觉或幻觉，是由视觉、本体觉和前庭功能障碍所致的一组症状。患者感到周围物体或自身在旋转，如摇晃、摇摆、倾斜、上下起伏或上下摇动等，典型的表现是感到天旋地转，常伴有恶心。

一、症状及分类

（一）前庭疾病症状分类

2009 年，Barany 协会分类委员会（Classification Committee of the Barany Society，CCBS）首次提出了前庭症状的共识性分类，将前庭疾病症状分为 4 类：眩晕、头晕、前庭视觉症状和姿势性症状。该分类涵盖了由前庭疾病导致的临床症状谱，对眩晕、头晕症状的界定清晰。急诊常见的前庭疾病症状是眩晕，部分患者可为头晕。

1. 眩晕 多由前庭系统疾病引起，包括自发性眩晕和诱发性眩晕两类。自发性眩晕是指无明确诱因产生眩晕的症状。诱发性眩晕是由特定的诱因引发，如位置、直立、头部运动、视觉、声音、Valsalva 动作及其他因素。

2. 头晕 是指头空间定向力混乱或受损，但无运动性错觉或幻觉，包括自发性头晕和诱发性头晕两类。其中，诱发性头晕的诱发因素包括头部运动、视觉、声音、Valsalva 动作及其他因素。

此外，前庭疾病症状还包括前庭 - 视觉症状和姿势性症状，此类患者主要到门诊就诊。

在前庭疾病症状分类的基础上，可将前庭疾病分为 3 种综合征，分别是急性前庭综合征（acute vestibular syndrome，AVS）、发作性前庭综合征（episodic vestibular syndrome，EVS）和慢性前庭综合征（chronic vestibular syndrome，CVS）。急诊常见的是急性前庭综合征和发作性前庭综合征，二者的鉴别见表 3-22。

表 3-22 急性前庭综合征与发作性前庭综合征的鉴别

鉴别要点	急性前庭综合征	发作性前庭综合征
起病形式	急性首次发作	复发
持续时间	数天至数周	数秒、数小时至数天
发作特点	单时相	多次反复发作
常见疾病	前庭神经元炎、急性迷路炎、伴眩晕的突发性聋、后循环梗死、发作性前庭综合征急性或首次发作、惊恐发作等	良性位置性眩晕、梅尼埃病、后循环 TIA、前庭性偏头痛、半规管裂综合征等

（二）按解剖部位分类

以脑干前庭神经核为界，按病变所在部位可将眩晕分为中枢性眩晕和周围性眩晕两类。二者的鉴别见表 3-23。

表 3-23 中枢性眩晕与周围性眩晕的鉴别

鉴别要点	中枢性眩晕	周围性眩晕
病因	脑干前庭神经核及以上传导通路病变	内耳迷路或前庭蜗神经的前庭支病变
起病形式	急性、发作性或慢性	急性或发作性
持续时间	长，可达数周	短，数小时或数天
眩晕程度	较轻	较重

续表

鉴别要点	中枢性眩晕	周围性眩晕
自主神经症状	较轻	明显
共济失调	常见	很少
眼球震颤	持久，频率较慢，振幅粗大，为垂直性或斜向性	短暂，频率快，多为中、小振幅，为水平性或水平旋转性，向患侧注视时加重
听力减退	很少	常见，常伴有耳鸣、耳聋
神经体征	常有	很少
代偿反应	慢	很快
常见疾病	后循环缺血、颈动脉狭窄、听神经瘤、脑干或小脑肿瘤、小脑扁桃体下疝畸形、颅脑外伤、颅内感染、颅内脱髓鞘疾病等	良性位置性眩晕、前庭神经元炎、梅尼埃病、急性中耳炎、迷路炎、晕动病、突发耳聋及内耳药物中毒等

二、病情评估

（一）病史采集

1. 发作频率

（1）急性单次持续性发作：常见于前庭神经炎、伴眩晕的突发性聋、后循环卒中等患者。

（2）反复发作：见于良性位置性眩晕（benign positional vertigo）、前庭性偏头痛、梅尼埃病、短暂性脑缺血发作（transient ischemic attack，TIA）、痫性发作等患者。

（3）慢性持续性发作：见于颅内占位性病变、中枢神经退行性疾病等患者。此外，还可见于全身疾病（心律失常、心脏瓣膜病、低血压、低血糖、贫血、酒精中毒、药物中毒等）患者。

2. 持续时间

（1）数秒钟：见于良性位置性眩晕、前庭性偏头痛、梅尼埃病晚期、心律失常等患者。

（2）数分钟：常见于TIA、前庭性偏头痛等患者。

（3）数十分钟至数小时：见于TIA、梅尼埃病、前庭性偏头痛等患者。

（4）数天：见于前庭神经炎、前庭性偏头痛、迷路炎、脑血管病等患者。

（5）数月至数年：见于精神心理性头晕、中枢神经系统退行性疾病等患者。

3. 诱发因素 因头位或体位变化而诱发的眩晕，见于良性位置性眩晕、前庭性偏头痛、直立性低血压患者。月经前期或月经期出现，伴偏头痛，见于前庭性偏头痛患者。

4. 伴随症状

（1）自主神经症状：包括恶心、呕吐、心动过缓、血压波动、肠蠕动亢进等，主要是由于前庭迷走神经反射功能亢进所致。

（2）中枢神经系统症状：包括平衡障碍、共济失调、锥体束征、吞咽困难、构音障碍及复视等，提示脑干小脑病变、后循环梗死或出血等。

（3）耳部症状：包括耳鸣、耳闷胀感、听力减退或听觉过敏，可见于梅尼埃病患者；眩晕伴听力减退及耳或乳突疼痛，可见于突发性聋、迷路炎、中耳炎患者。

（4）眼部症状：包括复视、黑矇、视力减退、斜视等，提示脑干、视神经、动眼神经、眼外肌或眼内肌病变等。

（5）心血管症状：包括胸闷、胸痛、心悸、面色苍白、晕厥等，提示心脏病变。

（二）体格检查

进行有重点的体格检查，包括眼部检查（瞳孔、眼球运动、眼球震颤），耳部检查（外耳道、粗测听力），神经系统检查（尤其是肌力、肌张力、协调运动、脑膜刺激征、病理征等）。当患者生命体征正常、怀疑有半规管耳石时，可进行Dix-Hallpike试验及Roll试验。HINTS检查包括头脉冲试验（head-impulse test）、眼球震颤（nystagmus）检查、眼偏斜试验（test of skew），有助于区分前庭中枢性病变与周围性病变。

（三）辅助检查

根据病史和体格检查，选择相关的血液指标检查。对怀疑为中枢性疾病引起眩晕的患者，需进一步行CT、MRI等检查。

（四）诊断流程

急性眩晕的诊断流程如图3-8所示。

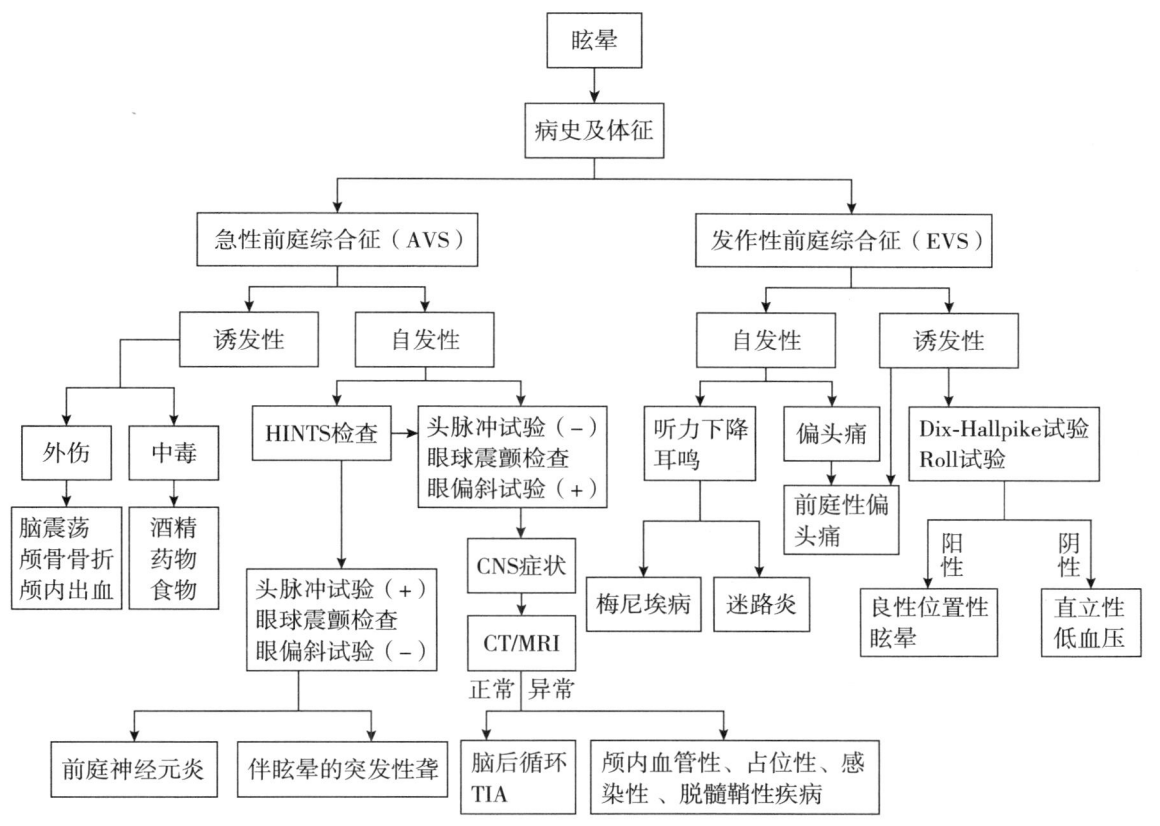

图3-8 急性眩晕的诊断流程

注：TIA，短暂性脑缺血发作（transient ischemic attack）

三、危险分层

（一）前庭代偿功能

眩晕的症状、起病急缓与前庭代偿功能有关。起病急，自身前庭代偿功能尚未建立时，患者眩晕程度较重，视物旋转感明显。前庭功能代偿后，患者眩晕症状可逐渐消失，多数患者周围性眩晕呈短暂发作性病程。

（二）需要快速重点识别的疾病

通过病史采集、体格检查及相关辅助检查可以区分中枢性眩晕与周围性眩晕。前庭核与脑干血管运动中枢、迷走神经核相连接，前庭核损害时，患者可伴有恶心、呕吐、面色苍白、出汗，以及血压、呼吸和脉搏改变，严重者可迅速出现意识障碍，属于高危情况，应尽快识别危及生命的情况。

1. 周围性眩晕 急性起病，持续时间短，眩晕程度常较重，常伴有明显耳鸣、耳聋，自主神经症状明显，多为水平性眼球震颤，但平衡障碍程度轻。须快速识别需要手术治疗的复杂中耳疾病，如化脓性中耳炎、慢性中耳炎合并胆脂瘤。

2. 中枢性眩晕 眩晕症状较轻，耳鸣和听力减退少见，自主神经症状轻或不明显；但患者病情重，多有脑干、小脑或顶叶、颞叶损害。当患者出现意识障碍或合并中枢神经系统受累的体征（如复视、构音障碍、吞咽困难、饮水呛咳、视野缺损、肢体无力、肌张力异常、共济失调、交叉性或偏身感觉障碍）时，应行 CT 或 MRI 检查，警惕脑后循环卒中、颅内感染、颅内占位性病变等。

四、救治原则

短期使用前庭抑制剂控制眩晕症状，紧急予以止吐，并寻找病因，首先应排除中枢神经系统疾病。常用的药物有盐酸异丙嗪、盐酸地芬尼多、盐酸苯海拉明等。酌情使用改善循环的药物，如天麻素、银杏叶制剂、倍他司汀。

（一）中枢性眩晕

1. 急性脑血管病 对于缺血性脑血管病患者，应予以抗血小板、抗凝、降脂及稳定斑块等治疗。对符合适应证者，予以静脉溶栓、血管内介入治疗等。对脑出血患者，需应用脱水剂降低颅内压、控制血压，必要时行去骨瓣减压等外科手术治疗。

2. 前庭性偏头痛 予以止痛、控制眩晕及止吐治疗。

3. 中枢神经系统脱髓鞘疾病 应用糖皮质激素或免疫球蛋白等免疫调节治疗。

4. 中枢神经系统感染 予以抗感染、脱水降低颅内压等治疗。

5. 中枢神经系统占位性病变 应进行手术治疗。

（二）周围性眩晕

1. 良性位置性眩晕 予以手法复位。

2. 梅尼埃病 控制诱因，应用利尿剂及糖皮质激素。

3. 前庭神经炎 应用糖皮质激素，并对患者进行前庭功能康复训练。

4. 伴眩晕的突发性聋 应用糖皮质激素。

（三）全身疾病导致的头晕

纠正导致头晕的全身性因素，如水、电解质紊乱，低血糖，甲状腺功能亢进症或甲状腺功能亢进减退症，贫血，酒精戒断综合征以及药物中毒。根据患者的具体情况予以对症处理。

（曹立军）

第十五节 晕 厥

晕厥（syncope）是指一过性全脑血液低灌注导致的短暂性意识丧失（transient loss of consciousness，TLOC）。其特点是快速发作，呈一过性、自限性，并且能够完全恢复。发作时因肌张力降低或丧失，患者不能维持正常体位而跌倒。晕厥发作前，患者可有黑矇、乏力、出汗等先兆症状。

一、症状及分类

根据病理生理特征，可将晕厥分为神经介导性晕厥（反射性晕厥）、直立性低血压性晕厥（orthostatic hypotensive syncope）和心源性晕厥。晕厥的分类及临床特点见表3-24。

表3-24 晕厥的分类及临床特点

分类		临床特点
神经介导性晕厥（反射性晕厥）		
血管迷走性晕厥		由情绪变化、疼痛、恐惧、极度虚弱、创伤或医疗操作诱发
情境性晕厥		由咳嗽、吞咽、排尿、排便、运动后或大笑等特定动作诱发
颈动脉窦综合征		由突然转头、衣领过高或过紧、局部肿瘤诱发
不典型反射性晕厥		无前驱症状，无明显诱因，临床表现不典型
直立性低血压或直立不耐受综合征所致晕厥		
直立性低血压性晕厥		从卧位或坐位突然变为直立位时发生晕厥，收缩压下降≥20 mmHg、舒张压下降≥10 mmHg，或收缩压降至<90 mmHg
直立不耐受综合征		从坐位或卧位转变为直立位时发生直立性低血压、直立性心动过速或晕厥
体位性心动过速综合征		站立时出现头晕、心悸、肌束震颤、全身乏力、视物模糊等症状；心率增加≥30次/分，12~19岁者≥40次/分，并持续30 s以上，血压下降≤20/10 mmHg
心源性晕厥		
心律失常性晕厥	心动过缓	
	窦房结功能不良（包括心动过缓-心动过速综合征）	
	房室传导系统疾病	
	植入器械功能异常	
	药物作用	
	心动过速	
	室上性心动过速	
	室性心动过速	
	药物作用	
器质性心血管疾病性晕厥	心脏性	
	心脏瓣膜病，急性心肌梗死或缺血，肥厚型心肌病，心脏肿物（心房黏液瘤、肿瘤等），心包疾病（心脏压塞），先天性冠状动脉解剖异常，机械瓣膜功能不良	
	其他	
	肺栓塞、急性主动脉夹层、肺动脉高压等	

二、病情评估与危险分层

接诊可疑晕厥患者时，应明确其是否发生晕厥，并查找晕厥的可能病因，再评估其是否属于高危患者。

（一）病情评估

1. 病史采集 详细询问病史，包括发作频率、发作时的体位、发作与运动的关系、发作诱因、发作后特征、家族中是否有遗传性疾病或早发（<50岁）心脏性猝死患者。

2. 体格检查 注意检查患者卧位和直立位 3 min 的血压和心率变化，注意患者是否有心脏杂音、奔马律、心包摩擦音等提示器质性心脏病的证据。进行神经系统检查，寻找局灶性神经功能缺损的证据。

3. 辅助检查

（1）颈动脉窦按摩：有助于诊断颈动脉窦高敏和颈动脉窦综合征。

（2）卧立位试验：对可疑体位性低血压患者，进行卧立位试验。

（3）直立倾斜试验：适用于疑似血管迷走性晕厥、延迟性直立不耐受综合征或体位性心动过速综合征，经初步评估不能明确诊断的患者。

（4）自主神经功能评估：有助于鉴别自主神经功能障碍在晕厥发生中的作用。

（5）心功能检查：包括心电图检查、动态心电图检查、远程心电监测、心脏电生理检查、超声心动图检查、心脏 CT 和 MRI 检查、心导管检查等，可用于心源性晕厥的鉴别。

（6）运动负荷试验：对怀疑为运动诱发的晕厥患者，应进行运动负荷试验。

（7）视频记录、精神心理评估：适用于心因性假性晕厥的鉴别。

（二）危险分层

晕厥的短期死亡风险与器质性心脏病、心力衰竭、心律失常有关，因此，强调对患者进行危险分层。反复发作晕厥的严重心脑血管疾病患者属于高危患者，随时有死亡的风险，应予以高度重视。当无法明确晕厥的原因时，应对患者发生主要心血管事件及心脏性猝死（sudden cardiac death，SCD）的风险进行评估。

晕厥患者的病情评估与危险分层如图 3-9 所示。

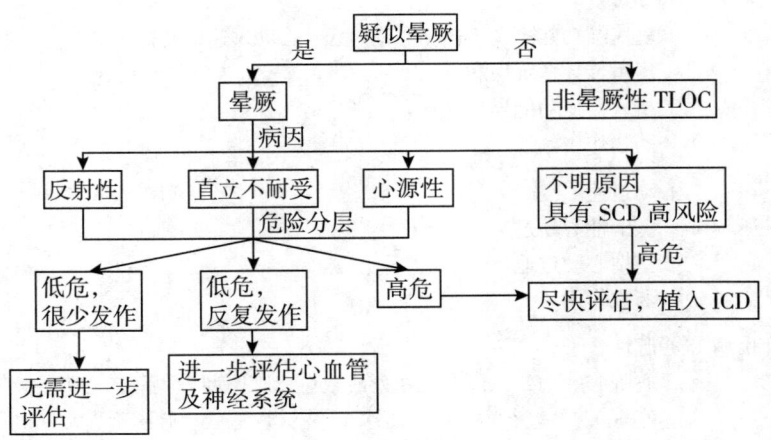

图 3-9 晕厥患者的病情评估与危险分层

注：SCD，心脏性猝死；TLOC：短暂性意识丧失

知识拓展

直立倾斜试验

直立倾斜试验是利用直立倾斜床将患者的体位从平卧位迅速变为倾斜位，以检查静脉血管是否正常，患者是否会发生心率减慢、血压降低，甚至晕厥的一种无创检查方法。

适应证：

（1）反复不明原因晕厥（有或无器质性心脏病，排除心源性晕厥）。

（2）无先兆表现的单次晕厥或高风险外伤性不明原因晕厥。

（3）诊断与鉴别诊断血管迷走神经性晕厥、直立性低血压性晕厥和体位性心动过速综合征。

（4）鉴别晕厥与非抽搐性癫痫。

（5）鉴别心因性假性晕厥。

（6）鉴别老年性晕厥与跌倒。

（7）对血管迷走神经性晕厥和直立性低血压性晕厥患者进行训练治疗。

《直立倾斜试验规范应用中国专家共识2022》强调，依据晕厥初始评估制订个体化的检查方案，对于提高直立倾斜试验诊断晕厥的价值、降低检查风险具有重要的意义。

三、治疗原则

（一）反射性晕厥

治疗目的是预防复发，避免造成外伤，改善生活质量。

1. 物理治疗 是一线治疗方法。采取肢体加压动作，使双腿交叉、双手紧握、上肢紧绷，进行肌肉等长收缩，在反射性晕厥发作时可显著升高血压。进行倾斜训练，对于高度敏感的年轻患者，当直立位诱发血管迷走神经兴奋的症状时，予以强迫直立，逐渐延长时间。

2. 药物治疗 适用于非药物治疗后仍反复发作者。短期应用盐酸米多君是血管抑制型晕厥不伴高血压患者的首选药物。β受体阻滞剂可用于基础心率快，且晕厥前有明显心率加快的患者。

3. 心脏起搏治疗 对心脏抑制型或混合型颈动脉窦综合征患者，推荐植入有频率骤降应答功能的双腔起搏器。

（二）直立不耐受综合征

1. 物理治疗 采用肢体加压动作、使用腹带或穿弹力袜，睡眠时将头部抬高10°。

2. 摄入充足的水和盐 鼓励患者每天饮水2~3 L，每天摄入盐10 g；快速饮用冷水可减轻直立位不耐受及餐后低血压。

3. 药物治疗 盐酸米多君是一线治疗药物，每次2.5~10 mg，每日3次，可升高站立位血压，或临时用药进行预防。避免过度使用抗高血压药，患者收缩压以控制在140~150 mmHg为宜。抗高血压药应避免使用利尿剂和β受体阻滞剂。

(三)心源性晕厥

1. 心律失常性晕厥

(1)起搏器治疗:适用于窦性停搏或窦房传导阻滞、房室传导阻滞引起的晕厥患者。

(2)植入型心律转复除颤器(implantable cardioverter defibrillator,ICD)或心脏再同步化治疗:用于束支传导阻滞合并不明原因的晕厥患者。

(3)导管消融:是阵发性室上性快速型心律失常的首选治疗方法。对阵发性室性心动过速患者,推荐进行导管消融或药物治疗;对治疗失败或不能实施者,建议植入ICD。

2. 器质性心血管病合并晕厥 对于器质性心脏病患者,应积极治疗基础疾病(如急性心肌缺血、急性肺栓塞、主动脉夹层、心房黏液瘤、心腔内血栓及严重的主动脉瓣狭窄),从而降低患者发生心脏性猝死的风险。

(曹立军)

第十六节 意识障碍

一、概念

意识障碍(disturbance of consciousness)是指个体对周围环境以及自身状态的识别和觉察能力出现障碍的状态,是急诊科一类常见的临床综合征,病因复杂。在临床实践中,意识障碍有两种表现形式,一种是以兴奋性降低为特点,可表现为嗜睡、昏睡甚至昏迷,另一种是以兴奋性增高为特点的特殊的意识障碍,表现为意识模糊、躁动不安和谵妄等。判断意识障碍的严重程度,尽早、正确分析其病因,合理诊断,及时救治患者,具有非常重要的临床意义。

二、病因与发病机制

意识障碍的常见病因分为颅内病变和全身疾病,见表3-25。

表3-25 意识障碍的常见病因

颅内病变	全身疾病
脑血管病:	重症急性感染性疾病:
脑出血	败血症
脑梗死	肺炎
短暂性脑缺血发作	中毒性菌痢
蛛网膜下腔出血	内分泌与代谢性疾病:
高血压脑病	糖尿病昏迷
颅脑外伤:	低血糖
脑震荡	尿毒症

续表

颅内病变	全身疾病
脑挫裂伤	肝性脑病
外伤性颅内血肿	甲状腺危象
颅内占位性病变：	甲状腺功能减退症
原发性或转移性颅内肿瘤	库欣综合征
脑肉芽肿	水、电解质紊乱
脑寄生虫囊肿	心血管疾病：
颅内感染性疾病：	休克
脑炎	严重心律失常
脑膜炎	物理性损害：
脑型疟疾	热射病
癫痫	电击伤
颅内高压综合征和脑疝形成	溺水
	外源性中毒

基础回顾

网状激活系统

网状激活系统是脑干腹侧中心部位由神经细胞和神经纤维组成的网状结构。该结构从脊髓上端伸延至间脑，实际上是由许多神经核团和上行及下行纤维组成的复杂混合体。其神经核团和纤维束的特点是：①没有特异的感觉或运动功能；②各个神经核团发出的纤维分散投射到前脑（包括大脑皮质）、脑干和脊髓的许多部分。投射至大脑皮质的结构又称上行网状激活系统，对维持大脑皮质的觉醒状态起重要作用。

人的意识需要由完整而稳定的中枢神经系统来支配。当脑干上行网状激活系统受抑制或双侧大脑皮质广泛损害时，觉醒状态减弱，意识内容减少或改变，即可造成意识障碍。

三、临床表现

意识障碍的表现形式可分为觉醒度下降和意识内容变化2种。前者表现为嗜睡、昏睡和昏迷；后者表现为意识模糊和谵妄等。

1. 嗜睡　是程度较轻的意识障碍，是一种病理性疲倦状态。患者处于持续睡眠状态，予以刺激后可被唤醒，醒后能正确回答和做出各种反应，但当刺激停止后，患者又会很快进入睡眠状态。

2. 昏睡　是接近昏迷的一种意识障碍。患者觉醒功能严重受损，处于熟睡状态，不易被唤醒，在较强的刺激下（如压迫眶上神经）可被唤醒，醒后可简短回答提问，各种反射活动存在，但当刺激停止后，又会很快再入睡。

3. 昏迷 是最严重的意识障碍类型。患者的觉醒状态、意识内容及随意运动完全丧失，任何刺激均不能将其唤醒。按其程度可分为浅昏迷、中昏迷和深昏迷。

（1）浅昏迷：对外界刺激无反应，自主活动、语言活动及随意活动消失，对疼痛刺激有痛苦反应或肢体退缩等防御反应，各种生理反射（吞咽、咳嗽、角膜、瞳孔对光反射等）存在或迟钝，生命体征无改变。

（2）中昏迷：随意活动消失，对疼痛刺激无反应，在强烈刺激下可出现防御反射，角膜反射消失，瞳孔对光反射迟钝，眼球无转动，生命体征轻度改变，可出现呼吸节律紊乱和中枢性过度换气。

（3）深昏迷：全身肌肉松弛，所有反射（生理反射、浅反射、深反射及病理反射）均消失，生命体征不平稳，呼吸欠规则。

4. 意识模糊 注意力减退，定向障碍，情感淡漠，随意活动减少，言语不连贯，思睡。对声、光、疼痛等刺激能出现有目的的简单动作反应。

5. 谵妄 是一种特殊类型的意识障碍。在意识模糊的同时，伴有明显的精神运动性兴奋表现，可出现定向力丧失、感觉错乱、躁动不安、言语杂乱等症状，见于感染中毒性脑病、颅脑外伤、药物中毒、代谢障碍等情况。部分患者可康复，还有部分患者可进一步恶化为昏迷。

四、辅助检查

1. 实验室检查 包括血常规、尿常规、血糖、肝功能、肾功能、心肌酶、血氨、动脉血气分析、电解质、脑脊液检查，以及毒物检测或筛查等。对疑为一氧化碳中毒的患者，进行碳氧血红蛋白检测；对疑为急性有机磷中毒的患者，进行血液胆碱酯酶检测等。

2. 相关检查 包括 X 线检查、CT 检查、MRI 检查、脑血管造影、心电图检查、脑电图检查等。

五、病情评估、危险分层与诊断

（一）病情评估

1. 判断是否为意识障碍 根据病史及临床检查结果进行判断。

2. 判断意识障碍的程度 对出现意识障碍的患者，应根据其临床表现判断意识障碍的性质和程度。意识障碍程度的评估方法很多，以 Glasgow 昏迷评分较为常用，见表 1-3。

3. 识别急危重症 根据简单询问病史（发病急缓、外伤史、服毒或毒物接触史，伴随症状及既往史）和症状，检查患者是否有生命体征（体温、脉搏、呼吸、血压）异常，结合其他体格检查（瞳孔、脑膜刺激征、病理反射及其他各种反射等），危及生命的异常辅助检查结果（重度贫血、凝血功能异常、重度酸中毒、胆碱酯酶活性低下、高血糖、低血糖、尿素氮增高等，颅脑 CT 检查提示脑出血和颅骨骨折，心电图检查提示严重心律失常和心肌梗死），及时发现危及生命的急危重症，积极组织抢救，以提高抢救成功率。

（二）危险分层

意识障碍是危险系数大、涉及危及生命的疾病较多的一类临床综合征。可按意识障碍的程

度对患者进行危险分层，但不同危险级别之间可能出现相互转化或进展，所以都不能忽视。尤其是昏迷患者，可能存在威及生命的情况（如生命体征不平稳、颅内高压），需立即对患者予以抢救处理，并尽早进行病因诊断。

（三）诊断思路与流程

1. 判断是否为意识障碍　根据患者的意识状态及其对各种刺激的反应，判断其是否发生意识障碍，并注意与下列病症相鉴别。

（1）木僵：常见于精神分裂症患者。临床表现为对外界刺激均无反应，没有言语和活动，甚至不进食，面部表情固定，可出现尿液、粪便潴留，但夜深人静时可稍有活动或自行进食，询问时可低声回答，常伴有自主神经功能紊乱，如流涎、低体温等。

（2）精神抑制状态：见于癔症或遭受过严重精神打击的患者，发病与精神因素有关。患者起病突然，对外界刺激无反应，呼吸急促或屏住呼吸，僵卧不动，急速轻眨眼，翻开双眼睑可见眼球活动，神经系统检查正常。

（3）闭锁综合征：只有眼睑及眼球垂直运动，头面部及四肢运动功能丧失，不能说话，实际上意识清楚，可以通过眼睑及眼球运动表达自己的意愿，见于脑桥肿瘤、基底动脉闭塞和狭窄脑桥部血管病变及脱髓鞘疾病等患者。

（4）晕厥：表现为意识突然短暂丧失，但又很快恢复，多由于大脑一过性血流灌注不足引起，包括心源性晕厥、神经源性晕厥、反射性晕厥等。

2. 评估意识障碍的程度，并进行危险分层。

3. 确定意识障碍的病因　根据病史、体征、相关实验室及辅助检查结果，分析、判断病因。下列表现有助于意识障碍的病因诊断。

（1）伴发热：先出现发热，然后出现意识障碍，可见于重症感染性疾病患者；先出现意识障碍，然后出现发热，见于脑出血、蛛网膜下腔出血、巴比妥类药物中毒等患者。

（2）伴呼吸缓慢：是呼吸中枢受抑制的表现，可见于吗啡、巴比妥类药物、有机磷农药等中毒及银环蛇咬伤等患者。

（3）伴瞳孔改变：①瞳孔散大，可见于颠茄类、酒精、氰化物等中毒以及癫痫、低血糖状态等患者；②瞳孔缩小，可见于吗啡类、巴比妥类药物、有机磷农药等中毒患者；③双侧瞳孔不等大：提示可能有颅内高压、脑疝、脑出血、大面积脑梗死等。

（4）昏迷前伴有剧烈头痛、呕吐：提示可能有颅内高压，应考虑脑肿瘤、脑脓肿、脑出血、脑膜炎等。

（5）伴脑膜刺激征：见于脑膜炎、蛛网膜下腔出血等患者。

（6）伴心动过缓：可见于颅内高压、房室传导阻滞以及吗啡类、毒蕈等中毒患者。

（7）伴高血压：可见于高血压脑病、脑血管意外、肾炎、尿毒症等患者。

（8）伴低血压：可见于各种原因引起的休克患者。

（9）伴皮肤黏膜改变：出血点、瘀斑和紫癜等可见于严重感染和出血性疾病患者；口唇呈樱桃红色，提示发生一氧化碳中毒。

（10）伴呼出气体或呕吐物有特殊大蒜味：提示可能为有机磷农药中毒。

六、救治原则

对于意识障碍患者，应立即明确其意识障碍的程度，评估生命体征的危急程度，并予以及时、有效的处置。意识障碍的诊断和治疗流程如图3-10所示。

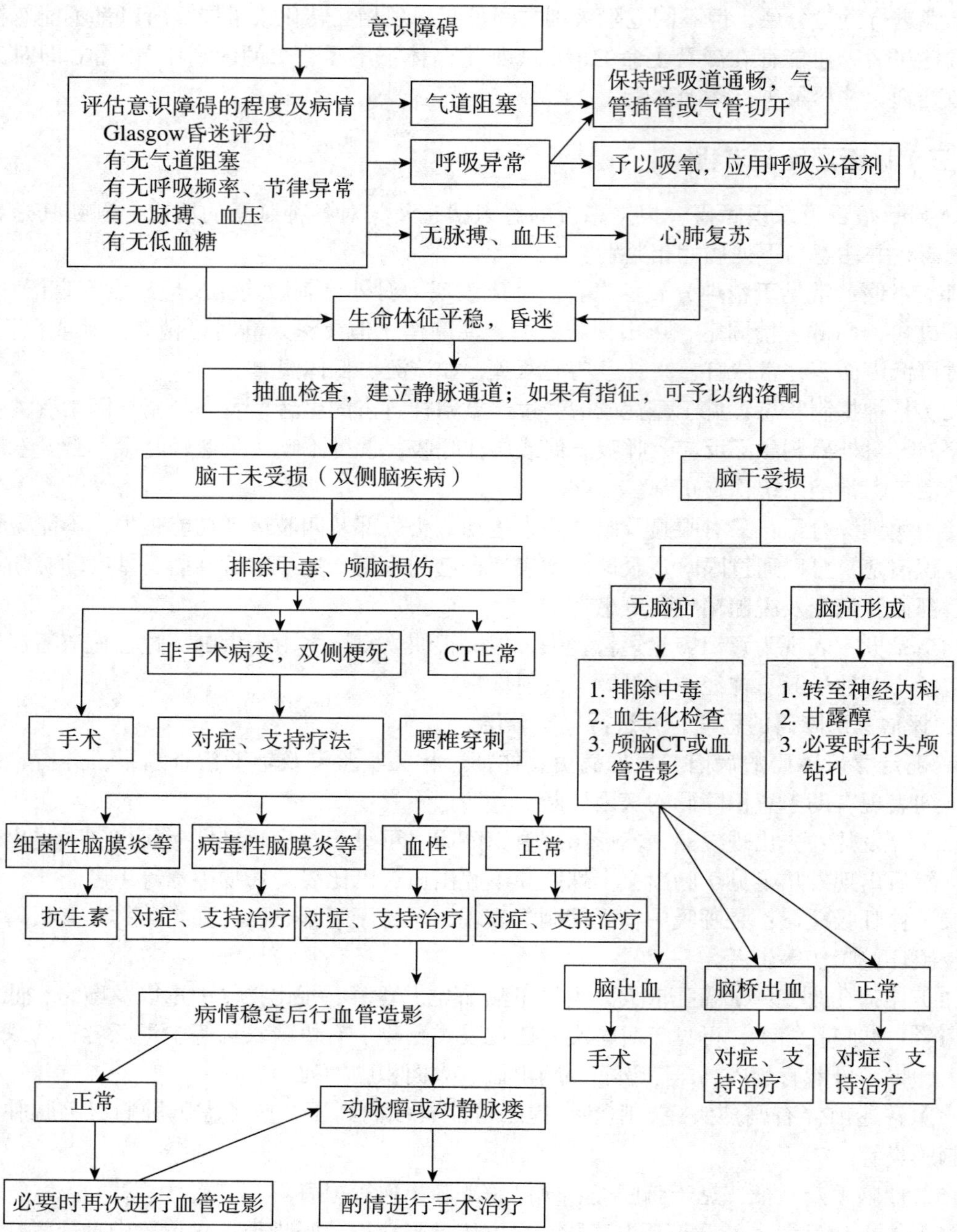

图 3-10 意识障碍的诊断和治疗流程

急救处理原则（危重症）

1. 对症治疗

（1）确保呼吸道通畅：予以吸氧，必要时使用呼吸中枢兴奋剂，行气管切开或气管插管，辅以人工呼吸。

（2）维持有效的循环功能：予以强心、升压药物，及时纠正休克。

（3）急诊检查：进行血常规、尿常规、血糖、电解质、肝功能、肾功能、凝血功能、血气分析等检查。

（4）降低颅内压：对颅内压增高者，予以脱水（甘露醇、呋塞米、甘油、皮质醇激素等）、降颅内压药物治疗。必要时行侧脑室穿刺引流减压。

（5）防治感染：预防及控制感染。
（6）控制血压和体温：控制高血压和过高的体温。
（7）控制抽搐发作。
（8）维持体液平衡：纠正水、电解质紊乱，补充营养。
（9）改善脑代谢：予以脑代谢促进剂及促醒药物。
（10）加强护理：注意口腔、呼吸道、泌尿道及皮肤的护理。待患者病情稳定后，将其转入 ICU，予以进一步诊治。

2. 病因治疗　对于昏迷患者，应尽早明确病因诊断，及时予以病因治疗。

3. 其他治疗　主要包括止血、抗酸、保护脑细胞、营养支持等。

（黄齐兵）

第十七节　抽　搐

抽搐（tic）是指骨骼肌阵发性痉挛发作及不自主的发作性痉挛。急诊约有 1% 的患者是以抽搐为主诉或伴随症状就诊的。其中约有 80% 为痫性抽搐发作，高热性抽搐占 8%～10%，低钙性抽搐占 3%～5%，其他不明原因性抽搐占 2%～5%。

一、病因分类

按发病原因可将抽搐分为痫性抽搐、高热性抽搐、低钙性抽搐、其他不明原因性抽搐和假性抽搐五类。强直-阵挛性抽搐及局限阵挛性抽搐均由于大脑神经元异常放电所致，可归于癫痫发作。抽搐可分为原发性和继发性抽搐，统称为真性抽搐。临床中还可见到类似抽搐表现的假性抽搐发作。

二、临床特点

（一）抽搐发作的特征

1. 突然发作　典型的抽搐发作通常没有任何先兆表现。
2. 持续时间短暂　抽搐发作持续时间一般不超过 120 秒。
3. 意识改变　除轻微部分性抽搐发作外，抽搐患者均伴有意识状态改变。
4. 无目的性活动　患者可出现自主性、无方向性强直-阵挛性发作。
5. 不能被唤醒　特别是情绪刺激不能将患者唤醒，但儿童高热、成人停药戒断状态不属于此范畴。
6. 抽搐发作后状态　除部分性发作和失神发作外，几乎所有抽搐患者发作后均有急性意识状态改变；不典型发作后的状态包括神经源性肺水肿和 Todds 麻痹（一过性偏瘫）等。

（二）临床表现

抽搐按其发作表现形式可分为强直-阵挛性抽搐、局限阵挛性抽搐及抽搐持续状态三类，

临床表现各异。

1. 强直-阵挛性抽搐 临床表现为突然出现意识丧失,头向后仰或转向一侧,眼球向上或转向一侧,四肢强直,持续 10~20 秒,继之全身转为一张一弛的阵挛性抽搐,持续 1~2 min。发作时由于呼吸肌突然强直,患者可发出尖叫、呼吸暂停、面唇发绀、瞳孔散大、排尿与排便失禁等。发作后转入昏迷状态。

2. 局限阵挛性抽搐 患者一般无意识障碍,局部出现阵挛性抽搐,多见于口角、眼睑、手指或足部,持续时间多较短暂,也可长达数小时或数日。

3. 抽搐持续状态 强直-阵挛性抽搐或局限阵挛性抽搐连续发作,发作期间患者出现意识障碍,发作间期越来越短,体温升高,需紧急采取措施,在 2 h 内控制发作。

三、诊断及鉴别诊断

(一)诊断

1. 病史 应注意询问患者的发病年龄、家族史、服药史、头部外伤史、生育史。对 25 岁以上的初发患者,应重点排除继发性抽搐。

2. 体格检查
(1)生命体征:包括测量心率、脉搏、呼吸、血压和血氧饱和度。
(2)体格检查:包括检查神志状态、瞳孔、眼底、运动系统、脑膜刺激征、神经系统定位征等检查。

3. 实验室及辅助检查
(1)一般检查:包括血常规、电解质、肝功能、肾功能、脑脊液检查等。
(2)颅脑 CT 及 MRI 检查:对确定病因具有重要的价值,可以发现颅内占位性病变、脑变性疾病、脑血管病变等多种疾病。
(3)脑电图检查:对绝大多数抽搐患者是在发作间期进行脑电图描记,其阳性率仅为 40%~50%。可通过各种诱发方法,使其阳性率提高到 80%~85%。脑电图检查可区分抽搐发作的类型,如强直-阵挛性抽搐发作,还可于发作间期描记到对称性同步化棘波或棘-慢波等。

(二)鉴别诊断

应明确患者是真性抽搐发作还是假性抽搐发作。假性抽搐是指类似抽搐发作的一系列疾病,患者常有反常的躯体运动和意识障碍,但脑电图检查一般无异常,且无神经定位体征。反常的躯体运动和意识状态易与抽搐相混淆,两者也可见于同一患者,其鉴别主要依靠脑电图检查。临床上,假性抽搐常见于以下疾病。

1. 癔症 发作常以情绪激动为诱因。与抽搐不同的是,患者无意识丧失,且绝大多数无排尿与排便失禁、咬舌、跌伤等,常出现过度换气及长时间屏气。体格检查神经系统无异常,经他人劝导或予以镇静药物后,病情可终止。

2. 晕厥 由于各种原因所致大脑供血、供氧不足而引起。患者可出现头晕、心悸、出汗、黑矇等。单纯晕厥患者并无抽搐,经平卧休息、吸氧后可逐渐缓解。

3. 精神性疾病 一般仅在发作过程中出现意识障碍,对发作过程不能回忆,但发作间期精神正常,如神游状态。

急诊医师不仅应该明确患者是否为抽搐发作,还应找出抽搐的诱发因素,明确病因诊断。

四、治疗原则

（一）急性发作期的处理

以立即制止抽搐为首要原则，然后查明病因，针对病因进行相应的治疗。

1. 强直-阵挛性抽搐

（1）体位：使患者平卧于空气流通处，将头偏向一侧，以防止吸入唾液及呕吐物，并解开衣扣。

（2）保持呼吸道通畅：予以吸氧。

（3）使用抗癫痫药：可选用地西泮 10 mg 静脉注射，或苯巴比妥钠 0.1 g 肌内注射。

（4）长期用药：发作控制后，应嘱患者长期服用抗癫痫药，可选用苯妥英钠，每次 0.1 g，每日 3 次；或丙戊酸钠，每次 0.2 g，每日 3 次；或卡马西平，每次 0.1 g，每日 3 次。

2. 局限阵挛性抽搐

（1）使用抗癫痫药：肌内注射地西泮 10 mg 或苯巴比妥钠 0.1 g，必要时 2~4 h 后重复用药。

（2）长期用药：控制发作后，嘱患者长期服用抗癫痫药，与强直-阵挛性抽搐的治疗相同。

3. 抽搐持续状态

（1）应用地西泮或异戊巴比妥钠：地西泮 10~20 mg 静脉注射或异戊巴比妥钠（阿米妥钠）0.5 g，以 25% 葡萄糖溶液 20 ml 稀释后，缓慢静脉注射，同时密切注意观察患者是否出现呼吸抑制的不良反应。发作控制后，即停止静脉注射，改为肌内注射，每 2~4 h 重复 1 次。

（2）应用苯巴比妥钠：苯巴比妥钠 0.2 g，肌内注射，每 6~8 h 重复 1 次，可与地西泮或异戊巴比妥钠交替使用，发作控制 24 h 后逐渐减量。

（3）鼻饲或喂服抗癫痫药：与强直-阵挛性抽搐的治疗。

（4）处理脑水肿：以 20% 甘露醇 250 ml 快速静脉滴注，15~30 min 内输注完毕，每 6~8 h 1 次。

（5）维持体液平衡：纠正代谢障碍和水、电解质紊乱。

（6）保持呼吸道通畅：予以吸氧。

（7）应用硫喷妥钠：将硫喷妥钠 0.5 g 加入生理盐水 20 ml 中缓慢静脉注射，注射时间不应少于 15 min，或者将硫喷妥钠 0.5 g 加入生理盐水 500 ml 中缓慢静脉滴注。

4. 保持气道通畅 ①定时抽吸痰液和分泌物，予以雾化吸入；②应用祛痰药、解痉药：如氨茶碱、二羟丙茶碱等；③气管插管：一般在患者血氧饱和度低于 80% 时，应考虑经口（鼻）气管插管；④气管切开：主要应用于经口（鼻）气管插管困难者，如破伤风发作所致的气道狭窄患者。

5. 对症治疗 予以营养支持、纠正内环境紊乱。

（二）病因治疗

对颅内感染患者，应选择可透过血脑屏障的抗生素；对脑出血患者，应积极予以脱水、降低颅内压治疗；对脑血管畸形患者，可考虑进行外科手术治疗。

（张劲松）

第十八节　急性瘫痪

瘫痪（paralysis）是指随意肌收缩功能障碍，主要表现为随意运动减低或丧失、肌肉瘫痪的综合征。根据运动系统定位，主要将瘫痪的病因分为上运动神经元（又称锥体系统）、下运动神经元、锥体外系和小脑系统损伤，不同部位损伤的表现不同。上、下运动神经元损伤表现复杂，本节将详细阐述。锥体外系损伤主要表现为肌张力变化和不自主运动，小脑受损后主要表现为共济失调和平衡障碍两大类。急性不完全性随意肌收缩功能障碍引起肌力减退，为不完全瘫痪（肌力为1~4级）；随意肌收缩功能完全丧失，即为完全瘫痪（肌力为0级）。

一、病因

可以根据急性瘫痪的临床表现推测其类型。急性瘫痪的常见病因见表3-26。

表3-26　急性瘫痪的常见病因

类型	病因
肌源性瘫痪	肌营养不良症、强直性肌病、重症肌无力与肌无力综合征、炎症性肌病、周期性瘫痪、代谢性肌病以及其他肌病（如横纹肌溶解症、肌红蛋白尿症、中毒性肌病等）
下运动神经元性瘫痪（弛缓性瘫痪、软瘫）	脊髓前角细胞病变、前根病变、神经丛病变、周围神经病变；常见于急性脊髓灰质炎、急性感染性多发性神经根炎（脱髓鞘病变）、臂丛神经炎、多发性神经炎、神经麻痹等
上运动神经元性瘫痪（痉挛性瘫痪、硬瘫）	红核脊髓束、网状脊髓束与前庭脊髓束等所发生的病变

> **基础回顾**
>
> **锥体系统与锥体外系统**
>
> 锥体系统（pyramidal system）：起自大脑皮质，神经纤维经内囊下行，在延髓锥体后大部分交叉，走行于对侧皮质脊髓侧束，与下运动神经元的脊髓前角细胞形成突触。
>
> 锥体外系统（extrapyramidal system）：通常是指基底节，包括纹状体（尾状核、壳核、苍白球）、红核、黑质和丘脑底核，是锥体束以外可影响下运动神经元的运动传导通路，对控制运动起重要作用。

二、临床表现

（一）肌源性瘫痪

1. **瘫痪的分布**　大多对称，以肢体近端更为严重，不符合神经支配的规律。
2. **肌束震颤**　通常没有。

3. 肌肉萎缩 随病程进展，患者可出现病变部位肌肉萎缩，但不见于疾病急性期。

4. 牵张反射 由于运动效应器受损，导致紧张性牵张反射（表现为肌张力）与位相性牵张反射（表现为腱反射）均降低。

5. 病理反射 病理反射是上运动神经元性瘫痪的特征，不见于肌源性瘫痪患者。

（二）下运动神经元性瘫痪

1. 瘫痪的分布 主要是小组肌肉或单块肌肉瘫痪，其分布符合脊髓节段或周围神经支配的规律。

2. 肌束震颤 肌束震颤是下运动神经元性瘫痪的特征之一，但很少见于急性期。确认肌束震颤与下运动神经元病变有关时，须除外良性肌束震颤和可能表现为肌束震颤的其他疾病，如甲状腺毒性肌病、抗胆碱酯酶药物过量与电解质紊乱等，后者无其他神经系统症状。

3. 肌肉萎缩 肌肉萎缩通常开始出现于失神经支配后1~2周，是蛋白质代谢呈负平衡的结果。

4. 牵张反射 由于反射通路受阻而导致肌张力、腱反射均减退。睡眠、昏迷或发生小脑病变时，也可见牵张反射减退，诊断时应注意鉴别。

5. 病理反射 病理反射是上运动神经元疾病的表现，不见于下运动神经元性瘫痪。

（三）上运动神经元性瘫痪

1. 瘫痪的分布 瘫痪的分布符合神经解剖的规律，通常是肌群或肢体瘫痪。涉及皮质运动区的病损可引起对侧相应部位的瘫痪；内囊处损伤即使病灶较小，也可引起包括翼肌、下半面部与颏舌肌在内的对侧偏瘫；一侧脑干病变可引起交叉性瘫痪；颈膨大以上的高位颈髓病变，危及双侧皮质脊髓束时，可引起四肢上运动神经元性瘫痪；颈膨大病损累及双侧前角与皮质脊髓束时，导致双上肢出现下运动神经元性瘫痪与双下肢出现上运动神经元性瘫痪，患者可伴有呼吸困难；胸髓病损累及双侧皮质脊髓束时，可引起上运动神经元性截瘫。

2. 肌束震颤 瘫痪肌不出现肌束震颤。

3. 肌肉萎缩 上运动神经元病变通常不影响下运动神经元对肌肉的营养作用，故瘫痪肌常无萎缩。但长时间瘫痪可导致瘫痪肌失用性萎缩，因此，肌肉萎缩不见于病变急性期。

4. 牵张反射 上运动神经元病变时，瘫痪肌牵张反射增强，表现为张力增高、反射亢进。但是，在病变急性期，因参与瘫痪肌牵张反射的下运动神经元突然失去上级运动神经元的调控而进入阻抑状态，可导致牵张反射消失，瘫痪肌张力降低，腱反射难以引出，属于脊髓休克状态。

5. 病理反射 锥体系统病变时，屈曲反射失去抑制，上肢可出现霍夫曼征（Hoffmann sign），下肢可出现巴宾斯基征（Babinski sign）。

三、辅助检查

（一）生化检查

肌源性瘫痪患者多出现血浆肌酶（如肌酸磷酸激酶）升高；下运动神经元性瘫痪患者肌酶大多正常，有的急性疾病（如急性炎症性脱髓鞘性多发性神经病）患者可出现肌酸磷酸激酶轻度增高；对上运动神经元性瘫痪患者进行肌酶检测的诊断价值不高。

（二）肌电图检查

进行肌电图检查可区分肌源性或神经源性瘫痪，鉴别上、下运动神经元损伤和脊髓病变等。肌源性瘫痪患者肌电图检查呈肌病性改变；下运动神经元性瘫痪患者肌电图检查呈去神经性变化；对上运动神经元性瘫痪患者进行肌电图检查的诊断价值不高。

（三）肌肉活检

对肌源性瘫痪患者进行肌肉活检可证实各种肌肉疾病的特征性变化；对下运动神经元性瘫痪患者进行肌肉活检可证实去神经性表现；对上运动神经元性瘫痪患者进行肌肉活检的诊断价值不高。

四、诊断及鉴别诊断

神经系统疾病的诊断主要解决两个问题：①病变部位，即定位诊断；②病变性质，即定性诊断。两者结合可作出疾病诊断。急性瘫痪的诊断思维包括以下两方面。

1. 确认是否为真性瘫痪　应注意与失用、骨关节病引起的随意肌运动障碍以及癔症性瘫痪相鉴别。

发生小脑病损时，患者可能合并病变肌肌力减退，但主要以小脑共济失调为主。发生震颤麻痹时，患肢可表现为肌无力，但无明显瘫痪，且病变肌肌张力呈齿轮状增高，可伴有肌束震颤、运动迟缓、表情呆滞和眨眼动作减少等，易于识别。严重的舞蹈症可能引起轻瘫，患肢舞蹈动作减弱，甚至消失，结合舞蹈症病史及瘫痪肢肌张力降低可予以鉴别。

发生骨关节病变时，随意肌运动可能受限，但不属于真性瘫痪。根据骨关节病病史，患者取保护性体位，局部关节肿胀、按压痛，被动活动受限并引起疼痛等表现，可予以鉴别。

癔症性瘫痪好发于青年女性，起病快，但患者发病前常有心理因素，瘫痪的分布不一，以单瘫、截瘫较为常见。瘫痪的程度不定，可能时轻时重，除可能检测出瘫痪肢体在被动活动时阻力有所增加外，患者无其他神经系统体征。病征具有暗示性，或表现为精神症状。患者的癔症性人格和类似发作史有助于诊断。但确诊癔症须谨慎，在排除器质性病因后才能考虑该病的可能。

2. 识别急性瘫痪的类型　根据上述各类瘫痪的临床特征，可以确定瘫痪的类型。需要注意的是：①患者是否处于脊髓休克状态，发生脊髓休克时，引起急性瘫痪的根本原因是上运动神经元急性病变，但其临床表现却属下运动神经元性瘫痪的特征，即瘫痪肌张力降低，反射消失，不出现病理反射。②下运动神经元性瘫痪急性期，瘫痪肌通常不出现肌束震颤和肌肉萎缩。③肌源性瘫痪急性期，患者不出现肌肉萎缩。

因此，对急性瘫痪患者，应根据瘫痪的分布、必要的实验室检查与病史资料确定急性瘫痪的类型。

五、病情评估

肌力判定

临床上常使用 Lovett 肌力分级法即六级（0~5 级）记录法来判断肌力的大小，以评估瘫痪的程度。Lovett 肌力分级法见表 3-27。

表 3-27　Lovett 肌力分级法

级别	名称	标准	正常肌力的百分比（%）
0	零（zero，0）	无可测出的肌肉收缩	0
1	微缩（trace，T）	有轻微肌肉收缩，但不能引起关节运动	10
2	差（poor，P）	在减重状态下能进行关节全范围运动	25
3	可（fair，F）	能抵抗重力进行关节全范围运动，但不能抵抗阻力	50
4	良好（good，G）	能抵抗重力和一定的阻力进行运动	75
5	正常（normal，N）	能抵抗重力，并充分抵抗阻力进行运动	100

六、救治措施

1. 病因治疗　积极治疗原发病。

2. 对症治疗　①对眼肌瘫痪且出现复视者，可遮蔽患侧眼，或用三棱镜暂时予以校正。②对面肌瘫痪、眼睑不能闭合者，可用眼罩保护暴露的角膜、结膜，并加用滴眼液、眼膏等；对瘫痪的面肌进行按摩、理疗，以防止肌肉挛缩以及被健侧面肌牵拉。③对出现吞咽困难者，及时予以鼻饲，按需静脉滴注，以补充热量。④对出现呼吸困难者，应及时行气管切开，保持呼吸道通畅，按需考虑进行人工辅助呼吸。⑤对肢体瘫痪者，指导其加强被动活动，鼓励其进行主动活动，并予以瘫痪肌按摩；静息时，可将瘫痪肌放置于功能位，为日后康复治疗创造条件。

3. 防止并发症　加强瘫痪护理，防止发生压疮、肺炎、尿路感染、便秘、烫伤与肢体挛缩。严密观察患者的病情变化，做好饮食护理、体位护理，尽量避免或减少并发症的发生。

（李　欣）

第十九节　精神异常

一、病因

精神异常的常见综合征及其病因见表 3-28。

表 3-28　精神异常的常见综合征及其病因

常见综合征	病因
谵妄	颅脑病变：癫痫、脑外伤、颅内感染及出血或其他脑血管病、颅内肿瘤等
	成瘾性药物或物质戒断
	内分泌功能失调
	内脏疾病
	代谢性疾病伴发热
	过敏性疾病
	物理因素致病
	药物作用

续表

常见综合征	病因
痴呆	中枢神经系统变性疾病（阿尔茨海默病、亨廷顿病、帕金森病等） 颅内占位性病变及感染、脑外伤等 代谢障碍和内分泌障碍（桥本脑病等） 血管性痴呆 中毒（酒精、重金属、一氧化碳、药物中毒性脑病等）、缺氧（缺氧性脑病等）
遗忘综合征	下丘脑后部和近中线结构的大脑损伤 酒精滥用导致维生素 B_1 缺乏是最常见的病因 其他，如心脏停搏所致的缺氧、一氧化碳中毒、脑血管疾病、脑炎、第三脑室肿瘤等
幻觉、妄想	以功能性精神病多见，如精神分裂症妄想型、反应性精神病等 器质性精神障碍，较常见的有中毒性神经病，如阿托品类、异烟肼中毒，癫痫性谵妄状态 某些血液系统疾病（白血病和缺铁性贫血、恶性贫血） 各种内分泌疾病（甲状腺功能亢进症或甲状腺功能减退症、肢端肥大症、肾上腺皮质功能亢进）等
抑郁	内分泌疾病，尤其是内分泌腺体功能减退的一组疾病，如甲状腺功能减退症、肾上腺皮质功能减退症和垂体功能减退症 代谢性脑病，如慢性尿毒症、肺性脑病

二、病情评估

1. 全面、详细地询问病史 向患者的家属、同事、亲友甚至护送者详细询问异常情况十分重要。病史中应尽可能包括是否有类似发作史、躯体疾病史、服药史、住院史、阳性家族史、既往性格和精神创伤史等内容。

2. 仔细观察病情和进行体格检查 体格检查和神经系统检查应全面而有重点地进行，只重视精神状态而忽视体格检查往往会出现差错，须绝对避免。患者的外貌衣着、言谈举止、情绪变化以及行为活动都是精神症状的观察内容。通常应注意患者是否有感知觉障碍（如错觉、幻觉），注意力是否集中，记忆力是否有缺损，思维内容是否有异常，特别应注意患者是否有妄想等。智能方面可通过简单的计算来测查，如向患者提问"100 减 7 等于几"。关于意志行为，应观察患者是否有意志减退或增强；本能活动（如食欲和性欲）是否有减退或增强；患者是否有冲动伤人或自伤行为，是否有怪异动作或行为。

3. 进行必要的实验室检查 对出现精神异常的患者，应进行白细胞计数和分类、血红蛋白、尿糖、尿常规、血糖、肝功能、肾功能、电解质、胸部 X 线、心电图等检查。对怀疑由脑部器质性病变引起精神异常的患者，需进行脑电图、颅脑 CT 和脑脊液检查，如果有条件，则应考虑行颅脑 MRI 检查。

三、诊断思路与流程

在综合医院遇到精神异常的患者，首诊的急诊医师至少应确定下列基本情况。
1. 患者发生的是躯体疾病还是精神障碍。
2. 精神障碍是器质性的还是功能性的。

3. 患者是轻性还是重性精神障碍，患者是否有精神病性症状，意识和自知力是否受到损害。

4. 心理社会因素在发病中的作用。

5. 判断主要症状和综合征，对暂时难以做出疾病诊断者，可先行处理，继续观察，待之后再进行诊断。

6. 确定急诊患者是否需要精神科处理，及时请精神科会诊，进行药物治疗和非药物治疗等。

7. 优先处理躯体疾病。

四、救治原则

1. 治疗原发躯体疾病 对任何以精神症状为主要临床表现的患者，诊断时均应首先排除神经系统或其他躯体疾病。器质性精神障碍患者的原发疾病处于急性期，或病情危重，或处于症状恶化阶段时，应以原发躯体疾病的治疗为主。

2. 精神药物治疗 精神药物的使用应充分考虑患者对药物的耐受能力，以短期、速效、小量为原则。器质性精神障碍的处理是在积极治疗原发病的基础上予以相应的对症支持治疗。对于有明显精神症状的患者，可予以相应的小剂量精神药物。除予以药物治疗外，对部分患者还需要予以心理治疗。

（黄齐兵）

思 考 题

1. 呼吸困难的处理流程是什么？
2. 对呕血或便血患者，进行紧急评估的项目有哪些？
3. 如何处理排尿困难？
4. 涉及水肿的急危重症有哪些？应如何处理？
5. 中枢性眩晕与周围性眩晕的鉴别要点有哪些？
6. 病例分析：患者，女性，41岁，因"寒战、高热伴腹痛、腹泻5日"入院。既往有糖尿病病史20余年，未规律诊治。查体：T 40℃，P 129次/分，R 25次/分，BP 137/92 mmHg；体型肥胖，皮肤黏膜轻度黄染，巩膜轻度黄染，心脏、肺部检查无阳性体征；腹软，右上腹压痛阳性，无反跳痛，肠鸣音存在；双下肢轻度水肿。

问题：

（1）患者进入抢救室，应紧急检查的项目有哪些？

（2）患者反复寒战、高热，伴食欲减退、腹痛、腹泻。急诊应进行哪些处理？

（3）实验室检查：血液感染指标、肝酶水平明显增高，血培养肺炎克雷伯菌呈阳性；腹部B超检查提示肝右叶低回声灶。应考虑患者为何种疾病？导致该疾病的高危因素是什么？

第四章 心肺脑复苏

心搏骤停是医学及社会各界广泛关注的重大公共卫生问题之一。过去 20 年里，我国心搏骤停发病率呈上升趋势，给社会和家庭造成的负担日渐加重。心肺脑复苏，是心搏骤停最重要、最有效的救治手段，是提高生存率、改善复苏后生活质量的关键。

第一节 心搏骤停与心肺复苏

一、心搏骤停

（一）概念

心搏骤停（sudden cardiac arrest）又称心搏停止、心脏停搏，是指心脏正常机械活动停止，循环征象消失。由于心脏泵血功能突然终止，导致全身各脏器的血液供应中断。此时若能得到心肺复苏等及时、有效的紧急救治，则患者有可能恢复自主循环，否则将发生不可逆转的生物学死亡。

猝死（sudden death，SD）是指在平素身体健康或貌似健康，或疾病并未严重到可预测突发死亡的个体中，急性症状出现后短时间内（通常为 1 h 内）发生的非外伤性、不可预期的自然死亡。猝死的多种病因中，心脏原因引起的猝死占比最大，称为心脏性猝死（sudden cardiac death，SCD）。

心搏骤停与猝死之间既有重要的联系，又有区别。首先，心搏骤停是一种循环停止的状态，其转归可以是存活或死亡；而猝死是一种既定的事实，是已经发生的不可逆转的生物学死亡。其次，心搏骤停可以由多种原因引起，包括患者自身疾病和外部因素；而猝死属于无法预期的突发事件导致的自然死亡，只能由患者自身疾病引起。最后，心搏骤停的定义对发病前状态和时限没有要求；而猝死则限定为急性症状出现后短时间（多为 1 h 内）发生的死亡。

（二）病因

心搏骤停的常见病因包括心源性疾病、非心源性疾病和创伤及其他因素（表 4-1）。其中，常见的可逆性病因可归纳为"6H"和"5T"，在进行心搏骤停抢救时，应积极处理可逆性病因（详见本章第三节）。

表 4-1　心搏骤停的常见病因

病因类型	常见疾病
心源性疾病	急性冠脉综合征、慢性冠脉综合征、心肌病、心肌炎、先天性心脏病、遗传性心律失常、主动脉夹层、心力衰竭等
非心源性疾病	大面积肺栓塞、肺动脉高压、慢性阻塞性肺疾病、神经源性疾病、高钾血症、过敏性休克等
创伤及其他因素	创伤、药物过量或中毒、淹溺、电击伤、窒息、手术相关因素、产科相关因素、蛇咬伤等

（三）心电图分型

心搏骤停发生时的心电图包括心室颤动、无脉性室性心动过速、心室停搏、心脏电机械分离4种类型。其中，心室颤动和无脉性室性心动过速是可除颤的心律失常，而心室停搏和心脏电机械分离属于不可除颤的心律失常。

发生心室颤动时，心室肌发生不协调、快速而紊乱的连续颤动。心电图检查可见QRS波群、ST段及T波的波形、振幅与频率极不规则，无法辨认。心室颤动在心搏骤停早期最常见，复苏成功率最高。抢救成功的关键在于进行高质量的心肺复苏（cardiopulmonary resuscitation，CPR）和早期电除颤。

无脉性室性心动过速是指出现致命性室性心动过速，但不能启动心脏机械收缩的现象。心电图呈宽大、畸形的QRS波群，P波频率慢于QRS波群频率，PR间期无固定关系（房室分离），无等电位线。

心室停搏是指心室完全丧失收缩活动，呈静止状态，心电图呈直线，复苏效果差。

心脏电机械分离是指心脏有持续的电活动，但无有效的机械收缩，心电图检查可见间断出现宽大畸形、振幅较低的QRS波群，频率小于20~30次/分。

（四）临床表现

心搏骤停的临床表现是意识突然丧失，或伴有短暂的全身性抽搐，心音及大动脉搏动消失，呼吸断续，呈叹息样呼吸或呼吸停止。绝大多数患者无先兆症状，少数患者在发病前数分钟至数十分钟有乏力、头晕、心悸、胸闷等非特异性症状。心脏停搏5~10 s，患者即出现意识丧失；停搏10~15 s，可发生阿-斯综合征，伴有全身性抽搐及排尿、排便失禁；停搏20~30 s，可出现呼吸停止、面色发绀；停搏30~60 s，可出现瞳孔散大。这段时间内，如果能得到及时、恰当的抢救，则患者有恢复自主循环的可能。如果停搏超过4~6 min，由于中枢神经系统缺氧时间过长，可造成不可逆的损害。因此，尽早复苏是提高复苏成功率的关键。

二、心肺复苏概述

心肺复苏（cardiopulmonary resuscitation，CPR）是指针对心搏骤停采取的抢救措施，即用心脏按压或其他方法形成暂时的人工循环并恢复心脏自主搏动和血液循环，用人工呼吸代替自主呼吸并恢复自主呼吸，达到恢复苏醒和挽救生命的目的。随着技术的进步，恢复患者自主呼吸和循环的可能性较以往有显著提高，但是长时间心搏骤停可导致缺血缺氧性脑病，是影响预后的重要因素，因此又提出心肺脑复苏（cardiopulmonary cerebral resuscitation，CPCR）的概念，旨在强调脑保护和脑复苏的重要性。本章介绍的心肺复苏主要针对成人，针对儿童和幼儿的心肺复苏见第十五章。

心肺复苏的基本框架始于20世纪60年代。1960年马里兰医学会将胸外心脏按压与人工呼吸结合起来。1966年，美国召开了第一届全美心肺复苏会议。1974年，美国心脏协会（American Heart Association，AHA）制定了第一个心肺复苏指南。2000年，国际复苏联合委员会（International Liaison Committee on Resuscitation，ILCOR）发表了《国际心肺复苏和心血管急救指南2000》，该指南首次应用"生存链"的概念，将心肺复苏定性为以"生存链"为核心的"线性"救治模式，强调流程中每一环节的重要性与关联性。2010年，AHA对上述指南进行了更新，将"生存链"的概念进一步延伸，改进为新的五环"生存链"，即早期识别、早期胸外心脏按压、早期电除颤、早期高级生命支持及心搏骤停后治疗。《2015 AHA心肺复苏与心血管急救指南》对"生存链"进行了修订，将其分为院外心搏骤停（out-of-hospital cardiac arrest，OHCA）与院内心搏骤停（in-of-hospital cardiac arrest，IHCA）2条"生存链"。《AHA心肺复苏与心血管急救指南2020》在心肺复苏原有的五环"生存链"的基础上，增加了康复这一关键环节，以院外心搏骤停"生存链"为例，形成早期识别、高质量心肺复苏、电除颤、高级生命支持、心搏骤停恢复自主循环后治疗及康复的六环"生存链"。

（徐　峰）

第二节　基础生命支持

基础生命支持（basic life support，BLS）是维持人体生命体征最基础的急救措施。目的是在尽可能短的时间内，用简单易行的方法进行人工呼吸和循环支持，包括采用心脏按压（cardiac compression）维持患者的循环状态，通过人工呼吸（artificial breathing）予以呼吸支持，进行电除颤纠正紊乱的心室节律，为心肌和脑组织提供最低限度的血流灌注和氧供，从而为进一步救治患者争取时间。

基础生命支持（BLS）是心搏骤停后挽救生命的基础，基本内容包括心搏骤停的识别、呼叫急救系统、尽早开始心肺复苏、迅速使用除颤器/自动体外除颤器（automated external defibrillator，AED）。成人BLS简化流程如图4-1所示。

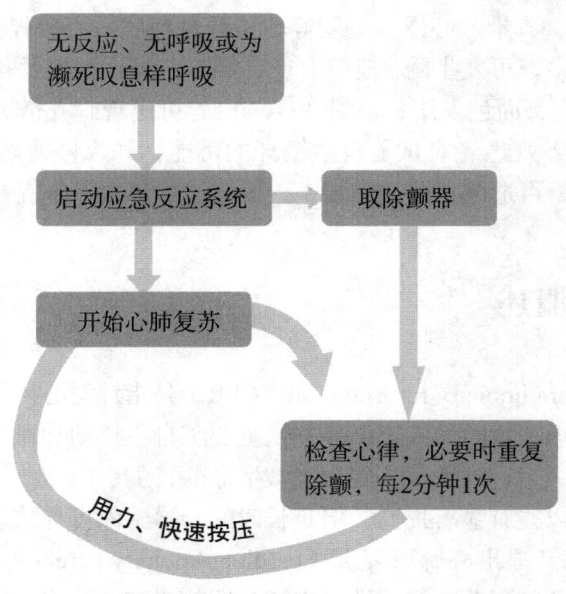

图4-1　成人BLS简化流程图

> **知识拓展**
>
> **自动体外除颤器的使用**
>
> 　　早期电除颤是心搏骤停患者救治"生存链"的关键环节。自动体外除颤器（automated external defibrillator，AED）是一种便携式医疗设备，可自动监测致命性心律失常（心室颤动、心室扑动、无脉性室性心动过速等），并通过电除颤使其终止。AED 操作简单，语音提示和屏幕动画操作提示使操作更为简便易行，未经培训的非专业救援人员也可以安全、快速地使用，并且可在急救人员到达前实施，进而缩短心搏骤停发生到除颤的时间，提高救治成功率。AHA 早在 1995 年即提出在公共场所配置除颤器的概念，并大力推广。我国于 2004 年开始推广 AED 配置，目前仍有较大的提升空间。

一、心搏骤停的识别

　　急救人员应当先评估环境，在确认现场安全的情况下，迅速识别心搏骤停。施救者应轻拍患者的肩部，并大声呼唤"您还好吗？"判断患者是否有反应；随后判断患者是否有呼吸，一旦发现成人患者无呼吸或呼吸不正常（如仅有喘息），应立即采取复苏措施。判断时间不超过 10 s。

案例 4-1

　　患者，老年男性，被路人发现摔倒，呼之不应，无呕吐，无双眼凝视、四肢抽搐，无排尿、排便失禁。

　　问题：
　　1. 首先考虑该患者诊断为什么疾病？
　　2. 目击者在现场应如何采取急救措施？

二、启动应急反应系统并准备自动体外除颤器

　　1. 单人急救　判断患者无反应、无呼吸或呼吸不正常后，即可启动应急反应系统，准备自动体外除颤器（AED），实施心肺复苏，需要时立即进行电除颤。

　　2. 多人急救　若有多名急救者在场，则其中一人按步骤进行心肺复苏，另一人启动应急反应系统，准备 AED。

　　3. 特殊患者的急救　如果患者为淹溺或窒息所致心搏骤停，则急救者应在启动应急反应系统前，先实施 5 个周期（2 min）的心肺复苏。

三、检查脉搏

　　触诊颈动脉搏动判断是否有心脏搏动，用示指和中指触及甲状软骨，向外侧下方滑动 2～3 cm，

至胸锁乳突肌凹陷处，检查是否有动脉搏动。检查脉搏不超过 10 s。若未扪及脉搏，则立即进行心肺复苏，开始胸外心脏按压，按压/通气比率为 30∶2，直至高级心血管生命支持人员或其他人员到达。针对成年心搏骤停患者的医务人员 BLS 流程如图 4-2 所示。

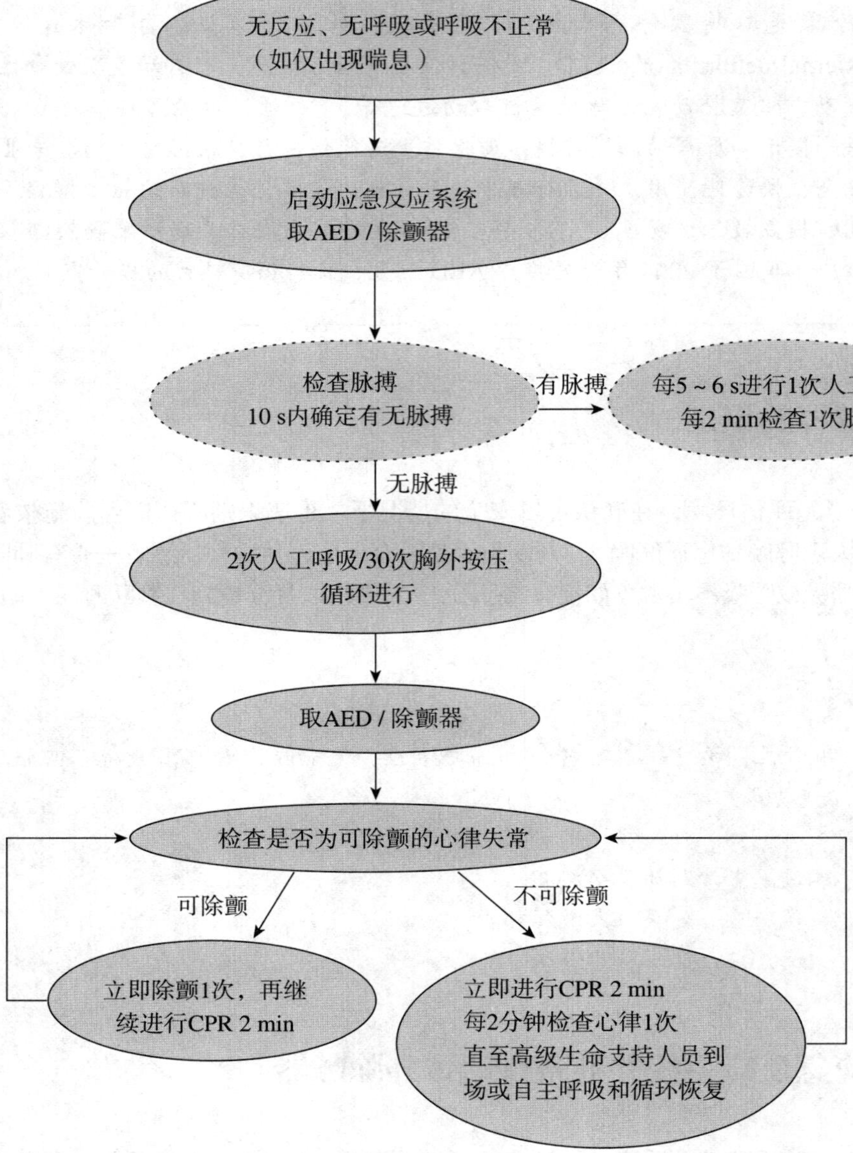

```
无反应、无呼吸或呼吸不正常
（如仅出现喘息）
        ↓
启动应急反应系统
取 AED / 除颤器
        ↓
检查脉搏                有脉搏    每 5~6 s 进行 1 次人工呼吸
10 s 内确定有无脉搏  ────→    每 2 min 检查 1 次脉搏
        ↓ 无脉搏
2 次人工呼吸 /30 次胸外按压
循环进行
        ↓
取 AED / 除颤器
        ↓
检查是否为可除颤的心律失常 ←──┐
   可除颤 ↓    ↓ 不可除颤       │
立即除颤 1 次，再继   立即进行 CPR 2 min
续进行 CPR 2 min    每 2 分钟检查心律 1 次
                    直至高级生命支持人员到
                    场或自主呼吸和循环恢复
```

图 4-2　针对成年心搏骤停患者的医务人员 BLS 流程
注：虚线框中内容仅由医务人员完成

指南强调，应按照胸外心脏按压 - 开通气道 - 人工呼吸的顺序实施抢救。

四、胸外心脏按压

胸外心脏按压（cardiac compression）是指在胸骨中下部进行的有力而有节奏的按压。通过按压增加胸膜腔内压及直接压迫心脏产生血流，为心肌和脑组织提供一定水平的血流灌注。有效的心脏按压可以使心输出量达到正常时的 25%~33%，这是维持生命的最基本需求。

确保患者仰卧于硬板床等平坦、坚实的物体表面或在其肩、背部下放置垫板，注意避免因放置垫板而延迟心肺复苏。心脏按压方法如图 4-3 所示。成人按压部位为患者胸部中央，相当于双侧乳头连线水平与胸骨相交处。按压时，手掌根部与胸骨长轴平行，将右手的掌根放置于左手背上，十指交错，手指翘起，上半身前倾，双肘伸直，使肩、肘、腕呈一直线，凭借上半身的重量和肩背部肌肉的力量，有节奏地垂直下压。按压频率至少为 100 次 / 分，不超过 120 次 / 分，按压深度至少为 5 cm，不超过 6 cm。按压间歇，应确保胸廓完全回弹。按压时间与放松时间大致相等。放松时，掌根部不离开胸壁，以免按压点发生移位。

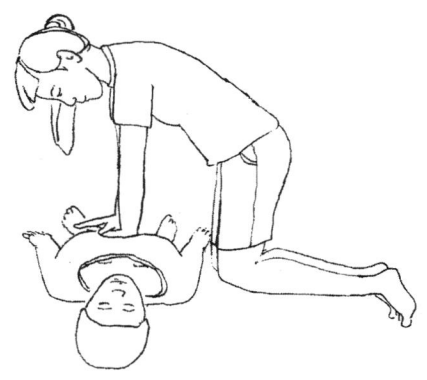

图 4-3　胸外心脏按压

若有双人或多人施救，则应每 2 min 或 5 个周期（每个周期包括 30 次心脏按压和 2 次人工呼吸）更换按压者，并在 5 s 内完成按压职责的交换，以防止按压者疲劳以及胸外心脏按压的质量降低和速率减慢。由于每次按压中断后需要很长时间才能重新建立足够的主动脉和冠状动脉灌注压，故过多中断按压可使冠状动脉和脑血流中断，导致复苏成功率明显降低，因此应尽量避免按压过程中断。按压部位不当或用力过猛易引起胸骨骨折、气胸、血胸、肾裂伤、大动脉撕裂等严重并发症，故需特别注意。心脏按压有效的表现是患者昏迷变浅，出现眼球活动，出现睫毛反射及对光反射，甚至手足抽动，肌张力增加；瞳孔由大变小；面色发绀明显减轻，转为红润；按压时可触及大动脉搏动；呼吸改善或出现自主呼吸。

五、开放气道

如果心搏骤停患者的舌根、软腭及会厌等口咽软组织后坠，必然会导致上呼吸道梗阻。因此，在开放气道（open airway）的同时，应清除患者口腔内的异物（义齿、分泌物等）。解除上呼吸道梗阻的基本手法有以下几种。

1. 仰头抬颏法　施救者一手掌根置于患者前额，用手掌推动，使其头部后仰；另一手的示指、中指并拢置于患者下颌骨处，抬起下颌，使下颌尖、耳垂连线与地面垂直。向上抬起下颌时，避免用力压迫下颌部软组织，以免人为造成气道阻塞。对于创伤和非创伤患者，均推荐使用仰头抬颏法开放气道，但此方法不适用于疑有颈椎骨折的患者。

2. 托颌法　施救者位于患者头侧，双手拇指置于患者口角旁，其余四指托住患者下颌部位，在保证其头部和颈部固定的前提下，用力将患者下颌向上、向前抬起，并利用拇指轻轻向前推动颏部，使口张开。因为此方法可以减少颈部和脊柱的移动，故适用于高度怀疑为颈椎受伤的患者。

3. 仰头抬颈法　施救者一手置于患者前额，并向后、向下压，使其头部尽量后仰，另一手将患者颈部向前上方抬起，使舌根不压迫咽后壁。对于颈椎骨折患者，不适合应用此方法。

六、人工呼吸

人工呼吸（artificial breathing，B）是指通过徒手或机械装置使空气进入肺泡，以达到维持肺泡通气和氧合的作用，再利用胸廓和肺组织的弹性回缩力使进入肺内的气体呼出，从而减轻组织缺氧和二氧化碳潴留。如此周而复始，以代替自主呼吸。

1. 口对口人工呼吸 其方法如图 4-4 所示。施救者托住患者颈部，使其头部后仰，以开放气道；清洁其口腔和鼻腔，清除气道内异物，以拇指和示指捏紧患者的鼻孔，用自己的双唇把患者的口部完全包绕，然后吹气 1 s 以上，使其胸廓扩张；吹气完毕，应立即与患者口部脱离，并松开捏住鼻孔的手，使患者的胸廓及肺依靠其弹性回缩力将气体呼出。

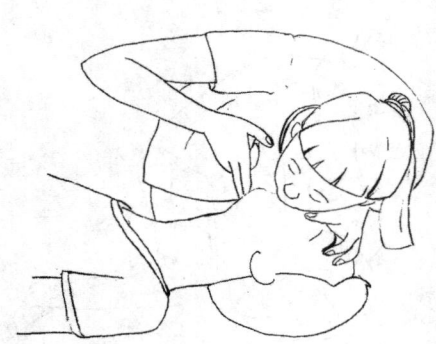

图 4-4　口对口人工呼吸

2. 口对鼻人工呼吸 是面部受伤或其他原因导致患者口腔不能打开时进行的人工通气方法。施救者先开放患者气道，然后用口封住患者的鼻孔，同时抬高患者下颌部并封闭其口唇，用力向患者鼻孔内深吹一口气，然后与患者鼻部脱离，并用手将患者的口唇张开，使患者呼气。建立高级气道后，每 6~8 s 通气 1 次，即呼吸频率为 8~10 次/分。进行通气时，不需要停止胸外心脏按压。

3. 使用球囊面罩 球囊面罩装置可以在没有高级气道时产生正压而辅助通气。具体方法是：开放气道，清除患者口腔内异物。然后从患者鼻部向下，将面罩紧密置于其面部，贴紧皮肤。采用"EC"形手法固定面罩，一手拇指和示指呈"C"形置于面罩边缘，将面罩加压于患者面部，中指、环指和小指呈"E"形托住患者下颌。另一手均匀用力挤压气囊，以挤压气囊的 1/3~2/3 为宜，避免用力时大时小，以免损伤肺组织，避免将过多的气体挤压到胃部。

无论是采用口对口人工呼吸、口对鼻人工呼吸还是球囊面罩进行人工通气，均应持续吹气 1 s 以上，以确保有足够的气体进入肺内，潮气量以 500~600 ml（6~7 ml/kg）为宜，避免过度通气。用容量为 1 L 的球囊时，应挤压约 2/3，用容量为 2 L 的球囊时，应挤压约 1/3。过度通气可使脑血管收缩和颅内压升高，脑血流量减少；同时可导致胸膜腔内压升高，回心血量减少，心输出量减少。通气不足可引起组织缺氧和二氧化碳潴留。吹气量过大、吹气速度过快，可造成咽部压力过大，使气体进入食管和胃内，引起胃胀气。患者胀气严重时，可使横膈抬高，使肺扩张受限，肺容量减小，影响肺通气。

基础回顾

无脉性心电活动

无脉性心电活动（pulseless electrical activity，PEA）又称心脏电机械分离，是心搏骤停的常见原因之一，在所有猝死患者中可占 70%。正常情况下，心肌细胞去极化先于心脏的机械收缩。发生心脏电机械分离时，心脏有电活动但无同步的机械性舒缩运动，心输出量不足以向外周器官供血。常表现为起搏点向下移位，即窦房结的起搏功能逐渐被心房所代替，之后又被房室交界区所代替，接着出现室性心律，最终发生心室停搏。缺乏心室电活动并不总是意味着缺乏心室机械活动（心脏停搏），反之亦然。急性心肌梗死、心肌病、心脏破裂、肺动脉栓塞、急性心脏压塞，严重心力衰竭等多种严重的心血管疾病导致心肌无法产生足够的收缩力以响应心脏去极化时，就会出现无脉性心电活动。

（薛　丽）

第三节 高级心血管生命支持

案例 4-2

患者王某，男，60岁，晚餐后与家人散步时突发剧烈胸痛、呼吸困难。家人急呼"120"，10 min后急救人员赶到现场，但王某很快失去意识，出现叹息样呼吸。急救团队立即启动高级心血管生命支持（ACLS）程序，同时紧急将王先生转至急诊抢救室。

情景：20 min后到达急诊抢救室，患者未恢复自主心律。

问题：
1. 根据描述，患者王某可能发生了什么心血管事件？
2. 根据ACLS指南，急救团队应如何紧急处理王某的病情？
3. 列举在ACLS过程中可能使用的药物及其适应证和推荐剂量。
4. 在急诊抢救室，急救团队如何有效协作，最大限度地支持和救治患者？

高级心血管生命支持（advanced cardiovascular life support，ACLS）是在BLS的基础上，由专业急救和医护人员运用急救设备、特殊技术和药物建立与维持更有效的通气及血液循环的措施。主要包括建立人工气道、机械通气、应用循环辅助设备、药物和液体治疗、电除颤/电复律、持续进行心律（率）和血流动力学监测，以及复苏后的脏器功能支持和评估等。ACLS的效果取决于良好的BLS实施和对病情的准确评估，同时也需要急救和医护人员熟悉与遵守ACLS指南和协议的，以及进行有效的团队协作和沟通。进行ACLS时，应根据患者的具体病情和反应，灵活调整治疗方案，确保快速、准确、有效地采取复苏措施，以提高复苏成功率和改善患者预后。

一、呼吸管理

ACLS阶段，保持气道通畅是至关重要的。气道辅助设备主要分为基础气道设备和高级气道设备两类。

（一）基础气道设备

1. 口咽通气管 用于防止舌后坠而阻塞气道，确保球囊面罩通气时有足够的通气量。应由受过专业培训的人员操作，以避免插入不当而导致气道阻塞。

2. 鼻咽通气管 对于具有气道阻塞风险或口腔无法正常放置口咽通气管的患者，可选择使用鼻咽通气管。但对于颅面部损伤患者，应慎用鼻咽通气管。

（二）高级气道设备

1. 声门上气道装置 作为气管插管的替代方案，可在不中断胸外心脏按压的情况下成功实施。

2. 食管-气管导管 用于隔离气道、降低误吸风险，并能提供更可靠的通气。应正确评

估导管位置，操作时动作应轻柔，以避免引起食管损伤等严重并发症。

3. 喉管 虽然与食管 - 气管导管类似，但更为简单且易于插入，适合受过专业培训的医务人员在对心搏骤停患者进行急救时使用。

4. 喉罩 可以提供比面罩更安全、可靠的通气。

5. 气管插管 是建立高级气道的首选方式，可确保气道通畅，有利于通气和清除气道分泌物，并作为某些药物的给药途径，适用于无意识的患者、无法通过面罩和球囊进行人工通气，以及气道保护失效的患者。因为心肺复苏期间患者的心输出量比正常时低，所以对通气的需求也降低。在气管插管过程中，不宜中断胸外心脏按压，在插入气管导管后，应立即全面评估导管位置，评估内容包括观察胸廓的起伏情况、上腹部听诊（不应听到呼吸音）和双侧肺部听诊（应听到对称且清晰的呼吸音）。同时，应使用呼气末二氧化碳（end-tidal carbon dioxide，$ETCO_2$）监测、食管探测等确认气管导管的位置。若怀疑导管位置不正确，则可使用喉镜或超声检查确认导管是否通过声带。若仍存在疑虑，则应拔出导管，并提供球囊面罩通气，直至重新插管成功。确认导管位置正确后，在门牙处标记导管深度并固定导管。由于患者头部位置的变化或移动可能导致气管导管移位，建议持续进行呼气末二氧化碳（$ETCO_2$）监测并使用安全的固定设备，以避免颈部压迫和大脑静脉回流受阻。高级气道建立后，应根据患者的需要调整通气频率，建议每 6~8 s 通气 1 次（呼吸频率为 8~10 次/分），并且在进行胸外心脏按压时不应中断通气。潮气量应保持在 500~600 ml，并在建立气道后短时间内提供 100% 氧气。目前，对呼吸兴奋剂的应用尚无强有力的证据支持。

二、电除颤

心搏骤停主要由四种心律失常引起：心室颤动（ventricular fibrillation，VF）、无脉性室性心动过速（pulseless ventricular tachycardia，PVT）、无脉性心电活动（pulseless electrical activity，PEA）和心脏停搏（asystole）。在 ACLS 中，高质量的心肺复苏和早期电除颤是成功的关键。其主要原因是：①电除颤是治疗心室颤动和无脉性室性心动过速的首选治疗方法。②除颤成功的可能性会随心搏骤停时间的延长而迅速降低。如果能在心搏骤停发生后 3~5 min 内进行电除颤，则复苏成功率可高达 50% 以上。每延迟 1 min 除颤，复苏成功率就会下降 7%~10%。③如果不能及时纠正心室颤动或无脉性室性心动过速，则这些心律失常可能会迅速转变为无脉性心电活动或心室停搏，此类情况更难以纠正。因此，一旦心电监测显示为无脉性室性心动过速或心室颤动，应立即进行电除颤。

当心搏骤停发生在院外时，在准备除颤器的同时就应开始进行心肺复苏，无论除颤器在任何时刻到达现场，都应该即刻检查心律失常的类型，如果是可除颤的心律失常，则应当立即进行除颤。对于院外心搏骤停患者，建议采用自动除颤器，以便于非专业人员使用，并减少按压中断时间。若有 2 名以上施救者，则应一人施行心肺复苏，另一人启动应急反应系统并准备除颤器。

对院内心搏骤停患者，为了提高除颤成功率和患者生存率，应尽快开始进行高质量的心肺复苏，并在确定心律失常类型后尽快进行电除颤，从出现心室颤动到除颤的时间应少于 3 min。同时，应根据最新的 ACLS 指南和临床实践，采用适当的除颤能量和药物治疗策略，并及时识别和处理可能存在的可逆性病因。心搏骤停的 ACLS 流程如图 4-5 所示。如果施救者不确定除颤器的推荐能量设置，对于成年患者而言，所有的电除颤都应使用最高能量单次电击。只有在最初的心律失常为心室颤动或无脉性室性心动过速、现场有目击者且除颤器立即可获得的情况下，才考虑使用 3 次连续电击，如在心导管介入治疗期间。除颤后，应立即恢复胸外心脏按压，尽量缩短电击后的复苏停顿时间。

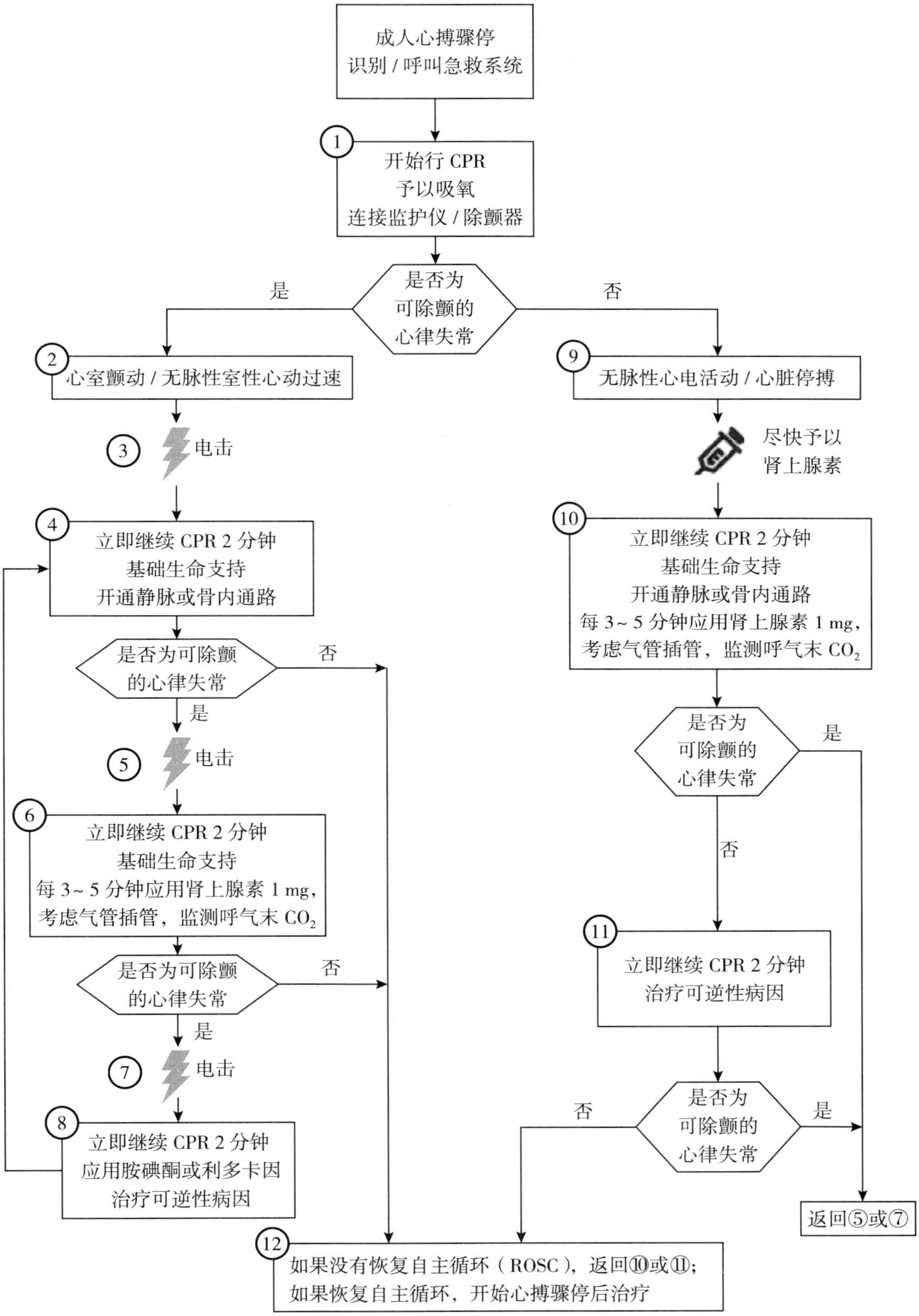

图 4-5　心搏骤停的 ACLS 流程

三、建立给药途径

在抢救心搏骤停患者期间,主要的给药方式包括外周静脉、中心静脉、骨髓腔和气管内给药。推荐尽早建立可靠的静脉通道,以便快速、准确地给药。

四、应用抗心搏骤停药物

在抢救心搏骤停患者期间,药物治疗的目的主要是促进自主循环的恢复并维持。应确保在给药的同时,不中断心肺复苏操作。使用的药物主要包括以下几种。

1. 肾上腺素 在成人心搏骤停抢救中,推荐每 3~5 min 予以 1 mg 肾上腺素,可通过静脉、骨髓腔或气管给药。特殊情况下,如 β 受体阻滞剂或钙通道阻滞剂使用过量时,可考虑大剂量使用肾上腺素。

2. 胺碘酮 可用于除颤、心肺复苏和血管升压药治疗无效的心室颤动或无脉性室性心动过速患者。推荐首次剂量为 300 mg,用 5% 葡萄糖溶液稀释至 20 ml,经静脉或骨髓腔内注射,必要时可按 150 mg 重复给药,总剂量不超过 2.2 g。

3. 利多卡因 虽然是相对安全的抗心律失常药物,但对心搏骤停的短期或长期治疗效果尚未得到证实。无胺碘酮时,可考虑使用利多卡因。初始剂量为 1~1.5 mg/kg 静脉注射,随后每隔 5~10 min 可重复 0.5~0.75 mg/kg 静脉注射,直至达到最大剂量 3 mg/kg。

4. 硫酸镁 当患者发生尖端扭转型室性心动过速时,尤其是与长 QT 间期相关时,可予以硫酸镁 1~2 g,用 5% 葡萄糖溶液 10 ml 稀释后经静脉或骨髓腔内给药,10~15 min 后可酌情重复给药。

5. 阿托品 用于治疗血流动力学不稳定的窦性、房性或交界性心动过缓,推荐剂量为 0.5~1 mg 静脉或骨髓腔内注射,必要时可重复给药,直至达到总剂量 3 mg。

6. 碳酸氢钠 不推荐对心搏骤停患者常规使用碳酸氢钠。在特定情况下,如 pH<7.1、出现危及生命的高钾血症、三环类抗抑郁药使用过量时,可考虑使用碳酸氢钠,常规起始剂量为 1 mmol/kg,应根据动脉血气分析调整剂量。

7. 钙剂 仅在特定情况下(如高钾血症、低钙血症、钙通道阻滞剂中毒时),才推荐使用钙剂。

8. 溶栓药物 当患者存在冠状动脉完全闭塞或大片致命性肺栓塞时,可考虑使用溶栓药物。尽管进行心肺复苏期间并非溶栓治疗的绝对禁忌证,但存在增加颅内出血的风险,应在评估患者的溶栓风险和获益后决定是否应用溶栓药物。

五、静脉补液

若心搏骤停与血容量显著减少有关,则应考虑低血容量性心搏骤停的可能。此类患者在发生心搏骤停前可能出现循环衰竭的征象。在这种情况下,应迅速通过静脉途径恢复血容量。复苏期间建立静脉通道主要是用于给药和补液。除非患者存在明确的低血糖症状,否则一般应避免使用含葡萄糖的液体,以免引起高血糖,从而加重心脏停搏后神经系统功能障碍。

六、寻找和治疗可逆性病因

在进行 ACLS 的过程中，迅速寻找和治疗心搏骤停的可逆性病因是至关重要的。"6 H"和"5 T"是常见的可能导致心搏骤停的可逆性因素。每次心搏骤停发生时，医护人员都应考虑这些因素，尝试找出并迅速纠正可能的病因，从而提高患者的生存率。

"6 H"包括以下几方面因素。

1. Hypoxia（缺氧） 当组织和器官的氧供应不足时，患者可能会发生心搏骤停。确保患者的气道通畅，提供适当的通气和氧气供应是至关重要的。

2. Hypovolemia（低血容量） 严重的失血或脱水可能导致有效心输出量降低到致命水平。此时需要快速予以输液或输血。

3. Hypokalemia/Hyperkalemia（低钾血症/高钾血症） 体内血钾浓度异常可能导致恶性心律失常，从而引发心搏骤停。必须尽快识别并治疗钾代谢紊乱。

4. Hypothermia（低体温） 低体温可影响心脏功能。对于低体温导致心搏骤停的患者，需要在复温的同时进行心肺复苏。

5. Hydrogen ion（acidosis）（氢离子-酸中毒） 酸中毒可以抑制心脏功能，可能需要通过予以碳酸氢钠或其他治疗方法来纠正酸中毒。

6. Hypoglycemia（低血糖） 低血糖可能导致心功能不全和猝死。

"5 T"包括以下几方面因素。

1. Toxin（毒素） 某些药物（如某些抗心律失常药、β 受体阻滞剂、钙通道阻滞剂）或毒物（氰化物等）中毒可导致心搏骤停。

2. Tamponade（cardiac）（心脏压塞） 心脏被心包内的液体或血液压迫，可导致心输出量降低。可能需要对患者进行心包穿刺或其他手术干预。

3. Tension pneumothorax（张力性气胸） 胸膜腔内压不断增加，可压迫肺和心脏，降低心输出量。需要进行胸腔减压处理。

4. Thrombosis（coronary or pulmonary）（冠状动脉或肺动脉栓塞） 心肌梗死或肺栓塞都可能导致心搏骤停。根据具体情况，可能需要采用溶栓、介入治疗或其他治疗方法。

5. Trauma（创伤） 心脏损伤或由于创伤导致的其他问题（如大面积出血、气胸）可能导致心搏骤停。

床旁超声（point-of-care ultrasound，POCUS）作为一种有效手段，可简单、快速地识别心搏骤停的可逆性病因。在复苏过程中和利用检查脉搏的 10 s 进行床旁超声检查，快速识别或排除严重的低血容量、张力性气胸、心脏压塞、肺栓塞，从而采取相应的处理策略，可以改善复苏效果。当患者发生心搏骤停时，应快速执行心搏骤停超声诊断方案。复苏期间评估心搏骤停患者，首选剑突下切面，其次是心尖四腔切面，因为这些切面不会影响心肺复苏的实施。在测量脉搏和评估心律的间期，可以选择其他可用于诊断的窗口，限制时间为 10 s，包括胸膜滑动评估中的肺窗口、四腔心尖窗口、胸骨旁短轴，以及胸骨旁长轴。在心搏骤停期间，还可以使用 POCUS 确认气管插管的位置，扫描小腿近端静脉是否存在深静脉血栓（deep vein thrombosis，DVT），或寻找失血来源（主动脉评估、腹腔或盆腔积液）等。POCUS 的应用为改善 ACLS 开辟了新路径，因此，POCUS 应成为 ACLS 的一个组成部分（详见第二十二章第十五节）。

七、目标体温管理

目标体温管理（targeted temperature management，TTM）是一种能够改善心搏骤停患者短期和长期预后的治疗方法。对于已恢复自主循环但仍处于昏迷状态的患者，应尽快采用多种体温控制方法，将核心体温维持在 32~36℃，并至少维持 24 h。常用的体温控制方法包括冷却毯、冷却衣、冰袋、冰生理盐水输注、鼻咽部降温仪和血管内降温仪等。研究表明，在院前阶段快速输注冰生理盐水降温可能增加并发症的发生率且不一定能改善预后，因此，不建议在院前阶段采用这种方法降温。体温控制过程中的体温监测应选用核心体温，如食管、膀胱或肺动脉温度，不建议将肛温和腋温视为核心体温。在体温控制过程中，应密切监测并及时处理可能出现的并发症，包括寒战、心律失常、凝血功能障碍、感染以及水、电解质紊乱等。其中，感染风险增加时，应予以关注。目标体温管理需要有详细的实施方案和专业的医疗团队，建议医疗机构制定 TTM 治疗方案并进行专业团队培训，以提高治疗效果并减少并发症的发生。

八、体外心肺复苏

体外膜肺氧合（extracorporeal membrane oxygenation，ECMO）技术已得到广泛应用和验证。体外心肺复苏（extracorporeal cardiopulmonary resuscitation，ECPR）是针对传统心肺复苏未能实现自主循环恢复或反复心搏骤停而不能维持自主循环的患者，通过快速建立静脉-动脉体外膜肺氧合，提供暂时的循环及氧合支持，以提高心肺复苏的成功率。尽管目前 ECPR 在大规模临床试验中的证据仍不充分，但其成功与否与多种因素相关，特别是从心搏骤停到开始进行 ECMO 的时间间隔。由于 ECPR 技术的复杂性和高成本，不应将其作为心肺复苏的常规选择，只有在可能对患者极为有利的情况下才应考虑使用，如存在可逆性病因（如急性冠脉闭塞、大面积肺栓塞、深度低体温、心脏损伤、重度心肌炎、心肌病、充血性心力衰竭和药物中毒），或者在等待心脏移植的情况下。整个 ECPR 团队的技术水平对于 ECPR 的成功实施至关重要，选择正确的 ECMO 应用时机或终止 ECPR 治疗对于整个 ECPR 团队也是严峻的考验。

（彭正良）

第四节　脑复苏

心肺复苏后有相当比例的存活者可并发神经系统功能损害。研究表明，约有 80% 复苏成功的患者昏迷时间超过 1 h，其中 40% 的患者处于持续性植物状态，神经功能转归良好率仅为 11%~18%。这种心肺复苏成功后继发的脑损害称为心搏骤停后缺血缺氧性脑病。因此，脑复苏（cerebral resuscitation，CR）是心肺复苏成败的关键。自 1961 年国际复苏研究委员会将心肺复苏（CPR）的概念扩展到心肺脑复苏（CPCR）以来，脑复苏日益受到重视，目前已成为复苏是否有效的评估指标。

案例 4-3

患者，女，77岁，因胸闷、胸痛6h，伴意识丧失1h入院。既往有高血压、冠心病病史，未规律服药。入院时查体：昏迷，大动脉搏动不能扪及，双侧瞳孔直径为5 mm，对光反射迟钝，血压测不出，立即行CPR，随即予以心脏电除颤、气管插管、呼吸机辅助通气；患者恢复自主心律，双侧瞳孔缩小，处于浅昏迷状态。急查：CK-MB 66.4 ng/ml↑（正常参考范围 0~25 ng/ml），肌红蛋白 888.80 ng/ml↑（正常参考范围<70 ng/ml），cTnT 23.5 ng/ml↑（正常参考范围<0.03 ng/ml）。

问题：
1. 考虑该患者为何种疾病？
2. 诊断该疾病的依据是什么？
3. 还需要做哪些辅助检查？

一、心搏骤停后缺血缺氧性脑病的发生机制

脑组织代谢率高、耗氧量大，但能量储备很有限。脑血流一旦停止10~15秒，脑组织的氧储备即完全消耗，患者即可出现意识丧失；4~6 min后，神经细胞即发生不可逆性损害。循环恢复早期，由于脑微循环改变和脑灌注压低等原因，可出现无复流现象。继而由于脑血管麻痹，可经历数十分钟的反应性充血期，然后为延迟性多灶性低灌注期，此期可持续2~12 h，是脑缺血、缺氧损害最重要的阶段。缺血再灌注时，自由基的脂质过氧化作用和钙质沉积导致线粒体结构破坏和功能异常，使神经细胞发生继发性能量代谢障碍。

基础回顾

脑缺血再灌注损伤

脑是对缺氧最敏感的器官，其功能活动主要依靠葡萄糖有氧氧化提供能量，因此，一旦脑缺血时间较长，即可引起严重的不可逆性损伤。脑缺血时，脑细胞生物电活动发生改变，出现病理性慢波，缺血一定时间后再灌注，慢波可持续并加重。

脑缺血后短时间内，ATP、磷酸肌酸、葡萄糖、糖原等均减少，而乳酸明显增加。再灌注使缺血时脑组织内已升高的cAMP含量进一步增加，而cGMP含量则进一步减少。脑是富含磷脂的器官，cAMP增加导致磷脂酶激活，使膜磷脂降解，游离脂肪酸增多，自由基与游离脂肪酸作用，使过氧化脂质生成增多，引起细胞和组织损伤。

二、心搏骤停后缺血缺氧性脑病的临床表现

复苏后意识未恢复的患者，多数持续昏迷1周左右，2~3周内进入植物状态。有害刺激可引起较长时间延迟的肢体屈曲回缩，但动作缓慢，张力失调，缺乏正常的快速运动反应。患者瞳孔对光反射大多正常，少数患者出现双侧反射不对称。患者大多存在吞咽反射，

但没有咀嚼运动。多数患者有呕吐、咳嗽、吸吮反射，可出现中枢性发热、多汗以及水、电解质紊乱等。

三、诊断

诊断标准

意识障碍程度的判定是脑复苏后临床观察的重点，可分为意识模糊、嗜睡、昏睡和昏迷，严重者进入植物状态，甚至发生脑死亡。

1. 意识模糊 表现为注意力减退，情感反应淡漠，定向力障碍，活动减少，语言缺乏连贯性，对外界刺激可有反应，但低于正常水平。

2. 嗜睡 是意识障碍的早期表现。患者处于持续睡眠状态，受到刺激时能被唤醒，可正确回答问题和配合检查。唤醒时，患者表现为对自身或周围环境的正常认知功能降低，若停止刺激，患者会再次入睡。颅内压增高患者常表现为嗜睡。

3. 昏睡 意识水平较嗜睡下降。患者只有受到强烈刺激时才能被唤醒，醒后表情茫然，只能含糊地回答问题，不能配合检查，对提问或指令不能做出适当反应，刺激停止后，立即陷入深睡眠状态。

4. 昏迷 意识水平下降达到最严重的程度。患者无意识反应，受到强烈刺激也不能被唤醒，对疼痛刺激的反应为反射性。临床上分为浅昏迷、中昏迷和深昏迷，分别代表意识受抑制的水平达到皮质、皮质下和脑干。

5. 植物状态 诊断要点是此类患者下丘脑及脑干的功能基本保留，因此患者大多能保持自主呼吸和血压；但认知功能丧失，无意识活动，不能理解和表达语言，不能执行指令；患者能自行睁眼或在刺激下睁眼，可有无目的性的眼球跟随运动；有睡眠-觉醒周期。与植物状态不同，昏迷的特征是无反应状态，患者在刺激下不能觉醒和睁眼。植物状态持续1个月以上者称为持续性植物状态。

6. 脑死亡 是指全脑功能不可逆性丧失。判定标准：①昏迷的原因明确，并排除各种原因的可逆性昏迷；②深昏迷、脑干反射全部消失、无自主呼吸；③脑电图呈直线、经颅多普勒超声检查显示为脑死亡图形、躯体感觉诱发电位p14以上波形消失，此3项中至少有1项呈阳性；④首次判定脑死亡12 h后复查，结果仍符合脑死亡判定标准者，方可最终确认为脑死亡。

知识拓展

脑死亡

脑死亡概念的雏形最早见于1902年库欣（Cushing）关于颅内压增高的实验研究和临床研究报告。1959年，法国学者使用了"中枢神经系统死亡"一词，现代脑死亡的概念开始萌芽。1968年，美国哈佛大学医学院在一份报告中首先明确了脑死亡的诊断标准。由于受到多种因素影响，不同国家制定的脑死亡诊断标准并不完全相同。脑死亡的概念有利于科学地确定死亡时间，维护逝者尊严，优化卫生资源，解决器官移植来源不足和器官质量的问题，为定义死亡提供了更为科学、精准的依据。

四、救治措施

（一）脑复苏的时机

预估心肺复苏不够及时（>4 min），且患者已出现明显的脑缺氧体征时，应立即进行脑复苏。如果患者脑损伤已达到肌张力完全丧失（即软瘫）的程度，则提示其病情往往已接近脑死亡，目前的脑复苏措施还不能使其恢复。

（二）脑复苏的措施

脑复苏的主要任务是防治脑水肿和颅内压增高，以减轻或避免脑组织灌注损伤，保护神经细胞功能。脑复苏是一个综合治疗的过程，脱水、亚低温治疗、应用肾上腺皮质激素、镇静和高压氧治疗是目前较为有效的防治急性脑水肿的措施。

1. 尽快恢复自主循环　胸外心脏按压可至少产生正常心输出量20%~30%的血供，可维持一定的冠状动脉灌注压及脑血流量，增加自主循环恢复的机会，延缓脑缺血性损伤的进程。脑复苏时，应采取头部抬高15°~30°的体位，以利于静脉回流，增加脑血供，减轻脑水肿。

2. 减轻脑水肿　对于昏迷患者，应维持正常或稍高的平均动脉压，降低颅内高压，保证最适合的脑灌注压。脱水应以增加排出量为原则，不应使入量低于代谢需要，否则会造成更严重的后果。临床常将20%甘露醇作为脱水治疗的主要药物，治疗效果欠佳时，可联合应用呋塞米，并与渗透性利尿剂间隔给药。此外，常用蛋白及血浆制剂有白蛋白、血浆等。由于脑水肿一般在第3~4天达到高峰，因此脱水治疗应持续5~7天。

3. 亚低温治疗　低温可使神经细胞的需氧量降低，从而维持脑氧供平衡，起到脑保护作用。浅、中度低温（体温为28~35℃）具有良好的脑保护作用，而且无明显不良反应，故统称为亚低温。可予以全身冰毯或将冰袋置于颈、腋、腹股沟等大血管经过的部位，头部可用冰帽进行重点降温，力争在3~6 h内使鼻咽部、食管或直肠温度降至32~36℃。可选择并维持32~36℃范围内的某一恒定温度。在达到目标温度后，体温管理需至少维持24 h。复温时，复温速度维持在每小时升高0.25℃，直至恢复正常体温，并在复温后继续将核心体温控制在37.5℃以下，至少持续72 h，避免体温反弹。降温前应使用吩噻嗪类药物，以避免全身降温所引起的寒战反应。当患者意识开始恢复或好转时，可终止亚低温治疗。

4. 应用肾上腺皮质激素　可抑制血管内凝血，降低毛细血管通透性，维持血脑屏障的完整性，并有稳定溶酶体膜的作用。对于神经组织水肿的预防作用较明显，因此宜尽早用药。一般使用3~5天即可停药，以免引起并发症。常用地塞米松，20~30 mg/d。其应用原则是速用、速停。

5. 镇静管理　镇静药物可通过降低脑血流量和脑组织代谢率而降低患者颅内压，并减少继发性脑损伤。同时，镇静还有利于控制寒战和癫痫发作，然而镇静治疗可影响神经功能检查和临床评估的准确性。常用镇静药物主要有丙泊酚、咪唑达仑和右美托咪定。其中，丙泊酚起效迅速、作用持续时间短，但是容易引起低血压和大脑低灌注；咪唑达仑对血流动力学的影响较丙泊酚小，但可延长患者的苏醒时间和降低临床检查的准确性，以及延长机械通气时间和ICU住院时间；右美托咪定的作用时间短，具有轻至中度镇静、镇痛效果，不影响临床评估，并且可能具有神经保护作用，但可引起低血压和心动过缓。

6. 高压氧治疗　高压氧（hyperbaric oxygen，HBO）治疗是指在高于1个大气压的环境下吸入纯氧的治疗方法。应用高压氧治疗成功抢救心搏骤停自主循环恢复后昏迷患者迄今已有

60余年的历史。1962年，荷兰科学家首次使用高压氧技术成功救治了脑复苏患者。高压氧治疗在脑复苏中的应用日益增多，并有大量研究显示高压氧治疗对心肺复苏后的脑复苏有积极作用。但对慢性疾病终末期所致心搏、呼吸骤停的患者以及神经功能评估预后极差的患者，由于其病情不可逆，不推荐选用高压氧治疗。

高压氧治疗的压力常可采用 2.0~2.5 个绝对大气压。高压氧治疗应选择在患者经心肺复苏自主循环恢复后尽早进行，但对血流动力学不稳定，仍需使用血管活性药物维持的复苏后早期患者，应慎用高压氧治疗。即使是对心肺复苏后较长时间的脑损伤患者，高压氧治疗也可使其获益。心肺复苏后高压氧治疗的疗程可选择早期开始 2~3 天，每天 1~2 次，每次吸氧时间为 60~90 min，之后为每天 1 次，持续 30 次左右。对于严重中枢神经系统损害的患者，可试用大于 40 次的间断长疗程高压氧治疗。

自缢、溺水、电击、一氧化碳中毒等导致心搏、呼吸骤停的患者常并发严重的缺血缺氧性脑损伤，对此类患者进行高压氧治疗尤为重要。

6. 神经促代谢剂　应用神经促代谢剂可减轻神经细胞损害，促进其功能恢复。常用药物有 B 族维生素、吡硫醇（脑复新）、吡拉西坦（脑复康）、胞磷胆碱、脑蛋白水解物（脑活素）、神经营养生长因子、单唾液酸四己糖神经节苷脂（GM-1）等。

7. 其他治疗方法

（1）机械通气：可以实施机械通气进行脑复苏，其目的是保持患者氧合良好，并借助轻度的过度通气（$PaCO_2$ 25~35 mmHg）造成呼吸性碱中毒，引起脑血管收缩，以延缓脑水肿的发展。

（2）钙通道阻滞剂：缺血时，中枢神经系统递质大量释放，可加重脑损害。钙通道阻滞剂可解除缺血区血管痉挛，降低线粒体和内质网钙离子的活化，减少 ATP 的大量消耗，减轻毛细血管内皮细胞损伤，降低毛细血管通透性，是较好的脑复苏药物。用于脑复苏的钙通道阻滞剂有硝苯地平、尼莫地平、维拉帕米等。

（3）巴比妥类药物：巴比妥类药物可抑制再灌注后儿茶酚胺引起的大脑高代谢状态，待患者自主循环恢复后，可考虑选用超短效巴比妥类药物，如硫喷妥钠。

五、病情评估

（一）临床评估

对心搏骤停复苏后自主循环恢复但仍昏迷的患者，进行床旁神经功能评估是预测脑功能结局的常用方法。心搏骤停 72 h 后没有瞳孔对光反射或角膜反射，提示神经功能预后极差。心搏骤停后 24 h 还没有神经体征，提示结局不良。格拉斯哥昏迷评分（Glasgow coma score，GCS）判断预后的临床价值尚不明确。

（二）神经功能监测

1. 脑电图（electroencephalogram，EEG）　反映的是大脑自发的电活动和脑功能情况。心肺复苏后 24~48 h 进行床旁动态脑电图检查有助于判断预后。动态观察 EEG 变化，可以判断患者的病情。某些恶性病例 EEG 波形与功能结局较差有关，最可靠的是泛化抑制到<20 μV、出现爆发抑制的广泛癫痫样电活动和平台背景上的广泛周期性复合波。

2. 躯体感觉诱发电位（somatosensory evoked potential，SEP）　SEP 中的正中神经刺激产生的 N20 波形（代表原发的皮质反应）在预测研究中是被研究最深入的诱发电位波形。在心搏骤停存活者中，心肺复苏后 24 h 至 1 周内缺乏正中神经刺激诱发的双侧 N20 波形，提示神经功能结局差。

3. 生化标志物 脑脊液中肌酸磷酸激酶和外周血神经元特异性烯醇化酶、S100 β 蛋白水平越高，提示预后越差。

4. 神经影像 颅脑计算机体层扫描（computed tomography，CT）被广泛应用于明确心搏骤停后患者的结构性脑损伤，可显示心搏骤停后脑水肿的典型特征。早期颅脑 CT 显示脑水肿征象，提示脑损伤严重，患者预后差。此外，功能性神经影像学检查，如正电子发射体层成像（positron emission tomography，PET）和功能性磁共振显像（functional magnetic resonance imaging，fMRI）对成人缺氧缺血性脑损伤的预后评估作用也是一个热门的研究领域。

（潘曙明）

第五节　心搏骤停后综合征

一、概念

心搏骤停后综合征（post-cardiac arrest syndrome，PCAS）是指心搏骤停复苏成功即机体自主循环恢复后出现的严重的全身多器官功能障碍或衰竭，又称复苏后多器官功能障碍综合征（post-resuscitation multiple organ dysfunction syndrome，PRMODS），简称复苏后综合征（post-resuscitation syndrome），包括脑损伤、心肌损伤等，主要原因是心搏骤停导致的全身缺血再灌注损伤等。因此，心搏骤停患者经成功心肺复苏并建立自主循环后，还需要度过心搏骤停后综合征这一阶段。心搏骤停后综合征由 Vladimir Negovsky 于 20 世纪 70 年代提出。这一过程的持续时间长短和严重程度直接决定了患者的恢复情况及生活质量。

二、发病机制

1. 脑损伤 脑损伤的机制比较复杂，包括神经兴奋性毒性、钙稳态失衡、氧自由基形成等；脑血管自身调控受损；脑水肿；缺血后神经退行性变。这些因素均可导致脑水肿、颅内压升高，从而引起脑损伤。

2. 心肌损伤 与脑损伤不同，心肌损伤对于治疗的反应较好，而且能够逆转。患者的心率、血压变化很大，可能与心脏局部及血液循环中儿茶酚胺浓度升高有关。

3. 多器官功能障碍 自主循环恢复后，心肌细胞受损、血流动力学不稳定、微血栓形成及微循环衰竭，可导致组织器官发生缺血再灌注损伤，表现为程度不同的多器官功能不全，如血容量减少、血管调节功能受损，凝血功能激活、血液呈高凝状态，肾上腺皮质功能不全以及抗感染能力下降等。

三、临床表现

临床上主要将心搏骤停后综合征分为 4 期，其分期及临床表现见表 4-2。需要注意的是，各期临床表现无明显分界点。

表 4-2　心搏骤停后综合征的分期及临床表现

临床分期	时间	临床表现
第 1 期（极早期）	20 min 内	不同程度的意识障碍及心功能减低
第 2 期（早期）	20 min ~ 12 h	同第 1 期
第 3 期（中期）	12 ~ 72 h	同第 1 期，以及持续高热、高血糖、MODS
第 4 期（恢复期）	72 h 以后	同第 3 期，以及感染

注：MODS，多器官功能障碍综合征

四、辅助检查

基本监测包括有创动脉血压、血氧饱和度、心电图、深部体温（肛温或膀胱温度）、尿量、动脉血气分析、乳酸、血糖、电解质、血常规、肝功能、肾功能、胸部 X 线检查等。对心脏功能的监测包括心脏超声、心导管或脉搏指示剂连续心输出量测定、中心静脉压测定。对脑功能的监测包括脑电图、持续颅内压监测等。

蛋白质组学与心搏骤停后综合征

蛋白质组学的核心技术是质谱技术。质谱仪可以对复杂的蛋白质混合物进行分离、鉴定和定量分析，包括液相色谱 - 质谱法（liquid chromatography /mass spectrometry，LC/MS）、基质辅助激光解吸电离飞行时间质谱法（matrix-assisted laser desorption ionization time-of-flight mass spectrometry，SELDI-TOF MS）等。蛋白质芯片技术是另一种常用的方法，通过将不同的蛋白质固定在芯片上，可以高通量地研究蛋白质的结构和相互作用。同时，蛋白质组学研究离不开高效的数据分析和生物信息学方法，可通过各种统计学和计算工具来解释质谱数据、识别蛋白质，并进行生物学功能注释。这些技术的发展推动蛋白质组学研究的不断深入，有助于筛选新的药物靶点，推动药物研发的进展。

五、病情评估、危险分层及诊断

根据患者的心搏骤停病史、自主循环恢复后出现不同程度的器官功能障碍，即可做出心搏骤停后综合征的诊断，应进一步对受累器官及其损伤程度进行评估。

病情严重程度的评估需要在心搏骤停前、中、后三个过程分别进行。患者发生心搏骤停前的基础疾病对病情有影响，高龄、糖尿病、全身性感染、肿瘤晚期、肾功能不全、脑卒中等因素可加重患者的病情。心搏骤停期间的救治情况直接影响患者的预后，如进行心肺复苏的水平、自主循环恢复时间的长短等。心搏骤停后的评估包括检查各种反射的情况，观察患者是否有中枢性持续性高热等，并需要及时对患者的神经功能、心脏功能进行再评估。

六、救治措施

总体治疗原则是立即将患者送入重症监护病房，对其实施集中的加强治疗和护理，并根据患者的病情进行个体化治疗，掌握治疗的黄金时间。心搏骤停后综合征的治疗要点见表 4-3。

表 4-3　心搏骤停后综合征的治疗要点

治疗方法	治疗要点
循环支持	早期目标化治疗
维持氧合	将二氧化碳分压维持在正常水平，保证氧分压正常
亚低温治疗	心搏骤停后 12～24 h 内，使患者体温达到 32～36℃，并至少维持 24 h
原发病治疗	治疗心脏病等原发病
对症治疗	镇静、抗抽搐、控制血糖、防治感染等

1. 循环支持　由于心搏骤停后综合征患者脑血管压力调节功能丧失，因此其脑灌注压取决于平均动脉压与颅内压的差值，维持血压甚至循环稳定至关重要。心搏骤停后组织缺血再灌注损伤、心肌损伤与全身性感染的发病机制有许多的共同点，所以全身性感染时的早期目标化治疗原则同样适用于心搏骤停后综合征患者的循环支持。治疗的关键是在数小时内使血流动力学达标，即在 6 h 内达到以下标准：中心静脉压 8～12 mmHg，颅内压 65～90 mmHg，中心静脉血氧饱和度（central venous blood oxygen saturation，$ScvO_2$）>70%，血细胞比容达到 30% 以上或血红蛋白达到 80 g/L 以上，血乳酸水平<2 mmol/L，每小时尿量>0.5 ml/kg 等。血管活性药物则应根据心肌收缩力、血管张力等进行选择及调整。上述指标可以通过心脏超声、心导管检查获得。经过上述治疗，若仍不能维持患者的血压，则需考虑应用机械辅助循环手段，如使用主动脉内球囊反搏（intra-aortic balloon pump，IABP）、体外膜肺氧合（ECMO）等维持循环稳定。

2. 维持氧合　尽管现有指南强调心肺复苏时需应用纯氧，但对心搏骤停后综合征患者，应该避免过度氧化，否则可导致氧自由基生成，加重各器官组织损伤。因此，将患者血氧饱和度维持在 94%～96% 即可。对进行机械通气的患者，应注意避免高碳酸血症或过度通气导致颅内压升高、酸中毒等情况，因此应使患者的二氧化碳分压保持在正常水平。

3. 亚低温治疗　亚低温治疗是治疗心搏骤停后综合征的有效手段，对于脑保护极为重要。亚低温治疗的目标是在 12～24 h 内将患者的体温维持在 32～36℃，并持续至少 24 h。实际操作可以分成 3 个阶段进行，即诱导期、维持期及复温期。

在进行亚低温治疗的过程中，应注意观察患者的酸碱平衡、电解质水平、循环情况等。常见的并发症是诱导期出现肌束震颤。浅低温可以使全身血管阻力增加，从而使心输出量下降；可诱发各种心律失常，以心动过缓较为常见；具有利尿作用，导致血流动力学不稳定及内环境紊乱；使胰岛素分泌减少、敏感性降低，从而导致高血糖；抑制血小板等凝血因子，导致出血可能性增加；可损害免疫系统而诱发感染。由于硫酸镁可以降低肌束震颤的阈值，并具有抗心律失常作用，因此，进行亚低温治疗的过程中可同时应用硫酸镁。

若由于各种原因不能进行亚低温治疗，则至少应该在 72 h 内防止体温过高的发生。心搏骤停后 48 h 内极易发生体温过高。随着体温的升高，脑功能恢复的可能性下降，内环境紊乱进一步加重，预后不良可能性增加。

4. 治疗原发病　治疗引起心搏骤停的原发病至关重要。例如，对急性心肌梗死患者，应

尽早进行再灌注治疗。对于心律失常患者的治疗包括：维持电解质平衡、使用抗心律失常药物、植入起搏器等。对于其他原发病（如脑卒中、肺栓塞、中毒、创伤等），也应尽早去除病因，防止导致心搏骤停的因素持续存在或再发。

5. 对症治疗 包括镇静、抗抽搐、控制血糖、防治感染等。对心搏骤停后综合征患者，应积极予以镇静，使肌肉放松。其原因包括：①自主循环恢复后 5～10 min 内，患者不能苏醒，应进行气管插管、机械通气；②降低氧耗；③在进行亚低温治疗时，可以防止肌束震颤的发生，从而更快地达到降低体温的目标。镇静期间，应对患者进行持续脑电图监测。

对于持续抽搐的患者，应积极应用各种药物（如苯二氮䓬类、丙泊酚、丙戊酸、巴比妥类、苯妥英钠）控制抽搐，否则可能导致体温升高、亚低温治疗失败、内环境紊乱和横纹肌溶解。

心搏骤停后综合征期间，患者常出现高血糖。因此，应注意控制血糖。尽管患者可能发生肾上腺皮质功能不全，但由于缺乏充分的证据，不建议使用激素类药物。当患者出现感染迹象时，应及时使用抗生素。

（李传保）

思 考 题

1. 对心搏骤停复苏后恢复自主循环的患者，后续需采取哪些救治措施？
2. 简述心搏骤停的可逆性病因和 ACLS 的主要内容。
3. 如何治疗复苏后缺血缺氧性脑病？
4. 心搏骤停后综合征的救治原则是什么？
5. 病例分析：患者，金某，女，70岁，既往有高血压、糖尿病、冠心病病史。入院前 15 min，患者无明显诱因在家突发意识丧失。医护人员及时赶到，发现患者心搏、呼吸停止，予以 CPR，并将患者紧急转运至医院。予以高级生命支持、气管插管等对症支持治疗后，患者心搏、呼吸恢复，但意识不清，处于深昏迷状态。查体：T 36.8℃，P 116 次/分，R 13 次/分，BP 155/85 mmHg。

问题：

（1）患者进入抢救室后，应紧急检查的项目包括哪些？
（2）急诊应尽快采取的处理措施包括哪些？

第五章

心血管系统急症

第五章数字资源

心血管系统急症包括急性冠脉综合征、恶性心律失常、急性心力衰竭、高血压急症、急性主动脉综合征等疾病，其中以急性冠脉综合征最为常见。无论是在发达国家还是发展中国家，心血管系统急症在急性胸痛病因中均占据首位。心血管系统急症的临床症状具有多样性，如胸痛、憋喘、心悸、呼吸困难、水肿、晕厥等，其他症状还包括咳嗽、头晕或眩晕、腹痛、恶心、呕吐等。其中多数症状也见于其他系统急症，故需注意仔细鉴别。高危胸痛致死率、致残率高，急诊接诊时，应对此类患者进行及时、有效的鉴别诊断和救治。

第一节 急性冠脉综合征

一、概念

急性冠脉综合征（acute coronary syndrome，ACS）是一组由急性心肌缺血导致的临床综合征，有多种临床分类（图5-1）。根据发病早期心电图ST段的变化，可将急性冠脉综合征分为非ST段抬高型急性冠脉综合征和ST段抬高型急性冠脉综合征两大类。前者包括不稳定型心绞痛（unstable angina pectoris，UAP）和非ST段抬高心肌梗死（non-ST segment elevation myocardial infarction，NSTEMI），后者主要是ST段抬高心肌梗死（ST segment elevated myocardial infarction，STEMI）。现代命名涵盖了以往的不稳定型心绞痛、无Q波心肌梗死和Q波心肌梗死。由于Q波形成于心肌缺血后数小时，无助于早期诊断和治疗方案的选择，因此，为了指导早期治疗策略的制订，目前临床上常用ST段抬高型急性冠脉综合征和非ST段抬高型急性冠脉综合征的分类。

案例 5-1

患者，男性，65岁，2 h前出现持续性胸痛，呈阵发性加重，服用速效救心丸后无明显缓解；既往有冠心病、高血压病史10年，糖尿病病史4年。入院查体：血压150/90 mmHg，痛苦面容；双肺呼吸音清；心律齐，心率60次/分，第一心音低钝；腹软，无压痛、反跳痛；双下肢无明显水肿。

问题:
1. 考虑该患者为何种疾病?
2. 诊断该疾病的依据是什么?
3. 需要做哪些辅助检查?

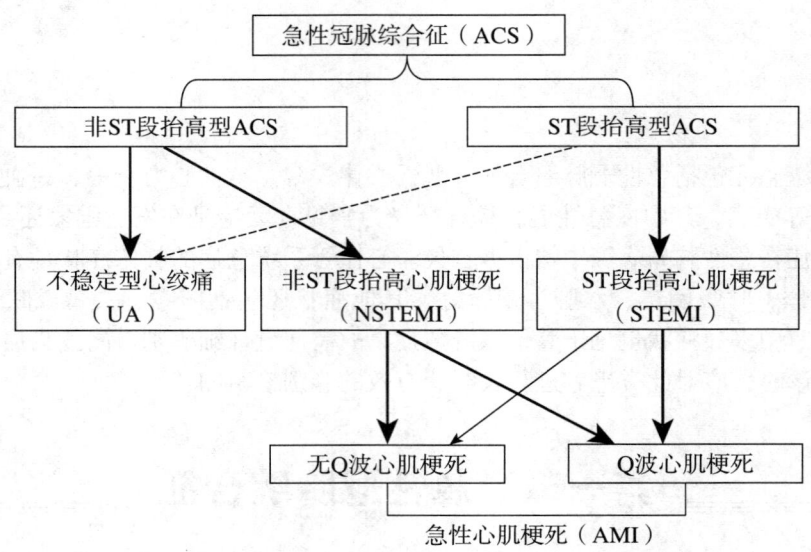

图 5-1 急性冠脉综合征的临床分类
箭头粗、细分别代表发展的可能性大、小,虚线表示可能性极小

二、病因与发病机制

尽管各型急性冠脉综合征的临床表现不同,但都具有共同的病理生理基础,即在冠状动脉粥样硬化的基础上,发生斑块破裂或糜烂,继发完全或不完全闭塞性血栓形成。

1. 动脉粥样硬化斑块形成　动脉粥样硬化是一种多细胞、多因子共同参与的慢性炎症反应性疾病。现代细胞和分子生物学研究表明,动脉粥样硬化的病理特点是巨噬细胞游移,平滑肌细胞增生,T 淋巴细胞活化,大量胶原纤维、弹性纤维和蛋白多糖等结缔组织基质形成,以及细胞内、外脂质聚集。

2. 斑块破裂　斑块破裂是由内部因素和外部因素共同作用的结果。前者使斑块易于破裂,而后者则促进破裂的发生。

(1) 内部因素:包括斑块脂质核大小、纤维帽厚度、基质胶原成分、巨噬细胞和 T 淋巴细胞等炎症细胞的含量等。

(2) 外部因素:剪切力、冠状动脉间歇性痉挛等。

3. 血小板聚集和血栓形成　斑块破裂后,血管内皮下基质暴露,可迅速导致血小板聚集,并在破裂处形成血小板血栓;随后,血栓不断增大,导致管腔接近闭塞或完全闭塞,或由于纤溶系统激活而自行溶解,导致急性冠脉综合征的不同临床类型。

4. 发生机制　主要包括炎症、斑块侵蚀、痉挛或微血管病变。病理分型包括 4 种类型:炎症斑块破裂型、无炎症斑块破裂型、斑块侵蚀型、痉挛和微血管病变型。

5. 其他　除炎症是导致急性冠脉综合征的重要病理生理机制外,4-羟基壬烯醛、丙二醛、甲基乙二醛等内源性醛也具有重要作用。粥样斑块形成及进展过程中，病变部位出现醛代谢紊乱，导致大量毒性醛蓄积，引发内皮细胞、泡沫细胞、平滑肌细胞、单核-巨噬细胞等血管细胞成分的功能和结构异常，进而参与斑块的形成和进展。

基础回顾

动脉粥样硬化斑块的形成及进展

粥样硬化斑块进展分为6期：Ⅰ期（初始病变期）：单核细胞黏附在内皮细胞表面，并从血管腔面迁移到内皮下。Ⅱ期（脂质条纹期）：脂质条纹主要由含脂质的巨噬细胞（泡沫细胞）在内皮下聚集而成。Ⅲ期（粥样斑块前期）：在Ⅱ期病变的基础上出现细胞外脂质池。Ⅳ期（粥样斑块期）：此期的特征是病变处内皮细胞下出现平滑肌细胞，以及细胞外脂质池融合形成脂核。Ⅴ期（纤维斑块期）：在病变处脂核表面，出现明显结缔组织沉积形成的斑块纤维帽。Ⅵ期（复杂病变期）：此期分为三个亚型。Ⅵa型病变为斑块破裂或溃疡，主要由Ⅳ期和Ⅴ期病变破溃而形成；Ⅵb型病变：为壁内血肿，是由于斑块内出血所致；Ⅵc型病变：是指血栓形成的病变，在Ⅵa型病变的基础上并发血栓形成，可导致管腔完全或不完全阻塞。

三、临床表现

（一）病史与症状

1. 胸痛 是急性冠脉综合征患者的典型症状，多在劳累、情绪激动时发作。疼痛常位于胸骨后、心前区或前胸部两侧，可向颈部、下颌和左肩部等放射。

2. 心绞痛 常呈阵发性胸痛，每次持续 5~15 min，休息或服用硝酸甘油可缓解。

3. 心肌梗死 表现为更加持久、严重的胸痛，含服硝酸甘油后疼痛缓解不明显。

4. 非典型症状 急性冠脉综合征患者也可出现非典型症状，如胸闷不适、呼吸困难、气短、腹痛、消化不良等，这些症状可与胸痛同时存在，也可单独存在。

5. 其他 女性、糖尿病及老年患者的临床症状有时并不典型，急诊医生应提高警惕。

（二）体征

急性冠脉综合征的阳性体征并不多见。若患者出现阳性体征，则应注意其是否出现并发症。

1. 肺部检查 肺部听诊闻及干、湿啰音，提示左心功能不全。

2. 心脏检查 注意患者是否有心律失常、心音的异常变化，新出现的心脏杂音和心包摩擦音等。

四、辅助检查

1. 心电图检查 可用于协助诊断，并对急性冠脉综合征患者进行临床分类和危险分层，观察患者的病情变化和治疗效果。应动态观察，并与既往心电图检查结果进行比较。

（1）不稳定型心绞痛/非ST段抬高心肌梗死的心电图表现：主要表现为伴有ST段不同

程度的压低、T 波低平、T 波倒置等改变。除变异型心绞痛发作时 ECG 表现为一过性 ST 段抬高外，不稳定型心绞痛患者的心电图改变一般随症状缓解而消失；若 ECG 变化持续 12 h 以上，则提示可能发生非 ST 段抬高心肌梗死。仅凭心电图不能区分不稳定型心绞痛与非 ST 段抬高心肌梗死，二者的鉴别主要根据心肌损伤标志物的检测结果。

（2）ST 段抬高心肌梗死的心电图表现：至少 2 个相邻导联 J 点后有 ST 段弓背向上抬高，V_2、V_3 导联 ST 段抬高 ≥0.25 mV（<40 岁男性）、≥0.2 mV（≥40 岁男性）或 ≥0.15 mV（女性），其他导联 ST 段抬高 ≥0.1 mV，伴或不伴有病理性 Q 波、R 波减低；新发的左束支传导阻滞；超急性期 T 波改变。

2. 心肌损伤标志物检测 包括肌红蛋白（MYO）、肌酸激酶（CK）、肌酸激酶同工酶（CK-MB）、心肌肌钙蛋白 I（cTnI）或超敏肌钙蛋白（hs-cTn）等，是鉴别心绞痛与心肌梗死的重要标志物。不稳定型心绞痛发作时，心肌损伤标志物一般不升高，而在心肌梗死急性期可检测到心肌损伤标志物升高（表 5-1）。推荐首选 hs-cTn 检测，若结果未见增高（阴性），则应间隔 1~2 h 复查；若结果增高超过 30%，则应考虑发生急性心肌损伤；如果进行 2 次检测仍不能明确诊断而临床提示急性冠脉综合征的可能，则应在 3~6 h 后复查。

表 5-1 急性心肌梗死时血清心肌损伤标志物的出现时间及动态变化

心肌损伤标志物	开始升高时间（h）	达峰值时间（h）	持续时间（d）
MYO	1~2	4~8	0.5~1.0
CK	6	24	3~4
CK-MB	3~4	10~24	2~4
cTnI	2~6	10~24	5~10

3. 影像学检查

（1）超声心动图：有助于了解心室壁的运动情况及左心室功能，同时可发现心脏破裂、室壁瘤、乳头肌功能失调等并发症，有助于排除主动脉夹层。

（2）冠状动脉 CT 和心脏 MRI：作为新的诊断方法，已逐渐应用于临床，是目前重要的无创检查手段。

（3）磁共振成像：对心肌显像具有时间和空间分辨率方面的优势，可用于评价室壁厚度、左室整体和节段性室壁运动。梗死区域心肌表现为厚度变薄，收缩活动减弱甚至消失，或出现矛盾运动。

五、病情评估、危险分层及诊断

急性冠脉综合征患者的危险性评估应遵循以下原则：首先是明确诊断，其次是进行临床分类和危险分层，最后是确定治疗方案。

1. 急性冠脉综合征的诊断 根据典型的缺血性胸痛症状、心电图表现、心肌损伤标志物及其他辅助检查结果，即可做出急性冠脉综合征的诊断。

（1）不稳定型心绞痛：表现为阵发性胸痛发作，心电图 ST-T 改变，但血清心肌损伤标志物检测呈阴性。

（2）非 ST 段抬高心肌梗死：患者可出现胸痛症状，心电图表现为 ST 段不同程度的压低、T 波低平、T 波倒置等，血清心肌损伤标志物升高。

（3）ST 段抬高心肌梗死：患者可出现严重、持久的胸痛，心电图表现为 ST 段弓背向上

抬高，血清心肌损伤标志物升高。

2. ST 段抬高心肌梗死患者的危险性评估 ST 段抬高心肌梗死属于高危急性冠脉综合征。若患者同时存在以下几种情况，则危险性进一步增加：①年龄＞75 岁；②前壁心肌梗死；③两个或两个以上部位的心肌梗死；④伴血流动力学不稳定；⑤伴发左、右束支传导阻滞；⑥既往有心肌梗死病史；⑦合并糖尿病或未控制的高血压。

3. 非 ST 段抬高型急性冠脉综合征患者的危险性评估 采用 GRACE 评分可以对患者的缺血风险进行较为准确的评估，CRUSADE 评分可用于评估出血风险。

六、救治措施

（一）救治流程

尽早实施再灌注治疗是对高危急性冠脉综合征患者最为关键的治疗手段，可挽救濒临坏死的心肌，缩小心肌梗死范围。影响再灌注治疗效果的主要因素是发病至开始治疗的时间，因此，院前急救系统和医疗机构应优化救治流程，尽量缩短患者获得再灌注治疗的等待时间。急性冠脉综合征患者的救治流程如图 5-2 所示。

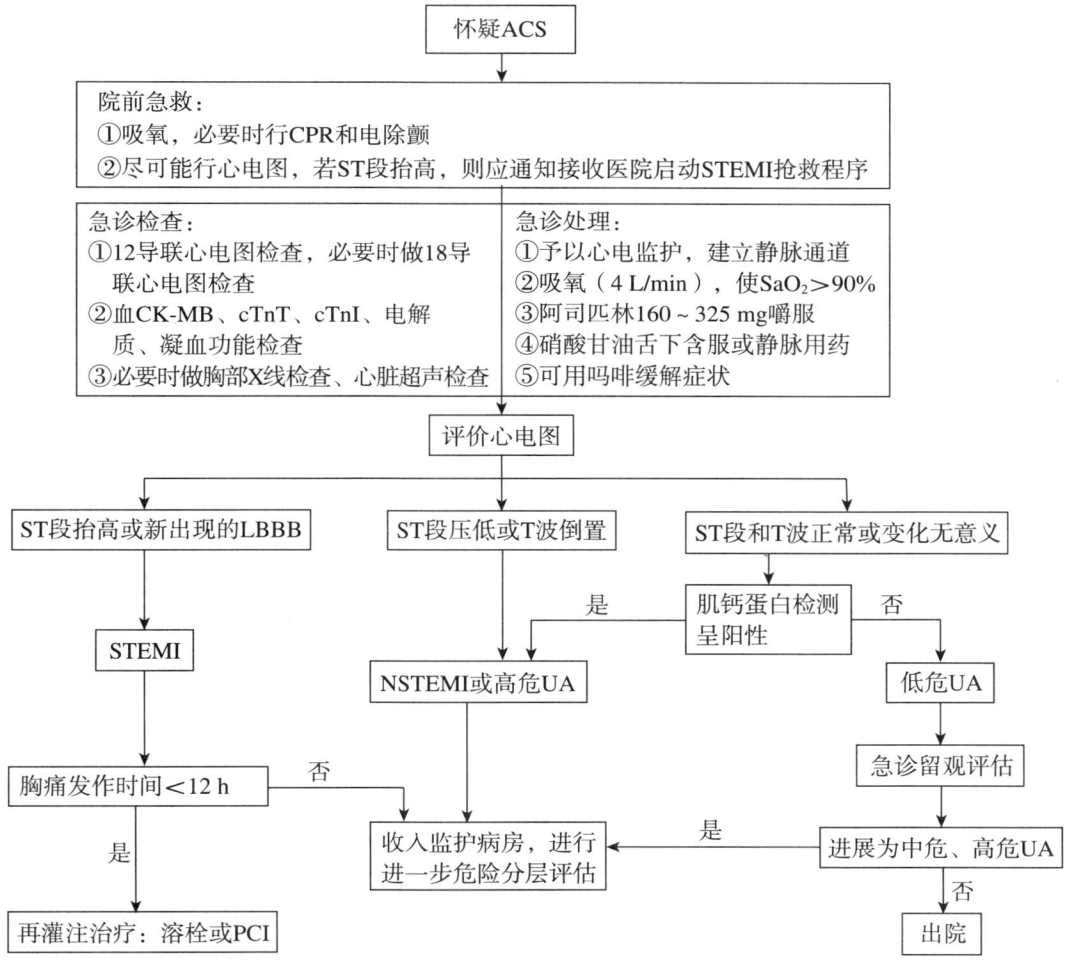

图 5-2 急性冠脉综合征患者的救治流程

（二）救治方案

1. ST 段抬高心肌梗死患者的再灌注治疗　开通闭塞的冠状动脉、恢复心肌再灌注是 ST 段抬高心肌梗死的主要治疗策略。再灌注治疗手段包括溶栓治疗、经皮冠状动脉介入治疗（percutaneous coronary intervention，PCI）、冠状动脉旁路移植术（coronary artery bypass grafting，CABG）。

（1）溶栓治疗：

1）适应证：①发病时间在 12 h 以内（最好在 3 h 内），心电图相邻 2 个或更多导联 ST 段抬高在肢体导联≥0.1 mV、胸导联≥0.2 mV，或新出现的完全性左（或右）束支传导阻滞，预期首次医疗进行 PCI 的时间延迟大于 2 h，同时无溶栓禁忌证；②对发病时间在 12~24 h，无直接进行 PCI 条件的患者，若其仍然有进行性缺血性胸痛和至少 2 个相邻胸导联 ST 段抬高 ≥0.2 mV 或肢体导联 ST 段抬高≥0.1 mV，或伴有血流动力学不稳定，也可以进行溶栓治疗。接受溶栓治疗的患者，从入院到接受溶栓治疗的时间应在 30 min 内。

2）禁忌证：①既往发生过出血性脑卒中，6 个月内发生过缺血性脑卒中或脑血管事件；②颅内肿瘤或畸形；③近期（2~4 周）有活动性内脏出血；④可疑主动脉夹层；⑤严重且未控制的高血压（>180/110 mmHg）或既往有慢性严重高血压病史；⑥目前正在使用治疗剂量的抗凝血药或已知有出血倾向；⑦近期（2~4 周）有创伤史，或外科大手术史，或进行过较长时间（>10 min）的心肺复苏；⑧近期（<2 周）有在不能压迫部位的大血管穿刺史。

3）溶栓药物：目前国内较常用的溶栓药物包括特异性纤维蛋白溶解剂替奈普酶、瑞替普酶和阿替普酶。血纤蛋白溶解酶原激活剂尿激酶（urokinase，UK）、链激酶（streptokinase，SK）较少使用。

（2）急诊 PCI：是目前安全、有效地恢复心肌再灌注的首选治疗手段，对梗死相关血管的再通率高于溶栓治疗，且对有溶栓治疗禁忌证者，也可以进行急诊 PCI。急诊 PCI 的缺点是需要有导管室条件的医疗中心和有丰富手术经验的医务人员。

适应证：发病 12 h 以内，并且有持续新发的 ST 段抬高或新发左束支传导阻滞；发病 12~48 h 内，若患者仍有心肌缺血证据（仍然有胸痛和 ECG 变化），则可尽早接受介入治疗。对溶栓治疗失败者可行补救性 PCI。

（3）急诊 CABG：溶栓治疗或 PCI 后仍有持续反复胸痛；冠状动脉造影显示高危冠状动脉病变（左主干病变）；对出现心肌梗死并发症（如室间隔穿孔或乳头肌功能不全）的患者，可考虑行急诊 CAGB 治疗，但死亡率明显高于择期 CABG。

2. 非 ST 段抬高型急性冠脉综合征的再灌注策略

（1）溶栓治疗：对非 ST 段抬高型急性冠脉综合征患者，不推荐进行溶栓治疗。

（2）PCI 治疗：应对患者进行危险分层，识别高危患者。对于极高危或高危患者，可进行早期介入治疗；对于中危患者，建议进行介入治疗；对于低危患者，建议先行非侵入性检查（无创负荷试验、心脏彩超等检查），寻找缺血的证据，再决定是否采用介入治疗策略。

1）极高危患者：血流动力学不稳定或发生心源性休克；出现危及生命的心律失常或心搏骤停；出现心肌梗死机械性并发症；发生急性心力衰竭，伴难治性心绞痛和 ST 段改变；再发 ST-T 改变，尤其是伴有间歇性 ST 段抬高。

2）高危患者：cTn 出现动态改变；ST 段或 T 波呈动态改变（伴或不伴有症状）；GRACE 评分大于 140 分。

3）中危患者：糖尿病；肾功能不全，eGFR<60 ml/（min·1.73 m²）；LVEF<40% 或发生充血性心力衰竭；出现早期心肌梗死后心绞痛；近期进行过 PCI；既往行 CABG 治疗；109 分<GRACE 评分<140 分；进行无创检查时，反复出现缺血症状。

（3）急诊 CABG：对多支血管病变且有左心室功能不全（LVEF ＜50%）或伴有糖尿病的患者，建议行 CABG；对合并严重左主干病变者，CABG 也是首选的治疗方法。但与稳定型心绞痛患者相比，非 ST 段抬高型急性冠脉综合征患者行 CABG 的围术期死亡率与心肌梗死发生率均较高。

（4）抗血小板、抗凝治疗：对于高危患者，应予以抗血小板、抗凝治疗，以降低血液高凝状态；对于急诊 PCI 患者，术前应予以负荷量的双重抗血小板药物，防止支架内血栓形成。

1）抗血小板药物：可抑制血小板聚集。此类药物主要有环氧化酶抑制剂（阿司匹林）、P2Y12 受体拮抗剂（氯吡格雷、替格瑞洛）、血小板膜糖蛋白Ⅱb/Ⅲa 受体阻滞剂（阿昔单抗）和环核苷酸类（双嘧达莫）。双联抗血小板药物治疗（阿司匹林 + P2Y12 受体拮抗剂）是治疗急性冠脉综合征的基础措施，不仅可以降低支架内血栓形成的风险，也可以降低之后发生心肌梗死的风险。PRECISE-DAPT 评分可用于预测 PCI 治疗后患者院外出血的风险，并指导医生确定双联抗血小板药物治疗的疗程。

2）抗凝药物：主要有普通肝素、低分子量肝素、磺达肝癸钠、比伐芦定等，无论是否进行再灌注治疗，均应进行抗凝治疗。

（5）他汀类药物：他汀类药物除具有调脂作用外，还具有抗炎、改善内皮功能及抑制血小板聚集的作用，故急性冠脉综合征患者无论 LDL 水平如何，都应予以他汀类药物治疗。研究显示，在他汀类药物的基础上，应用 PCSK9 抑制剂 alirocumab 将 LDL 水平降至极低水平，可减少患者的主要不良心血管事件和全因死亡。

（6）其他药物治疗：硝酸酯类药物、β 受体阻滞剂、钙通道阻滞剂、血管紧张素转化酶抑制剂/血管紧张素受体阻滞剂等药物既可用于急性冠脉综合征患者的急性期治疗，也可用于二级预防。

（陈玉国）

第二节 恶性心律失常

案例 5-2

患者，男性，58 岁，因心悸、胸闷 1 周，加重 11 h 伴黑矇就诊。患者 1 周来反复发作心悸、胸闷，伴头晕、恶心，偶尔有心前区疼痛，每次发作数秒钟，可自行缓解。患者于 11 h 前自觉头晕，伴一过性黑矇，遂来院就诊。既往身体健康。近期无明显上呼吸道感染病史。

体格检查：血压 68/30 mmHg，神志清楚，语言流畅，心音低钝，心律齐，各瓣膜区未闻及明显杂音。入院心电图检查如图 1 所示，心率 202 次/分；紧急救治后心电图检查如图 2 所示。

问题：
1. 请简述此时的紧急抢救流程。
2. 该患者最可能的诊断是什么？
3. 若抢救后患者能恢复自主心律，需要进一步完善哪些检查和治疗？

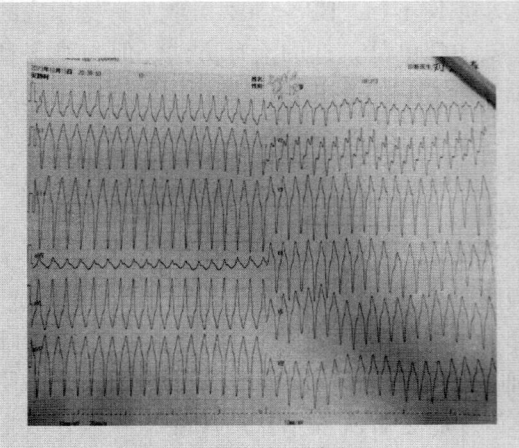 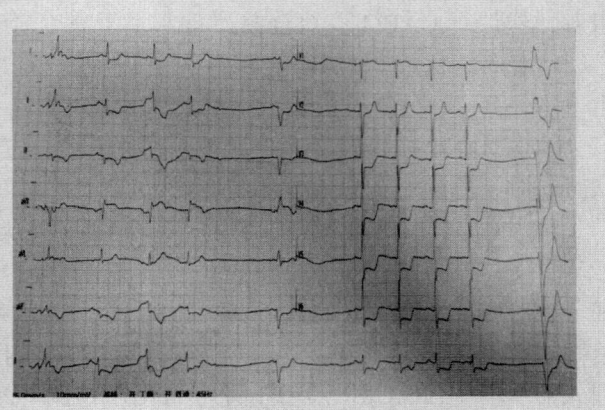

图1　入院心电图检查结果　　　　图2　急诊救治后心电图检查结果

一、概念

心律失常（arrhythmia）是指心脏冲动的频率、节律、起源部位、传导速度或激动次序的异常。心律失常的分类方法很多，临床上按心律失常发生时血流动力学是否稳定、循环障碍的严重程度和预后，将心律失常分为良性心律失常和恶性心律失常两大类。

恶性心律失常（malignant arrhythmia）是指在短时间内引起严重血流动力学障碍，导致患者晕厥甚至猝死的心律失常，是病情及病变性质较为严重的一类心律失常，也是需要紧急处理的心律失常。

常见的恶性心律失常有：持续性室性心动过速（简称室速）、心室颤动（简称室颤）、引起血流动力学改变的持续性室上性心动过速、预激综合征合并心室率快的心房颤动。

根据心室率的快慢，可将恶性心律失常分为快速型恶性心律失常和缓慢型恶性心律失常。

1. 快速型恶性心律失常　心电图表现为心室扑动（简称室扑）、心室颤动、部分不能维持血流动力学稳定且易转变为心室扑动及心室颤动的室性心动过速（如多形性室性心动过速、尖端扭转型室性心动过速和双向性室性心动过速）。临床常见于长QT间期综合征伴发的多形性室性心动过速、QT间期正常伴极短联律间期的多形性室性心动过速、特发性心室颤动、Brugada综合征、预激综合征合并心房颤动等患者。

2. 缓慢型恶性心律失常　包括严重的病态窦房结综合征（sick sinus syndrome，SSS）、高度或Ⅲ度房室传导阻滞。

二、病因与发病机制

1. 病因　恶性心律失常的病因主要包括基础性心脏病和电生理机制异常。

（1）高危因素：导致恶性心律失常的疾病包括急性冠脉综合征、心肌病、心脏瓣膜病和原发性长QT间期综合征、Brugada综合征、过早复极综合征，以及预激综合征合并快速心房颤动。

（2）诱发因素：应用抗心律失常药物、三环类抗抑郁药物，以及洋地黄毒性反应、低钾血症或低镁血症等。

2. 发病机制 目前认为，室性心动过速的主要发病机制是自律性增高、触发活动及折返。特发性右室流出道室性心动过速与自律性增高、触发活动有关，心肌病、陈旧性心肌梗死后室性心动过速大多为心肌病变组织或瘢痕组织形成折返环路所致。因此，快速型恶性心律失常中，室性心动过速的主要发病机制是折返，其折返环多位于心室，束支折返少见。心室扑动的主要发生机制也是心室肌产生环形激动；其需要满足心肌受损、缺氧或代谢异常和异位激动落在易颤期3个条件。心室扑动不能持续较长时间，如果不及时转复，则极易转为心室颤动。缓慢型恶性心律失常的发病机制主要是心脏传导系统受损。

三、临床表现

恶性心律失常是一类在短时间内引起血流动力学严重障碍的心律失常，发作时患者出现的心律失常与血流动力学障碍程度密切相关，后者受到患者年龄、是否有器质性心脏病、基础心功能状态、心室率等因素的影响。临床表现为心悸、胸闷、心绞痛、头晕、黑矇，严重者可出现晕厥、抽搐、阿-斯综合征，甚至猝死。

四、诊断

心电图是诊断心律失常的主要手段。常见恶性心律失常的心电图特征主要包括以下几方面。

（一）心室扑动

心室扑动的心电图特点是无正常的QRS波群-T波，代之以连续、快速而相对规则的大正弦波，呈单形性，扑动波的频率达到150～300次/分，大多数为200次/分（图5-3）。

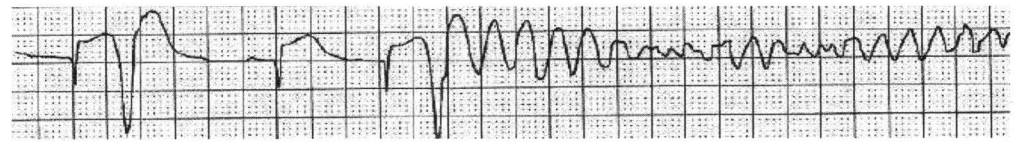

图5-3 心室扑动

注：第2、5个QRS波群为R-on-T室性期前收缩，第5个室性期前收缩诱发心室扑动，其中掺杂心室颤动

（二）心室颤动

QRS波群-T波完全消失，出现不规则、形态和振幅不等的锯齿样低小波，频率超过300次/分（图5-4）。

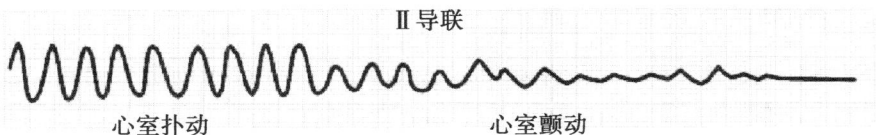

图5-4 心室扑动和心室颤动

（三）多形性室性心动过速

多形性室性心动过速（polymorphic ventricular tachycardia，PMVT）的心电图特点是QRS

波群呈室性波形，增宽变形，QRS 波群时限＞0.12 s，心室率为 140～200 次 / 分。QRS 波群形态多变，一般认为连续 5 个或 5 个以上 QRS 波群形态不稳定且无明显的等位线，在多个同步记录的导联上 QRS 波群不同步，R-R 间期相对不规整（图 5-5 a、b）。

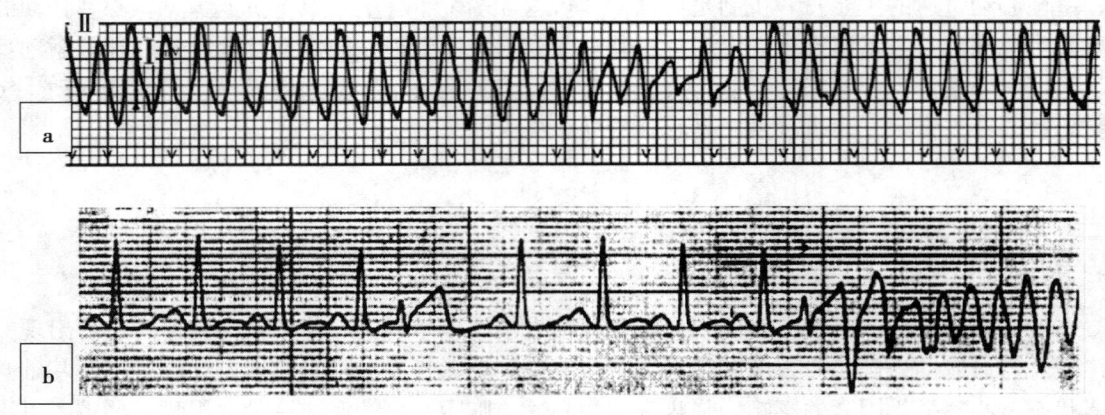

图 5-5　多形性室性心动过速

（四）持续性单形性室性心动过速

持续性单形性室性心动过速（sustained monomorphic ventricular tachycardia，SMVT）是指同一导联中的 QRS 波群形态一致，发作持续时间＞30 s，或虽然＜30 s，但伴有血流动力学不稳定的室性心动过速，主要见于器质性心脏病患者。其心电图特点是起源于希氏束分叉以下，左、右心室来源，QRS 波群宽大畸形，QRS 波群时限≥12 ms，R-R 间期几乎是规则的，而持续性多形性室性心动过速的 R-R 间期可相差较大，心率多为 100～250 次 / 分；P 波与 QRS 波群之间的关系有房室分离、心室夺获和室性融合波。

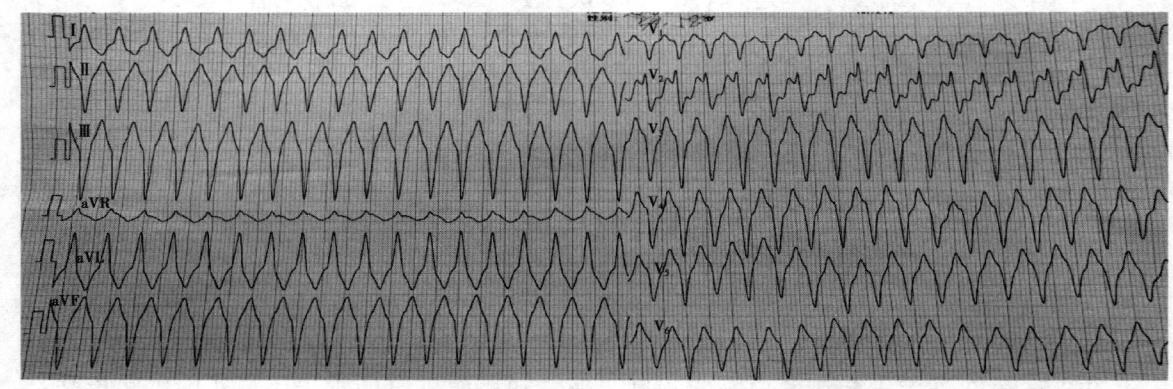

图 5-6　持续性单形性室性心动过速（右心室起源）

（五）尖端扭转型室性心动过速

尖端扭转型室性心动过速（torsade de pointes type of ventricular tachycardia，TDPVT）的心电图呈现室性心动过速的特征，增宽变形的 QRS 波群围绕基线不断扭转，主波方向呈正、负双向，每 3～10 个不同类型的 QRS 波群之后就会发生扭转。患者多伴有 QT 间期延长（图 5-7）。

（六）双向性室性心动过速

双向性室性心动过速的心电图呈现室性心动过速的特征，增宽的 QRS 波群主波方向呈正、负交替出现。常见于洋地黄中毒或临终状态（图 5-8）。

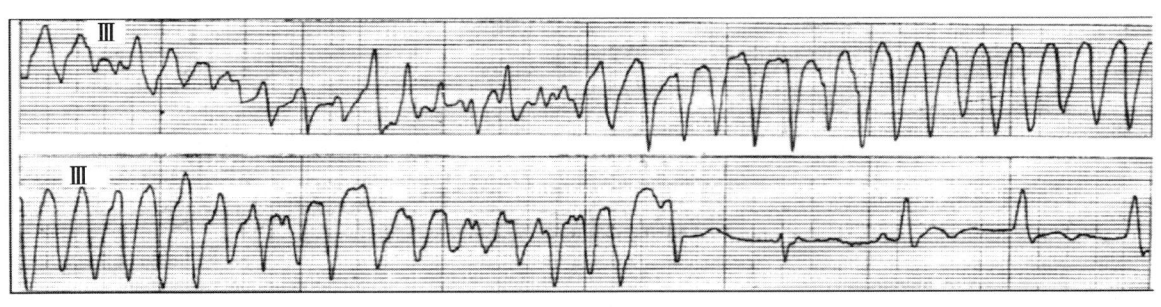

图 5-7 尖端扭转型室性心动过速

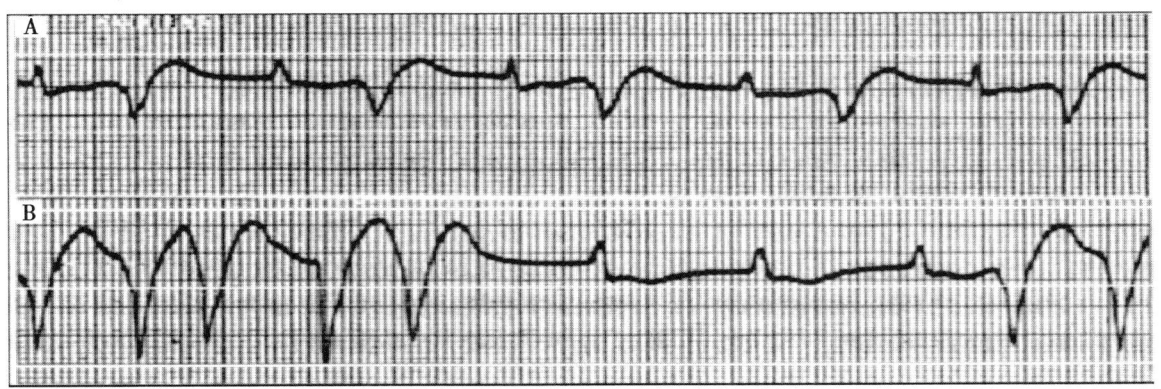

图 5-8 双向性室性心动过速

（七）病态窦房结综合征

1. 非药物引起的严重持续性窦性心动过缓（心率<50次/分）。
2. 窦性停搏和窦房传导阻滞。
3. 窦房传导阻滞与房室传导阻滞同时存在（图5-9）。
4. 心动过缓-心动过速综合征。

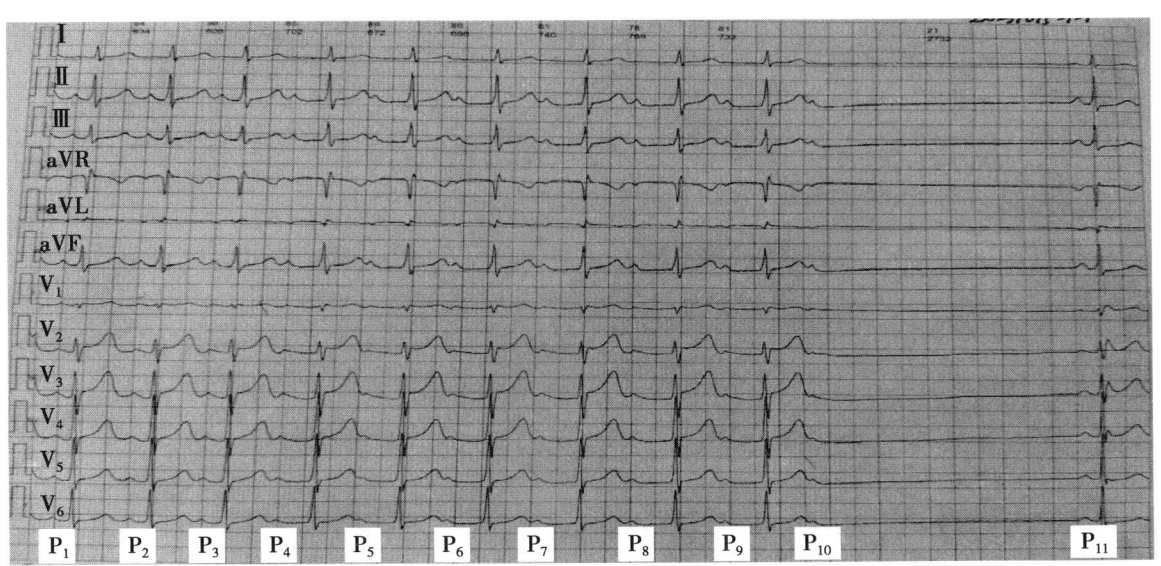

图 5-9 窦性心律，高度窦房传导阻滞合并Ⅱ度Ⅰ型房室传导阻滞

注：P_{10}-P_{11} 是 P-P 间期的 3 倍，高度窦房传导阻滞；P_1 R 间期~P_9 R 间期逐渐延长至 0.35 s，P_{10} 未下传至心室，即Ⅱ度Ⅰ型房室传导阻滞

（八）Ⅱ度Ⅱ房室传导阻滞和Ⅲ度房室传导阻滞

1. Ⅱ度Ⅱ型房室传导阻滞　其心电图特点主要是 PR 间期固定，每隔 1 个或数个心动周期即出现 1 个或数个 QRS 波群脱落（图 5-10），下传的 PR 间期可正常或延长，即 P 波后无 QRS 波群或 QRS 波群增宽的现象。Ⅱ度Ⅱ型房室传导阻滞又称莫氏Ⅱ型房室传导阻滞。

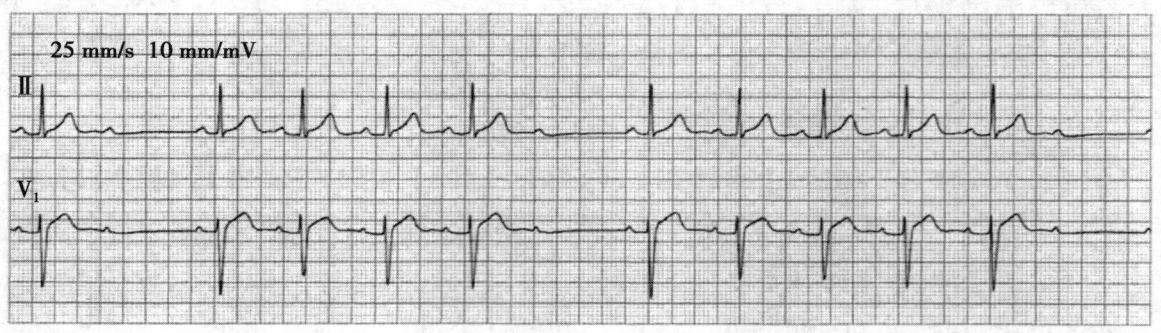

图 5-10　Ⅱ度Ⅱ型房室传导阻滞
注：第 2、7、13 个 P 波后的 QRS 波群脱落

2. Ⅲ度房室传导阻滞　其心电图特点是 P 波与 QRS 波群无关，各自有固定的频率，P 波可位于 QRS 波群前、中、后的任何部位（图 5-11）。心房率大于心室率，心室率为 40~60 次/分。

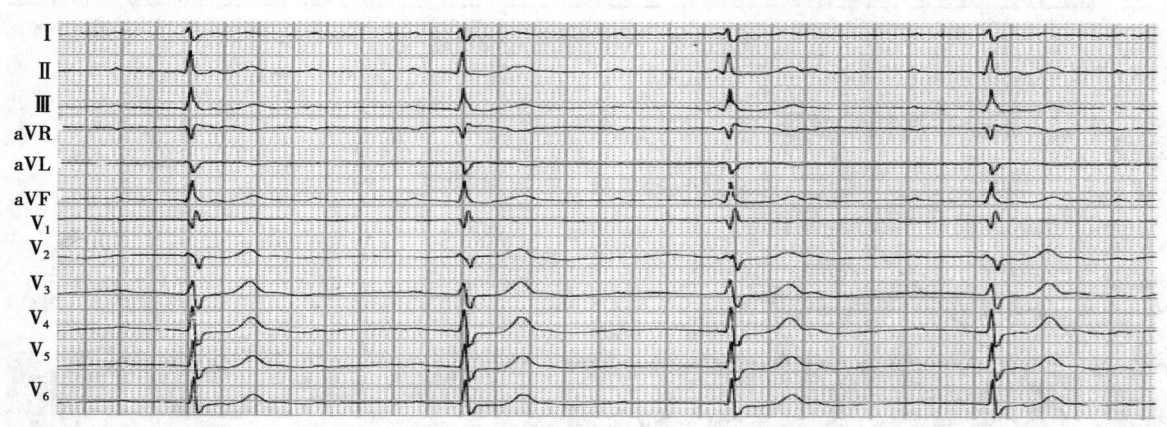

图 5-11　Ⅲ度房室传导阻滞

（九）预激综合征合并心房颤动

预激综合征合并心房颤动的心电图特点是基础心律为心房颤动，RR 间期绝对不等，QRS 波群时限 >0.12 s，QRS 波群前 40 ms 可见预激波，QRS 波群形态相对一致（图 5-12）。预激综合征合并心房颤动时，快速的心房激动可经旁路下传至心室。如果旁路的前传不应期过短，则允许下传的冲动可达到 300 次/分，甚至达到 350 次/分，可严重影响血流动力学状态或转变为心室颤动而危及生命。

五、病情评估、危险分层及诊断

恶性心律失常主要通过患者的心电图和临床表现进行诊断。
1. 缓慢型恶性心律失常　临床常见的类型包括伴有一过性黑矇、晕厥或发作性阿-斯综

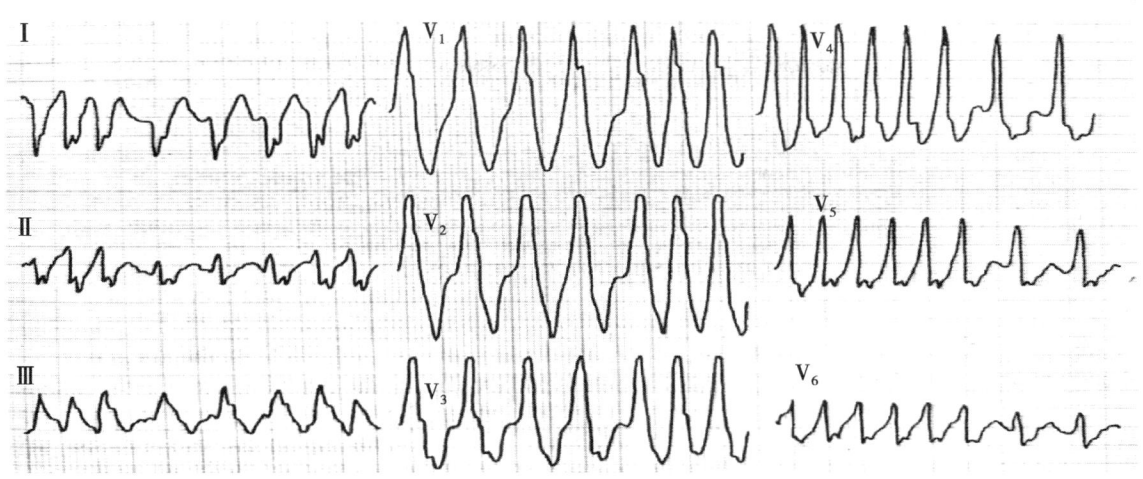

图 5-12 预激综合征合并心房颤动

合征、严重病态窦房结综合征、高度或Ⅲ度房室传导阻滞。

2. 快速型恶性心律失常　对快速型恶性心律失常中的心室扑动、心室颤动、尖端扭转型室性心动过速、双向性室性心动过速及预激综合征合并心房颤动，仅凭心电图表现即可诊断为恶性心律失常。而对频发室性期前收缩、单形性室性心动过速、非特异性多形性室性心动过速患者，则需要结合其症状、体征、血流动力学状态、是否伴发基础心脏病及超声心动图等进行评估和危险分层。某些合并心电图显示心电活动不稳定的室性心动过速，也可以认为属于恶性心律失常的范畴。例如，病理性 Q 波、缺血性改变、QRS 波群增宽或为碎裂 QRS 波群、QT 间期延长或缩短、异常 J 波（Brugada 波、缺血性 J 波、巨大 J 波）、异常 T 波（T 波电交替、持续性幼年性 T 波、巨大的倒置 T 波、Niagara 瀑布样 T 波）、Epsilon 波和等位性 Q 波。

3. 诊断与鉴别诊断　快速型恶性室性心律失常的心电图表现为心室率快且 QRS 波群宽，临床上常需要与室上性心动过速合并束支传导阻滞或差异性传导所致的宽 QRS 波群性心动过速进行鉴别诊断。

对典型的室性心动过速，根据发作时的心电图或动态心电图，结合患者的基础心脏情况即可诊断。非持续性室性心动过速患者有时可以没有症状。持续性单形性室性心动过速发作时，患者常伴有血流动力学障碍或低血压、心绞痛、晕厥等。心室颤动或无脉性室性心动过速是心搏骤停的常见形式。室性心动过速的心电图特点是：①3 个或 3 个以上的室性期前收缩连续出现。②QRS 波群形态畸形，时限>0.12 s，ST-T 波方向与 QRS 波群的主波方向相反。根据 QRS 波群的形态分为单形性室性心动过速或多形性室性心动过速。③心室率通常为 100～250 次/分。④心房独立活动，与 QRS 波群无固定关系，形成房室分离。⑤部分患者可出现心室夺获与室性融合波，室性融合波的 QRS 波群形态介于窦性搏动与异位心室搏动之间，其意义为部分夺获心室。心室夺获和室性融合波的存在可以为诊断室性心动过速提供重要依据。⑥心室颤动的波形、振幅与频率均极不规则，无法辨认 QRS 波群、ST 段和 T 波。⑦室性心动过速/心室颤动风暴：是指 24 h 内自发出现室性心动过速/心室颤动≥3 次。

室性心动过速与宽 QRS 波群性室上性心动过速的鉴别诊断：宽 QRS 波群性室上性心动过速包括室上性心动过速伴束支传导阻滞、室内差异性传导以及房室通路逆向型房室折返性心动过速（anti-dromic atrioventricular reentrant tachycardia，AVRT）。

（1）鉴别诊断的原则：①判断血流动力学状态，若患者血流动力学不稳定，则应直接进行心脏电复律。②对血流动力学稳定者，应询问病史，查阅其既往病历资料，了解其既往发作情况、诊断和治疗措施。陈旧性心肌梗死伴有新发生的宽 QRS 波群性心动过速，极可能为室性心动过速。③通过 12 导联心电图检查寻找房室分离的证据。若有房室分离，则可明确为室性心动过速。若无房室分离或无法判断，则不要求紧急情况下精确诊断，应按照室性心动过速处理。

（2）心电图鉴别方法：

1）通过特征性的心电图进行快速判断：①是否存在房室分离，房室分离诊断室性心动过速的特异度高达 100%，但敏感性差。②是否存在无人区电轴，无人区电轴是指心室除极的额面电轴落在第 3 相，即Ⅰ导联和 aVF 导联 QRS 波群的主波方向均为负向。无人区电轴诊断室性心动过速的特异度几乎为 100%，但该标准对右心室性心动过速无效。③是否存在胸前导联 QRS 波群同向性，胸前导联 QRS 波群同向性是指心动过速发生时，12 导联心电图 $V_1 \sim V_6$ 导联的 QRS 波群主波均直立或均为负向。

2）aVR 单导联法：① aVR 导联初始是否呈 R 波，在 aVR 导联 QRS 波群呈 R 型或 RS 型，即可诊断为室性心动过速。如果 QRS 波群呈 qR 型，则进入下一步。②如果 QRS 波群的起始 r 波或 q 波宽度 >40 ms，即可诊断为室性心动过速。③如果 QRS 波群的负向波起始有顿挫，即可诊断为室性心动过速。④起始（Vi）和终末（Vt）室壁激动速率比（Vi/Vt），在 QRS 波群起始后移 40 ms 处测得电压绝对值为 Vi，在 QRS 终点前移 40 ms 处测得电压绝对值为 Vt。如果 Vi/Vt≤1，即可诊断为室性心动过速，否则诊断为室上性心动过速。

3）Brugada 四步法：①若发现房室分离，则诊断为室性心动过速；反之，则进入下一步。②若 aVR 导联起始为 R 波，则诊断为室性心动过速；反之，则进入下一步。③若 QRS 波群形态不是束支或分支传导阻滞图形，则诊断为室性心动过速；反之，则进入下一步。④ Vi/Vt>1 提示为室上性心动过速，Vi/Vt≤1 提示为室性心动过速。

4）Vereckei 四步法：①是否存在房室分离，如果存在，则诊断为室性心动过速；否则为室上性心动过速。② aVR 导联，QRS 波群是否呈 R 型或 RS 型，如果是，则诊断为室性心动过速；否则为室上性心动过速。③ QRS 波群是否符合束支传导阻滞或分支传导阻滞的心电图特点，若不符合，则诊断为室性心动过速；否则为室上性心动过速。④如果 Vi/Vt≤1，则诊断为室性心动过速，否则为室上性心动过速。

六、救治措施

（一）快速型恶性心律失常

1. 终止心律失常

（1）血流动力学不稳定的患者：当患者出现进行性低血压、休克、急性心力衰竭、缺血性胸痛、脑血流灌注不足等情况时，需要进行同步电复律。若患者出现意识丧失、抽搐，大动脉搏动消失，则需要立即予以胸外心脏按压，紧急行电除颤。对于心律不能转复或无法维持稳定灌注节律的患者，在持续进行胸外心脏按压的基础上，应用呼吸辅助设备改善通气、应用药物（肾上腺素等）后，再进行除颤；如果仍未成功，则可应用抗心律失常药物，以改善电除颤的效果。常用药物为胺碘酮，也可考虑应用利多卡因，硫酸镁仅适用于尖端扭转型室性心动过速患者。

（2）血流动力学稳定的患者：心律失常大多在基础疾病或诱因作用下发生，需要先对基础疾病和诱因进行治疗。例如，对急性心肌梗死患者，需要尽快开通梗死相关动脉；对低钾血症患者，需要迅速补钾；对药物中毒患者，需停用药物并采取促进药物代谢的措施。在此基础上，可经静脉应用抗心律失常药物。胺碘酮常作为首选药物，利多卡因可在胺碘酮不适用或无效时应用。但对于 QT 间期延长的多形性室性心动过速患者，不宜选用胺碘酮；对先天性长 QT 间期综合征患者，首选 β 受体阻滞剂或利多卡因。美托洛尔适用于治疗与交感神经张力增高相关的恶性心律失常。药物治疗无效时，应改用电复律。

2. 预防复发 长期药物治疗是当前应用最为广泛的治疗方法。常用药物包括：胺碘酮、利多卡因、普罗帕酮、美西律和β受体阻滞剂。对于非可逆原因导致的快速型心律失常相关心搏骤停患者，或者血流动力学不稳定伴室性心动过速的心肌病患者，以及部分符合条件的肥厚型心肌病、遗传性心律失常患者，ICD是指南推荐的治疗恶性室性心律失常的首选方法。对于部分药物控制不佳、ICD植入后反复放电的患者，也可考虑进行射频消融治疗。

（二）缓慢型恶性心律失常

1. 血流动力学不稳定的患者 当患者出现黑矇、晕厥等症状时，应立即行临时起搏器植入，以提高心室率，保证心脏射血。若无条件行临时起搏器治疗，则可经静脉应用异丙肾上腺素、阿托品等药物。

2. 血流动力学稳定的患者 积极治疗原发病、去除诱因，如纠正缺血、电解质紊乱等。对于非可逆原因导致的缓慢型心律失常患者，需植入永久起搏器。

（陈凤英）

第三节 急诊高血压

急诊高血压是指血压急性升高，伴或不伴靶器官功能损害的一组临床综合征。根据病情严重程度，可将急诊高血压分为高血压急症和高血压亚急症。

高血压急症（hypertensive emergency）是一种血压严重升高（血压＞180/120 mmHg）并伴有靶器官急性或进行性功能损害的一种临床危急状态。常见的靶器官受损病变包括：高血压脑病、颅内出血、急性心肌梗死、不稳定型心绞痛、出现肺水肿的急性左心衰竭、主动脉夹层以及先兆子痫或子痫等。血压升高程度不是高血压急症的危重指标，靶器官损害才是诊断高血压急症的重点。

高血压亚急症（hypertensive urgency）是指血压明显升高，无急性或进行性靶器官损害，允许在24 h内将血压降至安全范围。患者通常不需要住院，但应立即使用口服抗高血压药物治疗，并确定导致血压升高的可能原因，积极治疗基础疾病，去除诱因。

案例 5-3

患者，男，65岁，因"头痛2天，昏迷3 h伴抽搐"入院。其间呕吐2次，抽搐1次，数秒后自行缓解；既往有高血压病史，平时血压维持在140/90 mmHg左右。3天前去外地出差忘了带药。查体：体温36.8℃，脉搏120次/分，呼吸32次/分，血压210/130 mmHg，SpO$_2$ 89%；全身发绀，神志昏迷，格拉斯哥昏迷指数（GCS）为7分，双侧瞳孔直径为3.0 mm，对光反射迟钝，呼吸浅快，心率120次/分，心律齐。左侧肢体可屈曲，右侧肢体偏瘫，双侧病理征呈阴性。

问题：
1. 考虑该患者为何种疾病？需要与哪些疾病相鉴别？
2. 该疾病的常见诱因有哪些？
3. 还需要做哪些辅助检查？

一、病因与发病机制

（一）病因

高血压急症患者通常有明确的高血压病史。本病多发生在血压控制不良的患者。既往血压控制良好的患者在应激或者突然停用抗高血压药等情况下，也可出现血压急剧上升。高血压急症的常见病因如图 5-13 所示。

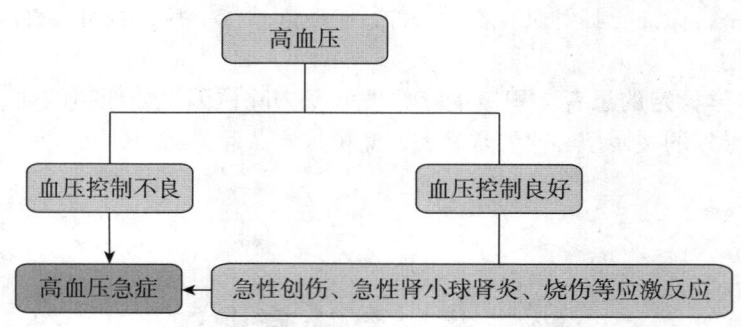

图 5-13　高血压急症的常见病因

（二）发病机制

人体对血压的调节机制精细而复杂，有多种神经、体液及内分泌因素参与。当人体正常的自身调节功能出现障碍时，如各种应激因素导致交感神经兴奋和缩血管活性物质大量释放入血，即可导致全身血管阻力突然增大和血压升高，进一步引起血管内皮损伤和小动脉纤维蛋白样坏死，导致组织缺血并诱发血管活性物质进一步释放，最终形成恶性循环，导致心脏、脑、肾等器官出现缺血低灌注，造成靶器官损害。

血压升高的调节机制

1. **神经机制**　是各种原因致使大脑皮质下神经中枢功能发生变化，导致各种神经递质浓度与活性异常，最终可引起交感神经系统功能亢进，进而导致血压升高。

2. **肾机制**　各种原因引起肾性水、钠潴留，使心输出量增加，通过全身血流的自身调节作用，使外周血管阻力增加，引起血压升高，并启动压力 - 利尿钠肽机制，将机内潴留的水、钠排出体外。

3. **激素机制**　主要是激活肾素 - 血管紧张素 - 醛固酮系统。

4. **血管机制**　若大动脉弹性减退，则可导致脉搏波反射抵达大动脉的时相从舒张期提前到收缩期，导致收缩压升高，而舒张压降低。阻力小动脉结构改变或弹性减退，也会影响外周血管压力反射点的位置和反射波强度，对脉压起到重要作用。

二、临床表现

（一）症状

高血压急症的症状与受损靶器官直接相关，如高血压脑病（患者可出现脑水肿和颅内高压的症状）、急性主动脉夹层（患者可出现剧烈胸痛和休克表现）、急性心肌梗死（患者可出现不能缓解的心绞痛）、子痫（妊娠妇女可出现头晕、头痛，伴抽搐甚至昏迷）。判断病情时，血压升高的幅度比其绝对值更有意义。

（二）体格检查

除测量血压以外，还应仔细检查心血管系统、眼底和神经系统情况，重点了解靶器官损害程度，同时评估患者是否有发生继发性高血压的可能。

1. **卧、立位血压测量**　测量平卧位及站立位两种姿势的血压，以评估患者是否存在血容量不足的情况。
2. **双侧上臂血压测量**　若双上臂血压明显不同，则应警惕主动脉夹层的可能。
3. **心血管系统检查**　应重点检查患者是否有心力衰竭的征象，如颈静脉怒张、双肺湿啰音、病理性第三心音或奔马律等。
4. **神经系统检查**　评估患者的意识状态、脑膜刺激征、视野改变及病理征等。
5. **眼底检查**　若患者有新发出血、渗出、视神经乳头水肿等情况，则提示发生高血压急症。

三、辅助检查

1. **实验室检查**　进行血常规、尿常规、电解质、血气分析、肝功能、肾功能和心肌酶谱等检查，有助于发现相关的危险因素及靶器官损害，并有助于判断患者的原发疾病。
2. **胸部 X 线检查**　可以观察患者是否有肺水肿及心力衰竭的表现，注意观察主动脉形态。
3. **CT 和 MRI 检查**　血压升高伴严重头痛和神志改变，是进行颅脑 CT 检查的适应证。对高度怀疑 24 h 内新发脑梗死的患者，若 CT 检查呈阴性，则可考虑进行头颅 MRI 检查。对于怀疑主动脉夹层的患者，应立即行 CT 检查，必要时进行 CTA 检查，以明确诊断。
4. **心电图检查**　应作为常规检查，以寻找心肌缺血、心肌梗死的证据，注意动态观察并结合心肌酶谱的变化进行综合分析。
5. **超声检查**　心脏超声检查可用于评估患者的心功能，并且可以安全地用于孕妇，以及评估胎儿情况。

四、诊断要点

（一）诊断标准

血压急性升高，通常收缩压＞180 mmHg 和（或）舒张压＞120 mmHg；并伴有靶器官进

行性损害。血压升高的程度不作为高血压急症的主要判定标准。

若收缩压＞220 mmHg 和（或）舒张压＞140 mmHg，则无论患者是否出现症状和靶器官损害，均应视为高血压急症。

妊娠期妇女或某些急性肾小球肾炎患者，特别是儿童，虽然血压升高不明显，但对脏器损害极大，也应视为高血压急症。

患者既往血压升高，已经造成相应靶器官损害，就诊时收缩压＜180 mmHg 和（或）舒张压＜120 mmHg，但检查明确提示已经并发主动脉夹层、急性肺水肿、心肌梗死或脑血管意外，即使患者血压仅为中度升高，也应视为高血压急症。

（二）病情严重度评估

急诊高血压的治疗原则是迅速评估患者的病情，区分高血压急症与高血压亚急症，根据病情评估进行针对性治疗，具体诊治流程如图 5-14 所示。同时，还可使用量表以辅助评估病情的严重程度，如格拉斯哥昏迷评分（Glasgow coma score，GCS）、急性生理学和慢性健康状况评价Ⅱ（acute physiology and chronic health evaluation，APACHE Ⅱ）和序贯器官功能衰竭评分（sequential organ failure assessment，SOFA）等。

知识拓展

血压的发现与血压计的发明史

1733 年，英国皇家学会的 Stephen Hales 首次测量了动物的血压。他用尾端接有小金属管的长约 3 m 的玻璃管插入马的颈动脉，血液立即涌入玻璃管内，高达 270 cm。于是，很多医生开始用同样的方法测量人体血压，并且使用汞柱代替了水柱，就不需要那么长的玻璃管了，但直接进行动脉插管测量血压的有创方法仍然很难实施。

直到 1896 年，意大利医生 Scipione Riva-Rocci 改制出一种真正意义上的袖带血压计，它只能测量动脉收缩压，而且测量出的数值也欠准确。

1905 年，俄国学者 Korotkoff 在测量血压时增加了听诊器，这一改进使血压测量技术达到一个全新水平。人们开始测量到动脉舒张压，并且在此基础上逐渐改良为目前的血压计样式。

五、救治措施

（一）生命体征的维持与监测

予以吸氧及持续心电、血压监护。将床头抬高 30°左右，对有脑出血或伴有意识障碍的患者，应将其头部偏向一侧，以防止误吸。估算并记录单位时间内的液体出入量。降压过程中，应严密观察患者靶器官功能状况，如是否出现神经系统的症状和体征、胸痛是否加重等。

（二）降压控制目标

对高血压急症患者，应迅速将血压降到安全水平，但不宜降压过快或过低。高血压急症的降压控制目标见表 5-2。

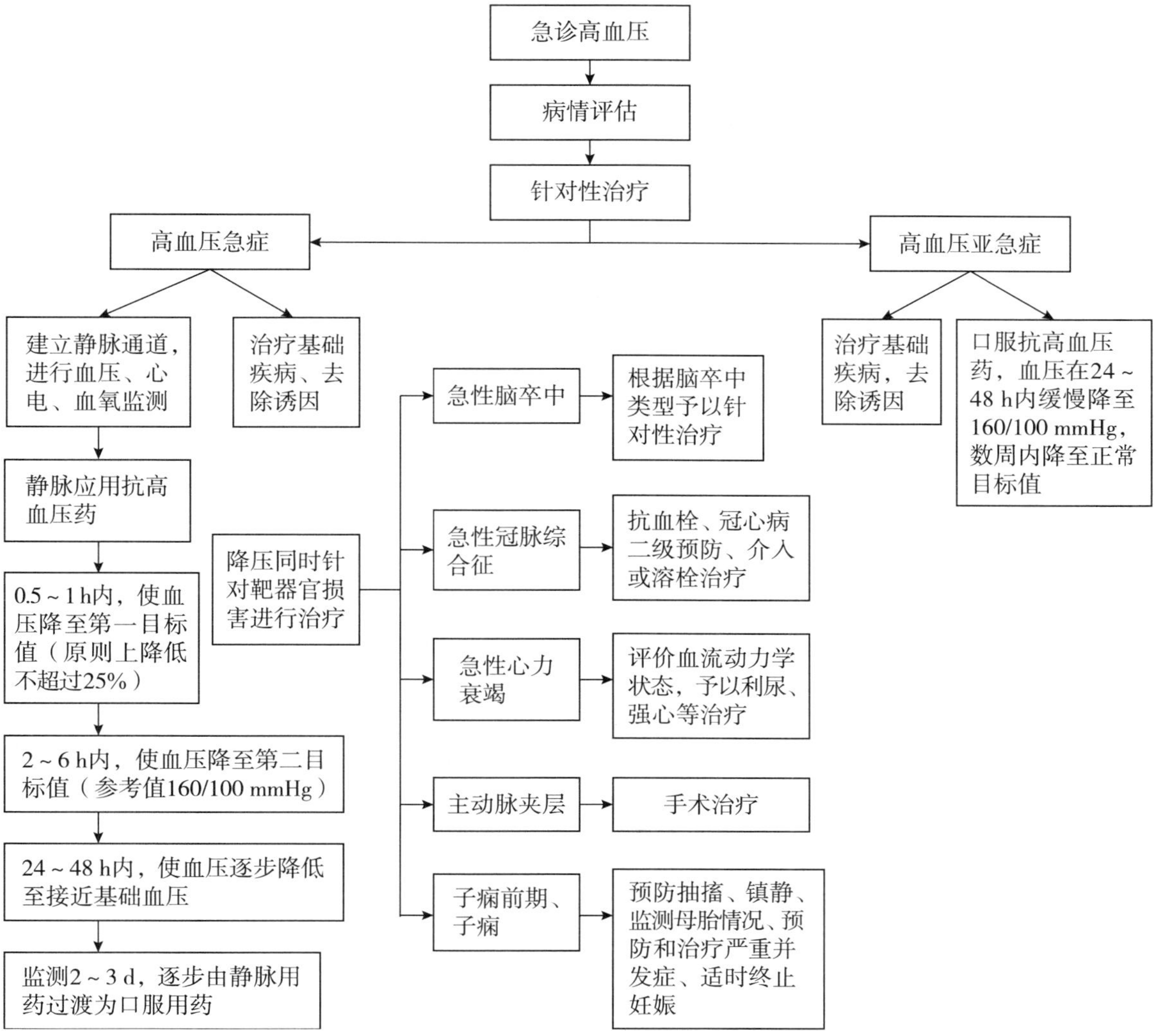

图 5-14 急诊高血压诊治流程

表 5-2 高血压急症的降压控制目标

	降压时间	降压原则
第一目标值	0.5~1 h 内	使血压迅速降低，但不超过降压前的 25%（主动脉夹层和急性脑血管疾病患者除外）
第二目标值	2~6 h 内	当达到第一目标值后，应减慢静脉用药速度，以减慢降压速度，加用口服抗高血压药，将血压降至约 160/100 mmHg
第三目标值	24~48 h 内	逐渐降低血压，以达到正常水平

（三）药物选择

理想的抗高血压药应该具有强力、短效降压作用，可以在不降低重要器官灌注量的情况下降低血压，不增加机体的氧耗，无其他特殊不良反应，适用于各类人群。推荐治疗高血压急症常用的抗高血压药见表 5-3。

表 5-3 治疗高血压急症常用的抗高血压药

常用药物	剂量	适应证	禁忌证
硝酸甘油	5~100 μg/min，静脉注射	合并急性冠脉综合征	青光眼和颅内高压患者禁用
硝普钠	0.25~10 μg/(kg·min)，静脉注射	适用于绝大多数高血压急症患者	高血压脑病、脑出血、蛛网膜下腔出血、甲状腺功能减退症和妊娠妇女慎用或禁用；长期使用有氰化物中毒风险
尼卡地平	5~15 mg/h，静脉注射	适用于绝大多数高血压急症患者，尤其适用于急性高血压伴基底动脉供血不足的患者	急性心肌梗死、急性心肌炎、颅内高压等患者禁用或慎用
地尔硫䓬	10 mg 或 5~15 μg/(kg·min)，静脉注射	适用于高血压、冠心病并发哮喘的患者	禁用于病态窦房结综合征、Ⅱ度或Ⅲ度房室传导阻滞（植入起搏器除外）患者
拉贝洛尔	开始 2 mg/min，静脉注射	适用于除急性心力衰竭以外的大多数高血压急症患者，尤其是伴有肾功能减退的患者	急性心力衰竭、支气管哮喘、心脏传导阻滞患者慎用或禁用
乌拉地尔	10~50 mg，静脉注射	适用于大多数高血压急症患者，尤其是伴有高血压脑病、急性左心衰竭、主动脉夹层的患者	主动脉狭窄或动静脉分流者禁用
呋塞米	每次 20~40 mg，静脉注射	适用于大多数高血压急症，尤其适合伴有肾功能不全	哺乳期和妊娠妇女禁用；对无尿或出现严重肾功能损害，有痛风病史、严重肝功能损害、急性心肌梗死患者，过度利尿可促发休克

（四）不同器官损害的针对性降压

高血压急症的相关疾病较多，其降压治疗见表 5-4。

表 5-4 高血压急症相关疾病的降压治疗

高血压急症类型	降压原则	推荐治疗方案
高血压脑病	避免使用影响脑血流的药物，在保证脑血流灌注的情况下，尽量在 1 h 内使平均动脉压下降 20%~25%，随后将血压降到 160~180/100~110 mmHg	ACEI/ARB 和二氢吡啶类钙通道阻滞剂；对高血压脑病合并冠心病的患者，推荐使用硝酸甘油
急性冠脉综合征	建议将急性冠脉综合征患者血压控制在 130/80 mmHg 以下，但不宜过低，需维持舒张压＞60 mmHg	硝酸甘油是首选药物；对伴有 ST 段抬高急性心肌梗死的患者，推荐应用 β 受体阻滞剂和 ACEI 静脉应用尼卡地平可发挥降低血压和保护心肌的双重作用
急性缺血性脑卒中	准备溶栓的患者：在 1 h 内使平均动脉压降低 15%，随后控制在 180/110 mmHg 以下；不进行溶栓的患者：只有当血压＞220/120 mmHg 时，才予以降压，第 1 h 平均动脉压降低 15%，且收缩压不宜＜160 mmHg	以利尿剂为基础，静脉应用拉贝洛尔和尼卡地平、乌拉地尔等治疗，降压需谨慎，不宜使血压降得过低

续表

高血压急症类型	降压原则	推荐治疗方案
急性脑出血	在降低颅内压的同时，慎重进行平稳降压治疗，使血压降至 130/80 mmHg 左右	推荐使用尼卡地平和尼莫地平、拉贝洛尔，急性期严禁使用加重脑水肿的血管扩张药
蛛网膜下腔出血	不宜使血压降得过低，将血压维持在比平时基础血压高 20% 左右的水平	推荐使用尼莫地平和尼卡地平
主动脉夹层	在 30 min 内尽快使收缩压维持在 110～120 mmHg，心率维持在 50～60 次/分	联合应用血管扩张药（首选硝普钠）和 β 受体阻滞剂是标准的治疗方案
急性左心衰竭	迅速将收缩压控制在 140 mmHg 以下，且降压幅度在 25% 以内；收缩压＜90 mmHg 时，禁用血管扩张药	首选利尿剂和 β 受体阻滞剂，与 ACEI 或 ARB 联合应用
先兆子痫/子痫	立刻将血压控制在＜160/110 mmHg，孕妇并发器官功能损害者血压应＜140/90 mmHg，且不低于 130/80 mmHg	建议与妇产科医生共同诊治，明确降压目标、药物的选择和终止妊娠的时机；建议静脉用硫酸镁

注：ACEI，血管紧张素转化酶抑制剂（angiotensin-converting enzyme inhibitor）；ARB，血管紧张素受体阻滞剂（angiotensin receptor blocker）

（陈　彦）

第四节　急性主动脉综合征

急性主动脉综合征（acute aortic syndrome，AAS）是一组急性发作并有相似临床表现，严重威胁生命的主动脉疾病，主要包括主动脉夹层（aortic dissection，AD）、主动脉壁间血肿（intramural hematoma）和主动脉穿透性溃疡（penetrating atherosclerotic ulcer）（图 5-15）。这三种疾病均以动脉中层破坏为特征。其中，主动脉夹层是由于各种原因导致主动脉内膜撕裂，血液通过破口进入中膜，导致主动脉中膜层分离并形成真腔和假腔。主动脉壁间血肿是指发生在主动脉壁中膜层的血肿，多数患者影像学检查未见明确的内膜破口和假腔，部分患者术中探查可见内膜破口及假腔，但假腔内无持续血流灌注。主动脉穿透性溃疡是由于主动脉壁的粥样硬化斑块发生溃疡，穿透内膜并进入中膜或外膜而形成壁龛所致。急性主动脉综合征起病急、病死率高，且临床表现复杂多变、并发症多，需要早期诊断和及时干预治疗，以减少不良预后。

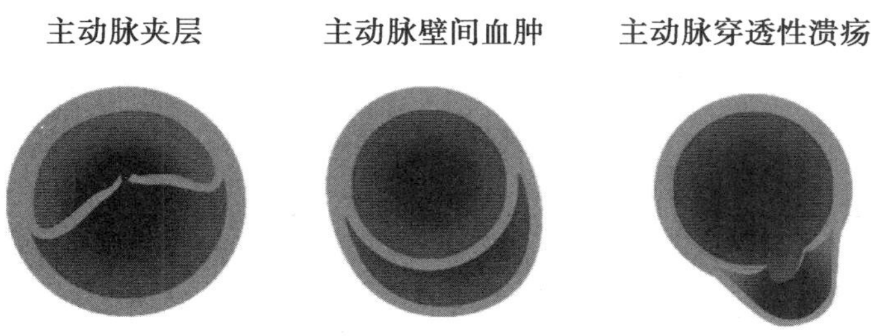

图 5-15　主动脉综合征的 3 种类型示意图

案例 5-4

患者，男性，38岁，突发撕裂样胸背部疼痛，伴大汗淋漓1h。查体：心率100次/分，右上肢 BP 100/60 mmHg，左上肢 BP 150/70 mmHg；听诊可闻及颈部血管杂音，胸骨左缘第3~4肋间可闻及舒张期叹气样杂音。心电图检查显示：窦性心律，Ⅱ、Ⅲ、aVF导联T波倒置。胸部X线检查显示：上纵隔稍宽。经服用硝酸甘油，患者疼痛未缓解。

问题：
1. 考虑该患者为何种疾病？
2. 诊断该疾病的依据是什么？
3. 还需要做哪些辅助检查？

一、病因与发病机制

1. 病因 具体病因未明。高血压是急性主动脉综合征最常见的危险因素，80%以上的患者有高血压病史，且多数患者血压控制欠佳。其他危险因素包括动脉粥样硬化、男性、高龄、吸烟、遗传性结缔组织病（马方综合征、Ehlers-Danlos 综合征）等。

2. 发病机制 主动脉壁结构或功能发生退行性改变（如中膜层弹性纤维断裂、变薄，细胞外基质黏液样变和降解，平滑肌细胞缺失等）是急性主动脉综合征的发病基础。主动脉管腔内流动的高压、高速血流所形成的机械应力可增加主动脉退行性变后的损伤风险。血压波动可引起主动脉壁横向剪切力增大，导致内膜撕裂，血流顺行或逆行冲击导致壁间血肿蔓延，形成动脉壁间假腔，并通过一个或数个破口与主动脉真腔（原有的主动脉腔）相交通，形成"夹层"。主动脉夹层常发生于升主动脉，此处所受机械应力最大，约占65%，起自降主动脉者占25%，起自主动脉弓和腹主动脉者占10%。主动脉壁间血肿既往认为是由于主动脉壁滋养血管破裂所致，近年来研究显示内膜撕裂后假腔内急性血栓形成也是可能的发病机制。主动脉穿透性溃疡多见于严重的动脉粥样硬化患者，常位于胸主动脉和降主动脉。粥样硬化斑块破溃形成溃疡，可伴有出血，严重者可穿透外膜，导致主动脉壁破裂或形成假性动脉瘤。根据内膜撕裂的位置和夹层累及的范围，可按 DeBakey 系统将主动脉夹层分为3型：Ⅰ型，夹层起自升主动脉或主动脉弓，延伸至胸主动脉、降主动脉或腹主动脉（或二者均受累）；Ⅱ型，夹层起自并局限于升主动脉；Ⅲa型，夹层起自左锁骨下动脉以远，并局限于胸主动脉和降主动脉；Ⅲb型，夹层起自左锁骨下动脉以远，并向下同时累及胸主动脉、降主动脉和腹主动脉。另外，还可按 Stanford 系统将主动脉夹层分为 A、B 两型，凡是夹层累及升主动脉者，均属于 A 型，相当于 DeBakey Ⅰ型和Ⅱ型；凡是夹层仅累及胸主动脉、降主动脉及其远端者，均属于 B 型，相当于 DeBakey Ⅲ型。这两种分型系统有助于制订治疗策略。

二、临床表现

1. 疼痛 疼痛是本病最主要和最常见的表现。超过80%的患者可突发前胸或胸背部持续的撕裂样或刀割样剧痛，疼痛剧烈，常难以忍受。疼痛部位往往与夹层病变的起源位置密切相关，起病后疼痛即达高峰，可沿主动脉撕裂或累及其他动脉或器官而发生移行。疼痛若放射至颈部、咽部和（或）下颌部，则常提示累及升主动脉，而背部或腹部疼痛则提示为降主动脉夹层。少数患者（6.4%）可无明显疼痛，如马方综合征、激素治疗以及起病缓慢者。

2. 高血压　70%的Stanford B型患者初次就诊时有高血压，且有近38%的患者左、右上肢血压不同。患者因剧痛而有焦虑不安、大汗淋漓、面色苍白、心率加快等类似休克的表现，但体检血压往往不低，反而升高。如果合并心脏压塞、血胸或心肌梗死，则患者可能出现低血压。如果夹层发生破裂出血，则可引起严重的休克症状。

3. 心血管系统症状　约半数Stanford A型夹层患者血肿可累及主动脉瓣瓣环或影响瓣叶支撑，导致主动脉瓣关闭不全，可在心前区闻及舒张期叹气样杂音，严重者可发生充血性心力衰竭。少数近端夹层的内膜破裂下垂物可遮盖冠状动脉开口而导致心肌缺血、急性心肌梗死，进而出现误诊为急性冠脉综合征的情况。其中，右冠状动脉窦最易受影响，因此下壁心肌梗死常见。夹层若破裂入心包腔、胸膜腔，则可引起心包积液及胸腔积液，严重者可发生心脏压塞。

4. 神经系统症状　有15%~20%的主动脉夹层患者可出现神经功能受损的表现。夹层累及左侧颈总动脉或头臂干时，可导致脑缺血，患者表现为头晕、一过性晕厥、精神异常或意识障碍，严重者可发生缺血性脑卒中。夹层压迫颈交感神经节时，患者可出现Horner综合征（瞳孔缩小、患侧眼球内陷、上睑下垂及面部少汗或无汗等表现）。若脊髓动脉受累，则可导致脊髓缺血，引起下肢轻瘫、截瘫及排尿、排便失禁等症状。

5. 其他脏器灌注不足的表现　夹层累及腹腔干、肠系膜动脉时，患者可出现胃肠道缺血症状，如腹痛、恶心、呕吐、腹胀、腹泻，部分患者可合并肠麻痹、坏死，出现黑便、便血等表现。一侧或双侧肾动脉受累者可出现血尿、少尿以及急性肾衰竭表现。髂动脉或下肢动脉受累者可出现急性下肢缺血症状，体检时可发现脉搏短绌、减弱或消失以及肢体发凉、发绀等表现。

主动脉壁间血肿和主动脉穿透性溃疡的临床特征与急性主动脉夹层相似，三者之间的临床表现存在重叠，其中一种病理状态可进展为另外两种。例如，主动脉穿透性溃疡可作为主动脉夹层的起始位置，主动脉夹层可能出现主动脉壁间血肿等。

三、辅助检查

1. 实验室检查　D-二聚体是目前临床上常用于诊断和鉴别诊断急性主动脉综合征的生物标记物，血浆D-二聚体<0.5 μg/ml排除主动脉夹层的准确率达93%~98%，但D-二聚体升高诊断急性主动脉综合征的特异度不高，主动脉壁间血肿和主动脉穿透性溃疡患者D-二聚体水平往往正常。累及冠状动脉的急性主动脉综合征可导致急性心肌缺血，甚至心肌梗死，故肌钙蛋白升高不能排除急性主动脉综合征的可能性。其他有助于诊断及评估急性主动脉综合征的生物标记物包括：反映内皮或平滑肌细胞受损的特异性标记蛋白，如平滑肌肌球蛋白重链和弹性蛋白降解产物；反映血管间质受损的钙调蛋白和基质金属蛋白酶-9；反映炎症活动的C反应蛋白；反映心血管损伤的可溶性生长刺激表达基因2蛋白等。

2. CT检查　主动脉CT血管成像（CTangiography，CTA）是目前诊断急性主动脉综合征的首选检查手段，不仅可以快速明确诊断，还可以为进行危险分层、指导治疗提供信息。CTA诊断主动脉夹层的灵敏度为95%~100%，特异度达98%~100%。CTA可显示真腔、假腔及其大小，还可了解假腔内血栓情况。若发现主动脉内膜钙化斑向中央移位，则提示为主动脉夹层；若向外移位，则提示可能为动脉瘤。运动伪影可能影响评估主动脉根部和升主动脉的准确性，而心电门控CTA可有效避免运动伪影，并且有助于明确是否累及冠状动脉开口以及主动脉瓣。

有条件者可行胸痛三联 CT 检查，以鉴别急性主动脉综合征、急性冠脉综合征和肺栓塞。

3. 超声心动图 经胸超声心动图（transthoracic echocardiography，TTE）诊断急性主动脉综合征的灵敏度和特异度不如 CT，但其优势是能够在床旁快速完成，适用于血流动力学不稳定的患者。另外，TTE 还可用于评估患者是否存在心包积液、心脏压塞、主动脉瓣反流等情况。经食管超声心动图（transesophageal echocardiography，TEE）结合实时彩色血流显像技术诊断急性主动脉综合征具有更高的灵敏度和特异度，诊断主动脉夹层的灵敏度接近 89%，特异度为 99%，可以发现初始撕裂口部位、假腔血流/血栓、主动脉弓或冠状动脉受累情况、主动脉瓣关闭不全的程度以及心包积液，并且可以识别真腔和假腔的不同血流速度，有助于诊断灌注不良综合征，减少假阳性结果。

4. MRI 检查 若患者出现碘过敏、严重肾功能不全、妊娠、甲状腺功能亢进等情况而无法行主动脉 CTA 检查，则可行 MRI 检查，以明确诊断。MRI 检查常用于慢性患者的随访。由于该检查耗时较长，需要 30～60 min，不适用血流动力学不稳定的急诊患者。有植入非 MRI 兼容心脏起搏器和人工关节、钢针等金属物的患者禁忌进行该检查，故其临床应用受到一定的限制。

5. 主动脉造影 属于侵入性检查，既往是诊断主动脉夹层的金标准，但现已基本上被 CTA 所取代。如果临床高度怀疑为升主动脉夹层，且无创影像学检查结果不能明确，则可行主动脉造影进一步确诊。

6. 血管内超声（intravascular ultrasound，IVUS） 可直接从主动脉腔内观察管壁结构，有效区分真腔和假腔，识别其病理改变。该检查也属于侵入性检查，并不常用于早期诊断。

7. 其他检查 心电图检查是鉴别胸痛病因的重要方法，但对诊断急性主动脉综合征的特异度不高。若病变累及冠状动脉，则心电图可显示急性心肌缺血甚至急性心肌梗死改变，合并心包积血时，可表现为类似急性心包炎的心电图改变。胸部 X 线检查可见纵隔或主动脉影增宽，发生率为 60%～90%，部分还可见胸腔积液、主动脉钙化移位、主动脉扭曲等，但胸部 X 线检查的灵敏度低，临床应用有限。

四、诊断及鉴别诊断

（一）诊断

入院时仔细询问病史并进行体格检查对患者的早期诊断非常重要。对具有典型胸背部疼痛、高危因素、高危症状和体征（表 5-5）的患者，应考虑急性主动脉综合征的可能。然后，应通过进一步检查（如心电图检查、D-二聚体和肌钙蛋白测定）进行鉴别诊断，通过影像学检查（如 CTA、超声心动图、MRI）进一步确定诊断，并确定急性主动脉综合征的类型、病变部位和范围以及患者是否出现解剖学并发症。对拟行手术者，可考虑进行主动脉造影或 IVUS 检查。

表 5-5 急性主动脉综合征的高危因素、高危症状和体征

高危因素	高危症状	高危体征
马方综合征等结缔组织病	突发胸背部疼痛	动脉搏动减弱或消失
主动脉疾病家族史	剧烈疼痛、难以忍受	四肢血压差异明显
已知的主动脉瓣疾病	撕裂样或刀割样锐痛	局灶性神经功能缺失
已知的胸主动脉瘤		新出现的主动脉瓣杂音
既往进行过主动脉介入治疗或外科操作		低血压或休克

（二）鉴别诊断

对怀疑为急性主动脉综合征的患者，应注意与以下疾病相鉴别。

1. 急性冠脉综合征 急性冠脉综合征患者的胸痛常表现为憋闷、压迫感、紧缩感和针刺感等，疼痛可向肩背、左上肢或下颌等部位放射。主动脉夹层多为突发胸部或背部撕裂样疼痛，起病突然，疼痛程度多较重，甚至疼痛剧烈。可通过心电图、心肌损伤标志物、超声心动图及冠状动脉造影等检查进行鉴别。

2. 肺栓塞 以晕厥、呼吸困难、胸闷等为主要表现的急性主动脉综合征患者，易被误诊为肺栓塞。肺栓塞患者多有手术史、长期卧床、下肢静脉血栓等病史，查体可发现小腿或大腿肿胀，血 D- 二聚体升高，可行肺动脉 CTA 检查进行鉴别。

3. 急性脑卒中 当夹层血肿向上扩展累及椎动脉、颈内动脉、脊髓动脉时，患者可出现头晕、神志模糊、肢体麻木、偏瘫、截瘫及昏迷，易被误诊为急性脑卒中，可经头颅 CT 及 MRI 进行鉴别。

4. 急性食管破裂 急性食管破裂与急性主动脉综合征都可表现为突发胸背部或腹部撕裂样疼痛，疼痛程度都很剧烈，但前者常发生在腹内压骤然升高的情况下，如剧烈呕吐、暴饮暴食后，常伴有呕血及呼吸急促。可通过胸部和腹部 CT、内镜等检查进行鉴别。

此外，还需要与张力性气胸、肿瘤、心肌炎、心包炎等疾病相鉴别。

五、病情评估

急性主动脉综合征病情进展迅速，需要在较短时间内对患者进行风险评估并制订正确的急救策略。接诊医师需要根据患者的病史特点、呼吸及循环情况，选择有快速诊断与鉴别诊断价值的辅助检查（心电图、心肌损伤标志物、D- 二聚体、超声心动图、CTA 等），以明确诊断和评估病情。对呼吸、循环等生命体征不稳定的患者，应积极抢救，迅速稳定生命体征，并快速组织多学科团队会诊，行床旁超声检查排除心脏压塞、破裂出血等情况，必要时予以机械通气、控制性心包穿刺等治疗，并尽快将患者转入重症监护室。

六、救治措施

（一）主动脉夹层

1. 药物治疗 一旦明确诊断，无论是何种类型的主动脉夹层患者，均应立即予以镇痛、控制心率和血压等药物治疗，目的是防止夹层进一步扩展或破裂。同时应全面评估患者情况，嘱患者卧床休息，进行心电监护。

（1）镇痛：适当肌内注射或经静脉应用阿片类药物（吗啡、哌替啶等）可抑制交感神经兴奋导致的心率加快和血压上升。

（2）控制心率和血压：经静脉应用 β 受体阻滞剂（如美托洛尔、艾司洛尔等）是最基本的药物治疗，将血压控制在维持最低有效终末器官灌注的水平。对于降压效果不佳者，可在 β 受体阻滞剂的基础上联合应用一种或多种抗高血压药。药物治疗的目标是将收缩压控制在 100～120 mmHg、心率为 60～80 次 / 分。

2. 外科治疗 急诊开放式手术是 Stanford A 型主动脉夹层的首选治疗方法，若患者无明

显禁忌证，原则上均应积极对其进行手术治疗，手术方法有主动脉根部置换、杂交手术、全腔内修复术等。对于无并发症的 Stanford B 型主动脉夹层患者，可首选药物治疗，部分患者可获得良好的远期预后。手术治疗包括胸主动脉腔内修复术（thoracic endovascular aortic repair）、开放式手术和杂交手术等，可进一步降低 Stanford B 型主动脉夹层患者的主动脉事件风险。

（二）主动脉壁间血肿

1. 药物治疗 采用单纯药物保守治疗的 A 型主动脉壁间血肿患者不良临床事件（进展为主动脉夹层、需手术治疗和死亡）发生率较高，应尽可能接受手术，收缩压应控制在 100～120 mmHg，B 型主动脉壁间血肿患者心率应控制在 60 次/分以下；同时予以镇静、止痛、镇咳；防治电解质紊乱、肺栓塞、粪便干燥等；密切随访，建议在发病 14～30 天内复查影像学表现，首选 CTA。

2. 外科治疗 对 A 型主动脉壁间血肿合并心包积液、升主动脉溃疡、升主动脉瘤的复杂病例，一般建议进行急诊手术，手术方式同 Stanford A 型主动脉夹层。对于合并主动脉扩张或溃疡的 B 型主动脉壁间血肿患者，如果症状持续、反复发作或出现进行性主动脉扩张，则应积极考虑介入或手术治疗。

（三）主动脉穿透性溃疡

1. 药物治疗 主动脉穿透性溃疡的主要治疗原则是防止主动脉破裂和进展为主动脉夹层，首先应采取药物治疗止痛和控制血压。

2. 外科治疗 对于 A 型主动脉穿透性溃疡患者，应考虑积极进行外科手术治疗；对于单纯型 B 型主动脉穿透性溃疡患者，建议在密切随访下予以药物治疗；对于复杂型 B 型主动脉穿透性溃疡患者，应考虑手术治疗。

（潘曙明）

第五节　常见周围血管急症

一、周围血管急症概述

（一）概念

周围血管急症（peripheral vascular emergency）是指周围动、静脉突然发生病变，导致疼痛、肿胀、皮肤色泽和感觉改变的急性疾病，包括急性动脉缺血、深静脉血栓形成、周围血管损伤等。其突出的临床特点是起病突然，临床症状明显，大多容易诊断。如果予以快速、有效的处理，则预后较好。若处理不当或延误治疗，则可致残，甚至危及生命。

（二）辅助检查

辅助检查对周围血管急症的病因、病情诊断极为重要，但不可代替详细的病史询问和全面的体格检查。

1. 超声检查 血管彩色多普勒超声检查可用于探测血管壁的完整性、血管腔的阻塞情况

及异常结构。

2. 多层螺旋 CT 血管成像（multi-slice spiral CT angiography，MSCTA）和磁共振血管成像（magnetic resonance angiography，MRA） 主要用于动脉性疾病的诊断。MSCTA 是利用 CT 采集的血管影像资料，通过后处理重建技术获得血管的三维影像，可清晰显示血管的结构、走行及其是否有狭窄、阻塞等。CT 检查对人体有一定的辐射损伤，不适用于进行反复检查。MRA 的成像原理虽然有所不同，但得到的图像结果与 CTA 相仿，对患者无辐射损伤，但患者身体内有金属物品时不能进行该检查。

3. 血管造影 血管造影分为动脉造影和静脉造影。

（1）动脉造影：目前多采用动脉数字减影血管造影（intraarterial digital subtraction angiography，IA-DSA），适用于动脉性疾病的诊断。对造影剂过敏者，有严重心力衰竭、肝衰竭、肾衰竭、凝血功能障碍和妊娠者不适用。通过 IA-DSA，可发现动脉血管的形态异常，如狭窄、血管充盈中断、血管畸形和血流方向异常。

（2）静脉造影：分为顺行性造影和逆行性造影。顺行性造影是由远端体表浅静脉注入造影剂，然后分段摄片，可以了解静脉回流血管的通畅情况及侧支循环形成情况；逆行性造影是从待诊断的静脉起始部穿刺后注入造影剂，主要用于观察静脉的瓣膜功能。

4. 实验室检查 D-二聚体是血液中的纤维蛋白降解产物，D-二聚体升高代表血液呈高凝状态，提示有血栓形成的倾向，对血栓性疾病的诊断、疗效评估和预后判断具有重要的意义。

二、急性外周动脉缺血

（一）概念

急性外周动脉缺血是指各种原因所致的除冠状动脉以外全身各部位动脉的急性闭塞，如主动脉、内脏动脉、四肢动脉等的急性闭塞，可引起远端组织、器官急性缺血，严重时可导致坏死，甚至危及生命。按病因可分为急性动脉栓塞、急性动脉血栓形成和急性动脉夹层。

（二）病因与发病机制

1. 病因 急性动脉栓塞是由于动脉内的栓子随血液流动堵塞管径相似的动脉，根据栓子的来源分为心源性、血管源性和医源性，以心源性常见。急性动脉栓塞的病因见表 5-6。急性动脉血栓形成大多由于动脉粥样硬化斑块发生蚀损或破裂，导致血栓形成和管腔闭塞。急性动脉夹层是由于动脉内膜撕裂，逐渐扩大并形成血肿假腔，使真腔堵塞。

2. 发病机制 血管堵塞后，远端动脉血流灌注急剧减少，血流变缓甚至停滞；所供远端组织、脏器缺血，导致组织和脏器水肿；小血管细胞缺血、肿胀，进一步加重微循环障碍，最终可导致组织和脏器发生不可逆性坏死。

表 5-6 急性动脉栓塞的病因

病因类型	常见疾病
心源性	器质性心脏病（风湿性心脏病、冠心病、细菌性心内膜炎）、急性心肌梗死、心律失常（心房颤动）、人工心脏瓣膜置换术后、左心房黏液瘤
血管源性	动脉瘤、动脉粥样硬化、血管损伤、深静脉血栓（反常性动脉栓塞）
医源性	动脉穿刺插管导管折断成为异物，内膜撕裂激发综合征，血栓脱落

(三) 临床表现

突发剧烈疼痛是急性外周动脉缺血的常见症状，常规镇痛药物治疗往往效果不佳。病变引起脏器缺血时，患者可出现相应的脏器功能障碍表现。

肢体动脉急性闭塞的典型临床表现是 5P 征，即疼痛（pain）、苍白（pallor）、脉搏消失（pulselessness）、麻痹（paralysis）和感觉异常（paresthesia）。

1. 疼痛 往往是最早出现的症状。其特点是突然发生剧烈和持续性疼痛，活动可使疼痛加重。肢体疼痛起源于阻塞平面，之后延伸至远端。疼痛部位视动脉栓塞部位而定。下肢周围血管动脉栓塞较上肢多见。下肢动脉栓塞按发生率从高到低依次为股总动脉、髂总动脉、腘动脉；上肢动脉栓塞依次为肱动脉、腋动脉和锁骨下动脉。

2. 肢体皮肤色泽变化 栓塞动脉远端的肢体皮肤苍白，且在疼痛发生后即刻出现。随着缺血时间的延长，皮肤出现蓝色花斑或水疱。

3. 肢体皮肤温度变化 肢体皮肤温度降低甚至厥冷是动脉栓塞的特征性表现，并且根据皮肤温度变化的平面（又称变温带）可大致推测出动脉栓塞的部位，即变温带常在栓塞部位以下一手掌宽处，具有定位诊断意义。

4. 血管搏动减弱或消失 栓塞远端的体表动脉搏动减弱或消失，如下肢的腘动脉、足背或胫后动脉，上肢的桡动脉。

5. 感觉异常和麻痹 栓塞早期，患者可出现浅感觉异常，继而出现深感觉异常。运动障碍发生较晚。

脏器动脉急性闭塞患者除有相应部位疼痛外，还可能发生脏器功能障碍，如肾动脉闭塞引发的肾功能不全，肠系膜上动脉闭塞导致的肠坏死和肠梗阻。

此外，急性外周动脉缺血患者还可合并全身性表现，闭塞动脉管腔越大，全身反应越重。病变组织脏器缺血、坏死，可引起严重的代谢障碍、炎症反应，表现为发热、高钾血症、肌红蛋白尿和代谢性酸中毒，甚至发生肾衰竭。

（四）病情评估、危险分层及诊断

1. 病情评估及危险分层 对患者进行病情评估是治疗的基础，需综合考虑缺血的严重程度、发病持续时间、病变部位、是否合并基础疾病以及患者的一般情况等。

（1）缺血严重程度：患者肢体 5P 征显著，或远端脏器功能显著改变，病情紧急或呈进行性加重时，提示严重缺血。

（2）发病持续时间：缺血时间延长可导致组织脏器发生不可逆性改变，发病到采取治疗措施的时间对预后的影响很大。一般骨骼肌能耐受 1~3 h 的缺血；缺血超过 6 h，肌纤维即发生自溶；缺血 6~12 h，可导致肌肉坏死、神经功能丧失。

（3）动脉闭塞部位：动脉闭塞部位可通过变温带的特征、体表定位血管搏动减弱或消失的部位、辅助检查等进行判断。远端小血管栓塞时，有较多的侧支循环，预后较好；大血管近端闭塞时，侧支循环难以在短时期内有效建立，缺血区域面积大，患者病情较为严重。

（4）基础疾病与一般情况：除考虑以上病情外，还需综合评估患者是否合并严重的心脏、肺、肾等基础疾病，并结合患者的一般情况选择治疗方案。

2. 诊断 结合临床表现，如典型的 5P 征或脏器对应部位的疼痛及功能异常，经彩色多普勒超声检查、MSCTA、MRA、动脉造影检查等发现血管内栓子、血栓或夹层，即可做出诊断。应注意对原发疾病的诊断。

（五）救治措施

救治措施包括手术治疗和药物治疗。选择外科血栓清除术或者药物抗凝溶栓治疗取决于缺血的严重程度、血栓形成的程度或部位以及患者的一般情况。

1. 手术治疗 可选择开放式手术或腔内手术治疗。

（1）开放式手术治疗：对于威胁肢体的严重缺血，如果患者预期寿命>2年，自体静脉可用，且患者的一般情况允许时，可行开放式手术治疗。常用术式包括：①切开取栓术，对于由栓子造成的动脉闭塞，可切开动脉直接取栓和利用Fogarty球囊导管取栓，后者操作简单，创伤小。②动脉旁路移植术，对于存在基础动脉粥样硬化并导致严重狭窄的急性动脉缺血患者，可考虑采用。③截肢术，对于肢体已发生严重缺血、坏死者，如果病情允许，则应进行紧急截肢。

（2）腔内手术治疗：腔内手术治疗具有创伤小、并发症发生率低、疗效好的优势，已逐步取代开放式手术，成为外周动脉重建的首选方案。腔内治疗方法包括：①经皮导管血栓抽吸术，可快速取出血栓，恢复动脉血流。②经皮导管灌注溶栓术：经动脉内置管，局部灌注溶栓，常用溶栓药物有组织型纤溶酶原激活剂和尿激酶。③经皮机械取栓术：是指通过经皮穿刺将特殊的血栓消融导管置入血管腔内，通过机械方式清除血栓。

2. 药物治疗 抗凝治疗是大部分急性动脉缺血疾病的基础治疗方法，常选用低分子量肝素，具有抑制血栓进展及抗炎作用。急性动脉血栓形成合并动脉粥样硬化时，可应用抗血小板药，如阿司匹林、氯吡格雷。

三、深静脉血栓形成

（一）概念

深静脉血栓形成（deep venous thrombosis，DVT）是指血液在深静脉内不正常凝集引起的静脉回流障碍性疾病。深静脉血栓形成多发于下肢静脉，上肢深静脉血栓形成发生率约为下肢的1/10。

（二）病因与发病机制

1. 病因 深静脉血栓形成的三大病因是：血管损伤、血流缓慢和血液高凝状态。三大因素都与血栓形成密切相关，但单一因素往往不足以引起血栓形成（表5-7）。

表5-7 深静脉血栓形成的病因

病因	常见情况
血管损伤	感染（静脉炎）、创伤（穿刺、骨关节外伤）、血管手术
血流缓慢	术后卧床不动、肢体制动、久病卧床
血液高凝状态	妊娠、产后或术后、长期服用避孕药、晚期肿瘤、应用止血药、原发性血液高凝状态综合征

2. 发病机制 由于血管内膜损伤，启动内源性凝血系统，导致血小板聚集、黏附；在血流缓慢的情况下，血液易在瓣膜窦内形成涡流；在血液高凝状态下，上述因素综合作用，导致静脉血栓形成。

（三）临床表现

1. 疼痛 是最早出现的症状，多为痉挛性疼痛或胀痛，抬高患肢或休息后可好转。疼痛

可逐渐加重。

2. 肿胀 是主要的临床体征，肿胀程度因静脉栓塞后闭塞的程度和范围而定。

3. 浅静脉扩张 因深静脉阻塞后，静脉回流压力增加，引起浅静脉充盈、扩张。

发生在上肢或下肢的深静脉血栓形成的临床表现主要是部位上的差异。上肢深静脉血栓形成时，表现为患侧上臂、前臂、手部疼痛、肿胀；栓塞部位在腋静脉、锁骨下静脉时，可出现肩部前胸壁浅静脉扩张；下肢深静脉血栓形成时，患侧下肢疼痛。根据阻塞部位不同，可将下肢深静脉血栓形成分为股静脉和小腿深静脉血栓形成的周围型，髂静脉、股静脉血栓形成的中央型，以及全下肢深静脉血栓形成的混合型。

当静脉血栓累及整个下肢深静脉时，患者可出现肢体严重肿胀，伴下肢张力增高，引起强烈的动脉痉挛，使整个下肢出现肿胀、发凉、发绀，甚至出现皮肤水疱，称为股青肿。

（四）病情评估、危险分层及诊断

1. 病情评估及危险分层 一般深静脉血栓形成不会造成严重后果，肢体肿胀在治疗后大多数可缓解。若出现以下情况，则提示病情严重。

（1）股青肿：有时，患者可出现休克等危急状态。

（2）致病因素严重：如因病长期卧床、恶性肿瘤晚期出现的深静脉血栓形成。

（3）出现深静脉血栓形成的并发症：如深静脉血栓脱落进入肺动脉，引起肺栓塞。

2. 诊断

（1）临床表现：一侧肢体突然发生肿胀、疼痛，浅静脉扩张。

（2）超声检查：进行超声检查可直接了解静脉管腔是否有堵塞。也可采用多普勒血流成像检查受损的静脉血流，以确定血栓形成。该检查对诊断股静脉和腘静脉血栓形成的灵敏度＞90%，特异度＞95%。

（3）D-二聚体测定：如果D-二聚体测定结果正常，则可安全地排除急性深静脉血栓形成的可能。

（4）静脉造影：可用于准确诊断深静脉血栓形成，但目前基本被超声检查所替代，因为后者无创伤、便捷并且在鉴别深静脉血栓形成方面基本同样准确。当超声检查的结果正常但临床高度怀疑为深静脉血栓形成时，可进行静脉造影检查。

（五）救治措施

1. 手术治疗 多采用血管介入治疗，包括导管引导的溶栓治疗和经皮机械血栓清除术。外科静脉切开取栓由于复发率高，目前不常使用，手术适应证是髂静脉、股静脉血栓形成不超过5天，以及出现股青肿、介入治疗或静脉感染导致的脓毒性深静脉血栓。随着发病时间的延长，血栓与静脉内腔粘连加重，进行血管介入或外科取栓的时间越早越好。下腔静脉滤器（inferior vena cava filter）有助于对下肢深静脉血栓形成患者、有抗凝禁忌证或充分抗凝后仍有复发性深静脉血栓形成（或栓塞）的患者预防肺栓塞，还可减少急性或亚急性血栓并发症的发生。

2. 非手术治疗

（1）抬高患肢，适当休息：应将患肢抬高，并使其高于心脏平面，同时应用镇痛药缓解疼痛。

（2）抗凝治疗：抗凝治疗是首选的治疗方法，也是基础治疗。对于所有近端深静脉血栓形成患者，均应进行抗凝治疗，但需注意抗凝禁忌证，如有高危出血风险的患者、近期脑出血患者。抗凝药物包括维生素K拮抗剂（华法林）、肝素类（肝素和低分子量肝素）及新型口服抗凝血药（如利伐沙班）。新型口服抗凝血药具有起效快、无需监测的优点，适合长期应用。

（3）溶栓治疗：包括系统溶栓和导管引导的溶栓治疗两种方法。系统溶栓需严格把控禁忌证，导管引导的溶栓治疗具有溶栓率高、出血并发症少等优点，是溶栓治疗的首选方法。若选择溶栓治疗，则应尽早进行。

四、周围血管损伤

（一）概念

周围血管损伤（peripheral vascular injury）是指由于外力因素导致血管壁挫伤或断裂，引起疼痛、出血、组织血供或血液回流障碍，严重者可危及生命。

（二）病因与发病机制

1. 病因　周围血管损伤的病因包括直接损伤和间接损伤（表5-8）。

表5-8　周围血管损伤的病因

损伤类型	病因
直接损伤	锐性损伤，如刀伤、枪弹伤、刺伤； 医源性损伤，如注射、介入治疗过程中损伤； 钝性损伤，如挤压伤、挫伤
间接损伤	动脉痉挛、过度伸展性撕裂伤、损伤后血管继发性病变（血栓形成、血管瘤、动静脉瘘）

2. 发病机制　由于直接或间接作用导致血管的连续性或完整性受损，造成血液外溢、血液供应或回流障碍，引起组织缺血或淤血，导致组织细胞坏死等一系列病理生理改变，进而引起临床症状。

（三）临床表现

根据损伤的部位和程度不同，临床表现不尽相同。

1. 出血　即损伤部位出血。搏动性鲜红色出血为动脉出血；持续性暗红色出血为静脉出血。出血量大，加之创伤引起疼痛时，患者可发生失血性休克。

2. 血肿　血液渗出至组织间隙可引起损伤部位周围组织血肿。发生闭合性血管损伤时，患者可不表现为出血，仅以张力高、边界不清的血肿为局部表现。发生动脉损伤时，血肿有膨胀性和搏动性。

3. 损伤血管远端组织表现　动脉损伤时，损伤血管远端组织出现缺血性表现，如疼痛、麻木，甚至皮肤苍白、皮温降低。主干静脉损伤时，可出现组织肿胀，浅静脉明显充盈。

4. 合并伤的表现　患者可出现骨折、神经损伤的相应症状和体征。

（四）病情评估、危险分层及诊断

1. 病情评估与危险分层

（1）出血量：应详细询问病史，了解出血量；根据局部血肿大小判断出血量。出血量为500～800ml时，尤其是在快速出血的情况下，患者可出现失血性休克的临床表现。

（2）生命体征：监测心率、脉搏、血压、尿量，动态测定血红蛋白浓度。心率及脉搏加快、血压降低、血红蛋白浓度降低或者呈进行性下降的患者，若有出血性休克的表现，则提示病情严重。

（3）局部病损表现：单纯锐性血管损伤的范围小，损伤性质单一，易于处理，患者病情多不严重；合并损伤甚至局部有破损时，血管损伤范围大，处理困难，提示病情严重。

（4）损伤时间及损伤血管远端组织表现：就诊时距血管损伤时间长、损伤血管远端组织缺血严重、远端动脉搏动完全消失或肿胀、淤血严重，提示病情严重。

（5）术中探查：术中发现血管损伤范围较大，或破损严重，或钝性挫伤损伤的动脉血管壁色泽暗淡、血管失去弹性，或伴有血管壁血肿，血管外膜出现瘀斑时，即使血管搏动存在，也提示病情严重。

2. 诊断 患者有明确的受伤病史；有搏动性出血，或血肿进行性扩大；出现损伤部位远端组织缺血或淤血的临床表现；多普勒超声、血管造影、MSCTA、MRA 中的一项或多项检查发现血管壁完整性破坏，即可诊断为周围血管损伤。血管造影由于其灵敏度和特异度高，被认为是诊断周围血管损伤的"金标准"。在临床工作中，对于有典型临床表现的患者，特别是发生出血性休克的患者，不能过度依赖辅助检查，否则可能延误治疗时机，而应果断进行手术探查。需要注意的是，诊断周围血管损伤时，同时应判断患者是否有合并伤，如局部骨折、神经损伤，以及远离损伤部位的其他多发伤。

（五）救治措施

1. 迅速建立静脉通道 对大量出血导致低血容量休克的患者，应尽快予以输血。同时，应尽可能快地输注至少 1～2 L 等张晶体溶液，以恢复组织灌注。

2. 紧急止血

（1）加压包扎：创口垫以纱布或现场可选择的布类物品，并予以加压包扎。

（2）压迫止血：创伤近端以止血带充气止血或现场可选择的绳带压迫止血，注意压迫位置，记录压迫时间。止血带压迫止血应每小时放松 1 次，每次放松 2～3 min。放松时，伤口局部应予以加压压迫，以减少放松时的出血量。

3. 手术治疗

（1）止血、清创：钳夹结扎出血的血管，清除伤口异物、组织碎片和坏死组织。清创时，应最大限度地保护损伤血管。

（2）处理损伤血管：对不影响肢体血液供应或回流的损伤血管，仅行结扎、缝扎止血即可。对主干动、静脉损伤患者，应行血管重建。血管重建的方法有 4 种，应根据损伤情况、血管口径和损伤部位而定。①侧壁缝合术，适用于创缘整齐的血管裂伤；②补片修补术，适用于直接缝合可导致血管管腔狭窄者；③端端吻合术，适用于血管缺损范围在 2 cm 以内者；④血管移植术，血管缺损＞2 cm 时，可行人造血管或自体静脉间置移植、旁路移植术等。

4. 术后观察 术后应密切观察患者损伤肢体的血运、温度、色泽、感觉、运动恢复及肢体肿胀消退情况。对疑有血栓形成或栓塞者，必要时需再次进行手术治疗；对肢体肿胀明显、可能形成骨筋膜室综合征者，应及时切开深筋膜减压。

（庞佼佼）

思 考 题

1. 如何诊断急性冠脉综合征？
2. 宽 QRS 波群性心动过速的主要类型有哪些？如何进行急诊处理？
3. 简述急性动脉栓塞的临床表现。

4. 高血压急症常见的器官损害表现有哪些?

5. 应如何对主动脉夹层患者进行药物治疗?

6. 病例分析：患者，男性，46岁，既往有高血压病史，突然出现剧烈胸痛，呈撕裂样，累及胸骨后及上腹部，伴大汗淋漓，持续 1 h 不缓解。查体：血压 200/110 mmHg，心率 90 次/分，心、肺检查未见明显异常。心电图检查显示：左室高电压，伴 $V_4 \sim V_6$ 导联 ST 段压低 0.1 mV。

问题：

（1）患者进入抢救室，目前首要的处理措施是什么?

（2）患者进入抢救室，应紧急检查的项目包括哪些?

（3）该患者突然出现双下肢运动障碍，意识模糊，血压 140/80 mmHg，心率 86 次/分，持续 1 天，行头部 CT 检查无阳性发现，可能的原因是什么?

第六章 呼吸系统急症

呼吸系统是人体重要的系统，其作用是维持气体交换和酸碱平衡。重症肺炎、重症哮喘、急性肺栓塞、气胸等是急诊常见的呼吸系统急症，具有起病急、进展快、可逆转等特点。对于这类急症患者，需早期快速识别，及时救治，以阻断疾病的发展进程，改善预后。本章围绕这四种常见呼吸系统急症，从概念、发病原因、临床表现、病情评估及急诊处置等方面进行了系统的介绍。

第一节 重症肺炎

一、概念

重症肺炎（severe pneumonia，SP）是由肺组织（细支气管、肺泡、间质）炎症发展到一定阶段，恶化加重形成，并引起器官功能障碍甚至危及生命的一类危重症。也就是说，患者在一般肺炎的基础上，还出现呼吸衰竭和（或）其他器官系统明显受累的表现，需要呼吸、循环支持和加强监护治疗。重症肺炎病死率高达30%~50%，可导致严重的并发症，加重医疗经济负担。

案例 6-1

患者陈某，男，75岁，既往有2型糖尿病、脑梗死后遗症，长期卧床，血糖控制差。因"受凉后发热伴呼吸困难5天"急诊入院，曾在家中自行口服青霉素及解热药未缓解。查体：T 39.7℃，P 138次/分，R 39次/分，BP 142/58 mmHg；SpO_2 70%，昏睡、重度呼吸困难，听诊呼吸音减弱，双肺可闻及较多湿啰音。

问题：
1. 应该立即实施哪些抢救措施？还需要完善哪些辅助检查？
2. 初始治疗应采用什么方案？

二、病因与危险因素

多种病因可导致重症肺炎，包括病原微生物感染、免疫损伤、理化因素以及过敏和药物等，其中以细菌性肺炎最为常见，致病菌包括肺炎链球菌、金黄色葡萄球菌、甲型溶血性链球菌、肺炎克雷伯菌、流感嗜血杆菌、铜绿假单胞菌和鲍曼不动杆菌等。

不同场所导致的肺组织炎症，如社区获得性肺炎（community-acquired pneumonia，CAP）、医院获得性肺炎（hospital-acquired pneumonia，HAP）、健康护理（医疗）相关性肺炎（health care-associated pneumonia，HCAP）和呼吸机相关性肺炎（ventilator associated pneumonia，VAP），均可引起重症肺炎。

重症肺炎发病的危险因素包括老年、合并慢性疾病、恶性肿瘤、免疫抑制、意识障碍、长期卧床等。

三、临床表现

重症肺炎与一般肺炎的临床表现各有异同。二者均具有一般肺炎常有的症状和体征，如发热、咳嗽、咳痰、咯血、胸痛、肺实变、胸腔积液等。此外，重症肺炎患者还可出现由肺部因素而导致的急性呼吸衰竭、休克、急性呼吸窘迫综合征（acute respiratory distress syndrome，ARDS）、多器官功能不全等重症表现，临床死亡率超过50%。

急性呼吸窘迫综合征

急性呼吸窘迫综合征（acute respiratory distress syndrome，ARDS）是由各种肺内（如肺炎）或肺外原因（如脓毒症、创伤、误吸等）导致的急性肺部弥漫性炎症损伤，是全身炎症反应在肺部的表现，严重威胁人类健康。ARDS在ICU中的发病率为5%~10%，其发病机制是直接或通过炎症反应导致肺毛细血管内皮细胞和肺泡上皮细胞炎症损伤，继而引起弥漫性肺间质及肺泡水肿。患者常在急性发病后1周内出现单纯氧疗难以纠正的低氧血症，氧合指数显著下降，胸部X线检查或CT检查显示双肺渗出影。

2023年提出的ARDS诊断标准是：①使用经鼻高流量给氧最小流速≥30 L/min，或呼气末正压通气至少5 cmH$_2$O的无创机械通气/持续气道正压通气患者被视为一种新的非插管ARDS类型；②以PaO$_2$/FiO$_2$≤300 mmHg或SpO$_2$/FiO$_2$≤315 mmHg，且SpO$_2$≤97%判定低氧血症；③保留双侧阴影作为影像学标准，成像方式包括X线检查、CT或超声检查；④在资源有限的情况，不需要呼气末正压通气、氧流量或特定的呼吸支持设备来诊断ARDS。

四、辅助检查

1. 血常规检查 患者可出现白细胞计数升高或降低，伴或不伴细胞核左移。

2. 血液生化检查 患者可出现肝、肾功能异常。若合并休克，则乳酸水平显著升高。由于机体氧供需失衡，可导致心肌损伤标志物增高。

3. 血气分析 提示呼吸衰竭，动脉血氧分压下降，伴或不伴二氧化碳潴留，氧合指数PaO$_2$/FiO$_2$≤250 mmHg（1 mmHg = 0.133 kPa）。

4. 胸部 X 线或 CT 检查 显示双侧肺或多肺叶受累，或入院 48 h 内病变范围扩大≥50%，伴或不伴胸腔积液。

5. 感染指标检测 细菌性肺炎患者血清降钙素原（procalcitonin）水平往往明显升高，可作为重度感染的早期预测指标。

6. 病原学检查 对重症肺炎患者，推荐进行病原学检查，包括痰涂片及培养、血培养、胸腔积液培养、肺泡灌洗、非典型病原体筛查、呼吸道病毒筛查、嗜肺军团菌 1 型尿抗原及肺炎链球菌尿抗原等检查。

五、病情评估、危险分层及诊断标准

（一）病情评估与危险分层

美国胸科学会（American Thoracic Society，ADS）和美国感染性疾病学会（Infectious Diseases Society of America，IDSA）提出的肺炎严重程度指数（pneumonia severity index，PSI）（表 6-1）、英国胸科协会提出的 CURB-65 评分（表 6-2）以及临床肺部感染评分（clinical pulmonary infection score，CPIS）（表 6-3）等工具常用于评估肺炎的严重程度并对患者进行危险分层，指导临床治疗。CURB-65 评分更适用于社区获得性肺炎的评估，适用于急诊患者；PSI 和 CPIS 适用于指导对急诊留观患者以及 ICU 重症患者进行更为精细的诊治。

表 6-1　肺炎严重程度指数（PSI）

指标	患者特征	得分（分）
年龄	男性	年龄
	女性	年龄 –10
养老院		10
基础疾病	肿瘤疾病	30
	肝病	20
	充血性心力衰竭	10
	脑血管病	10
	肾病	10
体格检查	神志改变	20
	呼吸≥30 次/分	20
	收缩压≤90 mmHg	20
	体温<35℃或≥40℃	15
	脉搏≥125 次/分	10
实验室检查和影像学检查	动脉 pH<7.35	30
	血尿素氮≥30 mg/dl	20
	血钠<130 mmol/L	20
	血糖≥14 mmol/L	10
	血细胞比容<30%	10

续表

指标	患者特征	得分（分）
实验室检查和影像学检查	动脉血氧分压<60 mmHg 或氧饱和度<90%	10
	胸腔积液	10

说明：根据总分将患者的死亡风险分为：Ⅰ级，年龄<50 岁，无基础疾病；Ⅱ级，总分≤70 分；Ⅲ级，71 分≤总分≤90 分；Ⅳ级，91 分≤总分≤130 分；Ⅴ级，总分>130 分。对Ⅰ级和Ⅱ级患者，可考虑门诊治疗；对Ⅲ级患者，应予以急诊留观或短期住院治疗；对Ⅳ级和Ⅴ级患者，应安排住院治疗

表 6-2　CURB-65 评分

指标	描述	得分（分）
C（意识状态）	意识障碍	1
U（肾功能）	尿素氮>7 mmol/L	1
R（呼吸状况）	呼吸频率≥30 次/分	1
B（血压）	收缩压<90 mmHg 或舒张压≤60 mmHg	1
年龄	65 岁	1

说明：对总分为 0～1 分的患者，可考虑进行门诊治疗；对总分为 2 分的患者，应安排住院治疗；对总分≥3 分的患者，通常需要收入重症监护病房治疗。0～5 分对应的 30 天死亡率分别为 0.7%、2.1%、9.2%、14.5%、40% 和 57%

表 6-3　临床肺部感染评分（CPIS）

项目	标准	分值
体温（12 h 平均值）	36.5～38.4℃	0 分
	38.5～38.9℃	1 分
	≥39℃ 或≤36℃	2 分
白细胞计数	（4～11）×10^9/L	0 分
	（11～17）×10^9/L	1 分
	<4×10^9/L 或>17×10^9/L	2 分
分泌物（24 h 吸出物的性状和量）	无痰或有少量痰液	0 分
	中等量至大量，非脓性	1 分
	中等量至大量，脓性	2 分
氧合指数（PaO_2/FiO_2）	>300	0 分
	200～300	1 分
	≤200，且出现 ARDS	2 分
胸部 X 线检查显示浸润影	无	0 分
	呈斑片状	1 分
	融合呈片状	2 分
气管内吸出物培养或痰培养	≤1 种或无	0 分
	有致病菌生长（>1 种）	1 分
	2 次均培养出同一种细菌，或者革兰氏染色与培养结果一致	2 分

说明：1. CPIS 降低，提示病情缓解；2. CPIS≥6 分，提示病死危险性高；CPIS 越高，表明病情越重

（二）诊断标准

肺炎的严重性主要取决于局部炎症的严重程度、肺部炎症播散和全身炎症反应的程度。虽

然目前国际上对于重症肺炎还没有公认的统一诊断标准,但均重视肺部病变的范围、器官血流灌注和氧合状态。

目前多采用 IDSA/ATS 制订的重症肺炎判定标准,包括 2 项主要标准和 9 项次要标准。符合下列 1 项主要标准或 ≥3 项次要标准者,即可诊断为重症肺炎。

1. 主要标准　①气管插管,需要机械通气;②脓毒症休克经积极体液复苏后,仍需要应用血管活性药物。

2. 次要标准　①呼吸频率 ≥30 次/分;② PaO_2/FiO_2 ≤250 mmHg;③多肺叶浸润;④意识模糊、定向力障碍;⑤血尿素氮 ≥7 mmol/L;⑥低血压(收缩压 <90 mmHg),需要积极的液体复苏;⑦血小板减少(血小板计数 <100×10^9/L);⑧低体温(肛温 <36℃);⑨感染导致白细胞减少(外周血白细胞 <4×10^9/L)。

中国社区获得性肺炎指南简化了 IDSA/ATS 的判定标准(去掉次要标准⑦~⑨),只需符合上述 1 项主要标准或 ≥3 项次要标准者(①~⑥),即可诊断为重症肺炎。

六、救治措施

重症肺炎患者病死率较高,需尽早予以积极处理,并建议将其收入监护病房治疗。

1. 氧疗　积极纠正低氧血症,可考虑予以无创通气(noninvasive ventilation,NIV)。对合并意识障碍的患者,应注意保护气道,避免引起误吸,必要时予以气管插管,进行有创机械通气。对于不需要立即插管的重症社区获得性肺炎患者,由于可发生急性低氧血症型呼吸衰竭,建议使用经鼻高流量给氧(high flow nasal oxygenation,HFNO)代替标准氧疗;若无法进行 HFNO,则可予以 NIV,作为持续低氧血症且不需要立即插管患者的一种选择。对应用 NIV 1~2 h(短期)病情仍未改善者,应转为有创机械通气,采取肺保护通气策略。

2. 防治休克　对已发生休克的患者,应及时予以处理,进行早期目标导向性治疗,使血流动力学稳定(平均动脉压 >60~65 mmHg),改善重要脏器血流灌注。

3. 抗感染治疗　应立即予以恰当的经验性初始抗感染治疗,治疗前应留取病原学检测标本。根据临床和流行病学资料,抗感染方案应尽量覆盖可能的致病菌。重症肺炎患者致病菌未能明确时,推荐采用广谱抗菌药物治疗。强调足量、联合用药,然后根据治疗情况和病原学检查结果进行调整。另外,还应结合本地区的肺炎流行病学资料,患者的年龄及其是否有基础疾病、是否发生误吸、既往用药情况等因素决定抗菌药物的种类、给药方式和疗程。对于大多数重症社区获得性肺炎患者,初始治疗包括联合应用 β-内酰胺类抗生素和大环内酯类抗生素或氟喹诺酮类药物。对于没有耐甲氧西林金黄色葡萄球菌和铜绿假单胞菌危险因素的患者,β-内酰胺类抗生素中可以选用头孢噻肟、头孢曲松、舒他西林或头孢洛宁。对于有假单胞菌危险因素的患者,可以使用 β-内酰胺类药物,如哌拉西林、他唑巴坦、头孢吡肟、头孢他啶、亚胺培南或美罗培南,以覆盖病原体。对 β-内酰胺过敏的患者,氨曲南是一种选择。如果考虑社区获得性肺炎是由非典型病原体或者病毒所致,则需使用覆盖非典型病原体的药物以及抗病毒药物。

4. 糖皮质激素　目前国际指南中关于使用糖皮质激素作为辅助治疗的建议是,无论是对非重症社区获得性肺炎患者还是重症流感病肺炎患者,都不常规使用糖皮质激素。然而,对伴有难治性脓毒症休克或严重全身炎症反应的重症肺炎患者以及肺炎球菌性社区获得性肺炎合并脑膜炎患者,应用皮质类固醇可能有一定的价值。

5. 全身支持疗法　注意保护重要脏器的功能。例如,对合并心力衰竭者,予以强心药、利尿药;对合并肝衰竭者,予以保肝、人工肝等治疗;对出现肾衰竭、高钾血症者,予以透析治疗，同时避免使用引起肾毒性的药物；对合并 ARDS 且常规机械通气不能改善者，使用体外膜肺氧合。待患者病情相对稳定后，早期予以营养支持。

6. 其他治疗 如予以雾化吸入、促进呼吸道分泌物引流、物理治疗等。

七、疗效的评估及处理

初始治疗后 48~72 h，应对患者的病情进行再次评估。治疗有效的表现主要是体温下降、呼吸道症状改善、白细胞计数恢复正常，而胸部病灶的吸收相对较慢。对症状明显改善者，不一定需要考虑病原学检查结果，可继续维持原治疗方案。待症状显著改善后，对胃肠外给药者可改用同类或抗菌谱相近或对病原菌敏感的制剂口服给药，采用序贯疗法给药。

初始治疗 72 h 后，患者症状未改善或一度改善又恶化，应视为治疗无效。其常见原因和处理方法包括以下几方面。

1. 药物未能覆盖耐药的细菌 应结合实验室痰培养、血培养和药物敏感试验结果调整抗感染药物，并重复进行病原学检查。

2. 特殊病原体感染 若检出患者为结核分枝杆菌、肺孢子菌、冠状病毒、人禽流感病毒或地方性感染性病原体等感染，则应重新对患者的相关资料进行分析，并进行相应的检查，必要时采用侵入性检查技术，明确病原学诊断并调整治疗方案。

3. 出现并发症 若患者发生脓胸、迁徙性病灶或存在影响疗效的宿主因素（如免疫损害），则应进一步检查和确认，并予以相应的内科或外科处理。

4. 误诊 诊断错误时，应重新考虑肺炎的诊断，明确是否为非感染性疾病，如肺部肿瘤、间质性肺疾病、肺栓塞等疾病。

（李 燕）

第二节 重症哮喘

一、概念

支气管哮喘是以慢性气道炎症和气道高反应性为特征的异质性疾病。气道炎症的异质性主要体表现为重症哮喘。除嗜酸性粒细胞性哮喘外，中性粒细胞性哮喘也表现为重症哮喘。重症哮喘是指哮喘严重急性发作，经常规治疗症状不能改善并继续恶化或伴发严重并发症，是哮喘致残、致死的主要原因。

二、病因与发病机制

重症哮喘的发生与遗传因素、年龄、病程、急性加重频次、鼻窦疾病等有关，男性与女性患病率无差异，老年患者较多。吸烟是重症哮喘的危险因素之一。患者通常具有哮喘发病晚、年龄偏大、体重指数偏高、第一秒用力呼气量（forced expiratory volume in first second，FEV_1）偏低、阿司匹林高反应性，以及非过敏体质等特征，常伴有鼻窦炎、反流性食管炎、鼻息肉等合并症。

（一）高危因素

1. 既往有严重哮喘发作病史或伴发严重并发症。
2. 肥胖、高龄及遗传因素。
3. 对标准治疗反应差、依从性差等。
4. 吸烟可导致哮喘患者罹患慢性阻塞性肺疾病，二者重叠可导致重症哮喘发病。

（二）诱发因素

1. 呼吸道病毒感染。
2. 短期接触大量过敏原。
3. 糖皮质激素、非甾体抗炎药、β受体阻滞剂、血管紧张素转换酶抑制剂等药物应用不当。
4. 剧烈体力活动或其他原因导致脱水，痰液黏稠形成痰栓，广泛阻塞气道。
5. 焦虑、抑郁和愤恨等消极情绪可促进组胺等物质释放，导致哮喘加重。

三、临床表现

重症哮喘的典型症状是出现伴有哮鸣音的发作性呼气性呼吸困难，可伴有气促、胸闷或咳嗽。症状可在数分钟内发作，并持续数小时至数天，可经平喘药物治疗后缓解或自行缓解。夜间及凌晨发作或加重是哮喘的重要临床特征。重症哮喘患者可出现语言表达受限，干咳或咳大量白色泡沫痰，取被迫坐位或呈端坐呼吸，呼吸浅快，奇脉，心率加快以及血压波动，甚至出现发绀、意识障碍等。

《重症哮喘诊断和处理中国专家共识》提出，重症哮喘包括5种临床表型：①早发过敏性哮喘；②晚发持续嗜酸性粒细胞炎症性哮喘；③频繁急性发作性哮喘；④持续气流受限性哮喘；⑤肥胖相关性哮喘（表6-4）。

表6-4 重症哮喘的临床表型及其特征和治疗反应性

临床表型	临床特征	治疗反应性
早发过敏性哮喘	儿童、早发起病； 既往有过敏性疾病病史及家族史； 皮肤点刺试验呈阳性； 肺部感染病史； Th2细胞炎症因子、诱导痰嗜酸性粒细胞、呼出气NO、血清总IgE及骨膜蛋白水平升高； 特异性靶向治疗可能获益	对糖皮质激素治疗敏感
晚发持续嗜酸性粒细胞炎症性哮喘	成人、晚发起病； 起病时往往病情较严重； 既往有鼻窦炎、鼻息肉病史； IL-5、IL-13、呼出气NO等可升高	对糖皮质激素的反应性不佳
频繁急性发作性哮喘	吸烟； 哮喘控制水平更差、生活质量更低； 呼出气NO增高、痰嗜酸性粒细胞增多症； 肺功能减退	需要使用更多激素

续表

临床表型	临床特征	治疗反应性
持续气流受限性哮喘	成年起病，多见于男性； 吸烟、职业接触等环境暴露； FEV_1 较基线水平低； 慢性黏膜高分泌状态； 持续出现血、痰嗜酸性粒细胞增多症； 频发急性加重而缺乏吸入性糖皮质激素治疗	需要使用更多激素，包括口服糖皮质激素
肥胖相关性哮喘	用力肺活量下降； 更容易合并湿疹、胃食管反流； 少有鼻息肉病史； 血清总 IgE 下降	全身应用激素、日需短效 $β_2$ 受体激动剂依赖

注：IL：白细胞介素；FEV_1：第一秒用力呼气量

四、辅助检查

（一）肺功能检查和动脉血气分析

对于动脉血氧饱和度<90%且伴有严重气道阻塞表现的哮喘患者，应进行血气分析。严重哮喘发作时，患者可出现缺氧，由于过度通气可使 $PaCO_2$ 下降，pH 上升，表现为呼吸性碱中毒。若病情进一步恶化，则患者可同时出现缺氧和 CO_2 潴留，表现为呼吸性酸中毒。当 $PaCO_2$ 较之前增高，即使在正常范围内，也应警惕严重气道阻塞的可能。肺功能检查有助于了解哮喘的严重程度和评估疗效。重症哮喘患者肺活量通常<50%预计值，FEV_1<30%预计值。

（二）肺部影像学检查

早期哮喘患者胸部 X 线检查可无异常或呈充气过度征；CT 检查可用于重症哮喘患者气道重建的定性、定量评价，尤其有助于重症哮喘患者的分型与治疗反应性评价。

知识拓展

重症哮喘患者有创机械通气的注意事项

1. 急性重症哮喘可引起呼吸力学显著改变，其特征是呼气流量严重受限，从而导致气道过早关闭、肺和胸壁动态恶性充气和高内源性呼气末正压通气。

2. 对于不能自主呼吸或者呼吸肌疲劳的患者，应尽快进行气管插管，同时密切监测其心率和血压的变化情况。

3. 对重症哮喘患者进行机械通气时，应警惕肺部恶性充气加重（可引起气压伤）和血流动力学不稳定的风险。

4. 对于难治性重症哮喘患者，可予以适度镇痛、镇静。

5. 对于存在酸碱失衡、电解质紊乱、感染和代谢性酸中毒等情况的患者，应在机械通气的同时，进行相应的对症治疗。

五、病情评估、危险分层及诊断标准

（一）病情评估

《全球哮喘防治创议》（Global Initiative for Asthma，GINA）提出的哮喘严重度分级见表6-5。需要强调的是，属于任何一级严重度的患者，甚至间歇发作的哮喘患者，都可能出现严重甚至致命性的哮喘发作。

表6-5 哮喘严重度分级

严重度分级	症状/日间	症状频率/夜间	PEF 或 FEV_1/PEF 变异率
间歇发作（第1级）	<每周1次；发作间歇无症状，PEF正常	≤每月2次	≥80% 或 <20%
轻度持续（第2级）	>每周1次，但<每天1次；发作时可能影响活动	≤每月2次	≥80% 或 20%~30%
中度持续（第3级）	每天都出现症状；发作时影响活动	>每周1次	60%~80% 或 >30%
重度持续（第4级）	连续出现症状；体力活动受限	频繁发作	≤60% 或 >30%

注：只要符合某一严重程度的某些指标，而不需满足全部指标，即提示为该级别的急性发作；PEF：呼气流量峰值（peak expiratory flow）

（二）危险分层

1. 需要住院治疗的情况 严重哮喘发作患者，经过治疗4h后，若FEV_1或PEF仍<40%预计值，则应住院治疗。

其他需要住院治疗的指标包括：①经支气管扩张药治疗4h效果不佳；②近期因哮喘发作而到急诊就诊，或有多次因哮喘发作而到急诊就诊的病史；③近1年内有哮喘住院史；④既往因重症哮喘行气管插管史；⑤就诊前，症状持续时间长；⑥医疗随访条件不良；⑦伴有干扰治疗依从性的精神因素。

2. 治疗期间哮喘严重度分级 《全球哮喘防治创议》提出，即使患者已经处于规范化分级治疗期间，仍应根据其治疗后的反应进行病情再评估，以调整治疗方案。治疗期间哮喘严重度分级见表6-6。

表6-6 治疗期间哮喘严重度分级

患者目前的症状和肺功能	原设定的治疗级别		
	间歇发作（第1级）	轻度持续（第2级）	中度持续（第3级）
	严重度分级		
间歇发作（第1级） 症状<每周1次；短暂发作；夜间哮喘症状≤每月2次；发作期间肺功能正常	间歇发作	轻度持续	轻度持续
轻度持续（第2级） 症状≥每周1次，但<每天1次；夜间哮喘症状>每月2次，但<每周1次；发作期间肺功能正常	轻度持续	中度持续	重度持续

续表

患者目前的症状和肺功能	原设定的治疗级别		
	间歇发作（第1级）	轻度持续（第2级）	中度持续（第3级）
	严重度分级		
中度持续（第3级） 　每天都出现症状；发作影响活动和睡眠；夜间哮喘症状≥每周1次；FEV_1 为 60%~79% 预计值；或 PEF 为个人最佳值的 60%~79%	中度持续	重度持续	重度持续
重度持续（第4级） 　每天都出现症状；频繁发作；经常出现夜间哮喘；$FEV_1 < 60\%$ 预计值或 PEF < 个人最佳值的 60%	重度持续	重度持续	重度持续

（三）诊断标准

1. 哮喘的诊断标准 ①反复发作喘息、气促、胸闷或咳嗽，多与接触变应原、冷空气、物理及化学性刺激以及病毒性上呼吸道感染、运动等有关；②发作时听诊双肺可闻及散在或弥漫性的以呼气相为主的哮鸣音，呼气相延长；③上述症状和体征可经治疗缓解或自行缓解；④除外其他疾病所引起的喘息、气促、胸闷和咳嗽。

2. 不典型患者的诊断标准 临床表现不典型者，应至少具备以下1项试验阳性。①支气管激发试验或运动激发试验阳性；②支气管扩张试验阳性，FEV_1 增加≥12%，且 FEV_1 增加绝对值≥200 ml；③日间 PEF（或2周）变异率≥20%。

3. 重症哮喘的诊断标准 见表 6-7。

表 6-7　重症哮喘的诊断标准

症状	体征	实验室检查
①休息时出现气促； ②端坐呼吸； ③常有焦虑、烦躁，或嗜睡、意识模糊； ④表达单字或不能说话； ⑤大汗淋漓	①呼吸频率>30次/分； ②哮鸣音响亮、弥漫、逐渐减弱直至消失； ③辅助呼吸肌呈"三凹征"或胸腹矛盾运动； ④心率>120次/分	① $PaO_2 < 60$ mmHg； ② $PaCO_2 > 45$ mmHg； ③使用 $β_2$ 受体激动剂后，PEF 增加 100 L/min 或增幅<50% 预计值

（四）救治措施

1. 雾化疗法 雾化吸入药物可改善重症哮喘患者的气道顺应性，使黏液溶解而易于排出。雾化吸入的药物有：$β_2$ 受体激动剂，如沙丁胺醇；糖皮质激素，如布地奈德雾化混悬液；抗胆碱药，如异丙托溴铵；祛痰剂，如溴己新、氨溴索。雾化吸入 $β_2$ 受体激动剂常作为治疗急性重症哮喘发作的一线药物。

2. 药物治疗

（1）糖皮质激素：是治疗重症哮喘的首选药物。为了尽早检测出血清有效药物浓度，多数主张采用静脉途径给药。待患者病情稳定后，可序贯改为口服激素治疗，直至 FEV_1 或 PEF 达 60%~70% 预计值。

（2）茶碱：主要用于重症哮喘患者，或经 $β_2$ 受体激动剂、糖皮质激素和抗胆碱药联合应用仍无效的患者。使用过程中监测血药浓度有助于减少不良反应的发生。

（3）靶向药物：哮喘的慢性气道炎症主要是由 Th2 细胞免疫反应过度增强所致。因此，针对Th2细胞免疫反应引起的重症哮喘，应用靶向药物治疗有一定的作用。此类药物包括抗IgE单抗、抗IL-5单抗等。

3. 机械通气 无创机械通气在重症哮喘伴急性呼吸衰竭治疗中的应用日益增多，可降低气管插管率。应用有创机械通气治疗重症哮喘的效果较好，可有效改善患者的各项血气指标，缓解其临床症状。严重低氧血症和精神状态急剧恶化是进行气管插管机械通气的绝对适应证。需要注意的是，气管插管可加重气道痉挛，正压通气有增加气压损伤和循环衰竭的危险，在应用过程中应严密观察患者的病情变化，根据具体情况及时调整呼吸机通气模式与参数。

4. 支气管热成形术 是一种在支气管镜下进行的非药物治疗技术，可减少支气管平滑肌细胞数量、解除支气管痉挛、改善哮喘控制水平、提高患者的生活质量，并减少药物的使用，其长期有效性和安全性也已得到初步证实。

5. 治疗后再评估 动态监测患者的生命体征和经皮血氧饱和度，进行X线检查，必要时行肺部CT检查，进行动脉血气分析等。

（甘桂芬）

第三节 急性肺栓塞

急性肺栓塞（acute pulmonary embolism，APE）是内源性或外源性栓子阻塞肺动脉引起急性肺循环功能障碍的临床和病理生理综合征，包括肺血栓栓塞症（pulmonary thromboembolism，PTE）、脂肪栓塞综合征、羊水栓塞、空气栓塞、肿瘤栓塞和细菌栓塞等。其中，最常见的肺栓塞类型是肺血栓栓塞症。

案例 6-2

患者，吕某，男，58岁，既往有下肢静脉曲张病史，3天前突发呼吸困难、咳嗽、胸痛，活动时呼吸困难加重，夜间可平卧，无发热、咯血，无恶心、呕吐等，未进行诊治。患者近2天自觉呼吸困难呈进行性加重。查体：T 36.6℃，P 102次/分，R 20次/分，BP 92/56 mmHg；SpO_2 89%（未吸氧），听诊双肺呼吸音粗糙，未闻及明显干、湿啰音；$P_2>A_2$，心率稍快；右下肢凹陷性水肿。

问题：
1. 考虑该患者为何种疾病？
2. 诊断该疾病的依据是什么？
3. 还需要做哪些辅助检查？

急性肺血栓栓塞症（acute pulmonary thromboembolism，APTE）是常见的心血管系统疾病，也是常见的三大致死性心血管疾病之一。静脉血栓栓塞（venous thromboembolism，VTE）包括深静脉血栓形成（deep venous thrombosis，DVT）和急性肺血栓栓塞症，其年发病率为（100~200）/10万人。

一、病因与发病机制

（一）病因

肺血栓栓塞症的危险因素包括患者自身因素、宿主的易栓倾向（多为永久性因素）和获得性危险因素（多为暂时性因素），根据比值比（odds ratio，OR）的不同，可将其分为高危、中危和低危因素（表 6-8）。

表 6-8 肺血栓栓塞症的危险因素

分级	危险因素
高危（OR>10）	下肢骨折，3 个月内因心力衰竭、心房颤动或心房扑动而入院，髋关节或膝关节置换术，严重创伤，既往静脉血栓栓塞，脊髓损伤
中危（OR 2~8）	膝关节镜手术、自身免疫疾病、输血、中心静脉置管、化疗、充血性心力衰竭或呼吸衰竭、促红细胞生成素、激素替代治疗、体外受精、感染（特别是呼吸系统、泌尿系统感染或HIV感染）、炎症性肠道疾病、癌症（高危转移性疾病）、口服避孕药、卒中瘫痪、产后、浅静脉血栓、血栓形成倾向
低危（OR<2）	卧床休息>3 天、糖尿病、高血压、长时间坐位（如长时间的汽车或飞机旅行）、年龄增长、腹腔镜手术、肥胖、妊娠、静脉曲张

（二）发病机制

肺血栓栓塞症的病理生理改变及其严重程度受多种因素影响，包括栓子的大小和数量、多次栓塞的间隔时间、是否同时存在其他心肺疾病、个体反应的差异及血栓溶解的速度等。其病理生理改变主要包括几方面。

1. 血流动力学改变 肺血栓栓塞症可导致肺循环阻力增加，使肺动脉压升高。肺血管床面积减小 25%~30% 时，肺动脉平均压轻度升高；肺血管床面积减小 30%~40% 时，肺动脉压可达 30 mmHg 以上，右心室平均压可升高；肺血管床面积减小 40%~50% 时，肺动脉平均压可达 40 mmHg，右心室充盈压升高，心指数降低；肺血管床面积减小 50%~70% 时，可引起持续性肺动脉高压；肺血管床面积减小>85% 时，可导致猝死。

> **基础回顾**
>
> **通气血流比值**
>
> 通气血流比值（ventilation perfusion ratio）是指每分钟肺泡通气量（V）与每分钟肺血流量（Q）的比值（V/Q）。正常成人安静时，V/Q 约为 4.2/5=0.84。通气血流比值增大多见于肺栓塞患者；通气血流比值减小见于慢性阻塞性肺疾病、慢性支气管炎、肺气肿、呼吸中枢抑制等患者。
>
> 肺泡通气量（V）是指静息状态下，单位时间内进入肺泡的气体总量；肺血流量（Q）是指每分钟通过肺血管的血流量。通气血流比值增大意味着通气过度或血流相对不足，部分肺泡中的气体不能与血液中的气体进行充分的交换。通气血流比值减小则意味着通气不足或血流相对过多，部分血液流经通气不良的肺泡，混合静脉血中的气体不能

得到充分更新。因此，无论通气血流比值是增大还是减小，都表明两者匹配不佳，气体交换效率降低，可导致机体缺氧或二氧化碳潴留，尤其是缺氧。

2. 右心功能改变 肺血管阻力突然增加，导致右心室压力和容量增加、右心室扩张，使室壁张力增加、肌纤维拉伸，通过 Frank-Starling 机制影响右心室收缩性，使右心室收缩时间延长。通过神经体液调节，引起右心室变力和变时效应。上述代偿机制与体循环血管收缩共同引起肺动脉压力增高，以维持阻塞肺血管床的血流量，暂时使体循环血压保持稳定。但这种即刻的代偿程度有限，未预适应的薄壁右心室无法产生 40 mmHg 以上的压力以抵抗增大的肺动脉阻力，最终可导致右心功能不全。右心室壁张力增加，使右冠状动脉相对供血不足，同时右心室心肌氧耗增多，可导致心肌缺血，进一步加重右心功能不全。

3. 心室间相互作用 右心室收缩时间延长，室间隔在左心室舒张早期移向左侧，右束支传导阻滞可加重心室间不同步，导致左心室舒张早期充盈受损，加之右心功能不全导致左心回心血量减少，使心输出量降低，造成体循环低血压和血流动力学不稳定。

4. 呼吸功能改变 发生急性肺栓塞时，呼吸衰竭主要是血流动力学紊乱的结果。心输出量降低可引起混合静脉血氧饱和度降低。此外，阻塞血管和非阻塞血管毛细血管床的通气血流比值失调，导致低氧血症。由于右心房和左心房之间的压差逆转，约 1/3 的患者超声检查可显示经卵圆孔的右向左分流，引起严重的低氧血症，并且使反常栓塞和卒中的风险增加。

二、临床表现

急性肺栓塞缺乏特异性的临床症状和体征，其病情轻重取决于栓子的大小、数量，栓塞的部位，以及患者是否存在心脏、肺等器官的基础疾病。轻者基本无临床表现，重者可发生休克，甚至猝死。常见的临床表现包括呼吸困难、胸痛（胸膜炎性胸痛或心绞痛样胸痛）、咳嗽、咯血、晕厥、烦躁不安、惊恐，甚至濒死感等。若同时出现呼吸困难、胸痛及咯血，则称为肺梗死三联征。检查可发现呼吸频率增加（>20 次/分）、心率加快（>90 次/分）、发绀、肺部哮鸣音和（或）湿啰音、肺动脉瓣区第二心音（P_2）亢进或分裂、右室抬举性搏动以及胸膜摩擦音、颈静脉充盈或异常搏动等，严重者可出现肝大、肝颈静脉回流征和下肢水肿等右心衰竭的体征。下肢静脉检查可发现一侧大腿或小腿周径较对侧增加超过 1 cm，或下肢静脉曲张。

三、辅助检查

1. 动脉血气分析 是诊断急性肺栓塞的筛查指标。患者可表现为低氧血症、低碳酸血症、肺泡-动脉血氧分压差 [$P(A-a)O_2$] 增大及呼吸性碱中毒。

2. 血浆 D- 二聚体测定 检测呈阴性预测价值很高，临床上主要用于排除性诊断。血浆 D- 二聚体水平正常可基本排除急性肺血栓栓塞症和深静脉血栓形成。酶联免疫吸附分析（enzyme linked immunosorbent assay，ELISA）是较为可靠的检测方法。

3. 心电图检查 典型病例可出现 S I Q III T III（即 I 导联 S 波加深、III 导联出现 Q/q 波及

T 波倒置），其他心电图改变包括完全或不完全右束支传导阻滞、肺型 P 波、电轴右偏、顺时针转位等。

4. 胸部 X 线检查 常见的异常表现包括局部肺缺血征象，如肺纹理稀疏、纤细或消失，肺野透亮度增加；肺动脉高压表现，如肺动脉段突出或呈瘤样扩张，右下肺动脉干增宽或呈截断征，右心（房室）扩大。如果发生肺梗死，则可出现肺野局部浸润阴影、尖端指向肺门的楔形阴影、盘状肺不张、患侧膈肌抬高、少量胸腔积液，可见气管和纵隔向患侧移位。

5. 超声心动图检查 可提供肺血栓栓塞症的直接和间接征象。直接征象是发现肺动脉近端或右心腔血栓，阳性率低。间接征象大多是右心负荷增加的表现，如右心室壁局部运动幅度下降、右心室和（或）右心房扩大、三尖瓣反流速度加快以及室间隔左移、肺动脉干增宽等。

6. CT 肺动脉造影（computed tomographic pulmonary arteriography，CTPA） 对段及段以上的肺血栓栓塞症具有确诊价值。直接征象是肺动脉内低密度充盈缺损、轨道征、完全梗阻等；间接征象包括肺野楔形密度增高影、条带状高密度区或盘状肺不张、中心肺动脉扩张及远端血管分布减少或消失、胸腔积液等。对亚段及亚段以下肺动脉内血栓显影的灵敏度较差。

7. 放射性核素肺通气/灌注扫描 典型征象是肺段灌注扫描缺损与通气显像不匹配。其诊断肺血栓栓塞症不受肺动脉直径的影响，尤其对诊断亚段以下肺血栓栓塞症具有特殊意义。

8. 磁共振肺动脉成像 可以直接显示肺动脉内栓子及急性肺血栓栓塞症所造成的低灌注区，而且可用于评价患者的右心功能，适用于对碘造影剂过敏的患者。其灵敏度有待进一步证实。

9. 肺动脉造影 是诊断肺血栓栓塞症的金标准。直接征象包括肺动脉内造影剂充盈缺损，伴或不伴轨道征的血流阻断；间接征象包括肺动脉造影剂流动缓慢、局部低灌注、静脉回流延迟等。一般在介入治疗时进行。

10. 下肢深静脉检查 由于肺血栓栓塞症与深静脉血栓形成关系密切，所以对所有怀疑或诊断为肺血栓栓塞症的患者，均应进行深静脉血栓检查。

四、病情评估、危险分层与诊断

（一）病情评估

急性肺栓塞的严重程度是根据肺栓塞患者院内发生的早期死亡风险或者 30 天死亡率进行临床分级。根据患者的临床表现，存在休克或动脉低压的情况均属于高危急性肺栓塞（图 6-1）。

（二）危险分层

1. 鉴别肺血栓栓塞症 尽管肺血栓栓塞症的症状、临床表现和常规检查缺乏敏感性和特异性，但综合临床判断和预测评分有助于鉴别肺血栓栓塞症的疑似患者。可应用 Wells 评分对疑似肺血栓栓塞症患者进行个体化预测（表 6-9）。

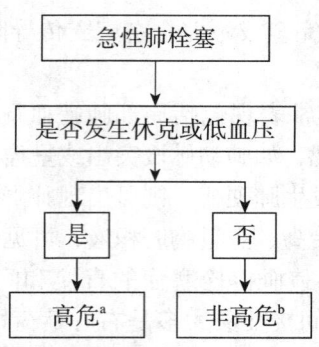

图 6-1　急性肺栓塞的临床分级和初始危险分层

注：a，排除新发心律失常、血容量减少、脓毒血症后，收缩压<90 mmHg，或收缩压下降≥40 mmHg 并持续 15 min 以上；b，基于因急性肺栓塞而入院或 30 d 内死亡率

表 6-9　肺血栓栓塞症 Wells 评分

临床情况	临床判断评分	临床情况	临床判断评分
既往有肺栓塞或深静脉血栓形成病史	1	癌症活动期	1
心率 100 次 / 分	1	出现深静脉血栓形成的临床表现	1
过去 4 周内有手术或制动史	1	其他诊断的可能性低于肺栓塞	1
咯血	1		

注：总分为 0~1 分，提示不太可能是肺栓塞，总分≥2 分，则可能为肺栓塞

2. 对急性肺血栓栓塞症患者进行危险分层，可以为制订相应的治疗策略提供重要依据。危险分层主要根据临床评价、血清心肌损伤标志物［脑钠肽（brain natriuretic peptide，BNP）、N 末端脑钠肽前体（NT-proBNP）、肌钙蛋白］、右心室大小和功能 3 项指标进行评价（表 6-10）。临床上常用肺栓塞严重程度指数（pulmonary embolism severity index，PESI）或 sPESI 评分来鉴别中危和低危急性肺血栓栓塞症患者（表 6-11）。

表 6-10　急性肺血栓栓塞症（APTE）患者的早期死亡风险分层

早期死亡风险	休克或低血压	PESI 分级为 Ⅲ~Ⅳ 级或 sPESI 评分 >1 分	影像学检查（右室功能不全）a	实验室指标（心肌受损）b
高	+	+	+	+
中 - 高	—	+	—	两者均呈阳性
中 - 低	—	+	—	两者中有 1 项呈阳性或两者均呈阴性
低	—	—	—	选择性检查，若检查，则均呈阴性

注：a，右室功能不全的指标：超声心动图显示右室扩大和（或）右室 / 左室内径比值升高；右室游离壁运动减弱；三尖瓣反流速度加快；三尖瓣环收缩期位移降低；或联合以上指标；CT 肺动脉成像显示右室 - 左室舒张末期直径比值增高；b，心肌受损指标：血浆肌钙蛋白 I 或肌钙蛋白 T 浓度升高，或血浆脑钠肽升高

表 6-11 原始和简化版肺栓塞严重程度指数（PESI）频分对照表

指标	PESI 评分	简化 PESI（sPESI）评分
年龄	以年龄为分数	1 分（若年龄＞80 岁）
男性	+10 分	—
癌症	+30 分	1 分
慢性心力衰竭	+10 分	1 分
慢性肺部疾病	+10 分	—
脉搏≥110 次 / 分	+20 分	1 分
收缩压＜100 mmHg	+30 分	1 分
呼吸频率＞30 次 / 分	+20 分	—
体温＜36℃	+20 分	—
精神状态改变	+60 分	—
动脉血氧饱和度＜90%	+20 分	1 分

危险分层：
Ⅰ级：PESI 评分为≤65 分，30 天死亡率极低（0～1.6%）；sPESI 评分为 0 分，代表 30 d 死亡率为 1.0%（95%CI 0～2.1%）；
Ⅱ级：PESI 评分为 66～85 分，死亡率低（1.7%～3.5）；sPESI 评分＞1 分，代表 30 d 死亡率为 10.9%（95%CI 8.5%～13.2%）；
Ⅲ级：PESI 评分为 86～105 分，死亡率中等（3.2%～7.1%）；
Ⅳ级：PESI 评分为 106～125 分，死亡率高（4.0%～11.4%）；
Ⅴ级：PESI 评分 125 分，死亡率极高（10%～24.5%）。

（三）诊断

对存在危险因素，特别是高危因素或并存多个危险因素，出现不明原因的呼吸困难、胸痛、晕厥或休克、难以解释的低氧血症等临床表现的患者，尤其是伴有单侧或双侧不对称性下肢肿胀、疼痛等症状者，应进行心电图、胸部 X 线、动脉血气分析、心脏超声和下肢静脉超声检查。对经上述检查后仍怀疑肺血栓栓塞症的患者，应尽快行确诊检查，包括 CTPA、放射性核素通气 / 灌注扫描、磁共振成像、肺动脉造影。只要其中任何 1 项检查结果呈阳性，结合临床表现，即可确诊。伴有与不伴有休克或低血压症状疑似高危肺栓塞的诊断流程分别如图 6-2、图 6-3 所示。

五、救治措施

急性肺栓塞的推荐治疗流程如图 6-4 所示。

（一）一般治疗

一般治疗包括密切监测患者的生命体征，动态监测心电图，进行动脉血气分析、吸氧、镇静、镇痛等治疗。若患者出现血流动力学不稳定，则可予以升压药物。

（二）溶栓治疗

对于出现心源性休克和（或）持续低血压的高危肺栓塞患者，若无绝对禁忌证，则应进行溶栓治疗；而对于中、高危患者，当其存在血流动力学障碍的临床表现时，应在全面考虑出血

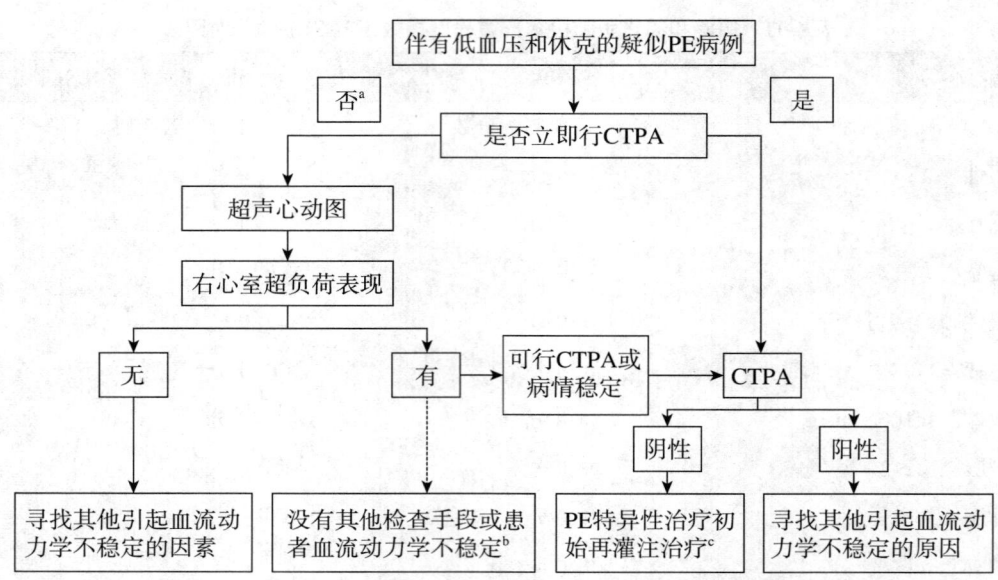

图 6-2　伴有休克或低血压症状疑似高危肺栓塞的诊断流程

注：[a]，包括病情不稳定，只能行床旁检查的患者；[b]，除可明确存在右室功能不全外，床旁超声心动图还可通过观察右室腔内血栓情况，直接诊断肺栓塞；[c]，溶栓、取栓术、导管介入治疗

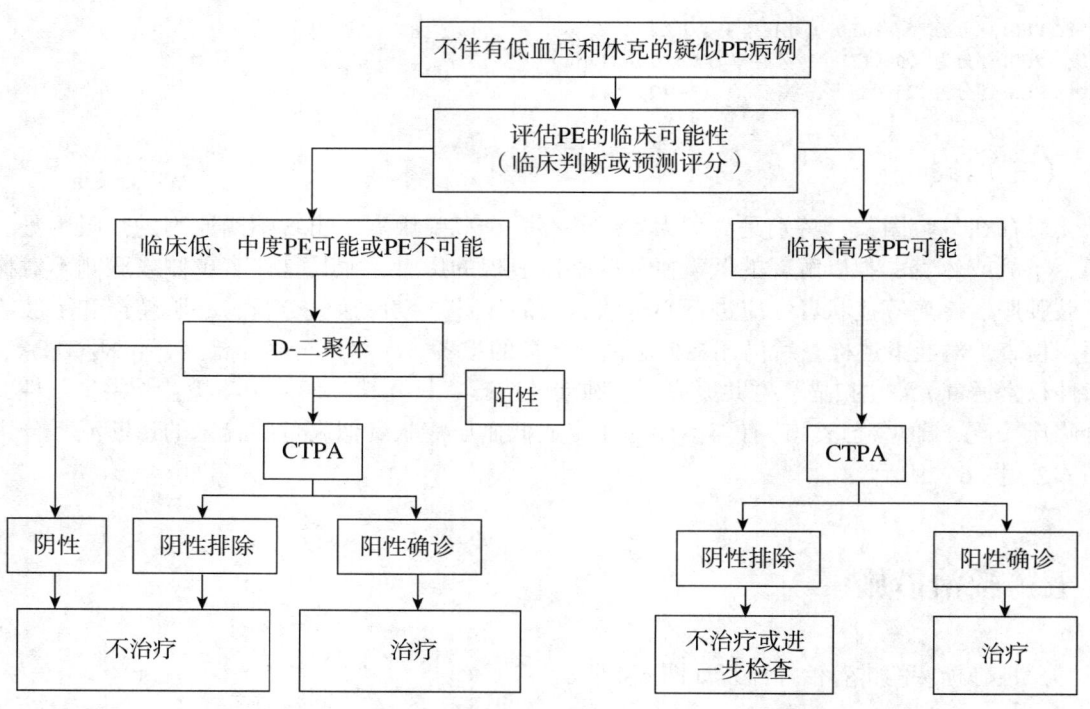

图 6-3　不伴有休克或低血压症状疑似高危肺栓塞的诊断流程

风险后，予以溶栓治疗。溶栓治疗的时间窗一般在 14 天以内，而在症状出现后 48 h 内启动溶栓治疗获益最大。

急性肺血栓栓塞症溶栓治疗的绝对禁忌证包括活动性内出血和近期自发性颅内出血，但对于致命性的高危急性肺血栓栓塞症患者，其绝对禁忌证应被视为相对禁忌证。其他相对禁忌证包括：2 周内进行过大手术、分娩、器官活检或不能压迫止血部位的血管穿刺；2 个月内发生过缺血性脑卒中；10 天内发生过胃肠道出血；15 天内经历过严重创伤；1 个月内进行过神经

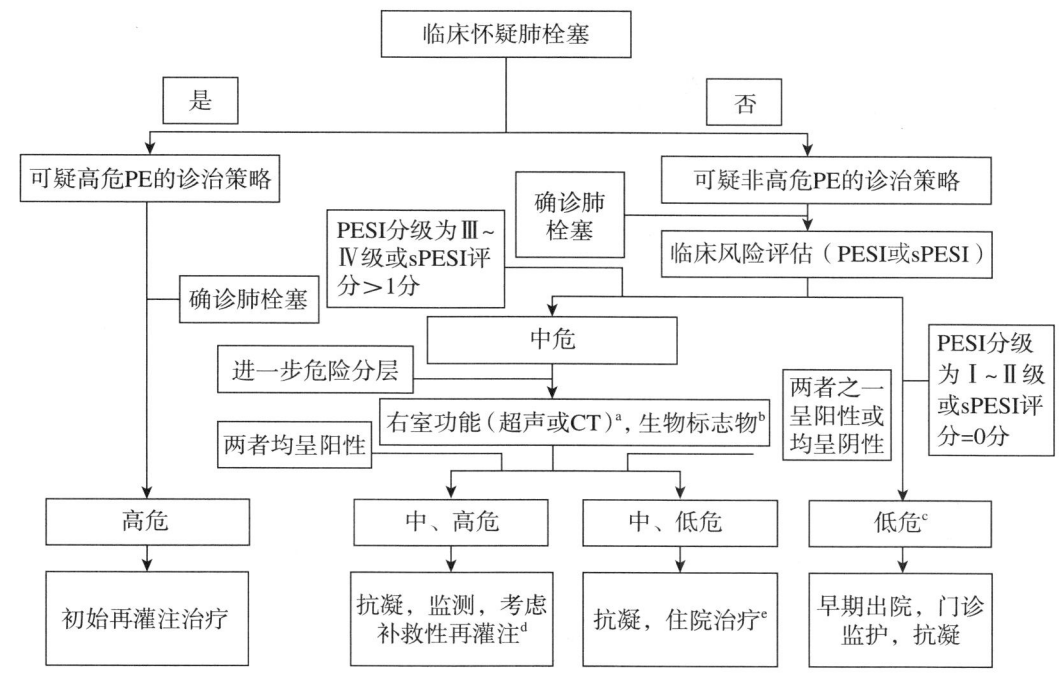

图 6-4 急性肺栓塞的推荐治疗流程

注：a，经超声心动图检查已诊断为肺栓塞，且有右心功能障碍，或 CT 表现为右心室扩大 RV/LV≥0.9，应对不能立即行再灌注治疗的患者检测肌钙蛋白；b，诊断过程中已行心肌损伤标志物检测，且结果呈阳性者，需行超声心动图检查及 CT 检查，以评估右心室功能和右心室大小；c，不适合家庭治疗；d，有血流动力学障碍表现，尤其是有高出血风险时，应考虑进行取栓术或经皮导管溶栓术，以代替系统性溶栓治疗；e，对确诊为肺栓塞或肌钙蛋白升高的患者，即使超声心动图检查或 CT 检查未发现右心功能不全，也应严密监测

外科或眼科手术；难以控制的重度高血压（收缩＞180 mmHg，舒张压＞110 mmHg）；近期曾行心肺复苏术；血小板计数＜100×10^9/L；妊娠；细菌性心内膜炎；严重肝、肾功能不全；糖尿病出血性视网膜病变；出血性疾病；动脉瘤；左心房血栓；年龄＞75 岁。

临床常用的溶栓药物包括尿激酶、链激酶、阿替普酶（重组组织型纤溶酶原激活剂，rt-PA）。其中，目前临床常用 rt-PA，用法是 50～100 mg 持续静脉滴注 2 h。

（三）抗凝治疗

对急性肺栓塞患者进行抗凝治疗的目的是预防早期死亡和复发或致命性静脉血栓栓塞。对高度疑诊或确诊为急性肺血栓栓塞症的患者，应立即予以抗凝治疗。标准的抗凝疗程至少为 3 个月。常用药物包括普通肝素、低分子量肝素、维生素 K 拮抗剂（华法林）以及其他新型口服抗凝药物，如选择性 Xa 因子拮抗剂、凝血酶抑制剂等。临床研究表明，应用新型口服抗凝药物治疗静脉血栓栓塞的临床疗效非劣效于肝素/维生素 K 拮抗剂，在严重出血事件方面，可能比后者更安全。

（四）其他

急性肺血栓栓塞症的其他治疗方法包括肺血栓切除术、使用介入技术经肺动脉导管碎解和抽吸血栓、放置腔静脉滤器等。

（张国强）

第四节 气 胸

气胸（pneumothorax）是指空气进入胸膜腔，使胸膜腔内积气，改变了正常的胸膜腔内负压状态。气胸是常见的急诊病症，通常分为三大类：自发性气胸、创伤性气胸和医源性气胸。本节主要介绍自发性气胸和医源性气胸（创伤性气胸详见第十一章）。

一、病因与发病机制

（一）自发性气胸

1. 原发性自发性气胸 多见于瘦高体型的男性青壮年。病理检查可见胸膜下肺大疱，多在肺尖部，与吸烟和小气道炎症有关，也可能与非特异性炎症瘢痕或弹性纤维先天发育不良有关。肺尖部的囊泡或胸膜下肺大疱破裂可造成气胸，在未进行手术的情况下常可复发。

2. 继发性自发性气胸 多见于有基础肺部病变者。由于病变引起细小支气管不完全阻塞，形成肺大疱，如肺结核、慢性阻塞性肺疾病、肺癌、肺尘埃沉着病、肺间质性疾病等。发病时，肺部疾病引发肺泡压力骤然增高，剧烈咳嗽等导致肺大疱破裂而引发气胸。

3. 其他 包括月经性气胸，仅在月经来潮前 24～72 h 内发生。气胸一般可自行吸收，其病理机制可能与胸膜上有异位子宫内膜破裂有关。

（二）医源性气胸

医源性气胸主要由医疗操作引起，常见于中心静脉导管置入、胸腔穿刺和机械通气的患者。

> **基础回顾**
>
> **张力性气胸**
>
> 当胸膜破裂口呈单向活瓣作用时，吸气时裂口张开，空气进入胸膜腔；呼气时裂口关闭，气体不能排出，导致胸膜腔内空气越积越多，胸膜腔内压迅速升高呈正压，即成为张力性气胸。不断增加的胸膜腔内压导致患侧肺完全压缩，并使纵隔向健侧偏移；在引起进行性低氧血症的同时，还可减少心脏的静脉回流，持续进展可导致心力衰竭、休克，甚至死亡。

二、临床表现

自发性气胸患者有两个典型的临床症状：胸痛及呼吸困难。通常表现为突发性呼吸困难和胸膜炎性胸痛。由于气胸通常为单侧，常表现为单侧疼痛。呼吸困难的严重程度主要与气胸量和肺储备功能有关，如果气胸量较大或存在基础肺病，则呼吸困难会更明显。检查可见患侧呼吸动度减弱、语音震颤减弱，叩诊呈过清音，听诊呼吸音减弱。对伴有低血压甚至休克表现者，应警惕自发性血气胸的可能。

机械通气造成的气胸表现为人工通气状态下，血氧饱和度突然降低并呈进行性下降，提高吸氧浓度无改善，气道压力增高，或合并血流动力学不稳定，也可并发皮下气肿或纵隔气肿，此时叩诊和听诊的体征常不典型。

三、辅助检查

怀疑患者出现自发性气胸时，首选胸部 X 线检查，可见肺上野或外侧野无纹理而肺有压缩（图 6-5 A）。有条件的情况下，应同时行肺部 CT 检查（图 6-5 B），以明确诊断。超声检查显示肺滑行征和肺血管搏动消失常提示气胸，超声检查发现肺点可确诊为气胸。肺点见于气胸与部分塌陷肺的交界处；前者所在之处无胸膜脏层和壁层并置，故不显示肺滑行征，后者所在之处可见肺滑行征。

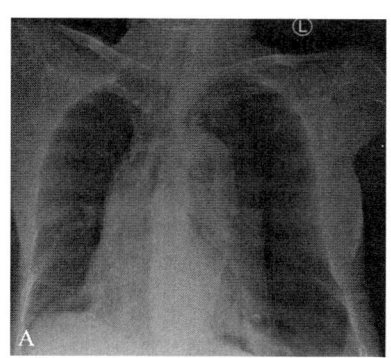
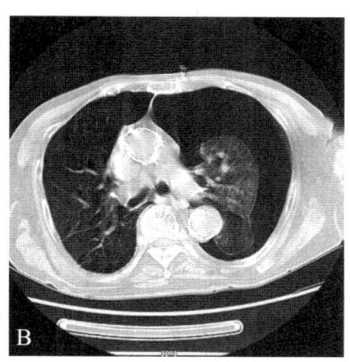

图 6-5　自发性气胸的影像学表现
A. X 线表现；B. CT 表现

四、救治措施

予以吸氧、抗感染及镇痛是气胸发生后的基础治疗措施。

1. 病情观察　对少量气胸（≤20%）患者，可暂时予以留院观察。6 h 后复查胸部 X 线，确定气胸量没有增加，患者即可离院。

2. 胸腔穿刺　对大量气胸（>20%）患者，可进行胸腔穿刺抽气。

3. 胸腔闭式引流　与胸腔穿刺抽气相比，胸腔闭式引流操作更简便，且成功率更高。

4. 请胸外科会诊　出现以下情况时，应请胸外科会诊：①同侧气胸再次发生；②对侧气胸首次发生；③双侧气胸；④持续漏气（引流超过 5~7 天）；⑤自发性血气胸；⑥初发气胸后仍从事高危职业（飞行员、潜水员）。

5. 根治性治疗　当患者存在上述情况时，宜进行以下根治性治疗。
（1）外科手术：如肺大疱切除术。
（2）化学性胸膜固定术：常用滑石粉、多西环素或硝酸银，在床旁经导管注入胸膜腔。

6. 治疗机械通气造成的气胸　应立即调整机械通气模式，减少或取消呼气末正压通气，或改为无创通气，同时积极进行胸腔闭式引流。

（王旭东）

思 考 题

1. 简述重症哮喘的典型临床表现。
2. 如何诊断急性肺栓塞？
3. 对不同危险分层的肺栓塞患者，应如何治疗？
4. 病例分析：患者，女性，56岁，因"突发喘憋6 h，加重3 h"就诊。患者6 h前无明显诱因突发喘憋，不能平卧，无咳嗽、咳痰，无发热，无恶心、呕吐，无意识障碍，自行吸入沙丁胺醇后无明显缓解；3 h前无明显诱因出现喘憋加重，再次吸入沙丁胺醇后无明显缓解，遂呼叫"120"。急救人员予以地塞米松5 mg、二羟丙茶碱0.25 g解痉平喘治疗。患者既往有哮喘病史30余年，间断用药（沙丁胺醇、沙美特罗替卡松气雾剂）；否认药物和食物过敏史。

体格检查：体温36.0℃，脉搏150次/分，呼吸32次/分，血压168/118 mmHg；末梢血氧饱和度52%，神志清楚，表情淡漠，呈端坐位，全身皮肤潮湿，双肺呼吸音粗糙，满布哮鸣音；心率150次/分，心律齐，各瓣膜听诊区未闻及病理性杂音；腹软，肝、脾肋下未触及；双下肢无水肿。

辅助检查：心电图检查显示窦性心动过速，ST-T改变；动脉血气分析：pH 7.213，$PaCO_2$ 88.4 mmHg，PaO_2 36.7 mmHg，SpO_2 55.8%，Lac 2.3 mmol/L，BE 6.7 mmol/L，HCO_3^- 26.5 mmol/L；胸部X线检查显示：双肺纹理致密，右上肺硬结节灶，纵隔影增宽，不除外右侧胸膜病变。

问题：

（1）应如何对该患者进行紧急处理？
（2）如何对该患者进行诊断及鉴别诊断？
（3）下一步的处理措施是什么？

第七章 消化系统急症

消化系统急症包括食管、胃、肠、肝、胆、胰腺以及腹膜、肠系膜、网膜等脏器的急症。在急诊科疾病构成中,消化系统急症的发生率仅次于呼吸系统急症和心血管系统急症,居第三位。消化道出血、急性胰腺炎、急性肝衰竭、胃肠穿孔导致急性腹膜炎、急性肠系膜动脉血栓形成等均是常见的消化系统急症。

消化系统急症的临床表现包括恶心、呕吐、呕血、黑便、腹痛、腹泻等,但也有例外,如自发性食管破裂患者常有胸骨后疼痛,急性胆囊炎患者常合并腰背痛,急性胰腺炎合并胰性脑病者可出现精神症状等。同时,很多其他器官疾病患者常有消化系统的表现,如急性下壁心肌梗死患者常出现恶心、呕吐、上腹痛,腹主动脉瘤破裂、急性铅中毒患者常出现腹痛等,需注意鉴别。

第一节 消化道出血

一、概念

消化道出血(gastrointestinal hemorrhage)是由多种原因引起的临床症状。根据出血部位,可分为上、中、下消化道出血。上消化道出血(upper gastrointestinal hemorrhage)是指屈氏韧带以上的消化道(包括食管、胃、十二指肠、胰腺和胆道等部位)出血。中消化道出血(mid-gastrointestinal hemorrhage)是指屈氏韧带与回盲部之间的小肠出血。下消化道出血(lower gastrointestinal hemorrhage)是指回盲部以下位置的结、直肠出血。根据失血量与失血速度,可分为慢性隐性出血、慢性显性出血和急性出血。其中,在短时间内失血量超过1000 ml或循环血容量减少20%以上的出血称为急性大量出血,患者死亡率约为10%,需要及时抢救。

二、病因与发病机制

消化道出血的病因包括消化道溃疡、炎症、肿瘤、机械性损伤等,也可因邻近器官病变以及全身疾病累及消化道所致。不同部位消化道出血的常见原因有所不同。

上消化道出血的常见病因包括:消化性溃疡、食管胃底静脉曲张破裂、急性糜烂性出血性胃炎和上消化道肿瘤。其他病因包括:食管贲门黏膜撕裂伤、各种原因造成的食管损伤、胃十二指肠疾病、胆道出血、胰腺疾病累及十二指肠、全身性病变弥散于全消化道等。

中消化道出血的病因包括：小肠血管畸形、小肠憩室、钩虫病、克罗恩病、非甾体抗炎药（nonsteroidal anti-inflammatory drug, NSAID）所致损伤、各种良性和恶性肿瘤、缺血性肠病、肠系膜动脉栓塞、肠套叠及放射性肠炎等。

痔、肛裂是下消化道出血的常见原因。其他常见的病因包括：肠息肉、结肠癌、静脉曲张、神经内分泌肿瘤、炎症性肠病、肠道憩室、肠道血管病变、肠套叠及放射性肠炎等。

三、临床表现

消化道出血的临床表现与出血病变的部位和性质、出血速度及失血量、患者年龄以及是否有重要伴发疾病等全身情况有关。

1. 呕血、黑便和便血 出血病变部位在幽门附近时，患者常表现为呕血；出血速度快且出血量多时，呕血的颜色为鲜红色；若出血后血液在胃内潴留时间较长，则呕吐物呈咖啡色。黑便或柏油样便常提示为上消化道出血。出血病变部位在十二指肠且出血速度过快时，粪便可呈紫红色。左半结肠及直肠出血时，粪便呈鲜红色。空肠、回肠及右半结肠病变引起小量渗血时，可表现为黑便。

2. 失血性周围循环衰竭 周围循环障碍的临床表现取决于出血速度和出血量，出血量小于400 ml时，患者可无临床症状；出血量超过400 ml时，患者可出现头晕、心悸、乏力、口渴等症状；出血量超过700 ml时，患者可出现黑矇或晕厥、皮肤苍白、血压下降等；短时间内出血量大于1000 ml，患者可出现精神萎靡、烦躁不安，甚至反应迟钝、意识模糊、皮肤湿冷、脉搏细速、少尿等休克症状。老年人若合并其他慢性疾病，即使出血量不大，也可引起多器官衰竭，使死亡风险增加。

3. 贫血 急性大量失血后，患者均可出现失血性贫血，为正常细胞正色素性贫血。在出血早期，血红蛋白浓度、红细胞计数与血细胞比容可无变化，多在出血3~4 h后才出现贫血。失血可刺激造血系统，使血细胞增殖活跃，外周血网织红细胞增多。

4. 发热 多数患者消化道大量出血后24 h内可出现低热，持续3~5天后，体温降至正常。其原因可能与周围循环衰竭导致体温调节中枢功能障碍等因素有关。

5. 氮质血症 可分为肠源性、肾前性和肾性三种。肠源性氮质血症是指上消化道大量出血后，血红蛋白分解产物在肠道被吸收，以致血液中氮质水平升高，一般于出血后24~48 h达到高峰，3~4天内降至正常。肾前性氮质血症是指由于失血性周围循环衰竭造成肾血流量暂时性减少，肾小球滤过率和肾排泄功能降低，导致氮质潴留。在纠正低血压、休克后，血液中的氮质水平可迅速降至正常。肾性氮质血症是指在原有肾损害的基础上，失血导致肾衰竭加重，临床表现为少尿或无尿。

6. 低蛋白血症 失血量较大时，患者常合并大量血浆蛋白丢失，若不及时补充血浆蛋白，或补充过多水分及晶体溶液，则可引起低蛋白血症。

四、辅助检查

1. 血液、尿液、粪便检查 血常规检查指标包括血红蛋白、平均红细胞体积、血小板计数等。急性失血后，血红蛋白含量的变化与出血量、出血速度和补液量有密切关系。进行尿常规检查时，消化道出血患者尿隐血试验阳性提示为全身疾病，尿蛋白增多提示为出血热等感染性疾病，尿胆素原增加提示为溶血性疾病或肝疾病。

2. X线检查　包括口服钡剂消化道造影和钡剂灌肠造影。

3. 超声检查　对消化道出血部位的诊断价值不大，但对腹部血管病变导致的出血和门静脉高压有诊断意义。

4. 急诊消化道内镜检查　能够早期发现病变，并且可进行早期止血。

5. CT、MRI 和放射性核素扫描　其中，放射性核素扫描对确定胃肠道出血灵敏度较高，但定位的精确性有限，因此常作为选择性腹腔内脏动脉造影前的筛查手段。

6. 介入性血管造影　对于急诊手术前的定位诊断很有意义，也可以经动脉导管注入药物或者置入弹簧圈等控制出血。

五、病情评估、危险分层及诊断

当患者出现消化道出血症状时，需立即对其进行初步评估，包括进行病史询问、体格检查及相关实验室检查，以评估出血的严重程度，并对出血部位和诱因进行预估等。

1. 消化道出血的识别　一般情况下，呕血和黑便常提示消化道出血，但应排除其他疾病导致的呕血和黑便症状，如鼻出血、拔牙出血咽下所致，肺结核、支气管扩张咯血等，服用铋剂、某些中药或动物血液也可出现黑便。

2. 出血严重程度的估计和周围循环状态的判断　临床上精确估计出血量比较困难，一般认为每日出血量>5 ml 时，粪便隐血试验呈阳性；每日出血量>50 ml 时，可表现为黑便；一次出血量少于 400 ml 时，患者一般无全身症状；出血量>400 ml 且速度快时，患者可出现头晕、乏力、心动过速和低血压等症状。短时间内出血量>1000 ml 时，患者可有休克表现（表 7-1）。

表 7-1　失血量与症状的关系

失血量（ml）	收缩压（mmHg）	脉率（次/分）	症状
<500	正常	正常	头晕、乏力
800~1000	<100	>100	头晕、面色苍白、口渴、出冷汗
>1500	<80	>120	四肢厥冷、神志恍惚或昏迷

3. 出血是否停止的判断　肠道内积血约 3 天才能排尽，故单纯黑便不提示持续出血。对出现以下临床表现者，应考虑有持续出血或再出血，需及时处理：①反复呕血，甚至呕血转为鲜红色，黑便次数增多，排出暗红色或鲜红色血便，伴有肠鸣音亢进；②周围循环衰竭的表现经治疗未见明显改善，或虽然有好转，但又恶化，经积极补液，中心静脉压仍不稳定；③红细胞计数、血红蛋白含量与血细胞比容持续下降，网织红细胞计数持续增高；④补液与尿量足够的情况下，血尿素氮持续或再次升高。

知识拓展

呕血的注意事项

患者主诉有呕血史时，应详细询问病史，排除咽喉部损伤、贲门撕裂伤等。

对剧烈呕吐后出现持续腹痛、胸痛者，需注意鉴别食管破裂或食管裂孔疝。

患者大量呕吐时，须安排专人陪护，医护人员须交代呕吐引起窒息、误吸的风险及预防措施，包括将患者头部偏向一侧，取头低位，帮助患者清除口腔内的食物残渣等。

留置胃管，抽取胃内容物后，应注意观察出血情况。

对中老年患者，需高度警惕合并心脑血管意外，及时行心电图检查，观察患者是否有肢体活动异常或病理征。

对出血未控制的低血容量性休克患者，应早期采用控制性复苏，积极补充血容量，以维持血压；必要时合用血管活性药物，使收缩压维持在80~90 mmHg，以保证脑灌注压，保证重要脏器的基本灌注，并尽快止血。

4. 消化道出血的严重程度分级 根据患者的一般情况和出血量大小，可将消化道出血分为轻、中、重度三级（表7-2）。

表7-2 消化道出血的严重程度分级

分级	年龄（岁）	伴发疾病	失血量（ml）	血压（mmHg）	脉率（次/分）	血红蛋白（g/L）	症状
轻度	<60	无	<500	基本正常	正常	无变化	头晕
中度	<60	无	500~1000	下降	>100	70~100	晕厥、口渴、少尿
重度	>60	有	>1500	收缩压<80	>120	<70	肢体湿冷、少尿、意识模糊

5. 预后判断 根据患者的年龄、临床表现、病变的具体情况、是否有伴发疾病等情况，判断患者消化道出血的预后。凡是年龄超过60岁、伴发重要器官疾病、休克、血红蛋白浓度降低、需要输血者，再出血风险均增高；无肝、肾疾病，血尿素氮或血清转氨酶升高者，死亡率增高。根据Rockall评分系统（表7-3），将上消化道出血分为高危、中危和低危，计分≥5分者为高危；3~4分者为中危；0~2分者为低危。

表7-3 急性上消化道出血的再出血和死亡危险性 Rockall 评分

指标	评分			
	0分	1分	2分	3分
年龄（岁）	<60	60~79	≥80	—
休克	无[a]	心动过速[b]	低血压[c]	
伴发疾病	无	—	心力衰竭、缺血性心脏病和其他重要伴发疾病	肝衰竭、肾衰竭和肿瘤播散
内镜诊断	无病变，食管黏膜撕裂综合征	溃疡等其他病变	上消化道恶性疾病	—
内镜下出血征象	无或有黑斑	—	上消化道血液潴留，黏附血凝块，血管显露或喷血	—

注：[a]，收缩压>100 mmHg，心率<100次/分；[b]，收缩压>100 mmHg，心率>100次/分；[c]，收缩压<100 mmHg，心率>100次/分

六、救治措施

消化道大量出血患者起病急、病情变化快，抗休克、迅速补充血容量是首要的治疗措施。

（一）一般治疗

治疗措施包括：使患者卧床休息；严密监测患者的生命体征；观察呕血、黑便和便血情况；定期复查血红蛋白浓度、红细胞计数、血细胞比容、血尿素氮等指标；必要时进行中心静脉压测定及心电监护。对活动性出血患者，需插入胃管，以便向胃腔内注药及观察出血量；保持呼吸道通畅，避免呕血时引起患者窒息；但应警惕加重出血的可能。活动性出血期间，宜予以禁食。多数患者在出血后可出现发热，并非由于感染所致，一般不使用抗菌药。静脉曲张破裂患者出血时，多伴有细菌感染，需常规预防性应用抗菌药。对于正在使用抗凝药物的患者，需进行多学科会诊，以平衡消化道出血和心血管疾病血栓形成的风险，共同决定是否可以停用抗凝药物或使用抗凝药物拮抗剂。

（二）补充血容量

及时补充和维持有效循环血量，改善周围循环，防止微循环障碍引起脏器功能障碍。对急性消化道大量出血患者，需立即查血型和配血，尽快建立有效的静脉通道，在配血过程中，可先输注平衡液或生理盐水。输液量以维持组织灌注为目标，避免因输液过多、过快引起肺水肿。对大量出血患者及原有心脏疾病患者，应进行中心静脉压、血清乳酸测定，调整输液量。

紧急输血适应证：①收缩压<90 mmHg或较基础血压降低超过30 mmHg；②血红蛋白<70 g/L，血细胞比容<25%；③心率>120次/分。

对活动性出血和血小板计数<50×10^9/L的患者，应予以输注血小板。当患者纤维蛋白原浓度<1 g/L，或活化部分凝血活酶时间>1.5倍正常值时，应输注新鲜冰冻血浆。对大量失血的患者，输血应以血红蛋白升高到80 g/L、血细胞比容达到25%～35%为宜，不应过度输血，以免诱发再次出血。达到以下指标，即表明血容量已充足：①意识恢复，四肢末端由湿冷、青紫转为温暖、红润，肛温与皮温差值减小（<1℃）；②脉搏由快而弱转为正常有力；③收缩压接近正常；④脉压>30 mmHg；⑤尿量>25 ml/h；⑥中心静脉压为8～12 cmH$_2$O。

（三）上消化道大量出血的治疗

上消化道大量出血的常见病因包括消化性溃疡、急性胃黏膜病变、胃癌和食管胃底静脉曲张破裂出血。多数患者首诊于急诊科，常以周围循环障碍的临床表现就诊，因此，正确、迅速、合理地诊断，并对患者进行评估、治疗和管理非常重要。

1. 胃内降温 通过胃管以冰盐水反复灌洗胃腔，使胃降温，可促进胃黏膜血管收缩，使血流量减少，胃分泌和消化受到抑制，出血部位纤溶酶活性减弱，达到促进止血的目的。

2. 全身性止血及口服止血剂

（1）促凝、抗纤溶药物：促进凝血药物，如维生素K、酚磺乙胺（止血敏）；血管活性药，如去甲肾上腺素、垂体后叶素；抗纤溶药物，如巯嘌呤、氨甲环酸；凝血酶制剂等。

（2）血管收缩药：消化性溃疡出血是黏膜病变出血，采用血管收缩药，如去甲肾上腺素口服，可使出血的小动脉强烈收缩，达到止血的目的。血管收缩药不主张应用于老年患者。

3. 抑制胃酸分泌和保护胃黏膜 可使用H$_2$受体阻滞剂，首选质子泵抑制剂。常用的质子泵抑制剂包括奥美拉唑、雷贝拉唑、泮托拉唑等。

4. 内镜止血 内镜止血具有快速、准确、对机体损伤小等优点。只要患者的病情允许，就应将内镜止血作为首选的治疗方法。

5. 介入治疗 常用选择性血管造影及栓塞治疗。

6. 食管静脉曲张破裂出血的非外科手术治疗

（1）气囊压迫：是一种有效但仅能暂时控制出血的非手术治疗方法。

（2）经颈内静脉门腔静脉分流术：可通过手术方法建立门静脉至体循环的侧支循环，从而降低门静脉压力。

（3）药物治疗：主要目的是降低门静脉压力，使出血部位血流量减少，为凝血过程提供条件，从而止血。药物治疗不仅对静脉曲张破裂出血有效，而且对溃疡、糜烂、黏膜撕裂也同样有效。可选用的药物有血管收缩药和血管扩张药两种。血管收缩药，如生长抑素及其衍生物和升压素及其衍生物。血管扩张药，如非选择性β受体阻滞剂普萘洛尔、纳多洛尔，硝酸酯类血管扩张药硝酸甘油等。

（4）内镜硬化剂注射和套扎术：如食管静脉曲张内镜硬化剂注射术和内镜曲张静脉套扎止血术。

（四）中消化道出血的治疗

对非甾体抗炎药导致的小肠溃疡及糜烂患者，应避免和停止此类药物的使用。小肠、黏膜下静脉和黏膜毛细血管发育不良出血常可自行停止，但再出血率高，可达50%。

1. 血管收缩药　常用生长抑素或奥曲肽，可通过其收缩内脏血管的作用而达到止血的目的。

2. 糖皮质激素及氨基水杨酸类　可用于克罗恩病引起的小肠溃疡出血患者。

3. 内镜治疗　如果在进行内镜检查时发现出血病灶，则可在内镜下止血。采用高频电凝、氩离子凝固器烧灼治疗或血管夹，可使黏膜下层小血管残端凝固或闭塞，适用于病灶较局限的患者。

4. 血管介入治疗　对各种病因导致的动脉性出血患者，药物及内镜不能止血时，可行肠系膜上、下动脉栓塞治疗。由于中消化道栓塞容易导致肠坏死，需经微导管定位出血灶，并用明胶海绵颗粒或弹簧圈栓塞。对于弥漫性出血、血管造影检查无明显异常征象者，或无法进行超选择性插管的消化道出血患者，可经导管向动脉内注入止血药物，使小动脉收缩，血流量减少，以达到止血目的。

（五）下消化道出血的治疗

1. 基础治疗　基本措施是补充血容量，及时纠正血容量不足引起的休克。

2. 病因治疗　针对下消化道出血的病因及部位进行相应的治疗。内镜止血是下消化道出血的首选治疗方法。

3. 介入治疗　对于内镜不能止血的病灶，可行肠系膜上、下动脉栓塞治疗。

（六）手术

1. 食管胃底静脉曲张破裂出血　对非手术治疗（如输血、药物止血、三腔二囊管压迫止血、硬化剂注射及栓塞治疗）仍不能控制出血者，应紧急进行曲张静脉结扎术，以迅速止血，但出血复发率较高。对由严重肝硬化引起出血者，可考虑行肝移植术。

2. 溃疡出血　对出现以下情况者，应尽早行外科手术止血：上消化道持续出血超过48 h仍不能停止；24 h内输血1500 ml仍不能纠正血容量不足、血压不稳定；保守治疗期间发生再出血；内镜检查发现有动脉活动性出血且止血无效。

（七）病因治疗

针对导致消化道出血的病因采取相应的治疗是止血的基础措施，应做到早发现、早诊断、早治疗。对不明原因反复大量出血，危及生命，且其他治疗方式无效的情况，需进行外科会诊，考虑进行紧急手术探查。术前应对出血部位进行充分定位，避免因术中未处理潜在出血病变部位而发生术后持续性出血，导致治疗失败。

（甘桂芬）

第二节　急性胰腺炎

一、概念

急性胰腺炎（acute pancreatitis，AP）是由于多种原因导致胰酶异常激活，继而出现以胰腺组织炎症反应为主要特征，伴或不伴全身其他器官功能病变的疾病。根据临床表现和累及的脏器，可将其分为轻症急性胰腺炎（mild acute pancreatitis）、中度重症急性胰腺炎（moderately severe acute pancreatitis）和重症急性胰腺炎（severe acute pancreatitis）。不同严重程度的急性胰腺炎患者病死率有显著差异。重症急性胰腺炎患者死亡率高，尽早进行积极、有效的诊治是改善预后的关键。

> **基础回顾**
>
> **胰腺的功能**
>
> 胰腺位于中上腹和左季肋区，是人体重要的消化器官，具有内分泌和外分泌双重功能。其外分泌功能是分泌含有消化酶的胰液，内分泌功能主要是分泌胰高血糖素、胰岛素等激素，以调节血糖。外分泌腺由腺泡和腺管组成。腺泡细胞分泌胰液，胰液从腺管排出，经胰管与胆总管汇合，最后进入十二指肠。胰液的主要成分是胰淀粉酶、蛋白酶和脂肪酶，在消化道内被激活后可以分解麦芽糖、蛋白质和脂肪等，以促进食物的吸收。

案例 7-1

患者，张某，男，30岁，体重90 kg，既往有高脂血症病史，未进行饮食及药物控制。1天前，患者大量进食油腻食物后出现上腹痛，持续不缓解，呈进行性加重，伴恶心、腹胀，无呕吐，无腹泻。查体：T 37.6℃，P 110次/分，R 20次/分，BP 152/75 mmHg；上腹部压痛、反跳痛（±），肠鸣音3次/分。心脏、肺部检查未见明显异常。

问题：
1. 该患者可能的诊断是什么？
2. 为明确诊断，需要进一步完善哪些检查？

二、病因与发病机制

1. 病因 在我国,胆石症仍然是急性胰腺炎的主要发病原因之一,高脂血症、过量饮酒等次之。近年高脂血症引起急性胰腺炎呈上升趋势,高脂血症性急性胰腺炎的发生与血清胆固醇水平无关,而与甘油三酯水平显著升高密切相关,故又称为急性高甘油三酯血症胰腺炎(acute hypertriglyceridemic pancreatitis)。随着逆行胰胆管造影和其他操作的增多,由此诱发的急性胰腺炎发病率也在增加。急性胰腺炎的病因见表7-4。

表7-4 急性胰腺炎的病因

常见病因	其他病因
胆石症	奥迪括约肌功能不良
高甘油三脂血症	高钙血症(如甲状旁腺功能亢进症)
过量饮酒	十二指肠内高压(如输入袢梗阻)
	胰腺先天性疾病和肿瘤
	胰腺创伤(包括医源性损伤)
	感染及药物
	特发性胰腺炎(不能明确病因者)

2. 发病机制 正常情况下,当胰液进入十二指肠后,在肠激酶的作用下,胰蛋白酶原激活,形成胰蛋白酶,可使各种胰消化酶原激活为有生物活性的消化酶,对食物进行消化。但在各种致病因素作用下,导致胰管内压力升高,诱发大量胰酶在腺泡内提前激活,进而消化胰腺自身及周围组织。

三、临床表现

(一)症状

1. 腹痛 是急性胰腺炎患者的主要症状,常与饱餐、酗酒有关。大多数患者腹痛剧烈,呈急性持续性发作。疼痛多位于中上腹,可向腰背部呈带状放射,取弯腰抱膝位可减轻疼痛。腹痛早期,患者常合并恶心、呕吐,但呕吐并不能缓解腹痛。

2. 伴随症状 患者可伴有恶心、呕吐、腹胀、黄疸、发热及精神症状等。腹痛早期可伴有恶心、呕吐、腹胀,但呕吐并不能缓解腹痛。胆源性急性胰腺炎患者常出现发热和黄疸。发热既可以是急性胰腺炎时的全身炎症反应,也可以是胆管炎引起的表现。但在临床上,胆源性急性胰腺炎患者合并发热、白细胞计数增高时,常优先考虑存在胆道感染。胆总管或壶腹部结石、胰头炎性水肿压迫胆总管时,患者可出现黄疸。

(二)体征

轻症急性胰腺炎患者仅出现局限于上腹部的压痛。发生中度重症急性胰腺炎、重症急性胰腺炎时,上腹或全腹压痛明显,并有反跳痛、腹肌紧张;肠鸣音减弱或消失,甚至出现麻痹性肠梗阻、严重腹胀;可出现移动性浊音,合并胰腺坏死时,可抽出血性腹水;因胰酶、坏死组织及出血沿腹膜间隙与肌层渗入腹壁下,导致两侧胁腹部皮肤呈暗灰蓝色(Grey-Turner征);脐周皮肤大片青紫色斑(Cullen征)。

四、辅助检查

(一)酶学检查

酶学检查是诊断急性胰腺炎的主要依据。血、尿淀粉酶测定是酶学检查中常用的方法。血清淀粉酶在起病后 6~12 h 开始升高,48 h 开始下降,持续 3~5 天。尿淀粉酶在起病后 12~14 h 开始升高,然后缓慢下降,持续 1~2 周恢复正常。血清淀粉酶超过正常值的 3 倍可作为诊断急性胰腺炎的依据之一。应注意鉴别其他急腹症(如消化性溃疡穿孔、胆石症、胆囊炎、肠梗阻等)引起的血清淀粉酶增高,但一般不超过正常值的 2 倍。脂肪酶在 4~8 h 内上升,24 h 达到峰值,在随后 8~14 天内下降到正常或接近正常的水平。血脂肪酶测定的特异度、灵敏度和准确率比血清淀粉酶高。急性高甘油三酯血症胰腺炎患者淀粉酶往往升高不明显,脂肪酶测定更具有诊断意义。

淀粉酶和脂肪酶升高的程度与病情严重程度不呈相关性,患者是否可以开始进食也不能单纯根据酶学检查结果是否正常确定,应综合判断。

(二)血清标志物

1. 血清甘油三酯水平 患者血清甘油三酯≥11.3 mmol/L 是发生急性高甘油三酯血症胰腺炎最重要的特征。

2. C 反应蛋白(C reactive protein,CRP) 是反映胰腺病情的指标,CRP≥150 mg/L 可作为判断重症急性胰腺炎患者预后的因素。血清 IL-6 对预后判断有一定的价值,血清 IL-6 水平持续增高提示预后不良。

3. 血尿素氮或血肌酐 对没有肾基础疾病的患者,血尿素氮>20 mg/dl,或血肌酐进行性升高,均提示预后不良。

4. 降钙素原 是判断急性胰腺炎合并感染最敏感的实验室指标。

(三)影像学检查

1. 超声检查 进行腹部超声检查可以初步判断胰腺组织的形态学变化、是否有肿大及胰周积液情况等,同时有助于了解胆道部位是否有病变。对可疑胆源性急性胰腺炎的患者,应在入院时或起病后 48 h 内行超声检查,以明确是否存在胆道系统结石。由于胃肠道气体的干扰,使超声检查的准确性受到一定的影响。病程后期可在超声引导下对胰周积液、脓肿进行穿刺引流。对于急性胰腺炎与其他急腹症的鉴别,CT 检查优于超声检查。

2. CT 检查 CT 平扫是临床上早期诊断急性胰腺炎最常用的方法。CT 检查可见胰腺肿胀、渗出和胰周积液,甚至胰腺坏死。CT 增强扫描可提供胰腺坏死范围及胰周炎症反应范围、积液等有价值的信息。同时对并发症(如胰腺脓肿、假性囊肿)的诊断也有一定的价值。首次进行 CT 增强扫描件评估的最佳时间是发病后 72~96 h。但发病早期进行 CT 检查可能会低估病情的严重程度;待发病 1 周左右重复进行上腹部 CT 增强扫描检查,诊断价值更高。改良的 CT 严重程度指数(modified CT severity index,MCTSI)评分(表 7-5)有助于评估急性胰腺炎的严重程度。MCTSI 评分≥4 分可诊断为中度重症急性胰腺炎或重症急性胰腺炎。

3. 磁共振成像检查 磁共振胰胆管成像对显示胆总管小结石、胆总管是否有扩张、胰胆管是否有异常等有一定的优势。当怀疑胆石症、胆道占位或胆道感染等病变导致胆源性急性胰腺炎时,优先选择磁共振成像检查。

表 7-5 MCTSI 评分

特征	评分	特征	评分
胰腺炎症反应		胰腺坏死	
正常胰腺	0	无胰腺坏死	0
胰腺和（或）胰周炎性改变	2	坏死范围≤30%	2
胰腺或胰周液体积聚或胰周脂肪坏死	4	坏死范围>30%	4
		胰腺外并发症，包括胸腔积液、腹水、血管或胃肠道受累	2

五、诊断

（一）诊断

诊断急性胰腺炎需要至少符合以下 3 项标准中的 2 项：①与病变部位一致的腹部疼痛；②急性胰腺炎的生化检查证据，即血清淀粉酶和（或）脂肪酶高于正常值上限的 3 倍，急性高甘油三酯血症胰腺炎患者血清淀粉酶有时升高不明显，甚至正常；③符合急性胰腺炎的腹部影像学表现（胰腺水肿、坏死或胰腺周围渗出、积液）。

（二）鉴别诊断

急性胰腺炎需要与以上腹痛为主要表现的急症相鉴别。

1. 急性胆囊炎　表现为右上腹疼痛，可放射到右肩胛区；往往在进食油腻食物后发作，患者血清淀粉酶和脂肪酶水平可轻度升高。查体时有右上腹压痛，严重者可伴有腹肌紧张及反跳痛，或墨菲征阳性。腹部超声检查显示胆囊增大，胆囊壁增厚、水肿，可伴有胆囊结石等。

2. 消化道穿孔　表现为突然出现剧烈上腹痛，可发展为全腹痛；触诊时，患者可出现板状腹，全腹压痛、反跳痛，可伴有低血压、呼吸急促、心动过速、发热等；血清淀粉酶和脂肪酶水平可能升高。腹部 X 线检查或 CT 检查显示腹腔内有游离气体，可协助诊断。

3. 急性冠脉综合征　常表现为剧烈而持续的胸骨后疼痛，部分患者以上腹痛或上腹部不适为主要表现。血淀粉酶往往正常。心电图检查可见 ST-T 动态改变，心肌损伤标志物水平升高，进行冠脉 CTA 或冠脉造影可明确诊断。

六、严重程度分级与病情评估

（一）严重程度分级

临床常用的急性胰腺炎严重程度分级包括修订版 Atlanta 分级。

1. 轻症急性胰腺炎　占急性胰腺炎的 80%~85%，是指不伴有器官功能障碍及局部或全身并发症，通常在 1~2 周内恢复，病死率较低。

2. 中度重症急性胰腺炎　是指伴有一过性（≤48 h）器官功能障碍和（或）局部并发症，早期病死率低。若胰腺坏死合并感染，则病死率增高。

3. 重症急性胰腺炎　是指伴有持续性（>48 h）器官功能障碍，病死率高。

器官功能障碍的诊断标准基于改良 Marshall 评分系统，任何器官评分≥2 分，即可判定为器官功能障碍（表 7-6）。

表 7-6 改良 Marshall 评分

器官系统	评分				
	0 分	1 分	2 分	3 分	4 分
呼吸系统					
氧合指数（PaO_2/FiO_2）	>400	301~400	201~300	101~200	≤101
肾					
血肌酐 [μmol/L（mg/dl）]	≤134（≤1.4）	134~169（1.4~1.8）	170~310（1.9~3.6）	311~439（3.6~4.9）	>439（>4.9）
心血管系统					
收缩压（mmHg）	>90	<90 输液有反应	<90 输液无反应	<90 pH<7.3	<90 pH<7.2

注：PaO_2 为动脉血氧分压；FiO_2 为吸入氧浓度；
1）既往有慢性肾衰竭的患者的评分根据基线肾功能进一步恶化的程度而定，对于基线血肌酐≥134 μmol/L（1.4 mg/dl）者，尚无正式的修订方案；
2）收缩压的评估是在未使用血管活性药物的前提下进行的

（二）病情评估

急性胰腺炎患者的危重程度不同，导致预后差异较大。临床上曾提出多种评分系统，如 APACHE Ⅱ、Ranson 评分、急性胰腺炎严重程度指数床旁评分等，以评估重症急性胰腺炎的严重程度及预测病情发展的可能，但都存在局限性。严密监测患者是否出现器官功能障碍至关重要。

七、并发症

1. 全身并发症 主要有全身炎症反应综合征、脓毒症、急性肾损伤、急性呼吸窘迫综合征、多器官功能障碍综合征、腹腔高压及腹腔间室综合征（abdominal compartment syndrome，ACS）。通常采用膀胱内压测定代替腹内压测定，腹内压>12 mmHg（1 mmHg = 1.36 cmH_2O）即判定为腹腔高压。当腹内压>20 mmHg 且出现新发的器官功能不全或衰竭时，可诊断为急性冠脉综合征，患者死亡率较高。

2. 局部并发症 早期（发病时间≤4 周）并发症包括急性胰周液体积聚、急性坏死物积聚。后期（发病时间>4 周）并发症包括胰腺假性囊肿、包裹性坏死。上述各种局部并发症均分为感染性和无菌性两种情况。

八、治疗

（一）一般治疗

急性胰腺炎的治疗主要包括液体治疗、镇痛、营养支持，以及针对病因和早期并发症的治疗。

1. 液体治疗 早期进行液体治疗可改善组织灌注，须在诊断急性胰腺炎后即刻进行。液体复苏的速度遵循个体化、精准化、限制性原则。早期可以使用乳酸盐林格液或生理盐水等晶体溶液以 5~10 ml/（kg·h）的速度予以补液。关于补液的目标尚无统一定论，应结合患者的基础疾病、年龄、体重等因素综合考虑。补液过程中，应警惕液体负荷过重而导致组织水肿及器官功能障碍。尤其应注意，当患者存在心功能不全、低蛋白血症或者高龄等因素时，补液过多、过快易导致胸腔、腹腔积液，甚至导致氧合下降。

2. 镇痛 疼痛是急性胰腺炎患者的主要症状。缓解疼痛是重要的辅助治疗，有助于改善患者预后。应根据患者的病情合理选择镇痛药物与镇痛方式。阿片类药物和非甾体抗炎药等均曾用于急性胰腺炎患者的镇痛治疗，但具体是何种药物更优，尚无统一定论。

3. 营养支持 早期开始予以肠内营养有助于保护肠黏膜屏障，减少菌群易位，从而降低感染以及其他严重并发症的发生风险。在患者胃肠功能耐受的情况下，应尽早予以经口进食。对于不能经口进食的急性胰腺炎患者，肠内营养优于肠外营养。可经鼻胃管予以肠内营养，若患者胃肠功能不耐受，或胃排空延迟或幽门梗阻，则应使用鼻空肠管。但开始胃肠营养前，应评估患者的腹内压和胃肠道功能，当腹内压＞20 mmHg 或发生急性冠脉综合征、肠衰竭时，应停止肠内营养，必要时予以静脉营养。

4. 应用抗生素 不推荐常规使用抗菌药物预防胰腺或胰周感染。但对急性胆管炎或经证实的胰腺外感染患者，应使用抗生素。应选择可穿透坏死胰腺组织的抗生素，抗菌谱应覆盖厌氧菌和革兰氏阴性菌。

5. 抑制胰酶分泌 生长抑素及其类似物可直接抑制胰腺的外分泌功能，蛋白酶抑制剂可抑制与急性胰腺炎进展有关的胰酶活性，还可稳定溶酶体膜，改善胰腺微循环。但有关蛋白酶抑制剂及胰酶抑制剂在急性胰腺炎中的治疗价值尚缺乏高质量的临床证据。

6. 中药治疗 中药（大黄、芒硝及复方制剂）治疗有助于促进患者的胃肠道功能恢复，减轻腹痛、腹胀症状，临床治疗效果较好，可选择应用。

（二）急性高甘油三酯血症胰腺炎的治疗

除以上治疗外，尽快降低血甘油三酯水平至 5.65 mmol/L 以下是预防急性高甘油三酯血症胰腺炎发展为重症的关键。除了快速大量补液外，贝特类降脂药物、低分子量肝素也是治疗重症急性高甘油三酯血症胰腺炎的一线药物。上述措施效果不佳时，血液净化也是临床治疗重症急性高甘油三酯血症胰腺炎常用的方法。

知识拓展

急性高甘油三酯血症胰腺炎患者的降脂治疗

高甘油三酯血症（HTG）既是急性胰腺炎的病因，又是导致患者病情不断恶化的诱因。将血清 TG 水平快速降至 500 mg/dl（5.65 mmol/L）以下是治疗急性高甘油三酯血症胰腺炎的关键。首选贝特类降脂药，其次可以应用他汀类降脂药；低分子量肝素也可促进患者 TG 水解，但需监测凝血功能及血色素变化，特别是存在胰腺坏死时应警惕出血；胰岛素也可以降低血清 TG 水平，但需严密监测血糖，特别是避免血糖不高的患者出现低血糖。如果采取上述治疗措施，患者入院 24~48 h 后血清 TG 水平仍＞1 000 mg/dl（11.3 mmol/L）或降幅未达到 50%，则建议实施血液净化治疗。目前国内外用于降低血清 TG 水平的血液净化治疗模式主要为血液滤过、血液灌流和血浆置换。这些血液净化治疗方法都可以有效降低血浆 TG 水平，还可以清除炎症因子等。

（三）内镜逆行胰胆管造影

急诊内镜逆行胰胆管造影（endoscopic retrograde cholangiopancreatography，ERCP）仅适用于胆源性急性胰腺炎合并胆管炎的患者，且应在患者入院后 24 h 内完成。对于存在持续性胆管梗阻的患者，也可考虑进行 ERCP。但急诊 ERCP 无助于缓解胆源性急性胰腺炎患者的病情，所以对于轻症急性胰腺炎患者不推荐应用。

（四）器官功能支持治疗

ARDS 是重症急性胰腺炎患者常见的器官功能衰竭之一，早期监测患者血氧饱和度及氧合指数是尽早识别和治疗 ARDS 的关键。当患者出现 ARDS 时，应予以机械通气，采用肺保护通气策略。急性肾损伤也是重症急性胰腺炎患者早期常见的并发症，应严密监测患者的尿量及血肌酐水平，必要时进行连续性肾脏替代治疗（continuous renal replacement therapy，CRRT）。

（五）并发症的处理

大部分坏死性急性胰腺炎患者胰周的包裹性积液是无菌的，可行保守治疗。如果 4～8 周后，由包裹性坏死组织引起胃肠道梗阻和胆管梗阻，则应加以干预。发生胰腺或胰周感染是经皮穿刺引流和内镜穿刺引流的重要适应证。对于存在大量腹腔或腹膜后积液合并急性冠脉综合征的急性胰腺炎患者，也可进行穿刺引流。

（六）手术治疗

当患者出现急性冠脉综合征、急性持续性出血介入治疗不成功、肠缺血或急性坏死性胆囊炎、肠瘘导致胰周积液等，可以考虑进行手术治疗，但手术干预的时机应根据患者的情况综合评估。

（郭树彬）

思 考 题

1. 简述消化道出血的分类。
2. 简述上消化道出血的常见原因。
3. 简述下消化道出血的治疗原则。
4. 如何判断活动性出血？
5. 急性胰腺炎的全身和局部并发症有哪些？
6. 病例分析：患者，男性，53 岁，因"大量饮酒 6 h，呕血 5 h"来诊。患者 6 h 前饮高度白酒约 200 ml，餐后感上腹痛，伴恶心、呕吐 1 次，呕吐物为胃内容物；5 h 前开始出现呕血，呈鲜红色，共 4 次，量约 1000 ml，伴头晕、心悸，无便血；既往有慢性胃炎病史。

体格检查：T 36.8℃，P 120 次/分，R 36 次/分，BP 85/50 mmHg；神志清楚，烦躁不安，面色苍白；双肺呼吸音粗糙，未闻及干、湿啰音；心音低钝，各瓣膜听诊区未闻及病理性杂音；腹软，上腹部压痛，无反跳痛，肝、脾肋下未触及，麦氏点无压痛，移动性浊音（−），肠鸣音活跃；双下肢无水肿；病理征（−）。辅助检查：WBC $11.49×10^9$/L，RBC $2.79×10^{12}$/L，Hb 74 g/L，PLT $253×10^9$/L，HCT 0.229。

问题：
(1) 对该患者的紧急处理措施是什么？
(2) 如何对该患者进行诊断及鉴别诊断？
(3) 下一步的处理措施是什么？
(4) 予以液体复苏后，患者的生命体征趋于平稳。为明确病因，还应进行什么检查？
(5) 上消化道内镜检查显示胃体黏膜糜烂及弥漫性出血点，考虑诊断为什么疾病？

第八章 神经系统急症

神经系统急症的常见症状为头痛、眩晕、意识障碍、语言障碍、瘫痪、急性谵妄状态、癫痫发作等。突然或急性发生的头痛多见于高血压性脑出血、原发性蛛网膜下腔出血、颅内急性感染等；颅内疾病和全身疾病均可以导致意识障碍，以前者最为常见；在急诊患者中，眩晕的常见病因是急性脑血管疾病，特别是脑干、小脑等部位的缺血或出血性病变；语言障碍多见于急性脑血管疾病、神经肌肉接头疾病（如重症肌无力、多发性硬化）等患者；瘫痪是神经急诊的常见症状，导致急性瘫痪的原因多为急性脑卒中、颅内感染、肿瘤失代偿期、骨骼肌疾病等。

第一节 急性缺血性脑卒中

一、概念

急性缺血性脑卒中（acute ischemic stroke，AIS）是由于脑动脉管腔在短时间内出现狭窄或闭塞，导致所供应的脑组织发生缺血、缺氧性变性或死亡，引起相应的神经功能受损表现的临床综合征。急性缺血性脑卒中（急性脑梗死）是最常见的卒中类型，占我国脑卒中的69.6%～70.8%。急性期的时间划分尚不统一，一般是指发病后2周内，轻型为发病后1周内，重型为发病后1个月内。

案例 8-1

患者，女，73岁，近2周反复出现发作性右侧肢体无力，表现为右手握持无力，行走时向右侧偏斜，每次持续3 min左右缓解。1天前，患者出现言语不清，右侧上、下肢抬举困难，持续不缓解。既往有高血压、糖尿病病史。查体：BP 160/100 mmHg，神志清楚，言语不畅，双侧额纹对称，右侧鼻唇沟较左侧平坦，右侧口角低垂，伸舌向右偏，右侧肢体肌力为3级，右侧Babinski征阳性。头颅CT检查未见异常。

问题：
1. 初步诊断与诊断依据是什么？
2. 为明确诊断，还需进行哪些检查？
3. 该患者的治疗原则是什么？

二、病因与发病机制

任何原因所致的脑动脉管腔狭窄或闭塞均可引起大脑血流灌注不足。脑血栓形成、脑栓塞、血液成分改变、脑血管受压、脑血流动力学异常是导致缺血性脑血管病的常见原因（表8-1）。

 基础回顾

脑缺血的病理生理

脑的重量仅为体重的2%~3%，而脑血流量却占心输出量的15%，脑组织耗氧量占机体总耗氧量的23%。脑组织的能量主要来源于葡萄糖的有氧氧化，而脑内葡萄糖和氧的储备量很少，因此，脑组织对缺氧极为敏感。一般情况下，脑组织完全缺氧15 s即可引起昏迷；完全缺氧3 min以上，可导致昏迷数日；完全缺氧8~10 min，常导致脑组织发生不可逆损害。缺氧引起中枢神经系统功能障碍的机制较为复杂。神经细胞膜电位降低、神经介质合成减少、ATP生成不足、酸中毒、细胞内游离Ca^{2+}增多、溶酶体酶释放以及细胞水肿等，均可导致神经系统功能障碍，甚至神经细胞结构破坏。

表8-1 缺血性脑血管病的常见原因

病因	常见疾病或原因
脑血栓形成	脑动脉粥样硬化、血栓闭塞性血管炎、钩端螺旋体感染、系统性红斑狼疮、结节性多动脉炎、巨细胞动脉炎、梅毒性动脉炎
脑栓塞	心源性脑栓塞、风湿性心脏病、心肌梗死、亚急性细菌性心内膜炎、非细菌性血栓性心内膜炎、心脏黏液瘤、非心源性脑栓塞、动脉粥样硬化斑块、脂肪栓塞、空气栓塞、癌肿栓塞、医源性栓塞、不明原因的脑栓塞
血液成分改变	真性或假性红细胞增多症、血小板增多症、骨髓增生性疾病、白血病、异常蛋白血症、异常球蛋白血症、长期服用避孕药、雌激素治疗、哺乳期、手术治疗后、癌症晚期
其他因素	不适当运动头颈部、椎动脉扭曲、椎体增生刺激颈交感干、血压突然降低

三、临床表现

（一）主要症状及体征

缺血性脑卒中好发于中、老年人，男性多于女性，多发生在冬、春季节。患者多在静息状态下发病，部分患者可在活动状态下发病；很多患者在夜间发病，约有1/4的患者先出现短暂性脑缺血发作，随后发展为脑血栓形成；近90%的患者有高血压、糖尿病和高血脂病史。缺血性脑血管病的临床表现取决于受累血管所供应的区域，受累血管不同，临床表现也不同，主要表现为以下几方面。

1. 瘫痪 瘫痪是缺血性脑卒中患者最常见的临床表现。患者可表现为面瘫或肢体瘫痪，偏瘫最为常见，单个肢体瘫痪或单纯面瘫也较为常见，少数情况下可出现双下肢瘫痪。出现偏

瘫或面瘫，提示为大脑中动脉系统病变。

2. 感觉异常 缺血性脑卒中患者常表现为偏身麻木甚至感觉消失，可与偏瘫同时发生或单独发生，这也是大脑中动脉系统受累的常见表现。

3. 语言功能障碍 可表现为失语或构音障碍。失语是指语言的形成或传导异常，从而导致对语言的理解或表达困难，临床上常见的是运动性失语及感觉性失语；构音障碍是指语言的表达器官异常，导致语言表达含混不清，但语言的感受、形成及传导均正常。失语见于优势半球病变患者，如左侧额叶或基底节发生卒中者常出现运动性失语，颞叶卒中患者常出现感觉性失语，脑干梗死或双侧大脑半球多发性梗死患者常出现构音障碍。

4. 眩晕 眩晕常见于大脑后循环缺血性卒中患者，但脑干梗死或小脑梗死时，患者常以眩晕为首发症状。临床表现为感到天旋地转、恶心、呕吐、行走时有漂浮感，甚至卧床不起，活动即导致症状加重。

5. 眼球运动异常 部分脑卒中患者的首发症状是视物重影或上睑下垂，眼球上下活动或左右活动障碍，这是脑干卒中的常见症状。此外，患者同时还可能伴有眩晕、语言异常和肢体瘫痪等。

6. 意识障碍 部分患者以意识障碍为首发症状，这提示病变范围较大或位于脑干或丘脑等重要部位。患者处于意识模糊、嗜睡或昏迷状态，血压升高或基本正常，呼吸均匀，同时伴有偏瘫、病理征等。

（二）主要临床类型

1. 脑血栓形成 脑血栓形成（cerebral thrombosis）是由于某些原因导致血液在脑动脉管腔内凝集，继发形成血栓，造成管腔狭窄或闭塞。该动脉所供应的脑组织发生缺血性坏死，出现相应的神经系统受损表现或影像学检查显示出梗死灶，这有助于鉴别颅外各种栓子进入脑动脉所致的梗死。其中90%是在脑动脉粥样硬化的基础上发生的，发病率占急性脑血管病的40%。

2. 脑栓塞 脑栓塞（cerebral embolism）是指脑供血动脉被异常的栓子阻塞，使阻塞动脉远端脑组织发生缺血性坏死，出现相应的神经功能障碍；由于急性闭塞或狭窄的供血动脉本身没有明显病变或原有病变无明显改变，是由于栓子阻塞动脉所致，故称为脑栓塞。栓子以血栓栓子为主，占所有栓子的90%；其次是脂肪、空气、癌栓、医源性物体等。脑栓塞发生率占急性脑血管病的20%，占全身动脉栓塞的50%。

3. 腔隙性脑梗死 腔隙性脑梗死（lacunar infarction）是指发生于脑组织深部的微小梗死，受累血管是脑动脉深穿支，病变范围直径小于1.5～2.0 cm；腔隙性脑梗死多发生在脑深部白质、基底节区、脑干和丘脑等部位，神经影像学检查可见微小的梗死病灶。临床症状较轻、体征单一，患者多可行走，但感到肢体无力或语言含混。高血压性脑动脉硬化是导致腔隙性脑梗死的主要原因，临床表现为单纯运动性卒中、单纯感觉性卒中、感觉运动性卒中、共济失调性轻偏瘫、构音障碍手笨拙综合征等，预后较好。

知识拓展

短暂性脑缺血发作

短暂性脑缺血发作（transient ischemic attack，TIA）是由于局部脑或视网膜缺血引起的短暂性神经功能缺损。临床表现可持续数分钟至数小时，并在24 h内完全恢复，但可反复发作。血流动力学异常导致的TIA，因每次发作缺血部位基本相同，故临床表现具有相似性或刻板性；微栓塞导致的TIA，因每次发作受累的血管不同，所以临床症状

具有多样性。大脑中动脉供血区发生 TIA 时，患者可出现对侧肢体单瘫、轻偏瘫、面瘫和舌瘫，可伴有偏身感觉障碍和对侧视野同向性偏盲，优势半球受损常导致失语和失用。大脑前动脉供血区缺血可引起人格和情感障碍、对侧下肢无力等。颈内动脉主干供血区缺血可表现为眼动脉交叉瘫。椎-基底动脉系统 TIA 最常见的表现是眩晕、平衡障碍、眼球运动异常和复视，还可导致跌倒发作、短暂性全面性遗忘和双眼视觉障碍发作等临床综合征。

四、辅助检查

1. 颅脑 CT 扫描　　进行颅脑 CT 扫描是快速判断缺血性脑卒中的主要方法，其目的是排除脑出血。缺血性脑卒中发生后 24 h 内，颅脑 CT 扫描大多数仍显示正常，但大面积脑梗死或恶性梗死时，可有早期征象。发病 24 h 以后，可逐渐显示梗死区为低密度影，边界不清。发病 72 h 后，绝大多数能显示大脑半球、丘脑、脑干或小脑的梗死灶，表现为低密度影，边界不清，这种改变可持续 1~2 周。CT 扫描对脑梗死的检出率达 70%。30% 的阴性率是因为病灶过小，病灶位于小脑或脑干，以及发病后 24 h 以内病灶未显影。

2. 颅脑 MRI 检查　　MRI 在脑卒中急诊评估中的应用日益增多。MRI 能早期发现梗死灶，并且在鉴别急性后循环性卒中方面比 CT 更准确。在缺血性脑卒中发生 12 h 左右，MRI 即可显示出病灶，表现为病灶区呈长 T1 和 T2 信号；发病 24 h 后，MRI 可清楚地显示病灶及其周围水肿呈长 T1 和 T2 信号；大片梗死时，MRI 可显示明显的占位效应；弥散加权成像和灌注加权成像是数分钟内即可完成的 MRI 技术，可以区分可逆性与不可逆性神经元损伤。

3. CTA 或 DSA 检查　　CTA 是在进行 CT 扫描时经静脉注入造影剂，以便更清晰地显示大脑血管的分布。CTA 可以直观地显示血管狭窄和闭塞的部位；CT 灌注成像也要求向静脉内注入造影剂，以显示大脑不同区域的灌注缺失情况；CTA 和 CT 灌注成像能区分可逆性与不可逆性缺血性脑损伤。DSA 利用计算机处理数字化影像信息，可消除骨骼和软组织影，使血管清晰成像，能全面、精确、动态地显示脑血管的结构和相关病变，被认为是诊断脑血管病的"金标准"，可直接检出病变血管，指导介入、溶栓治疗或血管内支架置入。

五、诊断

（一）诊断要点

1. 多发生于中、老年人，少数也见于中、青年或青少年。
2. 常在安静状态下发病，部分患者在活动状态下发病。
3. 发病后即刻达到高峰或数小时内达到高峰。
4. 以面瘫、舌瘫和（或）肢体瘫痪及感觉障碍为主要表现，部分患者表现为眩晕、共济失调、意识障碍等症状或体征。
5. 急诊颅脑 CT 检查提示正常或与症状相应的部位有低密度影，早期颅脑 MRI 显示长 T1 和 T2 信号，弥散加权成像呈高信号。
6. 患者既往有高血压、糖尿病、高血脂、心脏病及脑卒中等病史。

（二）鉴别诊断

1. 颅内出血 颅内出血包括脑实质出血、硬脑膜下血肿及硬脑膜外血肿，其临床表现常与缺血性脑卒中相混淆，均可表现为偏瘫、语言功能障碍或意识障碍，但治疗方法有显著差异，因此鉴别极为重要，根据临床症状难以区分，进行颅脑CT扫描才能鉴别。

2. 颅内肿瘤 部分颅内肿瘤患者呈卒中样发病，而部分患者缺血性脑卒中发病相对缓慢，两者均常见于中老年人，症状容易混淆，仅根据临床表现不易鉴别。对早期颅脑CT或MRI检查提示病灶周围明显水肿并且有明显占位效应者，应高度怀疑为颅内肿瘤。

3. 炎性占位性病变 颅内炎性病变（如细菌性脑脓肿、阿米巴性脑脓肿、单纯疱疹病毒性脑炎）可表现为短时间内逐渐出现肢体瘫痪、感觉障碍、失语、意识障碍等临床表现，尤其是在无明显炎症表现时，难以与缺血性脑卒中相鉴别。进行腰椎穿刺检查脑脊液和进行颅脑CT、MRI检查有助于鉴别。

4. 癔症发作 对于以单个症状（突然失语、单肢瘫痪、意识障碍）为表现的缺血性脑卒中患者，须与癔症发作相鉴别。询问病史可知，癔症发作患者有明显的精神刺激因素，多见于年轻女性，检查无定位体征，神经影像学检查无异常发现。

急性缺血性脑卒中的诊治流程如图8-1所示。

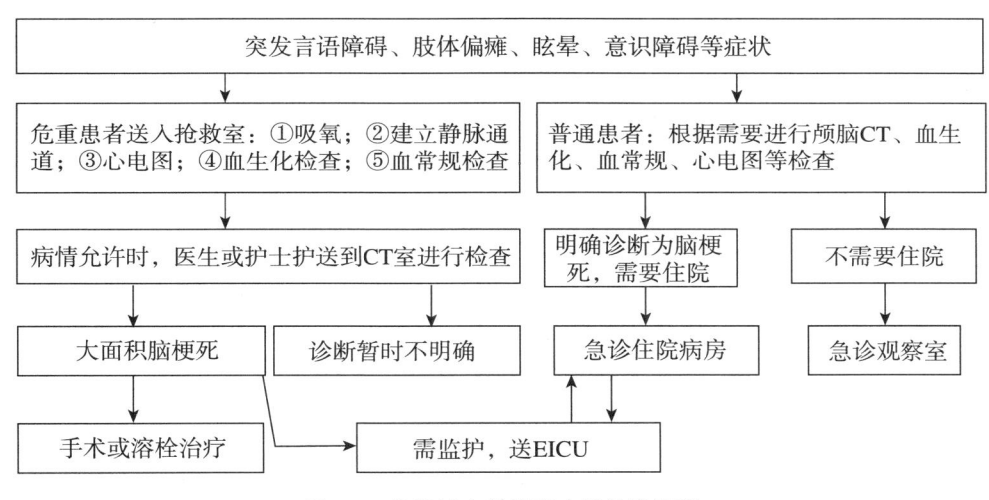

图8-1 急性缺血性脑卒中的诊治流程

（三）病情评估

对缺血性脑卒中患者进行病情评估非常重要，这有利于指导临床治疗。进行病情评估的工具为神经功能评分、Glasgow昏迷评分及神经影像学检查。此外，还需综合考虑患者自身的因素，如年龄、并发症、基础疾病等。

1. 判断是否为卒中 应注意患者的起病形式（急性突发）、发病时间，以排除脑外伤、中毒、癫痫后状态、脑卒中、高血压脑病、血糖异常、脑炎及躯体重要脏器功能严重障碍等引起的脑部病变，并进行必要的实验室检查。

2. 判断是缺血性还是出血性卒中 除非特殊原因不能检查，否则对所有疑为卒中者，都应尽快进行脑影像学（CT、MRI）检查，以排除出血性卒中，并明确缺血性卒中的诊断。

3. 评估卒中严重程度 可根据神经功能缺损量表进行评估。

4. 确定是否适合进行溶栓治疗及血管内治疗 应明确发病时间是否在静脉溶栓及血管内治疗的时间窗内。

5. 病因分型　目前国际上广泛使用的急性脑卒中分型系统是急性脑卒中 Org 10172 治疗试验（the trial of Org 10172 in acute stroke treatment，TOAST）分型，即将缺血性脑卒中分为大动脉粥样硬化型、心源性栓塞型、小动脉闭塞型、有其他明确病因型和不明原因型 5 型。根据 TOAST 分型标准，结合病史、实验室检查、脑部病变和血管病变等影像学检查资料，可以进行病因分型。

6. 评估病情严重程度　临床上常采用卒中量表评估患者的病情严重程度。常用量表有：①中国脑卒中患者临床神经功能缺损程度评分量表（1995 年）。②美国国立卫生研究院卒中量表（National Institutes of Health Stroke Scale，NIHSS），是目前国际上最常用的量表。③斯堪的纳维亚卒中量表（Scandinavian Stroke Scale，SSS）。

原则上，年龄较大、并发症多、NIHSS 评分高、神经影像学检查显示病灶较大或位于脑干及小脑等部位的患者，均属于高危患者，住院期间死亡风险极高。

六、救治措施

（一）基本治疗

1. 一般处理　患者应卧床休息 2~4 周，避免情绪激动及血压升高；对出现意识障碍、血氧饱和度下降或缺氧（$PaO_2<60$ mmHg）的患者，应予以吸氧；对出现昏迷或吞咽困难的患者，应在发病第 2~3 天即予以鼻饲；对过度烦躁不安的患者，可适量应用镇静药；对出现便秘者，可选用缓泻剂；加强口腔护理，及时予以吸痰，保持呼吸道通畅；留置导尿管时，应进行膀胱冲洗；对昏迷患者可酌情应用抗菌药预防感染；严密观察患者的意识、瞳孔、血压和呼吸的变化情况；有条件时，应对昏迷患者进行监护。

2. 控制血压　对脑血管病患者，须避免急于降低血压，因为血压升高是对颅内压升高的一种反射性自主调节，应先对患者进行降颅内压治疗，再根据其血压情况决定是否进行降血压治疗。当患者血压≥200/110 mmHg 时，在进行降颅内压的同时，可慎重平稳地进行降血压治疗，使血压维持在略高于发病前水平或 180/105 mmHg 左右。当患者收缩压为 170~200 mmHg 或舒张压为 100~110 mmHg 时，可暂时不必使用抗高血压药，先脱水以降低颅内压，并严密观察血压情况，必要时再用抗高血压药。对血压过低者，应进行升压治疗，以保持脑组织灌注。对准备进行静脉溶栓治疗及血管内取栓术的患者，应将血压控制在收缩压＜180 mmHg、舒张压＜100 mmHg。对未接受静脉溶栓治疗而计划进行动脉内治疗的患者，血压管理可参照该标准，根据血管开通情况控制术后血压水平，避免过度灌注或低灌注。

3. 减轻脑水肿　严重缺血性脑卒中患者病灶区域脑组织水肿明显，神经细胞坏死，甚至可引起颅内压增高，引发脑疝而致死，因此，需要对患者使用减轻脑水肿的药物；对于短暂性脑缺血发作、腔隙性脑梗死或病灶周围无明显水肿的脑梗死患者，不需要用甘露醇等降低颅内压的药物。

（1）渗透性脱水剂：可通过提高血浆渗透压，使血液与脑组织之间的渗透压梯度增加，使脑组织内的水分向血液移动，达到使脑组织脱水的目的。常用药物有甘露醇、甘油果糖、白蛋白等。20% 甘露醇是目前疗效最佳的强脱水剂，其优点是作用强、起效快，不足是持续时间短，使循环血量迅速增加，从而加重心脏负担；10% 甘油果糖起效较慢，不引起血糖升高，并且有抗酮体作用，可供给热量（1 g 甘油可产生 17.6 J 热量），在肝内分解产生二氧化碳和水，对肾损伤较小；白蛋白是血浆胶体渗透压的主要构成成分，对于严重大面积脑梗死引起脑水肿的患者，加用白蛋白可有明显的脱水效果。

（2）利尿药：利尿药的药理作用主要是通过增加肾小球滤过率、减少肾小管重吸收和抑制肾小管的分泌，达到使机体脱水，最终使脑组织脱水的目的。呋塞米（速尿）是作用快、维持时间短的强效利尿药，其降颅内压作用远不如甘露醇和甘油果糖，但因呋塞米不增加血容量，因此对合并高血压、心功能不全的患者比较安全；依他尼酸的作用和适应证与呋塞米类似。

（二）溶栓治疗和血管内介入治疗

溶栓治疗主要是通过纤溶酶降解纤维蛋白和纤维蛋白原，以溶解血栓。溶栓治疗是目前恢复血流最重要的措施。重组组织型纤溶酶原激活剂（rt-PA）和尿激酶是我国目前常用的溶栓药物。目前认为，有效抢救半暗带组织的时间窗为 4.5 h 内或 6 h 内。溶栓治疗的途径包括以下几种。

1. 静脉溶栓 包括应用 rt-PA 和尿激酶。对发病 3 h 内和 3～4.5 h 的患者，应按照适应证和禁忌证严格筛选，尽快经静脉予以 rt-PA 溶栓治疗。使用方法：rt-PA 0.9 mg/kg（最大剂量为 90 mg）静脉滴注，其中 10% 在最初 1 min 内静脉推注，其余药量持续滴注 1 h，用药期间及用药后 24 h 内应严密监护患者。如果没有条件使用 rt-PA，且发病在 6 h 内，可参照适应证和禁忌证严格选择患者，考虑静脉应用尿激酶。使用方法：尿激酶 100 万～150 万 IU，溶于生理盐水 100～200 ml，持续静脉滴注 30 min，用药期间应严密监护患者。溶栓患者的抗血小板或特殊情况下溶栓后还需抗凝治疗者，应推迟到溶栓 24 h 后开始。

2. 动脉溶栓 对发病 6 h 内、由大脑中动脉闭塞导致的严重卒中且不适合静脉溶栓的患者，经过严格选择后可在有条件的医院进行动脉溶栓。对由后循环大动脉闭塞导致的严重卒中且不适合静脉溶栓的患者，经过严格选择后可在有条件的医院进行动脉溶栓，虽然目前有在发病 24 h 内使用的经验，但也应尽早进行，避免时间延误。

其他血管内介入治疗包括桥接、机械取栓术、血管成形术和支架植入术。近年来，已有多项大型随机对照研究证实，对于急性脑大动脉闭塞的患者，应用可回收支架进行机械取栓具有很好的效果，目前已将其作为部分急性脑梗死患者首选的介入治疗手段。在严格选择患者的情况下，单纯进行机械取栓或与药物溶栓联合应用，对血管再通有效。目前认为，前循环大动脉闭塞发病时间在 6 h 以内，后循环大动脉闭塞发病时间在 24 h 内，可采用机械取栓，但随着该领域的快速发展，在多模态精准影像指导下，时间窗正逐步延长。

（三）抗血小板治疗

阿司匹林主要通过使血小板环氧化酶乙酰化而抑制体内过氧化物的生成，同时使 TXA_2 的生成减少；噻氯匹定对腺苷二磷酸诱导的血小板聚集有较强的抑制作用，对胶原、凝血酶、花生四烯酸、肾上腺素及血小板活化因子等诱导的血小板聚集也有不同程度的抑制作用；双嘧达莫可通过抑制血小板内磷酸二酯酶的活性和增强内源性前列环素（PGI_2）的作用，抑制血小板的第一相和第二相聚集，高浓度用药还可抑制血小板的释放反应。

对于不符合静脉溶栓或血管内取栓适应证且无禁忌证的缺血性脑卒中患者，应在发病后尽早予以口服阿司匹林 150～300 mg/d 治疗。急性期后可改为预防剂量（50～300 mg/d）。对进行溶栓治疗者，阿司匹林等抗血小板药物应在溶栓 24 h 后开始使用。对不能耐受阿司匹林的患者，可考虑选用氯吡格雷等进行抗血小板治疗。对于未接受静脉溶栓治疗的轻型卒中患者（NIHSS 评分≤3 分），在发病 24 h 内应尽早启动双重抗血小板治疗（阿司匹林和氯吡格雷）并维持 21 天，有助于降低发病 90 天内的卒中复发风险，但应密切观察患者的出血风险。

（四）抗凝治疗

抗凝治疗对急性缺血性脑卒中患者的价值尚未得到证实，但对渐进性加重的短暂性脑缺血发作或有心源性栓子来源的患者，或存在颈动脉高度狭窄的患者，后循环性短暂性脑缺血发作以及进展性脑卒中患者，使用抗凝药物具有预防作用，可选用肝素、低分子量肝素、藻酸双酯钠、醋硝香豆素、华法林、双香豆素以及新型抗凝药物，如达比加群、利伐沙班。

（五）扩充血容量和扩血管治疗

扩充血容量和扩血管治疗的疗效尚难以确定。对于普通缺血性脑卒中患者，不推荐扩充血容量和扩血管治疗。对于血压偏低的患者，可考虑进行此类治疗。对大多数缺血性脑卒中患者，不推荐扩充血容量。对于低血压或脑血流低灌注所致的急性脑梗死（如分水岭梗死）患者，可考虑扩充血容量，但应注意可能加重脑水肿、心力衰竭等并发症。对有严重脑水肿及心力衰竭的患者，不推荐扩充血容量。此类治疗药物主要是通过增加血容量、降低血液黏滞度、扩张脑血管，以达到改善脑微循环的目的。常用药物有低分子量右旋糖酐、6%羟乙基淀粉、罂粟碱、长春西汀和奥扎格雷。对大多数缺血性脑卒中患者，不推荐进行扩血管治疗。

（六）脑保护治疗

脑保护剂可通过降低脑代谢、干预缺血引发细胞毒性机制而减轻缺血性脑损伤，包括自由基清除剂、阿片受体拮抗剂纳洛酮、电压门控性钙通道阻滞剂、兴奋性氨基酸受体拮抗剂和镁离子等。常用药物有神经节苷酯、依达拉奉、胞磷胆碱等。

（七）中医药治疗

临床上常应用丹参、川芎嗪、三七和葛根素等中药，可通过其活血化瘀作用改善脑梗死症状，将来仍需大规模临床试验验证中医药治疗的效果。针灸治疗也可用于治疗急性脑梗死，但目前尚缺乏大量临床试验证据。

（张瑛琪）

第二节　出血性脑卒中

一、脑出血

案例 8-2

患者，男，63岁，既往有高血压病史，运动时突发右侧头痛，恶心、呕吐，右侧上下肢无力，随即倒地，到急诊就诊。查体：BP 210/120 mmHg，神志清楚语利，双眼向左侧凝视，双侧额纹对称，右侧鼻唇沟浅，右口角低垂，伸舌右偏，右侧肢体肌力1级，右侧病理征阳性。

问题：
1. 初步诊断与依据是什么？
2. 为明确诊断，还需进行哪些检查？
3. 本病的治疗原则是什么？

（一）概念

脑出血（intracerebral hemorrhage，ICH）是指原发性非外伤性脑内血管破裂，导致血液在脑实质内积聚。脑出血的年发病率为（12~15）/10万人，在脑卒中各亚型中发病率仅次于缺血性脑卒中，居第2位。脑出血起病急、病情重、病死率高，是急诊常见的神经系统急症。

（二）病因与发病机制

1. 病因　引起脑出血的病因很多，最常见的是高血压、动脉粥样硬化，其次是脑血管畸形或动脉瘤、血液病、脑外伤、抗凝或溶栓治疗、脑淀粉样血管病等引起的脑出血。

2. 发病机制　颅内动脉具有中层肌细胞和外层结缔组织少以及外弹力层缺失的特点。脑细小动脉在长期高血压刺激下发生玻璃样变性、纤维素样坏死，甚至形成微动脉瘤或夹层动脉瘤。在此基础上，血压骤然升高时，就容易导致血管破裂出血。豆纹动脉和旁正中动脉等深穿支动脉一般由颅内大动脉直接发出，承受压力较高的血流冲击，易导致血管破裂出血，故又称为出血动脉。此外，脑淀粉样血管病和脑梗死可继发血管病变而引起血管破裂出血。

> **知识拓展**
>
> **高血压性脑出血的解剖学基础**
>
> 绝大多数高血压性脑出血发生在基底核的壳核及内囊区，约占脑出血的70%，脑叶、脑干及小脑齿状核出血各占约10%。壳核出血常累及内囊，若出血量大，则可破入侧脑室，使血液充满脑室系统和蛛网膜下腔；丘脑出血时，血液常破入第三脑室或侧脑室，也可向外损伤内囊；脑桥或小脑出血则可直接破入蛛网膜下腔或第四脑室。
>
> 高血压性脑出血的受累血管依次为大脑中动脉深穿支豆纹动脉、基底动脉脑桥支、大脑后动脉丘脑支、供应小脑齿状核及深部白质的小脑上动脉分支、顶枕交界区和颞叶白质分支。血肿较大时，可引起颅内压增高，使脑组织和脑室移位、变形，重者可形成脑疝。小脑幕上半球出血时，血肿向下挤压下丘脑和脑干，使之移位，可导致小脑幕裂孔疝。若下丘脑和脑干等中线结构下移，则可形成中心疝。若小脑大量出血，则可发生枕骨大孔疝。

（三）临床表现

1. 诱因　脑出血多发生于50岁以上伴有高血压的患者，常在情绪激动、精神紧张、剧烈活动、用力过度、咳嗽、排便等诱因下发病。

2. 症状　患者起病常较突然，发病前一般无预感，少数患者在出血前数小时或数日可有头痛、头晕、短暂意识模糊、嗜睡、精神症状，以及一过性肢体运动、感觉异常或言语不清等脑部症状。持续性出血导致血肿扩大是病情加重的原因之一，临床表现为患者突然或逐渐出现意识障碍加重和血压持续升高。绝大多数患者可出现血压升高。

3. 体征　病程中，患者可有不同的表现，如头痛、头晕、恶心、呕吐、意识障碍、瞳孔改变，眼底检查可见动脉硬化、视网膜出血及视神经乳头水肿；血液进入蛛网膜下隙时，患者可出现脑膜刺激征；血肿占位并破坏脑组织，可导致偏瘫、失语及眼位改变等。

（四）辅助检查

1. 颅脑CT检查　颅脑CT是诊断脑出血的首选检查方法，高清晰度CT对脑出血的诊断

准确率几乎可达 100%。发病后 1 周内，CT 检查可见边缘清楚且密度均匀、一致的高密度影，周围可见低密度影（图 8-2）。

2. 颅脑 MRI 和 MRA 检查　MRI 诊断亚急性和慢性血肿比 CT 检查灵敏，尤其是对陈旧性血肿，MRI 可清晰显示含铁血黄素衬边的低信号残腔，容易与陈旧性脑梗死相鉴别。MRA 可以发现颅内血管畸形及动脉瘤等病变。

3. 脑血管造影　临床上怀疑动静脉畸形（arteriovenous malformation，AVM）或脑动脉瘤破裂出血时，进行脑血管造影可明确病因。

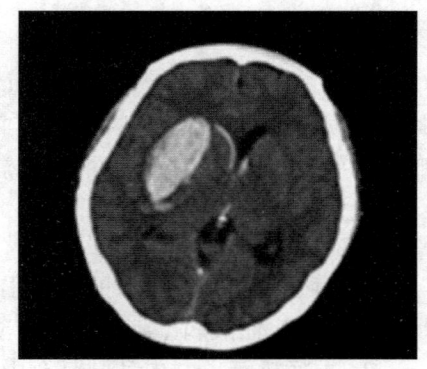

图 8-2　脑出血的 CT 表现
颅脑 CT 扫描显示右侧基底节区高密度影

4. 腰椎穿刺　对确诊脑出血有一定的价值，但对颅内压较高的患者，腰椎穿刺检查有诱发脑疝的危险，如果需要排除颅内感染及蛛网膜下腔出血，必要时可谨慎进行。

5. 其他检查　包括血常规、血液生化、凝血功能、心电图及胸部 X 线等检查。

（五）病情评估、危险分层及诊断

1. 病情评估及危险分层　根据患者的意识状态及主要体征，可将脑出血分为 5 级（表 8-2）。准确分析脑出血患者的病情并进行判断，有助于改善预后。

表 8-2　脑出血患者的意识状态及主要体征分级

分级	意识状态	瞳孔变化	语言功能	运动功能
Ⅰ级	清醒或嗜睡	等大	可有失语	轻偏瘫
Ⅱ级	嗜睡或朦胧	等大	可有失语	有不同程度的偏瘫
Ⅲ级	浅昏迷	等大	失语	偏瘫
Ⅳ级	中昏迷	等大或不等大	失语	明显偏瘫
Ⅴ级	深昏迷	单侧或双侧瞳孔散大	失语	去大脑强直或四肢软瘫

注：对Ⅰ级患者，若幕上血肿小于 30 ml，则可先采取内科治疗；对Ⅱ~Ⅳ级患者，大多数采用手术治疗；对Ⅴ级患者，采用内科、外科治疗方法均不理想

小脑出血患者可突然发生枕骨大孔疝而危及生命，应予以重视。

此外，还可应用 GCS 或 NIHSS 量表等评估患者病情的严重程度。

脑出血数小时内，常出现血肿扩大，加重神经功能损伤，应密切监测患者的病情变化。CTA 和 CT 增强扫描显示"点状征"（spot sign）（图 8-3）有助于预测血肿扩大的风险，必要时可进行相应的评估。

2. 诊断　根据病史资料和体格检查，大多可做出诊断。患者年龄多在 50 岁以上，既往有高血压动脉硬化病史，多在情绪激动或体力劳动时发病；起病突然，发病后出现头痛、恶心、呕吐，半数患者可出现意识障碍或抽搐、尿失禁；可出现明显定位体征，如偏瘫、脑

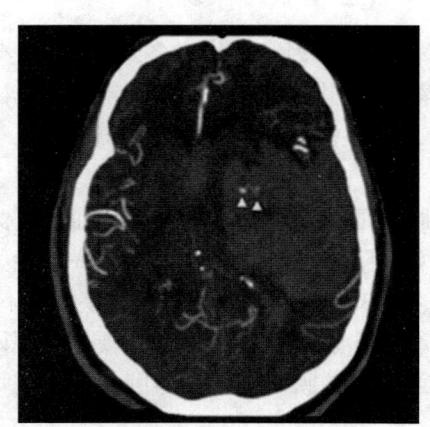

图 8-3　血管造影 CT 显示血肿范围内有造影剂外渗
注：白色箭头所示即为"点状征"

膜刺激征。发病后,患者血压明显升高;CT 及 MRI 检查可见出血灶。

同时,应尽早对脑出血患者进行全面评估,包括询问病史,进行体格检查、神经系统检查和相关的实验室检查,特别是血常规、凝血功能和影像学检查。在病情和条件允许的情况下,应进行必要的检查,以明确病因。对怀疑为血管病变(如血管畸形等)或肿瘤的患者,可选择进行 CTA、CT 增强扫描、MRI 增强扫描、MRA、MRV 或 DSA 检查,以明确诊断。

(六)救治措施

脑出血急性期的治疗主要包括急救处理、内科治疗和外科治疗。

1. 急救处理 对昏迷患者,应及时清除口腔和呼吸道分泌物,保持呼吸道通畅。对出现呼吸衰竭的患者,必要时行气管切开,予以人工通气。接诊医生应简要询问病史,进行较为全面的体格检查。迅速建立静脉通道,监测患者的生命体征。

2. 内科治疗 急性期内科治疗的原则是使患者卧床休息、脱水降颅内压、控制血压、止血和防止再出血、预防和治疗各种并发症。主要目的是挽救患者的生命,降低致残率,防止复发。

(1)一般处理:①使患者绝对卧床休息,监测生命体征。若患者出现烦躁不安,则可用苯二氮䓬类药物,禁用吗啡类药物。②保持呼吸道通畅,予以吸氧,必要时行气管插管或气管切开术。对出现尿潴留的患者,应留置导尿管。对昏迷患者,应定时协助其翻身,防止形成压疮。③保持水、电解质平衡,予以营养支持。④保持肢体处于功能位,以防止肢体畸形。

(2)特殊治疗:①急性期血压的处理,发生脑出血后,患者血压一般升高,收缩压>200 mmHg 时,应予以抗高血压药,同时应保证脑组织灌注,使血压维持在 160/100 mmHg 左右。②脱水降颅内压,应立即使用脱水药,以降低颅内压。可选用甘露醇或甘油果糖静脉滴注。③应用止血药,对有出血倾向和并发消化道出血的患者,可适当应用止血药物,对其他多数患者不必常规使用止血药。④脑保护剂与亚低温疗法,常用药物有尼莫地平、维生素 E、维生素 C;常用头枕冰袋、戴冰帽,可起到一定的降温作用。

3. 外科治疗 目前对于外科手术适应证、方法和手术时机的选择尚无统一标准,主要根据病因、出血部位、出血量及患者的年龄、意识状态、全身情况决定。主要手术方法包括:开颅血肿清除术、微创手术、去骨瓣减压术及脑室引流、溶栓治疗。对于大多数原发性脑出血患者,外科治疗的有效性尚不确定,不主张无选择性地常规进行外科或微创手术。

(1)脑实质出血:对出现以下临床情况者,可考虑选择进行外科手术或微创手术治疗。①对出现神经功能恶化或脑干受压的小脑出血患者,无论是否有脑室梗阻引起脑积水的表现,都应尽快进行手术,以清除血肿;不推荐单纯进行脑室引流而不进行血肿清除。②对于脑叶出血超过 30 ml 且血肿距皮质表面 1 cm 范围内的患者,可考虑进行标准开颅术清除幕上血肿,或进行微创手术清除血肿。③对发病时间在 72 h 内、血肿体积为 20~40 ml、GCS≥9 分的幕上高血压脑出血患者,在有条件的医院,经严格选择后,可应用微创手术联合或不联合溶栓药物液化引流,清除血肿。④对出血量在 40 ml 以上,且血肿占位效应导致意识障碍加重的重症脑出血患者,可考虑进行微创手术清除血肿。⑤微创治疗应尽可能清除血肿,使治疗结束时残余血肿体积<15 ml。⑥对病因未明确的脑出血患者,在进行微创手术前,应行血管相关检查(CTA、MRA、DSA),以排除血管病变,规避和降低再出血风险。

(2)脑室内出血:目前缺乏脑室内出血的推荐手术治疗方法。脑室内应用重组组织型纤溶酶原激活剂(rt-PA)治疗的有效性有待进一步研究。

(3)脑积水:对伴有意识障碍的脑积水患者,可行脑室引流,以缓解颅内压增高。

二、蛛网膜下腔出血

(一) 概念

蛛网膜下腔出血 (subarachnoid hemorrhage, SAH) 是脑底部或脑表面血管破裂后,血液流入蛛网膜下腔而引起相应临床症状的一种脑卒中,可分为外伤性和自发性两类,占所有脑卒中的 5%~10%。我国年发病率约为 1/10 万人。

(二) 病因与发病机制

1. 病因　最常见的病因是动脉瘤,约占全部病例的 85%,其他病因包括中脑周围非动脉瘤性出血 (perimesencephalic nonaneurysmal hemorrhage)、血管畸形、硬脑膜动静脉瘘 (dural arteriovenous fistula)、凝血功能障碍、吸食可卡因和垂体卒中等。

2. 发病机制

(1) 动脉瘤:粟粒样动脉瘤可能与遗传和先天性发育缺陷有关,随着年龄的增长,由于动脉壁粥样硬化、高血压和血流冲击等因素的影响,动脉壁弹性减弱,管壁薄弱处逐渐向外膨出,形成囊状动脉瘤。炎症性动脉瘤是由动脉炎或颅内炎症引起的血管壁病变。

(2) 脑动静脉畸形:是发育异常形成的畸形血管团,血管壁薄弱,情绪激动或其他诱因可导致其破裂。

(3) 其他:如肿瘤或转移癌直接侵蚀血管,引起血管壁病变,最终导致血管破裂出血。

(三) 临床表现

1. 症状　患者最突出的临床症状是头痛,无论是在重体力活动时、情绪激动状态下,还是在正常活动期间,患者均可发病。发病时,可伴有恶心、呕吐、意识障碍、局灶性神经功能缺损、癫痫发作和脑膜刺激征。少数临床表现不典型且头痛不严重的患者,容易被忽略而延误诊断。

2. 常见的神经系统体征

(1) 脑膜刺激征:脑膜刺激征是本病最具特征性的基本体征。老年人及昏迷患者的脑膜刺激征常不明显,应予以注意。

(2) 脑神经障碍:最常见的是动眼神经麻痹,其次是面神经麻痹。

(3) 偏瘫或偏身感觉障碍:早期出现严重的偏瘫及偏身感觉障碍提示大脑中动脉破裂,且出血已进入脑实质。晚期出现则多由脑血管痉挛、梗死所致。

(4) 眼底改变:玻璃体积血是本病的特征之一。由于颅内压增高,患者可出现视神经乳头水肿。

3. 常见的并发症

(1) 再出血:是蛛网膜下腔出血致死、致残的主要原因之一。临床表现为在病情比较稳定的情况下突然出现原有症状和神经体征加重或复发,缓解或消失的脑膜刺激征再度加重或出现新的症状和体征;腰椎穿刺抽出的脑脊液有新鲜出血现象,颅脑 CT 扫描可发现新的高密度区。

(2) 脑血管痉挛:急性脑血管痉挛常在蛛网膜下腔出血后立即出现,多在 24 h 内缓解,临床表现为短暂性意识障碍和一过性神经定位体征。迟发性脑血管痉挛常发生在出血后 4~12 天内,并持续数日至数周,临床表现为病情稳定后又出现神经定位体征及意识障碍或病情

在原有基础上加重。

（3）急性脑积水：是指出血后数小时至 7 天内的急性或亚急性脑室扩大所导致的脑积水。

（4）正常压力脑积水：多发生在起病后 4～6 周。临床表现为痴呆、进行性步态异常、尿失禁及脑室扩大，而颅内压正常。

（四）辅助检查

1. 颅脑 CT 和 CTA 检查　CT 是诊断蛛网膜下腔出血的首选检查方法。在出血后数天内，CT 扫描的阳性率可达 80%～100%。随着时间的延长，CT 检查发现病变的阳性率逐渐降低。因此，对疑有蛛网膜下腔出血的患者，应尽快行 CT 扫描（图 8-4）。高分辨 CTA 具有快速成像、易普及等优势，还可以显示动脉瘤的形态、病变动脉与骨性结构的关系，以指导手术治疗；同时，CTA 对动静脉畸形而言是一种安全、可靠的诊断工具，可以清晰地显示动静脉畸形的外形、分辨引流静脉系统和供血动脉系统，对引流静脉及其导入静脉窦全程进行显影，有助于了解毗邻结构的三维影像，为临床制订最佳的治疗方案提供更全面的影像学信息。

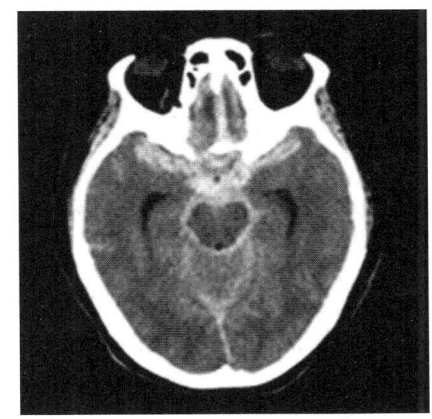

图 8-4　颅脑 CT 检查显示纵裂池、环池高密度影

2. 颅脑 MRI 和 MRA　MRI 也是确诊蛛网膜下腔出血的主要辅助诊断技术。在疾病急性期，MRI 的灵敏度与 CT 相近，但在疾病亚急性期及慢性期，其诊断的灵敏度优于 CT。一般情况下，MRA 无需碘造影、无离子辐射，可用于蛛网膜下腔出血的病因筛查。蛛网膜下腔出血急性期进行 MRI 检查可能诱发再出血。因此，MRI 检查主要用于发病 1～2 周后 CT 扫描阳性率下降时。

3. 脑血管造影　DSA 是诊断动脉瘤和动静脉畸形的金标准。一旦明确蛛网膜下腔出血的诊断，即应行脑血管造影，以利于发现动脉瘤、烟雾病、血管畸形等蛛网膜下腔出血的病因。高质量的旋转数字减影血管造影和三维重建 DSA 对动脉瘤的检出率高，同时有利于构建动脉瘤形态、显示瘤颈与邻近血管的关系及指导治疗方法的选择。DSA 在显示微小畸形血管团方面较 CTA 或 MRA 更有优势。

4. 脑脊液检查　对于疑诊为蛛网膜下腔出血但 CT 检查结果呈阴性的患者，需进一步行腰椎穿刺检查，脑脊液性质均匀、呈血性可支持蛛网膜下腔出血的诊断。

5. 其他检查　蛛网膜下腔出血初期，患者可出现白细胞计数升高。心电图检查也可见显著的异常改变，如 QT 间期延长、ST 段和 T 波改变等。

（五）病情评估、危险分层及诊断

1. 病情评估及危险分层　蛛网膜下腔出血的 Hunt 和 Hess 分级标准、GCS 评分见表 8-3。

表 8-3　蛛网膜下腔出血的 Hunt 和 Hess 分级标准、GCS 评分

分级	Hunt 和 Hess 分级标准	GCS 评分
Ⅰ级	无症状或轻微头痛	15 分
Ⅱ级	中度至重度头痛、脑膜刺激征、脑神经麻痹	13～14 分
Ⅲ级	嗜睡、意识混浊、轻度局灶性神经体征	13～14 分
Ⅳ级	昏迷、中度或重度偏瘫、出现早期去大脑强直或自主神经功能紊乱	7～12 分
Ⅴ级	昏迷、去大脑强直、濒死状态	3～6 分

对Ⅰ级、Ⅱ级或轻度Ⅲ级患者，进行手术治疗可改善临床转归，应尽早进行血管造影，以明确病因和手术治疗方式。Ⅳ级或Ⅴ级提示出血严重，手术危险较大，需进行神经外科治疗。

2. 诊断 蛛网膜下腔出血的临床特点包括突发头痛，伴恶心、呕吐、意识障碍、癫痫、脑膜刺激征阳性及头颅CT提示蛛网膜下腔高密度影。若患者症状不典型、头颅CT检查结果呈阴性，仍疑诊为蛛网膜下腔出血，则应尽早进行腰椎穿刺检查，脑脊液性质均匀、呈血性可支持蛛网膜下腔出血的诊断。

（六）救治措施

确诊蛛网膜下腔出血后，应尽早进行脑血管造影或CT检查。其治疗原则是控制继续出血和防止再出血，解除血管痉挛，去除病因，防治并发症。

1. 一般治疗

（1）绝对卧床休息：患者一般需卧床休息4~6周。应积极予以对症处理，对出现剧烈头痛、烦躁不安者，可予以镇痛药、镇静药，必要时可肌内注射地西泮及小剂量冬眠合剂；对昏迷患者，应留置导尿管；对出现癫痫发作者，应进行抗癫痫治疗。

（2）止血：目前主要应用抗纤溶制剂。用法：将氨基己酸6~18 g加入0.9%生理盐水100 ml，静脉滴注，每天1~2次，连用2~3周。或应用氨甲苯酸，每次200~400 g静脉滴注。

（3）适当降低血压：血压过高是促发再出血的危险因素之一，可适当使用抗高血压药，但需注意兼顾降低再出血风险及保持脑组织灌注。目前血压管理与患者预后的相关性尚不明确，关于目标血压及抗高血压药的选择尚无统一标准。研究表明，保持收缩压<160 mmHg可以降低再出血风险，使用短效抗高血压药控制血压，可避免严重发生的低血压、高血压和血压变异性。

（4）降低颅内压：常用20%甘露醇125~250 ml快速静脉滴注，每天2~4次，也可联合应用呋塞米20~40 mg静脉注射。可使用激素，如地塞米松5~10 mg静脉滴注，对减轻蛛网膜粘连有一定的作用。

2. 脑血管痉挛的防治 ①维持体液平衡和正常循环血容量。②早期使用尼莫地平等钙通道阻滞剂，可应用尼莫地平注射液50 ml/d，缓慢静脉推注。③早期进行动脉瘤切除术。

3. 脑积水的防治 急性期脑积水的有效治疗方法是脑室外引流。可试用乙酰唑胺抑制脑脊液分泌，或应用甘露醇、呋塞米等脱水药。同时，应尽早配合腰椎穿刺等置换血性脑脊液，清除积血，并恢复正常的脑脊液循环。

4. 手术治疗 经血管造影发现颅内动脉瘤或动静脉畸形时，若患者无手术禁忌证，则应考虑进行手术治疗，可采用开颅夹闭、切除或血管介入栓塞治疗。目的是防止再出血。发生脑疝时，应行急诊手术。

颅内动脉瘤的血管内治疗

颅内动脉瘤的血管内治疗主要包括两类：一类是动脉瘤栓塞术，即通过向动脉瘤内释放弹簧圈，致使局部血栓形成，从而将动脉瘤与血液循环阻隔。此类治疗方法主要包括单纯弹簧圈动脉瘤栓塞术、支架辅助弹簧圈动脉瘤栓塞术、球囊辅助弹簧圈动脉瘤栓塞术等；另一类是血流导向装置置入术，即通过置入覆膜或密网孔的血流导向装置，使

动脉瘤内的血液淤滞，形成血栓而使动脉瘤闭塞。此方法已逐渐成为治疗复杂动脉瘤的重要治疗方法。使用传统材料栓塞的动脉瘤，随着时间的延长，其复发率和再治疗率增高；接受血流导向装置治疗的动脉瘤患者治愈率随时间延长逐渐提高。由于血流导向装置需要特殊的释放技术和操作经验，早期报道的并发症发生率高于传统治疗方法，但随着技术的改进和操作经验的积累，其疗效和安全性已显著提高。

（张瑛琪）

第三节 癫痫持续状态

一、概念

癫痫持续状态（status epilepticus，SE）是急诊常见的急危重症。1981年，国际抗癫痫联盟（International League Against Epilepsy，ILAE）分类和术语委员会将癫痫持续状态定义为：一次抽搐发作持续足够长时间，或反复抽搐发作而发作间期意识未恢复的状态。2015年，ILAE对癫痫持续状态的定义进行了修订：持久的痫性发作且可能造成长期损伤的状态：①强直阵挛发作超过 5 min；②伴意识障碍的局灶性发作超过 10 min；③失神发作超过 15 min。

二、病因与发病机制

1. 病因 癫痫持续状态可由颅内疾病及全身疾病引起（表 8-4）。

表 8-4 癫痫持续状态的常见病因

颅内疾病	全身疾病
1. 特发性癫痫	1. 代谢紊乱
2. 颅内感染性疾病	肝性脑病
细菌性脑炎、脑膜炎	尿毒症性脑病
病毒性脑炎、脑膜炎	低血糖、高血糖
寄生虫性脑膜炎	低钠血症、低钙血症
人类免疫缺陷病毒性脑病	2. 戒断症状
3. 颅脑损伤	酒精戒断
脑挫裂伤	停用抗癫痫药
外伤性颅内出血	3. 中毒
颅脑复合损伤	抗精神病药物（氯氮平等）
产伤	抗菌药（氟喹诺酮、亚胺培南、甲硝唑等）
4. 急性脑血管病	三环类抗抑郁药
高血压性脑出血	4. 全身性感染

颅内疾病	全身疾病
原发性蛛网膜下腔出血	中毒性脑病
脑栓塞、脑血管畸形等	
5. 其他	
急性脑积水	
缺氧或低氧性损伤	
脑转移瘤等	

2. 发病机制 癫痫持续状态的发病机制包括正常结构的破坏以及局部代谢异常或生化功能的破坏。由于有两种神经递质的作用,即兴奋性神经递质乙酰胆碱和抑制性神经递质 γ-氨基丁酸,这种机制比较容易阐明。在敏感性神经元中,例如在致癫痫区域,乙酰胆碱和 γ-氨基丁酸浓度的轻微变化即可引起持续的细胞膜去极化,随之局部出现超极化和募集反应。募集反应可通过周围的路径或者沿脑深部中线不同的环路进行扩展。当突发放电沿皮质下深部组织传递时,脑干网状上行激活系统可受到影响,即引起意识改变。在全身性癫痫发作中,病灶往往位于皮质下及中线部位,这就可以解释迅速出现的意识丧失和双侧大脑半球受累现象。

 基础回顾

神经递质

神经递质(neurotransmitter)是神经元之间或神经元与效应器细胞(如肌肉细胞、腺体细胞)之间传递信息的化学物质。根据神经递质的化学组成特点,可将其分为胆碱类(乙酰胆碱)、单胺类(去甲肾上腺素、多巴胺和 5-羟色胺)、氨基酸类(兴奋性递质,如谷氨酸和天冬氨酸;抑制性递质,如 γ-氨基丁酸、甘氨酸和牛磺酸)和神经肽类等。在神经元的信息传递过程中,当一个神经元受到来自环境或其他神经元的信号刺激时,储存在突触前囊泡内的递质可向突触间隙释放,作用于突触后膜相应的受体,从而将递质信号传递给下一个神经元。神经递质主要以旁分泌的方式传递信号,因此传递速度快、准确率高。递质信号的终止是由于突触间隙或后膜上相应的水解酶分解破坏,或者被突触前膜特异性递质转运体重摄取。

三、临床表现

1. 全面性惊厥性癫痫持续状态 包括全面性强直-阵挛性癫痫持续状态、强直性癫痫持续状态、阵挛性癫痫持续状态和肌阵挛性癫痫持续状态。其中,最主要、最常见的是全面性强直-阵挛性癫痫持续状态,致残率与致死率均较高,临床表现为反复的全身强直阵挛发作,两次发作间期意识不清,或一次发作持续 5 min 以上。发作时,患者意识丧失、全身抽搐、呼吸停止,可造成脑缺氧、充血、水肿,重者呈去大脑皮质状态、痴呆状态,甚至形成脑疝而导致死亡。

2. 全面性非惊厥性癫痫持续状态 主要是失神发作持续状态,表现为不同程度的持续性意识障碍,多见于儿童。轻者意识障碍表现为轻度意识混浊、嗜睡,病情较重者呈意识混浊或

昏睡状态。

3. 单纯部分性发作癫痫持续状态 表现为身体的一部分持续不停地抽搐，可达数小时或数天，但患者无意识障碍。此类癫痫持续状态可发展为继发性全身癫痫持续状态。发作终止后，患者可有发作部位瘫痪（Todd 麻痹）。此类癫痫持续状态多由中央区附近病灶引起。

4. 复杂部分性癫痫持续状态 表现为长时间的精神错乱状态或仅有模糊记忆，有时可紧跟在一次全身强直阵挛发作之后出现，易被误诊为全身强直阵挛发作持续状态。脑电图改变主要表现为颞叶或额颞叶局限性癫痫样放电。

四、辅助检查

对出现神经体征的患者，应进行颅脑 CT 或者 MRI 检查，必要时进行脑脊液检查；对考虑为代谢性疾病引起的癫痫持续状态患者，应进行血糖、电解质等检查；考虑患者发生感染时，须进行血常规及相关检查；对考虑心源性癫痫持续状态（阿 - 斯综合征）的患者，须进行心电图检查；对原发性癫痫患者，待病情平稳后，可进行视频脑电图检查；同时，应对患者进行心电监护，以持续监测其生命体征。

五、病情评估与诊断步骤

（一）病情评估

癫痫持续状态尤其是全面性强直 - 阵挛性癫痫持续状态，严重威胁患者的生命。凡是以癫痫持续状态为主要表现就诊者，均需对其病情危险程度进行判断，对生命体征、血液生化指标、神经影像学、脑脊液等进行评估，采用 Glasgow 昏迷评分判断患者的昏迷程度。

（二）诊断步骤

对癫痫持续状态的诊断应遵循以下三个原则：首先要确定是否为癫痫发作，然后判断是否为癫痫持续状态，最后确定癫痫持续状态的病因。

1. 确立癫痫发作的诊断 ①临床表现呈发作性、短暂性、重复性和刻板性；②脑电图监测可发现癫痫样放电；③临床发作症状可用神经系统解剖学知识来解释。

2. 判断是否为癫痫持续状态 ①反复出现癫痫发作，发作间期中枢神经系统功能没有恢复到正常基础状态或发作间期意识不清；②癫痫频繁发作或一次发作持续 5 min 以上。满足上述两个标准之一者，即可判断为癫痫持续状态。

3. 确定癫痫持续状态的病因 ①对以全身强直 - 阵挛性癫痫发作为首发症状伴发热，有脑膜刺激征或瘫痪体征者，应怀疑颅内感染性疾病的可能，并尽快进行腰椎穿刺检查；对无神经体征特别是发生于儿童者，可能是原发性癫痫被发热诱导，应进行视频脑电图检查。②对突然出现癫痫发作，伴瘫痪或脑膜刺激征，无发热的患者，应高度怀疑为急性脑血管疾病，须即刻进行颅脑 CT 检查。③成年患者出现癫痫持续状态，无发热及神经系统阳性体征，应考虑为代谢性疾病或中毒性疾病，须立即进行血糖、药物或毒物检测。④癫痫患者在治疗过程中出现癫痫持续状态可能是由于药物使用过量或药物用量不足所致，应即刻检测血药浓度。

六、救治措施

(一) 急救处理

癫痫持续状态的处置目前仍然面临极大的挑战，快速处理、正确实施治疗方案、早期识别非惊厥性癫痫持续状态、避免过度治疗及并发症发生是治疗成功的关键。处置原则是：立即终止癫痫发作，预防癫痫复发，处理可能的诱发因素，治疗并发症或潜在疾病。癫痫持续状态的救治流程如图 8-5 所示。

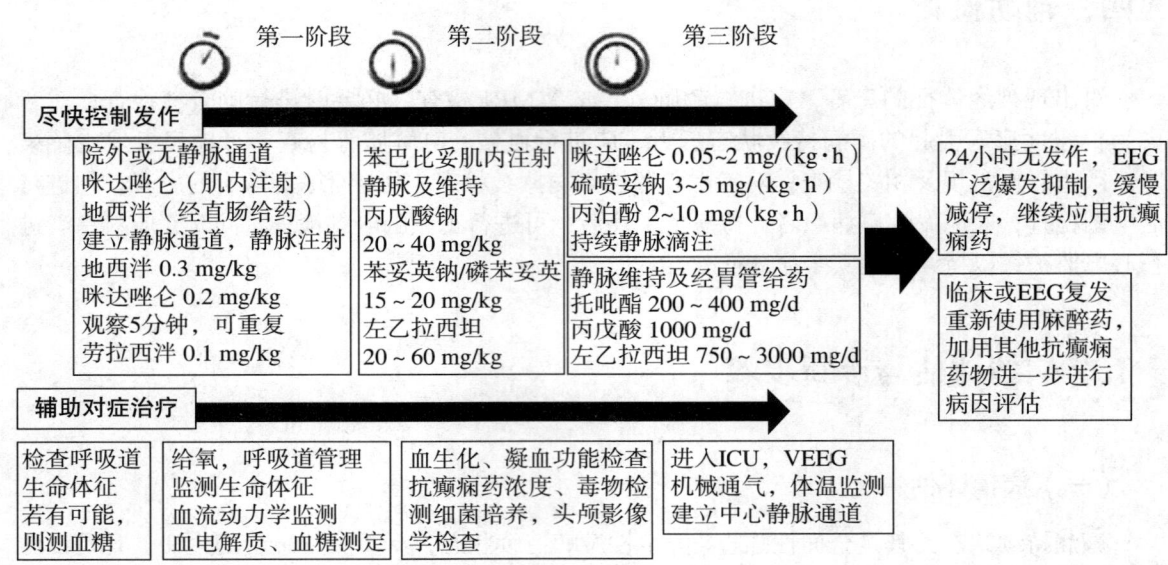

图 8-5　癫痫持续状态的救治流程

(二) 积极处理原发疾病

1. 颅内感染　对颅内感染患者，应积极进行抗感染治疗，选用相关抗菌药或抗病毒药物进行治疗。

2. 原发性癫痫　对原发性癫痫患者，应进行抗癫痫治疗。

3. 颅内出血或脑梗死　对发生颅内出血或脑梗死的患者，应按脑血管疾病相关治疗方案处理。

(三) 对症治疗

1. 脑水肿　对脑水肿患者，可用 20% 甘露醇 125~250 ml 快速静脉滴注。

2. 感染　预防性应用抗菌药，控制感染。

3. 高热　可予以物理降温。

4. 代谢紊乱　及时纠正酸中毒等代谢紊乱，并予以营养支持治疗。

(黄齐兵)

第四节　颅内感染

颅内感染是指由于多种病原体侵犯中枢神经系统，引起脑和脑膜以及血管损害的一组急、慢性炎症性疾病。病原体侵犯脑膜引起的炎症反应称为脑膜炎（如化脓性脑膜炎、结核性脑膜炎等），侵犯脑实质则引起脑炎（如单纯疱疹病毒性脑炎、脑囊虫病等），脑膜、脑实质均受累者称为脑膜脑炎。颅内感染多由于患者免疫力低下或颅脑损伤导致。据统计，神经手术后颅内感染的发生率为 0.3%~25%，颅脑外伤引起的颅内感染发生率为 1.4%，神经手术后颅内感染患者死亡率为 3%~33%。本节主要讨论急性颅内感染性疾病。

一、病因与发病机制

（一）病因

颅内感染的常见病因见表 8-5。

表 8-5　颅内感染的常见病因

病因	病原体
细菌感染	化脓性细菌、脑膜炎球菌、肺炎球菌、流感嗜血杆菌、葡萄球菌、大肠埃希菌、厌氧菌、结核分枝杆菌
病毒感染	单纯疱疹病毒、水痘带状疱疹病毒、巨细胞病毒、柯萨奇病毒、埃可病毒、脊髓灰质炎病毒、腮腺炎病毒、腺病毒
真菌感染	新型隐球菌、念珠菌、曲霉菌、粗球孢子菌、荚膜组织胞浆菌
寄生虫感染	猪绦虫幼虫、棘球绦虫、弓形虫、旋毛虫、血吸虫、疟原虫
其他病原体感染	螺旋体、朊粒蛋白、立克次体

（二）发病机制

病原体通过不同的途径进入颅内，通过不同的方式引起脑膜或脑实质的炎症反应。常见的感染途径包括以下几种。

1. 血行感染　病原体可通过昆虫叮咬、动物咬伤皮肤黏膜后进入血液，也可通过使用不洁注射器、输血等途径直接进入血液。五官感染时，病原体可经静脉逆行入颅内。孕妇感染后可经胎盘垂直传播给胎儿。

2. 直接感染　病原体可通过穿透性外伤引起颅内感染，或邻近结构感染向颅内蔓延。

3. 逆行感染　嗜神经性病毒（如单纯疱疹病毒、狂犬病毒）首先感染皮肤、呼吸道或胃肠道黏膜，经神经末梢进入神经干，然后逆行进入颅内。

二、临床表现

急性中枢神经系统感染的典型症状包括以下几类。

1. 感染的前驱症状　如发热、畏光、头痛、肌痛、嗜睡、腹痛、腹泻等。

2. 颅内压增高症状 表现为剧烈头痛、呕吐、意识障碍等。腰椎穿刺时,检测颅内压明显升高,甚至形成脑疝。

3. 脑实质受损症状 表现为精神萎靡、淡漠、癫痫发作、精神行为异常、偏瘫、语言障碍等。

4. 脑膜刺激症状 表现为颈项强直,Kerning 征和 Brudzinski 征呈阳性,但新生儿、老年人或昏迷患者表现常不显著。

三、辅助检查

1. 腰椎穿刺 腰椎穿刺是诊断颅内感染的重要检查方法,通常可明确病原体。腰椎穿刺时,需要先测定脑脊液压力,观察脑脊液的颜色及性状等,然后留取脑脊液进行白细胞计数、细胞学检查、生化检查、免疫学检查、蛋白质电泳检查、酶学检查、涂片、墨汁染色、细菌培养及药物敏感试验等,必要时还需进行实时荧光定量聚合酶链反应和抗原检查等。

2. 神经影像学检查 进行颅脑 CT 和 MRI 检查可以排除颅内脓肿、脑出血或占位性病变,头颅 MRI 检查对诊断单纯疱疹脑炎非常敏感,典型表现为颞叶、边缘系统及海马呈长 T2 信号。MRI 增强扫描有助于诊断脑脓肿,但早期 MRI 检查阴性不能完全排除诊断。

3. 脑电图(electroencephalogram,EEG)检查 脑电图检查对于判断脑实质炎症性病变具有重要作用,特别是对于出现癫痫发作、精神行为异常、意识障碍等而神经影像学、腰椎穿刺检查无阳性发现的患者,脑电图检查更具有诊断意义,可表现为弥漫性或局限性慢波节律,或脑电活动处于抑制状态。1 型单纯疱疹病毒性脑炎患者可出现非特异性脑电图异常,局灶性或单侧异常可作为单纯疱疹病毒性脑炎的诊断依据。

4. 其他检查 包括血常规、红细胞沉降率、血清 C 反应蛋白、降钙素、白细胞介素 -6、血培养、胸部影像学检查和脑活检等。

四、诊断要点

1. **前驱症状** 患者有发热、流涕等前驱症状。
2. **主要表现** 包括发热、头痛、呕吐、意识障碍、精神行为障碍等。
3. **主要体征** 包括脑膜刺激征、偏瘫体征、语言障碍等。
4. **脑脊液有炎症性改变** 如颅内压增高、脑脊液白细胞计数增高、蛋白含量增高、糖类及氯化物有相应改变。根据脑脊液的变化特点可以鉴别化脓性脑膜脑炎、结核性脑膜脑炎和病毒性脑膜脑炎等(表 8-6)。
5. **脑电图检查** 可见局限性或弥漫性慢波节律。
6. **颅脑 CT 或 MRI 检查** 提示存在能够解释病情的异常发现。

表 8-6 常见脑膜炎患者的脑脊液变化

脑膜炎类型	压力(mmHg)	外观	WBC 计数(×10^6/L)	细胞分类(%)	蛋白质(g/L)	葡萄糖(mmol/L)	病原体
病毒性	正常/↑	清亮	<1000	以淋巴细胞为主	正常/↑	正常	病毒分类(+)
细菌性	↑↑	混浊/脓样	>1000	以中性粒细胞为主	↑↑	↓↓	涂片、培养(+)

续表

脑膜炎类型	压力（mmHg）	外观	WBC 计数（×10⁶/L）	细胞分类（%）	蛋白质（g/L）	葡萄糖（mmol/L）	病原体
结核性	↑	毛玻璃样	100~500	以淋巴细胞为主	↑	↓	抗酸染色、培养（+）
真菌性	↑↑	清亮/微混	10~800	以淋巴细胞为主	↑	↓	墨汁染色、隐球菌培养（+）

五、病情评估

颅内感染患者的症状与体征轻重不一，如轻微头痛、恶心、精神行为异常以及不同程度的意识障碍等。对于颅内感染患者，需要先判断颅内压增高的程度，从而评估发生脑疝的可能性。对出现意识障碍的患者，应评估其严重程度。

六、救治措施

（一）急诊处理

对昏迷或伴发严重肺部感染的患者，需要进行气管插管，进行积极、有效的气道管理；对颅内高压或急性脑水肿患者，可应用渗透性利尿药；对高热和（或）昏迷患者，应予以降温处理，进行脑保护治疗；对出现癫痫等并发症的患者，需要进行控制癫痫等对症治疗。

（二）病因治疗

1. 化脓性脑膜炎 根据细菌培养结果和药物敏感试验结果，尽早选择敏感且易于通过血脑屏障的杀菌剂。在明确病原体之前，应根据患者的年龄、病史选择抗菌药物进行经验性治疗。对于婴幼儿、老年人及抵抗力低下和耐药菌株感染者，应考虑联合用药。目前，社区获得性细菌性脑膜炎的经验性治疗方案是头孢曲松或头孢噻肟；医院获得性脑膜脑炎，尤其是颅脑手术后、脑外伤或脑室引流的初始治疗方案是：万古霉素+美罗培南、头孢吡肟或头孢拉定。对于治疗3天内临床症状及细菌学检查未改善的患者，应及时更换抗菌药物。

2. 病毒性脑膜脑炎 对大多数病毒性脑膜炎患者，尚无特殊药物治疗方法，目前主要是对症治疗、支持治疗和防治并发症。除单纯疱疹病毒性脑膜炎外，患者一般病程短，病变为良性，病程呈自限性，并且无后遗症。对于单纯疱疹性脑膜脑炎患者，阿昔洛韦仍然是目前的首选药物，可明显改善预后；此外，更昔洛韦、膦甲酸钠、西多福韦对单纯疱疹性脑膜脑炎也有一定的疗效。

3. 结核性脑膜炎 标准治疗方案是异烟肼、利福平、吡嗪酰胺和乙胺丁醇或链霉素。糖皮质激素可减轻中毒症状，抑制炎性反应及减轻脑水肿，常用泼尼松口服。抗结核药物应用的早晚对预后的影响极大，杀菌药和抑菌药联合应用可提高疗效和延缓结核分枝杆菌耐药性的产生，因此临床上多强调早期联合用药。

4. 真菌性脑膜炎 本病常呈进行性加重，预后不良，死亡率较高。治疗真菌性脑膜炎的主要方法是两性霉素B与氟胞嘧啶联合应用治疗2周，然后用氟康唑巩固治疗8周，之后改为口服维持治疗，可提高治愈率。

（三）用药原则

1. 当怀疑患者发生颅内感染时，应留取相关标本进行细菌涂片或培养，并尽早开始进行经验性抗菌药物治疗。

2. 选择易透过血脑屏障的抗菌药物，推荐首选杀菌剂，如头孢曲松、头孢噻肟、美罗培南及万古霉素等。抗菌药物根据血脑屏障的穿透性进行分类。

3. 对中枢神经系统感染患者，建议根据药效动力学、药代动力学理论用药，剂量建议使用说明书允许的最大剂量或遵医嘱用药。

4. 在经验性治疗48～72h后，应评估患者对治疗的反应性；对疗效不佳者，需重新考虑诊断；仍怀疑为颅内感染时，则需考虑调整治疗方案。

5. 药物需要应用足够的疗程，具体治疗时间取决于病原体、感染程度及治疗效果。

（四）支持治疗

加强护理，予以营养支持，维持水、电解质平衡，保持呼吸道通畅以及维持静脉通道等。

知识拓展

随机光学重建显微技术在脑膜炎球菌研究中的应用

随机光学重建显微技术（stochastic optical reconstruction microscopy，STORM）是一种超高分辨率荧光显微技术。脑膜炎球菌属于革兰氏阴性细菌，是引起颅内感染的病原体。2019年，Jan Schlegel等分别使用荧光标记的STxB和CTxB亚基研究两种鞘脂GM1和Gb3在脑膜炎球菌感染过程中的作用。通过结构光照明显微镜（structure illumination microscope，SIM）和直接随机光学重建显微镜（dSTORM）进行超高分辨率显微镜观察，可见脑膜炎球菌周围有GM1聚集，表明其对细菌侵袭的重要意义。

（李　欣）

思 考 题

1. 简述急性缺血性脑卒中的治疗原则。
2. 简述蛛网膜下腔出血的治疗。
3. 简述癫痫持续状态的临床表现。
4. 简述颅内感染治疗的用药原则。
5. 病例分析：患儿，5岁，因发热、头痛、嗜睡5天，喷射性呕吐1天入院。血常规检查：WBC 15×10^9/L，N 0.85。脑脊液检查：细胞数量为 100×10^6/L，N 0.75，蛋白质0.65 g/L，葡萄糖3 mmol/L，氯化物120 mmol/L。

问题：
（1）考虑该患儿为何种疾病？
（2）诊断该疾病的依据是什么？
（3）还需要进行哪些辅助检查？

第九章 代谢性与内分泌系统急症

第九章数字资源

新陈代谢是机体对能量摄取、利用及存储的过程，即从环境摄取营养物并将其转变为自身物质，同时将自身原有物质转变为废物排出到环境中的不断更新的过程。新陈代谢的过程十分复杂，遗传和环境因素导致的营养不足和营养过剩以及某些代谢途径异常均可导致代谢相关性疾病的发生。内分泌系统是由内分泌腺和分散于某些器官组织中的内分泌细胞组成的激素分泌系统，对机体的基本生命活动（如新陈代谢、生长发育等）发挥调节作用。机体大部分器官或组织均具有内分泌功能。人体的内分泌腺包括垂体、甲状腺、甲状旁腺、肾上腺、胰岛以及性腺等，它们所分泌的物质即激素直接进入周围的血管和淋巴管中，由血液和淋巴液将激素输送到全身。内分泌系统疾病可表现为其他系统疾病的症状，掌握内分泌系统的相关知识有助于临床各科疾病的诊治。本章主要介绍代谢性与内分泌系统常见急症。

第一节 糖尿病酮症酸中毒

一、概念

糖尿病酮症酸中毒（diabetic ketoacidosis，DKA）是因糖尿病（diabetes mellitus，DM）患者体内胰岛素绝对或相对缺乏，或胰岛素拮抗激素水平升高引起的以高血糖、血酮体和尿酮体浓度升高和失代偿性代谢性酸中毒为特征的一组临床综合征。糖尿病酮症酸中毒多发生于1型糖尿病（type 1 diabetes mellitus，T1DM）患者，也可以是糖尿病患者的首发表现，占初诊糖尿病住院患者的8%~29%，发病12~24 h后可出现症状和体征，多见于30~40岁患者，男性与女性发病率无明显差异。

在胰岛素被发现以前，大多数T1DM患者死于糖尿病酮症酸中毒。应用胰岛素治疗后，糖尿病酮症酸中毒患者病死率降至5%以下；在中低收入国家，其病死率超过40%。糖尿病酮症酸中毒是糖尿病患者常见的住院原因，也是糖尿病患者死亡的重要原因。糖尿病酮症酸中毒起病急，预后差，早期规范诊治对改善患者的预后至关重要。

案例 9-1

患者，男，21岁，患糖尿病2年，不规律注射胰岛素治疗。1天前同学聚会时，患者饮冰镇含糖饮料1 L，之后因"恶心、呕吐，伴神志恍惚4 h"入院，呼出气有烂苹果味。查体：

T 3.6℃，P 110次/分，R 26次/分，BP 90/55 mmHg；神志恍惚，颈软，无抵抗；双肺呼吸音粗糙，听诊可闻及湿啰音；心率110次/分，心律齐；腹软，无压痛反应；双下肢无水肿。

问题：
1. 考虑该患者为何种疾病？
2. 诊断该疾病的依据是什么？
3. 还需要做哪些辅助检查？

二、病因与发病机制

1. 病因 T1DM患者可在无诱因作用下发生糖尿病酮症酸中毒，多见于年轻人。2型糖尿病（type 2 diabetes mellitus，T2DM）患者常在应激因素作用下发生糖尿病酮症酸中毒。糖尿病酮症酸中毒的常见病因及诱因见表9-1。

表9-1 糖尿病酮症酸中毒的常见病因及诱因

病因	诱因
胰岛素缺乏	感染
中断胰岛素治疗	初诊糖尿病及治疗依从性差
	合并其他疾病：急性心肌梗死、脑血管意外
	手术、创伤、分娩
	合并用药：噻嗪类利尿药、苯妥英钠、拟交感神经药、糖皮质激素、钠-葡萄糖共转运蛋白2抑制剂、免疫检查点抑制剂
	暴饮暴食或摄入过多糖类

2. 发病机制 各种诱因引起糖尿病患者体内胰岛素绝对或相对缺乏，以及胰岛素拮抗激素（儿茶酚胺、糖皮质激素、胰高血糖素、甲状腺激素和生长激素）水平升高，抑制外周组织对葡萄糖的利用，使糖异生和糖原分解增加。T2DM患者合并感染时，血液中的肿瘤坏死因子α（tumor necrosis factor-α，TNF-α）水平升高，出现胰岛素拮抗状态。血糖浓度＞12.2 mmol/L，明显超过肾糖阈，尿糖大量排出，引起渗透性利尿（多尿）。同时，体液发生转移，引起严重脱水（可达5~11 L）、电解质紊乱，血浆渗透压升高，患者可出现烦渴、乏力或精神症状；加之呕吐和液体摄入不足，加重低血容量状态，患者常出现低血压或休克，此时更容易刺激胰高血糖素释放。胰岛素缺乏和胰高血糖素升高，使脂肪组织分解增多，导致血液中游离脂肪酸浓度增高，促使肝将脂肪酸氧化分解成中间代谢产物β-羟丁酸、乙酰乙酸和丙酮，统称为酮体（ketone body）。血液中酮体蓄积，即引发酮症酸中毒。血浆β-羟丁酸和乙酰乙酸蓄积可导致阴离子间隙（anion gap，AG）升高和血HCO_3^-浓度降低。

正常胰岛β细胞的分泌功能

正常胰岛β细胞分泌有两个时相：糖耐量正常者在接受葡萄糖静脉注射后，胰岛素呈双相分泌，5 min 内达到第一个分泌高峰，继而快速下降，持续时间不超过 15 min，这是"1 相胰岛素分泌"；第二个分泌高峰在糖刺激 10 min 后，即"2 相胰岛素分泌"，并且随着糖刺激的持续作用，第二个分泌高峰可持续存在。1 相胰岛素分泌时，葡萄糖促使储存在胰岛 β 细胞中的胰岛素分泌颗粒迅速释放。2 相胰岛素分泌除来自分泌颗粒外，还包括不断合成的胰岛素。只要血糖未恢复到基线水平，2 相胰岛素分泌即可持续存在。1 相分泌的胰岛素可快速到达肝，抑制肝糖输出及酮体生成，控制早期血糖升高，并促进餐后血糖下降。1 相胰岛素分泌水平越高，血糖稳态维持的时间越长。

三、临床表现

1. 前驱表现 糖尿病患者原有症状（如多饮、多尿、烦渴）加重，体重明显减轻。

2. 代谢紊乱表现 患者血糖明显升高，可出现不同程度的脱水（如皮肤黏膜干燥、弹性差，眼球下陷）、血压降低或休克。低钾血症患者可出现明显疲乏、无力，腱反射减弱或消失。代谢性酸中毒严重者可出现呼吸深快，呼出气有烂苹果味。

3. 消化系统表现 患者常出现食欲缺乏、恶心和呕吐。发生急性腹痛时，易被误诊为急腹症。严重低钾血症患者可出现腹胀或麻痹性肠梗阻。

4. 精神和神经改变 重症患者可渐进性地出现烦躁、神志恍惚甚至昏迷。有的患者以昏迷为首发表现，可伴有短暂性偏瘫和腱反射减低，常被误诊为脑血管疾病。

5. 诱发因素相关表现 患者通常有明显的诱因或处于应激状态，发病初期常出现与诱因相关的症状和体征，如尿路感染、呼吸道感染或胆囊炎的相关表现。

四、辅助检查

1. 尿液检查 尿糖（+++）~（++++），尿酮体呈强阳性。尿液中发现脓细胞，提示为尿路感染，可能是糖尿病酮症酸中毒的诱因；糖尿病患者出现蛋白尿及管型尿，提示发生糖尿病肾损害。

2. 血糖 患者血糖一般为 16.7~33.3 mmol/L，有时可达 55.5 mmol/L。

3. 血酮体 血酮体测定是诊断糖尿病酮症酸中毒的指标，同时也用于观察疗效。正常血酮体浓度为 0.1~0.6 mmol/L。血酮体浓度达 0.8 mmol/L 时，患者尿液中可出现酮体，血酮体浓度>3 mmol/L 时，即可诊断为糖尿病酮症酸中毒。

4. 动脉血气 患者动脉血 pH<7.30，常介于 6.90~7.20，表现为高阴离子间隙（AG）性代谢性酸中毒，也可为高氯性酸中毒。严重酸中毒患者过度通气时，$PaCO_2$ 可降至 10~20 mmHg；严重呕吐者，可合并代谢性碱中毒。

5. 血电解质 患者血电解质（钾、钠、氯、磷）常有不同程度的改变。发病初期血钾正常或降低，但发生脱水或酸中毒时，血钾可升高。

6. 肾功能 患者尿素氮和血肌酐水平升高，主要由严重脱水引起的肾前性肾功能障碍和（或）糖尿病引起的肾实质损害所致。

7. 血淀粉酶和脂肪酶 对出现腹痛的患者，应检查血淀粉酶和脂肪酶，以除外急性胰腺炎。

8. 其他检查 有助于发现糖尿病酮症酸中毒的诱因。例如，血常规检查显示白细胞计数升高，达 25×10^9/L 以上时，应考虑合并感染；B 超检查可发现是否有胆囊炎、胰腺炎；胸部 CT 检查可发现是否有肺部感染；对于糖尿病酮症酸中毒昏迷患者，脑 CT 检查有助于发现是否合并脑出血或脑梗死等。

五、诊断

（一）诊断标准

应根据临床表现，结合实验室检查结果进行诊断。
1. **高血糖** 血（浆）糖浓度>11.1 mmol/L。
2. **酮症（ketosis）** 血酮体浓度>3 mmol/L，中度酮尿（硝普盐法：++ ~ +++）。
3. **代谢性酸中毒** 动脉血 pH<7.30，或血清 HCO_3^-<15 mmol/L。

（二）鉴别诊断

糖尿病酮症酸中毒应与乳酸酸中毒、酒精性酮症酸中毒和饥饿性酮症相鉴别。乳酸酸中毒常发生于应用二甲双胍的患者。其表现为：①尿糖呈阳性或阴性，尿酮体多呈阴性；②血糖正常或升高；③血乳酸>5 mmol/L 可资鉴别。酒精性酮症酸中毒患者常无血糖升高，详细询问饮酒史可资鉴别。饥饿性酮症是由于缺乏糖类摄入而引起胰岛素分泌减少，脂肪分解增加，导致酮症，血酮体浓度可超过 6 mmol/L。这一情况持续时间很长，由于肾对酸中毒的代偿作用，电解质和酸碱平衡失调不明显。

此外，本病还应与高血糖高渗状态、低血糖性昏迷及脑血管病变昏迷相鉴别。

胰岛素的发现

1869 年，Paul Langerhans 在显微镜下首次观察到胰岛。随后，Edouard Laguesse 提出，胰岛可以分泌某种与消化有关的物质。1889 年，Oscar Minkowski 和 Joseph von Mering 从摘除胰腺的犬尿液中发现糖分，首次将胰腺与糖尿病联系起来。1901 年，Eugene Opie 提出，糖尿病是由于胰岛部分或全部破坏所致。1921 年 8 月 5 日，在加拿大多伦多医学院生理实验室，Frederick Grant Banting 和 Charles Best 发现了胰岛素。之后，科学家进一步提取出可用于临床治疗的胰岛素，为糖尿病患者带来了希望。

1922 年 1 月 11 日，胰岛素第一次成功用于正在接受饥饿疗法的患者。注射胰岛素半小时后，患者血糖浓度下降25%。12 天后，医生开始对患者连续注射胰岛素，患者血糖浓度下降75%，尿糖近乎消失，精神、体力明显恢复。此后，对数名成年患者应用胰岛素，也取得了同样的疗效。从 1924 年开始，应用胰岛素成为糖尿病的标准治疗方法。

六、救治措施

糖尿病酮症酸中毒的治疗主要包括：去除诱因，控制血糖、血酮体；纠正脱水，维持组织灌注；纠正电解质紊乱、酸碱平衡失调等。同时，严密监测血糖、血酮体和电解质。

（一）一般处理

应将患者收入 ICU，由专人负责。建立监测和治疗流程表。若延迟治疗，则患者病死率增高。对糖尿病酮症酸中毒昏迷患者，应保证气道通畅，予以吸氧，吸氧浓度为 4~6 L/min，维持 PaO_2 > 75 mmHg。

（二）补充液体

严重脱水（可达 5~11 L）的患者常出现低血压或休克。治疗的关键是迅速补充液体，恢复有效循环血量。最初 1 h 内，静脉滴注 0.9% 氯化钠溶液或复方氯化钠溶液（林格液）1~2 L；24 h 应输注总丢失量的 75%；其余丢失量应逐渐予以补充，使尿量维持在 30~60 ml/h。对高钠血症患者，最初 1~2 h 可静脉滴注 0.45% 氯化钠溶液。静脉滴注 1 h 后，若血压仍不恢复，则可能是由于单位时间内输液量不足，应加用胶体溶液扩充血容量，同时应注意及时处理引起休克的其他因素。对老年患者和伴有心、肾功能障碍的患者，快速静脉滴注时应进行血流动力学监测。

（三）胰岛素治疗

1. 小剂量胰岛素治疗　多数患者需要应用注射泵输注胰岛素，剂量为 5~10 U/h 或 0.1 U/（kg·h）时，很少引起低血糖和低钾血症等并发症，并可抑制脂肪分解和酮体生成。

2. 大剂量胰岛素治疗　少数患者需要大剂量胰岛素治疗。先予以静脉注射胰岛素负荷量 0.1 U/kg，继而持续滴注胰岛素，剂量为 0.1~0.15 U/（kg·h）。对严重胰岛素抵抗患者，偶尔需要静脉滴注胰岛素，剂量为 100 U/h。

持续静脉滴注胰岛素期间，应每 1~2 h 测 1 次血糖，使血糖下降速度维持在 2.8~4.2 mmol/（L·h），以免发生低血糖；如果血糖不能维持在该下降速度，则应在脱水基本纠正的情况下，将胰岛素用量加倍；如果血糖下降速度 > 8.3 mmol/（L·h），则将胰岛素用量减半，但不能停用胰岛素。对胰岛素治疗 3 h 后血糖仍未下降者，应注意胰岛素抵抗的可能。当患者血糖 < 13.9 mmol/L 时，应向注射液中加入 5% 葡萄糖溶液及胰岛素（1 U/h），以维持胰岛素化和抑制生酮作用。治疗最初 24 h 内，应使血糖维持在 11.1~13.9 mmol/L。当患者血糖达到 8.3~11.1 mmol/L，血酮体或尿酮体基本消失、阴离子间隙恢复正常、代谢紊乱得到纠正并且能进食后，应停止静脉滴注胰岛素，改为皮下注射胰岛素。停止静脉滴注胰岛素前，为预防再发生高血糖和酮血症，应予以皮下注射胰岛素 5~10 U。皮下注射胰岛素期间，应每 4 h 测 1 次血糖。

（四）纠正电解质紊乱

患者常出现严重的电解质紊乱，以钾丢失较为明显。

1. 补充钾盐　患者体内有不同程度的缺钾。治疗前，因严重脱水和酸中毒，血钾测定常不能真实反映体内缺钾的程度。发生酸中毒时，即使患者血钾正常，也应予以口服或静脉补钾。当患者血钾 < 5.2 mmol/L 且尿量 > 40 ml/h 时，应开始补钾，并将血钾维持在 4.0~5.0 mmol/L。补钾过程中应注意监测患者的尿量或血钾，进行心电图检查也有助于发现低钾血症或高钾血症。

2. 补充其他电解质　患者体内钠常减少，应予以静脉滴注 0.9% 氯化钠溶液或林格液，以补充钠离子。此外，患者还可出现不同程度的钙、镁、磷减低或缺乏，应注意补充。

(五)纠正酸中毒

多数患者经静脉补液、胰岛素治疗和纠正电解质紊乱,代谢性酸中毒即可得到改善。以下情况可静脉滴注碳酸氢钠:①严重代谢性酸中毒(动脉血 pH<7.0)时;②治疗 2~3 h 后,pH 仍<7.1;③严重的呼吸抑制;④休克经补液治疗无效;⑤严重的高钾血症。临床上常将 5% 碳酸氢钠注射液稀释成 1.25% 溶液静脉滴注。治疗过程中需监测动脉血 pH。当患者动脉血 pH≥7.2 或血 HCO_3^- 达 10~12 mmol/L 时,可停用碳酸氢钠。碳酸氢钠的不良反应包括:低钾血症、脑脊液酸中毒,促发脑水肿;酮体生成增多;氧解离曲线左移,组织缺氧和乳酸酸中毒。

(六)治疗并发症

1. 休克 经快速输液不能纠正的休克患者,可能为脓毒症休克或心源性休克,应予以相应处理。

2. 脑水肿 脑水肿多发生在治疗后 6 h 左右,应早期识别,及时治疗。发现患者出现脑水肿征象后,应予以静脉滴注甘露醇、白蛋白或糖皮质激素。在救治患者的过程中,应注意避免诱发脑水肿的医源性因素,如血糖下降过快、补碱过多等。

3. 急性肾损伤 急性肾损伤是本病患者的主要死亡原因之一,应及时对患者进行血液透析。

4. 低血糖 低血糖是本病治疗过程中最常见的并发症。5%~25% 的患者在治疗过程中可发生低血糖。低血糖的严重不良后果包括癫痫发作、心律失常和其他心血管事件。应对患者进行血糖监测,根据血糖水平调整胰岛素用量。

(七)处理诱因

1. 感染 感染是糖尿病酮症酸中毒的常见诱因,应积极寻找感染灶,选择有效的抗菌药物。

2. 急性心脑血管疾病 糖尿病患者合并急性心脑血管疾病时,常可诱发酮症酸中毒。对糖尿病酮症酸中毒昏迷患者,应常规进行心电图检查;怀疑患者发生急性心肌梗死时,应进行心肌损伤标志物检查。患者发生急性心肌梗死时,应予以抗凝、溶栓等相关处理。怀疑患者发生急性缺血或出血性脑血管疾病时,应进行颅脑 CT 或 MRI 检查等,并予以相应的处理。

(柴艳芬)

第二节 高血糖高渗状态

一、概念

高血糖高渗状态(hyperglycemic hyperosmolar status,HHS)是以高血糖、高渗性脱水、无明显酮症酸中毒和不同程度的意识障碍为特征的糖尿病急性并发症。部分患者可伴有酮症。高血糖高渗状态和糖尿病酮症酸中毒也可见于同一患者,预后更差。高血糖高渗状态常发生于中、老年人,男性与女性发病率大致相同。约 2/3 的患者既往无糖尿病病史。高血糖高渗状态是糖尿病的一种少见致命性并发症，是糖尿病患者常见的住院原因，病死率是糖尿病酮症酸中毒的 3 倍（8%～25%），约 1/3 的患者在发病 24 h 内死亡。

二、病因与发病机制

（一）病因

本病的促发因素与糖尿病酮症酸中毒大致相同（表 9-2），常见于成人和老年 T2DM 患者，也可见于 T1DM 合并酮症酸中毒的患者，独居老年糖尿病患者是本病的高危人群。非糖尿病患者发生严重脱水（中暑、烧伤、利尿、血液透析）、摄入大量含糖食物、应用某些抑制胰岛素分泌的药物也可诱发高血糖高渗状态。

表 9-2　高血糖高渗状态的诱因和促发因素与治疗

疾病	治疗药物或方法
隐性糖尿病	钙通道阻滞药
急性感染	氯丙嗪
脑血管意外	西咪替丁
蛛网膜下腔出血	依他尼酸
急性心肌梗死	免疫抑制剂
急性胰腺炎	L-天冬酰胺酶
肺梗死	洛沙平
小肠梗阻	苯妥英钠
肠系膜动脉血栓形成	普萘洛尔
肾衰竭	噻嗪类利尿药
中暑	肠外营养
低温	透析
大手术、创伤、严重烧伤	—
内分泌疾病（肢端肥大症和甲状腺功能亢进症等）	—

（二）发病机制

1. 胰岛素相对缺乏　患者存在胰岛素抵抗或分泌不足，导致胰岛素相对缺乏，引起血糖显著升高，引起渗透性利尿，导致明显脱水和电解质丢失，血浆渗透压进行性升高。患者体内胰岛素分泌量尚可抑制酮体生成，但不能抑制糖原分解和糖异生；患者体内脂解激素（生长激素和皮质醇）浓度较糖尿病酮症酸中毒患者低，血游离脂肪酸浓度较低，限制了游离脂肪酸的利用；血浆渗透压升高本身又可抑制血游离脂肪酸的释放。因此，高血糖高渗状态多见于 T2DM 患者，且患者很少出现酮症酸中毒。

2. 肾损害　T2DM 患者或老年患者出现高血糖高渗状态前常有不同程度的肾损害。患者出现高血糖高渗状态后，严重脱水、循环血容量减少、血压下降、肾组织灌注减少，可加重肾损害，影响尿糖排出，加重高血糖状态，使血浆渗透压进一步升高。

3. 脑损害　老年患者出现高血糖高渗状态后，原有脑动脉硬化、脑梗死和脑萎缩所致的脑损害可进一步加重，口渴中枢敏感性降低，加之语言和运动障碍，不能主动摄入水分，可进一步加重脱水和高渗状态。此时，严重高血糖、高血浆渗透压与原有的脑损害之间形成恶性循环。如果未能及时发现和处理，则可导致意识障碍甚至昏迷。有口渴感、能主动摄入水分的患者，意识障碍不严重，或者不出现昏迷状态。

三、临床表现

高血糖高渗状态的临床表现与糖尿病酮症酸中毒不同，呈隐匿性发病，多见于 T2DM 中老年独居患者或生活不能自理的患者。临床表现为糖尿病原有症状逐渐加重，经数日至数周可发展为高血糖高渗状态。

1. 严重脱水表现 患者发病初期表现为明显烦渴、多尿，继而出现少尿或无尿、皮肤黏膜干燥、眼压降低，脉搏细速、无力，可发生直立性低血压或休克。发病后，患者体重明显减轻。

2. 中枢神经系统功能障碍表现 患者可出现语言和定向障碍，重症者可出现惊厥、癫痫发作、嗜睡甚至昏迷。肢体运动障碍或瘫痪伴有精神或神志异常改变者，很容易被误诊为脑血管疾病。

四、辅助检查

1. 尿液分析 尿糖呈强阳性，尿酮体呈阴性或弱阳性。

2. 血糖 血糖＞33.3 mmol/L。

3. 血浆渗透压和电解质 患者血浆渗透压＞320 mOsm/L；血浆渗透压＞350 mOsm/L 时，患者可发生昏迷。对血浆渗透压＜330 mOsm/L 的昏迷患者，应除外中毒或颅脑损伤。血浆渗透压的计算公式：血浆有效渗透压（mmol/L）=2×（[Na^+]+[K^+]）+葡萄糖浓度。血钠水平常可反映脱水程度。高血糖高渗状态早期患者出现低钠血症常因高血糖引起的血浆渗透稀释作用所致。血糖每升高 5.6 mmol/L，血钠即降低 1.6 mmol/L。随着病情的进展，患者体内大量水分丢失，血钠水平升高。

患者的血钾水平为 2.2~7.8 mmol/L。胰岛素治疗后，患者常发生低钾血症。

4. 动脉血气 大多数患者无代谢性酸中毒或仅有轻度代谢性酸中毒，动脉血 pH＞7.30；血清 HCO_3^-＞18 mmol/L。酸血症常由于轻度乳酸酸中毒或尿毒症性酸中毒所致。AG 明显升高时，应注意其他原因引起的酸中毒（如水杨酸盐、甲醇或乙烯乙二醇中毒）。

5. 肾功能 大多数高血糖高渗状态患者肾功能障碍程度较糖尿病酮症酸中毒患者严重，常为严重脱水引起的肾前性氮质血症（血尿素氮与肌酐浓度之比＞30∶1）。

五、诊断

（一）诊断标准

1. 血糖浓度＞33.3 mmol/L。
2. 血浆渗透压＞320 mOsm/L。
3. 酮症酸中毒，无酮血症或可有轻度酮血症。

4. 动脉血 pH＞7.30 和血清 HCO_3^-＞18 mmol/L。

（二）鉴别诊断

高血糖高渗状态应与糖尿病酮症酸中毒、脑血管意外及中毒昏迷相鉴别。若能及时进行相关检查，则鉴别诊断并不困难。

六、救治措施

救治原则是：保持呼吸道通畅，监测生命体征；迅速进行液体复苏；经静脉适当补充胰岛素；积极去除诱因和治疗并发症。

（一）监测生命体征

对昏迷患者，应保持气道通畅，予以吸氧。严密监测患者的生命体征。留置导尿管，监测尿量，并留取尿标本进行相关检查。开始治疗时，应每小时测 1 次心率、血压、尿量、中心静脉压和血糖（毛细血管法）。之后每 2～5 h 测定 1 次血糖、血尿素氮和肌酐。对于严重电解质紊乱的患者，应适当缩短监测间隔时间，增加监测次数，并详细记录。

（二）液体复苏

高血糖高渗状态患者脱水程度常较糖尿病酮症酸中毒患者严重。液体复苏旨在恢复有效循环血量，改善组织灌注，缓解严重的高血糖状态。明显高血糖可暂时维持循环血量。对患者开始应用胰岛素治疗前，应先进行容量复苏。

1. 静脉补充液体

（1）血流动力学不稳定者：对合并低血压或休克者，予以静脉滴注 0.9% 氯化钠溶液，最初 1 h 内的滴注速度为 15～20 ml/（kg·h），继而将滴速调整为 5～15 ml/（kg·h）。最初 12 h 内应补充丢失液体的 50%。经补液，如果患者低血压仍不能纠正，则应输注胶体溶液。一旦患者的血压、心率和尿量恢复（排尿量≥50 ml/h），则改为静脉滴注 0.45% 氯化钠溶液，继续补充体液。24 h 后，应补足丢失的液体。

（2）血流动力学稳定者：当患者血钠＞155 mmol/L 或血浆渗透压＞350 mOsm/L 时，应予以静脉滴注 0.45% 氯化钠溶液，滴注速度为 300～500 ml/h。待患者血浆渗透压恢复正常以及血糖降低后，应改为滴注 0.9% 氯化钠溶液。需要注意的是，血浆渗透压下降过快可诱发脑水肿。

2. 胃管内补液 对合并心功能障碍的患者，可经胃管注入蒸馏水或温水，既可减轻心脏负担，又有助于纠正脱水、降低血浆渗透压。

（三）纠正电解质紊乱

根据患者的血钠变化情况，选择低渗或高渗钠溶液静脉滴注，以纠正血钠代谢紊乱。经静脉补充液体和应用胰岛素治疗后，患者血钾浓度常迅速下降，可出现低钾血症。当患者血钾＜5.2 mmol/L 且尿量＞40 ml/h 时，应开始补钾，并使血钾维持在 4.0～5.0 mmol/L。

（四）胰岛素治疗

患者对胰岛素较为敏感。经液体复苏尿量恢复后，患者血糖通常可迅速下降，甚至出现低血糖。通常，应使血糖下降速度维持在 1.9～3.9 mmol/（L·h）。最初 24 h 内，应将血糖浓度

维持在 13.9～16.7 mmol/L。血糖浓度下降过快或血糖过低，可促发脑水肿。静脉滴注胰岛素的起始用量为 1～5 U/h。当患者血糖降至 13.9～16.7 mmol/L 时，应予以静脉滴注 5% 葡萄糖溶液，胰岛素减量至 1～2 U/h。

（五）治疗并发症

1. 脑水肿 高血糖高渗状态患者发生脑水肿较糖尿病酮症酸中毒患者少见。经积极、合理的治疗后，若患者昏迷未见好转或清醒后又陷入昏迷，并且排除其他原因，则应考虑脑水肿。对出现脑水肿的患者，须立即停止输注低渗溶液，予以静脉滴注甘露醇。对出现心、肾功能不全的脑水肿患者，应予以静脉输注复方甘油或呋塞米，经胃管注入尼莫地平。控制血糖下降速度可预防脑水肿的发生。最初 24 h 内，患者血糖浓度不应＜13.9 mmol/L。

2. 血栓栓塞 血栓栓塞是患者死亡的重要原因。对于脱水严重、血浆呈高渗状态及血液黏滞度明显增高的患者，应用小剂量肝素进行预防性治疗，以防止血栓形成。需要时可予以溶栓药物。

（六）去除诱因

大多数患者死于诱因，如急性胰腺炎或脓毒症。应进行相关检查，积极寻找和识别诱因，并及时予以纠正。

（柴艳芬）

第三节　低血糖症

一、概念

低血糖（hypoglycemia）是指动脉血糖浓度低于 2.2 mmol/L、静脉血浆葡萄糖浓度低于 2.8 mmol/L。1938 年，Whipple 提出，血糖浓度降低并伴有相应症状，予以葡萄糖后症状缓解的病症即低血糖症。低血糖症患者出现精神或神志改变时，称为低血糖脑病（hypoglycemic encephalopathy），严重者可迅速发生低血糖性昏迷（hypoglycemic coma）。严重持续性低血糖可引起不可逆性脑损伤。ICU 患者低血糖症发生率在 5% 以上，是危重症患者预后不良的标志。低血糖症是糖尿病患者的短期并发症，约有 5% 的 T1DM 患者和 1.5% 的 T2DM 患者因发生低血糖而入院。

二、病因与发病机制

（一）病因

低血糖症的常见病因和诱因包括胰岛素水平绝对或相对升高、糖异生底物缺乏两大类（表 9-3）。

表 9-3　低血糖症的常见病因和诱因

类型	病因和诱因
胰岛素水平绝对/相对升高	胰岛素/磺酰脲类降血糖药使用过量； 垂体、肾上腺、甲状腺功能低下； 胰岛素瘤/胰岛增生或胰腺外肿瘤； 自身免疫性疾病； 胃大部切除后； 药物的相互作用（β受体阻滞剂、水杨酸、保泰松、甲氨蝶呤、磺胺类药物、胍乙啶、抗凝药物可增强降血糖药的作用）
糖异生底物缺乏	饮食减少； 剧烈运动； 酒精摄入； 严重营养不良； 合并严重感染； 器官功能障碍（肝衰竭、肾衰竭）

（二）发病机制

低血糖对机体的影响以神经系统为主，尤其是大脑和交感神经系统，这是由于神经细胞所需能量几乎全部直接来自糖的有氧代谢。血糖降低时，大脑虽然能利用酮体，但酮体的生成需要一定的时间，并且不能抵抗急性低血糖时能量缺乏对大脑造成的损害。

血浆葡萄糖浓度<2.8 mmol/L 时，患者可逐渐出现交感神经兴奋症状，严重低血糖症持续10 min 以上未纠正者，可逐渐出现神经精神症状，如精神错乱、激动或嗜睡，也可出现类似急性脑卒中的表现（言语困难、皮质性失明或偏瘫）。血浆葡萄糖急剧降至1.7 mmol/L 以下者，可出现全身抽搐甚至昏迷。此时，若及时纠正低血糖，则可逆转神经系统体征。若低血糖脑病在 20 min 内未得到纠正，则可引起永久性中枢神经系统损伤。如果血浆葡萄糖<0.6 mmol/L，则可导致大多数脑细胞电活动静止，功能丧失。

基础回顾

口服降血糖药

临床上将口服降血糖药分为 7 类。①磺酰脲类：可通过刺激胰岛素分泌，使血糖降低；②非磺酰脲类：如瑞格列奈，可用于治疗餐后高血糖；③双胍类：特别适用于胰岛功能正常的肥胖型糖尿病患者；④噻唑烷二酮类：如罗格列酮和吡格列酮，可通过增强组织对胰岛素的敏感性和降低胰岛素抵抗而使血糖降低，可用于以胰岛素抵抗为主的早期 T2DM 患者；⑤ α-葡萄糖苷酶抑制药：可抑制葡萄糖的分解和吸收，使餐后血糖降低，不能用于肝、肾功能不全的患者以及孕妇、哺乳期妇女和儿童；⑥二肽基肽酶-4 抑制药：可通过影响胰腺 β 细胞和 α 细胞的功能调节血糖浓度；⑦钠-葡萄糖协同转运蛋白 2 抑制药：可通过提高肾葡萄糖清除率降低血糖，还有助于降低血压和减重。①②⑥类药物主要通过促进胰岛素分泌降低血糖。T1DM 患者不能应用①②④⑥类药物，而 T2DM 患者各类药物均可应用。

三、临床表现

低血糖症的病因不同,临床表现各异。平时身体健康的正常人、糖尿病患者、严重肝、肾功能及内分泌腺功能低下的患者发生低血糖症时,症状出现的急缓、病情严重程度、对治疗的反应和预后各有不同。

(一)早期表现

1. 交感神经兴奋症状 血糖急剧降低(<2.8 mmol/L)可刺激肾上腺素大量分泌入血而引起相应的症状,患者可表现为出冷汗、心悸、饥饿感、血压升高、手或足颤抖、瞳孔扩大及手指有针刺感。

2. 胰高血糖素升高的表现 发生低血糖后,反射性引起胰高血糖素浓度升高,患者可出现饥饿感、肠鸣音活跃、恶心、呕吐、腹部不适和头痛。

(二)低血糖脑病

急性低血糖症若未得到及时治疗,则患者可迅速出现神志恍惚、癫痫样抽搐或昏迷等低血糖脑病的表现,继而出现瞳孔扩大、心动过缓、呼吸减慢和全身肌肉松弛,最终可导致不可逆性脑损伤或死亡,即持续性植物状态(persistent vegetative state)。

缓慢出现的低血糖症可表现为记忆力和判断力障碍、人格改变、焦躁不安、易怒、幻觉、视物模糊、步态不稳、行为异常或呆滞等,容易被误诊为精神疾病。若未及时发现和治疗,则患者病情可进一步恶化,出现言语障碍、癫痫发作、偏瘫,甚至昏迷。有的患者可发生急性肺水肿、室上性和室性心动过速、心房颤动。心电图检查显示 T 波低平、QT 间期延长和 ST 段降低。长时间低血糖症患者可出现体温降低、呼吸衰竭和低钾血症、低磷血症。

四、辅助检查

1. 血糖测定 怀疑患者出现低血糖症状时,应立即测定血糖浓度,以明确诊断。血液标本保存时间过长可引起血糖浓度假性降低,一般每小时血浆葡萄糖水平降低 7%。血液中白细胞计数明显增多时,血糖浓度变化较大。

2. 胰岛素或 C 肽测定 可用于鉴别内源性胰岛素分泌过多(血 C 肽浓度升高)或外源性胰岛素分泌过量(血 C 肽浓度降低)。若检测到患者尿液中磺酰脲类药浓度过高,则提示为药物刺激引起内源性胰岛素分泌过多;若检测到患者尿液无磺酰脲类药物,则提示为胰岛素瘤或胰岛 β 细胞增生引起内源性胰岛素分泌过多。

3. 肿瘤定位

(1)腹部超声检查:有助于诊断胰岛 β 细胞瘤或其他引起低血糖症的肿瘤。胰岛素瘤较小时,不易被发现。

(2)CT 检查:可发现分泌胰岛素样生长因子(insulin-like growth factor, IGF)的肿瘤和其他引起低血糖症的肿瘤。

4. 其他检查 根据患者的情况,还可进行脓毒症、肝功能、肾功能及内分泌腺功能等方面的检查。

五、诊断

（一）诊断标准

1. 低血糖症状和体征。
2. 发病时静脉血浆葡萄糖浓度<2.8 mmol/L。
3. 静脉注射50%葡萄糖溶液40~60 ml后，病情迅速缓解。
4. 接受药物治疗的糖尿病患者静脉血浆葡萄糖浓度<3.9 mol/L，即可诊断为低血糖症。

（二）鉴别诊断

低血糖性昏迷应与心脑血管意外、癫痫发作和药物中毒相鉴别。及时测定血糖浓度是鉴别的关键。上述疾病患者也可同时合并低血糖症，此时还应进行脑CT检查、脑电图检查和血液或尿液毒物分析或测定。

六、救治措施

（一）处理原则

低血糖症的病因诊断是关键。应用胰岛素、促胰岛素分泌药治疗过程中，糖尿病患者可发生低血糖，应予以紧急处理，并及时找出和去除诱因，以避免再次发作低血糖。应将低血糖性昏迷患者收入ICU，迅速提高血糖水平、治疗病因、预防再次发生低血糖症和避免不可逆转的脑损伤。

（二）处理措施

1. 葡萄糖 最为快速、有效，轻者口服葡萄糖溶液或含糖食物即可。对低血糖性昏迷患者，予以静脉注射50%葡萄糖溶液40~60 ml，不少于3~5 min，患者症状可迅速缓解。对降血糖药使用过量导致昏迷的患者，需持续静脉滴注5%或10%葡萄糖溶液，每1~3 h监测血糖1次，使血糖维持在5.6 mmol/L以上。通常，患者完全恢复需要2~3天。对严重营养不良性低血糖症患者，经静脉应用葡萄糖前，应予以肌内注射维生素B_1 100 mg，以预防发生韦尼克（Wernicke）脑病。高渗葡萄糖溶液渗入皮下可引起局部组织损伤和疼痛。待诊断明确、患者症状缓解及血糖恢复正常后，可试验性中断葡萄糖输注。

2. 其他药物治疗

（1）糖皮质激素：可通过增加糖异生底物而使血糖升高，抑制胰岛素对外周组织的作用，可用于肾上腺皮质功能低下及血管外皮细胞瘤（hemangiopericytoma）伴低血糖症患者。常用药物是琥珀酸氢化可的松100 mg加入5%葡萄糖溶液1000 ml静脉滴注。糖皮质激素对磺酰脲类药使用过量所致低血糖症无效。

（2）奥曲肽：奥曲肽可抑制磺酰脲类药物所致的胰岛素分泌，用于治疗口服降血糖药及奎宁引起的低血糖症。剂量：1~2 U/kg，每8 h 1次。奥曲肽可抑制生长激素和胰高血糖素的释放，偶尔可诱发低血糖症。

（3）胰高血糖素：外源性胰高血糖素能促进糖原分解，可有效治疗糖原贮积症，适用于发生低血糖性昏迷的 T1DM 患者。胰高血糖素剂量为 1 mg，肌内或皮下注射，10～15 min 后，患者症状即可缓解。胰高血糖素对酒精中毒导致的低血糖性昏迷患者无效。此外，胰高血糖素还可刺激胰岛素分泌，引起再发性低血糖症。

（4）西罗莫司：可抑制胰岛恶性肿瘤 β 细胞增生和抑制胰岛素生成，对治疗转移性胰岛素瘤引起的顽固性低血糖症有效。

3. 治疗原发病

（1）替代治疗：对合并肾上腺皮质功能减退或希恩综合征的难治性低血糖症患者，可应用糖皮质激素进行长期替代治疗，以预防低血糖症。

（2）手术治疗：对合并低血糖症的恶性肿瘤和胰岛 β 细胞瘤患者，纠正低血糖症后，应择期行手术切除肿瘤。

（柴艳芬）

第四节　甲状腺危象

甲状腺危象（thyroid crisis，thyroid storm）又称甲状腺功能亢进（简称甲亢）危象，是一种危及生命的内分泌急症，表现为甲状腺毒性症状急剧加重和恶化，以高热、快速性心律失常、腹泻和精神神经异常为特征，常表现为多系统受累，需要紧急治疗。甲状腺危象的病理生理机制尚不明确，多认为可能与循环血液中甲状腺激素水平骤然升高有关，常发生于严重或久患甲状腺功能亢进症而未治疗或治疗不充分的患者。常见的诱因包括感染、手术、创伤、精神刺激等。患者最常见的死因是多器官功能衰竭。本病常见于女性患者，男性与女性发病率之比为 1∶（3～5），即使予以合理的治疗，患者死亡率仍高达 7%～30%。

案例 9-2

患者，女，35 岁，既往有甲亢病史，未接受规律治疗。5 天前，患者受凉后出现发热，体温最高可达 39℃，自行口服药物治疗，效果不佳，病情持续加重。查体：T 39.6℃，P 166 次/分，R 30 次/分，BP 92/56 mmHg；面色潮红，意识不清，可被唤醒，不能正确回答问题；双肺呼吸音粗糙，可闻及广泛湿啰音；心率 166 次/分，双下肢水肿明显。

问题：
1. 考虑该患者为何种疾病？
2. 诊断该疾病的依据是什么？
3. 还需要做哪些辅助检查？

一、病因与发病机制

（一）病因

甲状腺危象主要发生于甲状腺功能亢进症未得到控制者，以未接受规范治疗的 Graves 病患者常见，也可见于甲状腺瘤和毒性结节性甲状腺肿患者，部分病例病因不明。其常见诱因见表 9-4。

表 9-4　甲状腺危象的常见诱因

诱因类型	常见诱因
全身因素	感染； 非甲状腺手术； 创伤、分娩、子痫； 并发其他急危重症（如心肌梗死、心力衰竭、糖尿病酮症酸中毒脑血管意外等）； 强烈的精神刺激； 过度劳累； 应用抗胆碱药
甲状腺局部因素	中断抗甲状腺药物治疗； ^{131}I 治疗； 含碘造影剂； 甲状腺手术； 过度触压甲状腺； 某些药物（如胺碘酮、胺类激素）； 甲状腺功能减退症治疗过度

（二）发病机制

目前，甲状腺危象的发病机制尚未完全明确，可能与以下因素有关。

1. 甲状腺激素（thyroid hormone，TH）单位时间内分泌增多　大量甲状腺激素突然释放入血，可导致甲状腺功能亢进症患者病情急剧加重，正常人及部分甲状腺功能亢进症患者服用大剂量甲状腺激素也可导致甲状腺危象的发生。

2. 血液中游离甲状腺激素浓度增高　感染、创伤、非甲状腺手术等应激因素可使血液中甲状腺素结合球蛋白（thyroxine-binding globulin，TBG）及甲状腺素结合前白蛋白（thyroxine-binding prealbumin，TBPA）浓度下降，游离型甲状腺激素浓度迅速升高。另外，甲状腺素（T_4）在周围组织及器官内的分解增强，使血液中游离型三碘甲腺原氨酸（T_3）绝对值和 T_3/T_4 浓度比值升高，是甲状腺危象发生的重要因素。

3. 组织及器官对甲状腺激素的耐受性下降　甲状腺危象患者常伴有多器官功能障碍或多器官衰竭，血液中甲状腺激素的浓度与多器官功能障碍或衰竭程度并不呈比例关系。因甲状腺危象而死亡者尸检并无特殊病理发现。典型甲状腺危象与淡漠型甲状腺危象患者的病理改变亦无差异。上述发现间接支持周围组织及器官对高浓度甲状腺激素的耐受力减低。

4. 儿茶酚胺作用增强　儿茶酚胺可刺激甲状腺激素的合成和释放，甲状腺激素又可以上调 β 受体数量。应激因素（刺激肾上腺髓质释放儿茶酚胺）可促发甲状腺危象。甲状腺功能亢进症患者高血流动力学状态与儿茶酚胺增多症患者表现相似，提示甲状腺危象是由于血液中甲状腺激素浓度升高，增强儿茶酚胺的作用或导致儿茶酚胺释放增多所致。

常见的甲状腺危象是由甲状腺毒症及诱发因素共同引起的，其中最常见的病因是 Graves 病。内科所见的甲状腺危象最常见的诱发因素是感染，其次是情绪激动、精神创伤等应激因素所致，而突然停用抗甲状腺药物也是诱发甲状腺危象的重要因素；外科所见的甲状腺危象多数是由于术前甲状腺功能亢进症未得到很好的控制而进行甲状腺手术所诱发，少数是由于进行其他手术前忽视甲状腺功能亢进症导致的。

二、临床表现

典型甲状腺危象的临床表现是原有的甲状腺毒性症状突然加重，其特征性表现是代谢率增高及过度肾上腺素能反应症状，即高热伴大量出汗。具体临床表现包括以下几方面。

1. 甲状腺功能亢进症体征 Graves病合并眼征、甲状腺肿和甲状腺部位血管杂音。

2. 高代谢状态 高热（>39℃），部分患者体温可以升高至40℃以上，予以常规退热处理效果不佳，大部分患者表现为多汗和体重迅速减轻。

3. 消化系统表现 患者可出现恶心、呕吐、食欲缺乏、腹泻（每日达10余次）和黄疸。

4. 心血管系统表现 患者可出现快速型心律失常（心室率为160~240次/分），常出现心房颤动，还可出现心力衰竭的表现。

5. 肌肉和神经精神表现 表现为肌无力或肌病，烦躁不安、惊厥、谵妄或昏迷。

6. 淡漠型甲状腺危象 病史较长的老年甲状腺功能亢进症患者出现甲状腺危象时，也可表现为体质虚弱、无力，消瘦甚至恶病质，体温降低或中度升高，出汗不多，表情淡漠、迟钝、嗜睡，甚至呈木僵状态，心率减慢、脉压减小，最终陷入昏迷或死亡。

三、辅助检查

（一）甲状腺功能检查

患者血清游离 T_3（FT_3）、游离 T_4（FT_4）浓度升高，血促甲状腺激素（thyroid stimulating hormone，TSH）浓度明显降低，以血清 FT_4 浓度升高更为明显，与重度甲状腺功能亢进症患者血 FT_4 浓度大致相同。因此，进行甲状腺功能检查不能鉴别重度甲状腺功能亢进症与甲状腺危象。

（二）生化检查

1. 肝功能检查 患者可出现谷丙转氨酶、胆红素及碱性磷酸酶升高。

2. 血糖、血脂检查 患者可出现高血糖症及低胆固醇血症。

3. 血电解质测定 患者常伴有高钙血症、低钾血症和低钠血症。

4. 相关诱因检查 ①心电图检查常显示心房颤动伴快速心室率；②怀疑发生脓毒症时，应进行X线或CT检查明确感染部位，并进行血培养、尿培养等病原学检查。

四、诊断

（一）诊断标准

甲状腺危象是一种内分泌急症，早期发现、及时诊断和强化治疗将提高甲状腺危象患者的生存率，但甲状腺危象缺乏特异性诊断标志物，诊断相对困难，目前临床上主要以临床表现为依据，如疑诊甲状腺危象，应尽早开始治疗，以降低病死率。

Burch-Wartofsky 评分量表（表9-5）已广泛应用于甲状腺危象的诊断，评分>45分提示存在甲状腺危象。但该量表评分过于敏感，假阳性率较高。日本甲状腺学会（The Japan Thyroid Association，JTA）提出了甲状腺危象的诊断标准（表9-6），认为中枢神经系统症状对甲状腺危象的诊断比其他症状更重要，满足条件TS1为确诊甲状腺危象，满足条件TS2为疑诊甲状腺危象。

表9-5 Burch-Wartofsky评分量表

诊断参数	评分
体温调节障碍	
体温（℃）	
37.2~37.7	5
37.8~38.2	10
38.3~38.8	15
38.9~39.4	20
39.5~39.9	25
≥40	30
心血管系统异常	
心动过速（次/分）	
100~109	5
110~119	10
120~129	15
130~139	20
≥140	25
心房颤动	
无	0
有	10
充血性心力衰竭	
无	0
轻度（足部水肿）	5
中度（双肺底可闻及湿啰音）	10
重度（肺水肿）	20
胃肠-肝功能异常	
无	0
中度（腹泻、腹痛、恶心、呕吐）	10
重度（不明原因黄疸）	15
中枢神经系统症状	
无	0
轻度（躁动）	10
中度（谵妄、精神错乱，极度昏睡）	20
重度（惊厥，昏迷）	30
诱因	
无	0
有	10

注：总分≥45分，表明存在甲状腺危象；总分为25~44分，提示为甲状腺危象前期；总分<25分，提示未出现甲状腺危象

表 9-6 甲状腺危象 JTA 诊断标准

诊断的先决条件		
出现甲状腺毒性症状，且 FT_3 或者 FT_4 水平升高		
症状		
①中枢神经系统（CNS）症状：躁动、谵妄、精神异常；精神错乱、嗜睡；昏睡、昏迷（日本昏迷量表 ≥1 分或格拉斯哥昏迷评分≤14 分）		
②发热：体温≥38℃		
③心动过速：心率≥130 次 / 分，或发生心房颤动时心室率≥130 次 / 分		
④充血性心力衰竭（CHF）：肺水肿、双肺湿啰音（超过 50% 肺野）、心源性休克、NYHA 分级为Ⅳ级或 Killip 分级≥Ⅲ级		
⑤胃肠道 / 肝病症状：恶心、呕吐、腹泻或总胆红素水平≥3.0 mg/dl		
诊断标准		
分级	特征组合	诊断条件
TS1	首选组合	甲状腺毒症联合至少 1 种 CNS 症状以及发热、心动过速、CHF 或胃肠道 / 肝病症状
TS1	替代组合	甲状腺毒症联合以下至少 3 种症状组合：发热、心动过速、CHF 或胃肠道 / 肝病症状
TS2	首选组合	甲状腺毒症联合以下 2 种症状组合：发热、心动过速、CHF 或胃肠道 / 肝病症状
TS2	替代组合	满足 TS1 的诊断条件，但无血清 FT_3 或 FT_4 检测结果
排除标准		
如果其他伴随疾病明确引起以下任何症状，则可排除甲状腺危象：发热（如肺炎和恶性高热），意识障碍（如精神疾病和脑血管疾病），心力衰竭（如急性心肌梗死）和肝病（如病毒性肝炎和急性肝衰竭）。因此，确定症状是由甲状腺危象所致或只是某种伴随疾病的表现较为困难；当伴随疾病作为诱发因素引起上述症状时，该症状应视为由甲状腺危象所致，对此需要进行临床判断		

（二）鉴别诊断

对于无甲状腺功能亢进症病史和典型体征的患者，应注意与以下疾病相鉴别。

1. 重症感染或脓毒症 以高热、大汗淋漓、白细胞计数升高为主要表现的甲状腺危象应与重症感染或脓毒症相鉴别。甲状腺危象患者发病突然，高热呈持续性，退热措施无效，可通过甲状腺功能检查和血培养进行鉴别。

2. 器质性心脏病 以心律失常、心力衰竭为主要表现的甲状腺危象患者，易被误诊为器质性心脏病。甲状腺危象患者出现心力衰竭时，伴发热、消瘦、体重减轻，血胆固醇水平明显降低，甲状腺功能检查结果异常，应用血管扩张药和强心药治疗无效。

3. 急性胃肠道感染 以呕吐、腹泻为主要症状的甲状腺危象患者，易被误诊为急性胃肠道感染。进行甲状腺功能及粪便常规检查不难鉴别。

4. 代谢性或感染性脑病 表现为高热、烦躁甚至昏迷的甲状腺危象应与感染性脑病相鉴别；伴有肝功能改变、黄疸和昏迷时，需要与肝性脑病相鉴别。应进行甲状腺功能和脑脊液检查，以资鉴别。

此外，本病还需要与中暑、嗜铬细胞瘤、可卡因中毒或神经阻滞剂恶性综合征（neuroleptic malignant syndrome，NMS）相鉴别。

五、病情评估

急性生理学和慢性健康状况评价Ⅱ（APACHE Ⅱ）和脓毒症相关器官衰竭评分（sepsisrelated organ failure assessment，SOFA）是常用的评估危重患者病情严重程度的工具，其分值高低与患者病情的严重程度和病死率相关，可用于评估甲状腺危象患者的病情严重程度。APACHE Ⅱ评分在 9 分以上的患者病死率显著升高，建议入住重症监护室。休克、弥散性血管内凝血（disseminated intravascular coagulation，DIC）和多器官功能衰竭是甲状腺危象患者死亡的独立危险因素，建议入住重症监护室。

六、救治措施

怀疑患者发生甲状腺危象时，不应等待实验室检查结果，应立即开始治疗。

（一）降低血甲状腺激素浓度

1. 抑制甲状腺激素合成 丙硫氧嘧啶（PTU）或甲巯咪唑（他巴唑，MMI）可有效抑制 T_4 和 T_3 的合成，首选丙硫氧嘧啶，以抑制 T_4 向 T_3 转化。丙硫氧嘧啶或甲巯咪唑应至少在予以碘化物前 1 h 使用。停用碘化物后，应继续用丙硫氧嘧啶或甲巯咪唑维持甲状腺的正常功能。

丙硫氧嘧啶口服剂量为每天 600 mg，最大剂量为 1600 mg/d，口服或经鼻胃管注入，每 6～8 h 1 次，每次 200～400 mg；甲巯咪唑口服剂量为每天 60 mg，最大剂量为 120 mg/d，每 6 h 1 次，每次 20～30 mg。治疗甲状腺危象的剂量可根据个体情况进行调整。

2. 阻止甲状腺激素释放 丙硫氧嘧啶治疗 1 h 后，应用碘化物可抑制甲状腺激素释放，可考虑予以口服鲁氏碘液 4～8 滴，每 6～8 h 1 次，待患者症状控制后逐渐减量直至停药，但已知对无机碘化物过敏的患者禁用。碘化物应与丙硫氧嘧啶或甲巯咪唑联合应用。

3. 抑制外周 T_3 生成 血 T_4 转化为 T_3 后才起作用。T_3 是生物活性最强的甲状腺激素。大剂量 β 受体阻滞剂和丙硫氧嘧啶均可不同程度地抑制 T_4 向 T_3 转化。大剂量糖皮质激素（如地塞米松）可明显抑制 T_4 向 T_3 转化，也可抑制甲状腺过度分泌 T_4。联合应用丙硫氧嘧啶、碘化物和地塞米松可以使血 T_3 水平在 24 h 内恢复正常。碘番酸可有效治疗甲状腺危象，抑制 5′- 脱碘酶，并使 T_3 生成减少。

4. 清除血液中的甲状腺激素 对常规药物治疗无效者，应用血液透析、血浆置换、腹膜透析或血液灌流，以清除血液中的甲状腺激素。此外，考来烯胺（消胆胺）也可使甲状腺激素随粪便排出增加，从而降低血甲状腺激素水平。

（二）阻断血儿茶酚胺的作用

阻断血儿茶酚胺的作用可缓解甲状腺毒性症状。β 受体阻滞剂（普萘洛尔、美托洛尔、艾司洛尔等）主要用于阻断甲状腺危象患者的儿茶酚胺作用。静脉用药数分钟后，患者的心脏和精神症状可明显缓解。可应用普萘洛尔 1～5 mg 静脉注射，或每 4 h 口服 20～60 mg。β 受体阻滞剂与地高辛和利尿药联合应用可有效控制甲状腺危象患者快速型心律失常引起的心力衰竭。用药过程中应注意观察药物的不良反应。

（三）应用糖皮质激素

糖皮质激素可抑制甲状腺激素的释放及 T_4 向 T_3 转化，并降低外周组织对甲状腺激素的反应性，提高机体应激能力，与抗甲状腺药有协同作用。对高热、休克患者，可予以氢化可的松 50～100 mg，加入 5%～10% 葡萄糖溶液静脉滴注，每 6～8 h 1 次，200～300 mg/d。

（四）对症和支持治疗

1. 保持气道通畅　对昏迷患者，应注意保持气道畅通，持续予以高流量氧气吸入。

2. 降温治疗　对高热患者，应用降温毯或冰袋降温。若患者体温仍未降低，则可予以非水杨酸类解热药（如对乙酰氨基酚）。当患者出现寒战、高热时，可予以氯丙嗪25～50 mg，肌内注射，每4～6 h 1次。阿司匹林可置换出与TBG结合的T_4，使血游离T_4水平升高，须禁用。

3. 镇静药　对出现烦躁不安、惊厥的患者，予以地西泮10 mg，肌内注射；或应用10%水合氯醛15～20 ml，进行保留灌肠。

4. 营养支持　积极予以静脉补液，以恢复有效循环血量，纠正电解质紊乱；同时应保证补充足够的营养和多种维生素。

（五）治疗诱因和病因

1. 去除诱因　积极寻找诱发甲状腺危象的原因，并予以相应的处理。对糖尿病酮症酸中毒诱发甲状腺危象的患者，应适当增加胰岛素用量，纠正脱水和酸中毒。对合并心力衰竭的患者，地高辛用量是甲状腺功能正常患者的2倍。

2. 病因治疗　根据甲状腺放射性碘摄取（radioactive iodine uptake）情况明确甲状腺功能亢进症患者的病因，决定进行手术或 ^{131}I 治疗。对需要手术治疗者，应在术前、术中和术后予以普萘洛尔、丙硫氧嘧啶或甲巯咪唑及碘化物。

（陈　良）

第五节　肾上腺危象

一、概念

肾上腺危象（adrenal crisis）又称肾上腺功能减退危象或急性肾上腺功能减退症，常在慢性肾上腺皮质功能减退症患者处于应激状态时发生，是由肾上腺皮质激素相对或绝对缺乏而引起的罕见致命性内分泌系统急症，常以低血容量性休克或神志障碍为主要表现。

二、病因与发病机制

1. 病因　肾上腺危象的病因和诱因见表9-7。

表9-7　肾上腺危象的病因和诱因

病因	诱因
原发性肾上腺皮质功能减退症	严重应激
感染（结核、真菌病）	大手术、创伤、重症感染、急性心肌梗死
自身免疫性疾病	心力衰竭、肺栓塞等
急性肾上腺出血	长期应用糖皮质激素治疗突然中断

续表

病因	诱因
双侧肾上腺切除	药物作用
肿瘤转移或白血病细胞浸润	干扰糖皮质激素的生成：酮康唑、依托咪酯、甲吡酮、米托坦
继发性肾上腺皮质功能减退症	增加糖皮质激素的代谢：利福平、巴比妥类和苯妥英钠
长期应用糖皮质激素导致ACTH缺乏	
下丘脑病变	
垂体病变	

2. 发病机制 在适应各种应激（如脓毒症休克、创伤和大手术等）因素的过程中，肾上腺分泌的皮质醇、盐皮质激素和儿茶酚胺可维持机体所需的心输出量、血管张力、血浆容量和供应大脑能量的血糖水平。双侧肾上腺组织破坏90%以上时，患者出现肾上腺皮质功能低下的临床和生物化学表现。肾上腺皮质组织破坏后，机体处于应激状态时，肾上腺不能分泌适应机体需要的皮质醇，即导致皮质醇缺乏。糖皮质激素缺乏时，糖异生减少，可引起低血糖，同时导致低钠血症；血管对儿茶酚胺的反应性降低，容易引起直立性低血压。如果同时伴有醛固酮缺乏，肾保钠能力丧失，则可引起Na^+丢失（低钠血症）和K^+的重吸收增加（高钾血症），血容量明显减少，导致顽固性休克。患者可出现严重代谢紊乱和电解质失衡，最终因低血糖性昏迷和顽固性休克而死亡。

三、临床表现

肾上腺危象常见于原发性肾上腺皮质功能减退症患者，常由诱因或应激状态促发，由继发性肾上腺皮质功能减退症引起者罕见。其临床表现取决于引起肾上腺衰竭的原因和肾上腺皮质激素缺乏的严重程度。肾上腺皮质激素缺乏常为混合性，即同时缺乏糖皮质激素和盐皮质激素。

（一）慢性肾上腺皮质功能减退症的表现

大多数患者营养状况较差。原发性患者常出现皮肤皱褶、瘢痕，乳晕、颊黏膜及牙龈处色素沉着明显。继发性患者则无上述表现。

（二）诱因或应激状态的表现

1. 脓毒症 脑膜炎奈瑟菌性脑膜炎患者可出现脓毒症（感染、脑膜刺激征和颅内压增高体征等）或流行性出血热（感染、出血和肾功能障碍）等表现。

2. 原发病的表现 患者可出现需要抗凝或溶栓治疗的原发性疾病（如肺栓塞或心肌梗死）表现。

（三）肾上腺危象的表现

1. 循环系统 表现为脉搏细速、无力，皮肤湿冷，四肢末梢冰凉、发绀，心率加快、心律失常，血压下降，甚至可以表现为严重低血压（从卧位变为立位时血压下降大于≥20 mmHg），部分患者可表现为虚脱，严重时出现休克。

2. 消化系统 糖皮质激素缺乏可导致胃液分泌减少，胃酸和胃蛋白酶含量降低，肠吸收

不良以及水、电解质失衡，表现为厌食、腹胀、恶心、呕吐、腹泻、腹痛等。

3. 神经系统 表现为精神萎靡、烦躁不安或嗜睡、谵妄或意识模糊，重症者可出现昏迷。低血糖症患者可表现为无力、出汗，视物模糊、复视或出现低血糖性昏迷。

4. 泌尿系统 由于血压下降，肾血流量减少，肾功能减退，患者可出现尿少、氮质血症，严重者可发生肾衰竭。

5. 全身症状 患者可出现肌痛、关节痛、疲劳、意识混乱，明显脱水征象、少尿或无尿、呼吸困难和发热。

四、辅助检查

1. 肾上腺皮质激素测定 应激状态下，随机血清皮质醇浓度>33 μg/dl 可排除肾上腺危象。如果血清皮质醇浓度<14 μg/dl，促肾上腺皮质激素（adrenocorticotropic hormone，ACTH）刺激试验后 1 h，血皮质醇浓度升高>7 μg/dl 为正常；若浓度升高<7 μg/dl，则可诊断为原发性肾上腺皮质衰竭。肾上腺危象患者若处于强烈的生理应激状态，则应将随机采血作为诊断的首选方法；若随机血清皮质醇浓度<3~5 μg/dl，则肾上腺危象的可能性极大。对于危重症患者，由于血浆白蛋白和血浆皮质醇结合球蛋白浓度降低，此时，即使血清总皮质醇（而非游离皮质醇）浓度降低，也不能诊断为肾上腺危象。

2. 血浆 ACTH 和肾素浓度测定 原发性肾上腺功能减退症患者，血浆 ACTH 浓度明显升高，血钾和肾素浓度升高；继发性肾上腺皮质功能减退症患者，血浆 ACTH 浓度明显降低，血钾和肾素浓度则不升高。

3. 其他检查

（1）血常规检查：患者常出现正常细胞正色素性贫血、嗜酸性粒细胞和淋巴细胞数量增多。

（2）心电图检查：可显示心动过缓、低电压、QT 间期延长和继发性 T 波改变。

（3）血液生化检查：患者常出现低血糖、血尿素氮升高和低钠血症、高钾血症、高钙血症。

（4）影像学检查：腹部 CT 检查有时可发现肾上腺出血、梗死或肿瘤；颅脑 CT 检查可发现继发性肾上腺危象的原因，如垂体出血、肿瘤或空蝶鞍综合征。

五、诊断

（一）诊断标准

肾上腺危象的症状和体征无特异性，需根据临床表现和实验室检查综合诊断。

1. 体征 肾上腺皮质功能不全的体征。

2. 症状 患者表现为顽固性低血容量性休克、嗜睡或昏迷。

3. 激素测定 随机血清皮质醇浓度<14 μg/dl；ACTH 刺激试验血清皮质醇浓度升高<7 μg/dl。

（二）鉴别诊断

本病需与以下疾病相鉴别：感染性休克、严重病毒感染、急性心肌梗死、肺栓塞、心力衰竭、低血容量性休克、高血糖高渗状态和中毒或代谢性脑病等。

六、救治措施

（一）急诊处理原则

一旦考虑患者发生肾上腺危象，不必等待实验室检查结果，应立即开始予以静脉注射糖皮质激素、液体复苏（纠正低血糖、高钾血症和低血压）、对症和支持治疗、识别和消除诱因。

（二）皮质激素替代治疗

1. 糖皮质激素　首选具有糖皮质激素和盐皮质激素作用的氢化可的松 100 mg，静脉注射，最初 24 h 内，每 6 h 1 次；待患者症状缓解后，予以氢化可的松 50 mg，静脉注射，每 6 h 1 次；待患者病情稳定后，予以氢化可的松 20～30 mg/d（早晨服用总量的 2/3，下午服用 1/3），并维持口服用药。在无法予以氢化可的松的条件下，可酌情予以其他糖皮质激素，如地塞米松（4 mg/24 h）、甲泼尼龙（40 mg/24 h）、泼尼松龙（首先予以冲击量 25 mg，之后再予以 2 次 25 mg 冲击量，第 1 个 24 h 内最大剂量为 75 mg，之后为 50 mg/24 h）。

2. 盐皮质激素　当患者病情稳定并停用静脉注射氢化可的松时，可予以醋酸氟氢可的松 0.05～0.1 mg/d。注意观察患者是否出现水、钠潴留和低钾血症。

（三）液体复苏

在应用糖皮质激素治疗的前提下，应积极恢复有效循环血量，使患者血压维持在正常范围。脱水明显者，体液丢失量常在 20% 以上，应予以积极补液。对于低血糖患者，应用 5% 葡萄糖氯化钠溶液静脉滴注，以 500 ml/h 的速度滴注，连续滴注 2～4 h。最初 24 h 内，应至少补充 3 L 液体。经上述治疗，若患者休克仍未得到纠正，则应予以少量输血或补充胶体溶液。对此类患者，在补充肾上腺皮质激素并进行液体复苏之前，单纯应用升压药治疗效果很差甚至无效。

（四）对症和支持治疗

1. 对症治疗　对昏迷患者，应保持气道通畅。当患者血氧饱和度低于 90% 时，可考虑予以吸氧等治疗。注意保暖，予以鼻饲或静脉营养支持。

2. 去除诱因　积极寻找和治疗促发因素。对明确发生感染者，应用有效抗菌药。垂体功能减退症患者发生肾上腺危象时，应注意监测其他内分泌腺功能状态。

（五）监测

在治疗过程中，应严密监测患者的体温、血压、体重及液体出入量。根据病情，定时监测血皮质醇和 ACTH。复苏期间，每 4～6 h 检测 1 次血清电解质、血糖和肾功能，随后每 1～2 天检测 1 次，直到患者病情稳定。

（陈　良）

思考题

1. 如何诊断高血糖高渗状态？
2. 简述低血糖症的处理原则。

3. 甲状腺危象应如何治疗？

4. 肾上腺危象应如何治疗？

5. 病例分析：患者，男性，22 岁，因"发热伴恶心、呕吐 3 天，意识障碍 2 h"入院。既往患有 1 型糖尿病。查体：T 38.3℃，P 108 次/分，R 27 次/分，BP 94/61 mmHg；神志不清，颈软、无抵抗；双肺呼吸音粗糙，双下肺可闻及湿啰音；腹软，肠鸣音为 4 次/分；双下肢无水肿。

问题：

（1）患者进入抢救室，应紧急检查的项目包括哪些？

（2）提示：患者呼出气有烂苹果味，近 1 周未应用胰岛素。颅脑 CT 检查未见异常。急诊应尽快采取的处理措施有哪些？

（3）血液检查提示：血糖 21.0 mmol/L，尿酮体（+++），动脉血 pH 7.29。考虑该患者为何种疾病？

第十章

血液系统急症

常见的血液系统急症包括红细胞疾病、白细胞疾病、血小板异常及出血与凝血功能障碍。红细胞疾病急症以贫血最为常见。贫血可分为失血性贫血、溶血性贫血、再生障碍性贫血、肾性贫血等，以及恶性血液肿瘤（如急性白血病）所致的贫血等。对于重度及极重度贫血患者，应及时考虑输血治疗。白细胞疾病急症有粒细胞缺乏、白细胞显著增多导致的白细胞淤滞综合征。对于白细胞异常患者，重要的是进行正确的鉴别诊断，明确病因，以指导治疗。血小板异常主要指血小板减少、血小板增多和血小板功能异常。出血与凝血功能障碍的原因较多，如抗凝血药物中毒（抗凝血灭鼠药物中毒）、血友病及弥散性血管内凝血（DIC）等。本章主要介绍弥散性血管内凝血、贫血与输血急症。

第一节　弥散性血管内凝血

一、概念

弥散性血管内凝血（disseminated intravascular coagulation，DIC）是一种可能导致血栓形成和出血的全身疾病。DIC 可表现为急性、危及生命的急症，也可表现为慢性、亚临床病程，这取决于疾病的严重程度和进展速度以及基础病因对发病的影响。识别 DIC 及其基础病因是正确治疗 DIC 的关键。

二、发病机制

正常止血可确保在血管损伤部位形成血凝块，随后血凝块溶解，以利于组织修复。止血系统中存在多个反馈通路，可防止在未发生血管损伤的情况下激活凝血，以及将血凝块限制在损伤部位。DIC 患者的凝血和纤溶过程异常激活，导致持续性全身性血管内凝血和纤溶。

（一）促凝物暴露

一种或多种促凝物，如组织因子（tissue factor，TF）暴露于血液，可促进凝血。促凝物的来源和组成取决于基础疾病。例如：①某些细菌产物（如脂多糖）可以激活凝血。②在脑膜炎球菌脓毒症患者血液中发现含有组织因子的微粒。③癌性促凝物，一般是指癌细胞产生的组织因子，也可以是某些黏液性肿瘤和胎盘产生的可激活因子 X 的蛋白水解酶。④创伤时，血管内

皮和组织损伤可能导致促凝血酶或磷脂释放。⑤在严重的血管内溶血患者中，凝血是由一系列过程激活的，包括组织因子释放、TNF 和 IL-1 等细胞因子生成。⑥正常保护机制可以防止不恰当的凝血，在遗传性或获得性蛋白 C 缺乏症患者中，凝血酶生成和纤溶失衡可能会抑制这种正常保护机制。⑦中性粒细胞可能促进中性粒细胞胞外诱捕网（neutrophil extracellular trap, NET）的形成，NET 具有促凝血特性。

（二）凝血

凝血级联反应激活可导致含有纤维蛋白和血小板的血栓形成，可发生在微血管系统和（或）较大的血管中。广泛的血栓形成可引起内源性凝血因子消耗，进而导致消耗性凝血病，也可导致血小板和抗凝血因子的消耗。

（三）纤溶

纤溶过程在血栓形成部位被激活，生成纤维蛋白降解产物（fibrin degradation product, FDP）。当 FDP 积累到一定量时，可干扰纤维蛋白凝块的形成以及血小板聚集。

（四）器官损害

组织灌注减少、血栓形成和（或）出血可能引起组织和器官损害。DIC 本身和引起 DIC 的基础疾病的影响常交织在一起。器官衰竭可能导致较高的并发症发生率和死亡率。

（五）不同类型 DIC 的发病机制

1. 急性 DIC　当血液中短时间内暴露大量组织因子或其他促凝物时，可产生大量凝血酶，进而引发急性 DIC，导致凝血因子快速消耗，并超过其生成速度。

消耗性凝血病可导致 DIC 患者严重出血。急性 DIC 通常发生于脓毒症、创伤或急性早幼粒白血病等患者。

2. 慢性 DIC　若少量组织因子或其他促凝物持续或间断暴露于血液中，则可导致慢性 DIC。凝血因子和血小板被消耗，但其不断生成可以代偿消耗。患者的凝血时间可能正常，可能有轻度血小板减少。通常，血栓形成比出血多见。慢性 DIC 通常发生于晚期恶性肿瘤（如胰腺、胃、卵巢和脑肿瘤）患者。

其他可能促使 DIC 发生的因素包括：①内皮损伤，可导致促凝物质释放和内皮抗血栓形成特性丧失。②局部血流量减少，可减慢促凝物质和抗凝因子向周围播散的速度。③器官灌注减少，可能延迟肝对凝血产物的清除。④ NO 水平降低，可导致血管张力增加，以及促进血小板聚集和活化。⑤其他血细胞参与，如病原体可刺激单核细胞分泌组织因子。⑥发生创伤或脓毒症时，酸中毒和低体温可能干扰凝血过程，因为凝血因子的酶功能依赖于 pH 和温度。

3. 细胞外 DNA 和 NET　越来越多的证据表明，损伤相关分子模式（damage-associated molecular pattern, DAMP），包括游离 DNA（cell-free DNA, cfDNA）、胞外组蛋白和 DNA 结合蛋白，在 DIC 的发病过程中发挥着关键作用。中性粒细胞胞外诱捕网（NET）是由解聚的染色质上覆盖的多种细胞蛋白组成的网状结构，这些细胞蛋白包括髓过氧化物酶、中性粒细胞弹性蛋白酶、组蛋白等，由死亡或濒死的中性粒细胞释放。NET 具有促凝作用，可通过下列多种机制激活凝血级联反应，并影响一期和二期止血：①传递组织因子；② cfDNA 激活凝血的接触相；③细胞毒性 cfDNA 可以激活细胞表面的 Toll 样受体（Toll-like receptor, TLR）；④ cfDNA 可诱导血小板聚集；⑤中性粒细胞弹性蛋白酶可水解抗凝物，如组织因子途径抑制物（tissue factor pathway inhibitor, TFPI）；⑥正常情况下，血液循环中的 DNA 结合蛋白（如组蛋白）对内皮细胞有细胞毒性。

4. DIC 与其他血栓性微血管病变（thrombotic microangiopathies，TMA） 发生 DIC 时，可形成含有纤维蛋白和血小板的微血管血栓。相比之下，其他血栓性微血管病变，如血栓性血小板减少性紫癜（thrombotic thrombocytopenic purpura，TTP）和补体介导的溶血尿毒症综合征（hemolytic uremic syndrome，HUS），其特征是富含血小板的微血栓，没有显著的纤维蛋白凝块形成或消耗性凝血病。因此，其他血栓性微血管病变通常表现为血小板减少和凝血试验结果正常。血栓性血小板减少性紫癜由 ADAMTS13 蛋白酶缺乏引起，此蛋白酶缺乏可导致内皮细胞表面聚集"超大"血管性血友病因子（von Willebrand factor，vWF）多聚体，可以结合更多的血小板。补体介导的溶血尿毒症综合征目前认为是由补体引起的内皮损伤导致。

DIC 和其他血栓性微血管病变都可引起微血管病性溶血性贫血（microangiopathic hemolytic anemia，MAHA），其特征是外周血涂片检查发现破碎红细胞，是由于红细胞通过纤维蛋白网和微血栓时被机械性剪切而导致的。血栓性血小板减少性紫癜和补体介导的溶血尿毒症综合征患者中的微血管病性溶血程度比 DIC 患者更严重。

> **基础回顾**
>
> **DIC 的病理生理**
>
> 1. 广泛的凝血激活　是 DIC 的特征，可造成血管内纤维蛋白形成，最终引起小血管和中等血管的血栓栓塞。
> 2. 血管内凝血　可影响器官的血液供应，导致血流动力学及代谢失常，造成微循环衰竭和多器官功能衰竭（MOF）。
> 3. 血小板和凝血因子不断消耗　可引起严重出血。出血可能是 DIC 患者的突出表现，血栓与出血可导致治疗决策复杂化。

三、DIC 的常见病因

1. 脓毒症　由各种病原体（细菌、真菌、病毒和寄生虫）引起。

2. 恶性肿瘤　尤其是急性早幼粒细胞白血病，黏液性肿瘤（如胰腺、胃和卵巢肿瘤）和脑肿瘤。

3. 创伤　尤其是中枢神经系统创伤。

4. 产科并发症　包括子痫前期、滞留死胎、妊娠期急性脂肪肝。

5. 血管内溶血　通常是由于 ABO 血型不合输血引起，但也可以表现为其他形式的溶血，如重症疟疾。

DIC 最常见的病因是感染、恶性肿瘤和创伤、外科手术。其他病因包括：热射病、挤压伤、毒蛇咬伤、遗传性纯合性蛋白 C 缺乏（暴发性紫癜）、实体器官移植急性排异反应、抗磷脂抗体综合征等。

急性早幼粒细胞白血病与 DIC

急性早幼粒细胞白血病患者存在原发性纤溶亢进，常合并 DIC。①早幼粒细胞胞质

内充满异常颗粒，这些颗粒内含大量纤溶酶，可造成原发性纤溶亢进；②急性早幼粒细胞白血病患者常伴有出血倾向，出血发生率高达72%~94%，D-二聚体显著升高，纤维蛋白原含量显著下降；③急性早幼粒细胞白血病患者偶尔可发生血栓事件，如下肢静脉血栓形成、肺栓塞、腹腔内血栓、心肌梗死、脑梗死。急性早幼粒细胞白血病患者若合并DIC，则应将血小板计数维持在$30\times10^9/L$以上，并输注纤维蛋白原、新鲜冰冻血浆或冷沉淀，以纠正凝血功能异常。

四、临床表现

急性和慢性DIC均可引起出血和（或）血栓形成。然而，急性DIC患者发生出血的可能性要大得多，这是由于纤维蛋白原和其他促凝血因子的消耗以及大量纤维蛋白降解产物干扰了正常的纤维蛋白形成和血小板功能；而慢性DIC患者更有可能出现血栓栓塞并发症，因为促凝血因子的生成速度保证了持续性的血栓形成。

（一）急性DIC的表现

1. 出血　尤其是创伤、导管或引流部位渗血。

2. 血小板减少　患者可出现血小板减少症。

3. 血浆纤维蛋白原测定　患者凝血酶原时间（prothrombin time，PT）和活化部分凝血活酶时间（activated partial thromboplastin time，APTT）延长。

4. 血浆纤维蛋白原测定　患者血浆纤维蛋白原水平降低。

5. 血浆D-二聚体测定　血浆D-二聚体升高。

6. 其他凝血试验结果异常　①凝血酶时间延长；②凝血因子水平下降，如因子Ⅶ、X、V和Ⅱ（凝血酶原）水平下降；③凝血抑制剂因子水平下降，如抗凝血酶（antithrombin，AT）、蛋白C和蛋白S水平下降。

7. 外周血涂片　显示微血管病相关表现。

（二）慢性DIC的表现

1. 恶性肿瘤病史　患者常有恶性肿瘤病史，特别是胰腺、胃、卵巢或脑肿瘤病史。

2. 血栓栓塞　患者可发生静脉血栓栓塞（venous thromboembolism，VTE）或动脉血栓栓塞，尤其是没有其他明确诱发因素时。

3. 血小板计数　可表现为轻度血小板减少症或血小板计数正常。

4. PT和APTT测定　PT和APTT正常或轻度延长。

5. 血浆纤维蛋白原测定　血浆纤维蛋白原正常或有轻度升高。

6. 血浆D-二聚体　血浆D-二聚体升高。

7. 外周血涂片　可显示微血管病变的相关表现。

（三）出血和血栓形成

急性和慢性DIC均可引起出血和（或）血栓形成。

1. 出血　常见的出血表现包括：瘀点和瘀斑；伤口部位、静脉置管、导管、黏膜表面有血液渗出；外科手术后发生DIC的患者，浆膜腔内可能有血液积聚；如果出血累及胃肠道、

肺部、中枢神经系统，则可能会危及生命。出血更可能发生于急性 DIC 患者，但慢性 DIC 也可能引发出血。

2. 血栓形成 实体瘤患者发生慢性 DIC 更可能引起血栓形成，但急性 DIC 患者也可能出现血栓栓塞并发症。常见的血栓栓塞表现为：静脉血栓栓塞；动脉血栓形成，伴组织或器官缺血。

（四）器官功能障碍

DIC 可通过多种机制导致器官功能障碍，包括血栓形成、出血和灌注不足。

1. 肾衰竭 25%～40% 的急性 DIC 患者可发生急性肾损伤。

2. 肝功能障碍 DIC 患者常出现肝功能障碍引起的黄疸。既往存在的肝衰竭可阻碍肝产生和（或）清除凝血因子，从而加重 DIC。

3. 急性肺损伤 肺血管内皮损伤可能导致肺出血，伴咯血和呼吸困难。肺微血栓可能会引起肺损伤。

4. 神经功能障碍 DIC 患者可出现多种神经系统异常表现，包括昏迷、谵妄和短暂性局灶性神经症状。微血栓、出血和灌注不足均有可能导致神经功能障碍。

五、诊断与鉴别诊断

实验室检查包括全血细胞计数、PT 和 APTT、纤维蛋白原、D-二聚体、外周血涂片等，应结合病史和其他临床表现进行评估。

1. 血小板减少 常见，在急性 DIC 患者中更常见。

2. PT 和 APTT 通常增高。

3. 纤维蛋白原 通常较低，尤其是在急性 DIC 患者中。需要注意的是，在脓毒症、恶性肿瘤和其他炎症疾病患者中，纤维蛋白原可作为急性期反应物，表现为其生成量显著增加；因此，对于这些患者，血浆纤维蛋白原水平尽管在正常范围，仍可能有大量消耗。

4. D-二聚体 在急性和慢性 DIC 患者中通常都有升高。

5. 外周血涂片 检查可见破碎红细胞。

（一）确诊

DIC 的诊断应结合病史、临床表现和实验室检查结果。诊断依据是在相应的临床情况（如脓毒症、恶性肿瘤）下，有凝血和纤溶表现。仅依靠实验室检查结果不能确诊或排除诊断。如果患者有血小板减少、凝血因子消耗（如 PT 和 APTT 延长、纤维蛋白原降低）和纤溶（如 FDP、D-二聚体升高）的实验室证据，只要没有引起这些表现的其他明确病因，即可确诊为急性 DIC。

国际血栓与止血协会制定了 DIC 积分系统，用于评估存在可引起 DIC 的基础疾病的患者。我国也发布了《中国弥散性血管内凝血诊断积分系统》，可以指导临床诊断。

（二）鉴别诊断

1. 严重肝病 当肝病严重到足以损害肝合成凝血因子的功能时，即可导致严重凝血病。与 DIC 一样，严重肝病可导致促凝血因子和抗凝因子减少，并可引起血小板减少；患者可发生出血或血栓形成。因子Ⅷ水平有助于诊断，因子Ⅷ不是由肝细胞生成的，因此其在 DIC 患者中通常较低，而在严重肝病患者中较高。

2. 肝素诱导的血小板减少症（heparin-induced thrombocytopenia，HIT） 是暴露于肝素

后可能危及生命的并发症。其病因是肝素结合血小板因子4（platelet factor 4，PF4）形成 PF4 表位，针对 PF4 表位的自身抗体引起发病。与 DIC 相同的是，HIT 患者也可出现血栓形成和出血。与 DIC 不同的是，HIT 患者通常有近期肝素暴露史和实验室肝素-PF4 抗体（HIT 抗体）检测阳性检查结果；HIT 患者除可发生由抗凝药物引起的异常或 D-二聚体升高所导致的血栓栓塞外，没有全身凝血异常。

3. 血栓性微血管病变　血栓性血小板减少性紫癜和其他血栓性微血管病变，由于微血管血栓导致血小板消耗，表现为 MAHA 和血小板减少。和 DIC 一样，患者可能病情危急，出现血小板减少，外周血涂片可见破碎红细胞。和 DIC 不同，血栓性血小板减少性紫癜或溶血尿毒症综合征患者的微血管血栓主要富含血小板且缺乏纤维蛋白，不会引起消耗性凝血病，所以凝血试验一般为正常。血栓性血小板减少性紫癜有更严重的微血管病相关表现，ADAMTS13 活性<10%；补体介导的溶血尿毒症综合征中补体异常。

六、治疗

（一）治疗基础病因

DIC 是一个持续性凝血酶生成和纤溶激活的过程，治疗依赖于消除其诱因，因此，DIC 的主要处理原则是治疗基础病因，从而消除持续性凝血和血栓形成的诱因。

（二）全身治疗

一般不需要进行全身治疗来预防出血或血栓形成。需要密切监测患者是否发生出血或血栓性并发症，一旦出现并发症，需立即治疗。

（三）出血的预防和治疗

由于血小板减少、凝血因子耗竭，以及 FDP 对正常纤维蛋白聚合和血小板聚集的干扰，DIC 患者存在出血风险。在没有出血或没有出血高风险的患者中，血小板计数≥10×10^9/L，不予以常规预防性输注血小板和凝血因子。其原因是：缺乏证据表明进行此类治疗可以防止出血；如果基础疾病得以治疗，则 DIC 很可能只是一过性的；DIC 患者合并血栓形成风险增加。也有建议认为，在没有出血的情况下将输注血小板的阈值定为 20×10^9/L。对于有大量出血、出血风险高（如手术）或需要有创操作者，应予以输注血小板和凝血因子。

1. 输注血小板　对严重出血、需要限期或急诊手术且血小板计数<50×10^9/L 的患者，应输注血小板。对血小板计数<10×10^9/L 的患者，由于其自发出血风险增加，应予以输注血小板。当患者血小板计数为 $(10\sim20)\times10^9$/L 时，应根据临床情况选择输注血小板。对于急性早幼粒细胞白血病合并 DIC 的患者，应使血小板维持在 30×10^9/L 以上。

2. 纤维蛋白原、新鲜冷冻血浆或冷沉淀　若患者有严重出血伴 PT 或 APTT 显著延长，或纤维蛋白原水平<50 mg/dl，则应补充凝血因子，包括纤维蛋白原、新鲜冷冻血浆、冷沉淀。输注的具体阈值和输注量应根据具体临床情况（如容量状态和出血严重程度）个体化确定：①若纤维蛋白原水平<100 mg/dl，则予以纤维蛋白原、新鲜冷冻血浆或冷沉淀，使之升高至>100 mg/dl。②若纤维蛋白原水平>100 mg/dl，而 PT 或 APTT 仍明显延长，则予以纤维蛋白原、新鲜冷冻血浆或冷沉淀，目的是减少出血，而不是使凝血指标正常化。

3. 避免使用抗纤溶药物和凝血酶原复合物　一般禁用抗纤溶药物（如氨甲环酸），因为阻断纤溶系统可能会增加血栓形成的风险，但抗纤溶药物可用于伴有纤溶亢进的大量出血患者。

凝血酶原复合物也应慎用，因为在血液高凝状态的情况下应用凝血酶原复合物可能会诱发更多的血栓性并发症。

（四）预防和治疗血栓形成

DIC 患者组织因子、凝血酶或其他促凝物持续暴露，导致凝血持续激活，存在血栓形成风险。某些感染（如重症疟疾或登革病毒感染）所致 DIC 患者更容易发生血栓形成，血栓形成可危及生命或影响肢体功能，可使用肝素治疗，但目前没有临床研究推荐在这种情况下应用抗凝药物或给药方案。

七、预后

DIC 患者死亡率高度取决于凝血功能损害的严重程度以及基础疾病的可治性。严重脓毒症、创伤或烧伤患者合并 DIC 的死亡率高达 40%～80%。

（朱继红）

第二节　贫血与输血

一、概念

贫血是指外周血在单位容积中的血红蛋白（Hb）浓度，红细胞计数和（或）血细胞比容低于正常值低限，以血红蛋白浓度最重要。成年男性 Hb＜130 g/L，成年女性＜120 g/L，妊娠妇女＜110 g/L，即诊断为贫血。

二、临床表现

贫血是由不同疾病所致的症状，临床表现包括两个方面：一是原发病的表现，因疾病不同而异；二是贫血本身对机体各系统的影响。

贫血的临床表现与以下因素有关：贫血的病因、贫血的严重程度、贫血的发生速度、循环和呼吸等系统对贫血的代偿和耐受能力。

皮肤黏膜苍白是贫血的外在表现，同时，患者可有全身各系统表现。

1. 神经系统　头痛、眩晕、萎靡、晕厥、失眠、多梦、耳鸣、视物模糊、记忆力减退、注意力不集中是贫血的常见症状。急性贫血时，由于脑组织不能耐受缺氧和（或）低血容量，特别是当呼吸、心率加快不能完全代偿时，患者常出现头痛、眩晕、萎靡，甚至晕厥；慢性严重贫血时，则以失眠、多梦、耳鸣、视物模糊、记忆力减退等症状多见。

2. 呼吸系统　重度贫血时，即使处于平静状态，患者也可能出现气短甚至端坐呼吸。这可能是机体组织对缺氧的反应，也可能与贫血时心脏活动增强，甚至导致缺血性心脏病有关。

3. 循环系统　发生急性失血性贫血时，循环系统的主要表现是对低血容量的反应，如外周血

管收缩、心率加快等。发生非失血性贫血时，由于血容量不减少，故循环系统的主要表现是心脏对组织缺氧的反应：轻度贫血时，患者在安静状态下可能无明显表现，仅在活动后出现心悸、心率加快；中、重度贫血时，无论患者处于何种状态，均可出现心悸和心率加快，且贫血程度越重，活动量越大，症状越明显；长期贫血时，心脏超负荷工作且供血不足，可导致缺血性心脏病。

4. 消化系统　患者可出现消化功能甚至解剖结构的改变，如消化腺分泌减少甚至腺体萎缩，进而导致消化功能减低、消化不良。患者可出现腹部胀满、食欲缺乏、排便规律和性状改变等。

5. 泌尿系统　发生血管外溶血时，患者可出现胆红素尿和尿胆素原尿；发生血管内溶血时，可出现游离血红蛋白和含铁血黄素尿，严重者可发生血红蛋白堵塞肾小管，引起少尿、无尿甚至急性肾衰竭。血栓性血小板减少性紫癜（thrombotic thrombocytopenic purpura，TTP）、溶血尿毒症综合征（hemolytic uremic syndrome，HUS）引起贫血的患者常伴有肾功能不全。

三、诊断

贫血本身并非一种疾病，仅代表许多不同病因或疾病引起的一系列临床表现。临床上关于贫血的诊断标准包括：①贫血的类型及程度；②贫血的病因或原发病。应当仔细询问病史，全面、细致地进行体格检查和辅助检查。

1972 年世界卫生组织制定的诊断标准是：在海平面地区，Hb 低于下述水平者即诊断为贫血：6 个月～6 岁儿童 110 g/L，6～14 岁儿童 120 g/L，成年男性 130 g/L，成年女性 120 g/L，妊娠妇女 110 g/L。

1. 病史　询问病史时，应特别注意了解家族史、饮食营养史、月经史/生育史、服药史、在生活或工作中与化学物质或放射性物质接触的情况、原发疾病的症状以及出血史等。

2. 体格检查　仅凭体格检查虽然不足以做出贫血的全部诊断，但也能提供重要的线索，有助于明确贫血的原因。应特别注意观察患者皮肤和巩膜的颜色、皮疹、舌苔、淋巴结和肝脾大、骨骼（尤其是胸骨）压痛、肿块以及神经系统等检查。例如，黄疸的存在可能提示为溶血性贫血，年轻贫血患者合并高血压提示贫血可能与慢性肾疾病有关。指甲变平或凹陷和舌炎见于严重的缺铁性贫血（iron deficiency anemia，IDA）患者。体检时应进行肛门检查，以便发现消化系统疾病。

3. 辅助检查　贫血的辅助检查是为了明确贫血的性质，其最终目的是明确贫血的原因。辅助检查可分为血液学检查及非血液学检查。

除血细胞计数外，基本的血液学检查还应包括：①平均红细胞体积、平均血红蛋白含量测定；②网织红细胞计数；③外周血涂片检查，包括观察红细胞、白细胞、血小板数量及形态方面的改变，注意是否有异常细胞。此外，骨髓检查对诊断也是必不可少的。

非血液学检查包括尿液、粪便、体液和血液检查、血清学检查、X 线检查、内镜检查以及各专科的特殊检查等。

四、救治措施——输血

（一）输血适应证

1. 急性失血　急性出血是输血的主要适应证。急性失血初期，对低血容量患者可应用晶体溶液或胶体溶液，建议比例为（2～3）：1。治疗早期应限制输入过多液体扩充血容量。其中，晶体溶液不超过 2000 ml，胶体溶液不超过 1500 ml。过早输入大量液体容易引起稀释性凝血病，甚至 DIC 及难以控制的出血。过量输入晶体溶液可造成脑水肿和肺水肿等。

一次失血量低于总血容量的 10%（500 ml）时，患者常无血容量不足的表现，通常不需要输血。失血量为总血容量的 10%～20%（500～800 ml）时，应根据患者是否有血容量不足的临床症状及严重程度，同时参考血红蛋白和血细胞比容的变化情况选择治疗方案。当急性失血患者血红蛋白<80 g/L 时，应考虑予以红细胞。输血的同时应继续补充血容量，确保补液量达到估计失血量的 3 倍，应先输入晶体溶液，然后输入胶体溶液，晶体溶液、胶体溶液和血液的比例建议为 3∶1∶1。

当失血量超过总血容量的 50% 且大量输入库存血时，应注意监测血小板、凝血因子和血清蛋白，适当予以补充，推荐红细胞、血浆、血小板输注的比例为 1∶1∶1。

2. 贫血 贫血常因慢性失血、红细胞破坏增加或合成不足引起。输注红细胞是临床上纠正严重贫血的一项重要措施。临床上主要根据贫血的原发病、基础疾病、贫血的轻重程度、贫血的发生与发展速度以及重要器官病变，实施个体化输血策略。

当患者血红蛋白<60 g/L 或血细胞比容<0.2 时，可考虑输注红细胞。2012 年，美国血库协会（American Association of Blood Banks，AABB）临床输血专家组发布的红细胞输注临床实践指南推荐，对于病情稳定的患者（Hb 70～80 g/L），应遵循限制性输血策略。当心血管疾病患者出现相关临床症状或 Hb<80 g/L 时，可考虑输注红细胞。

3. 凝血功能障碍 可输注新鲜冰冻血浆、普通冰冻血浆、冷沉淀、血浆蛋白制品等血液成分，以纠正凝血功能。对 PT 或 APTT 大于参考值区间上限的 1.5～2 倍，伴有出血的患者，应输注上述血液成分。对合并先天性或继发性出血性疾病的患者，应根据原发疾病，输注相关的血液成分加以矫正，如对血友病患者应输注凝血因子，对纤维蛋白原缺乏者应补充纤维蛋白原或冷沉淀制剂；无上述成分时，也可用血浆替代。

4. 血小板减少症 当患者血小板数量减少或功能异常伴有出血倾向或表现时，可输注单采血小板。当患者血小板计数>50×10^9/L 时，一般不需要输注血小板；当患者血小板计数为（10～50）×10^9/L 时，应根据临床出血情况，决定是否输注血小板；当患者血小板计数<5×10^9/L 时，应立即输注血小板，以防止出血。应避免随意进行预防性输注血小板，以防止引起同种免疫而导致输注无效。

5. 低蛋白血症 输注血制品时，可以提供各种血浆蛋白，包括白蛋白、抗体、补体等。人血白蛋白制剂可以提高血浆胶体渗透压，增强患者的机体修复能力；丙种球蛋白制剂对严重感染患者有较好的疗效；特种丙种球蛋白制剂对特定的病原微生物具有抗病能力。

输血前，应由 2 名医护人员核对交叉配血报告单及血袋标签等各项内容，检查血袋是否有破损或渗漏，血液颜色是否正常。确认无误后，方可输血。

输血时，应由 2 名医护人员携带病历共同到患者床旁核对患者的姓名、性别、年龄、病案号、门急诊/病室、床号和血型等，确认与配血报告单相符，并再次核对血袋后，用符合标准的输血器进行输血。输血过程中，输注速度应先慢后快，再根据患者的病情和年龄调整输注速度，并严密观察患者是否有输血不良反应，发现异常情况应及时处理。

最初 15 min 内的输血速度约为 2 ml/min，且应严密观察患者的反应。如果患者输注血液成分最初 15 min 内未出现疑似输血反应的表现，则应将输血速度调整至患者能耐受的最快速度输注。病情稳定的成人患者，输血速度一般为 5 ml/min，老年人和心脏病患者约为 1 ml/min，儿童患者为 10 滴/分。全血、成分血及其他血液制品应从血库取出后在 30 min 内输注完毕，1 U 全血或成分血应在 4 h 内输注完毕。

如果需要快速输血，则采用加压或加温装置、大口径输液管及大口径静脉导管（包括中心静脉和骨内通路），以缩短输注时间，且不易引起溶血。当患者发生大量出血时，应参照血压、

中心静脉压、尿量等调节输血速度和输血量。

（二）输血反应

输血反应是指在输血过程或输血后，因输注血液制品或所用输注用具而产生的不良反应。输血反应以过敏反应最多，其次是非溶血性发热反应、细菌感染、溶血性输血反应、循环负荷过重等，其中以血型不合以及细菌污染血液制品而发生的输血反应最为严重。由于分类依据不同，输血反应的种类也不同，见表10-1。

表10-1 输血反应的分类

分类	急性反应	迟发性反应
免疫反应	发热反应	迟发性溶血反应
	过敏反应	输血相关移植物抗宿主病
	急性溶血反应	输血后紫癜
	输血相关性急性肺损伤	输血所致免疫抑制作用
		白细胞输注无效
		血小板输注无效
非免疫反应	细菌污染	含铁血黄素沉着症或血色病
	输血相关性循环超负荷	血栓性静脉炎
	空气栓塞	输血相关感染性疾病
	低体温	
	出血倾向	
	枸橼酸中度	
	电解质紊乱	
	非免疫性溶血	
	肺微血管栓塞	

1. 过敏反应 输血后，患者可发生程度不同的过敏反应，特别是输注血浆蛋白制品后，轻者仅表现为风团、红斑、发痒；重者可表现为荨麻疹可遍布全身，可出现血管神经性水肿、关节痛，甚至会厌、喉头水肿，导致窒息、休克。

对过敏反应较轻者，可减慢输血速度或停止输血，予以口服抗组胺药；若患者无气管痉挛、心率加快、低血压，则待其风团逐渐消退后，可谨慎地继续输注。对过敏反应较重者，宜立即停止输血，并使用肾上腺素和（或）糖皮质激素；对出现严重喉头水肿者，应行紧急环甲膜穿刺、予以吸氧等治疗。

2. 非溶血性发热反应 这是输血反应中最常见的一种。在输血后数分钟至数小时内体温升高而无其他原因者，即非溶血性发热反应。主要表现为输血后出现寒战、发热，但有时也可无寒战；有的患者仅出现寒战，而不出现发热。发热者体温可达38～41℃，可伴有恶心、呕吐、皮肤潮红等，反应可持续15 min至数小时。发热的程度与输注速度及输入的白细胞数量及热原量呈正比，有时可在输血后数小时才出现发热。老年患者有时可出现严重反应，如低血压或休克。

患者出现发热反应后，应立即予以处理。需要先除外输血引起的溶血反应或细菌污染，再进一步确认血型与交叉配血等。另外，还应考虑患者是否发生药物不良反应或感染性疾病，并做血培养，包括所输血液的细菌培养等。患者出现发热反应时，应立即暂停输血，密切观察其病情变化；对出现寒战的患者予以保暖、镇静药，发热时可用解热药。

3. 溶血性输血反应 输血后，红细胞发生异常破坏引起的反应称为溶血性输血反应。血型不合、输入的红细胞有损伤等是常见原因。从开始输血到出现症状的时间早晚不一，轻重程度也不同，取决于输血量、抗体效价和溶血的程度。轻者表现与一般的发热反应相似，可无明

显黄疸；重者输入数十毫升血型不合的血也即可出现寒战、高热、心悸、胸痛、腰背痛、呼吸困难、恶心、呕吐，甚至发生休克、急性肾功能不全等。

当患者出现溶血性输血反应时，应立即停止输血，核对患者与供血者的血型是否有误，并积极予以抗休克，防治急性肾功能不全。

4. 细菌污染　输注被细菌污染的血液后可引起输血反应，严重者常导致死亡。这与细菌的种类、生长量及其毒性，输血量和患者的抵抗力等有关。致病菌大多数为革兰氏阴性杆菌，少数为革兰氏阳性杆菌或球菌。轻型患者以发热为主；重者可出现寒战、高热、烦躁不安、胸闷、呼吸困难、休克、急性肾衰竭、DIC等。

一旦发现输入被细菌污染的血制品，应立即停止输血。对剩余的血液进行细菌培养，并立即使用有效广谱抗菌药。待污染血液经细菌培养确定病原体后再改用敏感的抗菌药。在积极抗感染的同时，应积极进行支持治疗，防治急性肾衰竭及DIC。

5. 循环负荷过重　由于短时间内大量或快速输血，使血容量急剧增加，超过心脏和循环负荷，可引起急性充血性心力衰竭。原有冠心病或心功能不全、心肌病、慢性贫血的患者，即使输血量不大，也可能发生心力衰竭，常可危及生命。若老年患者常有心功能代偿不全，儿童患者血容量较少，慢性心肺疾病或严重贫血患者在输血过程中或输血后出现心率加快、呼吸急促、烦躁不安、咳粉红色泡沫样痰、脉搏细弱、颈静脉怒张、肺部听诊可闻及干、湿啰音，则可考虑为循环负荷过重。应立即停止输血，使患者取半坐卧位，予以吸氧、镇静、利尿、强心等抗心力衰竭治疗。

（三）输血传播疾病

输血传播疾病是指输入携带病原体的血液而感染的疾病。输血可以引起多种病原体感染，尤其是病毒感染，如病毒性肝炎、获得性免疫缺陷综合征、巨细胞病毒感染、EB病毒感染、人类嗜T淋巴细胞病毒Ⅰ型感染等，还可传播梅毒、疟疾等。其中最重要的是获得性免疫缺陷综合征、乙型肝炎、丙型肝炎和梅毒感染。严格掌握输血适应证，使用高灵敏度的检测方法，对血液制品进行病毒灭活处理等，可减少输血传播疾病的发生。

（朱继红）

思 考 题

1. 简述弥散性血管内凝血的治疗原则。
2. 简述贫血的概念及临床表现。
3. 病例分析：患者，男性，72岁，因"腹泻1天，伴寒战、高热2 h"入院；既往有2型糖尿病病史，未进行规律诊治。查体：T 39.5℃，P 136次/分，R 32次/分，BP 82/46 mmHg；急性病容，精神萎靡；心率加快，心律规整；双肺呼吸音粗糙；腹软，左下腹压痛，无明显反跳痛，肠鸣音活跃，为6~8次/分；双下肢无水肿。实验室检查：WBC 23.5×10^9/L，HB 117 g/L，PLT 31×10^9/L，PT 16s，APTT 48s，纤维蛋白原 146 mg/dl，FDP 57 μg/ml，D-二聚体 5318 ng/ml。

问题：

（1）患者进入抢救室，应紧急检查的项目有哪些？

（2）患者腹泻伴有寒战、高热，既往有2型糖尿病病史，未进行规律诊治。急诊应尽快采取的处理措施是什么？

（3）实验室检查显示PLT、纤维蛋白原显著减低，PT、APTT明显延长，FDP、D-二聚体显著升高。考虑该患者为何种疾病？

第十一章 急性创伤

第十一章数字资源

创伤是指机械性因素作用于人体所造成的组织结构完整性破坏或功能障碍。创伤是一个重要的社会公共卫生问题。据 WHO 统计，全球约 10% 的死亡和 16% 的致残病例是由创伤导致的。在美国，创伤是 45 岁以下年龄段人群的首要死亡原因，每年用于外伤的医疗费用超过 1000 亿美元。随着我国社会和经济的快速发展，因道路交通事故、生产事故、生活意外和自然灾害等各种原因导致的创伤事件不断增多。创伤已成为城乡人群的第五位死亡原因，给家庭和社会带来了沉重的负担，是当前医学领域面临的重大挑战。

创伤的救治涉及现场急救、院前转运、医院急诊室、手术室、ICU 和专科病房、康复治疗的全过程，需要建立区域化的高效创伤救治体系，实施创伤分级救治，在一定区域范围内将严重创伤患者集中到指定的创伤中心，实施多学科联合救治，才能达到理想的救治效果。

第一节 胸部创伤

胸部创伤所致死亡人数占美国所有创伤死亡人数的 1/5~1/4。由胸部创伤导致的许多早期致死性病因（张力性气胸、心脏压塞、气道阻塞等）都是可以预防的。对约 75% 的胸部外伤患者，只需要进行简单的胸腔置管和容量复苏，这些初始处置通常由急诊医生进行。进一步处置需要创伤外科医生、心胸外科医生和重症监护医生的联合参与。

案例 11-1

患者张某，男性，36 岁，2 h 前被汽车撞击胸部后倒地，自觉左侧胸部剧烈疼痛，呼吸困难，无意识丧失，无恶心、呕吐，无腹痛，由急救车送入我院急诊。查体：T 36.6℃，P 132 次/分，R 35 次/分，BP 92/36 mmHg；意识清楚，烦躁不安，左侧胸部局部压痛、青紫，呼吸运动减弱，呼吸音消失，叩诊呈浊音，右侧胸廓外形正常，呼吸音正常；腹部检查无阳性体征。

问题：
1. 该患者最可能的诊断是什么？
2. 为明确诊断，应进行哪些实验室检查？
3. 应采取哪些抢救措施？

胸部创伤的分类

1. 根据暴力性质不同以及胸膜腔是否与外界相通分类　分为钝性创伤和穿透伤。
2. 根据危及生命的严重程度和可能发生的时限分类　①快速致命性胸部创伤（多数导致伤员现场死亡，包括主动脉破裂、心脏破裂、心脏停搏、气道梗阻）；②早发致命性胸部创伤（可在伤后1～2h内危及患者生命，包括张力性气胸、开放性气胸、进行性或大量血胸、心脏压塞、主动脉损伤或夹层形成）；③潜在迟发致命性胸部创伤（如连枷胸、食管破裂、膈肌破裂、肺挫伤、心脏挫伤）。

一、气胸

气胸是指气体在胸膜腔内积聚的现象。在胸部创伤患者中，气胸发生率为15%～50%。气胸可分为单纯性气胸、交通性气胸和张力性气胸三种。单纯性气胸是指不与外界大气相通的气胸。交通性气胸是指外界空气能够随呼吸运动通过缺损胸壁自由进出胸膜腔的气胸，可随呼吸运动引起纵隔摆动，进而导致循环障碍。张力性气胸是指在损伤处形成活瓣，气体随呼吸运动进入胸膜腔并不断积累，导致胸膜腔内压力进行性升高。由于伤侧胸膜腔压力较高，可导致纵隔显著移位，腔静脉回流障碍。

（一）临床表现

根据胸膜腔内积气的量与速度，轻症患者可无症状，重症者可出现胸痛、呼吸困难、发绀、烦躁等，最常见的症状是呼吸困难和胸痛。检查可见伤侧胸廓饱满、呼吸活动度减低、气管向健侧移位，伤侧叩诊呈鼓音、呼吸音减低甚至消失，以及皮下气肿、颈静脉怒张、血液回流障碍等。交通性气胸患者可出现气体进出胸膜腔时发出的吸吮样声音，即"吸吮式胸部伤口"。气胸可以通过胸部X线、CT及超声检查进行诊断。超声检查比胸部X线检查对气胸更敏感。通过E-FAST检查快速发现气胸对血氧饱和度降低的低血压多发伤患者尤其重要。

（二）救治措施

单纯性气胸的治疗措施与气胸的原因和肺受压程度有关。对于没有症状、不需要正压通气的少量单纯性气胸患者，可以随访观察。否则应进行胸腔闭式引流，以排出胸膜腔内的气体，促使肺复张。

对交通性气胸患者，需要先使用无菌敷料或其他压迫物覆盖伤口，将交通性气胸转化为单纯性气胸，然后予以吸氧、补充血容量、清创、封闭创口，并进行胸腔闭式引流。同时，应用抗菌药预防感染，必要时进行开胸探查。当怀疑患者发生张力性气胸时，应立即进行胸腔穿刺减压。若穿刺减压失败，则可直接行胸膜腔切开、胸腔闭式引流术。

二、血胸

血液在胸膜腔内积聚的现象称为血胸。常见的出血来源有肋间动脉、胸廓动脉以及肺部

血管等。根据积血量的多少，可将血胸分为：少量血胸，积血量≤0.5 L，中等量血胸，积血量为 0.5~1.0 L；大量血胸，积血量＞1.0 L。胸膜腔内同时有积气和积血者，称为血气胸（图 11-1）。

（一）临床表现

血胸的临床表现与出血的量和速度有关。大量失血患者除有失血性休克的表现外，还可出现呼吸急促、心动过速、低氧血症，检查可见肋间隙饱满、气管移位、伤侧呼吸音减低以及触觉语颤减弱等表现。X 线、B 超和 CT 检查可用于诊断血胸，超声检查比仰卧位胸部 X 线检查更敏感。早期床旁超声检查应常规用于胸部创伤患者的评估。

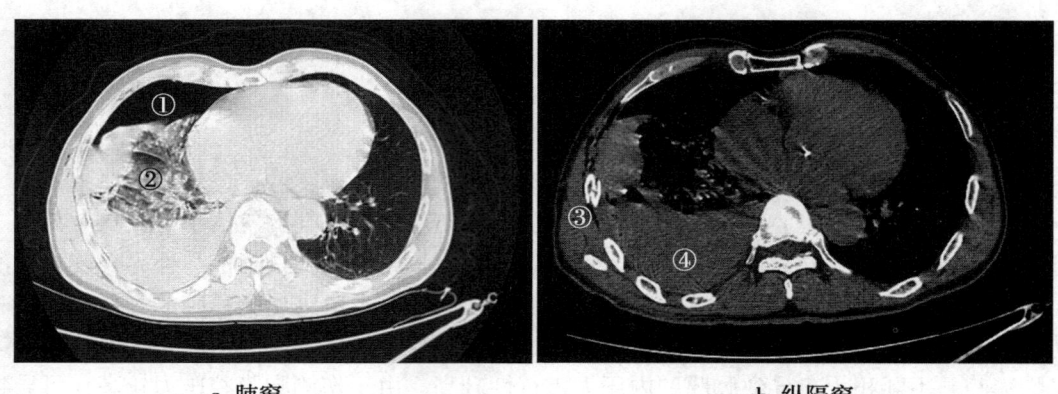

a. 肺窗　　　　　　　　　　　　b. 纵隔窗

图 11-1　重症创伤患者的肺部 CT 表现
①所示区域为气胸；②所示区域为肺挫伤；③所示区域为肋骨骨折；④所示区域为胸腔积液（考虑为血胸）

（二）救治措施

血胸的治疗原则包括保持气道通畅、补液恢复血容量、及时进行胸腔闭式引流，以排出胸腔内积血。必要时进行开胸探查。

三、肺挫伤

在严重胸部钝性伤患者中，30%~75% 伴有肺挫伤，主要由车祸伤和高处坠落伤引起。研究表明，在连枷胸患者中，75% 伴有肺挫伤，二者同时存在时，伤残率和病死率成倍增加。由于肺挫伤患者可能为隐匿发病，仅通过最初的胸部 X 线检查进行诊断可能导致漏诊，应对重度钝性创伤患者予以高度重视。

（一）临床表现

肺挫伤患者通常伴有其他胸部外伤，因此其症状通常与其他损伤的症状相互影响，如胸痛、咳嗽、咯血、呼吸困难、发绀、低血压以及心动过速等。听诊可闻及湿啰音，呼吸音减低甚至消失。X 线及 CT 检查可协助诊断，典型的影像学表现为斑片状、不规则肺泡浸润影或明显肺实变。

（二）救治措施

肺挫伤的治疗主要是支持治疗，包括及时处理合并伤，保持呼吸道通畅，予以氧气吸入，限制晶体溶液过量输入，早期合理使用糖皮质激素，对低氧血症患者予以机械通气支持，预防和治疗感染。

四、肋骨骨折

肋骨骨折可见于暴力直接作用于肋骨或者前后暴力挤压时，多发生于第 4~7 肋。多根（3 根以上）相邻肋骨发生多处骨折时，肋骨断离段脱离胸廓整体，吸气时受胸膜腔负压吸引而内陷，呼气时受肺内正压推动而向外膨，呈反常呼吸，即局部胸壁的运动方向与胸廓整体运动方向相反，称为连枷胸（flail chest），约占严重胸部创伤的 1/3。

（一）临床表现

肋骨骨折患者常见的症状是明显胸痛，深呼吸、咳嗽时加重。检查可出现局部压痛，患者可并发血胸、气胸、咯血以及皮下气肿。65 岁以上多根肋骨骨折患者的肺炎发生率和死亡率比年轻患者更高。连枷胸虽然少见，但较为严重，在呼气时局部胸壁向外膨出，而吸气时向内凹陷，暴露患者胸部观察是否有反常呼吸，常可做出初步判断。胸部 X 线检查只能识别出约 50% 的单根肋骨骨折，其最重要的价值是识别或排除显著的胸内和纵隔损伤。CT 三维重建检查结果更精确，且不易漏诊（图 11-2）。

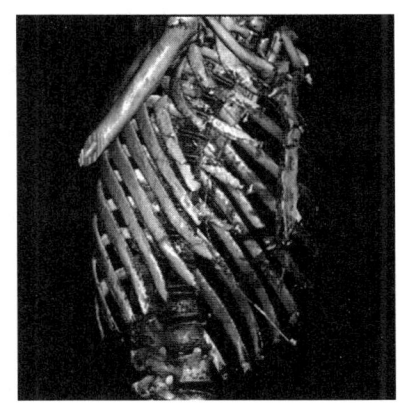

图 11-2 肋骨骨折 CT 三维重建
右侧第 1~8 肋骨多发性骨质不连续，断端错位、成角

（二）救治措施

治疗原则包括充分镇痛、积极进行局部胸壁压迫固定（如弹性胸带、宽胶布固定）等物理治疗。若患者发生呼吸衰竭，则可予以无创正压通气、有创机械通气。若患者出现连枷胸，导致胸壁不稳定以及肺功能持续降低、严重胸廓畸形、拔管困难或持续疼痛，则可行开放式手术固定肋骨。

五、胸骨骨折

胸骨骨折的主要原因是前胸壁受到钝性损伤，常见于交通事故时胸部撞击方向盘以及安全带限制胸骨上部等情况。

（一）临床表现

胸骨骨折的典型表现是前胸痛、胸骨点压痛、瘀斑、软组织肿胀或可触及的畸形，侧位和斜位 X 线检查可发现骨折线，结合病史可确诊。需注意患者是否合并气管、支气管、心脏以及胸腔内血管损伤，必要时行胸部 CT 检查。

（二）救治措施

单纯胸骨骨折的治疗主要包括充分镇痛和骨折复位。单纯胸骨骨折患者经过镇痛治疗后即可安全出院。如果患者出现严重的胸痛、呼吸抑制和骨折断端明显错位，则可在局部麻醉下行手法复位。对于手法复位困难者或出现连枷胸的患者，应进行手术复位。

六、心脏损伤

心脏损伤（cardiac injury）可分为钝性心脏损伤与穿透性心脏损伤。钝性损伤多由胸前区受撞击、减速、挤压、高处坠落、冲击等暴力所致，穿透伤多由锐器、刃器或火器所致。心脏损伤早期诊断的重要性在于可能预防严重的并发症，如严重的心律失常、心力衰竭、休克、心脏压塞以及大量出血。

（一）临床表现

轻度心肌挫伤患者可能无症状，中、重度挫伤患者可出现心悸、胸痛、气促甚至心绞痛症状。穿透性心脏损伤的症状取决于心脏、心包损伤情况，心包破口引流情况。心包与心脏破口较小，心包破口引流不畅时，患者可出现心包压塞表现；心脏和心包破口大时，心包破口不易被堵塞，大部分血液流入胸腔可引起失血性休克。心电图、心肌酶、心脏超声检查可协助诊断。

（二）救治措施

对心脏挫伤患者，应早期严密监护，使患者充分休息，予以吸氧、镇痛等，积极预防心律失常、心力衰竭等并发症。若穿透性心脏损伤患者出现心脏压塞和失血性休克表现，则应立即在急诊手术室进行开胸手术，行气管插管，在全身麻醉下切开心包，以缓解心脏压塞，控制出血，迅速补充血容量。

七、胸部大血管损伤

胸部大血管损伤主要是主动脉损伤，通常是由于胸壁受到猛烈的撞击所致，85%的患者死亡发生在事故现场。最常见的损伤部位是动脉导管韧带附着的主动脉峡部以及主动脉升部靠近头臂干起始处。

（一）临床表现

主动脉损伤的临床表现缺乏特异性，患者可出现胸骨后持续性疼痛、呼吸困难、声音嘶哑、吞咽困难以及肢体疼痛。临床体征较少见，而且也缺乏特异性，可出现心前区或肩胛区收缩期杂音，可有颈围增加或颈部搏动性肿物等。主动脉损伤患者多合并其他脏器损伤，常常会掩盖主动脉损伤的表现。应根据外伤的性质、胸痛症状、血胸和进行性低血压等因素分析主动脉损伤的可能性，并通过B超、胸部CT增强扫描以及主动脉造影进行确诊。

（二）救治措施

对于怀疑发生主动脉损伤的患者，应予以卧床休息，进行严密的心电监护，建立静脉通道，严格控制血压。对血流动力学不稳定的患者，应紧急进行开胸探查；对于血流动力学稳定的患者，应尽快行CT增强扫描或主动脉造影，以确定损伤的部位和范围。

八、膈肌损伤

膈肌损伤在严重胸部创伤中的发生率为1%~6%，分为穿透性膈肌损伤和钝性膈肌损伤，前者由火器伤或刃器伤所致，后者多由车祸伤和高处坠落伤所致。

（一）临床表现

单纯膈肌损伤较少见。穿透性膈肌损伤患者多伴有大量出血、失血性休克、血胸、血气胸、心包积血、腹腔积血和积气以及腹膜炎体征。钝性膈肌损伤患者常伴有胸腔或腹腔内脏器损伤，以及颅脑、脊柱、骨盆和四肢损伤。X线检查缺乏特异性，通过CT检查结合患者的临床表现可予以诊断。

（二）救治措施

穿透性膈肌损伤一经确诊，应立即进行手术治疗；对高度怀疑或确诊为钝性膈肌损伤的患者，在其他脏器损伤稳定的前提下，应尽早进行膈肌修补。

九、食管损伤

由于食管处于胸廓良好保护的位置，食管损伤较罕见，通常不发生孤立性损伤。因为骨性胸腔缺乏保护，所以颈部食管损伤较为常见。

（一）临床表现

颈部食管损伤的典型症状包括颈部疼痛、吞咽困难、咳嗽、声音改变和呕血。在某些情况下，食管损伤最初可能被忽视，因为患者的显著表现是气管损伤。颈部、胸部CT检查常可提示食管损伤，内镜检查是诊断食管损伤的金标准。

（二）救治措施

对于大多数食管损伤（>90%）患者，需要尽快进行手术修复，以避免造成瘘管、纵隔炎或脓肿形成。对于穿孔控制良好、纵隔受累较少且没有脓毒症证据的患者，也可选择保守治疗。尽早开始应用广谱抗生素治疗，并予以全肠外营养。由于鼻胃管的使用可能会增加胃食管反流，加重纵隔污染，因此不推荐应用鼻胃管予以肠内营养。

十、创伤性窒息

创伤性窒息是一种很少见的情况，是指胸腔受到严重而持续的压迫，引起胸腔和上腔静脉压力明显升高，使血液逆流至头颈部，导致头颈部广泛的小静脉和毛细血管扩张破裂，表现为头、颈、面部弥散性淤血和点状出血。

（一）临床表现

患者面、颈、上胸部皮肤出现针尖大小的紫蓝色瘀斑。视网膜或视神经出血，可导致暂时性或永久性视觉障碍。鼓膜破裂可导致外耳道出血、耳鸣，甚至听力障碍。伤后多数患者可出现暂时性意识障碍、烦躁不安、头晕、谵妄，甚至四肢痉挛性抽搐，瞳孔可扩大或极度缩小。上述表现可能与脑内轻微点状出血和脑水肿有关。若有颅内静脉破裂，则患者可发生昏迷甚至死亡。对发生创伤性窒息的患者，可行X线和CT检查确诊。

（二）救治措施

主要是治疗相关的合并伤。创伤性窒息的处理包括镇静、吸氧以及预防肺部并发症。当患者呼吸功能受影响时，应及时进行机械通气治疗。

（王旭东）

第二节　腹部创伤

腹部创伤的发病率（战时除外）占各种损伤的 0.4%~1.8%。腹部创伤分为开放性损伤和闭合性损伤两大类。前者多为锐器伤，后者多为钝器伤。无论是开放性损伤，还是闭合性损伤，都可导致腹部内脏损伤。实质器官损伤的主要病理变化是腹腔内或腹膜后出血，临床以有效循环血量不足的表现为主，如面色苍白、脉率加快、血压不稳定等。空腔器官损伤的主要病理变化是腹膜炎，临床以腹膜刺激征表现为主，如腹部压痛、反跳痛和腹肌紧张。对于腹部创伤患者，通过详细询问病史，进行全面、细致的体格检查，按照特定的救治流程，进行诊断性腹腔穿刺或腹腔灌洗，以及 B 超、CT 检查甚至开腹探查等手段，选择最合适的诊疗方案，可有效降低致残率和致死率。常见的腹部创伤包括以下几种。

案例 11-2

患者，男性，45 岁，9 h 前不慎从 3 m 高处摔下，出现左上腹疼痛，呈进行性加重，伴头晕、恶心，无意识障碍，无胸闷，无大、小便失禁。2 h 前因上述症状加重，家人将其送入急诊科就诊。查体：T 36.6℃，P 110 次/分，R 25 次/分，BP 100/50 mmHg；神志清楚，急性病容，双肺呼吸音清晰，未闻及干、湿啰音；腹部平坦，腹肌软，移动性浊音呈可疑阳性。辅助检查：WBC 9.8×10^9/L，RBC 3.50×10^{12}/L，血红蛋白 100 g/L，血小板计数 182×10^9/L。

问题：
1. 考虑患者发生的是何种损伤？
2. 还需要做哪些辅助检查？
3. 应如何在急诊科救治患者？

一、脾脏损伤

脾是腹部内脏最容易受损伤的器官，脾破裂在闭合性腹部创伤中占 20%~40%，在开放性腹部创伤中约占 10%。有慢性病理改变的脾更容易破裂。按病理解剖，可将脾破裂分为 3 种：中央型破裂、被膜下破裂和真性脾破裂。

（一）临床表现

脾破裂的临床表现主要为腹痛、腹胀、恶心、呕吐和腹腔内出血及失血性休克表现。腹痛为左上腹部疼痛，呼吸时加剧，逐渐扩展至全腹，疼痛持续而剧烈，可放射至左腰部或左肩。

查体可见腹肌紧张、腹部压痛、反跳痛以及移动性浊音。诊断性腹腔穿刺、B超、CT等辅助检查有助于诊断。

（二）救治措施

脾破裂一经诊断，原则上即应进行紧急手术处理。随着对脾免疫功能认识的深入以及诊断水平的提高，在坚持抢救生命第一，保留脾第二的原则下，根据脾破裂的不同类型，可采用不同的保脾措施。对于没有休克表现或者仅有容易纠正的一过性休克，影像学检查提示脾裂伤表浅，并且没有其他脏器受损的患者，可以选择保守治疗。但应密切观察患者的生命体征、实验室以及辅助检查结果的变化。脾破裂的手术适应证：病情观察过程中发现持续出血（48 h内需输血1200 ml）；合并其他器官损伤。手术方式有保脾手术、脾切除术及脾移植术等。

二、肝脏损伤

肝脏损伤在腹部创伤中占20%~30%，多发生在右肝。肝破裂在致伤因素、病理类型和临床表现方面都与脾破裂极为相似。

（一）临床表现

被膜下肝破裂较少见，临床表现为失血性休克，患者以腹痛和腹肌抵抗为主要表现，诊断性腹腔穿刺很少抽出不凝血。而肝实质破裂或中央型肝破裂患者可发生失血性休克、明显的腹痛及腹膜刺激征，以及腹腔穿刺抽出不凝血；如果肝破裂导致较大的胆管破裂，则可能有胆汁外溢至腹腔，其症状、体征较脾破裂更为明显；当血液通过胆管进入十二指肠时，患者可出现黑便、呕血。CT及B超检查可明确诊断。

（二）救治措施

对血流动力学稳定或经补充血容量后保持稳定的患者，可在严密观察下进行保守治疗。经补充血容量，生命体征仍不稳定或需要大量输血才能维持血压稳定的患者，应尽早进行手术。手术目的是彻底查明伤情，确切止血，清除失活肝组织和充分引流。手术方法包括肝单纯缝合、肝动脉结扎、肝叶或肝段切除术和纱布块填塞法等。

三、胰腺损伤

胰腺损伤在腹部创伤中占1%~2%，患者早期容易被漏诊，且常并发胰瘘，病死率高达20%。

（一）临床表现

胰腺损伤通常发生在上腹部遭到暴力挤压后，表现为上腹明显压痛和肌紧张，患者还可出现肩部疼痛。若发生胰瘘，则可出现弥漫性腹膜炎及胰腺假性囊肿。腹腔液中和血清淀粉酶升高对诊断有一定的参考价值。进行B超及CT检查有助于诊断胰腺损伤。

（二）救治措施

胰腺损伤一经确诊，一般即应采取手术治疗。手术原则是止血、清创、控制胰瘘及治疗合

并伤。根据胰腺损伤的不同程度，手术方式包括局部引流、胰管修补或吻合术、部分胰腺切除术等；对合并十二指肠损伤者，可行胆总管或胰管空肠 Roux-en-Y 吻合术及胰头十二指肠切除术。

四、胃损伤

胃损伤在腹部闭合性损伤中较少见，约占腹部创伤的 3.16%，仅在胃膨胀时偶尔发生。上腹部或下胸部穿透伤常导致胃损伤。

（一）临床表现

如果损伤未累及胃壁全层，则患者可无明显的临床症状。若胃壁全层破裂，则患者可立即出现剧烈腹痛和腹膜刺激征，肝浊音界消失，膈下有游离气体，胃管可引流出血性物。

（二）救治措施

发现胃破裂后，应立即进行手术治疗，手术探查应彻底。根据具体损伤类型的不同，手术方式包括止血后直接缝合、边缘修整后缝合以及部分胃切除术。

五、十二指肠损伤

十二指肠损伤约占腹部创伤的 1.16%，多见于十二指肠降部和水平部，患者死亡率为 12%~30%。

（一）临床表现

如果十二指肠损伤发生在腹腔部分，则可引起明显的腹膜炎表现；如果发生在腹膜后部分，早期患者常无明显体征；后期可发生严重的腹膜后感染，引起持续而进行性加重的右上腹和腰背部疼痛，无腹膜刺激征。腹部 X 线及 CT 检查可协助诊断。

（二）救治措施

十二指肠破裂治疗的关键是早期进行手术治疗。手术方式根据病变的部位和程度而定，包括十二指肠修补术、损伤肠段切除吻合术、十二指肠憩室化和胰十二指肠切除术等。

六、小肠损伤

小肠占据着中、下腹的大部分空间，故发生损伤的机会较多。

（一）临床表现

患者早期即可发生明显的腹膜炎，只有少数患者可出现气腹。如果裂口不大，则患者可能无弥漫性腹膜炎表现。

（二）救治措施

一旦确诊，应立即进行手术治疗。应注意仔细探查，手术方式为单纯修补术、部分小肠切

除吻合术。患者全身情况不佳或肠管水肿严重时，则应行外置造瘘术。

七、结、直肠损伤

结直肠损伤发生率较小肠损伤低，但因结直肠内容物液体成分少而细菌含量多，故患者腹膜炎出现较晚，但病情较严重。

（一）临床表现

早期患者可无明显体征，晚期可出现腹膜炎表现。发生在盆底腹膜反折之下部分的直肠破裂，可引起较严重的直肠周围感染。

（二）救治措施

一般可以采用肠造口术或肠外置术，待患者一般情况好转后再行二期手术。若患者全身情况好，结直肠破损小、污染少，则可行一期缝合或部分肠切除术。

八、腹部大血管损伤

严重创伤患者常伴有大、中血管损伤，病死率很高。腹主动脉损伤多由腹部锐性伤所致。

（一）临床表现

临床表现为失血性休克以及腹膜刺激征。

（二）救治措施

对怀疑有腹主动脉损伤的患者，若生命体征不稳定，则应立即进行开腹探查。对生命体征相对稳定的患者，可行腹部超声、CT、动脉造影等检查，确诊后尽快进行开放式手术或介入治疗。

> **知识拓展**
>
> **损伤控制手术**
>
> 损伤控制手术（damage control surgery，DCS）经历了从早期简单的纱布填塞到有计划地复苏、再手术的发展历程。损伤控制手术的理念可以追溯到20世纪早期，研究报道了肝损伤后进行填塞止血和早期终止剖腹手术的方法。该技术是肝损伤的主要治疗措施。1983年，Stone等指出，对于大量出血患者，凝血功能障碍是预后不佳的主要原因，此时应快速结束手术，待患者病情缓解后再行确定性手术。1993年，美国宾夕法尼亚大学创伤治疗小组制定了腹部贯通伤患者"损伤控制"的操作规范，包括控制出血后迅速结束手术，持续积极进行ICU复苏以及再次确定性手术，即损伤控制性手术。
>
> 近年来，DCS的理念被广泛接受并应用于除腹部外伤以外的多个领域，是严重外科疾病患者的一种救治方法。

（胡　毅）

第三节 颅脑损伤

颅脑损伤（craniocerebral injury）是指各种原因导致的颅脑外伤，多由于交通、工矿等事故，自然灾害，爆炸、火器伤、坠落、跌倒，以及各种锐器、钝器所致。颅脑损伤可分为头皮损伤、颅骨损伤及脑损伤。颅脑损伤造成颅内出血或严重脑挫裂伤等，可迅速导致脑水肿、脑血肿、颅内压增高和继发脑疝，这些都将造成严重的后果或致死。因此，应高度重视对颅脑损伤的防治和抢救工作。

案例 11-3

患者王某，女性，56岁，2 h前不慎摔伤头部，随即出现约5 min意识障碍，清醒后可自行站立行走，但伴有头晕、头痛，无恶心、呕吐等不适。1 h前，患者无明显诱因再次出现头痛，较之前加重且伴有喷射性呕吐，并很快发生昏迷。既往身体健康，无家族遗传病史。查体：T 36.6℃，P 98次/分，R 21次/分，BP 144/95 mmHg；深昏迷，左侧瞳孔直径约为3 mm，对光反射灵敏，右侧瞳孔直径约为6 mm，对光反射消失。

问题：
1. 考虑该患者为何种疾病？
2. 诊断该疾病的依据是什么？
3. 还需要做哪些辅助检查？

一、发病机制

颅脑损伤的病理生理变化是多方面的，且较为复杂。早期对颅脑损伤的临床表现和病情发展的理解，是以外伤的局部机械作用为基础的，由此提出了脑脊液冲击理论和脑脊液循环障碍等流体力学改变理论。通过对颅脑损伤患者的治疗和观察发现，患者大多有脑缺氧的表现，继之出现脑水肿、脑肿胀等一系列症状，又提出了相应的物理化学变化理论。近年来，研究发现，在颅脑损伤急性期或病情危急的状态下，损伤周围血流速度明显减慢，脑血流明显异常，继之发生脑血管痉挛、脑水肿，故又提出血流动力学理论和血管运动理论。重症颅脑损伤患者在出现意识、体温、呼吸、血压等明显改变的同时，心脏、肺、胃肠、泌尿系统等常发生严重并发症。研究者认为，这些变化是由于垂体-下丘脑功能紊乱，导致神经体液调节障碍的结果，故主张改善自主神经功能，以降低患者的病死率，并提高治愈率。

目前，颅脑损伤的机制尚未明确，这也是严重颅脑创的治疗仍未能取得更加满意效果的主要原因。

二、分型

为了便于制订诊疗常规、评估疗效和预后，并对伤情进行鉴定，Petit于1774年提出，将颅脑损伤分为脑震荡、脑挫伤和脑受压3种基本类型。1960年，我国神经外科专家结合Petit

的分类方法，提出了急性颅脑损伤的分类方法。

1. 轻型 即单纯脑震荡，一般无颅骨骨折。
（1）昏迷时间在半小时以内。
（2）患者只有轻度头痛、头晕等自觉症状。
（3）神经系统及腰椎穿刺检查结果均正常。

2. 中型 即轻度脑挫伤，患者有或无局限性颅骨骨折，有蛛网膜下腔出血征象，无脑压迫症状。
（1）昏迷时间不超过 12 h。
（2）患者有轻度神经系统阳性体征。
（3）体温、脉搏、呼吸和血压有轻度改变。

3. 重型 即广泛颅骨骨折，严重脑挫裂伤。
（1）患者处于深昏迷状态或昏迷时间在 12 h 以上，或清醒后又再昏迷。
（2）患者出现明显的神经系统体征，如偏瘫、沟回疝综合征、去大脑强直。
（3）患者出现明显的体温、脉搏和血压改变。

以上分类方法用于开放性颅脑损伤时，需要注明有开放性损伤。

三、临床表现

1. 意识变化 是颅脑损伤患者最突出的症状之一，伤后可立即发生，持续时间长短不一，可持续数分钟、数小时、数日、数月甚至持续昏迷，与颅脑损伤的严重程度有关。

Glasgow 昏迷评分广泛应用于临床，通过睁眼、语言和运动三方面对意识障碍程度进行量化评分。最高为 15 分，表示意识清楚；最低为 3 分，表示深昏迷；12～14 分为轻度意识障碍，伤后昏迷时间<20 min；9～11 分为中度意识障碍，伤后昏迷时间为 20 min 至 6 h；3～8 分为重度意识障碍，伤后昏迷时间>6 h，或伤后 24 h 内意识恶化并昏迷>6 h。Glasgow 昏迷评分详见表 1-3。

2. 瞳孔变化 患者发生颅脑损伤时，应观察其瞳孔的形态、大小、反应，以及是否有伴随的神经症状，这是了解和判断病情严重程度和变化的主要方法。正常人瞳孔呈圆形，双侧等大，直径为 2.5～4.5 mm，无论双侧或单侧，瞳孔直径大于 6.0 mm 或小于 2.0 mm 者均为病态。若一侧瞳孔直径大于 4.0 mm，并出现同侧对光反应障碍，而无眼部直接外伤，则表示该侧动眼神经麻痹，可作为颅内血肿诊断的参考依据。

3. 呼吸变化 重症颅脑损伤患者出现轻微意识障碍时，其呼吸变化常表现为过度换气后出现短暂的无呼吸状态。严重脑挫裂伤患者发生颅内血肿和脑水肿时，颅内压明显增高，这时呼吸深且慢。若颅内压增高进一步发展，引起小脑幕裂孔疝时，则表现为过度呼吸与无呼吸规律地交替出现，即所谓潮式呼吸（Cheyne-Stoke respiration）。若损伤累及脑干上部（中脑），则可引起中枢性过深呼吸，表现为 40～70 次/分的持续性呼吸。若损伤累及延髓呼吸中枢，则呼吸可失去其规律性，导致呼吸失调，患者将很快停止呼吸，甚至死亡。

4. 血压、脉搏变化 颅脑损伤可导致血压及脉搏发生改变，表现为血压呈一过性升高，脉搏可加快或减慢。当患者发生脑水肿、脑肿胀、颅内压增高时，将反射地引起血压升高、脉压增大、脉搏减慢，即所谓压迫脉，患者意识障碍也逐渐加重，并出现瞳孔不等大，偏侧肢体运动障碍等，这时首先应考虑颅内血肿的可能。

5. 体温变化 一般颅脑损伤患者体温变化不明显。若患者脑干、下丘脑等受损，尤其儿童患者，则由于体温调节功能失调，常立即出现持续性高热，体温可达 40℃以上。伤后一段

时间后再出现体温升高时，应考虑为出血、脱水或组织挫伤等引起的吸收热。

6. 呕吐 伤后早期出现恶心、呕吐，可能是由于颅脑损伤时第四脑室底部的脑干呕吐中枢受脑脊液冲击、蛛网膜下腔出血对脑膜的刺激，或前庭系统受刺激等原因引起，较晚发生的呕吐可能是由颅内压逐渐增高所致。

7. 癫痫发作 小儿颅脑损伤后，一般多在 24 h 内出现全身性抽搐，继之逐渐趋于稳定和缓解。若抽搐时间较长，意识障碍逐渐加深，则预后多不佳。外伤后出现局限性癫痫者，常标志脑局部损伤，一般少见。伤后数日才出现癫痫者，多提示为颅内血肿、脓肿或颅内感染等。

8. 局灶症状 脑挫裂伤后，患者常出现肢体乏力、单瘫、偏瘫或运动性失语等大脑半球局部功能障碍。若患者出现共济失调、去大脑强直等症状，则表明损伤部位为中脑或小脑。下丘脑损伤多表现为尿崩症、中枢性高热、血压异常波动等。视力障碍、视野缺损、听力障碍等常提示为脑神经局部损伤。

四、诊断和检查

为明确判断伤情，需要先查明患者所受外力的种类，外力作用的部位和方向，患者在受到外力打击时所处的状态。这对分析伤情的轻重和可能涉及的范围等有重要的影响。

检查急性开放性颅脑损伤伴大量出血的患者时，应首先检查伤口，控制出血。对闭合性颅脑损伤患者，应先观察其意识状态，根据意识情况初步判断外伤的程度。若患者出现意识障碍，则须及时仔细检查瞳孔、血压、脉搏、呼吸、体温等生命体征的变化，并进行伤情分析，以便及时、准确地进行抢救。

（一）一般检查及神经系统检查

在患者情况允许的情况下，应先进行视诊、了解外伤的全面情况，观察患者是否有意识障碍和意识变化的情况；然后检查双侧瞳孔是否对称，对光反应是否正常，眼球的位置和运动情况，眼底是否有异常变化；继而监测血压、脉搏、呼吸和体温等的变化情况，并及时记录；最后进行四肢肌力、肌张力和反射的检查。对出现意识障碍的患者，应观察其面部、躯干及四肢等对疼痛刺激的反应，以判断是否出现中枢性感觉、运动障碍。进行颅脑损伤检查的过程中，两侧瞳孔不同，肌张力、腱反射左右不对称，或仅出现一侧肢体感觉、运动障碍，常提示颅内某些部位有血肿或脑实质性损伤的可能，应进一步密切观察或及时进行特殊检查。

另外，进行头颅检查也非常有必要。对头发较长的患者，应剪短或剃去头发，细致地了解是否有伤口，创伤的性质，是否有帽状腱膜下血肿。头皮肿胀部位常是骨折发生的区域。有时，通过头颅触诊可了解凹陷或粉碎骨折的情况，但有时可将软组织的水肿肿胀误认为颅骨凹陷骨折，应予以注意。骨折的部位常可作为推测是否有颅内血肿的依据。

（二）辅助检查

1. CT 检查 不仅可以了解脑挫裂伤的具体部位、范围及周围脑水肿的程度，还可以了解脑室受压及中线结构移位的情况；对颅内血肿患者，不仅可以发现颅内血肿，还可以进行明确定位、计算出血量、了解脑室受压及中线结构情况。

2. MRI 检查 与 CT 检查一样，可以发现颅脑损伤患者的脑组织损伤和颅内血肿情况，但对脑挫裂伤、弥漫性轴索损伤患者，MRI 检查优于 CT 检查。

3. 诱发脑电位 可反映脑干、皮质下和皮质等不同部位的功能情况，有助于明确损伤部位、判断病情严重程度和预后等。

五、急诊治疗

颅脑损伤急诊治疗的目的是及时治疗由于外伤引起的多器官功能障碍，防止由于全身因素引起脑障碍加重，即尽快将原发性损伤限制在最小范围内，同时积极防止发生继发性损伤。需要注意维护呼吸及循环系统的正常功能，同时，须维持静脉补液、输血通路，及时补充水、电解质、营养，以及进行药物治疗。

1. 循环障碍的处理　对有休克表现的患者，应使其保持安静卧床、避免过多的搬动和检查，积极予以输液、输血、吸氧和适当注射升压药。待休克得到纠正后，应注意调整输液量和药物浓度，避免因输液不当而造成严重的脑水肿。

2. 呼吸障碍的处理　对出现呼吸障碍的患者，应根据其具体原因予以特殊处理。一般应先将患者置于昏迷体位，即面部朝下，取半侧卧位，并予以吸氧及应用呼吸兴奋剂，及时清理患者呼吸道分泌物。对儿童或老年患者，可行气管插管，对成人患者应行气管切开，以保持呼吸道通畅。

3. 脱水治疗　目前应用最普遍的药物是 20% 甘露醇，常用于出现以下情况的脑损伤急性期患者。①已明确诊断为颅内血肿，在开颅手术前为减轻脑部受压，可在手术开始时使用；②若颅内血肿的诊断尚未明确，当患者出现颅内压增高症状时，可在密切观察下使用。使用方法：① 20% 甘露醇 0.5～1 g/kg（成人每次 250 ml）快速静脉滴注，在 15～30 min 内滴注完毕；②将 20% 甘露醇与呋塞米联合应用，成人前者每次 125～250 ml，后者 20～60 mg，静脉推注。

在进行脱水治疗的过程中，须适当补充液体与电解质，维持正常尿量，维持良好的外周循环和脑灌注压，并随时监测电解质、血细胞比容、酸碱平衡及肾功能。

4. 激素　实践表明，激素对颅脑损伤并无直接疗效，而是可能对血脑屏障的防御和修复功能起到一定的作用，并且可能有助于减轻脑水肿和后遗症等。对重症颅脑损伤患者或合并胃肠道出血的患者，须谨慎应用激素。

5. 抗感染治疗　对于昏迷患者，为防止发生肺炎及尿路感染，应及时予以抗感染治疗，尤其是对开放性颅脑损伤或合并脑脊液漏等患者，为预防颅内或伤口感染，应立即使用广谱抗生素治疗。

6. 其他治疗方法　包括亚低温治疗、巴比妥治疗、脑保护治疗等。此外，采用中医药治疗，如应用牛黄、麝香等制剂，对高热、昏迷患者也有一定的治疗作用。

六、各种类型急性颅脑损伤的诊断及治疗

（一）颅骨骨折

根据骨折的性质，可将颅骨骨折分为单纯性骨折及复杂性骨折。根据骨折形态，可将颅骨骨折分为线形骨折、凹陷骨折和粉碎骨折。根据骨折的部位，可将颅骨骨折分为穹窿部骨折及颅底骨折。从是否有头皮的断裂损伤，又分为开放性骨折和闭合性骨折。

对单纯线形骨折患者，一般不予以特殊处理。对凹陷骨折患者，若颅骨下陷约 1.0 cm，则可造成脑组织受压或下陷的内板形成骨折片，造成硬膜或脑损伤时，以及儿童凹陷骨折，可影响脑发育，均为手术治疗的适应证。对颅底骨折患者，急性期应按照开放性颅脑创伤的保守治

疗原则处理，注意防止感染。若患者有脑脊液漏，则禁行腰椎穿刺。若患者发生视神经管骨折，且伤后出现急剧性视觉障碍，则应及时开颅行视神经管减压术。对发生脑脊液漏的患者，应注意防止感染，同时协助患者取头高卧位，多可自然愈合。

（二）脑震荡

根据损伤的程度不同，患者的临床表现也有所不同。其临床特点是：①意识障碍一般不超过 30 min，可伴有头痛、眼震颤、乏力、自主神经功能紊乱等症状。②外伤后患者可出现逆行性遗忘。

脑震荡的治疗原则主要是对症治疗，如镇静、镇痛、催眠、避免精神经刺激，并予以患者精神支持等。患者治愈后一般不遗留任何症状。

（三）脑挫裂伤

脑挫裂伤主要是指发生在大脑皮质的损伤。患者在受伤当时即出现意识障碍，意识障碍的程度和持续时间与脑挫裂伤的程度和范围有直接关系。绝大多数患者意识障碍可持续半小时以上，重症者可表现为长期昏迷，同时还伴有头痛、恶心、呕吐等症状，继发脑水肿或颅内血肿时，可出现颅内高压表现及脑疝。患者在受伤当时可立即出现与伤灶相应的神经功能障碍或体征。CT 检查提示伤灶表现为低密度区内有散在的点状、片状高密度出血灶影（图 11-3）。

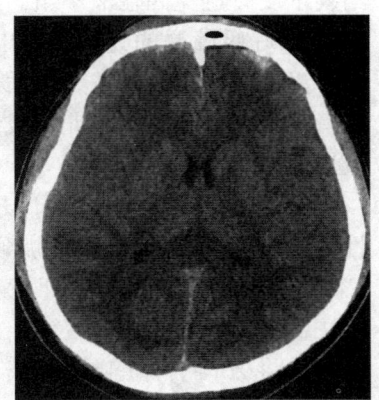

图 11-3　脑挫裂伤的 CT 表现（双侧额叶）

对脑挫裂伤者，一般应使其安静卧床，积极予以止血、脱水和适当进行抗感染治疗，并密切观察其病情变化。若创伤部位持续出血，或患者出现急性脑水肿，则可很快引起颅内压增高而危及生命。在这种情况下，除进行上述一般治疗外，还需要紧急施行手术探查、开颅减压术等，以挽救患者的生命。

（四）外伤性颅内血肿

根据发生部位，可将颅内血肿分为硬脑膜外血肿、硬脑膜下血肿、脑内血肿、脑室内血肿和复合性血肿。复合性血肿后者是指两个部位以上的血肿。根据从受伤到出现症状的时间，可将颅内血肿分为伤后 3 天内发现的急性血肿，伤后 3 天到 3 周内发现的亚急性血肿及伤后 3 周以上出现的慢性血肿。

1. 急性硬脑膜外血肿　此类血肿易发生在病情较轻的颅脑损伤患者，有中间清醒期者居多。临床主要表现为头痛、呕吐等颅内压增高征。患者可很快出现睫毛反射、瞳孔大小、病理反射等左右不同的偏侧症状，直到完全偏瘫。CT 检查提示颅骨内板与硬脑膜间有双凸镜形或弓形密度增高影（图 11-4）。

早期诊断、早期进行手术是本病的治疗原则。手术治疗的主要目的是清除血肿、止血、减压，以解除脑组织受压和脑水肿。手术后处理与一般闭合性颅脑损伤的处理相同。

2. 急性硬脑膜下血肿　约占颅脑损伤的 3%，常发生在病情较重的颅脑损伤患者。多数患者可同时发生脑挫裂伤和脑水肿，较少出现中间清醒期，多表现为外伤后意识障碍逐渐加重，或躁动之后陷入昏迷状态。CT 检查提示颅骨内板与硬

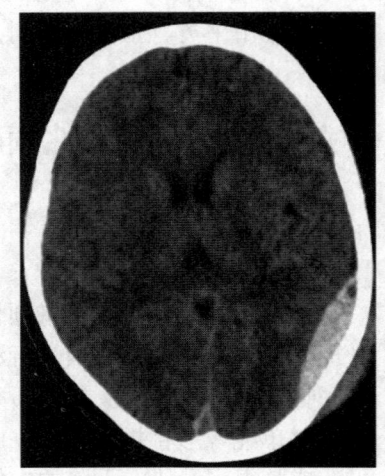

图 11-4　硬脑膜外血肿的 CT 表现（左侧顶枕部）

脑膜间出现新月形或半月形的高密度、等高密度或混合密度影（图11-5）。治疗与急性硬脑膜外血肿相同。

约有1/4的患者合并脑水肿，在诊断和治疗应予以注意。需要强调的是，硬脑膜下血肿占急性颅脑损伤的10%~15%，且患者可同时发生双侧颅内血肿，故在进行手术治疗时，若一侧血肿清除后，患者颅内压增高仍未见好转，则应考虑多发性颅内血肿的可能。

3. 脑内血肿 占颅脑损伤的1%~2%，可分为少量点状出血和大量出血。少量点状出血多由于外伤直接震动和脑循环障碍引起的脑血管通透性改变所致。大量出血者，一般出血灶直径为5~10 mm或以上，多发生在颞叶、额叶，其他部位出血较少见，有时可为双侧出血。小出血灶可逐渐液化形成小囊泡，大量出血则可形成血肿。根据血肿存在的部位不同，患者可出现各种不同的临床表现。若血肿位于一侧大脑，则患者可出现面部、肢体不完全瘫痪或偏瘫、失语，也可逐渐出现意识障碍或癫痫发作等，与硬脑膜外血肿和硬脑膜下血肿的症状大致相同。

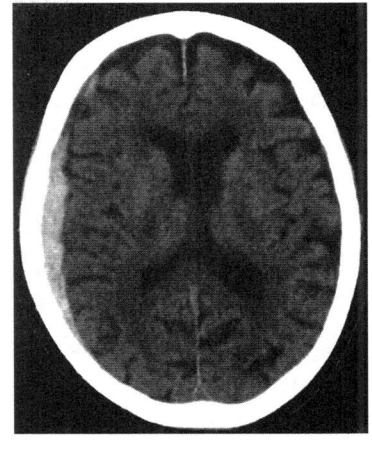

图11-5　硬脑膜下血肿的CT表现（右侧颞枕部）

脑内血肿患者的颅内压增高征不如硬脑膜外血肿和硬脑膜下血肿患者明显。早期诊断主要依靠CT检查（图11-6）或脑血管造影。

脑内血肿的治疗以开颅清除血肿为原则，即使手术过程中不发生危险，患者也常残留某些后遗症。

（五）开放性颅脑损伤

头皮、颅骨、硬脑膜均已破损，脑组织直接或间接与外界相通的损伤，称为开放性颅脑损伤。患者常伴发复杂性颅骨骨折、颅内异物、脑组织外溢、脑脊液漏、出血等。开放性颅脑损伤容易造成颅内感染，进而导致脑脓肿、脑膜炎、硬脑膜外脓肿等严重的并发症及偏瘫、失语、癫痫等后遗症。

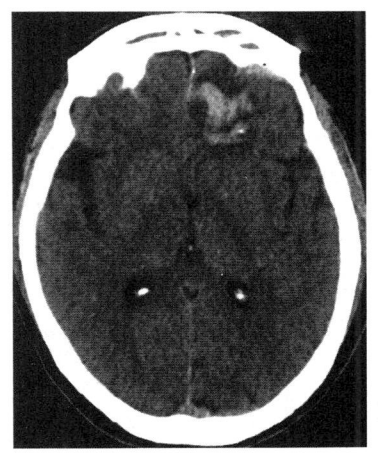

图11-6　脑内血肿的CT表现（左侧额部）

重症开放性颅脑损伤患者多伴有大量出血、昏迷或处于休克状态。若不能及时有效地阻止出血并纠正休克，则患者很快会有生命危险。

开放性颅脑损伤的治疗，需要先应改善患者的全身情况，争取尽早进行清创及减压手术，同时积极进行抗感染、抗脑水肿、加强全身治疗，以防止严重的并发症及减少后遗症。

七、颅脑损伤的并发症及处理措施

1. 高热 常见原因是脑干或下丘脑损伤，以及呼吸道、泌尿系统及颅内感染等。常采用物理降温（如戴冰帽、敷冰毛巾）处理。若患者体温过高，物理降温无效或出现寒战时，可采用冬眠疗法，常用氯丙嗪及异丙嗪各25 mg或50 mg，肌内注射或静脉推注。

2. 癫痫 其主要原因是脑组织受伤后部分形成瘢痕或囊泡，导致脑局部血运障碍或脑局部代谢改变、生化异常。临床主要表现为局灶性发作甚至全身性发作。部分发作及精神运动性发作较少见。一般应用镇静药、解痉药（如苯妥英钠、苯巴比妥）常可以控制病情。

3. 消化道出血 多由下丘脑或脑干损伤引起应激性溃疡所致,大量使用糖皮质激素也可诱发。除应予以输血补充血容量、停用激素、禁饮食外,还可应用质子泵抑制剂奥美拉唑 40 mg 静脉注射,直至出血停止。

4. 尿崩症 由下丘脑损伤所致,患者每日尿量>4000 ml,尿比重<1.005。应用垂体后叶素,首次剂量为 2.5~5 U,皮下注射,记录每小时尿量,超过 200 ml/h 时,追加 1 次用药。也可用醋酸去氨加压素静脉注射或口服。对较长时间未治愈者,可肌内注射长效鞣酸加压素油剂。患者尿量增多期间,需注意补钾,定期监测血电解质。

5. 急性神经源性肺水肿 可见于下丘脑和脑干损伤患者。主要表现为呼吸困难、咳血性泡沫痰、肺部满布湿啰音,血气分析显示 PaO_2 降低和 $PaCO_2$ 升高。使患者取头胸稍高位,双下肢下垂,以减少回心血量。应行气管切开,保持呼吸道通畅,必要时使用呼吸机辅助通气。同时,予以呋塞米、地塞米松、西地兰静脉注射,以增加心输出量、改善肺循环和减轻肺水肿。

(邓 进 夏 飞)

第四节 面颈部外伤

面颈部外伤包括口腔颌面部外伤、眼部外伤及颈部外伤。面部软组织损伤是常见的创伤类型,其致伤原因有拳击、棍棒打击、交通意外伤等。相对而言,颈部外伤并不常见,因为颈部分布着重要的血管、神经、气管、颈椎、甲状腺,所以颈部外伤是一种严重外伤,常因血管破裂、大量失血而导致患者迅速死亡。颈部外伤常见于锐器伤、枪弹贯通伤患者。

一、口腔颌面部外伤

(一)外伤特征

口腔颌面部轻微外伤多由家庭暴力、运动、斗殴等引起;危重伤多由交通事故引起。在全身各部位战伤中,颌面部战伤的发生率已升至 15% 以上。患者常伴有多处伤、多发伤、复合伤。老年患者多发生骨折,年轻患者多发生牙槽骨损伤。口腔颌面部外伤常合并颅骨、颈椎、眼球、喉、气管等损伤,患者常出现视力减退、嗅觉丧失、咀嚼或呼吸困难、溢泪等现象。严重的口腔颌面部外伤常使患者致残。

(二)临床解剖学与病理生理

口腔颌面部含有复杂的感觉与运动神经。颌面部较厚的上颌骨、眼眶、额骨、颧骨、鼻翼及蝶骨共同构成垂直和水平方向的支撑系统,较薄的上颌窦、筛窦、蝶窦及额窦发生骨折时可吸收较大的暴力。口腔颌面部大量的胶原蛋白可保护皮下组织。面部丰富的血管结构有利于组织再生。其中,下颌骨骨折患者死亡率最低,而额骨骨折患者死亡率最高。

(三)临床表现及分型

1. 分型
(1)轻度外伤:牙齿松动、眉毛撕裂或鼻骨骨折均可导致疼痛。

（2）中度外伤：面部骨折及严重的撕裂伤可导致正常面部轮廓消失、面神经及其分支功能丧失、腮腺管断裂、鼻道丧失或功能紊乱。

（3）严重外伤：通常对气道有严重影响，可因挤压伤或下颌骨骨折引起，导致患者取仰卧位时失去舌骨支撑，使舌下垂至后咽部而阻塞气道。若发生严重的面动脉、舌动脉出血，则可能导致失血性休克。

2. 特定部位外伤

（1）鼻骨骨折：是最常见的面部骨折。因鼻骨直接从上颌骨突出，故其常可受到直接外伤作用。鼻骨表面覆盖的皮肤薄弱，没有下层肌肉组织，发生骨折时可导致上颌、眼眶、牙根骨折或室间隔血肿。

（2）下颌骨骨折：约50%的面部骨折患者为下颌骨骨折，患者可出现疼痛、错位咬合，不能完全张口，口腔内有血液，甚至无法呼吸。

（3）上颌骨骨折：患者可发生上颌骨的前、后、内、外侧壁骨折。上颌骨骨折可能破坏牙齿及脸部皮肤的神经支配，从而导致神经麻痹。若筛板和硬脑膜损伤，则可出现脑脊液鼻漏。

（四）诊断与治疗

对颌骨骨折患者，一般通过X线检查了解骨折的部位、数量、类型，以及骨折移位情况和牙与骨折线的关系等。用于检查下颌骨骨折的摄片位有全口牙位，下颌骨前、后位；当上、下颌骨甚至颅骨发生复杂的全面部骨折时，多使用CT检查，尤其是CT三维重建，可清晰显示骨折细节。MRI可用于评估严重的颌骨骨折，评估关节内血肿及软组织撕裂。影像学检查对于评估患者的伤情极为重要，也有利于手术方案的制订与实施。

口腔颌面部损伤的急救措施主要包括以下几方面。①及时清创：对颌面部软组织伤口，应及时进行清创处理，以避免感染。②保留存活组织：在清创过程中，应尽可能保留存活组织，以促进伤口愈合。③对位缝合：初期进行精准对位缝合有利于伤口愈合和减少瘢痕形成。④关闭创面：应尽早关闭可能与窦腔相通的创口，以免发生感染。⑤止血：根据损伤的部位和出血的来源采取相应的止血措施。⑥维护呼吸通畅：及时清理口、鼻腔内的分泌物和异物，以保持呼吸道通畅，预防误吸和窒息。⑦关注生命体征：观察患者的生命体征并进行相应的抗休克治疗。⑧其他：若患者存在较大的创面及复杂的损伤，则应在全麻下进行手术处理。

二、眼部外伤

（一）外伤特征

眼部外伤可导致视力丧失，甚至导致严重的残疾。研究表明，在重大创伤患者中，2.3%的患者伴有相关眼部损伤，10.4%的患者伴有面部骨折，近60%的眼部损伤与机动车碰撞有关。

（二）临床解剖学与病理生理

眼由眼球及其附属器官构成。眼睑可以保护眼球前表面免受局部损伤。眼轮匝肌、球结膜等为眼睑结膜内层组织。内眦和外眦是睑裂两端的纤维结构。眼眶结构包括眼外肌、眼球肌、神经和血管。

（三）临床表现与诊断

1. 角膜外伤 角膜磨损是指角膜外上皮层的破坏，可由钝器创伤、穿透性创伤、异物和

化学环境暴露引起，可引起疼痛、视物模糊、眼球撕裂感和异物感。

2. 晶状体脱位 可由钝性伤、穿透性损伤造成。症状包括复视、视力减退和疼痛。

3. 视网膜脱落 造成视网膜脱落的外伤可导致完全或部分周围性视力丧失。患者可有渐进性视野缺失，此时症状类似于玻璃体积血。

4. 眼球破裂 眼球破裂是单眼失明的主要原因，任何钝器均可致伤。症状包括视力减退、严重的结膜下出血、眼球运动受限，瞳孔缺损等。

（四）治疗措施

眼部外伤患者就诊时，需评估患者是否合并其他部位及脏器损伤，若合并其他重要器官损伤且危及生命，则应先抢救生命；待患者生命体征平稳后，再进行眼部处理。在检查及清洗眼部伤口时，切忌挤压；对严重眼部外伤患者，应在手术室全麻下进行修复，以免加重眼内肿物的脱出。对于损伤较为严重的眼部组织及眼眶组织，不应轻易清除，需评估这些组织的血运、污染及坏死情况，尽量予以保留。对角膜和巩膜裂伤患者，应尽可能采用显微手术修复。对眼球破裂患者，不应轻易摘除眼球。术后应注意防止发生感染和出血，包扎双眼，防止眼球活动。

三、颈部外伤

（一）外伤特征

颈部的钝性损伤和穿透性损伤可导致一系列血管和管状结构损伤，其严重程度从轻微到危及生命不等。由于颈部靠近气道、神经系统、消化系统和密闭的筋膜腔室中的主要血管结构，因此，颈部外伤患者可出现严重的并发症，且死亡率较高。

（二）临床解剖学与病理生理

颈部表面解剖可分为三个区域。Ⅰ区包括颈基底部，从胸骨切迹到环状软骨。Ⅱ区位于环状软骨和下颌骨之间。Ⅲ区从下颌骨延伸至颅底，包括椎动脉、远端颈内动脉和颈外动脉以及颈静脉上段。颈部被胸锁乳突肌分为颈前三角和颈后三角。颈前三角包含颈动脉鞘，其内包裹着重要的血管结构，如颈总动脉、颈内动脉和颈内静脉，从中线延伸到胸锁乳突肌前部。

（三）辅助检查

对任何穿透性颈部损伤患者进行初步检查时，应确定伤口的区域或损伤是否穿透颈椎。应在颈部、头部和胸部的所有区域寻找损伤。通常对重要器官严重损伤患者，不能仅凭外部伤口的位置来判断病情。通过视诊可判断活动性或动脉性出血，搏动性或扩张性血肿。特别需要注意假性动脉瘤的形成，触诊可表现为搏动性肿块。

影像学检查包括颈部、胸部 X 线检查。胸部 X 线检查是诊断气胸、血胸和纵隔气肿的初筛方法。CT 检查可准确识别肺外空气，直接观察插管患者的气管壁破裂征象，并对气管外的气管插管进行定位。传统的脑血管造影仍然是评估颈动脉和椎动脉的金标准，其灵敏度超过 99%。超声检查是无创、方便、经济的检查手段，但该技术仍然高度依赖于操作人员的经验和熟练程度。

（四）临床表现与诊断

对钝性和穿透性颈部损伤患者，应先评估气道情况。气道损伤患者表现为异常呼吸模式、发音困难、呼吸急促、发绀、血肿增大引起的进行性气道阻塞、颈部压痛。呼吸困难、声音嘶哑和咳嗽也提示存在气道损伤。呼吸困难的患者最初可能无症状。咯血可能是严重外伤的表现，有严重血管或气管损伤的患者存活率较低。其他临床表现包括声音改变、颈部皮下气肿和颈前部解剖结构异常，包括正常骨性标志丧失、不对称、甲状腺突出、扁平和气管偏移等。声门以上部位损伤表现为颈部皮下气肿、进行性气道阻塞、可触及的甲状软骨破裂、吞咽困难或声音嘶哑。颈部血管损伤是一种特殊的损伤。颈动脉侧壁损伤时，可扪及波动性包块。颈动脉锐性损伤主要表现为大量出血，常呈喷射性，颜色鲜红，在短时间内可致死。颈部大静脉撕裂伤患者出血汹涌，且血液呈暗红色。除失血外，空气还可被吸入静脉直达心脏，危及生命。患者可表现为失血性休克、神经系统症状（包括昏迷、偏瘫等），若抢救不及时，则患者可迅速死亡。椎动脉损伤与颈椎损伤密切相关。33%的颈椎骨折与椎动脉损伤有关，78%的颈椎骨折患者存在累及横突孔的骨折。

（五）治疗措施

保持呼吸道畅通，防止吸入性窒息，可予以口咽通气管或气管插管，必要时行气管切开，以维持通气。对大量出血引起休克的患者，在止血的同时应积极进行抗休克治疗。对颈部血管损伤患者，可采用局部填塞压迫止血，若无效，则应快速使用止血钳夹闭出血部位，并迅速开通2条以上静脉通道，进行抗休克治疗，同时保持呼吸道通畅（必要时行紧急气管插管），并紧急将患者送往手术室。对颈外动脉、椎动脉或颈内动脉损伤患者，可进行结扎术，以挽救生命。如果颈内动脉有挫伤缺损，则可做颈外动脉与颈内动脉交叉吻合术。颈总动脉损伤时，如果不能进行局部修补缝合，则需要进行人工血管移植术。

若患者有气管损伤，但无大量出血，则进行局部清创缝合，争取一期缝合气管裂口。在明确颈部食管损伤破裂后，应行急诊手术，缝合修补破裂的食管，充分暴露损伤的黏膜层和肌层，分层闭合黏膜层和肌层是修补手术成功的关键。同时需要予以禁食、胃肠减压，应用广谱抗菌药，以防止发生纵隔感染；予以肠外营养或有效的肠内营养（如进行空肠造口），以维持营养和水、电解质平衡。发生气管和食管贯通伤的患者常发生气管食管瘘，可在气管切开和鼻饲禁食的情况下，观察瘘管的愈合情况，小的瘘管有可能自愈；若3个月后，瘘管仍未愈合，则可进行手术修补。

（邓　进　夏　飞）

第五节　脊柱与四肢损伤

一、脊柱与脊髓损伤

脊柱骨折（fracture of the spine）包括颈椎、胸椎和腰椎骨折，发病率高，占全身骨折的5%~6%。暴力造成脊柱骨折者多见于青壮年，老年脊柱骨折多为脆性骨折，二者的治疗方案完全不同。暴力造成脊柱骨折多由道路交通伤、高处坠落伤、重物砸伤等造成，老年脆性骨折多由跌倒引起。脊柱骨折的严重并发症是脊髓、马尾神经损伤，胸腰椎骨折可造成截瘫，颈椎骨折可造成四肢瘫，且治疗效果不佳，患者可遗留终生残疾，其生活质量将受到严重影响。高位颈髓损伤可引起呼吸肌麻痹，导致呼吸衰竭，严重时可危及生命。

案例 11-4

患者，男，29岁，既往身体健康，6 h 前过马路时被轿车撞伤，伤后摔倒在地，出现腰部疼痛，不能站立。查体：T 36.6℃，P 81 次/分，R 14 次/分，BP 115/66 mmHg；意识清楚，C_{11}～T_2 棘突压痛明显，腹股沟平面以下痛觉减弱；双侧屈髋、伸膝肌力为 3 级，踝背伸肌力为 0 级；膀胱充盈，不能自行排尿。

问题：
1. 考虑该患者发生的是何种损伤？
2. 诊断该损伤的依据是什么？
3. 还需要做哪些辅助检查？

（一）诊断

1. 外伤史 如道路交通伤、高处坠落伤、重物砸伤、锐器伤等。

2. 症状 患者可出现脊柱受伤部位疼痛，颈部、腰背部活动困难，不能翻身、站立。

3. 体征 患者可出现脊柱后凸或侧弯畸形，局部压痛、叩击痛，脊髓损伤平面以下感觉、运动障碍，不能自行排尿、排便，可伴有腹胀、腹痛。

4. 辅助检查 进行脊柱正、侧位 X 线检查，可确定骨折的部位和类型，了解脊柱的整体形态；进行脊柱 CT 检查（图 11-7、图 11-8），可了解骨折情况，准确检查椎管受压的部位和程度；进行脊柱 MRI（图 11-9），可判断脊髓损伤的程度、范围，并判断颈椎间盘、胸腰椎后方韧带复合体的损伤情况，尤其是脊髓损伤症状加重时，可判断是否有血肿压迫。

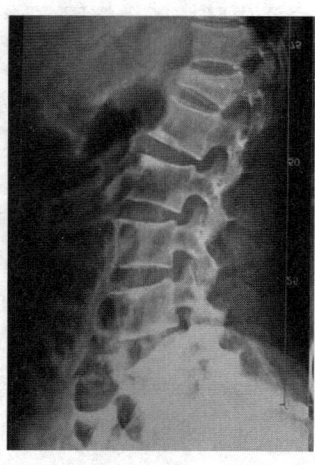

图 11-7 胸椎椎体爆裂性骨折的 X 线表现
胸腰椎侧位 X 线检查示：第 12 胸椎椎体爆裂性骨折

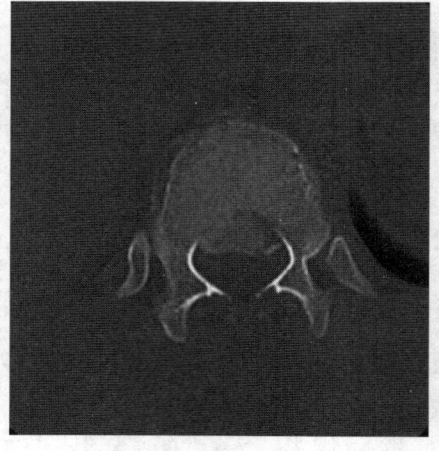

图 11-8 胸椎椎体爆裂性骨折的 CT 表现
CT 检查示：第 12 胸椎椎体爆裂性骨折，骨折块突入椎管并压迫脊髓，导致椎管狭窄

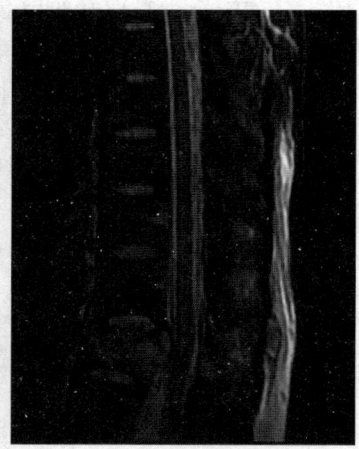

图 11-9 胸椎椎体爆裂性骨折的 MRI 表现
MRI 示：第 12 胸椎椎体骨折，骨折块突入椎管并压迫脊髓，脊髓、椎间盘及后方韧带复合体 T2 加权出现损伤性高信号改变

脊柱与脊髓损伤引起腹胀的原因

脊柱骨折出血可造成后腹膜血肿，刺激自主神经，导致肠蠕动减慢；脊髓损伤后，腰部的窦椎神经节功能丧失，可引起肠蠕动明显减慢，导致肠道内明显积气。患者可出现腹胀甚至肠梗阻等症状。长期卧床可导致粪便干结，排便困难，引起腹胀。

（二）临床表现和严重程度分级

1. 临床表现

（1）感觉障碍：表现为损伤平面以下的痛觉、温觉、触觉及本体觉减弱或消失。

（2）运动障碍：表现为脊髓损伤节段以下出现软瘫，感觉、运动及反射均消失；颈髓损伤后期，患者可出现肌张力增高，腱反射亢进，肛门括约肌挛缩，出现髌阵挛、踝阵挛及病理反射。

（3）括约肌功能障碍：表现为尿潴留和排便失禁，是由于膀胱逼尿肌麻痹形成无张力性膀胱和肛门括约肌松弛无自主张力所致。

2. 严重程度分级 可作为脊髓损伤自然转归和治疗前后对照的观察指标。据脊髓损伤的临床表现可进行严重程度分级，目前较常用的是 Frankel 功能分级（表 11-1）。

表 11-1　Frankel 功能分级

级别	功能
A 级	完全瘫痪
B 级	感觉功能不完全丧失，无运动功能
C 级	感觉功能不完全丧失，有非功能性运动
D 级	感觉功能不完全丧失，有功能性运动
E 级	感觉、运动功能正常

注：脊髓损伤患者的病情严重程度分级为 A 级、B 级、C 级和 D 级，不包括 E 级，因为 E 级为正常；脊髓损伤患者恢复过程中，可从功能损伤级别恢复到正常的 E 级

（三）救治措施

1. 现场急救 发现受伤者后，现场人员应尽可能快速、全面地评估患者，先保证气道开放、通畅，判断患者是否有心搏骤停需要心肺复苏急救，是否有开放伤口需要包扎固定。对怀疑有脊柱与脊髓损伤的患者，应按照脊髓损伤搬运固定原则进行搬运和固定。对于颈椎损伤患者，应先予以戴颈围。对胸腰椎损伤患者，应采用 3~4 人平托法搬运，同时用力保持脊柱伸直位，将患者转移或者固定到平板、担架上；对可疑颈椎损伤者，应由 1 人托住头颈部并适当向上牵引，再进一步将患者转运到有治疗条件的医院。

2. 治疗原则

（1）上颈椎骨折（寰枢椎骨折）：合并脊髓损伤者多数死于现场。住院治疗的上颈椎骨折患者多不伴脊髓损伤，可用颌枕带牵引，牵引重量为 1.5~3 kg；也可行颅骨牵引术，牵引重量为 3~5 kg；牵引 3 周后改用头颈胸支具固定 3 个月。

（2）下颈椎骨折或骨折脱位：患者一般合并脊髓损伤。可根据压迫方向选择颈椎前路椎体切除减压或颈椎后路椎板成形术减压，或前后路联合手术。颈椎间盘在颈椎稳定中起重要作用，对于无明显骨折线的脊髓损伤患者，须判断颈椎间盘是否损伤。

（3）胸腰椎稳定骨折：椎体压缩小于 1/3，后方韧带复合体完整的骨折属于稳定骨折。使患者平卧于硬板床，将腰部垫高；6~8 周后，即可在支具保护下，指导患者下床活动。

（4）胸腰椎不稳定骨折：对椎体压缩超过 1/3、畸形成角大于 20°、合并脊髓压迫，或伴有脱位、后方韧带复合体损伤者，可行切开复位，予以椎弓根钉棒系统内固定，同时行椎管减压术；对没有合并脊髓、神经损伤者，也可行闭合复位微创内固定。

脊髓损伤的干细胞治疗

干细胞移植入患者体内后，可分化为神经元星形胶质细胞和少突胶质细胞，起到在结构和功能上的修复或替代作用，同时产生多种细胞外基质，填充脊髓损伤后遗留的空腔，为再生轴突提供支持物。干细胞移植入受损脊髓后分泌的多种神经营养因子可通过激活体内处于休眠状态及受损的神经细胞，以实现神经保护功能。干细胞可使神经纤维形成新的髓鞘，保持神经纤维功能的完整性，从而促进脊髓功能恢复。

二、骨盆骨折

骨盆骨折是一种严重创伤，多由直接暴力挤压、碰撞骨盆引起，也可由下肢力量传导引起，是创伤患者致残和致死的主要原因之一，占各部位骨折的 4%~8%，死亡率为 10%~30%；交通事故、高处坠落、重物挤压是骨盆骨折的三个主要原因。骨盆骨折患者常合并脏器损伤，包括膀胱尿道损伤（5%~20%）、肝、脾破裂（12%）以及直肠损伤（4%）。由于盆腔内有丰富的血管分布，尤其是静脉丛分布，加之松质骨骨折出血，骨盆骨折患者伴发休克的比例很高，尤其是血流动力学不稳定性骨盆骨折患者死亡率极高。失血性休克是患者发生骨盆骨折后 24 h 内最常见的死亡原因。开放性骨盆骨折约占所有骨盆骨折的 5%，患者常合并感染，其死亡率明显高于闭合性骨盆骨折。

（一）临床表现与诊断

1. 病情评估

（1）受伤史：详细了解患者受伤时的体位、着力部位等，可以对骨盆骨折的类型和程度进行初步的评估。

（2）体格检查：骨盆骨折不同于四肢骨折，特征性的阳性体征不典型，患者因疼痛难以配合检查。由于患者多发生休克和合并伤，多数情况下需要边抢救边检查，因此需要多次反复进行体格检查。不能通过骨盆挤压分离试验来判断稳定性，该检查会加重疼痛和出血。对患者应常规留置导尿管，导尿管插入受阻且有尿道口滴血或导尿管流出血性尿，提示为尿道损伤；导尿管插入顺利但可见肉眼血尿，则提示可能存在膀胱破裂，情况允许时可行膀胱造影加以明确；进行直肠指检或阴道检查，以了解直肠或阴道是否破裂，如果有出血，则提示为开放性骨折；观察下肢是否有异常旋转畸形、双下肢是否等长，以判断骨盆骨折旋转、垂直移位程度。对出现腹胀、腹痛的患者，需仔细检查，结合超声和腹部 CT 等检查可鉴别腹腔内脏损伤与腹膜后血肿。进行排尿与排便功能、下肢肌力和感觉功能检查，确定是否有骶神经损伤。

2. 影像学检查

（1）X 线检查：是诊断骨盆骨折的重要依据，也是判断骨盆骨折类型必要的影像学资料。由于骨盆环的结构特殊，X 线检查应包括前后位、入口位和出口位检查，单纯进行前后位检查不能显示骨盆环移位的全貌，易造成漏诊，也不能全面评估骨折类型。骨盆骨折早期急救阶段，应避免因检查而浪费抢救时间。

（2）CT 扫描及三维重建：可以多层面、多角度地显示骨盆骨折的部位、形态及移位方向，可以清晰地显示 X 线检查显示不良或被掩盖的骨盆后环损伤的程度，便于准确评估骨盆环的稳定性。尤其是三维重建图像可立体显示骨折情况，可以更准确地评估骨折类型和指导治疗。目前对于多发伤特别是合并骨盆骨折的患者，进行从头部至骨盆部的 CT 扫描重建，可减少对患者的搬动次数，减少出血和漏诊。

（二）血流动力学不稳定性骨盆骨折的救治措施

1. 血流动力学不稳定性骨盆骨折的概念　钝性伤导致骨盆骨折，患者血流动力学不稳定，低血压（收缩压≤90 mmHg），并且需要大量输血（伤后 6 h 内需要输注浓缩红细胞 4 ~ 6 U 或以上）、显著碱缺失（碱剩余≤–6 mmol/L）。血流动力学不稳定性骨盆骨折是导致患者死亡的主要损伤之一，伤后 24 h 内的主要死亡原因是急性失血。随着损伤程度的加重，死亡率不断升高，可达 18% ~ 40%。处理的关键是明确出血部位并控制出血。

2. 急救措施

（1）保持呼吸道通畅、抗休克：对气道梗阻患者，应保持气道通畅，必要时建立人工气道，予以呼吸机辅助通气。对心搏、呼吸停止者，应立即行心肺复苏术。采取边救治、边检查并诊断的方式进行抗休克治疗。

（2）补液、监测生命体征：尽快建立 2 条以上静脉补液通道，以进行液体复苏，同时采血（进行血型、交叉配血、血常规、血气分析等检查），启动大量输血程序，除非必需，否则一般不使用血管活性药；采用自动监护仪监测脉搏、血压、呼吸、心电活动等生命体征，有条件时可进行中心静脉压监测，以指导输液；液体复苏的理想状态是将收缩压维持在 90 mmHg，心率维持在 100 次 / 分。

（3）吸氧：对出现呼吸困难、发绀、喘鸣等气道阻塞的患者，应立即行气管插管或环甲膜穿刺，进行人工辅助通气。

（4）留置导尿管：注意观察尿液颜色。

（5）手术：进行创伤重点超声检查（focus assessment with sonography for trauma，FAST），快速检测患者是否合并胸、腹腔脏器出血，鉴别诊断腹膜后血肿与实质脏器损伤，对合并肝、脾破裂者，应尽早进行手术止血。

（6）骨盆固定：采用骨盆兜、床单进行骨盆外捆扎，以减小骨盆容积，从而减少出血。根据骨折的类型，必要时以外固定架或 C 形钳帮助稳定骨盆前后环，在急诊条件允许的情况下，应尽早实施。

（7）骨折的处理：对合并肢体骨折或开放性出血者，应立即进行简单的清创包扎、止血，并用石膏或夹板予以固定。

3. 控制出血　在采取上述急救措施后，若患者血流动力学仍不稳定，则可将患者移送至手术室，进行盆腔填塞，可同时予以外固定架或 C 形钳固定；有条件者可在杂交手术室进行数字减影血管造影及髂动脉栓塞。

4. 优化影像学检查流程　在抢救治疗早期，如果患者的生命体征尚稳定，则应尽快行全身系列 CT 检查，既可以明确全身脏器是否有损伤，又可以缩短救治过程中因行影像学检查而造成的"治疗真空时间"，缩短由急诊室至手术室的时间。

5. 直肠破裂的处理　对直肠破裂患者，应做乙状结肠单口造瘘，同时清理残余肠腔内的粪便，防止感染，为骨盆骨折的后期处理准备条件。

6. 会阴撕裂的处理　对合并会阴撕裂的患者，也应行结肠造瘘，并彻底清创，辅以负压封闭引流（vacuum sealing drainage，VSD），以控制创面感染。同时，应反复检查臀部、大转子周围、骨盆前环周围是否合并皮肤撕脱，避免遗漏。

三、开放性骨与关节损伤

开放性骨与关节损伤是高能量损伤，是指骨折端、关节腔通过破裂的皮肤和黏膜与外界相通。骨和软组织同时严重损伤，其最大的风险是软组织损伤严重、创口感染，严重时引起全身炎症反应综合征，需进行截肢，以挽救患者的生命。降低感染、残疾的发生率，早期正确、彻底清创和固定骨折等处理尤为重要。

（一）开放性骨折的包扎止血

对开放性骨折的出血伤口，绝大多数可用加压包扎止血。创口用无菌敷料或清洁布类予以包扎，以减少再污染。若骨折端已戳出伤口，并已污染，而且未压迫重要的血管、神经，则不应将其复位，以免将污物带到伤口深处。应将患者送至医院，经清创处理后，再行复位。若进行包扎时骨折端自行滑入伤口内，则应做好记录，以便在清创时进一步处理。对大血管出血患者，加压包扎不能止血时，可采用止血带止血。最好使用充气止血带，并应记录所用压力和时间。对活动性大动脉出血患者，可临时用止血钳钳夹或结扎止血。无论应用何种方式，尤其是对转运患者途中，均应确保止血有效。

（二）开放性骨折的固定

开放性骨折患者的急救原则是先包扎止血、后固定。现场临时固定的目的是避免骨折处再次受损，减轻疼痛，减少出血，易于搬运。简单固定的注意事项包括：使用夹板前，凡是与身体接触的部位均应用棉布或软物垫好，避免进一步压迫；骨的凹凸处，四肢、躯干的凹凸处，以及因骨折造成的畸形处，需要使用足够厚度的棉质软垫，才能避免再次损伤；骨折固定绑扎时，应将骨折处上、下两个关节同时固定，才能限制骨折处的活动。

在医院手术室进行清创后，对开放性骨折患者，可根据骨折类型、污染程度，选用外固定架、内固定接骨板、髓内钉等方式固定。

（三）开放性骨折的 Gustilo 分型

1. Ⅰ度　伤口长度<1 cm，一般为比较清洁的穿刺伤，骨折端穿破皮肤，软组织损伤轻微，无碾挫伤，骨折较简单，为横形或短斜形骨折，无粉碎骨折。

2. Ⅱ度　1 cm<伤口长度<10 cm，软组织损伤较广泛，但无撕脱伤，也未形成组织瓣，软组织有轻度或中度碾挫伤，伤口有中度污染，骨折为中等程度粉碎性骨折。

3. Ⅲ度　软组织损伤广泛，包括肌肉、皮肤及血管、神经损伤，伤口有严重污染。

（1）ⅢA型：伤口长度>10 cm，有广泛的软组织撕脱，骨折端有污染或有组织瓣形成，骨折处有适当的软组织覆盖。

（2）ⅢB型：伤口长度>10 cm，有广泛的软组织损伤和缺损，伴有骨膜剥脱和骨暴露，骨折端有污染，需要转移皮瓣或植皮覆盖。

（3）ⅢC型：骨折处伤口开放，伴有需要修复的血管、神经损伤。

（四）开放性关节损伤的分级

1. **Ⅰ度** 锐器刺破关节囊，创口较小，关节软骨和骨骼无损伤。
2. **Ⅱ度** 软组织损伤较广泛，关节软骨及骨骼部分破坏，创口内有异物。
3. **Ⅲ度** 软组织毁损，韧带断裂，关节软骨和骨骺有严重损伤，创口内有异物，或合并关节脱位及血管、神经损伤。

（五）救治措施

开放性骨折的治疗总原则是将开放的损伤变成闭合损伤，然后重建骨与关节的组织连接。处理的关键是尽早彻底清创，使开放污染的伤口转变为相对无菌的创面，防止感染，力争创口的迅速闭合。

1. **Gustilo Ⅰ度开放性骨折** 一般污染轻、软组织损伤不重，可以按闭合性骨折处理。进行清创术后，可以采用髓内钉或钢板予以内固定。
2. **Gustilo Ⅱ度开放性骨折** 根据伤口污染程度，予以清创。骨折复位多采用外固定架固定；若伤口未发生感染，则可早期更换内固定；对伤口污染程度较轻者，也可考虑行一期内固定。
3. **Gustilo Ⅲ度开放性骨折** 一般先使用外固定架临时固定骨折部位，吻合重建重要的神经、血管和肌腱。对皮肤等软组织缺损者，需要予以负压封闭引流，48~72 h 后再次予以清创；待 7~10 天创面无感染后，可根据情况采用局部皮瓣转移、双蒂皮瓣、带蒂/游离皮瓣及游离植皮等方法闭合伤口。在软组织条件允许的情况下，再考虑骨折的终末固定方式。
4. **肌腱、血管、神经修复** 污染严重、缺损严重的肌腱可以留待二期闭合伤口时采用转位或游离移植的方法重建，血管的缺损必须行一期修复，可以缝合局部断端，也可以取大隐静脉或就近的静脉行游离移植吻合修复，或采用人工血管代替，需要确保血流通畅，以挽救肢体。若主干神经断裂，则应争取行一期修复；对神经缺损较大者，可早期或后期取腓肠神经进行游离移植修复。
5. **开放性关节损伤** 清创、关节制动和抗感染是开放性关节损伤的处理原则。若能在 6~8 h 内进行彻底清创和合理使用抗菌药，由于韧带、骨膜和关节软骨较肌肉抵抗力强，因此创口大多可以达到一期愈合。早期予以合理的制动（如跨关节的外固定架固定），有利于观察伤口、控制感染和再出血，而且不会影响关节功能的恢复。

四、急性骨筋膜室综合征

骨筋膜室是指由骨、骨间膜、肌间隔和深筋膜所构成的肢体密闭间隔室。不同的肢体部位，骨筋膜室的数量也不同。骨筋膜室综合征是指骨筋膜室内的肌肉和神经因急性缺血、缺氧而产生的一系列早期综合征，又称急性筋膜隔室综合征，多见于前臂掌侧和小腿，若未及时发现和治疗，则可导致严重的残疾甚至截肢，还可引发肾衰竭。骨筋膜室综合征是骨折早期的严重并发症，需要早诊断、早处理，以减少截肢和残疾的风险。

（一）病因

骨折是最常见的病因，肢体碾压伤、软组织损伤（包括蛇咬伤）、血管损伤及修复术后再灌注损伤也是常见的原因，肢体骨折或伤后采用夹板或石膏固定过紧是常见的引起非骨筋膜

室内压力增高的医源性因素。本病好发于有双骨干的肢体，如小腿和前臂。当骨筋膜室内压力达到一定程度（如前臂 65 mmHg、小腿 55 mmHg）时，可使供应肌肉的小动脉关闭，造成缺血-水肿-缺血的恶性循环。急性骨筋膜室综合征引起的血流量急剧减少对骨骼肌的影响最大，其次是神经组织。若大腿或小腿肌肉受到广泛挤压并去除致压物（如石块）后，则坏死的肌肉蛋白等分解产物回流至血液循环，可堵塞肾小管而引起急性肾衰竭。因此，在救出类似地震或塌方等肢体挤压伤患者后，应迅速切开减压或捆扎受压肢体近端，防止有害物质回流，以挽救患者的生命。

（二）临床表现

疼痛是患者最早出现的主观症状，疼痛程度非常剧烈，常与临床表现不相符，一般的镇痛药物不能解除疼痛，且疼痛进行性加重；疼痛往往伴随轻微麻木，是不可忽视的主诉；被动牵拉肌肉引起的剧烈疼痛是急性骨筋膜室综合征的早期体征之一；相应的骨筋膜室区域压力高、患者拒绝触压是早期的客观体征。远侧脉搏和毛细血管充盈时间正常并不是可靠的指标，骨筋膜室压力测定也无公认的检测装置，应结合其他临床表现进行观察和分析，以协助诊断。

（三）救治措施

一旦诊断成立，应立即行筋膜切开减压术。减压要彻底，切开的长度和深度要足够，长度应覆盖肌肉全长，深度应达到深筋膜下并可直视肌纤维，确保打开每个隔室，视野中需要看清完整的肌肉，以评价是否有肌肉组织坏死。

切开减压的同时，应予以骨折复位，行外固定架固定。骨折稳定可减少骨折断端对软组织的刺激，以减少感染，有利于消肿。

减压后辅以负压封闭引流可减少术后换药次数。术后 3～5 天，若肿胀消退，则可考虑缝合一侧切口，另一侧切口予以植皮。目前认为，单纯外侧也可以行所有间室减压，消肿后可一次性缝合切口。

   知识拓展

肌挤压理论

张英泽院士团队研究认为，筋膜室内压力到一定程度时，筋膜可通过某些未知机制实现自我减压，不存在筋膜室综合征，并强调肌挤压综合征应与挤压综合征和急性肢体血管损伤造成的肌肉等软组织坏死严格区分开，以便提供更精准的治疗。肌挤压综合征患者在未予以限制筋膜室容积措施（如石膏、夹板、加压绷带）的情况下，可通过张力性水疱释放筋膜室内过高的压力，达到自我减压，不需要人为切开筋膜。

五、手足外伤

手是完成精细动作的主要部位，手部外伤需要精细处理。手足部皮肤外伤，肌腱、血管损伤及骨折脱位是急诊外科的常见病和多发病，约占急诊创伤患者的 26.6%。对其中 66.8% 的患者，仅需在急诊科处理。各种机器切割伤、挤压伤、生活伤及交通意外伤害等是主要的致伤原因。

现场急救时，需要先采取止血措施，按压创口近端进行止血和局部压迫包扎止血是简便、有效的办法。应选用灭菌敷料或干净的手绢、毛巾或衣服包扎伤口。手部主要动脉损伤导致大量出血（即喷射性出血）时，可采用止血带或弹性胶管束缚上臂上 1/3 部位，以止血。但在将患者送往医院途中，应每隔 1 h 松开止血带 5~10 min，以免手部组织缺血、坏死。进行现场急救时，对断指（趾）的保存方法要正确。应先找到干净的塑料袋装好断肢，并扎紧口袋，密封保存；然后将塑料袋放入保温箱，再加入冰水或冰块，需保持断指（趾）局部干燥、冷藏。断肢的最佳存储温度是 4℃。

将患者送至医院后，应进行常规清创缝合，一般的皮肤裂伤可以直接在急诊手术室或清创室予以缝合。对有肌腱、血管和神经损伤者，应送至手术室，在臂丛神经阻滞或全身麻醉下进行清创缝合；对合并骨折的患者，应同时行骨折固定；断指（趾）再植应在显微镜下进行操作。

六、周围神经损伤

周围神经损伤是骨折的常见合并损伤，急诊科常见的周围神经损伤原因最多见的是锐器刺伤（如坐骨神经的刀刺伤和正中神经的割腕伤），其次是骨折或骨折脱位合并神经损伤，再次是牵拉伤。因此，周围神经损伤包括开放性和闭合性两种。对开放性锐器损伤，需行一期吻合；对开放性骨折造成的周围神经损伤，应根据损伤的程度、污染程度行一期或二期吻合；对闭合性骨折造成的周围神经损伤，需进行急诊复位骨折、探查神经；对闭合性牵拉伤造成的周围神经损伤，一般不进行急诊探查。成人臂丛神经损伤大多数继发于车祸伤，如摩托车与汽车相撞、摩托车撞击路边障碍物或大树、头肩部撞击障碍物或地面，使头肩部呈分离趋势，臂丛神经受到过度牵拉而发生损伤。臂丛神经损伤有时是由肩关节脱位过度牵拉、手术体位摆放不当引起的医源性损伤。

工厂作业时上肢不慎被机器挤压，可造成上肢的三大主要神经干损伤，即正中神经、尺神经和桡神经损伤。上肢被皮带或运输带卷入后，由于人体的本能反射而向外牵拉肢体，可造成臂丛神经损伤。矿山塌方或高处重物坠落、压砸至肩部等，也可导致臂丛神经损伤。周围神经损伤虽然不会危及生命，但可引起严重的功能丧失。发生四肢骨折后，仔细检查并诊断患者是否存在周围神经损伤，对手术切口的选择和手术策略的制订有重要意义。

（一）临床表现与诊断

通过体格检查，结合受伤史，即可初步诊断神经损伤及其部位，肌电图、躯体感觉诱发电位等辅助检查可协助诊断，对神经功能的康复也有指导意义。

1. 受伤史 对神志清楚的患者，应详细询问受伤的过程与姿势、乘坐的交通工具或者坠落的高度、坠落过程中是否被阻挡等。应重点检查容易造成周围神经损伤的骨折，如锁骨骨折、肱骨近端骨折、肱骨中下 1/3 骨折、肱骨髁上骨折、桡骨中上段骨折、股骨髁上骨折等。

2. 物理检查

（1）损伤部位检查：对锐器伤或开放性损伤患者，应检查其伤口的部位、范围和深度；对枪弹伤患者，应注意贯通伤的路径；对骨折及关节脱位患者，应特别注意骨折部位与邻近周围神经的关系。

（2）神经损伤后的特征性表现：神经损伤后，其所支配的肌肉瘫痪，患者可出现相应的肢体特征性表现。例如，桡神经损伤后，患者可出现腕下垂；尺神经损伤后，患者可出现爪形手畸形，即第 4、5 指掌指关节过伸，指间关节屈曲；正中神经损伤后，患者可出现猿手畸形，即鱼际瘫痪，拇指与其他各指平行；腓总神经损伤后，患者可出现足下垂。

（3）腱反射：根据神经支配的肌肉受损情况，患者可出现相应肌肉的腱反射减弱或消失。

（4）神经营养性改变：即自主神经功能障碍的表现。神经损伤后，早期血管扩张、汗腺停止分泌，表现为皮肤潮红、皮温增高、皮肤干燥、无汗等。晚期由于血管收缩，患者可表现为皮肤苍白、皮温降低、自觉寒冷、皮肤光滑等。此外，患者还可出现指甲起屑、生长缓慢，呈爪形弯曲等。

（5）神经干叩击试验（Tinel试验）：局部按压或叩击神经干，出现针刺样疼痛，并有触电感、麻木感等向神经支配区域放射即阳性，对神经损伤的诊断和神经再生的进程的判断有重要意义。

（6）运动功能检查：一般采用6级法判断肌力。

0级——肌肉完全瘫痪，触诊肌肉完全无收缩力。

1级——肌肉有主动收缩力，但不能产生活动。

2级——肢体可以带动关节进行水平活动，但不能抵抗自身重力

3级——肢体能抵抗自身重力，可进行主动关节活动，能抬离床面，但不能抵抗阻力。

4级——肢体能做抗抵抗动作，但未达到正常。

5级——肌力正常。

（7）感觉功能检查：对于感觉功能障碍，可用6级法区分其程度。

S0级——完全无感觉。

S1级——深痛觉存在。

S2级——有浅痛觉及部分触觉。

S2+级——同S2级，但有感觉过敏现象。

S3级——痛觉和触觉完全，感觉过敏现象消失，且有两点分辨觉，但两点辨别阈较大，常大于15 mm。

S4级——感觉完全正常，两点辨别阈为2~6 mm。

3. 电生理检查 急诊状态下不需要进行电生理检查，通过症状、体征即可判断患者是否有神经损伤。电生理检查包括肌电图和诱发电位，后者包括躯体感觉诱发电位和运动诱发电位。其中，躯体感觉诱发电位不受意志支配，对于鉴别是否存在神经损伤有重要作用。肌电图在临床诊断和治疗观察中有重要意义：①确定神经是否有损伤及损伤的程度。②有助于鉴别神经源性或肌源性损害。③有助于观察神经再生情况。

（二）救治措施

对锐器伤、开放性骨折患者，需进行急诊手术，探查并修复神经；对骨折合并周围神经损伤患者，应根据其全身情况和受伤部位决定进行急诊手术或尽早进行手术。例如，对单纯肱骨骨折合并桡神经损伤患者，需进行急诊手术，予以骨折复位和固定、探查松解或吻合神经；对骨盆骨折合并神经损伤的患者，应积极纠正休克，待患者生命体征平稳和器官功能稳定后，尽早进行手术。

对周围神经损伤患者，应争取一期修复断裂的神经。对神经缺损小于2 cm、通过屈曲关节能够对合者，应直接缝合而避免移植；对不能直接缝合者，可采用腓肠神经段移植缝合；若创面条件不允许，则可将断端临时包埋于健康组织中，留待二期修复。同时，应避免由于经验不足、设备不良而勉强缝合，以免造成不必要的医源性二次损伤。对有骨块或血肿卡压者，应在清创时尽早接触压迫。

对牵拉性损伤患者，需要有足够的时间来观察和估计其神经功能是否可以自行恢复。一般以3个月作为1个观察阶段。对超过3个月未恢复者，应考虑进行手术修复。

1. 非手术治疗 适用于周围神经损伤早期，尚不能明确损伤性质者。①协助患者进行肢体关节被动运动，以防止肌肉萎缩及关节囊挛缩；②康复治疗：可采用按摩、电刺激等方法保

持肌张力，减轻肌肉萎缩；③保护患肢：避免肢体发生烫伤、冻伤、压伤及其他损伤；④药物治疗：应用营养神经药物，如维生素 B_1、维生素 B_{12}、甲钴胺；⑤高压氧治疗：对神经损伤患者，是有效的治疗方法。

2. 手术治疗 包括神经松解术、神经缝合术、神经移植术、神经移位术等，可根据损伤情况选用。

（王春庆）

第六节 危重创伤的急救

一、多发伤

（一）多发伤的概念

多发伤（multiple trauma）是指机体在单一机械致伤因素作用下，发生 2 个或 2 个以上解剖部位损伤，其中至少一处损伤即使单独存在，也可危及生命。多发伤不是几个部位损伤的简单叠加，而是一种创伤综合征，有其自身的病理生理特点和发生、发展过程。

多发伤的解剖部位是按美国医学会和机动车医学发展协会制定的简略创伤评分（abbreviated injury scale，AIS）进行划分的。AIS 是广泛应用于创伤严重度评估和生存概率测算的方法，是目前最常用的解剖学损伤方法。AIS 是将人体划分为 9 个部位：头部、面部（包括眼和耳）、颈部、胸部、腹部和盆腔脏器、脊柱（包括颈胸腰椎）、上肢、下肢（骨盆和臀部）、体表。AIS 分值为 1~6 分。1 分，表示为轻度损伤；2 分，表示为中度；3 分，表示损伤较重；4 分，表示为重度；5 分，表示为危重；6 分，表示为极重。分值越大，表明损伤越严重，AIS≥3 分为重度损伤，6 分属于几乎不能救治的致死性损伤。上述 9 个部位中有 2 处损伤者即为多发伤。其中至少一处为严重伤，可能威胁生命或肢体，即 AIS≥3 分。

损伤严重程度评分（injury severity scale，ISS）是以 AIS 为基础，对多发伤患者损伤的严重程度进行评分。AIS-ISS 将身体分为 6 个解剖部位计算：头颈部、面部、胸部（包括纵隔、胸椎）、腹部（包括腰椎）、四肢和骨盆、体表，选取 3 个损伤最严重部位的最大 AIS 值的平方和，计算公式：ISS=$AIS1^2+AIS2^2+AIS3^2$，分值为 1~75 分。最高分为 75 分。ISS=16 分者对应的死亡率为 10%，故一般将 ISS≥16 分定义为严重多发伤；≥50 分者死亡率很高；75 分者极少存活。AIS-ISS 评分未能反映 ISS 相同的伤员不同病理生理反应的差异、同一部位多处损伤对伤情的影响、不同年龄的差异、对伤情影响不同的部位分值无差别等，有待进一步研究改进。

（二）多发伤的临床特点

1. 休克发生率高 致伤原因以失血性休克最多见，严重多发伤患者，损伤部位广泛、出血部位多（如实质脏器损伤出血、开放性伤口出血、骨折部位出血），失血量大；部分患者还可因疼痛、脊柱损伤、脊髓损伤而导致血管扩张，导致循环血量相对不足，引发低血容量性休克，还有的患者因心脏损伤而导致心泵功能下降，引起心源性休克。

> **基础知识**
>
> **休克的诊断标准**
>
> 1. 低血压　收缩压＜90 mmHg。
> 2. 呼吸系统　呼吸浅快。
> 3. 神经系统　神志淡漠、反应迟钝。
> 4. 皮肤　苍白。
> 5. 肾功能损害　尿少或无尿。

2. 低氧血症发生率高　所有多发伤患者都存在不同程度的缺氧，严重多发伤患者早期低氧血症发生率高。低氧血症的发生主要原因是通气和换气功能障碍（由气道梗阻、胸部创伤所致），以及组织缺血、缺氧。临床上既要重视呼吸困难型低氧血症的处理，又要注意隐匿性低氧血症的识别和处理。对出现烦躁不安的患者，应注意是否发生低氧血症，不应单纯予以镇静、镇痛。

3. 感染发生率高　开放性损伤患者一般都存在伤口污染，如严重污染处理不及时，则很容易发生感染；闭合性损伤累及消化道或呼吸系统时，患者也容易发生感染；休克可肠道黏膜损伤，使菌群移位；各种侵入性操作可增加感染的发生率；严重损伤可导致机体抵抗力下降，患者后期感染发生率高达 10%~22%。初期多发生局部感染，严重者可迅速发展为全身感染，严重感染造成的死亡人数占总死亡人数的 78% 以上。后期感染是严重多发伤患者死亡的主要原因。

4. 死亡率高　严重多发伤由于损失范围广、损伤脏器多、休克、感染、器官功能障碍等原因，导致患者死亡率极高。第一个死亡高峰即事故发生数分钟内，死亡原因主要是脑、脑干、高位脊髓严重创伤或心脏、主动脉等大血管撕裂、各种原因导致的窒息、大量出血导致的休克、重要脏器严重毁损等。第二个死亡高峰是事故发生后 1 h 内，主要是由于血气胸、肝破裂、脾破裂、骨盆及骨折等多发伤造成的大量出血。这一时间是救治患者的"黄金时间"，若抢救及时得当，则大部分患者可免于死亡。抢救方法应根据患者的情况而定，主要措施包括迅速止血、解除气道阻塞、固定骨折等。第三个死亡高峰发生在伤后数周，主要原因是严重感染或器官功能衰竭。因此，这一阶段仍需密切注意监测患者各项指标的变化情况。

5. 凝血功能障碍　主要是创伤后凝血物质消耗或缺乏、抗凝系统活跃、低体温、酸中毒等，常表现为出血倾向。凝血功能障碍、低体温、酸中毒可相互促进，造成致死三联征，引起不可逆的生理性损伤。

6. 容易漏诊、误诊　多发伤涉及多个部位，患者伤情重，有时临床表现不典型或相互掩盖，或者被严重的表象所干扰，容易造成对危及生命但较隐匿伤情的忽视；症状不明显的骨折容易被漏诊；多发伤的漏诊与误诊率高达 12%~15%。

（三）救治措施

严重多发伤患者的伤情各异、生理状态不同，但总体时特征是机体处于生理耗竭临界状态，需要采取规范统一的救治策略来，以提高救治效率，减少降低死亡率。而损伤控制性策略是针对严重创伤患者进行阶段性修复的外科策略，目的在于是减轻或避免致死三联征引起的不可逆的生理性损伤。损伤控制通过减少由创伤导致的第一次打击和救治过程中的第二次打击的强度，调节控制创伤炎症反应。损伤控制理念贯穿于多发伤救治的全过程，是一个主动选择的过程，而并非是在手术过程中无法稳定生命体征才被迫采用的手段。损伤控制性手术

（damage control surgery，DCS）主要是指在救治严重创伤患者时，改变以往早期进行复杂、完整手术的策略，而采用快捷、简单的操作，及时控制伤情的进一步恶化，保留进一步处理的条件，使患者获得复苏的时间，有机会再进行完整、合理的再次或分期手术。损伤控制性手术通常包括 3 个不同的阶段：①初次简化手术，复苏的同时进行止血和控制污染手术，包括判断损伤程度、控制出血和空腔脏器污染；② ICU 复苏，主要针对致死三联征进行处理；③确定性再次手术，通常在 24～72 h 后再将患者送回手术室，确定性修复损伤脏器。损伤控制性手术的适应证：①严重脏器损伤伴大血管损伤，如严重肝及肝周围血管损伤、开放性骨盆骨折、严重胰及十二指肠损伤；②严重多发伤，ISS≥25 分；③严重失血，估计失血量≥3 L，输血量超过 10 U；④出现严重代谢障碍，体温<35℃，pH<7.30，凝血功能障碍；⑤估计手术时间>90 min。

基础回顾

急性创伤 - 休克凝血功能障碍

急性创伤 - 休克凝血功能障碍是指创伤后由于大量出血和组织损伤而激活凝血、纤溶和抗凝途径，导致急性凝血功能障碍，主要由创伤后低体温、酸中毒、血液稀释、组织灌注不足、组织损伤等原因所导致。

1. 初次简化手术 初次简化手术的关键是快速控制出血，控制伤口和胸、腹腔污染。活动性出血的有效止血是抗休克的关键，控制污染是防治脓毒症的病因治疗。针对不同部位的损伤，初次简化手术的具体措施包括以下几方面。

（1）颅脑损伤：是导致患者死亡的首要因素，早期正确评估病情，早期及时发现继发性颅脑损伤（如颅内血肿、脑疝）是关键因素。应仔细观察患者的意识状态、瞳孔、肢体运动、头痛和呕吐等症状，以期早发现、早处理。损伤控制性初次手术包括控制颅内出血、清除颅内血肿、对颅脑伤口的早期手术清创等，预防性或治疗性去骨瓣减压术仅用于脑水肿存在或可能加重时。对于有明显颅内血肿、处于昏迷状态、瞳孔散大、GCS 低的患者，应争取紧急进行开颅手术。

（2）胸部损伤：损伤控制性手术也可用于面临死亡威胁的胸部损伤患者，即在危重状态下，能使用呼吸机维持通气时，应避免盲目进行开胸手术。严重多发伤早期进行开胸手术一定是非开胸手术干预无法挽救患者生命的情况，如进行性血胸、破口巨大的张力性气胸、急性心脏压塞、大气管断裂等。但对胸腔内损伤患者，需要进行初期手术时，即应行确定性修补术，且手术后须关闭胸腔。急诊开胸手术主要用于血流动力学不稳定的穿透性或闭合性胸部损伤患者，其目的是解除心脏压塞、控制胸腔内大量出血、控制严重支气管断端漏、予以胸内心脏按压等。

（3）腹部损伤：对腹部严重创伤患者，最有可能实施真正意义上的损伤控制性手术，即简单进行止血、清洁伤口，不花费大量时间做修补等手术，不用逐层缝合关闭腹腔，尽快将患者送至 ICU 予以心肺复苏，在 24～48 h 内返回手术室再次进行手术。主要目标和技术要点：①控制活动性出血是损伤控制性开腹手术的首要目标。如结扎脾蒂控制出血后，即应停止操作，将患者送至手术室或 ICU 复苏后再进行手术。②控制污染是损伤控制性开腹手术的第二个目标，目的是控制消化道、泌尿系统损伤和开放性损伤导致的污染，具体方法包括结肠造瘘、输尿管引流或膀胱造瘘等。③进行损伤控制性开腹手术时，可采用简单皮肤缝合或辅以负

压封闭引流闭合切口，留待二期手术。

（4）四肢损伤：四肢损伤最需要急诊室处理的是开放性活动性出血，可使用止血带、填塞、结扎止血等临时止血措施，为复苏创造条件；骨折的临时固定也是损伤控制性技术的一种，可以在急诊室或ICU进行石膏固定、外固定架固定，肢体骨折的固定对止血、复苏和护理都有极大的帮助；严重毁损、感染的肢体急诊开放性截肢也是为抢救生命创造条件的手段，可减少创面出血、毒素吸收。应注意开放性截肢的残端止血要彻底，避免造成新的失血。

（5）骨盆骨折：骨盆骨折早期的抢救措施主要是控制出血。由于难以准确判断出血部位，需注意边动态评估、观察病情、边实施止血，不要首选外固定架、手术填塞止血。对血流动力学不稳定性骨盆骨折患者，采用骨盆带外固定都有保护和止血作用，早期都可应用。应予以输血、补液，并观察血流动力学稳定性，正确的固定方式是以大转子为中心进行固定。外固定架可减小骨盆容积、重建骨盆稳定性，使骨折断端接触，有利于止血、镇痛，但需要X线检查设备和麻醉。如果不在X线引导下进行置钉，则可能起不到复位和止血作用。如果需要将患者转到手术室在麻醉下进行固定，则更谨慎权衡利弊。骨盆填塞手术适用于骨盆带、外固定架固定无效的患者，且考虑骶髂关节处、耻骨后间隙是主要的出血部位时才能实施。另外，在杂交手术室或介入手术室进行盆腔动脉血管造影和栓塞也是可供选择的止血技术之一。

（6）血管损伤：大血管损伤常危及生命，临时结扎血管近心端是最有效的止血方法，需记录结扎时间。复苏后，如果有条件，则应早期行血管重建手术。但应注意与患者家属沟通四肢动脉干结扎可导致肢体坏死。对于濒死的创伤患者或血管损伤严重且没有重建条件者，可行损伤血管结扎止血。

2. ICU复苏 ICU复苏是为创伤患者提供高级生命支持，根本原则是提供最佳的生理支持。重点是进行容量复苏、呼吸支持、器官功能保护；快速纠正低血容量，确保足够的心输出量和氧供，以纠正代谢性酸中毒、凝血功能障碍和低体温，为严重多发伤患者进行修复手术创造条件。

（1）液体复苏：严重创伤患者由于失血、体液转移和重分布，大多会出现有效循环血量不足问题，液体复苏是首要任务。尽快恢复有效循环血量，恢复组织灌注和氧供，对保护器官功能具有重要意义。但进行液体复苏时，应注意早期液体量计算和复苏终点的评估。

（2）纠正低体温：防止和纠正低体温是高级生命支持的重要组成部分，对患者生理功能的恢复具有重要意义。主要措施是采用主动加热设备（如温水毯或辐射加热器）、预先加温的液体以及胃灌洗、膀胱灌洗、腹腔和胸腔灌洗等内源性复温方法；避免输入冷的液体。

（3）纠正凝血功能障碍：动态监测凝血功能，应用血栓弹力图评价血液凝固的动态变化；进行下肢超声检查，检测是否有下肢深静脉血栓形成。活化部分凝血活酶时间测定可用于评价总体凝血状态。除纠正低体温、维持有效循环血量和组织氧合外，还应输注新鲜冰冻血浆、冷沉淀、血小板、凝血因子等。血制品应持续输入，直到凝血酶原时间和活化部分凝血活酶时间达到参考值的1.25倍，血小板计数$>100\times10^9/L$，纤维蛋白原水平$>1\ g/L$。应注意补充钙剂和维生素K等。

（4）纠正酸中毒：严重创伤引起酸中毒的主要原因是休克和低灌注。低灌流状态下代谢性酸中毒治疗的基本原则是扩充血容量，提高血细胞比容和血红蛋白浓度，提高动脉血氧分压和碱储备。治疗措施包括控制出血、有效地输血和输液，提高吸入氧浓度，采用呼气末正压通气，减少肺内分流等。对出现急性肾衰竭者，早期进行血液净化有利于更快地纠正酸中毒。

（5）循环和呼吸功能支持：监测患者的生命体征、尿量、血乳酸、碱缺乏、混合静脉氧饱和度及胃黏膜pH等，尽快恢复血容量，维持血流动力学稳定。对需要进行机械通气的患者，予以合适模式的机械通气。

3. 确定性再次手术 如果代谢性酸中毒、低体温、凝血功能障碍得到纠正，患者的生命体征平稳,则可进入治疗的第三个阶段,即确定性手术阶段。确定性手术包括骨折的复位与固定,血管、神经、肌腱重建,肠造瘘的还纳和重建,膀胱破裂的修复,以及尿道损伤修复等手术。具体手术方式和手术时间应根据具体情况而定。

4. 营养支持 发生创伤后,患者可出现以高代谢为特征的代谢紊乱。机体能量消耗增加,大量蛋白质分解,呈负氮平衡,需要及时纠正。组织修复过程需要消耗营养物质,所以创伤后营养评估和支持非常重要。充足的营养支持可避免营养不良、感染和多器官功能衰竭的发生。

(1)肠道营养:钝性伤、锐性伤、严重烧伤和脑外伤等不同种类创伤患者,其代谢和营养支持的效果有明显的差异。严重创伤、大手术及感染、烧伤患者,机体呈高分解代谢状态,营养需要量增加,可选用高热量膳食。只要患者没有禁忌证,即应尽早实施肠内营养。对昏迷、口腔严重外伤而不能进口进食的患者,应尽早经鼻胃管进行肠内营养。

(2)肠外营养:对于不能进食的患者,须予以肠外营养。根据患者的营养状况、体重、伤情等合理制订营养方案。使用大量高渗葡萄糖作为单一能源可导致静息能量消耗增加、高渗性高血糖状态等并发症,葡萄糖的输注速度不应超过 45 mg/(kg·min)。脂肪乳剂是当前较为理想的一种能源,与葡萄糖合用可提供更多的能量,并改善氮平衡。通常,脂肪乳剂的总剂量不宜超过 2.5 g/(kg·24 h)。另外,维生素、矿物质、微量元素对多发伤的恢复也有极其重要的作用。

二、复合伤

复合伤(combined injury)是指 2 种或 2 种以上致伤因素同时或相继作用于机体所造成的损伤。损伤可以是单一部位损伤,也可以是多部位损伤。例如,海军战士受枪伤后跌入海中被海水浸泡,致伤因素即包括枪弹伤和溺水引起的损伤。由于致伤因素复杂,兼有化学、物理、毒力损伤,所以患者的生理病理过程复杂。常见类型包括合并热力损伤的放射烧伤复合伤,合并放射线损伤的放射性复合伤。

(一)临床表现

复合伤的基本特点是"一伤为主""复合效应"。"一伤为主"是指复合伤中的主要致伤因素在伤情的发生、发展中起主导作用;"复合效应"是指机体遭受 2 种或 2 种以上致伤因素的作用后所产生的损伤效应,不是单一伤的简单相加。单一伤之间可相互影响,使原单一伤的表现不完全等同于单独发生的损伤,患者的整体伤情也变得更为复杂。复合效应主要体现在生理病理过程,也体现在器官功能损害过程。相互加重是复合效应的重要体现。但复合伤在某些情况下也可不加重,甚至可减轻。复合效应可体现在整体效应、组织脏器和细胞效应或分子水平效应上;也可以体现在重要的病理过程中,不同病程、不同脏器的表现可能不尽一致。由于伤情复杂,相互影响,某些伤情可以被掩盖,从而导致漏诊或误诊。

(二)救治措施

1. 治疗原则 生命第一,气道第一,先抢救后诊断、边抢救边诊断的创伤救治理念同样适用于复合伤患者。应立即处理致死伤,解除呼吸道梗阻,保持呼吸道通畅,予以呼吸支持、循环支持、器官功能保护等急救措施。

2. 处理致伤因素 复合伤的特点是有 2 个或 2 个以上致伤因素,某些致伤因素需要特殊方法处理,如浓酸或浓碱烧伤的创面处理、有毒物质的处理。

三、特殊复合伤

(一) 烧伤复合伤

1. 临床表现 烧伤复合伤有两种临床类型,即以烧伤为主的复合伤和以机械损伤为主的复合伤,二者临床表现不同。

烧伤常在整体伤情中起主导作用:以烧伤为主的复合伤,冲击伤一般为轻度或中度。此类复合伤的临床经过和转归主要取决于烧伤的严重程度。烧冲复合伤的病程包括休克期、感染期和恢复期。主要临床表现是休克、呼吸系统症状。患者局部创面和全身感染也较为严重。重症以上患者常出现肝、肾功能障碍。

以机械损伤为主导的烧伤复合伤以机械损伤表现为主,如四肢骨折、胸腔和腹腔脏器损伤等,主要临床表现是休克、损伤部位的临床症状。

2. 诊断

(1) 受伤史:明确致伤因素的作用,包括事故的性质、患者所处位置、是否有屏蔽以及患者受伤当时的反应等。了解热力损伤的类型,如火、开水、热力作用时间等。

(2) 周围环境变化:从周围环境的破坏情况可间接推测患者可能受到的伤害。

(3) 体表损伤情况:观察烧伤部位、面积和程度,是否有机械开放性伤口等。

(4) 实验室检查:血常规检查结果可反映炎症程度和失血程度,肝、肾功能检查结果可反映器官功能受损情况,凝血功能检查结果可反映创伤后患者的凝血功能状态。

(5) 其他检:包括X线、超声、心电图和CT等检查。

3. 救治措施

(1) 急救:使患者迅速脱离受伤环境;用大量清洁的冷水冲洗、冷敷创面,予以镇静、镇痛,可使用哌替啶、吗啡肌内注射;对急性肺水肿、肺出血、严重胸壁伤、分泌物和渗出物阻塞呼吸道者,应行气管切开。对有面、头、颈部烧伤或外伤者,气管切口的位置应避开伤处;予以补液、抗休克,当烧伤患者合并肺部冲击伤或颅脑损伤时,原则上仍需补液,但须特别谨慎,严密观察和保护心脏、肺和肾功能,适当控制补液量和补液速度;处理合并伤,如胸、腹腔出血或肢体骨折。

(2) 治疗:若烧伤的软组织合并创伤,则应按外伤处理原则及时进行早期清创,冲洗伤口,清除异物,切开筋膜,切除坏死组织;若伤口处没有合并烧伤,则可予以包扎,并行延期缝合。若外伤伤口位于烧伤区内侧,则一般不包扎,可涂抹抗菌药物;若烧伤和骨折发生在不同部位,则可分别处理烧伤和骨折;若烧伤和骨折部位重叠,则处理较为复杂,需要根据软组织的情况进行分期处理;对颅脑损伤患者,应有计划地予以补液,待患者平稳度过休克期后,使其取头高卧位;对颅内压增高的脑水肿患者,选用高渗葡萄糖溶液、甘露醇等予以利尿、减压;对需要手术处理者,按一般颅脑损伤的处理原则。抢救烧伤性休克与防治脑水肿之间存在矛盾,早期抗休克、补液指标均应控制在低水平;待休克得到控制后,应及时使用脱水剂。对肺损伤患者,抗休克、补液也需严格掌握补液的量和速度,以利于改善心肺功能和肾功能,必要时使用呼吸机,改善呼吸功能;应慎用镇静、镇痛药,以免引起呼吸抑制;对进行性血胸、血气胸患者,应进行开胸手术止血,清除血凝块等异物;对严重损伤不能修补的肺叶,可予以切除;对腹部损伤患者,若确诊有内出血或空腔脏器损伤并伴有腹膜炎,则应在抗休克治疗的基础上进行手术,通过手术纠正休克。

（二）化学复合伤

1. 临床表现 化学复合伤中的化学物质种类较多，如浓酸、浓碱烧伤皮肤、消化道、呼吸道。若有毒浓烟被吸入气道，则患者可同时伴有物理性损伤，临床表现复杂。其特点包括以下几方面。

（1）休克发生率高：化学复合伤患者既可发生创伤性休克，又可出现中毒性休克，两种因素可能会叠加。如果毒剂影响凝血功能，导致出血增加，则休克发生率可明显增加，程度也会加重。

（2）愈合延迟、恢复较慢：创伤愈合过程与患者的全身情况有关。中毒患者一般情况较差，身体状况恶化，营养失调，组织再生能力降低。

（3）预后不良：中毒时出现的惊厥、气道和消化道损伤、肺水肿、呼吸和循环衰竭以及造血功能抑制等严重中毒症状可使救治难度显著增加。

2. 诊断

（1）中毒史：在实验室化学物质事故、危险化学品爆炸等现场，应注意发生化学复合伤的可能性。应详细了解患者的受伤时间、地点和受伤经过，是否同时遭受爆炸和解除接触毒物，接触的是何种毒物，当时的防护及消毒情况，并估计毒物的接触量。

（2）毒物的特点：神经性毒物中毒者起病急，病程发展快，可相继出现毒蕈碱样、烟碱样和中枢神经系统症状，以及嗜睡、流泪、流涎、出汗、呼吸困难、肌震颤、惊厥、昏迷等表现。氰化物中毒者起病急骤，可出现心前区疼痛，胸部有压迫感，呼吸困难且不规则，皮肤黏膜呈鲜红色，可出现惊厥，瞳孔散大，有时可出现角弓反张，呼出气中有苦杏仁味；芥子气中毒当时，患者无明显疼痛及不适，经数小时潜伏期后，可相继出现眼、呼吸道及皮肤损伤，毒素吸收早期，患者可出现头痛、头晕、恶心、呕吐以及神情淡漠、反应迟钝等中枢神经系统症状。

（3）毒物检测：检查患者的服装、装备或绷带上是否有毒物的痕迹、气味；可从绷带、敷料或可疑部位取样，进行毒物鉴定。

（4）实验室检查：有目的地进行实验室检查可辅助诊断。神经性毒物中毒时，患者可出现血液胆碱酯酶活性降低；砷中毒患者血液及尿液中可检出砷；芥子气吸收中毒后 12 天内，患者外周血白细胞计数及中性粒细胞比例升高，之后骤然下降；红细胞、血小板也由于造血功能抑制而下降；氰化物中毒时，血氰及尿硫氰酸盐水平增高。

3. 救治措施

（1）急救：防止患者继续接触毒物，予以戴防毒面具，穿防毒斗篷或防毒衣；局部消毒、包扎伤口，用棉球、手帕、纸片等吸除可见毒剂液滴；用洁净水冲洗伤口，根据不同毒物选用相应的解毒药。

（2）治疗：除继续进行解毒治疗外，还应对出现全身中毒症状的患者采取综合治疗措施。尤其应注意保持呼吸道通畅；保护心肺功能，积极防治肺水肿，防治感染。机械性损伤的救治策略同多发伤的救治。

（三）放射性复合伤

1. 临床表现 发生放射性复合伤时，放射损伤常起主导作用，伤情程度主要取决于辐射剂量，随着受照射剂量的增加，患者伤情加重，死亡率升高，存活时间缩短。病程包括初期（休克期）、假愈期（假缓解期）、极期和恢复期。患者的特点是休克发生率高，感染发生率高、出现早、程度重，出血明显。

（1）重要脏器表现：患者胃肠道损伤明显，临床上常表现为胃肠道功能紊乱，食欲缺乏、

拒食、恶心、呕吐、腹泻等消化道症状出现早且严重。腹泻常表现为水样便或血水样便；造血器官损伤加重，贫血明显；创伤愈合能力降低。

（2）放射损伤复合烧伤或创伤的表现：放射性复合伤患者较单纯放射病和单纯烧伤或创伤患者死亡率高，假愈期比受同等剂量照射的单纯放射病患者短，极期提早出现，而恢复期并不提前。因此，病程中的极期延长。放射损伤的各种主要症状（如出血、发热），放射性复合伤患者比单纯放射病患者出现早、更严重，持续时间也更长。

2. 诊断

（1）病史：了解患者受照射的时间和外伤情况，明确放射源的性质和照射剂量，推断可能发生的复合伤类型。

（2）症状和体征：若伤后出现恶心、呕吐、腹泻，同时有烧伤和创伤的症状，则可能为放射性复合伤。无论是何种类型的复合伤，患者在病程中若出现衰竭、拒食、排柏油样便或体温下降等，均表明伤情在重度以上，是病情危重的表现。

（3）实验室检查：包括照射剂量测定、外周血常规检查等。X 线检查对诊断同时存在的骨折、胸部创伤和异物的定位等有特殊价值，也可进行超声检查；脑电图、脑血流图等也可提供有价值的信息，必要时可进行腰椎穿刺，测脑脊液压力和检查脑脊液。

3. 救治措施 放射性复合伤患者的急救措施是远离放射源，其他处理与一般的战伤处理基本相同，包括止血、镇痛、包扎、骨折固定、防治窒息、治疗气胸、抗休克等。

（1）防治休克：早期使用脱胶或半脱胶等抗辐射药，伤后应尽早使用；对疑有放射性物质进入体内者，应尽早予以口服碘化钾 100 mg，必要时还可采用加速排出方法。

（2）防治感染：早期、适量和交替使用抗菌药物，积极防治感染。除全身使用抗菌药物外，还应加强对创面局部感染的控制，以防止和减少细菌入血。

（3）防治出血：促进造血和纠正水、电解质紊乱。

四、挤压伤

外部重物（如倒塌的工事或建筑物）作用于肢体而造成解剖结构破坏所导致的损伤称为挤压伤。患者可出现肢体肿胀、全身循环障碍、排酱油色尿，甚至发生急性肾衰竭（acute renal failure，ARF）。挤压综合征（crush syndrome）是指在四肢或躯干肌肉丰富部位，遭受重物长时间挤压后，伤部组织坏死和肌细胞破裂，释放出大量以肌红蛋白、肌酸、肌酐为主的组织分解产物，使细胞内钾离子进入细胞外液，并在挤压解除后出现以肢体肿胀、肌红蛋白尿、高钾血症及急性肾衰竭为特点的临床综合征。挤压综合征的核心环节是横纹肌溶解，引发肌细胞内容物外漏至细胞外液及血液循环中，导致有效循环血量减少、电解质紊乱、急性肾损伤及多器官功能衰竭等并发症。

（一）临床表现

1. 局部表现 伤后初期，患者可无明显症状，随后肢体呈渐进性肿胀，皮肤紧张、发亮，出现红斑、水疱、瘀斑，质硬而压痛明显；远端皮肤发白，皮温降低。血管搏动早期可触及。受累肌肉收缩无力，被动牵拉时可引起剧痛。关节活动受限，神经分布区域感觉减退。

2. 全身表现 解除挤压后，患者可出现全身代谢及内环境平衡紊乱，主要表现为酸中毒和低血压引起的一系列症状，如乏力、腹胀、恶心、呕吐、烦躁或意识淡漠。挤压综合征可引发高钾血症、低钙血症、高磷酸盐血症和高尿酸血症，这与大量肌肉细胞破坏有关。患者可出现持续少尿或无尿；血液中肌红蛋白异常增高、肌酸磷酸激酶增高。患者可因水、电解质紊乱

和酸碱平衡失调而突发心脏停搏。

3. 肌红蛋白尿 肌红蛋白尿呈深褐色或者红棕色。患者尿液中的肌红蛋白浓度在解除挤压后 12 h 达到高峰，一般持续 12~24 h，部分患者可同时伴有肾区胀痛。因此，对严重挤压伤患者，应密切观察其排尿情况，记录每小时尿量以及尿液颜色、渗透压和 pH 等。

（二）救治措施

凡是挤压伤患者，都有发生挤压综合征的可能，常合并肢体、胸部和腹部等多脏器损伤，发生急性肾衰竭后，死亡率高达 40%~50%。因此，挤压综合征的处理除遵循急性肾衰竭的常规处置原则外，还应强调对患者采取多专业、多学科早期诊断和早期治疗，以提高抢救成功率。

1. 现场急救及早期处理 尽早解除压迫是去除病因的基本措施；予以受伤肢体制动，以减少毒素吸收；有条件时，应予以冷敷，禁止按摩、挤压肢体，避免抬高患肢，以免导致局部血压降低。若肢体迅速肿胀，远端血液循环障碍，则应尽早行骨筋膜室切开减压，必要时予以截肢。

2. 抗休克治疗 受伤肢体压迫解除后可迅速肿胀，导致第三间隙异常。表现为组织大量破坏，代谢产物聚积，毒素吸收，血管扩张、通透性增高，有效循环血量减少，血压下降。应及时补液，以扩充血容量，纠正低血容量性休克和中毒性休克。补液量和补液速度应根据患者的情况及时调整，避免加重肢体水肿。

3. 防治感染 挤压伤患者由于肌肉缺血、坏死，如果予以切开减压，则极易导致感染。继发感染是仅次于急性肾衰竭的致死原因，有效防治感染是救治挤压伤和挤压综合征患者的重要原则之一。需要尽早判断患者是否存在肌肉坏死，尽早清除坏死的肌肉组织。尽早应用足量有效的抗菌药，避免使用对肾功能有较大影响的药物；预防破伤风和气性坏疽。

4. 碱化尿液 对挤压伤患者，可根据尿液 pH、血尿素氮、肌酐水平及血气分析结果及时调整 5% 碳酸氢钠溶液的用量和滴注速度，同时注意纠正低钙血症，葡萄糖和胰岛素联合应用可降低血钾水平。

5. 促进有害物质排泄 发生挤压伤后，肌肉组织破坏，除肌红蛋白外，机体还可释放大量其他有害物质。甘露醇除具有利尿作用外，对患肢也有保护作用，可减轻局部临床症状，起到保护肾功能的作用。

6. 人工肾替代治疗 挤压综合征患者发生急性肾衰竭时，血液中尿素氮、肌酐、K^+ 升高速度比一般急性肾衰竭患者快，因此，提倡尽早进行透析或血液净化治疗，迅速清除体内过多的代谢产物，以免肾功能发生不可逆改变。

7. 营养支持 挤压伤、挤压综合征的治疗应强调热量和营养的补充。每日应供氮 0.2~0.24 g/kg，热量为 40~45 kcal/kg。

8. 高压氧疗 挤压伤后，在外科治疗的前提下，合理予以高压氧疗可使组织血供得到明显的改善，渗出减少，使组织压下降，从而使脉压增大，同时可使小动脉重新开放，解除缺氧 - 组织水肿的恶性循环。

（王春庆）

思 考 题

1. 创伤性气胸患者有哪些症状和体征？
2. 腹部创伤的诊断方法有哪些？

3. 简述各型颅脑损伤的诊断和治疗。
4. 对血流动力学不稳定性骨盆骨折患者，应如何救治？
5. 简述挤压伤的处理原则。
6. 病例分析：患者孙某，男性，37岁，因高处坠落伤导致呼吸困难、右下肢疼痛、出血2h而入院。患者2h前在施工过程中从6m高处坠落，中间有遮挡缓冲，伤后出现胸痛、呼吸困难，右下肢疼痛、出血、活动受限，无昏迷、腹痛、呕吐等症状。体格检查：T 36.2℃，P 102次/分，R 21次/分，BP 88/54 mmHg；神志清楚，精神状态差，急性病容，口唇苍白，指端湿冷；右侧胸廓压痛明显，无反常呼吸；右肺听诊呼吸音低，未闻及干、湿啰音。腹部无压痛、反跳痛和腹肌紧张；右小腿肿胀，小腿中下段有4cm长的不规则创口，无活动性出血，骨折端外露，足背动脉搏动情况良好。

问题：
（1）请根据病史和体格检查做出初步诊断。
（2）应对患者采取的急救措施是什么？
（3）应进一步做哪些辅助检查？

第十二章 急性内环境紊乱

水与溶解在其中的物质统称为体液。体液是人体的重要组成部分，占体重的55%~60%，分为细胞内液和细胞外液两部分。细胞外液占体重的20%，是细胞生存和活动的液体环境，称为机体的内环境，其中最主要的阳离子是Na^+，主要的阴离子为Cl^-、HCO_3^-和蛋白质。机体通过泌尿、呼吸、消化、神经等系统的协同作用，维持内环境的酸碱度、渗透压、电解质等化学、物理性质保持相对稳定的状态，称为内环境的稳态。

维持内环境的稳态是保证细胞代谢活动正常进行和维持器官功能的必要条件，临床上多种疾病可引起内环境紊乱，进而使全身器官系统功能发生紊乱。因此，了解内环境紊乱的发生机制及演变规律，对临床疾病的防治有重要的意义。

第一节　水、电解质紊乱

水、电解质紊乱可以有三种表现形式：容量失调、浓度失调和成分失调。容量失调是指等渗性体液的减少或增加，只引起细胞外液容量的变化，而细胞内液容量无明显改变。浓度失调是指细胞外液中的水分增加或减少，以致渗透微粒的浓度发生改变。钠离子构成细胞外液渗透压微粒的90%以上，因此水分改变导致的浓度失调，多表现为低钠血症或高钠血症。细胞外液中，其他离子的浓度改变，虽然也能产生病理生理学影响，但因其作为渗透微粒的数量少，不对细胞外液渗透压产生明显影响，仅造成成分失调，如钾、钙离子浓度失调。急诊常会遇到频繁呕吐、腹泻或长期无法进食等原因造成的水、电解质紊乱患者，严重者甚至可危及生命，及时、正确地诊断与纠正水电解质紊乱是急诊工作的重要内容。

基础回顾

体液的渗透压

溶液渗透压取决于溶质的分子或离子的数量，体液中起渗透作用的溶质主要是电解质。由Na^+、K^+等晶体颗粒形成的渗透压称为晶体渗透压。由于晶体物质颗粒质量很小，离子数量多，故血浆渗透压主要取决于晶体离子，尤其是Na^+浓度。由蛋白质等胶体颗粒形成的渗透压称为胶体渗透压，仅占血浆总渗透压的1/200，但由于其不能自由通过毛细血管壁，因此对于维持血管内外水分的交换和血容量具有十分重要的作用。

血浆渗透压可用冰点渗透压计测定，或用公式计算。其公式为：血浆渗透压（mmol/L）=2（Na^++K^+）（mmol/L）+葡萄糖（mmol/L）+尿素氮（mmol/L）。血浆渗透

压的正常范围为 280～310 mmol/L。Na^+ 是血浆中主要的阳离子，其含量占总渗透压比例的 50%，是维持血浆渗透压平衡最主要的因素。

一、钠代谢紊乱

（一）低钠血症

低钠血症是指血清 Na^+ 离子浓度<135 mmol/L，伴或不伴细胞外液容量改变，临床发生率较高。

1. 分类　根据血容量状态，可将低钠血症分为三类：①低血容量性低钠血症；②正常血容量性低钠血症；③高血容量性低钠血症。

2. 病因

（1）低血容量性低钠血症：体内总钠量和总水量均减少，钠丢失量大于水丢失量，细胞外液容量不足。病因包括：经肾丢失，如应用利尿剂、醛固酮缺乏、肾小管-间质病变等；经肾外丢失，如呕吐、腹泻、胃肠道引流、烧伤、肠梗阻。

（2）正常血容量性低钠血症：体液总量正常或轻度增加，体内钠含量基本正常。常见的病因是抗利尿激素分泌异常，如抗利尿激素分泌失调综合征（syndrome of inappropriate antidiuretic hormone，SIADH），以及肿瘤、外伤、出血等导致中枢神经系统损伤引起的 ADH 分泌增多。其他原因包括肾上腺功能低下、甲状腺功能减退等。精神性烦渴是较为少见的原因，可见于饮水量（通常>1 L/h）超过肾排水能力的精神疾病患者。

（3）高血容量性低钠血症：体内钠总量和体液容量都增加，但体液总量增加更显著，患者可出现低钠血症伴血容量增加。常见于左心衰竭、肝硬化和肾衰竭等情况。

3. 临床表现　根据血清 Na^+ 水平降低的程度分为以下三级。

（1）轻度：常无明显症状，可有疲乏、头晕等，血清 Na^+<135 mmol/L。

（2）中度：除上述表现外，还有胃肠道症状，如恶心、呕吐等，血清 Na^+<130 mmol/L。

（3）重度：主要表现为神经系统症状，如头痛、嗜睡、昏迷、癫痫等，血清 Na^+<120 mmol/L。

血钠降低的速度与临床表现关系密切，当血钠快速降至 125 mmol/L 或下降速度大于 0.5 mmol/L/h 时，患者可很快出现抽搐、昏迷、呼吸停止，甚至死亡。发生慢性低钠血症时，由于脑细胞对渗透压适应，临床表现较轻。

4. 实验室检查　血清 Na^+<135 mmol/L，尿钠明显降低，尿比重常<1.010。血液浓缩，红细胞计数、血红蛋白和血细胞比容均升高。

5. 救治原则　须重视原发病的治疗，并积极恢复有效血容量，根据钠丢失的程度和速度，补充水和钠，使血钠水平逐渐恢复正常。

（1）低血容量性低钠血症：适当补充等渗含钠溶液。对于低钠血症患者，等渗含钠溶液相对于血液是高渗溶液，因此补充后可适度升高血钠水平。

（2）正常血容量性低钠血症：限制水的摄入，以治疗原发病为主。对抗利尿激素分泌失调综合征患者，可应用锂盐和地美环素抑制抗利尿激素的作用，改善低钠血症。

（3）高容量性低钠血症：主要治疗方法是限制液体摄入，对大部分患者都有效。利尿剂可同时增加水、钠的排出，应慎用。对肾衰竭患者可进行透析，以排出大量水分。

纠正血钠水平的速度应根据患者的病程决定。48 h内发生的低钠血症为急性，48 h以上或更长时间者为慢性。对急性低钠血症患者，当其血清Na^+<110～115 mmol/L伴明显中枢神经系统症状时，应予以紧急治疗。纠正速度为1～2 mmol/L/h，但24 h内血清Na^+升高程度不超过10 mmol/L/h。对慢性低钠血症患者，纠正速度不超过0.5 mmol/L/h。可参考补充公式：Na^+（mmol/L）=［血钠正常值（mmol/L）- 血钠测定值（mmol/L）］× 体重（kg）× 0.6（女性为0.5）。

（二）高钠血症

高钠血症是指血清Na^+离子浓度<150 mmol/L，血浆渗透压升高。

1. 分类 根据细胞外液量的变化，可将高钠血症分为三类：①低血容量性高钠血症；②正常血容量性高钠血症；③高血容量性高钠血症。

2. 病因

（1）低血容量性高钠血症：又称高渗性脱水，其特点是失水多于失钠，细胞外液量和细胞内液量均减少；血清Na^+离子浓度>150 mmol/L，血浆渗透压>310 mmol/L。常见病因包括：①水摄入减少，水源缺乏、昏迷、拒食、饮水困难、口渴中枢病变导致渴感减退，见于原发性渴感减退（primary hypodipsia）等患者。②水丢失过多，呕吐、腹泻及消化道引流等，可导致等渗或含钠量低的消化液丢失；高热、大量出汗或甲状腺功能亢进时，可经皮肤丢失大量的水分；使用大量脱水剂及高渗溶液、浓缩的高蛋白鼻饲，均可导致失水。

（2）正常血容量性高钠血症：特点是血钠浓度升高，血容量无明显变化。此为原发性高钠血症，病变部位多为下丘脑。

（3）高血容量性高钠血症：特点是血容量增加，血钠浓度均增高，钠摄入过多，水分补充不足。肾功能障碍患者因肾无法有效排出过多的钠，引起高钠血症。海水淹溺、肠内或肠外补充高渗营养液及应用含钠浓度高的药物（如替卡西林钠），也可导致高钠血症。

3. 临床表现 高钠血症主要引起神经系统症状。急性高钠血症患者起病急骤，主要表现为淡漠、嗜睡、进行性肌张力增加、颤抖、运动失调、惊厥、癫痫发作，甚至昏迷而死亡。慢性高钠血症患者症状较轻，初期可不明显，严重时主要表现为烦躁或淡漠、肌张力增高、腱反射亢进、抽搐或惊厥等。

4. 实验室检查 患者可出现尿比重增高；血红蛋白、红细胞计数、血细胞比容增高；血清Na^+离子浓度>150 mmol/L，血浆渗透压>310 mmol/L。

5. 救治原则 尽早去除病因，减少失液量。早期应补足水分，纠正高渗状态，然后酌量补充电解质。注意避免补液过快，以免高渗状态降低过快而引起等张性脑水肿、惊厥等。

（1）低血容量性高钠血症：首要目标是恢复血容量，以满足器官灌注。治疗开始时应予以等渗溶液，待血流动力学稳定后可补充剩余的失水量。

（2）正常血容量性高钠血症：患者不显性体液丢失增多，可经胃肠道或静脉予以补充低渗溶液。对中枢性尿崩症患者，需经静脉或胃肠道予以抗利尿激素，需监测尿渗透压、尿比重和电解质水平。

（3）高血容量性高钠血症：治疗主要是增加经肾排出钠，保证水分摄入。应用排钠利尿剂后，可输入低渗溶液。对肾衰竭患者，可通过血液透析逐步降低血钠浓度。

急性高钠血症患者可耐受快速补水、降钠治疗，但对慢性高钠血症患者，纠正血钠浓度不宜过快。原则上，慢性高钠血症患者的水缺乏应超过48 h，血钠纠正速度不超过0.5 mmol/L/h。补充过多低渗溶液极易引起脑水肿。

补水量（ml）=［血钠浓度测定值（mmol/L）- 血钠浓度正常值（mmol/L）］× 体重（kg）× 4（女性为3）。

知识拓展

体液平衡调节的奖赏机制

食物和饮水可以满足机体的需要，被视为奖赏机制。位于中脑腹侧被盖区（ventral tegmental area，VTA）的多巴胺能神经元可以识别这些奖赏机制。

研究发现，饮食和饮水信号是通过多巴胺能神经元来调控机体响应的。位于中脑腹侧被盖区的多巴胺能神经元在机体食物和水分消化、吸收的某些阶段活化。一组多巴胺能神经元亚型可以监测机体水分的变化，且通过SFO-谷氨酸能神经元以及LH-GABA神经元这一通路实现；而另一组多巴胺能神经元亚型可以感受消化道中食物的营养信息。

二、钾代谢紊乱

钾离子是机体内重要的阳离子之一，正常人体内含钾总量约为50 mmol/kg，其中98%位于细胞内（约3/4存在于肌肉中），仅2%存在于细胞外。钾主要经胃肠道摄入，经肾排泄。正常血钾浓度为3.5～5.5 mmol/L。钾离子在维持细胞静息电位、神经肌肉细胞的正常生理功能、细胞的正常代谢、细胞内液渗透压及酸碱平衡，以及心肌的正常功能等方面有重要的作用。

案例 12-1

患者，钱某，女，28岁，3天前进食不洁食物后出现间断呕吐、腹泻，自行口服药物治疗效果不佳，逐渐出现乏力、嗜睡。1天前，患者出现心悸、反应迟钝。查体：T 36.6℃，P 138次/分，R 32次/分，BP 83/46 mmHg；嗜睡，可被唤醒；双肺呼吸音清晰，未闻及干、湿啰音，心率138次/分，心律齐。心电图检查：窦性心律，可见U波，QT间期延长。家属焦虑不安，担心患者的生命安全。经医护人员积极救治，采取一系列抢救措施后，患者清醒，最终转危为安。

问题：
1. 患者发生的是何种电解质紊乱？
2. 诊断该变化的依据是什么？
3. 还需要做哪些辅助检查？

（一）低钾血症

低钾血症是指血清K^+浓度<3.5 mmol/L。低钾血症可以是由于体内钾总量减少所致，也可以是体内钾总量正常，但由于K^+在细胞内外重新分布所致。

1. 病因

（1）钾摄入不足：正常饮食中含钾量远高于机体维持钾平衡的需要量。摄入不足导致的低钾血症，主要见于长期饥饿、低能量饮食、吸收障碍等患者。

（2）钾丢失过多：呕吐、腹泻可导致钾经胃肠道丢失过多。使用利尿剂、醛固酮水平增高等，可导致钾经肾随尿液丢失过多。

（3）钾向细胞内转移过多：发生碱中毒时，细胞内外 H^+-K^+ 交换增加；低钾性周期性麻痹属于常染色体显性遗传或散发性疾病，患者进食大量糖类、运动或应激时可发作，引起钾离子向细胞内大量转移。

2. 临床表现 临床表现取决于血钾浓度降低的程度、速度以及伴随的其他电解质和酸碱平衡紊乱。血钾浓度越低、降低速度越快，对机体影响越大。碱中毒和高钙血症可促发或加重症状。

（1）神经肌肉系统：血清钾浓度<2.5 mmol/L 时，患者可出现神经肌肉功能障碍，中枢神经症状包括嗜睡、抑郁、易怒和意识模糊。周围神经系统表现为感觉异常、腱反射减弱，有时可出现肌束震颤、肌痛和明显肌无力。血清钾浓度<2.0 mmol/L 时，患者可出现肌麻痹。严重低钾血症患者因能量代谢受损，膜泵功能障碍和局部肌肉缺血，可引起横纹肌溶解。

（2）心血管系统症状：主要表现为心律失常。轻者可表现为窦性心动过速、房性和室性期前收缩。重者可导致室上性心动过速或室性心动过速，甚至心室颤动。特征性心电图改变表现为：早期 T 波低平，出现明显 U 波和 QT 间期延长，进一步发展为 S-T 段下移，QRS 波群增宽、PR 间期延长。

（3）消化系统症状：低钾血症可影响胃肠道平滑肌运动，引起恶心、呕吐和腹胀，严重者可出现麻痹性肠梗阻。

（4）泌尿系统症状：发生低钾血症时，患者排尿增多，可出现烦渴，尿液浓缩功能受损和排酸增多。

（5）酸碱平衡紊乱：低钾血症可引起代谢性碱中毒。血钾浓度降低，肾集合管 Na^+-K^+ 交换减少，Na^+-H^+ 交换增加，导致氢离子排出增加，引起代谢性碱中毒。

3. 实验室及辅助检查 血钾浓度<3.5 mmol/L 时，可诊断为低钾血症。特异性的心电图表现，如 U 波出现，有助于诊断。

4. 救治原则 通过积极处理造成低钾血症的原因，较易纠正低钾血症。由于钾离子在细胞内外转移，临床上很难判断缺钾的程度，通常采用分次补钾，边治疗边观察的方法。对轻症患者，可予以口服补钾。口服补钾可显著降低高钾血症的发生风险。对低钾程度较重或不耐受口服补钾患者，可经静脉补钾，补钾速度为 10～20 mmol/h。对严重低钾血症患者，可经中心静脉导管补钾，并动态监测血钾浓度。每升静脉补钾液体中含钾量不超过 40 mmol（相当于氯化钾 3 g），补液速度应控制在 20 mmol/h 以下。

（二）高钾血症

高钾血症是指血清 K^+ 浓度>5.5 mmol/L。体内钾含量升高时称为钾过多，若由于钾从细胞内向细胞外释放而导致高钾血症，体内钾总含量正常甚至减少。

1. 病因

（1）钾摄入过多：如口服或静脉输入大量含钾药物、保存较久的库存血。

（2）钾排出减少：主要见于肾衰竭患者。醛固酮减少、应用保钾利尿剂，也可导致血钾升高。

（3）钾在细胞内外转移：大量细胞损伤释放钾，可导致严重高钾血症，如横纹肌溶解、肿瘤组织坏死和溶血。发生代谢性酸中毒时，K^+-H^+ 交换增加，可导致高钾血症。

2. 临床表现 主要表现为心血管和神经肌肉功能障碍。心血管功能障碍包括窦性心动过缓、室性心动过速、心室颤动，甚至心搏骤停。心电图的典型表现为 T 波高尖、P 波低平、QRS 波群增宽。神经肌肉功能障碍表现为肌痉挛、乏力、麻痹、感觉异常、手足抽搐、局灶性神经功能缺损，这些表现缺乏特异性。

3. 救治原则 去除原发病，包括停止补钾，停用高钾食物和药物，去除坏死组织等。降低血钾的治疗根据作用机制，可分为以下三类。

（1）对抗钾离子的心肌损害作用：予以氯化钙和葡萄糖酸钙静脉推注，可直接对抗高钾对细胞膜极化状态的影响，稳定心肌激动电位。

（2）促进钾离子向细胞内转移：①静脉泵入胰岛素及葡萄糖，促使细胞外的钾离子向细胞内转移。②静脉输入碳酸氢钠，主要用于合并代谢性酸中毒的高钾血症患者，可对抗高钾对细胞膜的作用，促使钾离子向细胞内转移。

（3）促进钾离子排出：应用利尿剂或阳离子交换树脂，可促进钾经肾或消化道排出。血液透析是治疗高钾血症最有效的手段，可用于严重且难以纠正的高钾血症患者。

三、钙代谢紊乱

机体内 99% 的钙储存于骨骼中，细胞外液中的钙离子仅占钙总量的 0.1%。血钙浓度为 2.25~2.75 mmol/L，相对恒定，其中 45% 为离子钙，具有维持神经肌肉稳定性的作用。

（一）低钙血症

1. 病因 ①甲状旁腺素缺乏和甲状旁腺素抵抗。②维生素 D 缺乏：使胃肠道吸收钙离子减少。③大量输血后枸橼酸过多，外源性磷盐治疗和内源性高磷血症，引起钙螯合作用，急性胰腺炎时游离脂肪酸释放，并与钙离子螯合成钙皂形式。

2. 临床表现 低钙血症患者常缺乏明显的临床表现，其症状主要取决于血钙浓度降低的速度、程度和持续时间，尤其是血钙下降速度。当血钙快速下降时，即使血钙浓度>2 mmol/L，也可导致临床症状。神经-肌肉兴奋性增高，是低钙血症患者最突出的临床表现。

（1）神经系统：①感觉异常，口唇、指尖或足部麻木、蚁行感，以及肌肉疼痛、面部肌肉痉挛，很小的刺激即可诱发。②手足抽搐，典型表现为助产士手或鹰爪形手。严重时，可自下而上发展至肘关节、髋关节、膝关节，甚至出现全身随意肌抽搐，引起惊厥发作。③平滑肌痉挛，喉头及支气管平滑肌痉挛，患者可出现喘息发作。④神经精神异常，可表现为烦躁、易怒、焦虑、失眠、抑郁，也可出现锥体外系表现，如震颤麻痹。

（2）心血管系统：发生严重低钙血症时，患者可出现心肌收缩力减弱、心动过缓、低血压和症状性充血性心力衰竭。心功能不全和服用地高辛或利尿剂患者，发生低钙血症时尤其危险。心电图表现为 QT 间期延长等，心电图不易诊断低钙血症，也不用于诊断或排除该病。

3. 实验室检查 一般需要查血电解质、血糖、肝功能、肾功能等。若考虑为胰腺损伤所致，则应进行胰腺 CT 检查，有助于明确病因。

4. 救治原则 注意治疗原发病，当患者出现手足抽搐、惊厥、低血压或心律失常而怀疑为低钙血症时，应在得到检查结果之前即可开始治疗。

（1）无症状性低钙血症：可予以口服补充钙剂，包括维生素 C 钙、葡萄糖酸钙和乳酸钙等。

（2）症状性低钙血症：应予以静脉钙剂治疗。静脉补充钙剂不宜过快推注，常见不良反应包括高血压、恶心、呕吐。应进行心电监测，若患者出现心动过缓，则应停止补充钙剂。

（3）纠正低镁血症：经适当补充钙剂治疗后，若患者症状仍未缓解，则可能同时存在低镁血症，应及时提高血镁水平。

（二）高钙血症

血清钙离子浓度超过 2.75 mmol/L 即为高钙血症。根据血清钙离子水平，高钙血症可分

为：轻度，钙离子浓度为 2.75~3.0 mmol/L；中度，钙离子浓度为 3.0~3.4 mmol/L；重度，钙离子浓度为 3.4 mmol/L 以上。

1. 病因 恶性肿瘤和甲状旁腺功能亢进占高钙血症病因的 90% 以上。

（1）恶性肿瘤：恶性肿瘤尤其是实体瘤是导致高钙血症最主要的原因。高钙血症多发生在肿瘤晚期，患者通常是突然发展为严重的高钙血症和迅速死亡。肿瘤细胞可直接破坏骨组织，将骨钙释放入血，导致高钙血症。另外，部分癌症（如上皮细胞样肺癌和肾癌）患者肿瘤细胞可产生甲状旁腺素样物质、前列腺素 E、维生素 D 样固醇及破骨细胞活化因子，刺激破骨细胞，使大量钙从骨骼释放入血。

（2）甲状旁腺功能亢进：原发性甲状旁腺功能亢进症是导致高钙血症的第二位原因，甲状旁腺素分泌过多，导致破骨增加，大量骨钙释放，使血钙增高。

（3）其他原因：包括应用噻嗪类利尿剂、慢性肾衰竭时继发性甲状旁腺功能亢进、甲状腺功能亢进和维生素 D 中毒等。

2. 临床表现 取决于基础疾病、血钙浓度和发病速度。症状严重程度与血清钙离子水平相关，主要表现为神经肌肉兴奋性降低。

（1）神经肌肉系统：神经系统表现包括反应迟钝，记忆力及计算力减退，抑郁、头痛、定向力障碍等，严重时可出现昏迷。患者可出现近端肌无力，以下肢为明显，甚至出现行走困难，腱反射减弱。

（2）心血管系统：表现为心率减慢，对洋地黄类药物敏感性增强。严重高钙血症患者可出现窦性心动过缓、束支传导阻滞、高度房室传导阻滞，甚至心搏骤停。心电图的特征性变化包括 QT 间期缩短、轻度 PR 间期延长和 QRS 波群增宽。

（3）消化系统：食欲缺乏、恶心、呕吐和腹痛是高钙血症患者常见的非特异性症状。高钙血症可导致平滑肌张力降低，引起便秘或肠梗阻。血钙水平升高可引起盐酸、胃泌素和胰酶释放增加，使慢性高钙血症患者发生消化性溃疡和胰腺炎的风险增加。

（4）泌尿系统：慢性高钙血症患者伴有血容量减少时，可发生肾结石、肾钙质沉着和钙离子诱发的间质性肾炎。

3. 实验室检查 一般需要查血清电解质水平、肾功能、血糖、甲状旁腺功能和心电图等。

4. 救治原则 高钙血症的最佳治疗是针对原发病的治疗，对与恶性肿瘤相关的高钙血症，最有效的治疗是抗肿瘤治疗。对轻度和无症状的高钙血症患者，一般不需要紧急处理，而应积极寻找病因。对于症状明显的高钙血症患者，无论是由何种原因所致，均需迅速治疗，恢复血容量、增加肾排出钙、降低破骨细胞活性。

（1）补液：治疗严重高钙血症时，应先输入等渗溶液，输液速度取决于高钙血症的严重程度、脱水程度和患者心肺功能对补液的耐受程度。

（2）利尿：襻利尿剂可抑制肾小管对钙离子的重吸收，增加尿钙排出。静脉输注呋塞米前，须扩充血容量，因为呋塞米的作用与进入远端肾单位的钙量有关。噻嗪类利尿药可增加远端肾小管对钙离子的重吸收，加重高钙血症，应避免使用。

（3）应用破骨细胞抑制药：对严重高钙血症患者，可应用减少骨钙动员的药物，包括双膦酸盐类、降钙素和糖皮质激素。

四、镁代谢紊乱

镁是人体内含量占第 4 位的阳离子，约有一半的镁存在于骨骼中，其余几乎都存在于细胞内，仅有 1% 存在于细胞外液。镁具有多种生理功能，对神经活动的调控、神经肌肉兴奋性

的传递、肌肉收缩、心肌激动性、血管张力等具有重要的作用。

(一) 低镁血症

血清 Mg^{2+} 浓度<0.75 mmol/L 时，可诊断为低镁血症。低镁血症在临床上较常见，但诊断相对困难。低镁血症患者的临床表现不典型，易被忽视；血清镁不是电解质的常规检测项目；血清镁不是诊断镁缺乏的敏感指标，部分血清镁水平正常的患者，仍可存在严重缺镁血症；低镁血症常与其他电解质紊乱并存而被忽视。

1. 病因

（1）摄入不足：长期进食不足或长期静脉营养而没有补镁的患者，容易出现低镁血症。

（2）吸收障碍：见于广泛肠切除、吸收不良综合征、胃肠道瘘及急性胰腺炎等患者。

（3）排出过多：经消化道排出过多，见于严重呕吐、腹泻和持续胃肠引流的患者；经肾排出过多，见于应用利尿剂、高钙血症、严重甲状旁腺功能减退症、原发性和继发性醛固酮增多症、酒精中毒、肾功能不全等患者。

（4）镁离子在细胞内外重分布：多见于糖尿病酮症酸中毒、甲状旁腺切除术后、急性出血坏死性胰腺炎、高热量肠外营养等患者。

（5）其他原因：肝硬化、充血性心力衰竭、心肌梗死、低钾血症等。

2. 临床表现 临床表现不典型，且症状多样、程度不一，与血镁水平关系不大。但是，血 Mg^+ 浓度<0.5 mmol/L 时，患者可出现严重神经肌肉和心血管系统急性病变。

（1）神经肌肉系统：包括肌无力、震颤、手足抽搐、腱反射亢进和 Chvostek 征或 Trousseau 征阳性。中枢神经系统症状包括淡漠、易怒、眩晕、痉挛和昏迷。儿童严重低镁血症可出现全身强直-阵挛性癫痫发作。

（2）心血管系统：心律失常是低镁血症患者最常见的心血管表现。镁缺乏患者室上性心律失常（心房颤动、多源性房性心动过速、阵发性室上性心动过速）和室性心律失常（室性期前收缩、室性心动过速、尖端扭转型室性心动过速、心室颤动）的发生率增加。低镁血症有多种心电图表现，包括 PR 间期、QRS 波群和 QT 间期延长，ST 段改变，T 波低平并增宽，出现 U 波。但这些表现是缺乏特异性，心电图改变不能直接用于诊断镁代谢紊乱。

3. 实验室检查 血清镁浓度<0.75 mmol/L 时，可诊断为低镁血症，但这不能作为反应体内镁缺乏的可靠指标。血清电解质、尿镁检查，有助于诊断。心电图可发现心律失常，PR 间期延长、QRS 波群增宽及 T 波低平可见于中度及重度镁缺乏患者。

4. 救治原则 治疗应根据低镁血症的程度和患者的临床情况而定。对血镁浓度正常，但有症状的患者也应予以补镁治疗。对轻度低镁血症患者，可予以口服补充镁盐，但应注意大剂量应用可引起腹泻。对严重低镁血症（血清镁浓度<0.5 mmol/L）患者或出现手足抽搐、癫痫发作的患者，必须经静脉补充镁。对于肾功能正常的患者，可予以硫酸镁 50 mmol 静脉滴注（4~6 h 以上）。补液速度过快可引起静脉刺激和静脉炎、心动过缓、不同程度的心脏传导阻滞和低血压。通常多次补镁后数天，患者可恢复总镁水平。对合并低镁血症的低钾、低钙血症患者，必须积极纠正低镁血症，才能纠正低钾和低钙血症。

(二) 高镁血症

血清 Mg^{2+} 浓度>1.25 mmol/L 时，可诊断为高镁血症。临床上以肾衰竭患者多见，肾功能正常者很少出现严重的高镁血症。

1. 病因

（1）摄入增多：多见于应用硫酸镁治疗先兆子痫的患者，可引起孕妇和胎儿高镁血症。

（2）排出过少：肾衰竭患者出现少尿或无尿时，肾小球滤过功能下降，肾排镁减少。

（3）镁离子在细胞内外重新分布：严重烧伤、酮症酸中毒、创伤和横纹肌溶解等，可使细胞内的镁离子释放到细胞外，引起高镁血症。

2. 临床表现 轻度高镁血症可表现为食欲缺乏、恶心、呕吐、乏力、低血压、腱反射消失。重度高镁血症患者可出现肌无力、四肢肌肉软瘫、呼吸抑制、昏迷和高度心脏传导阻滞。当血清镁达到 7.5~10 mmol/L 时，患者可发生心搏骤停。

3. 实验室检查 若血清 Mg^{2+} 浓度＞1.25 mmol/L，则可直接诊断为高镁血症。血清电解质水平、血清肌酐、尿素氮、尿镁检测有助于诊断高镁血症的病因。心电图可表现为 PR 间期延长、QRS 波群增宽及 QT 间期延长。由于高镁血症患者常伴有高钾血症，心电图可表现为高尖 T 波。

4. 救治原则 应立即停止镁的摄入，进一步治疗取决于临床表现、高镁血症的程度和患者的肾功能情况。

（1）临床症状轻且肾功能正常患者：仅需临床观察。

（2）出现典型症状者：静脉应用等渗溶液和利尿剂可加速镁的排泄。治疗时，应密切监测血钾水平。

（3）严重高镁血症患者：静脉应用钙剂，钙离子可直接对抗镁离子对细胞膜的作用，改善呼吸抑制、低血压和心律失常。

（4）致命性高镁血症：立即予以 100~200 mg 钙，同时应增加镁的排出。

（5）对昏迷、呼吸衰竭或血流动力学不稳定的严重高镁血症伴肾衰竭患者，应考虑透析治疗。

五、磷代谢紊乱

机体磷的储备量约为 10 g/kg，大部分磷以磷酸盐的形式存在，其中 10% 分布在细胞外液中，85% 存在于骨骼中。通过测定血清磷，并不能直接判定机体总磷代谢状况。在分布上，磷可以跨细胞转移，使患者在总磷正常的情况下，出现高磷或低磷血症。磷可经肾排出，甲状旁腺素可使磷的排泄增加。

（一）低磷血症

血清无机磷浓度＜0.8 mmol/L 称为低磷血症。

1. 病因

（1）摄入不足：重度营养不良、慢性酒精中毒、慢性腹泻和维生素 D 缺乏。

（2）排泄过多：长时间腹泻、呕吐或经胃肠减压以及应用利尿药，常导致磷酸盐经肾丢失过多。

（3）医源性因素：血液净化治疗患者，因置换液中不含磷，往往会发生低磷血症。

（4）磷向细胞内转移：呼吸性碱中毒也是导致低磷血症的常见原因。

2. 临床表现 取决于低磷血症发生的速度和程度。

（1）急性低磷血症：表现为近端肌无力、食欲缺乏、头晕、感觉异常、"鸭步"等。

（2）慢性低磷血症：常以骨骼肌系统损害为主要表现，患者可出现骨痛、佝偻病、骨质软化、病理性骨折等。

（3）轻度或中度低磷血症：患者常无临床表现。

（4）重度低磷血症：患者可出现意识模糊、抽搐、昏迷，甚至呼吸衰竭。

3. 实验室检查 血清无机磷浓度＜0.8 mmol/L 时，即可诊断为低磷血症。实验室发现溶

血、肌酸激酶升高、血小板计数降低、出血时间延长等，以及动脉血气分析、血糖、血清电解质检查等，有助于诊断。

4. 救治原则 治疗方式取决于血磷水平和症状严重程度。

（1）轻至中度低磷血症：可予以口服补充磷酸盐，如磷酸钾。

（2）重度低磷血症：应予以静脉补充磷酸盐，可应用磷酸钾和硫酸钠。静脉补充磷酸盐的并发症包括急性低钙血症和高磷血症。肾功能不全患者应谨慎使用磷酸盐药物。

（二）高磷血症

血清无机磷浓度＞1.62 mmol/L 称为高磷血症。临床上较少见。

1. 病因 常见原因包括肾衰竭、甲状旁腺素分泌不足、小肠和肾小管对磷酸盐的重吸收增加、溶血、急性酸中毒、横纹肌溶解、肿瘤溶解综合征（大量细胞损伤导致磷酸盐释放入血）等。

2. 临床表现 高磷血症患者常合并低钙血症，由过多磷酸盐与钙结合沉积于组织内引起。

（1）神经肌肉系统：神经肌肉兴奋性增强，如感觉异常、反射亢进、手足抽搐。

（2）心血管系统：表现为低血压、心动过缓、左室功能不全等。组织内磷酸钙沉积可导致急性心脏传导阻滞和死亡。

3. 实验室检查 血清无机磷浓度＞1.62 mmol/L 者，即可诊断为高磷血症。发生肿瘤溶解综合征时，血清尿酸和钾可增高。发生横纹肌溶解时，血清肌酸激酶增高，患者可出现肌红蛋白尿。使用磷酸盐导致高磷血症的患者，可出现 AG 增高型代谢性酸中毒。

4. 救治原则 防治原发病，纠正钙血症，限制磷酸盐摄入。对肾功能正常患者，输入等渗溶液可增加磷酸盐的清除；减少肠道吸收磷，如予以口服含铝抗酸药，与磷形成不溶解的化合物，以阻止磷的吸收；应用葡萄糖加胰岛素可促进磷酸盐进入细胞。当患者肾衰竭时，可考虑进行透析治疗。

（李 纾）

第二节 酸碱平衡失调

一、概述

酸碱平衡主要通过肺、肾和体液中缓冲对的相互作用来调节。肺的调节一般在酸碱平衡发生变化后 10～30 min 发挥作用；肾的调节则在数小时后才能发挥作用，但其作用强而持久，可通过肾小管重吸收 $NaHCO_3$、分泌可滴定酸、生成和分泌氨、离子交换和排泄四种机制进行调节。此外，体内还有 3 对缓冲系统：碳酸氢盐（H_2CO_3-$NaHCO_3$）、磷酸盐（NaH_2PO_4-Na_2HPO_4）和血红蛋白与血浆蛋白系统，其中以碳酸氢盐最为重要。通过上述调节方式，正常人体血 pH 可维持在 7.35～7.45，动脉血 pH＜7.35 称为酸中毒，pH＞7.45 称为碱中毒。当动脉血 pH＜6.8 或 pH＞7.8 时，患者病死率明显升高。

案例 12-2

患者，姜某，男，34岁，既往有高血压病史，未进行规律治疗。1天前，患者自觉乏力及咽部不适，自行口服阿莫西林3片，服药1 h后出现呼吸困难且呈进行性加重，逐渐出现意识不清。查体：T 37.6℃，P 130～140次/分，可见三凹征；SPO_2 40%（面罩吸氧流量为20 L/min），BP 215/126 mmHg；昏迷，发绀明显，双侧瞳孔直径为2 mm，对光反射消失；双肺呼吸音极低，喉部可闻及吸气相哮鸣音，双侧病理征阴性。

问题：
1. 考虑该患者为何种疾病？
2. 诊断该疾病的依据是什么？
3. 应如何对患者进行急救？

酸碱平衡失调包括单纯型和混合型。单纯型酸碱平衡失调包括代谢性酸中毒（代酸）、代谢性碱中毒（代碱）、呼吸性酸中毒（呼酸）和呼吸性碱中毒（呼碱）。混合型酸碱平衡失调是指同一患者同时存在2种或3种单纯型酸碱平衡失调。

基础回顾

pH 值

"pH"一词来源于德语"potenz"，意思是"权力"，加上氢的元素符号H，所以pH是"氢的权力"的缩写。pH值是氢离子浓度的负对数，反映溶液酸度或碱度。pH值通常为0～14。25℃时pH值小于7的水溶液为酸性溶液，而pH值大于7的水溶液为碱性溶液。25℃时pH值为7.0被定义为中性。强酸的pH值可能为负值，而强碱的pH值可能大于14。

不是所有液体都有pH值，pH值只有在水溶液中才有意义。很多化学品（如植物油、汽油或纯酒精）就没有pH值。pH值被用于烹饪（如发酵粉和某种酸起反应，可以使烘焙食品发酵）、清洁剂和食品保鲜等日常生活中，也被用于游泳池维护和水的净化、农业、医学、化学、工程、海洋学、生物学等其他领域。

二、诊断

临床上诊断酸碱平衡失调应分步进行，需特别注意患者的病史、既往史、用药史、毒物摄入的可能性、是否有呕吐或腹泻、入院时的意识状态、呼吸频率、皮肤弹性和尿量等。

评估项目包括血清电解质测定、动脉血气分析、阴离子间隙（anion gap，AG）和delta间隙（delta gap）。通过检测和计算结果鉴别酸中毒、碱中毒的类型以及是否为混合型酸碱平衡失调。

1. pH 是反映酸碱度的指标。

2. 阴离子间隙（AG） 是血浆中未测定阴离子（undetermined anion，UA）与未测定阳离子（undetermined cation，UC）的差值。计算公式为：$AG = [Na^+] - ([HCO_3^-] + [Cl^-])$。AG

正常值为 10～14 mmol/L，反映固定酸的水平。AG 增加超过正常上限 10 mmol/L 时，应考虑血液中有机酸或酸性物质过多的可能性。

3. delta 间隙 有助于了解混合型酸碱平衡失调或进一步鉴别高 AG 性代谢性酸中毒。计算公式为：$\Delta G=(AG-12)-(24-[HCO_3^-])$。若计算值超过 +6，则提示为代谢性碱中毒或呼吸性酸中毒；计算值低于 -6，则表明 HCO_3^- 丢失过多，提示为混合型酸碱平衡失调。

4. 标准碳酸氢盐（standard bicarbonate, SB） 是指全血在标准条件下（温度为 37～38℃，血氧饱和度为 100%，用 $PaCO_2$ 40 mmHg 气体平衡）测得的血浆 HCO_3^- 浓度。正常值为 22～27 mmol/L，反映代谢因素，不受呼吸因素的影响。

5. 实际碳酸氢盐（actual bicarbonate, AB） 是隔绝空气的全血标本在实际氧饱和度和 $PaCO_2$ 条件下测得的血浆中 HCO_3^- 浓度。正常情况下，AB=SB，反映代谢因素，受呼吸因素的影响，AB 与 SB 的差值反映呼吸因素的变化。

6. 缓冲碱（buffer base, BB） 是指血液中一切具有缓冲作用的碱的总和。正常值为 45～51 mmol/L。碱剩余（base excess，BE）是在标准条件下（温度为 37～38℃，血氧饱和度为 100%，用 $PaCO_2$ 40 mmHg 气体平衡及血红蛋白 150 g/L），用酸或碱将 1 L 全血或血浆滴定到 pH 为 7.4 时所用的酸或碱的量。用酸滴定称为碱剩余（BE），用碱滴定称为酸剩余（-BE），正常值为 0±3 mmol/L。

7. 应用酸碱计算也可预测休克的严重程度 碱缺失或碱剩余是判断休克和复苏效果的有用指标。碱缺失超过 6 mmol/L 提示患者存在明显的代谢性酸中毒，即使患者呼吸系统疾病已缓解。需要注意 pH 是呈动态变化的，碱缺失和碱剩余数值可能与患者的实际情况不相符。因此，根据这些数值进行治疗时应慎重。

三、呼吸性酸中毒

呼吸性酸中毒是指肺泡通气及换气功能减弱，不能充分排出体内生成的 CO_2，导致血液 $PaCO_2$ 增高，引起高碳酸血症。临床上本病可以单独存在，也可以与其他酸碱平衡失调同时存在，分为急性呼吸性酸中毒和慢性呼吸性酸中毒两大类。

（一）病因

呼吸性酸中毒可由任何引起每分通气量减少和 CO_2 潴留的疾病所致。临床上常见的通气障碍的原因包括：①呼吸中枢抑制，脑外伤、脑疝形成、脑炎或使用过多抑制呼吸中枢的药物等，可直接造成呼吸中枢节律性功能障碍。②呼吸肌或胸壁异常，见于重症肌无力、周期性瘫痪急性发作、严重低钾或低磷血症、吉兰 - 巴雷综合征等患者。③呼吸道阻塞，见于急性气管异物、急性喉部痉挛等患者。④肺部疾病，见于急性呼吸窘迫综合征、急性心源性肺水肿、气胸、血胸，以及慢性阻塞性肺疾病或肺组织广泛纤维化等患者。⑤机械通气不当。

急性呼吸窘迫综合征

2023 年版欧洲重症医学会（European Society of Intensive Care Medicine，ESICM）ARDS 指南的更新包括 COVID-19 所致 ARDS 的相关内容。该指南讨论了 21 个问题，并提出了急性呼吸窘迫综合征（ARDS）的定义、表型和呼吸支持策略，包括高流量鼻导管吸氧、无创通气、潮气量设定、呼气末正压和肺复张策略、俯卧位通气、神经肌肉阻滞和体外生命支持。

指南推荐使用低潮气量通气策略（4~8 ml/kg），以降低 ARDS 患者的死亡率。

指南不推荐使用长时间的高压复张（定义为气道压力≥35 cmH₂O 维持至少 1 min）策略来降低 ARDS 患者的死亡率，也不建议常规使用短暂高压复张策略（定义为气道压力≥35 cmH₂O 维持少于 1 min）来降低 ARDS 患者的死亡率。

指南推荐对于中、重度 ARDS 患者（定义为虽然优化通气设置，但 $PaO_2/FiO_2 <$ 150 mmHg，PEEP≥5 cmH₂O），予以俯卧位，以降低死亡率。对此类患者，应在气管插管后早期开始取俯卧位，且延长俯卧位时间（连续 16 h 或更长时间），以降低死亡率。

（二）病理生理机制

1. 急性呼吸性酸中毒 非中枢抑制原因导致急性呼吸性酸中毒时，$PaCO_2$ 升高，可引起呼吸中枢兴奋，使呼吸加深、加快，CO_2 排出增加，从而使血液中 H_2CO_3 减少。发生中枢性呼吸抑制时，此代偿机制不能发挥作用。肾代偿作用启动慢，一般需 36 h 才发挥作用，3~6 d 达到稳定状态。此时主要由细胞内非 HCO_3^- 缓冲碱缓冲，所生成的 HCO_3^- 可从细胞进入细胞间液和血浆，但 $PaCO_2$ 每升高 10 mmHg，HCO_3^- 仅升高 1 mmol/L。因此，此类酸中毒患者多数为失代偿状态，即机体在短时间内对呼吸性酸中毒的代偿能力有限。

2. 慢性呼吸性酸中毒 病程持续进展，肾代偿作用得以发挥，在达到稳态后 pH 下降不明显。$PaCO_2$ 每升高 10 mmHg，HCO_3^- 仅升高 3.5 mmol/L。

急性呼吸性酸中毒以细胞内缓冲为主，缓冲作用强大且迅速，对机体损伤小，但脑脊液缺乏代偿作用，$PaCO_2$ 升高可使脑血管扩张，因此，患者的神经精神症状明显。而发生慢性呼吸性酸中毒时，血液和细胞内的代偿作用同样显著，脑脊液代偿完全，肾功能的调节作用可以充分发挥，所以患者临床症状不明显。

（三）临床表现

临床表现取决于疾病的严重程度、持续时间和基础疾病。

1. 急性呼吸性酸中毒 患者可出现呼吸困难、频率增快，以及明显的神经系统症状，如烦躁不安、意识模糊、谵妄，严重者表现为昏迷。$PaCO_2$ 升高引起血管扩张，酸中毒本身可使脑血流量增加，导致颅内压增高，患者可出现视神经乳头水肿等。另外，pH 明显下降以及高碳酸血症可造成周围血管扩张、血压下降、心输出量减少以及心律失常等，可加重神经系统障碍。

2. 慢性呼吸性酸中毒 由于大多数是由于慢性阻塞性肺疾病引起，发病缓慢，缓冲和代谢调节作用都比较充分，所以患者除有原发病的表现外，呼吸性酸中毒本身引起的临床症状较轻或不明显。

（四）救治措施

急性呼吸性酸中毒的治疗主要是改善每分通气量，使 $PaCO_2$ 恢复正常。

1. 迅速去除引起通气障碍的原因 改善通气功能，使蓄积的 CO_2 尽快排出。初期可使用呼吸兴奋剂，通常将尼可刹米（可拉明）加入 5% 葡萄糖溶液中静脉滴注，最大剂量是在 500 ml 溶液中加 7~10 安瓿（每安瓿 0.375 g）。若治疗无效，则可使用机械通气，以解除气道梗阻及呼吸暂停。对由吗啡导致呼吸中枢抑制者，可用纳洛酮静脉注射。对于慢性阻塞性肺疾

病患者，还应及时控制感染，加强肺部物理治疗等。

2. 改善通气　治疗慢性呼吸性酸中毒时，也应改善通气。应用支气管扩张药（β受体激动剂、M受体激动剂）、体位引流，抗菌药物治疗可能的感染；氧疗应采用低流量吸氧；若需进行辅助通气，则应缓慢降低 $PaCO_2$，以免 CO_2 快速排出而引起代谢性碱中毒。

四、呼吸性碱中毒

呼吸性碱中毒是指由于肺通气过度，使体内生成的 CO_2 排出过多，导致血液 $PaCO_2$ 降低，引起低碳酸血症。根据发病情况，可将呼吸性碱中毒分为急性及慢性两大类。发生急性呼吸性碱中毒时，$PaCO_2$ 每下降 10 mmHg（1.3 kpa），HCO_3^- 降低约 2 mmol/L，发生慢性呼吸性碱中毒时，HCO_3^- 降低 4~5 mmol/L。

（一）病因

过度通气是各种原因引起呼吸性碱中毒的基本发病机制。①低氧血症：常见的原因包括充血性心力衰竭、肺部慢性疾病、高原反应等。②肺疾患：肺炎、肺梗死、支气管哮喘、间质性肺病等。③刺激呼吸中枢：精神性通气过度（癔症发作）、中枢神经系统疾病（脑血管病变、脑炎、脑外伤及脑肿瘤）、某些化学物质（水杨酸、氨）可刺激呼吸中枢而引起通气增强。④机械通气不当：过度通气可引起严重呼吸性碱中毒。

（二）病理生理机制

1. 急性呼吸性碱中毒　H^+ 在数分钟内由细胞内移出，与细胞外 HCO_3^- 结合形成 H_2CO_3，使 pH 不致过度升高，一般 $PaCO_2$ 每降低 1 mmHg，HCO_3^- 下降 0.25 mmol/L。

2. 慢性呼吸性碱中毒　肾代偿作用逐渐启动，2~3 天达到最大代偿限度，此时由于肾代偿性分泌 H^+ 减少，所以尿液中 HCO_3^- 增加，血浆 HCO_3^- 降低，同样可缓解 pH 升高。此机制与细胞代偿共同作用，可使 $PaCO_2$ 每降低 1 mmHg，HCO_3^- 降低 0.5 mmol/L。

急性呼吸性碱中毒以细胞内代偿为主，但血液和细胞内代偿作用有限，患者的神经肌肉症状明显，容易发生严重代谢障碍；脑脊液碱中毒严重，且缺乏代偿作用，患者的神经精神症状明显。发生慢性呼吸性碱中毒时，血液和细胞内的代偿作用同样显著，脑脊液代偿完全，肾功能的调节充分发挥作用，患者临床症状不明显。

（三）临床表现

1. 原发病的临床表现。

2. 神经肌肉功能障碍　发生急性呼吸性碱中毒时，可出现眩晕、四肢及口周感觉异常，严重时可出现意识障碍及抽搐等，甚至发生不可逆性脑损伤。

3. 电解质紊乱　发生呼吸性碱中毒时，患者可因细胞内外离子交换和肾排钾增加而发生低钾血症。

4. 缺氧　血红蛋白氧解离曲线左移，使组织供氧不足。

（四）救治措施

1. 治疗原发病、去除病因　防治原发病及去除引起通气过度的原因。

2. 吸入混合气体　对急性呼吸性碱中毒患者，可予以吸入含 5%CO_2 的混合气体；或用纸袋罩于患者口鼻，使其吸入呼出的气体，以维持血浆 HCO_3^- 浓度。

3. 镇静 对精神性通气过度患者，可予以适当镇静。

4. 调整呼吸机参数 对使用呼吸机者，通过调低呼吸频率或减少潮气量，以达到减少 CO_2 排出的目的。

五、代谢性酸中毒

代谢性酸中毒是指原发性 H^+ 增加或 HCO_3^- 减少引起的酸血症，是临床上最常见的一种酸中毒。发生急性代谢性酸中毒时，机体常以过度通气引起 $PaCO_2$ 下降进行代偿。发生慢性代谢性酸中毒时，肾重吸收 HCO_3^- 增加。

（一）病因

1. 内源性酸性物质产生过多或外源性酸性物质摄入过多 如乳酸酸中毒、酮症酸中毒。

2. 碱性物质丢失过多或产生不足 常见于严重腹泻、肠道瘘管或肠道引流等大量碱性肠液丢失，大面积烧伤时大量血浆渗出。

3. 快速静脉应用大量不含碳酸氢盐的液体 如大量输注生理盐水或葡萄糖溶液，可引起稀释性代谢性酸中毒。

（二）分类

临床上根据 AG 值的变化，将代谢性酸中毒分为高 AG 型和正常 AG 型。

1. 高 AG 型代谢性酸中毒 提示外源性酸摄入增多或内源性酸产生增多，不能完全被缓冲对中和。其特点是除含氯以外的任何固定酸的血浆浓度增高。病因包括酮症酸中毒、乳酸酸中毒（生理性或中毒性）、肾衰竭、代谢产物为酸的毒物中毒和罕见的横纹肌溶解。

2. 正常 AG 型代谢性酸中毒 当 HCO_3^- 浓度降低伴有 Cl^- 浓度代偿性升高时，可表现为正常 AG 型或高血氯性代谢性酸中毒。病因包括：经消化道丢失 HCO_3^-；轻度或中度肾衰竭，导致分泌 H^+ 减少；肾小管性酸中毒导致 HCO_3^- 重吸收减少或 H^+ 分泌障碍；碳酸酐酶抑制剂以及含氯的酸性盐摄入过多。

（三）病理生理机制

代谢性酸中毒可由血浆缓冲系统、肺及肾的代偿反应加以纠正和调整，以保证 pH 维持或接近正常。

血浆缓冲系统在数分钟内即发挥作用，消耗 HCO_3^- 及其他缓冲碱，导致 AB 和 SB 降低，BE 负值增大，使 pH 降低得以缓冲。

H^+ 浓度增高可刺激颈动脉体外周化学感受器，从而兴奋延髓呼吸中枢，使呼吸加深、加快，大量排出 CO_2。血浆 H_2CO_3 浓度降低，使 HCO_3^- 和 H_2CO_3 比例改变不明显，pH 维持不变或接近正常。此过程可持续数小时。2~4 h 后，离子交换发挥作用，50% 的 H^+ 通过离子交换机制转移到细胞内，被细胞内的碱中和。同时，K^+ 移出细胞外，以维持电中性。

肾约经数小时后发挥作用，并持续数日，可通过排酸和保碱功能使 HCO_3^- 逐渐升高。

（四）临床表现

主要表现为心血管系统和中枢神经系统功能障碍和呼吸功能代偿性增强等。

1. 心血管系统 严重代谢性酸中毒可引起致死性室性心律失常、心肌收缩力减弱及血管对儿茶酚胺的反应性降低。

（1）心肌收缩力减弱：尤其是 pH<7.20 时，更为明显。

（2）心律失常：室性心律失常与血钾升高密切相关，重度高钾血症由于导致严重的传导阻滞和心肌兴奋性丧失，可引起致死性心律失常和心搏骤停等。

（3）心血管对儿茶酚胺的反应性降低：以毛细血管前括约肌最为明显，使血管容量不断扩大，回心血量减少，血压下降。因此，发生休克时，需要先纠正酸中毒，才能稳定血流动力学，否则可加重休克。

2. 中枢神经系统　主要表现为意识障碍、昏迷，患者最终可因呼吸中枢和血管运动中枢麻痹而死亡。

3. 高钾血症　与酸中毒影响细胞内外 H^+-K^+ 交换导致肾排 H^+ 多、排 K^+ 减少有关。

4. 骨质脱钙　骨质疏松、软化，多见于肾性骨病患者。

（五）救治措施

除应防治原发病、改善微循环、维持电解质平衡外，还需纠正 pH。

1. 纠正 pH　是否积极纠正 pH 取决于患者酸碱平衡失调的严重程度、发生原因、患者的代偿能力和治疗引起的可能危害。对大多数谢性酸中毒患者，无需积极纠正 pH。对乳酸酸中毒、饥饿性酮症、肺源性心脏病合并肾衰竭、中毒等引起的代谢性酸中毒患者，强调予以病因治疗，其次是补碱。

2. 补充碱性药物　首选 $NaHCO_3$，补碱的剂量和方法应根据酸中毒的严重度而定。应当先补充总量的 1/2，根据患者的反应和实验室检查结果进一步确定 $NaHCO_3$ 用量。

（1）纠正 HCO_3^- 丢失：正常 AG 型代谢性酸中毒患者 HCO_3^- 丢失较高 AG 型代谢性酸中毒患者多。因此，补充碳酸氢盐时，应确定最小补充量（若血清 HCO_3^- 浓度<8 mmol/L，则应纠正至 12～15 mmol/L；对高 AG 型代谢性酸中毒患者，应纠正到 10 mmol/L）。

（2）$NaHCO_3$ 补充量：每增大一个 BE 负值绝对值，每千克体重可补充 $NaHCO_3$ 的量为 0.3 mmol/L。

（3）补充 HCO_3^- 不宜过量：对轻度代谢性酸中毒（HCO_3^- 浓度>16 mmol/L）患者，可酌情补充 HCO_3^-。

3. 注意事项　需要注意的是，应用碳酸氢钠治疗本身存在并发症，快速补充 $NaHCO_3$ 可引起中枢神经细胞内反常性酸中毒、氧运输障碍、低钾血症、低钙血症、"治疗过度性"碱中毒、高钠血症、容量超负荷和高渗状态。

六、代谢性碱中毒

代谢性碱中毒是指 HCO_3^- 增加或 H^+ 减少。其诊断需要明确 $PaCO_2$，因为血浆 HCO_3^- 浓度升高可能继发于肾对慢性呼吸性酸中毒的代偿作用。

（一）病因

1. H^+ 丢失　主要是经胃或经肾丢失。

2. H^+ 向细胞内移动　低钾血症可引起代谢性碱中毒，随着 H^+ 转移到细胞内，K^+ 转移到细胞外。此时，肾对 H^+ 的分泌和 HCO_3^- 的重吸收也增加，可引起反常性酸性尿。

3. HCO_3^- 负荷过量　常见于消化道溃疡患者服用过多的 $NaHCO_3$，或纠正代谢性酸中毒时滴注过多的 $NaHCO_3$ 之后。

（二）病理生理机制

1. 血液的缓冲作用 血液对碱中毒的缓冲作用小，主要由含量不多的弱酸（如蛋白质）与之中和，生成弱酸的盐类。血浆 H^+ 减少可抑制呼吸中枢，使呼吸减慢、变弱，从而使 $PaCO_2$ 升高，H_2CO_3 增加。但呼吸抑制又可引起低氧血症，后者可兴奋呼吸中枢，因此代偿作用受限。发生碱中毒时，H^+ 可由细胞内移出，同时与 K^+ 交换，结果可使血钾降低。

2. 肾 在代谢性碱中毒的代偿过程中发挥主要作用。HCO_3^- 升高，H^+ 减少，使碳酸酐酶和谷氨酰胺酶的活性受到抑制，所以肾小管排 H^+、排 NH_4^+ 减少，对 HCO_3^- 的重吸收减少，H^+-Na^+ 交换减少。患者尿液呈碱性，但发生低钾性碱中毒时呈反常性酸性尿。

（三）临床表现

轻度代谢性碱中毒患者通常无症状，严重者可出现很多功能代谢变化。

1. 中枢神经系统 表现为兴奋、烦躁不安、精神错乱、谵妄等。

2. 呼吸系统 表现为呼吸浅慢。

3. 神经肌肉系统 患者神经肌肉兴奋性增高，表现为口角抽动、手足抽搐、腱反射亢进等。

4. 低钾血症 由细胞内外 H^+-K^+ 交换及肾排 H^+ 减少、排 K^+ 增多所致。

（四）救治措施

对症治疗的同时应积极进行病因治疗。

1. 单纯 H^+ 丢失 由于持续呕吐或鼻导管抽吸引起的单纯 H^+ 丢失易于治疗，可输注等渗生理盐水或葡萄糖生理盐水，既可恢复细胞外液量，又可补充 Cl^-。

2. 应用盐酸精氨酸 治疗严重代谢性碱中毒时，可应用盐酸精氨酸或盐酸的稀释液，盐酸精氨酸既可补充 Cl^-，又可中和过多的 HCO_3^-。

3. 补钾 碱中毒患者几乎都伴有低钾血症，应及时补充氯化钾，但应在尿量超过 40 ml/h 时开始补钾，纠正细胞内、外离子的异常交换，终止随尿液继续排 H^+，有利于加速碱中毒的纠正。

4. 纠正碱中毒不宜过于迅速 一般不要求完全纠正，也不急于当天纠正。

七、混合型酸碱平衡失调

混合型酸碱平衡失调是指同时存在 2 种或 2 种以上原发性酸碱平衡失调。

（一）分类

两种原发性酸碱平衡失调并存者为双重性酸碱平衡失调，三种并存者为三重性酸碱平衡失调。根据并存的原发性酸碱平衡失调的性质，又可将双重性酸碱平衡失调分为两类，即双重性相加型酸碱平衡失调和双重性抵消型酸碱平衡失调。

1. 双重性相加型酸碱平衡失调

（1）代酸＋呼酸：病因包括以下几种。①Ⅱ型呼吸衰竭，即低氧血症伴高碳酸血症型呼吸衰竭，由于缺氧引起代谢性酸中毒，又因 CO_2 排出障碍引起呼吸性酸中毒；②发生心搏和呼吸骤停时，由于缺氧引起乳酸酸中毒，又因 CO_2 排出受阻引起呼吸性酸中毒；③急性肺水肿；④一氧化碳中毒。

（2）代碱+呼碱：病因包括以下几种。①肝硬化患者因通气过度发生呼吸性碱中毒时，若出现呕吐，或接受利尿剂治疗引起低钾血症，则可导致代谢性碱中毒；②颅脑外伤引起过度通气时又发生剧烈呕吐；③严重创伤引起的剧痛可导致通气过度，引起呼吸性碱中毒；若大量输入库存血，则可因枸橼酸盐输入过多，经代谢后引起 HCO_3^- 生成过多而发生代谢性碱中毒。

2. 双重性抵消型酸碱平衡失调

（1）代酸+呼碱：血浆 pH 变动不大，甚至在正常范围。血浆 HCO_3^- 浓度和 $PaCO_2$ 均显著下降。SB、AB、BB 均降低，BE 负值绝对值增大。

（2）代碱+呼酸：血浆 pH 可正常，也可以略降低或略升高。血浆 HCO_3^- 浓度和 $PaCO_2$ 均显著升高。SB、AB、BB 均升高，BE 正值增大。

（3）代酸+代碱：血浆 pH、HCO_3^- 浓度、$PaCO_2$ 可以正常，也可以升高或降低。

3. 三重性酸碱平衡失调 只存在两种类型：①呼酸+代酸+代碱；②呼碱+代酸+代碱。

（二）救治措施

在诊断和治疗酸碱平衡失调时，须密切结合患者的病史，动态监测血 pH、$PaCO_2$ 的变化，综合分析病情，以便及时诊断和正确治疗。

（宋振举）

思 考 题

1. 简述高钠血症常见的病因及救治原则。
2. 简述低钙血症的典型临床表现和救治原则。
3. 简述代谢性碱中毒的发病机制及常见病因。
4. 简述代谢性碱中毒的临床特征。
5. 代谢性碱中毒治疗要点有哪些？

第十三章 急性中毒

第十三章数字资源

中毒（poisoning）是指有毒物质进入机体后引起的功能、结构损伤甚至造成死亡的疾病状态。引起中毒的物质称为毒物。目前世界上发现的化学物质已达 1000 万种左右，只要达到一定剂量，都可以成为毒物。急性中毒是指人体在短时间内接触毒物或达到中毒量的药物后，产生的一系列病理生理变化及其临床表现。引起急性中毒常见的毒物包括有机磷农药、毒品、百草枯、亚硝酸盐、重金属、有毒气体等，常见的中毒药物包括镇静催眠药、抗精神病药、麻醉性镇痛药、灭鼠药等。急性中毒患者病情复杂、变化急骤，严重者可出现多器官功能障碍或多器官功能衰竭，甚至危及生命。早发现、早诊断、早处理与患者的预后关系密切。掌握急性中毒的诊断与救治原则是实施有效救治的基础。

第一节 急性有机磷农药中毒

急性有机磷农药中毒（acute organophosphorus pesticide poisoning）是接触或口服有机磷农药（organophosphorus pesticide）后引起的以胆碱酯酶（cholinesterase，ChE）活性下降，导致体内乙酰胆碱大量蓄积，出现毒蕈碱样症状（M样症状）、烟碱样症状（N样症状）和中枢神经系统症状为主要表现的中毒性疾病。病情严重者可出现肺水肿、脑水肿、昏迷、呼吸衰竭，甚至死亡。

案例 13-1

患者，男，56岁，因"口服有机磷农药2 h"来诊。患者2 h前在家中自服有机磷农药（3911）约200 ml，1.5 h前被家人发现后予以刺激咽喉部催吐，同时紧急送至我院急诊。运送途中，患者出现恶心、呕吐。既往有高血压病史。体格检查：T 37.1℃，P 56次/分，R 26次/分，BP 138/69 mmHg；血氧饱和度98%，神志清楚，烦躁，全身肌束震颤，大汗淋漓；双侧瞳孔等大、等圆，直径为1.5 mm；双肺可闻及大量湿啰音；心率56次/分，心律齐，各瓣膜听诊区未闻及病理性杂音；腹软，有压痛、反跳痛，查体欠配合；肝、脾肋下未触及，麦氏点无压痛，移动性浊音（-）。双下肢无水肿。病理征（-）。

问题：
1. 如何对该患者做出诊断与鉴别诊断？
2. 作为急诊医生，应如何对该患者进行紧急处理？
3. 患者进入急诊重症监护室后，查胆碱酯酶活力小于30%。患者突然出现神志模糊，血氧饱和度下降至78%，双肺可闻及大量湿啰音，心率减慢，应如何处理？

一、毒理学特点与发病机制

（一）毒理学特点

有机磷农药的毒性按大鼠急性经口进入体内的半数致死量（median lethal dose，LD_{50}）分为4类，此分类对有机磷农药中毒患者的有效救治具有重要的参考价值。

1. 剧毒类 $LD_{50}<10$ mg/kg，如甲拌磷（thimet，3911）、内吸磷（demeton，1059）和对硫磷（parathion，1605）。

2. 高毒类 LD_{50} 为 $10\sim100$ mg/kg，如甲基对硫磷（methylparathion，甲基1605）、甲胺磷（methamidophos）、氧化乐果（omethoate）、水胺硫磷（isocarbophos）和敌敌畏（dichlorvos）。

3. 中等毒类 LD_{50} 为 $100\sim1000$ mg/kg，如乐果（rogor，dimethoate）、倍硫磷（fenthion）、二嗪磷（diazinon）、亚铁硫磷（phosmet）和美曲膦酯（trichlorfon，敌百虫）。

4. 低毒类 LD_{50} 为 $1000\sim5000$ mg/kg，如马拉硫磷（malathion，4049）、甲基乙酯磷（methylacetophos）、肟硫磷（phoxim）、溴硫磷（bromophos）、碘硫磷（iodfenphos）和氯硫磷（chlorthion）。

有机磷农药可因生产、使用及故意吞服、误服、摄入被污染的水源或食品等造成中毒。有机磷农药经消化道、呼吸道、皮肤黏膜侵入机体，被吸收后迅速分布于全身各脏器，以肝内浓度最高，其次为肾、肺、脾，脑和肌肉内含量最少。有机磷农药被吸收后 $6\sim12$ h，在血液中的浓度达高峰，24 h 内经肾随尿液排出，48 h 后可完全排出体外。部分有机磷农药发生氧化反应后毒性增强，如对硫磷形成对氧磷、乐果形成氧化乐果等。

（二）发病机制

有机磷主要抑制胆碱酯酶，可与胆碱酯酶的酯解部位结合形成化学结构稳定的磷酰化胆碱酯酶，丧失分解乙酰胆碱的能力，导致乙酰胆碱在神经末梢蓄积，持续作用于乙酰胆碱受体，引起先兴奋后抑制的一系列毒蕈碱样症状、烟碱样症状以及中枢神经系统症状，严重者可出现呼吸、循环衰竭，甚至死亡。

某些有机磷可与脑和脊髓中的特异蛋白质"神经毒酯酶"结合，使之老化，导致轴索内轴浆运输的能量代谢发生障碍，使轴索变性，继发脱髓鞘病变，导致迟发性多发性神经病。

中间综合征的发病机制尚未阐明，可能与神经肌肉接头传递功能障碍、突触后膜上的骨骼肌型烟碱样乙酰胆碱受体失活，有机磷排出延迟、重吸收或解毒剂用量不足有关。

有机磷可以形成肝肠循环，再经肠道被吸收，抑制新生成的胆碱酯酶，导致中毒症状迁延，甚至出现反跳现象。

二、临床表现

发病时间和症状与有机磷农药的中毒途径、种类、剂量及胃内容物的多少有关。口服中毒者通常在 10 min 至 2 h 内出现症状，吸入中毒者在数分钟至 30 min 内可发病，经皮肤吸收中毒者多在 $2\sim6$ h 内发病，但很少超过 12 h。敌敌畏、美曲膦酯、对硫磷、内吸磷接触皮肤后，可引起过敏性皮炎或水疱和脱皮；溅入眼内可引起结膜充血和瞳孔缩小。

1. 毒蕈碱样症状 主要是副交感神经末梢过度兴奋，类似毒蕈碱样作用，表现为平滑肌痉挛和腺体分泌增多。平滑肌痉挛表现为食欲缺乏、恶心、呕吐、腹痛、腹泻、瞳孔缩小甚至呈针尖样。腺体分泌增多表现为大汗淋漓、流涎、流泪、咳嗽、气促、呼吸道分泌物增多、呼吸困难，严重者可发生肺水肿。

2. 烟碱样症状　主要由乙酰胆碱在横纹肌神经肌肉接头处蓄积过多所致，可表现为肌张力增高、肌束震颤、肌肉痉挛、肌力减退或瘫痪、全身抽搐、血压升高、心律失常，严重者可因呼吸肌麻痹引起呼吸衰竭而致死。

3. 中枢神经系统症状　早期可出现头痛、头晕、疲乏无力等症状，继而出现烦躁不安、意识模糊、言语不清、惊厥、抽搐和昏迷，患者甚至可出现中枢性呼吸、循环衰竭而死亡。

4. 迟发性多发性神经病　多发生于中毒症状消失后 2~4 周，主要表现为周围运动、感觉和自主神经功能障碍。其临床特点是：①首发症状多表现为无力，下肢重于上肢。②运动障碍是突出表现，患者可出现垂足、垂腕畸形或不同程度的肌萎缩和瘫痪。③感觉障碍以肢体末梢灼痛、疼痛和麻木感为主。④腱反射随瘫痪加重而减弱或消失。

5. 中间综合征（intermediate syndrome, IMS）　多发生在急性中毒后 24~96 h，经治疗胆碱能危象可消失、患者意识清醒或恢复，可突然出现以屈颈肌、四肢近端肌无力，第Ⅲ、Ⅶ、Ⅸ、Ⅹ对脑神经所支配的部分肌无力以及呼吸肌麻痹为特征的临床综合征。患者表现为转颈、耸肩、抬头、咀嚼无力、睁眼、张口、四肢抬举困难，腱反射减弱或消失，不伴有感觉障碍。严重者可引起呼吸肌麻痹，并可进展为呼吸衰竭而导致死亡。

6. 反跳　多发生于临床症状好转后 2~8 天（服用乐果者可在 3~5 天后发生），突然再出现急性胆碱能综合征并迅速进展，严重者再度出现昏迷、呼吸衰竭或突然死亡。其发生多与有机磷农药毒物继续被吸收或解毒剂停药过早、过快，或间隔时间过长等因素有关。

7. 多脏器损害

（1）心脏损害：与有机磷农药对心脏的直接毒性作用和间接毒性作用有关。心电图多表现为 T 波倒置、低平、平坦或双向，ST 段压低。此外，还可出现窦性心动过速、心脏传导阻滞、QT 间期延长等，并有心肌酶学的改变。

（2）肺损害：除与腺体分泌增多导致大量分泌物积聚于肺泡内引起肺水肿有关外，有机磷农药及其氧化产物对肺毛细血管及间质还可直接产生损害作用，引起毛细血管通透性增高，使渗出增多，加重肺水肿。

（3）肝损害：有机磷农药及其代谢产物对肝细胞有直接损害作用，可引起肝细胞变性、坏死，部分患者可出现不同程度的肝功能异常，并有发生急性暴发性肝衰竭的可能，少数严重患者可出现肝大、黄疸等。

（4）肾损害：表现轻微，以血尿、蛋白尿为主，少数患者可出现一过性肾功能损害，发生急性肾衰竭者较少见，且多数为可逆性。

（5）血液系统损害：中度或重度中毒患者可出现凝血酶原时间、活化部分凝血活酶时间、凝血酶时间明显延长，有出血倾向。

（6）局部损害：皮肤接触毒物者可出现过敏性皮炎、剥脱性皮炎。口服毒物者可出现消化道黏膜糜烂、出血。眼部接触毒物者可出现结膜充血和接触性结膜炎。

三、辅助检查

1. 全血胆碱酯酶（ChE）活力测定　有助于本病的诊断、分级及疗效与预后判断。中毒后，ChE 一般低于正常值的 70%，为特异性指标。

2. 毒物检测　患者的血液、尿液、粪便或胃内容物中可检测出农药及其特异性代谢产物，

对中毒的诊断和鉴别诊断有指导意义。若尿液中对硝基酚水平增高，则有助于对硫磷中毒的诊断。

3. 其他检查 心电图检查可显示心律失常、QT 间期延长、ST 段下降、T 波低平或倒置等。必要时可进行肌电图检查。

四、诊断

1. 诊断依据 根据有机磷农药接触史、胆碱能神经毒性（瞳孔缩小、多汗、流涎、肌束震颤）的临床表现，结合全血胆碱酯酶活力下降等检查结果进行综合分析，并排除其他病因后，才能得出正确的诊断。

2. 确诊试验 对毒物接触史不明、临床表现不典型而疑为有机磷农药中毒者，可进行阿托品试验，以明确诊断，即予以阿托品 1~2 mg 皮下或肌内注射，并观察患者的反应。有机磷农药中毒者注射阿托品后，症状、体征好转或无明显反应；无有机磷农药中毒者注射阿托品后，则立即出现阿托品样表现。进行毒物鉴定有助于明确诊断。

3. 诊断分级

（1）轻度中毒：短时间接触大量有机磷农药后，在 24 h 内出现 M 样症状和神经系统症状，如头晕、多汗、胸闷、视物模糊、肌无力和瞳孔缩小等。全血胆碱酯酶活性为正常值的 50%~70%。

（2）中度中毒：除出现较重的 M 样症状外，还出现 N 样症状，包括肌束震颤、轻度呼吸困难、步态蹒跚、意识清楚或模糊。全血胆碱酯酶活性为正常值的 30%~50%。

（3）重度中毒：患者除出现上述 M 样症状和 N 样症状外，还伴有肺水肿、呼吸衰竭、抽搐、昏迷和脑水肿。全血胆碱酯酶活性为正常值的 30% 以下。

五、鉴别诊断

有机磷农药中毒应与氨基甲酸酯类农药中毒、中暑、急性肠炎、食物中毒、急性脑血管意外、脑炎等相鉴别。口服中毒者还应与急性砷中毒、镇静催眠药中毒、阿片类中毒及毒蕈中毒等相鉴别。有机磷农药中毒与急性肠炎、中暑的鉴别要点见表 13-1。

表 13-1 有机磷农药中毒与急性肠炎、中暑的鉴别要点

鉴别点	有机磷农药中毒	急性肠炎	中暑
接触史	有机磷农药接触史	暴饮暴食史、不洁饮食史	高温接触史
体温	多正常或偏低	稍高或升高	升高，出现高热
皮肤	多汗	正常	轻症者多汗
瞳孔	缩小	正常	正常或缩小
流涎	有	无	无
肌束震颤	有	无	无
呕吐	明显	明显	不明显
腹泻	有	明显	无
腹痛	明显	明显	无
胆碱酯酶活性	抑制	正常	正常

六、救治措施

（一）现场急救

立即将患者撤离中毒环境。评估患者的生命体征，维持生命体征平稳。对出现呼吸、心搏停止者，应予以心肺复苏。对衣物、皮肤被污染者，应去除污染的衣物，用清水清洗被污染的毛发、指甲和皮肤。有条件时应尽早予以解毒剂治疗，保持气道通畅，开通静脉通道，并尽快将患者转运至有救治条件的机构。

（二）清除毒物

1. 未吸收毒物 对于经消化道途径中毒的患者，应在 4~6 h 内彻底洗胃。用清水反复洗胃，直至洗出液清亮、无色、无味为止。洗胃后，应予活性炭吸附，每次 50~100 g，肠梗阻患者禁用。洗胃后，可用硫酸钠 15~30 g 或硫酸镁 20~30 g 溶于 20 ml 水中或予以 20% 甘露醇 250 ml 口服导泻。

> **基础回顾**
>
> **洗胃及导泻的方法**
>
> 洗胃液可选用生理盐水、2% 碳酸氢钠溶液（敌百虫、美曲膦酯除外）、1 : 5000 高锰酸钾溶液（对硫磷除外），每次 250~350 ml，反复进行，直至洗出液清亮、无色、无味为止。然后灌入活性炭 50~100 g 吸附。洗胃后，可用硫酸钠或硫酸镁溶液 15~30 g 或 20% 甘露醇 250 ml 口服或经胃管注入导泻。

2. 已吸收毒物 治疗原则是预防肺水肿、脑水肿，维持酸碱平衡及水、电解质平衡。根据患者的病情，可予以积极补液，配合应用利尿剂，以促进毒物经肾排出。血液净化适用于重度急性有机磷农药中毒患者。首选血液灌流清除体内外源性和内源性毒物，应在中毒后 24 h 内应用，一般 2~3 次即可，何时停用可根据患者病情及毒物浓度检测结果决定。在灌流进行中阿托品、胆碱酯酶活化剂等药物可被部分清除，应予补充。对于合并急性肾衰竭、多器官功能障碍综合征的患者应考虑联合应用血液透析或 CRRT 治疗。

（三）应用解毒剂

常见的解毒剂包含抗胆碱药和胆碱酯酶活化剂。解毒剂应用原则：早期、足量、联合和重复，并选用合理给药途径。为了取得较好的疗效中毒早期即应联用抗胆碱药和胆碱酯酶活化剂。

1. 抗胆碱药

（1）阿托品：是治疗中毒所致 M 样症状的有效药物。应在 4~6 h 内达到阿托品化，参考用量见表 13-2。阿托品化的可靠指征是口干、皮肤干燥、心率加快（90~100 次/分），此时应减少阿托品的剂量或停用阿托品。若患者出现瞳孔明显扩大、意识模糊、躁狂、谵妄、抽搐、心率＞130 次/分、体温≥39℃和面部皮肤干燥、发红等，则提示为阿托品中毒，应立即停用阿托品。

表 13-2 不同病情的阿托品参考用量

用法	轻度中毒	中度中毒	重度中毒
首次剂量（mg）	2~4（肌内注射）	4~10（静脉注射）	10~20（静脉注射）
间隔时间（h）	4~6	4~6	2~4
重复量（mg）	0.5	0.5~1	0.5~1

（2）盐酸戊乙奎醚（长托宁）：有较强的中枢及外周抗胆碱能作用，可选择性作用于脑、腺体、平滑肌等部位的 M_1、M_3 受体，而对心脏和神经元突触前膜的 M_2 型受体无明显作用，因此对心率的影响小，不会引起心肌耗氧量增加，引起尿潴留的程度也较轻。与阿托品相比，此药作用持续时间、用药间隔时间长，用药量少，可减少中间综合征的发生。首次用药需与氯解磷定联合应用。用法：常用首次剂量为轻度中毒者 1~2 mg 肌内注射，中度中毒者 2~4 mg 肌内或静脉注射，重度中毒者 4~6 mg 静脉注射，必要时减量重复用药。"长托宁化"的指征在心率增幅方面比阿托品低，为 80~90 次/分，出现谵妄、躁动应视为用药过量。

（3）东莨菪碱：对中枢 M 受体和 N 受体作用显著，对外周 M 受体和 N 受体的作用较轻，且能较好地减轻或消除有机磷农药中毒引起的躁动不安、惊厥和呼吸中枢抑制。用法：常用首次剂量为轻度中毒者 0.3~0.6 mg 肌内注射，中度中毒者 0.6~0.9 mg 肌内或静脉注射，重度中毒者 1.2~1.5 mg 静脉注射。

2. 胆碱酯酶活化剂 为肟类化合物，能使被有机磷农药抑制的胆碱酯酶恢复活性，是解救有机磷农药中毒的特效解毒剂，但不能活化已经老化的胆碱酯酶，一般在 48 h 后使用效果较差，故应尽早使用，且足量给药。国内主要有氯解磷定、碘解磷定和复方氯解磷定注射液（解磷注射液）等，首选氯解磷定。参考用量见表 13-3。

表 13-3 不同病情的胆碱酯酶活化剂参考用量

	程度	轻度	中度	重度
碘解磷定	首次剂量	0.5 g，缓慢静脉注射或静脉滴注	0.5~1 g，缓慢静脉注射，2~3 h 后可重复 1 次	1.0~2 g，缓慢静脉注射，1~2 h 后可重复 1 次
	重复用量	0.5 g，静脉滴注	0.5~1 g，静脉滴注	1~1.5 g，静脉滴注
氯解磷定	首次剂量	0.25~0.5 g，肌内注射或静脉滴注	0.5~0.75 g，肌内注射或静脉注射，2~4 h 可重复 1 次	0.75~1 g，静脉缓注，1 h 后可重复 1 次
	重复用量	0.5 g，静脉滴注	0.5 g，静脉滴注	0.75~1 g，静脉滴注
解磷注射液	首次剂量	1~2 ml，肌内注射	2~4 ml，肌内注射	4~6 ml，肌内注射
	重复用量	3 h 后重复 1 次	30~60 min 可重复用药 1~2 ml，连用 2~3 次	30~60 min 可重复用药 2~4 ml，连用 3~4 次

（四）对症及支持治疗

1. 防治肺水肿与脑水肿 以强化阿托品治疗为主，尽早使用胆碱酯酶活化剂，必要时辅以利尿剂、脱水剂及强心药，加强氧疗，早期应用糖皮质激素，预防肺水肿与脑水肿的发生。一般用地塞米松 10~30 mg/d，必要时应用 20% 甘露醇或呋塞米 20 mg，每 4~8 h 1 次。

2. 维持呼吸功能 予以氧疗，保持呼吸道通畅。当患者出现中间综合征呼吸减弱或停止时，应尽早行气管插管或气管切开、呼吸机辅助通气。对发生急性呼吸窘迫综合征（acute respiratory distress syndrome，ARDS）者，可加用呼气末正压（positive end expiratory pressure，PEEP）通气，以防治呼吸机相关性肺炎。

3. 维持循环功能 对出现中毒性休克者，应用血管活性药物并补充血容量。对出现各种心律失常者，应根据病因和病变性质予以相应的治疗。

4. 防治感染 一般无须进行抗感染治疗，若存在相关感染证据，则应根据感染部位、病原菌等选择合适的抗生素治疗。

5. 营养支持 对胃肠功能良好的患者，应鼓励其尽早进食。对合并消化道出血者，应禁饮食，予以肠外营养。

6. 维持内环境稳定 积极补液，及时纠正电解质紊乱和酸碱失衡。

（五）中间综合征及反跳的治疗

中间综合征的治疗以对症支持治疗为主，早期识别，及时、正确进行高级生命支持，特别是呼吸支持，是救治患者的关键。若患者出现反跳现象，则应积极寻找可能的原因并予以去除，同时可重新按照胆碱能危象予以解毒剂治疗。

（刘 英）

第二节 急性镇静催眠药及抗精神病药中毒

镇静催眠药是中枢神经抑制药，具有镇静、抗焦虑、催眠和抗惊厥等作用。一般来说，服用小剂量镇静催眠药可产生镇静作用，使患者安静，减轻或消除激动、焦虑不安等；中等剂量时可引起近似生理性催眠效应；大剂量时则产生抗惊厥等作用；剂量过大时可引起全身麻醉，包括抑制延髓中枢，一次服用大剂量可导致急性镇静催眠药中毒（acute sedative-hypnotic poisoning）；长期滥用可引起耐药性和依赖性而导致慢性中毒，突然停药或减量则可引起戒断综合征。抗精神病药是指可用于治疗各类精神病及各类精神症状的药物。抗精神病药中毒患者早期死亡多由于呼吸抑制、心律失常或癫痫反复发作所致，晚期死亡常因循环衰竭及多器官功能衰竭等导致。

一、镇静催眠药的主要分类

（一）苯二氮䓬类

苯二氮䓬类（benzodiazepine，BZD）主要包括以下几种。
1. **长效类** 氯氮䓬、地西泮、氟西泮。
2. **中效类** 阿普唑仑、奥沙西泮、替马西泮。
3. **短效类** 三唑仑。

（二）巴比妥类

巴比妥类（barbiturates）主要包括以下几种。
1. **长效类** 巴比妥、苯巴比妥（苯巴比妥）。
2. **中效类** 戊巴比妥、异戊巴比妥、布他比妥。
3. **短效类** 司可巴比妥、硫喷妥钠。

（三）非巴比妥非苯二氮䓬类

主要包括水合氯醛、格鲁米特、甲喹酮、甲丙氨酯。

（四）吩噻嗪类抗精神病药

吩噻嗪类（phenothiazine）抗精神病药主要包括以下几种。

1. 二甲胺类 氯丙嗪。

2. 哌啶类 硫利达嗪。

3. 哌嗪类 奋乃静、氟奋乃静、三氟拉嗪。

知识拓展

戒断综合征

各种镇静催眠药均可产生耐受性与依赖性，因而可引起戒断综合征。长期服用苯二氮䓬类药物突然停药时，机体可由于苯二氮䓬类受体密度上调而出现戒断综合征。巴比妥类、非巴比妥类以及乙醇发生耐受性、依赖性和戒断综合征的情况更为严重。产生依赖性的证据是停药后发生戒断综合征。其特点是出现与药理作用相反的症状，如停用巴比妥类药物后出现躁动和癫痫发作；停用苯二氮䓬类药物后出现焦虑和睡眠障碍。主要表现自主神经兴奋性增高或轻、中度神经精神症状。

戒断综合征应与以下情况相鉴别：原发性癫痫，患者以往有癫痫发作史；精神分裂症、酒精中毒患者均可有震颤和谵妄，但前者有既往史，后者有酗酒史。

治疗原则是应用足量镇静催眠药控制戒断症状后，逐渐减少药量，直至停药。将原用短效药换成长效药，如地西泮或苯巴比妥。

二、毒理学特点与发病机制

1. 苯二氮䓬类药物中毒 大剂量使用除可抑制中枢神经系统外，还可抑制心血管系统。静脉注射时，可引起明显的呼吸及心血管抑制效应。苯二氮䓬类药物与其受体结合后，可增强 γ-氨基丁酸（GABA）与 GABA 受体结合的亲和力，使与 GABA 受体偶联的氯离子通道开放，并增强 GABA 的突触后抑制作用，选择性作用于边缘系统，影响情绪和记忆力。

2. 巴比妥类药物中毒 一般口服 0.6 g 戊巴比妥即可引起轻度中毒，口服催眠剂量的 5~10 倍可引起中度中毒，15~20 倍则可引起重度中毒并危及生命。其作用机制是：①促进 GABA 与其受体在突触后膜的结合，引起神经细胞超极化而抑制神经传导。②使钠离子及电压依赖性钾离子通道的神经兴奋作用受抑制。③通过抑制周围神经的烟碱受体而影响神经肌肉传递以及血压水平。④大剂量应用可直接抑制延髓呼吸中枢而导致呼吸衰竭，抑制血管运动中枢而引起休克及肾衰竭，抑制体温调节中枢而导致低体温。⑤长期应用巴比妥类药物可影响细胞色素 P450 还原酶而导致肝损害。

3. 吩噻嗪类药物中毒 氯丙嗪有扩血管作用，容易造成直立性低血压。此类药物可阻断突触前或突触后多巴胺受体及 α 肾上腺素能受体，这种不平衡可诱发致死性心律失常。

4. 抗抑郁药中毒 阿米替林是常用的三环类抗抑郁药，其主要代谢产物去甲替林仍具有

活性。阿米替林的血浆半衰期为 32～40 h，1.5～3.0 g 可引起严重中毒而导致患者死亡。药物进入人体后，可选择性地抑制中枢突触去甲肾上腺素的再摄取，从而发挥抗抑郁效应。此外，此类药物还有中枢与外周抗胆碱能作用、心脏毒性、拟交感作用、H_1 受体阻断作用，与单胺氧化酶抑制剂、吩噻嗪类、拟交感胺类及巴比妥类药物合用，可加重心血管毒性、神经系统毒性及呼吸抑制作用。

三、临床表现

（一）不同药物中毒症状

1. 镇静催眠药 轻度中毒患者可出现头痛、头晕、嗜睡、乏力、动作不协调、语言不流利、视物模糊、皮肤湿冷、出汗、脉率加快；重度中毒患者可出现昏睡、昏迷、血压下降、发绀，以及角膜反射、瞳孔反射、咽反射消失。同时服用乙醇或其他镇静催眠药物者易发生深昏迷和呼吸抑制。

2. 抗精神病药 最常见的是锥体外系反应，临床表现为震颤麻痹、静坐不能、急性肌张力障碍（如斜颈、吞咽困难、牙关紧闭）；意识障碍，嗜睡、昏迷、排尿与排便失禁，重者可出现瞳孔缩小、呼吸抑制、肌肉震颤；体温调节紊乱，可导致低体温或体温升高；原有癫痫或器质性脑病者可出现癫痫。患者可伴有四肢发冷、心悸、血压下降、直立性低血压，严重者可出现持续性低血压、心律失常。心律失常和低血压是抗精神病药中毒的主要心血管系统表现。抗胆碱能症状主要表现为口干、视物模糊、瞳孔扩大、皮肤潮红及干燥、心动过速和尿潴留等。

3. 抗抑郁药 中毒症状大多在服药后 4 h 内出现，24 h 达高峰，持续 1 周左右。患者可出现锥体外系反应、意识障碍、体温异常、心血管系统症状及抗胆碱能症状。典型表现为昏迷、惊厥发作和心律失常三联征。

（二）特殊症状

地西泮中毒时，患者可出现锥体束征和震颤。格鲁米特中毒时，患者可出现抗胆碱能症状，如瞳孔散大等。甲喹酮中毒时，患者可发生过敏反应，可出现明显的呼吸抑制及锥体束征。巴比妥类中毒时，患者可出现肝功能损害。苯妥英钠中毒时，患者可出现眼球震颤、抽搐。三环类抗抑郁药中毒表现为心动过速、血压先升高，后下降。水合氯醛中毒时，患者可出现恶心、呕吐、胃出血，心律失常和肝、肾功能损害等。对吩噻嗪类药物过敏者可出现剥脱性皮炎、粒细胞缺乏症及胆汁淤积性肝炎等。氯丙嗪有胆碱酯酶抑制作用，中毒时可导致肺水肿。戒断综合征主要表现为自主神经兴奋性增高和轻、中度神经精神异常。轻症患者可出现焦虑、易激动、失眠、头痛、厌食、震颤和肌无力等。重症患者可出现痫性发作、幻觉、妄想、定向力障碍、高热和谵妄等。

四、诊断

1. 病史 患者有误服或自服大剂量药物史，或现场查出残留的药物。

2. 临床表现 中毒症状的轻重主要取决于进入人体内的药物种类、用药途径、剂量、作用时间长短，以及抢救时间和患者的基础状态。主要是中枢神经系统、呼吸系统及心血管系统

抑制的症状和体征。轻度中毒者可出现动作不协调、语言不清、皮肤苍白、出冷汗，严重者可出现呼吸、循环障碍。

3. 实验室检查 检测血液、呕吐物、洗胃液及尿液中的药物有助于明确诊断。进行血液生化检查（血糖、尿素氮、肌酐和电解质等）可判断机体功能损害程度。进行动脉血气分析，可了解患者是否有呼吸抑制所致的低氧血症或二氧化碳潴留，可反映呼吸抑制程度。

五、鉴别诊断

根据患者是否有原发性高血压、癫痫、肿瘤、肝病、糖尿病、肾病等病史以及一氧化碳、有机溶剂等接触史，是否有头部外伤、发热、脑膜刺激征、偏瘫、发绀等体征以及必要的实验室检查进行综合分析。本病应与导致意识障碍的其他疾病（如脑血管意外、癫痫、脑肿瘤、肝性脑病、酒精中毒）相鉴别。

六、救治措施

（一）评估和维护重要脏器功能

1. 保持呼吸道通畅 予以高流量吸氧；对出现昏迷、呼吸抑制者，可行气管插管、人工通气。

2. 维持血压 低血压多由于血管扩张所致，应予以输液，补充血容量。若补液无效，则可考虑予以升压药治疗。

3. 心电监护 进行心电监护。若患者出现心律失常，则可酌情予以抗心律失常药物。

4. 促进意识恢复 应用纳洛酮等药物。

（二）清除毒物

1. 催吐与洗胃 口服中毒者若意识清醒，则应立即予以催吐。尽快用清水或者1∶5000高锰酸钾溶液洗胃，洗胃后向胃内灌入药用活性炭，以吸附残留药物，再予以硫酸钠导泻。忌用硫酸镁导泻，因为镁离子可部分吸收而抑制中枢神经系统。水合氯醛对胃黏膜具有腐蚀作用，故洗胃时应特别注意防止消化道穿孔。

2. 碱化尿液与利尿 维持水、电解质和酸碱平衡，碱化尿液，保持充足的尿量；予以利尿，促进药物排泄。

3. 血液净化 对存在肾功能不全或严重中效巴比妥类药物中毒者，可考虑进行血液透析，以排出体内过多的毒物，纠正高钾血症和酸中毒，治疗氮质血症。对于肝功能不全的危重患者，可试用活性炭树脂进行血液灌流。对肝、肾功能正常的危重患者，应首选血液灌流。

（三）应用特效解毒药

氟吗西尼是苯二氮䓬受体特异性拮抗剂，可通过竞争性抑制苯二氮䓬受体而阻断此类药物对中枢神经系统的作用。首次剂量为 0.3 mg，缓慢静脉注射，必要时可予以 0.2 mg/min 重复静脉注射，直至患者清醒，总量可达 2 mg。由于此药半衰期短（40～80 min），故对治疗有效者应重复给药 0.1～0.4 mg/h，以防止症状复发。对有癫痫病史的患者，此药可诱发难以控制的癫痫发作，故禁止与可致癫痫发作的药物联合应用，特别是三环类抗抑郁药。长期和或大

剂量服用苯二氮䓬类药物的患者可出现戒断综合征。对于中毒原因不明的昏迷患者，氟马西尼有显著的诊断价值。碳酸氢钠对急性三环类抗抑郁药有明显的解毒效果，可用 5% 碳酸氢钠 125～250 ml 静脉滴注，维持血 pH 为 7.45～7.55。

（四）对症治疗

1. 应用中枢神经兴奋剂　纳洛酮具有引起呼吸兴奋、催醒、解除呼吸抑制的作用，可应用 0.4～2.0 mg 静脉注射，必要时可 2 h 后重复给药，直至患者清醒。多沙普仑 0.5～1.0 mg/kg 静脉注射，用药量不超过 1.5 mg/kg，必要时每隔 10～15 min 静脉注射 1 次，或起效后用 5% 葡萄糖注射液稀释为 1 mg/ml，静脉滴注，每小时总量不宜超过 300 mg，可直接兴奋延髓呼吸中枢并作用于颈动脉体化学感受器，解除呼吸抑制。

2. 中毒性低血压或休克　及时进行液体复苏，若患者血压仍低，则可加用升压药，主张用去甲肾上腺素、间羟胺及去氧肾上腺素等 α 受体激动药。具有 β 受体激动作用的肾上腺素、异丙肾上腺素及多巴胺等应慎用，否则可加重低血压。

3. 纠正心律失常
（1）缓慢型心律失常：对出现严重心动过缓伴血压下降者，应行紧急临时心脏起搏治疗，也可用异丙肾上腺素 1 mg 加入 5% 葡萄糖注射液 200～300 ml 中缓慢静脉滴注。
（2）室上性心动过速：可选用胺碘酮、普罗帕酮等静脉注射。对血流动力学不稳定者，可行同步电复律，或行经食管心房调搏超速抑制。
（3）室性心动过速：可选用利多卡因、胺碘酮等，但不宜用普鲁卡因胺，因为该药可能加重心脏毒性。对伴有血流动力学不稳定的室性心动过速患者，首选同步电复律治疗。对发生尖端扭转型室性心动过速的患者，首选硫酸镁治疗，及时纠正低钾血症等。

4. 控制癫痫发作　癫痫发作时，可用丙戊酸治疗，避免应用地西泮及巴比妥类药物。若患者出现震颤麻痹，则可选用苯海索、东莨菪碱等；若患者出现肌肉痉挛及肌张力障碍，则可予以苯海拉明口服或肌内注射。患者的抗胆碱能症状常自行减轻或消失，不宜选用毒扁豆碱，因为该药可能加重心脏传导阻滞，引起心肌收缩功能不全，加重低血压、心动过缓，甚至导致心脏停搏和诱发癫痫发作。

（五）并发症的治疗

1. 肺部感染　昏迷患者易并发肺部感染，应加强护理，针对病原菌予以抗菌药治疗，需注意并发真菌感染的可能。

2. 急性肾衰竭　多由于休克所致，应及时进行抗休克治疗，避免使用肾毒性药物，必要时予以利尿药及血液透析治疗。

（刘　英）

第三节　灭鼠药中毒

灭鼠药（rodenticide）是指一类可以杀死啮齿动物（如鼠类）的化合物。灭鼠药中毒可因误食、自服等导致。毒物多经消化道吸收，也可经皮肤接触或呼吸道吸入。多数中毒者有消化道症状，严重者可出现全身抽搐、器官衰竭或凝血功能障碍而危及生命。根据灭鼠药起效的急缓可分为急性灭鼠药中毒，如毒鼠强（tetramine）、氟乙酰胺（fluoroacetamide）、氟乙酸钠（sodium fluoroacetate）等，慢性灭鼠药中毒，如杀鼠迷（coumatetralyl）、杀鼠灵（banarat）、

溴敌隆（bromadiolone）等。根据作用机制和化学结构，可将灭鼠药分为以下 5 类：①抗凝血类，如敌鼠钠（diphacinone-Na）、杀鼠灵、溴鼠隆（brodifacoum）和溴敌隆等；②氮环类，如毒鼠强等；③有机氟类，如氟乙酰胺、氟乙酸钠和甘氟（gliftor）等；④有机磷类，如毒鼠磷（phosazetin）、杀鼠灵等；⑤无机化合物类，如磷化锌（zinc phosphide）、磷化铝（aluminium phosphide）等。

案例 13-2

患者，男性，33 岁，因"牙龈渗血 2 h"来诊。患者 2 h 前晨起刷牙时发现牙龈渗血，无牙龈疼痛，无头痛、头晕，无恶心、呕吐，在当地口腔诊所进行对症处理，渗血无明显改善，遂来诊。到急诊科就诊时，患者仍有牙龈渗血。既往身体健康，3 天前曾在路边摊自行购买烤肉串 20 支并全部进食，无外伤史。

体格检查：T 36.5℃，P 66 次 / 分，R 18 次 / 分，BP 128/81 mmHg，神志清楚，精神状态尚可，面色红润，牙龈渗血。右侧下背部可见一约 4 cm×5 cm 的瘀斑，触之无明显痛感。心脏、肺、腹部检查未见阳性体征。

辅助检查：白细胞计数 8.49×10^9/L，红细胞计数 4.23×10^{12}/L，血红蛋白 109 g/L，血小板计数 180×10^9/L，血细胞比容 0.439；凝血酶原时间 80.3 s，活化部分凝血活酶时间 99.5 s，凝血酶时间 85.2 s。

问题：
1. 如何对该患者做出诊断及鉴别诊断？
2. 对该患者的处理措施有哪些？

一、毒理学特点与发病机制

1. 抗凝血灭鼠药中毒 抗凝血灭鼠药属于缓效杀鼠剂，其结构与维生素 K 相似，可干扰肝对维生素 K 的利用，使凝血酶原和凝血因子 Ⅱ、Ⅶ、Ⅸ、Ⅹ 等的合成受阻，导致凝血时间及凝血酶原时间延长而引起皮肤及内脏广泛出血。其代谢产物亚苄基丙酮可直接损伤毛细血管壁，使毛细血管通透性增高而加重出血。敌鼠（第一代抗凝血类高毒灭鼠药）对大鼠的 LD_{50} 为 3 mg/kg，溴敌隆（第二代抗凝血类剧毒灭鼠药）为 1.75 mg/kg。此类灭鼠药的毒性特点是连续给药时毒性明显增强，具有二次中毒特性，即其他动物误食中毒鼠尸可引起中毒。

2. 中枢神经系统兴奋类灭鼠药中毒 此类灭鼠药的典型代表是毒鼠强，化学名为四亚甲基二砜四胺，为无臭、无味的白色粉末，属于剧毒类灭鼠药。毒鼠强主要经胃肠道、呼吸道吸收，以原型随尿液排出。毒鼠强对大鼠的 LD_{50} 为 0.1 ~ 0.3 mg/kg，对人体的致死量为 0.1 ~ 0.2 mg/kg。其引起中毒的机制是拮抗中枢神经系统抑制性神经递质 γ- 氨基丁酸（GABA），阻断 GABA 对神经元的抑制作用，使运动神经元过度兴奋，具有强烈的脑干刺激作用，可引起抽搐、阵挛性惊厥。由于其剧烈的毒性和稳定性，易造成二次中毒。目前尚无特效解毒药。

3. 有机氟类灭鼠药中毒 此类灭鼠药的典型代表是氟乙酰胺，进入人体后，经脱氨（钠）作用形成氟乙酸，氟乙酸与三磷酸腺苷和辅酶结合生成氟柠檬酸，可干扰三羧酸循环，从而引起以中枢神经系统和心血管系统为主的毒性损害。氟乙酰胺对大鼠的 LD_{50} 为 15 mg/kg，人类口服致死量为 2~10 mg/kg。该药对人、畜具有剧毒性。通常情况下，经长期保存或高温、高压处理，其毒性不变，易造成人、畜二次中毒。

4. 有机磷类灭鼠药中毒 与急性有机磷农药中毒类似。

5. 无机磷类灭鼠药中毒 此类灭鼠药的典型代表是磷化锌，人体致死量为 4.0 mg/kg。磷化锌经口服后，可在胃酸作用下分解生成磷化氢和氯化锌。磷化氢可抑制细胞色素氧化酶，导致神经细胞内呼吸功能障碍，主要损害中枢神经系统、呼吸系统和心血管系统等。氯化锌对胃肠黏膜有强烈的刺激与腐蚀作用，可导致胃出血和溃疡。磷化锌吸入后，可引起心血管、内分泌、肝、肾功能严重损害，导致多器官功能衰竭。

二、临床表现

1. 抗凝血灭鼠药中毒 潜伏期较长，多为 1~7 天，早期表现为恶心、呕吐、腹痛、食欲减退、低热。1~3 天后，患者可出现出血症状，表现为鼻出血、结膜出血、牙龈出血、皮肤紫癜，呼吸道、消化道和泌尿系统及生殖道出血、女性子宫及阴道出血。患者可并发脑出血、蛛网膜下腔出血、血性胸膜炎、失血性贫血、出血性休克及急性肾衰竭等。

2. 毒鼠强中毒 急性口服中毒者潜伏期短，多在 10~30 min 内发病。神经系统症状为毒鼠强中毒的突出表现，患者先出现惊厥，后出现阵挛性抽搐，随即转变为强直性痉挛。重度中毒者表现为突发癫痫大发作，在进食过程中或进食后突然倒地抽搐，持续 1~2 min 即自行停止，间隔数分钟后再次发作。个别患者表现为癫痫持续状态，部分患者抽搐控制后可出现精神症状，有不同程度的意识障碍，表现为谵妄、昏迷，呈恐怖面容，惊恐不安，发作时全身肌张力极度增高，伴发绀或面色苍白，严重者可出现呼吸暂停。惊厥发作时，大多双眼睁开，瞳孔扩大，对光反射迟钝。中毒者可因剧烈抽搐、昏迷、强直性惊厥，导致呼吸衰竭而死亡，是毒鼠强中毒致死的主要原因。

3. 氟乙酰胺中毒 潜伏期很短，通常为数分钟至数小时。前驱症状通常为感觉异常、幻觉、癫痫样抽搐，随后出现神志不清、血压下降、心律失常、心力衰竭、肠麻痹、排尿与排便失禁等。抽搐是氟乙酰胺中毒患者最突出的表现，起病急骤，反复发作，进行性加重，常导致呼吸衰竭而致死。

4. 有机磷类灭鼠药中毒 与急性有机磷农药中毒类似。

5. 磷化锌中毒 患者先出现消化道症状，表现为恶心、呕吐、腹痛、腹泻、口腔及咽部有烧灼感，逐渐出现烦躁不安、血压下降、全身麻木、运动障碍，严重者可出现意识障碍、抽搐、休克、呼吸困难、肺水肿和心律失常等。

三、辅助检查

1. 抗凝血灭鼠药中毒 凝血酶原时间、凝血时间延长，出血时间延长。简易凝血活酶生成试验或白陶土部分凝血活酶时间延长。血管脆性试验可阳性，肾功能指标可显著增高，肝功能指标出现异常。

2. 毒鼠强中毒 可见血常规检查指标、氨基转移酶异常及肌酶升高等。其中，磷酸肌酸激酶明显升高是其典型特点。脑电图检查在症状控制当天或次日可显示 θ 波阵发性节律性活动明显增多，δ 波阵发性分布并有高电位慢棘波综合发放，待患者病情好转后可恢复正常。

3. 氟乙酰胺中毒 可检测出氟乙酰胺代谢产物氟乙酸，血、尿柠檬酸增高，血钙、血糖降低，血酮体升高，肌酸激酶明显升高。心电图检查可见 QT 间期延长，ST 段及 T 波改变，出现 U 波等。

4. 有机磷类灭鼠药中毒 与急性有机磷农药中毒类似。

5. 磷化锌中毒 血红蛋白降低，电解质紊乱；血磷升高，肝、肾功能及心肌酶学指标出现异常。

四、诊断

1. 抗凝血灭鼠药中毒 主要根据服毒史、广泛性出血表现和凝血酶原时间及凝血时间延长等检查做出诊断。诊断困难时，应做简易凝血活酶生成纠正试验。也可取血液、尿液及胃内容物或呕吐物进行毒物鉴定。

2. 毒鼠强中毒 可根据毒物接触史、潜伏期短，结合典型的阵发性抽搐或惊厥表现做出临床诊断，进行血液、尿液及胃内容物毒物鉴定可以确诊。根据症状、脑电图检查和血药浓度可进行中毒程度分级。

（1）轻度中毒：患者可出现恶心、呕吐，伴上腹部烧灼感和腹痛，头晕、头痛、视物模糊，部分患者可出现肌束震颤或肢体抽搐。脑电图检查大多正常。血毒鼠强浓度一般<50 ng/ml，预后良好。

（2）中度中毒：患者可出现阵发性全身抽搐、发绀、意识模糊，抽搐间歇期无昏迷。脑电图检查显示轻、中度异常。经适当处理，患者一般可完全治愈。

（3）重度中毒：患者可出现持续昏迷，排尿与排便失禁，全身性阵挛性抽搐频繁发作，间歇期短。脑电图检查显示中、重度异常。一般能治愈，部分患者可死亡，或留有后遗症。

（4）极重度中毒：患者呈深昏迷，出现全身强直性惊厥发作，呈持续状态，几乎无间歇期，甚至出现角弓反张，可伴有中枢性高热，甚至呼吸和（或）心搏停止。脑电图检查显示重度异常。血毒鼠强浓度高达 400~800 ng/ml，病死率极高，存活者多有后遗症。

3. 氟乙酰胺中毒 患者有氟乙酰胺接触史，数小时内出现神经系统症状及反复抽搐等，血、尿氟乙酸盐检测呈阳性，即可诊断。

（1）轻度中毒：患者可出现头痛、头晕、视物模糊、乏力、四肢发麻、面部和肢体小抽搐，可伴有口渴、恶心、呕吐、上腹部烧灼感、腹痛，可出现窦性心动过速，体温降低。

（2）中度中毒：除上述症状外，患者还可出现烦躁不安、肌束震颤、肢体间歇性抽搐；呼吸道分泌物增多，呼吸困难；轻度心肌损害和血压降低。

（3）重度中毒：患者可出现昏迷、谵妄、阵发性强直性痉挛；排尿与排便失禁、呼吸衰竭；严重心肌损害、心律失常、心室颤动、心力衰竭。

4. 有机磷类灭鼠药中毒 与急性有机磷农药中毒类似。

5. 磷化锌中毒 根据服毒史，患者出现明显的消化道症状，呼出气及呕吐物有特殊的磷化氢气味（蒜臭味），多器官损害，特别是心脏、肝、肾、肺损害的表现，可做出诊断。

五、鉴别诊断

1. 敌鼠钠中毒 应与血小板减少性紫癜、过敏性紫癜、再生障碍性贫血、血友病等出血性疾病相鉴别。凝血因子Ⅱ、Ⅶ、Ⅸ、Ⅹ缺乏是其特征。

2. 毒鼠强中毒 氟乙酰胺等也可引起惊厥，但吸收后需要经体内代谢才可导致惊厥，潜伏期相对较长。而毒鼠强经口腔黏膜及胃肠吸收后，可直接导致惊厥，故潜伏期较短。进行血液、尿液及胃内容物毒物鉴定有助于鉴别诊断。诊断原发性癫痫时，应排除毒鼠强中毒。有机磷农药中毒患者一般无毒鼠强中毒的特征性惊厥表现，血胆碱酯酶水平降低，进行毒物鉴定可资鉴别。

六、救治措施

1. 清除毒物 包括催吐、洗胃、导泻等。对氟乙酰胺中毒者，宜用0.2%～0.5%氯化钙溶液反复洗胃，予以患者饮豆浆、牛奶等，并服用钙盐，如葡萄糖酸钙或乳酸钙1～2 g。导泻可用20%～30%硫酸镁30～60 ml或硫酸钠20～30 g吞服，或用番泻叶30～50 g，以温水冲饮。

2. 解毒治疗

（1）维生素K_1：对敌鼠钠中毒有特殊疗效，应尽早足量使用。每次10～20 mg，肌内注射或静脉滴注，或每天2～3次肌内注射。对中毒严重者，可用80～120 mg/d，待凝血时间、凝血酶原时间恢复正常后，再用3～7天，若停药过早，则再次发生出血。也可予以凝血酶复合物（含凝血因子Ⅱ、Ⅶ、Ⅸ、Ⅹ）静脉滴注，首次剂量为40 U/kg，之后每天以15～20 U/kg维持，直至患者不再出血。

（2）乙酰胺（acetamide）：又名解氟灵，为氟乙酰胺中毒的特效解毒剂。按每天0.3 g/kg的剂量，分2～4次肌内注射，或50%乙酰胺溶液，首次剂量为全日剂量的一半，之后每隔6～12 h注射1次，直至抽搐停止。此药大量应用可引起血尿，必要时应停药，并加用糖皮质激素。

（3）二巯丙磺钠：可拮抗毒物的神经肌肉阻滞和呼吸抑制作用，用于解救毒鼠强中毒，其疗效尚存在争议。

3. 血液净化 对服毒量大、洗胃不彻底者，可选用血液灌流及血液透析疗法，但对敌鼠钠中毒且出现广泛出血者，不宜采用。

4. 应用糖皮质激素 一般选用地塞米松20～60 mg静脉滴注，或氢化可的松每日200～400 mg加入5%葡萄糖溶液中静脉滴注。

5. 控制抽搐发作 对毒鼠强和氟乙酰胺中毒者，可选用地西泮或丙戊酸，其用量以达到控制抽搐为度。对反复抽搐者，应每6 h使用脱水剂1次。①地西泮10～20 mg缓慢静脉注射，必要时可重复用药；也可以5～10 mg/h的速度静脉滴注。②丙戊酸0.2～0.4 g缓慢静脉注射。提倡尽早应用，缓慢减量，持续长时间用药，直至痊愈。重度中毒患者意识清醒后若发生一过性精神错乱，可予以氟哌啶醇控制症状。

6. 对症治疗 防治呼吸、循环衰竭。对惊厥患者，在控制抽搐的同时行气管插管，必要时应用呼吸机辅助通气。保护心肌，纠正心律失常，对心肌损害者禁用洋地黄制剂。对昏迷患者可选用高压氧疗。维持血压及脱水、降低颅内压等治疗。注意保持水、电解质及酸碱平衡，加强护理，防治并发症。

（刘 英）

第四节 急性酒精中毒

一、概念

急性酒精中毒（acute alcoholic intoxication）是指由于短时间摄入大量酒精或含酒精饮料后出现的中枢神经系统功能紊乱状态，多表现行为和意识异常，严重者出现脏器功能损害，导致呼吸、循环衰竭，进而危及生命，又称急性乙醇中毒。

> **基础回顾**
>
> **乙醇代谢**
>
> 乙醇（CH_3CH_2OH）是一种水溶性醇，可快速通过细胞膜，经胃肠系统吸收，主要是胃（70%）和十二指肠（25%），少量在小肠吸收。当胃中无内容物时，血液乙醇水平在摄入后 30～90 min 达到峰值。乙醇 90% 在肝内代谢、分解，经肾和肺排出量约占总量的 10%。乙醇先在肝内由乙醇脱氢酶氧化为乙醛，乙醛经乙醛脱氢酶氧化为乙酸，乙酸转化为乙酰辅酶 A 并进入三羧酸循环，最终代谢为 CO_2 和 H_2O。乙醇的代谢是限速反应。乙醇清除率为 2.2 mmol/（kg·h）[100 mg/（kg·h）]，成人每小时可清除乙醇 7 g（100% 乙醇 9 ml 在血液中的浓度下降速度约为 0.43 mmol/h [20 mg/（dl·h）]）。虽然机体对血液中乙醇浓度升高程度的耐受性存在较大的个体差异，但血液乙醇致死浓度并无个体差异，大多数成人致死量相当于一次饮用纯酒精 250～500 ml。

二、毒理学特点及发病机制

（一）乙醇的吸收与代谢

乙醇经胃和小肠在 0.5～3 h 内被完全吸收，分布于全身，包括脑和肺，90% 在肝内代谢、分解。空腹饮酒 30～90 min 后，血液乙醇水平达到峰值。乙醇的代谢主要在肝内乙醇脱氢酶的作用下进行。成人每小时可清除乙醇 7 g（100% 乙醇 9 ml）。对大多数成人，单次饮酒量相当于 100% 乙醇 250～500 g 即可达到致死量。

（二）中毒机制

1. 中枢神经系统抑制作用 乙醇具有脂溶性，可迅速透过大脑神经细胞膜，并作用于膜上的某些酶而影响细胞功能。血液中乙醇浓度增高时，作用于小脑，可引起共济失调，作用于网状结构，可引起昏睡和昏迷，极高浓度乙醇可抑制延髓中枢而引起呼吸、循环衰竭。

2. 代谢异常 乙醇在肝细胞内代谢生成大量还原型烟酰胺腺嘌呤二核苷酸（NADH），使之与烟酰胺腺嘌呤二核苷酸的浓度比值（NADH/NAD）增高，可高达正常值的 2～3 倍，继而引起乳酸、血酮体等代谢产物蓄积，导致代谢性酸中毒；糖异生受阻，可引起低血糖。

三、临床表现

（一）轻度（单纯性醉酒）

患者仅有情绪、语言兴奋状态的神经系统表现，如语无伦次，但不具备攻击行为，可出现轻度运动不协调，嗜睡，能被唤醒，简单对答基本正确，神经反射正常存在。

（二）中度

具备下列之一者为中度酒精中毒。
1. 昏睡或昏迷，Glasgow 昏迷评分 >5 分，且 ≤8 分。
2. 具有经语言或心理疏导不能缓解的躁狂或攻击行为。
3. 意识不清伴神经反射减弱的严重共济失调。
4. 出现幻觉或惊厥发作。
5. 有代谢紊乱的表现，如酸中毒、低钾血症、低血糖。
6. 在轻度中毒的基础上并发脏器功能明显受损表现，如心律失常（频发期前收缩、心房颤动或心房扑动等），心肌损伤表现（ST 段 -T 波异常、心肌酶升高 2 倍以上）或上消化道出血、胰腺炎等。

（三）重度

具备下列之一者为重度酒精中毒。
1. **昏迷** Glasgow 昏迷评分 ≤5 分。
2. **出现微循环灌注不足的表现** 如面色苍白，皮肤湿冷，口唇轻度发绀，心率加快，脉搏细弱或不能触及，血压代偿性升高或下降，昏迷伴有失代偿期临床表现的休克时为极重度。
3. **出现严重代谢紊乱** 如酸中毒（pH≤7.2）、低钾血症（血清钾≤2.5 mmol/L）、低血糖（血糖≤2.5 mmol/L）之一者。
4. 出现心脏、肝、肾、肺等急性器官功能不全的表现。

四、急性酒精中毒的诊断

（一）临床诊断

具备以下 2 项，临床上即可诊断为急性酒精中毒。
1. 明确的过量酒精或含酒精饮料摄入史。
2. 呼出气或呕吐物有酒精气味，并且有下列表现之一者：①易激惹、多语或沉默、语无伦次，情绪不稳，行为粗鲁或出现攻击行为，恶心、呕吐等；②感觉迟钝、肌肉运动不协调，躁动，明显共济失调，眼球震颤，复视；③出现严重的意识障碍，神经反射减弱、微循环灌注不足表现，呼吸节律或频率异常、心率加快或减慢，排尿、排便失禁等。

（二）临床确诊急性酒精中毒

在临床诊断的基础上，血液或呼出气乙醇浓度大于 11 mmol/L（50 mg/dl）。

五、鉴别诊断

1. 与引起昏迷的疾病相鉴别　如镇静催眠药中毒、一氧化碳中毒、脑血管意外、糖尿病昏迷、颅脑外伤等。

2. 与急性甲醇中毒相鉴别　患者有甲醇接触史，出现视物模糊、头晕、发热、全身乏力、失眠、步态不稳、恶心、呕吐、腹痛、视觉障碍、复视，眼前有跳动性黑点、飞雪、闪光点、表情淡漠、昏睡、呼吸衰竭以及严重的酸中毒、休克等。尤其是当患者出现急性酒精中毒的表现并伴有难以纠正的严重酸中毒时，应考虑急性甲醇中毒的可能。

六、救治措施

对轻度中毒，无显著生命体征异常的患者，通常不需要特殊处置。对出现共济失调者，应严格限制活动，以免发生外伤。对重症患者，应采取以下治疗措施。

（一）急救措施

1. 维持呼吸功能　保证气道通畅、供氧充足，必要时行气管插管及机械通气辅助呼吸。

2. 维持循环功能　监测血压、心律（率）、脉搏和心功能状态。

（二）常规治疗

1. 清除毒物　由于酒精吸收迅速，催吐、洗胃和导泻不适用于轻度中毒患者。对 2 h 内的中、重度中毒患者，可考虑应用 1% 碳酸氢钠或温水洗胃，洗胃液不可过多，每次入量不超过 200 ml，总量为 2000~4000 ml，同时注意保护气道，防止呕吐物误吸。

2. 药物治疗

（1）促酒精代谢药物：美他多辛是乙醛脱氢酶激活剂，适用于中、重度中毒患者，尤其是伴有攻击行为、情绪异常的患者。每次用量为 0.9 g，静脉滴注给药。适当补液及补充维生素 B_1、维生素 B_6、维生素 C，有利于乙醇的氧化代谢。

（2）促醒药物：纳洛酮可特异性拮抗内源性吗啡样物质介导的各种效应。对中度中毒患者，首次剂量为 0.4~0.8 mg，稀释后静脉推注，必要时可加量重复用药；对重度中毒患者，首次剂量为 0.8~1.2 mg，用药后 30 min，若患者神志未恢复，则可重复用药 1 次，或将纳洛酮 2 mg 加入 5% 葡萄糖溶液或生理盐水 500 ml 中，以 0.4 mg/h 的速度静脉滴注或微量泵入，直至患者神志清醒。

（3）镇静剂：应慎重使用镇静剂，对出现烦躁不安或过度兴奋、攻击行为者，可肌内注射地西泮；对躁狂者，首选氟哌啶醇，避免用苯巴比妥类镇静剂，以免引起呼吸抑制。

（4）胃黏膜保护剂：抗酸药可常规应用于重度中毒患者，特别是消化道症状明显的患者。

3. 血液净化疗法与适应证　血液透析可以作为首选，连续性肾脏替代治疗（CRRT）也是可行的治疗方法。对具备下列情况之一者，可进行血液净化治疗：①血液中乙醇含量超过 108 mmol/L（500 mg/dl）；②处于呼吸、循环严重抑制的深昏迷状态；③酸中毒（pH 7.2）伴休克表现；④重度中毒，出现急性肾功能不全；⑤复合中毒或高度怀疑合并其他中毒并危及生命。根据毒物特点酌情选择血液净化方式。

4. 单纯急性酒精中毒　无应用抗生素的适应证，除非有明确的感染证据，如误吸呕吐物而导致肺部感染。应用抗生素可诱发双硫仑样反应，其中以 β-内酰胺类抗生素多见，尤其是

头孢哌酮，其他还有甲硝唑、呋喃唑酮等。

5. 支持治疗 注意保暖，维持正常体温，予以适当的保护性约束。维持水、电解质和酸碱平衡。纠正低血糖，对出现脑水肿者应用脱水剂。

（张　玲）

第五节　急性有害气体中毒

急性一氧化碳中毒

一、概念

在生产和生活环境中，含碳物质燃烧不完全时，可以产生一氧化碳（carbon monoxide，CO），它是一种无色、无味、可燃、有毒的气体。CO 进入人体后，与血红蛋白结合生成碳氧血红蛋白（carboxyhemoglobin，COHb），影响氧的运输与利用，导致机体急性缺氧，出现神经、呼吸和循环系统病变，临床上称为急性一氧化碳中毒（acute carbon monoxide poisoning）。急性一氧化碳中毒在我国中部及北部地区比较常见，多发生于冬季。

二、发病机制

CO 中毒主要引起组织缺氧。CO 进入人体内后，85% 与血液中红细胞内的血红蛋白（Hb）结合，形成稳定的 COHb。CO 与 Hb 的亲和力比氧与 Hb 的亲和力强 240 倍。吸入较低浓度的 CO 即可产生大量 COHb。COHb 不能携带氧，且不易解离，其解离速度是氧合血红蛋白（O_2Hb）解离速度的 1/3600。COHb 可使血红蛋白氧解离曲线左移，导致血氧不易释放至组织而引起细胞缺氧。

> **知识拓展**
>
> **一氧化碳中毒的机制**
>
> 一氧化碳（CO）经呼吸道进入血液，可与红细胞内的血红蛋白结合形成碳氧血红蛋白（COHb），竞争性抑制血红蛋白与氧的结合。由于 CO 与血红蛋白的亲和力比氧与 Hb 的亲和力强 240 倍，同时碳氧血红蛋白的解离速度为氧合血红蛋白解离速度的 1/3600，可导致碳氧血红蛋白在体内蓄积。COHb 不能携氧，并可影响氧合血红蛋白的正常解离，使氧输送减少，且不易释放到组织，因而导致组织和细胞缺氧。此外，CO 还可抑制细胞色素氧化酶，影响细胞呼吸，加重组织和细胞缺氧。
>
> 脑、心脏对缺氧最敏感，发生 CO 中毒时最先受损。脑血管先发生痉挛，之后麻痹扩张，使脑组织内三磷酸腺苷（ATP）生成不足，导致钠泵转运失活，细胞内钠离子蓄积，引起脑细胞内水肿，加之缺氧使血管通透性增高引起细胞间质水肿，最终导致脑血管循环障碍，引起脑组织缺血性坏死以及大脑白质广泛脱髓鞘病变。

三、临床表现

1. 急性中毒 正常人血液中 COHb 的含量可达 5%~10%。急性 CO 中毒的症状与血液中 COHb 的含量有密切关系，同时也与持续时间、个体差异、机体健康状况以及性别、温度、湿度、气压、位置和睡眠习惯有关。男性、温度高、湿度大、气压低、靠墙居住、较高卧位等因素可导致中毒程度较重。以神经系统表现最为突出，轻度中毒患者表现为头晕、头痛、视物模糊、定向障碍；病情较重时，患者可出现嗜睡或浅昏迷；严重者可出现昏迷、抽搐，可并发脑梗死；眼底检查可见视神经乳头水肿。其他表现包括：不同程度的呼吸困难，严重者可出现呼吸衰竭、肺水肿、呼吸停止；恶心、呕吐，昏迷患者易并发吸入性肺炎，病情较重者可出现应激性溃疡；皮肤、口唇黏膜、甲床偶尔可呈樱桃红色，部分患者可出现皮肤红斑、水疱。昏迷时间较长者可出现挤压综合征、骨筋膜室综合征、横纹肌溶解。

2. 迟发性脑病 急性 CO 中毒患者意识障碍恢复后，经 2~60 天的"假愈期"，又出现下列临床表现之一者，提示为迟发性脑病：①精神及意识障碍，呈痴呆、谵妄或去大脑皮质状态；②锥体外系损害，出现帕金森综合征的表现；③锥体系损伤，表现为偏瘫、病理反射阳性或排尿失禁等；④大脑皮质局灶性功能障碍，如失语、失明等，或出现继发性癫痫。颅脑 CT 检查可发现脑部有病理性密度减低区，脑电图检查可发现中度及重度异常。

四、辅助检查

1. 碳氧血红蛋白浓度测定 可高于 10%，注意要现场采血，阳性结果有诊断价值，阴性结果需排除氧疗、脱离现场时间较长等因素的影响。

2. 血液常规检查 血常规检查可见白细胞计数增高；血气分析可显示低氧血症、酸中毒、乳酸水平增高；出现横纹肌溶解者，肌酸激酶增高。

3. 颅脑影像学检查 颅脑 CT 检查可发现脑部有病理性密度减低区，白质损伤的患者往往预后较差，同时可用于排除脑血管病变。

4. 心电图检查 部分患者可出现 ST 段 -T 波改变，还可出现窦性心动过速、室性期前收缩或心脏传导阻滞。

五、诊断标准

1. 临床诊断 若就诊患者意识清楚，则可通过一氧化碳接触史，结合临床表现、群体发病等情况进行诊断。诊断有困难时，可结合碳氧血红蛋白、环境卫生学检查结果进行综合考虑。

2. 职业性一氧化碳中毒的诊断 参照国家标准《职业性急性 CO 中毒诊断标准》(GBZ23-2002)。非职业性一氧化碳中毒的诊断也可参考此标准。

3. 临床分级 按中毒程度可为以下 3 级。

（1）轻度中毒：血液 COHb 含量可高于 10%。患者出现剧烈头痛、头晕、心悸，口唇黏膜呈樱桃红色，四肢无力，恶心、呕吐，嗜睡、意识模糊、视物不清、感觉迟钝、谵妄、幻觉、抽搐等。原有冠心病的患者可出现心绞痛。脱离中毒环境并吸入新鲜空气或予以氧疗后，

症状即很快消失。

（2）中度中毒：血液COHb含量可高达30%~40%。患者出现呼吸困难、意识丧失、昏迷。对疼痛刺激可有反应，瞳孔对光反射和角膜反射迟钝，腱反射减弱，可出现呼吸、血压和脉搏改变。经吸氧治疗，患者可以恢复正常且无明显并发症。

（3）重度中毒：血液COHb含量可高达50%以上。患者呈深昏迷，各种反射消失，可呈去大脑皮质状态，表现为可以睁眼，但无意识，无自发性言语及动作，呼之不应，肌张力增强，常伴有脑水肿、惊厥、呼吸衰竭、肺水肿、上消化道出血、休克和严重的心肌损害、心律失常、心肌梗死、大脑局灶性损害及锥体系或锥体外系损害体征。皮肤可出现红肿和水疱，多见于昏迷时肢体受压部位。受压部位可发生压迫性肌肉坏死（横纹肌溶解症），坏死肌肉释放的肌球蛋白可引起急性肾小管坏死和肾衰竭，病死率高，幸存者多有不同程度的后遗症。

六、鉴别诊断

一氧化碳中毒应与脑血管意外、脑震荡、脑膜炎、镇静药中毒、低血糖反应、糖尿病酮症酸中毒以及其他气体中毒相鉴别。

七、救治措施

1. **迅速脱离中毒环境**　一旦发现中毒患者，应立即开窗通风，并将患者移至空气新鲜处。
2. **纠正缺氧**　如果有条件，在现场即应予以吸氧，可选择鼻导管或面罩吸氧。对于昏迷或有昏迷病史者、伴有神经精神症状或明显心血管症状的患者、碳氧血红蛋白浓度明显增高者（>25%），应考虑予以高压氧疗。高压氧疗压力为0.20~0.25 MPa，舱内吸氧时间为60 min，治疗次数应根据患者的病情而定。若患者出现呼吸停止，则应及时行气管插管，并使用呼吸机维持呼吸。
3. **防治脑水肿**　一氧化碳中毒后，患者可发生脑水肿，一般2~4 h即出现，24~48 h达到高峰并持续多天。可选用甘露醇等脱水药物治疗，2~3天后颅内压增高现象好转后，可减量。对脑水肿严重者，可联合应用利尿剂及糖皮质激素治疗。
4. **防治迟发性脑病**　目前尚无预防迟发性脑病的有效方法，对有昏迷病史者，均应严密观察，加强护理。
5. **对症支持治疗**　对昏迷伴有呼吸衰竭的中毒患者，应尽早进行气管插管及机械通气；加强呼吸道管理，预防吸入性肺炎及坠积性肺炎。保持呼吸道通畅，必要时行气管切开。对呼吸、心搏停止的患者，应立即行心肺复苏。

急性硫化氢中毒

一、概念

硫化氢是一种无色而具有刺激性和窒息性的气体，有特殊的"臭鸡蛋"气味，易溶于水，密度较空气略高，易于在低洼处聚集，极高浓度时可迅速导致嗅觉疲劳而使人嗅不到其气味。硫化氢中毒以职业性中毒多见，占职业性急性中毒的第二位，多见于生产意外。

二、发病机制

硫化氢中毒的发病机制主要包括：①对眼和呼吸道黏膜具有强烈的局部刺激性；②与呼吸链中的氧化型细胞色素氧化酶的高铁结合，抑制酶活性，引起细胞内窒息，造成组织缺氧；与谷胱甘肽结合，促使脑组织和肝组织中的三磷酸腺苷活性降低；③极高浓度硫化氢可强烈刺激颈动脉窦，反射性引起呼吸停止，或直接麻痹呼吸中枢，引起窒息，导致"电击样"死亡。

三、临床表现

接触低浓度硫化氢时，患者仅有呼吸道和眼的局部刺激症状，高浓度硫化氢可引起明显的全身症状。短时间内吸入高浓度硫化氢者则以中枢神经系统、眼和呼吸系统损伤为主。

1. 轻症　仅表现为黏膜刺激症状，如眼部刺痛、畏光、流泪，咽喉部灼热感、咽干、呛咳等，可伴头痛、头晕、乏力、恶心。体格检查可见结膜充血，肺部可有干啰音。

2. 较重者　上述症状加重，并出现视物模糊、胸闷、心悸等症状，体格检查可见轻度意识障碍，结膜水肿、角膜糜烂，肺部可闻及干、湿啰音，X线检查可见肺纹理增多及片状阴影。

3. 重症　患者可昏迷，出现肺水肿、脑水肿，呼吸、循环衰竭，少数患者可出现心律失常、心肌酶谱和心电图异常等心肌损伤征象，甚至可发生心肌梗死。极重度患者可出现电击样死亡。存活的患者可有神经精神后遗症，如严重头痛、眩晕、步态不稳、记忆力减退等。

四、诊断及鉴别诊断

职业性硫化氢中毒的诊断参照国家标准《职业性急性硫化氢中毒诊断标准》（GBZ31-2002），非职业性硫化氢中毒的诊断也可参考此标准。主要应与其他窒息性气体中毒相鉴别。

五、救治措施

1. 现场急救　迅速脱离中毒环境，将患者转移至空气新鲜处，保持呼吸道通畅，予以吸氧，促进毒气经呼吸道排出。对呼吸、心搏骤停患者，应立即行心肺复苏。在抢救过程中，医护人员应做好自身防护，必要时佩戴防毒面具，以保证抢救工作的顺利进行。

2. 院内治疗　可予以高压氧疗，促进脑细胞代谢，保护脑细胞；保持呼吸道通畅，予以吸氧，必要时行气管插管或气管切开、机械通气。适当应用糖皮质激素及呼吸兴奋剂；对眼部损伤者，可用2%碳酸氢钠溶液清洗，再用4%硼酸溶液洗眼，并滴入可的松滴眼剂，以预防角膜炎；维护重要脏器功能，及时处理各种并发症、合并症，如控制感染，抢救脑水肿、肺水肿、休克等。

（张　玲）

第六节 急性毒品中毒

毒品是指具有很强成瘾性并在社会上禁止使用的化学物质，在我国主要是指阿片类、可卡因、大麻、兴奋剂类药物，属于国家规定的管制药品。短时间内摄入大量毒品超过个体耐受量而引起相应的临床表现，称为急性毒品中毒，严重者可出现呼吸、循环衰竭，甚至死亡。吸毒是导致急性毒品中毒的主要原因。本节重点介绍目前常见的急性毒品中毒，如二醋吗啡、苯丙胺类、氯胺酮和大麻中毒。

一、毒理学特点及发病机制

1. 二醋吗啡 毒性较强，是目前我国吸毒者吸食和注射的主要毒品之一。二醋吗啡的水溶性、脂溶性都比吗啡强，吸收速度更快，易透过血脑屏障进入中枢神经系统，与特异性跨膜神经递质受体偶联产生强烈的反应，同时具有比吗啡更强的药物依赖性，常用剂量连续使用2周甚至更短时间即可成瘾，产生严重的药物依赖性。中毒剂量为50~100 mg，致死量为200 mg。

2. 苯丙胺类 苯丙胺类与儿茶酚胺类神经递质相似，有强烈的中枢兴奋作用及外周 α、β 受体兴奋作用，可引起周围血管收缩、心脏兴奋、血压升高、支气管平滑肌松弛、瞳孔散大、膀胱括约肌收缩等，成瘾性强。甲基苯丙胺（冰毒）的中枢兴奋作用强于苯丙胺，使用300~400 mg后20~60 min即可引起中毒症状。亚甲基二氧甲基苯丙胺（即"摇头丸"）兼有兴奋性和致幻作用，也称为致幻型苯丙胺类兴奋剂。

3. 氯胺酮 即"K粉"，可抑制丘脑-新皮质系统，选择性地阻滞痛觉，故具有催眠、镇痛的药理学作用；另外，氯胺酮对大脑边缘系统也具有兴奋作用，导致意识与感觉的分离状态，这是导致氯胺酮滥用的毒理学基础。氯胺酮可抑制神经细胞活性，致使大脑中正在发育的神经细胞凋亡，导致神经精神中毒反应、幻觉和精神分裂症状。

4. 大麻 大麻类毒品的主要成分是大麻素，其有效化学成分为四氢大麻酚等。大麻具有独特的精神活性，吸食后可产生不同的药理作用，包括镇静、欣快、幻觉、感觉增强或扭曲，并引起一系列的心理变化，包括感知、思维、情绪、记忆及精神变化等。低剂量应用时，既有兴奋作用，又有抑制作用。高剂量应用时，以抑制作用占主导。四氢大麻酚的最小致死量为666 mg/kg。

案例 13-3A

患者李某，男性，46岁，因"吸食二醋吗啡后乏力1天，神志不清3 h"就诊。患者1天前吸食二醋吗啡80 mg后出现乏力、嗜睡，3 h前出现烦躁不安，被家人送至当地医院，予以静脉注射地西泮、应用纳洛酮治疗。治疗过程中，患者出现神志不清、四肢抽搐，经抢救无效后转入我院，途中神志转为清醒。患者既往有二醋吗啡吸食史，否认静脉吸毒史，曾戒毒2~3年，近期可疑复吸。入院查体：BP 135/80 mmHg，HR 110次/分，SpO$_2$ 80%，R 25次/分；神志清楚，查体合作；双侧瞳孔等大、等圆，直径为2 mm，对光反射灵敏；口腔内可见粉红色泡沫样痰；颈静脉无充盈、怒张。双

肺呼吸音粗糙，双下肺可闻及湿啰音；心律齐，各瓣膜区未闻及杂音；腹软，全腹无压痛及反跳痛；双下肢无水肿；双侧 Babinski 征（-）。

问题：
1. 该患者的初步诊断是什么？
2. 为明确诊断，需要做哪些检查？

二、临床表现

1. 急性二醋吗啡中毒　以非心源性肺水肿和心律失常较为常见，可引起猝死。患者常伴有昏迷、针尖样瞳孔和呼吸抑制"三联征"。主要表现为呼吸极慢，呼吸衰竭；瞳孔呈针尖样；深昏迷，压眶无反应；口唇及四肢末端发绀；心率减慢；皮肤湿冷；肌无力。另外，二醋吗啡吸食者因吸食途径不同，极易发生注射部位感染、鼻中隔穿孔等，甚至全身感染，如脓肿、败血症、破伤风、病毒性肝炎、艾滋病等。急性呼吸衰竭引起的缺氧是二醋吗啡中毒患者最常见的死亡原因。戒断症状一般表现为类流感症状，如流涕、流泪、打哈欠、失眠、精神异常、肌束震颤等。

2. 急性苯丙胺类中毒　主要表现为烦躁不安、头晕、震颤、腱反射亢进、言语增多、易激惹、烦躁、幻觉或惊恐状态。患者可出现头痛、寒战、面色苍白、心悸、心律失常、心绞痛、血压升高、血压降低或休克表现，还可出现口干、口腔内有金属味、食欲缺乏、恶心、呕吐、腹泻、腹部绞痛等症状；致死原因主要有高热综合征（高热、横纹肌溶解、代谢性酸中毒）、休克、多器官功能衰竭等。

3. 急性氯胺酮中毒　主要表现包括神经精神症状，轻者有做梦感和漂浮感，重者可出现幻觉、谵妄，或伴有异常行为；患者可出现心血管系统症状，如血压升高、心率加快，严重者可发生心力衰竭，甚至死亡。氯胺酮还可增加脑血流量，引起颅内压以及眼压升高。

4. 大麻中毒　主要表现为意识不清、焦虑、抑郁等，对他人产生敌意冲动或有自杀意念；记忆力、注意力、计算力和判断力减退；吸食大麻可引起气管炎、咽炎、气喘发作、喉头水肿等；站立平衡失调、手部颤抖、失去复杂的操作能力和驾驶机动车的能力。

三、实验室及辅助检查

1. 常规检查　主要有血常规、尿常规，肝、肾功能，肌酶谱，动脉血气分析，心电图检查等。上述检查结果与不同的发病时期、阶段以及是否出现并发症以及并发症的种类有关。

2. 血源性疾病检查　对吸毒患者应常规进行病毒性肝炎、梅毒、艾滋病等相关血源性疾病的血清学检查。上述血源性疾病的检出率明显高于正常人群。

3. 毒物分析　收集现场残留物、呕吐物及血液、尿液等进行毒物定性、定量检测。定性分析可采用各种毒品快速检测试剂盒或试纸。定量检测常用的方法有气相色谱法、表面增强拉曼光谱法等。

4. 磁共振及 CT 检查　对急性二醋吗啡中毒者，进行肺部 CT 检查有助于鉴别诊断。同时，进行颅脑 MRI 和 CT 检查可见海绵状白质脑病征象。对吸食氯胺酮者进行 CT 检查，可见泌尿系统损伤的表现。

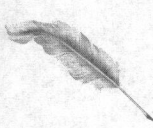

5. 病原微生物检查 对合并感染者的血液、痰液及皮肤感染部位分泌物进行细菌培养可有阳性结果，特别是对于某些条件致病微生物的确诊有重要意义。

四、诊断标准

患者有明确的毒品摄入史，出现典型的临床表现，血液、尿液等毒物检测呈阳性发现，并排除其他疾病，即可确诊。

五、鉴别诊断

主要是不同毒品中毒之间的鉴别，以及毒品中毒与其他中毒性疾病等的鉴别。急性有机磷农药中毒患者也可出现昏迷、针尖样瞳孔和呼吸抑制三联征，但是胆碱酯酶活力明显降低。应警惕吸毒者同时服用其他毒物自杀的可能。进行毒物检测有助于鉴别诊断。

> **案例 13-3B**
>
> 急诊医生立即进行辅助检查：胸部 CT 检查显示两肺呈渗出性改变。床旁心电图进行未见明显异常。血气分析（入院时）：pH 7.255，PCO_2 72.4 mmHg，PO_2 49.6 mmHg，BE 2.4 mmol/L。血常规：WBC 24.0×10^9/L，N 92.3%，PLT 195×10^9/L，RBC 4.86×10^{12}/L。血液生化、心肌损伤标志物、BNP、凝血功能、D-二聚体检测结果处于正常范围。尿液吗啡检测结果呈阳性。
>
> 问题：
> 1. 该患者的诊断是什么？
> 2. 需要对患者采取哪些紧急抢救措施？

> **知识拓展**
>
> **新型毒品**
>
> 新型毒品主要是指人工化学合成的致幻剂、兴奋剂类毒品，是国际禁毒公约和我国法律法规规定管制的，主要作用于中枢神经系统。常见的新型毒品包括以下几种。
>
> 1. 苯乙胺 具有兴奋和致幻作用。常以不同的名称出售或作为摇头丸和苯丙胺出售。
> 2. 合成卡西酮 通常为白色或棕色粉末，可溶于水，使用后可引起欣快感、情绪高涨、动作欲望增强、性欲增强、情绪激动等。
> 3. 色胺 合成的色胺可以口服、鼻吸、嗅闻或注射，药效持久，可引起强烈的幻觉，伴随强烈的感官认知、欣快感、创造力增强和性欲增强，以及内心的平静感。

六、救治措施

1. 急性中毒的治疗

（1）常规处理：对口服中毒者，常规予以洗胃、活性炭吸附、导泻处理。对皮下或静脉注射二醋吗啡等患者，可用弹力绷带在注射部位近心端绑扎，同时冷敷注射部位，以延缓毒物的吸收，应注意避免力度过大。结扎部位应每 20～30 min 放松 1～2 min，到医院就医后应立即解开。

（2）保持呼吸道通畅：予以吸氧，保持呼吸道通畅。对出现呼吸抑制者，可予以呼吸兴奋剂（氯胺酮中毒除外）。若患者发生呼吸衰竭，则予以机械通气治疗。

（3）补液、利尿：快速补液，以纠正水、电解质紊乱和酸碱平衡失调；使用利尿剂，以加速毒物及其代谢产物的排出。对大麻中毒者，可予以维生素 C 3～5 g/d。

（4）防治脑水肿：合理使用糖皮质激素，积极防治脑水肿。对出现躁动不安者，可适当予以镇静治疗。对苯丙胺类毒品中毒者，可予以地西泮治疗，同时应用甘露醇，防治脑水肿。

（5）解毒治疗：对二醋吗啡中毒者，应尽早使用解毒药纳洛酮，原则是尽早、迅速、足量。剂量和用法是立即静脉注射 0.4～0.8 mg，若患者呼吸未见改善，则 3～5 min 后可重复推注，直至患者意识恢复，呼吸功能改善。纳美芬是较新的阿片类拮抗剂，半衰期比纳洛酮长，治疗吗啡中毒的疗效优于纳洛酮，用法是 0.1～0.5 mg，稀释后静脉注射。

2. 戒断综合征的治疗　美沙酮可用于阿片类依赖的替代维持治疗，10～20 mg，口服，用药第 1 天予以足量，之后每天递减首次剂量的 10%～20%，直至停用。对有吸毒史的昏迷患者，若呼吸浅快，则应高度怀疑为重度二醋吗啡戒断综合征，静脉应用吗啡是抢救成功的关键。可静脉推注吗啡 5～10 mg，患者病情常迅速缓解。

3. 对症治疗　对出现高热者，予以物理降温，如乙醇擦浴、使用冰袋或冰帽等。对精神类毒品中毒惊厥者，予以地西泮治疗。对严重营养不良者，予以营养支持治疗。

（薛维亮）

第七节　急性百草枯中毒

急性百草枯（paraquat）中毒是指短时间内接触较大剂量百草枯后出现的以急性肺、肾损伤为主的全身中毒表现，常伴有严重肝损害及其他脏器损害。口服中毒患者多伴有口腔黏膜及胃肠道损伤，眼接触者可出现严重的局部损害，皮肤接触除可以引起严重的局部损害以外，还可经皮吸收致死，重症患者多死于以呼吸衰竭为主的多器官衰竭。

案例 13-4A

患者张某，男性，25 岁，20% 百草枯溶液后出现恶心、呕吐约 40 min。由家属陪同就诊；既往身体健康。查体：BP 120/70 mmHg，P 80 次/分，SpO_2 98%，R 16 次/分；神志清楚，语言流畅；双肺呼吸音清晰，未闻及啰音；心率 80 次/分，心律齐，未闻及杂音；腹部平软，上腹部有压痛，无反跳痛和肌紧张，肝、脾肋下未触及。

问题：
1. 该患者的初步诊断是什么？
2. 还需要做哪些辅助检查？

一、毒理学特点及发病机制

百草枯为联吡啶类化合物，对人体的毒性极强，中毒后死亡率达 50%~70%，口服致死量为 2~6 g（50 mg/kg）。百草枯中毒损伤的主要靶器官是肺和肾，同时还可造成严重的肝损害及其他脏器功能损害。百草枯中毒晚期，患者可出现肺泡内出血和肺间质纤维化。百草枯在人体内很少降解，常以原型随粪便、尿液排出，少量随胆汁和乳汁排出。目前认为，百草枯引起中毒的机制主要包括以下几方面。

1. 氧化应激 百草枯引起中毒的主要机制是氧化应激反应。百草枯进入机体后，可消耗各器官组织内的还原酶，使氧化和抗氧化反应失衡，产生大量氧自由基，破坏细胞膜和细胞结构，引起细胞损伤，对机体造成损害。

2. 线粒体损伤 百草枯进入线粒体后，可被电子传递链中的复合物Ⅰ还原，形成单价百草枯自由基阳离子，与氧反应形成超氧化物，进而使线粒体内膜脂质过氧化，造成线粒体功能紊乱。

3. 免疫和炎症失衡 百草枯中毒可引起免疫细胞过度激活和细胞因子失衡，包括中性粒细胞在内的多种细胞及其产生的细胞因子形成复杂的调节网络，共同参与百草枯导致的早期炎症反应和后期肺纤维化。

4. DNA 损伤及细胞凋亡 百草枯可导致 DNA 损伤，引起核浓缩和 DNA 碎片化，造成基因表达异常，引起细胞凋亡程序启动。

二、临床表现

1. 消化系统损伤 口服中毒者有口腔烧灼感，口腔和食管黏膜糜烂、溃疡，伴有恶心、呕吐、腹痛、腹泻，甚至呕血、便血，严重者可并发胃穿孔、胰腺炎等。部分患者可出现中毒性肝病表现，如重度黄疸及肝功能异常，有的患者表现为胆汁淤积性黄疸。

2. 呼吸系统损伤 呼吸系统损伤的表现最为突出，大量口服中毒者 24 h 内可出现肺水肿、肺出血，表现为咳嗽、咳痰、胸闷、气短、咯血、低氧血症、进行性呼吸困难，数天内因急性呼吸窘迫综合征而死亡。有的患者急性期中毒症状控制后，第 5~9 天发生肺纤维化，2~3 周达高峰，最终可因弥漫性肺纤维化、呼吸衰竭死亡。

3. 泌尿系统损伤 肾损害最常见，中毒早期患者即可出现蛋白尿、管型尿、镜下血尿，严重者可发生急性肾衰竭。多数患者尿量不减少，少数患者出现少尿，提示预后不良。

4. 循环系统损伤 严重者可出现心率加快、ST 段-T 波改变及血压下降等。

5. 神经系统损伤 多见于严重中毒患者，表现为头痛、头晕、精神异常、幻觉、嗜睡，甚至脑水肿等，出现上述表现多提示预后不良。

6. 血液系统损伤 多数患者白细胞计数可增高。白细胞计数明显增高（$>20 \times 10^9/L$）多提示预后不良。个别患者可出现白细胞计数、红细胞计数和血小板计数减低，提示预后不良。

7. 局部表现 皮肤污染可引起严重的接触性皮炎,也有经皮肤接触吸收后引起肺纤维化改变甚至致死者。眼部被百草枯污染后,患者可出现刺激症状及结膜或角膜损害。

三、辅助检查

1. 常规检查 血常规检查可见白细胞计数增高。早期尿常规检查即可显示尿蛋白呈阳性。血清谷丙转氨酶、谷草转氨酶、γ-谷氨酰转移酶可升高,总胆红素、直接胆红素和间接胆红素均可升高。肾损伤时,血肌酐、尿素氮、胱抑素可明显升高。患者最早出现的电解质紊乱是低钾血症。动脉血气分析可显示氧分压降低,二氧化碳分压可降低或正常。

2. 毒物分析 可行血液、尿液百草枯测定。血液、尿液百草枯浓度测定可采用高效液相色谱法、高效液相色谱-质谱联用法。尿液百草枯测定也可采用碳酸氢钠-连二亚硫酸钠定性及半定量快速检测方法。

3. 肺部影像学检查 肺部高分辨CT动态观察有助于发现中毒患者肺部病变的规律和判断预后,胸部X线检查的作用不及肺部高分辨率CT。

4. 肺功能检查 对于恢复期患者及随诊患者有一定的帮助,部分患者可有不同程度的小气道病变和肺弥散功能降低。

5. 心电图检查 可出现心律失常及ST段-T波改变。

6. 血浆D-二聚体测定 部分患者血浆D-二聚体水平可明显升高。

四、诊断标准

1. 诊断依据 根据百草枯接触史、临床表现特点、实验室检查和毒物检测,可进行急性百草枯中毒的临床诊断。满足下列①②中的任意一项即可诊断为百草枯中毒,仅满足③时,需要考虑到百草枯中毒的可能:①百草枯接触史明确,特别是口服摄入者,即使临床症状轻微;②血液、尿液中检出百草枯;③出现典型的临床表现,即早期化学性口腔炎、上消化道刺激和腐蚀表现,肾、肝、胰腺等器官功能受损,随后出现肺部损伤。

2. 诊断分级 2014年百草枯中毒诊断与治疗泰山共识专家组提出的百草枯中毒诊断分级方法,将临床表现与毒物分析结果有机地结合在一起,去除了受主、客观因素影响较大的服毒量的估计内容,使病情评估更切合实际(表13-4)。

表13-4 百草枯中毒诊断分级

诊断分级	临床表现及实验室检查
轻度中毒	除胃肠道症状外,还可出现急性轻度中毒性肾病,早期尿液快速半定量检测(碳酸氢钠-连二亚硫酸钠法)百草枯浓度<10μg/ml
中度中毒	在轻度中毒的基础上,具备下列表现之一者:①急性化学性肺炎;②急性中度中毒性肾病;③急性轻度中毒性肝病; 早期尿液快速半定量检测百草枯浓度为10~30μg/ml
重度中毒	在中度中毒的基础上,具备下列表现之一者:①急性化学性肺水肿;②急性呼吸窘迫综合征;③纵隔气肿、气胸或皮下气肿;④胸腔积液或弥漫性肺纤维化;⑤急性重度中毒性肾病;⑥多器官功能障碍综合征;⑦急性中度或重度中毒性肝病; 早期尿液快速半定量检测百草枯浓度>30μg/ml

五、鉴别诊断

本病主要应与其他除草剂（如敌草快、乙草胺、草甘膦）中毒相鉴别，应注意百草枯与其他除草剂混合中毒的可能。另外，本病还应与其他原因引起的肺间质病变相鉴别。

> **案例 13-4B**
>
> 对患者进行尿液检测，已明确急性百草枯中毒的诊断。
> 问题：
> 1. 通过病情评估，患者目前的病情紧急吗？
> 2. 目前需要对患者进行哪些紧急处理？

六、救治措施

1. 阻止毒物吸收 接触者应立即脱离现场。皮肤被污染时，应用流动的清水或肥皂液冲洗 15 min。眼部被污染时，应用清水或生理盐水冲洗 10 min。对口服中毒者，予以催吐和洗胃。由于百草枯具有腐蚀性，洗胃时应避免动作过大而导致食管或胃穿孔。然后采用"白 + 黑方案"进行全胃肠洗消治疗，"白"即十六角蒙脱石，"黑"即活性炭。剂量为：十六角蒙脱石 30 g 溶于 20% 甘露醇 250 ml 中，分次服用；活性炭 30 g 溶于 20% 甘露醇 250 ml 中，分次服用。首次用药应在 2 h 内服完，第 2 天及以后分次服完即可，连用 4 天。

2. 加速毒物排泄 肾是百草枯排泄的主要途径，在肾功能良好的情况下，可采用补液、利尿的方式，以加快百草枯的排泄。积极进行血液净化，最好在患者服毒后 2~4 h 内开始。可根据患者的服毒量和病情评估情况选择合理的治疗方案。血液灌流是首选的治疗方法，血液灌流联合连续性静脉-静脉血液滤过可通过清除毒物及炎症介质使患者获益最多。应考虑到血液灌流也存在同时将治疗药物一并清除的可能性。进行血液和尿液毒物检测对血液灌流的次数和具体方式的选择具有指导意义。

3. 药物治疗 糖皮质激素是治疗百草枯中毒的主要药物，应早期足量使用。对重症患者可予以甲泼尼龙每日 500~1000 mg，或地塞米松 40~80 mg 静脉滴注，每日 1 次冲击治疗，连用 3~5 天后，根据患者的病情逐渐减量。其他药物包括环磷酰胺、谷胱甘肽、N-乙酰半胱氨酸、维生素 E 和维生素 C 等，理论上可以清除自由基，减轻肺损伤，在临床中有一定的应用，但均未达到预期效果。

4. 氧疗和机械通气 应注意保持呼吸道通畅，确保患者呼吸功能正常。早期予以吸氧可促进氧自由基形成，加重百草枯引起的肺损伤，需予以特别注意。但对出现下列情况之一者，应予以氧疗：①动脉血氧分压降低，呼吸空气时，患者 $PaO_2 < 40$ mmHg；②取平卧位时，患者呼吸频率加快（>24 次 / 分），出现呼吸困难或呼吸窘迫。对晚期出现呼吸衰竭的患者，可考虑机械通气辅助呼吸，但尚不确定能否改善预后。

5. 体外膜肺氧合（ECMO）与肺移植 ECMO 可为出现呼吸和循环衰竭的患者提供肺移植前的过渡性支持治疗。肺移植适用于呼吸衰竭无法改善且体内百草枯已清除的患者，目前国内已有不少成功案例。

6. 对症治疗 对于口服中毒患者，应加强口腔护理，防治感染，保护肝、肾、心功能，防治肺水肿，维持内环境稳态。

7. 中医药及其他治疗 中医药治疗对百草枯中毒患者具有一定的作用。研究证实，丹参、血必净等中药制剂对于改善病情有效。

敌草快

敌草快是一种非选择性速效灭生性除草剂，与百草枯同属联吡啶类化合物。自2016年7月起，我国停止百草枯在国内的销售和使用，随之敌草快成为国内企业除草剂生产的热点并出现人类中毒病例。敌草快可经消化道、呼吸道、眼或皮肤黏膜途径吸收。其中毒的主要毒理机制是通过还原 - 氧化过程在细胞内产生活性氧和活性氮，引起氧化应激，导致细胞功能障碍。由于敌草快的氧化还原电位更高，使其氧化还原能力较其他除草剂更强。一般经口摄入 200～300ml 敌草快，即可导致消化道广泛溃疡甚至出血。敌草快被吸收后，可快速分布到全身各组织器官，引起以肾、肝功能损害为主的多器官功能衰竭。临床上主要是通过详细的病史采集，明确的毒物接触史，结合血液、尿液、胃内容物及盛装容器中草块检测，做出敌草快中毒的诊断。

对敌草快中毒患者，目前尚无特效解毒剂，尽早清除毒物、加快已吸收毒物的排出是治疗的基础。

（薛维亮）

第八节　毒蛇咬伤中毒

有毒动、植物中毒是指进食有毒的动、植物组织，或与有毒植物直接接触，或被有毒动物咬伤、蜇伤引起的中毒性疾病。常见的有毒动物及其组织有：毒蛇、毒蝎、毒蜘蛛、蜈蚣、蜂类、河豚、鱼胆、有毒贝类、蟾蜍、动物甲状腺等。常见的有毒植物有：蕨类植物、棉子、发芽的马铃薯、未熟的豆角、鲜黄花、附子、乌头、钩吻、马钱子、雷公藤、巴豆、蓖麻、鱼藤等。有的毒物（如毒蕈）酷似植物，实际上是真菌。本节主要介绍毒蛇咬伤中毒。

毒蛇咬伤中毒是毒蛇咬伤后毒液从伤口进入人体引起的急性局部和（或）全身中毒性疾病。其临床特点是发病急、进展快、病情重，往往并发多器官功能衰竭，甚至导致患者死亡。我国常见的无毒蛇包括赤链蛇、乌梢蛇、滑鼠蛇、翠青蛇、鱼游蛇、草游蛇、蟒蛇等；常见的毒蛇包括金环蛇、银环蛇、海蛇、竹叶青、烙铁头、蝰蛇、眼镜蛇、眼镜王蛇、蝮蛇、尖吻蝮蛇等。据统计，我国每年蛇咬伤病例达 10万～30万例，病死率为 5%～10%，蛇咬伤致残影响劳动生产者的比例高达 25%～30%。

一、毒理学特点及中毒机制

毒蛇有毒牙和毒腺。毒腺可分泌毒液。毒液中的毒素主要是多种具有不同毒性作用的蛋白质。毒素的作用方式，可通过血液毒、神经毒、细胞毒、肌肉毒等多种机制导致中毒。一种毒

素常以某种毒性作用最为突出，同时可有多种其他毒性作用；不同的毒素也可有相同或相似的毒性作用。每种毒蛇的毒液均含有多种毒素。不同毒蛇的毒液中所含毒素的种类和每种毒素的量有很大的差异，导致的中毒表现有所不同，这有助于初步判断毒蛇的种类。发生蛇咬伤时，毒液经毒牙注入伤口，经淋巴和血液循环扩散至全身各组织而导致中毒。

1. 血液毒 蛇毒蛋白酶可直接或间接作用于血管壁，诱导缓激肽、组胺、5-羟色胺等释放，直接损害毛细血管内皮细胞，抑制血小板聚集，进而导致出血。蛇毒溶血因子可直接作用于血细胞膜，使其渗透性和脆性增加。蛇毒促凝因子可促进凝血和微循环血栓形成，继而引起弥散性血管内凝血（disseminated intravascular coagulation，DIC）。类凝血酶具有类似凝血酶的活性，既可促进纤维蛋白单体生成，又可激活纤溶系统，与蛇毒纤维蛋白溶解酶共同作用引起去纤维蛋白血症，又称类 DIC 反应。这种出、凝血功能障碍统称为蛇毒诱发消耗性凝血病（venom-induced consumption coagulopathy，VICC）。通过血液毒机制引起中毒最常见的毒蛇有蝮蛇、五步蛇、蝰蛇、竹叶青、烙铁头等。

2. 神经毒 神经毒素作用于运动神经末梢（突触前）和运动终板（突触后）的乙酰胆碱受体，阻断神经-肌肉传导而引起神经肌肉弛缓性瘫痪。通过神经毒机制引起中毒的毒蛇有银环蛇、金环蛇和海蛇。

3. 细胞毒 蛇毒中的透明质酸酶可使伤口局部组织透明质酸解聚、细胞间质溶解和组织细胞通透性增高，除可引起局部肿胀、疼痛等症状外，还可使蛇毒毒素更易于经淋巴管和毛细血管吸收进入血液循环，进而引起全身中毒症状。蛋白水解酶可损害血管和组织，并释放组胺等血管活性物质。肌肉和心脏毒素可导致细胞破坏、组织坏死，轻者表现为局部肿胀、皮肤软组织坏死，严重者可出现大片组织坏死，深达肌肉、筋膜和骨膜，导致患肢残疾，还可直接引起心肌损害，甚至导致心肌细胞变性、坏死。通过细胞毒机制引起中毒的毒蛇为眼镜蛇。

二、临床表现

（一）无毒蛇咬伤的临床表现

咬伤部位可见两排小锯齿状的牙痕，伴轻微疼痛和（或）出血，数分钟后，出血可自行停止，疼痛逐渐消失，局部无明显肿胀、坏死。患者全身症状不明显，可表现为轻度头晕、恶心、心悸、乏力等，部分患者也可出现全身过敏反应。

（二）毒蛇咬伤的临床表现

临床表现因蛇毒种类不同而异。根据毒素类型，临床表现可分为以下 4 类。

1. 血液毒素引起的症状 主要累及血液系统、心血管系统以及泌尿系统。局部表现为咬伤创口出血不止，肢体肿胀，皮下出血、瘀斑，可出现血疱、水疱，伤口部位剧痛难忍。全身表现为各部位出血，如鼻腔、牙龈、尿道、消化道出血，甚至颅内出血。发生血管内溶血时，患者可出现黄疸、酱油色尿，严重者可发生急性肾衰竭。合并 DIC 时，患者除出血外，还可出现皮肤湿冷、口渴、脉搏加快、血压下降等休克表现。

2. 神经毒素引起的症状 表现为咬伤创口发麻，疼痛不明显，无明显渗出，容易被忽视。患者早期症状轻微，1~4 h 后可出现头晕、恶心、呕吐、流涎、视物模糊、上睑下垂、语言不清、肢体软瘫、张口与吞咽困难，引起呼吸肌麻痹，最终可导致急性呼吸衰竭甚至自主呼吸停止。

3. 细胞毒素引起的症状 患者可出现肢体肿胀、溃烂、坏死，导致骨筋膜室综合征，并可继发心肌损害、横纹肌溶解、急性肾损伤，甚至多器官功能障碍综合征（multiple organ

dysfunction syndrome，MODS）。

4. 混合毒引起的症状 可表现两种及两种以上毒素引起的症状，如眼镜王蛇咬伤患者以神经毒素引起的症状为主，合并细胞毒素引起的症状；五步蛇咬伤患者可出现血液毒素和细胞毒素引起的症状。

三、辅助检查

1. 血常规检查 可见白细胞计数增高，中性粒细胞比例升高，核左移；出血过多或发生溶血时，红细胞计数减少，血红蛋白下降。银环蛇咬伤患者血常规检查可无变化。血液毒素可引起血小板减少，五步蛇及圆斑蝰蛇咬伤可引起血小板显著减少。

2. 凝血功能检查 出现凝血时间（CT）、凝血酶原时间（PT）、活化部分凝血活酶时间（APTT）、抗凝血酶活性测定等结果异常，有助于血液毒素中毒的诊断。血栓弹力图有助于评估蛇毒对出血和凝血功能的影响程度。

3. 血液生化检查 出现转氨酶、胆红素、肌酐升高，有助于判断毒蛇咬伤的严重程度。

4. 动脉血气分析 患者可出现血乳酸水平升高等代谢性酸中毒表现。发生呼吸衰竭时，可出现 PO_2 下降、PCO_2 上升。

5. 心电图检查 心肌损伤时，心电图检查可见 ST 段-T 波改变、QT 间期延长、心脏传导阻滞等改变。

6. 毒蛇鉴定 根据患者提供捕获的毒蛇或照片可进行毒蛇的种类鉴定。有条件时，可采用酶联免疫吸附分析（ELISA）、质谱、色谱等方法明确相关蛇毒成分。

四、诊断与评估

主要根据蛇咬伤病史及相应的临床表现进行诊断。病史询问的重点是蛇咬伤的时间、地点、症状和体征。可以根据发病地域，患者捕捉或拍摄到的蛇的照片或通过图谱辨认判断蛇的种类，同时结合临床表现评估蛇咬伤的严重程度。

蛇咬伤的临床严重程度评估工具包括简易评估表（表13-5）和蛇咬伤严重度评分量表（表13-6）。

表 13-5 蛇咬伤临床严重程度简易评估表

严重程度	临床表现
无中毒	仅有牙痕（"干咬"）
轻度中毒	仅有局部表现，如疼痛、淤血、非进行性肿胀
中度中毒	肿胀呈进行性发展，有全身症状和体征，实验室检查结果异常
重度中毒	意识改变、呼吸窘迫、血流动力学不稳定，甚至休克

表 13-6 蛇咬伤严重度评分量表

部位	症状和（或）体征	分值
呼吸系统	无症状或体征	0
	呼吸困难、轻度胸部压迫感、轻度不适；呼吸频率为 20~25 次/分	1
	中度呼吸窘迫（呼吸困难，呼吸频率为 26~40 次/分，需要机械通气）	2
	发绀、空气不足感、严重呼吸急促或呼吸窘迫、呼吸衰竭	3

续表

部位	症状和（或）体征	分值
心血管系统	无症状或体征	0
	心动过速（心率为100~125次/分），心悸、全身乏力、良性心律失常或高血压	1
	心动过速（心率为126~175次/分）或低血压（收缩压<100 mmHg）	2
	极速心动过速（心率为>175次/分）或低血压（收缩压<100 mmHg），出现恶性心律失常或心搏骤停	3
局部创伤	无症状或体征	0
	疼痛，咬伤部位肿胀或瘀斑范围为5~7.5 cm	1
	疼痛，咬伤部位肿胀或瘀斑范围不超过半个肢体（距咬伤部位7.5~50 cm）	2
	疼痛，肿胀或瘀斑超出肢体（距咬伤部位>100 cm）	3
胃肠道系统	无症状或体征	0
	腹痛、里急后重或恶心	1
	呕吐或腹泻	2
	反复呕吐或腹泻，呕血或便血	3
血液系统	无症状或体征	0
	血液检查指标轻度异常：PT<20 s，APTT<50 s，血小板计数（100~150）×10^9/L，Fib 100~150 mg/L	1
	凝血功能检查结果明显异常：PT 20~50 s，APTT 50~75 s，血小板计数（50~100）×10^9/L，Fib 50~100 mg/L	2
	凝血功能检查结果明显异常：PT 520~100 s，APTT 75~100 s，血小板计数（20~50）×10^9/L，Fib<50 mg/L	3

注：轻度为0~3分，中度为3~7分，重度为8~20分；PT，凝血酶原时间；APTT，活化部分凝血活酶时间；Fib，纤维蛋白原

五、鉴别诊断

毒蛇咬伤应注意与无毒蛇咬伤、毒虫咬伤等相鉴别。

知识拓展

蛇类概况

全世界已发现的毒蛇有600余种，对人体有致命危险的毒蛇有300多种，分布在我国的蛇类有200余种。目前在我国已知的毒蛇有60余种，对人类危害较大的毒蛇有20余种，均为剧毒蛇。

对毒蛇与无毒蛇主要通过观察其颜色、花纹、头部、毒牙、毒腺、体型、尾部、性情等进行分辨。

毒蛇的颜色较为鲜艳，头部多呈三角形，有毒牙和毒腺，体型粗而短，尾部短钝，性情凶猛。

毒蛇咬伤牙痕为成对的牙痕呈"..."或"::"。无毒蛇咬伤的牙痕为两排细小的锯齿状牙痕。

无毒蛇的颜色多不鲜艳，头部多呈椭圆形，无毒牙和毒腺，体型细长且相称，尾部长而尖细，性情胆小怕人。

六、救治措施

治疗要点是清除局部毒液,延缓毒液吸收,早期足量使用抗蛇毒血清。

(一)现场自救

应立即脱离蛇咬伤环境,勿试图捕捉或追打蛇,以免发生二次咬伤。尽量记住蛇的外形特征,包括蛇头、蛇体及其斑纹和颜色等特征,有条件者可拍摄并留存致伤蛇的照片。保持冷静,减少患肢活动。去除受伤部位的各种受限物品,如戒指、手镯等,以免肢体肿胀后无法取出。可用弹力绷带在伤口近心端绑扎,每隔 15~20 min 放松 2~3 min,避免绷带绑扎过紧、时间过长而加重肢体缺血、坏死。用周围的清洁水源冲洗伤口,同时呼叫"120",尽早转送至有救治条件的医院。

(二)伤口局部处理

1. 制动患肢与绑扎 患者被毒蛇咬伤后,应保持冷静,避免惊慌乱跑,将患肢下垂并予以制动,以延缓毒素扩散。对局部伤口进行有效排毒或注射抗蛇毒血清后,应立即解除绑扎。

2. 清创排毒 早期可采用生理盐水、过氧化氢溶液反复冲洗创口。神经毒类毒蛇咬伤早期,可沿牙痕纵行切开排毒,并行负压拔罐吸出毒素,尽早清除仍有毒性的蛇毒;若发现毒牙,则应立即用镊子将其取出。对血液毒类毒蛇咬伤患者,扩创需谨慎,以免引起出血不止,可在输注抗蛇毒血清后,待患者凝血功能改善或者血小板计数回升后再行扩创。若有创面坏死,则可在清创后予以生长因子、湿润烧伤膏及创面敷料外敷,以促进创面肉芽组织生长。对肢体肿胀严重者,在输注抗蛇毒血清及新鲜血浆的同时,应进行扩创或骨筋膜室切开减压治疗。若创口下组织坏死,形成溃疡,可反复进行多次清创,清除坏死、感染的肉芽组织,并辅以负压封闭引流吸引,促进创面肉芽组织生长,后期再进行皮肤移植或者皮瓣移植。

3. 局部封闭 可将利多卡因或普鲁卡因注射液用生理盐水稀释为 0.25%~0.5%,用此稀释液溶解胰蛋白酶(浓度为 5000 U/ml)或糜蛋白酶(浓度为 800 U/ml)后,以牙痕为中心,在伤口周围予以浸润注射或在肿胀部位上方进行环状封闭,每次使用胰蛋白酶 5 万~10 万 U,或糜蛋白酶 8000~16 000 U。常规注射破伤风抗毒素。

4. 毒蛇喷毒伤眼的处理 可喷毒的毒蛇有眼镜蛇、五步蛇、眼镜王蛇、莽山烙铁头蛇等。当遭到毒蛇喷毒伤眼后,应立即用大量清水或 0.9% 氯化钠注射液冲洗局部。有条件时,可予以抗蛇毒血清 1~2 ml 加入 0.9% 氯化钠注射液稀释后冲洗局部,疗效较好。也可用含糖皮质激素的滴眼液滴眼,每日数次。

(三)应用抗蛇毒血清

抗蛇毒血清是中和蛇毒的特效解毒药,应遵循早期用药、同种专用、异种联合的原则。

1. 抗蛇毒血清的种类 根据毒蛇的种类使用相应的抗蛇毒血清治疗,若蛇种不明确,则可对出现神经毒类表现者予以抗银环蛇毒血清,对出现血液毒类表现者予以抗蝮蛇毒血清或抗五步蛇毒血清,对出现混合毒性表现者予以抗银环蛇毒血清联合抗蝮蛇毒血清或抗五步蛇毒血清。

2. 抗蛇毒血清的用量 主要根据患者的病情和临床经验而定。对轻症者,可使用常规剂量。对致命毒蛇咬伤患者,起始剂量可加倍,或考虑联合使用异种血清。根据临床症状、体征、实验室检查结果等调整剂量,若中毒症状无明显缓解或加重,则可按首次使用剂量重复多次用药。对儿童或体型瘦弱者，用药剂量与成人相同。对妊娠妇女使用抗蛇毒血清时，需加强监测。

3. 抗蛇毒血清反应　应用前必须进行皮肤过敏试验，对结果呈阴性者方可使用，一般采用静脉途径给药。对皮试呈阳性者，应在常规脱敏后给药。过敏性休克可在抗蛇毒血清注射过程中或注射后 30 min 内发生，表现为烦躁、面色苍白或潮红、胸闷、腹痛、血压下降。若患者出现上述情况，则应立即停用抗蛇毒血清，予以肌内注射肾上腺素，同时采取液体复苏、应用糖皮质激素等综合救治措施。

（四）应用糖皮质激素

糖皮质激素具有非特异性抗毒性、抗炎作用，对于毒蛇咬伤中毒患者具有较好的疗效，应尽早使用，可根据患者不同的病情选择不同的剂量。

（五）抗感染治疗

患者局部有脓性分泌物或者脓肿形成时，应使用抗生素，同时根据创面细菌培养结果调整抗生素。避免使用肾毒性药物，以免加重肾的负担。

（六）对症支持治疗

1. 急性呼吸衰竭　多见于神经毒类毒蛇咬伤导致呼吸肌麻痹的患者，患者可出现呼吸困难、发绀等缺氧症状。早期予以吸氧治疗，必要时行气管插管、机械通气，并在评估肌力情况后重复使用抗蛇毒血清，以促进患者恢复。

2. VICC　早期足量使用抗蛇毒血清，3～9 h 后复查凝血功能，若无改善，则可再次追加使用抗蛇毒血清。必要时输注新鲜冰冻血浆、冷沉淀，以改善凝血功能。行血栓弹力图检查了解血小板功能，可以为输注血小板提供参考。

3. 骨筋膜室综合征　对于经保守治疗无效，骨筋膜室压力仍持续升高者，予以切开减压和负压封闭引流可有效减轻组织压力，减少肌肉坏死。

4. 其他治疗　对出现急性心力衰竭者，积极予以强心、利尿、扩血管等治疗。对出现休克的患者，积极予以补液、应用血管活性药物等抗休克治疗。对出现急性肾衰竭者，予以血液净化治疗。对发生溶血性贫血的患者，予以糖皮质激素和输注洗涤红细胞。积极补充电解质，维持水、电解质平衡。对出现肌无力的患者，可使用抗胆碱酯酶药新斯的明、溴吡斯的明。

（七）中医药治疗

季德胜蛇药片是目前常用的中成药，局部外敷或口服，可改善毒蛇咬伤患者的治疗效果。

（八）康复治疗

对蛇咬伤患者，早期采用个体化分级康复锻炼方案，及时开展针对性的健康教育和饮食指导，可以有效促进伤肢功能康复和创面愈合，减轻患肢的不适症状，有效缩短患者的治疗时间，改善肢体功能，提高生活质量。

（薛维亮）

第九节 急性亚硝酸盐中毒

一、概念

急性亚硝酸盐中毒是指进食含有较大量亚硝酸盐的食物后，在短期内引起的以高铁血红蛋白血症为主的组织缺氧性疾病，重者可出现皮肤和黏膜明显发绀、心律失常、呼吸困难、昏迷甚至死亡，又称肠源性发绀。

亚硝酸盐是一类含亚硝基的无机化合物的总称。硝酸盐和亚硝酸盐广泛存在于人类生活环境中，是自然界中普遍存在的含氮化合物，在工业、建筑业中也广泛应用。临床上亚硝酸盐的来源及引起中毒的常见原因包括以下几种。

1. 亚硝酸钠 是最常见的亚硝酸盐，无臭，味微咸而稍带苦味，易溶于水，为白色至淡黄色粉末或颗粒，外观颇似食盐，易被误认为食盐使用或被用于投毒而引起群体性中毒事件。肉类制品中允许将亚硝酸钠作为发色剂限量使用，食用亚硝酸钠含量过高的肉制品也可导致中毒。

2. 食物或饮水中的亚硝酸盐 蔬菜在生长过程中可从土壤中吸收大量硝酸盐，储存过久尤其是腐烂及煮熟放置过久时，蔬菜中的硝酸盐可转化为亚硝酸盐；腌制 5~8 天的腌菜中亚硝酸盐含量最高；某些地区井水中含硝酸盐较多，可在细菌作用下还原成亚硝酸盐；过夜的笼锅水也含有较多的硝酸盐和亚硝酸盐。当罹患胃肠道疾病时，胃肠道内细菌大量繁殖，可使肠道内的亚硝酸盐形成速度过快或数量过多，以致机体不能及时分解亚硝酸盐。

3. 过量或长时间使用某些含硝基的药物 可使机体生成亚硝酸盐离子，引起高铁血红蛋白血症。

二、毒理学特点及发病机制

亚硝酸钠（$NaNO_2$）属于剧毒类，大鼠经口摄入的 LD_{50} 为 0.18 g/kg，人类摄入亚硝酸盐 0.2~0.5 g 即可引起中毒，超过 3 g 即可能致命。其中毒机制是亚硝酸盐与血红蛋白（Hb）作用，使 Hb 中的 Fe^{2+} 变为 Fe^{3+}，形成高铁血红蛋白（MetHb），影响 Hb 携氧及释放氧的能力，导致组织缺氧；还可作用于血管平滑肌，使血管扩张、血压下降，导致休克甚至死亡。除急性中毒外，亚硝酸盐及其在肠道内硝酸盐还原酶作用下生成的亚硝胺均为致癌物，可间接引消化系统肿瘤。

三、临床表现

1. 潜伏期 与摄入途径有关。急性口服中毒者多在进食后数分钟到 3 h 发病，最迟为 20 h。中毒表现及严重程度与亚硝酸盐的摄入量有关。

2. 皮肤黏膜 根据病情轻重，患者口唇、颜面、耳廓、指（趾）甲可出现程度不同的发绀，严重者全身皮肤发绀，这不同于一般缺氧性发绀，呈蓝褐色或蓝灰色，即使予以吸氧，也不能缓解。

3. 消化系统 患者可出现恶心、呕吐、腹痛、腹泻等症状。腹部可有压痛。

4. 呼吸系统 患者可出现胸闷、气短、呼吸困难，发生肺水肿时，双肺可闻及湿啰音。

5. 循环系统 患者可出现心悸、血压下降、心律失常甚至休克。

6. 神经系统 患者可出现头晕、头痛、乏力、烦躁不安、精神萎靡、反应迟钝、手指麻木等表现，严重者可出现嗜睡、抽搐、脑水肿，甚至昏迷、死亡。

7. 其他表现 患者可出现发热、耳鸣、视物模糊等。

8. 临床分级 ①轻度：患者可出现恶心、呕吐，口唇、耳廓、指（趾）甲轻度发绀等，高铁蛋白浓度为10%～20%；②中度：患者可出现呼吸窘迫、头晕、头痛和疲劳等症状，高铁蛋白浓度为20%～50%；③重度：患者可出现呼吸急促、昏迷、心律失常、酸中毒和癫痫发作等，高铁蛋白浓度大于50%。中毒者的临床症状及体征与血液中的高铁血红蛋白含量呈正相关。血液中的高铁血红蛋白含量越高，中毒者的症状及体征越严重，对机体造成的损伤越严重。

四、实验室及辅助检查

1. 血、尿常规检查 急性中毒者可出现白细胞计数及中性粒细胞比例增高。

2. 肝功能、肾功能、肌酶谱及电解质等生化检查 患者可出现转氨酶水平升高等肝功能异常表现，心肌酶谱可升高。

3. 动脉血气分析 患者可出现高铁血红蛋白血症、低氧血症及代谢性酸中毒。部分血气分析仪可同时测定高铁血红蛋白含量。

4. 心电图检查 表现为窦性心动过缓、房室传导阻滞、窦性心动过速、室上性心动过速、房性期前收缩、室性期前收缩、室性心动过速、心室颤动及ST段-T波改变等。

5. 影像学检查 包括胸部X线或肺部CT检查、颅脑MRI检查等，根据临床表现不同，可发现相应的影像学改变。

6. 毒物分析 可对剩余食物、呕吐物或胃内容物进行亚硝酸盐定性和定量测定。中毒患者定性试验呈阳性，定量检测结果超过限量。食品中亚硝酸盐常用定量方法为盐酸萘乙二胺法。《GB2762—2017 食品安全国家标准食品中污染物限量》规定食物亚硝酸盐含量最高为20 mg/kg。

7. 高铁血红蛋白定性检查 静脉血呈紫褐色，向试管中加入5%氰化钠或氰化钾数滴，或将试管在空气中振荡15 min或通入氧气，若血液变为鲜红色，则提示含有高铁血红蛋白。

五、诊断标准

根据明确的亚硝酸盐接触史，出现高铁血红蛋白血症的典型临床表现，血液中高铁血红蛋白含量超过10%，参考《食源性急性亚硝酸盐中毒诊断标准及处理原则》（WS/T86-1996），排除其他原因导致的高铁血红蛋白增高，即可明确诊断。

六、鉴别诊断

1. 苯的氨基和硝基化合物中毒 多见于生产事故。此类化合物以皮肤接触吸收为主，同

时伴有粉尘或蒸气吸入，经消化道吸收者较少见。中毒后，患者可出现不同程度的高铁血红蛋白血症，发生溶血反应以及肝、肾损害，某些种类可引起出血性膀胱炎，对皮肤有强烈的刺激和致敏作用，可引起晶状体损伤，并具有致癌作用等。此外，苯胺还可以在红细胞内使珠蛋白形成变性珠蛋白小体（Heinz 小体）。

2. 硫化血红蛋白血症　正常人血红蛋白中有不超过 2% 的硫化血红蛋白。硫化氢、三硝基甲苯、代森锌、非那西丁及磺胺类药物等中毒可导致硫化血红蛋白血症。患者皮肤和颜面呈蓝灰色，严重者可出现头晕、头痛、气促、晕厥等表现。含有硫化血红蛋白的血液呈蓝褐色，在空气中振荡后不变色。用分光镜检查，光吸收带在 620 nm 处，加入氰化钾后，光吸收带不消失。应用亚甲蓝治疗无效。

3. 先天性高铁血红蛋白血症　还原型辅酶Ⅰ（NADH）- 高铁血红蛋白还原酶缺乏症属于隐性遗传病，患儿出生时即可出现发绀。患儿表现为明显发绀，但其他全身症状轻微。实验室检查可发现还原型辅酶Ⅰ（NADH）- 高铁血红蛋白还原酶缺乏。

4. 血红蛋白 M 病　血液中高铁血红蛋白占血红蛋白含量的 15%～25%，属于显性遗传病。患者自幼即出现发绀，血液在分光镜下呈现特殊的吸收带。应用亚甲蓝治疗无效。

5. 心肺疾病引起的发绀　心肺疾病患者，尤其是右向左分流的心脏病患者，其发绀是由于还原型血红蛋白过多、动脉血氧饱和度显著降低所致。患者常出现其他缺氧症状和心肺体征。动脉血气分析显示高铁血红蛋白在正常范围。

七、救治措施

1. 群体中毒的处理　对于群体亚硝酸盐中毒事件，应立即对中毒者进行分类检伤，根据危重患者优先救治原则，积极维持其生命体征平稳。常规予以催吐、洗胃、导泻，并予以活性炭吸附。予以高流量吸氧，纠正缺氧，保持气道通畅。

2. 特效解毒药治疗　亚甲蓝作为亚硝酸盐中毒的特效解毒剂，可使 MetHb 还原为 Hb，同时其作为可溶性鸟苷酸环化酶抑制剂，可直接拮抗一氧化氮（NO），使血清 NO 水平降低，提高救治成功率。在救治亚硝酸盐中毒时，需早期、小剂量（每次 1～2 mg/kg）使用。常用 1% 亚甲蓝 10 ml 加入 25% 葡萄糖注射液 20～40 ml 中缓慢静脉推注，根据患者的病情可重复用药。维生素 C 作为还原剂可参与体内的氧化还原反应，使 MetHb 还原成亚铁血红蛋白。大量维生素 C 可与小剂量亚甲蓝联合应用于亚硝酸盐中毒患者的救治。大剂量应用亚甲蓝（5～10 mg/kg）时，还原型脱氢辅酶无法及时将亚甲蓝还原成还原型亚甲蓝，过多的亚甲蓝将产生氧化作用，使 Hb 氧化为 MetHb，进而加重病情。亚甲蓝用量过大或注射过快时，可引起不良反应或中毒症状，如头晕、无力、恶心、呕吐、心悸、气短、血压下降、心律失常，甚至抽搐、惊厥、循环衰竭。全身皮肤呈紫蓝色，尿液和粪便呈蓝色。一旦出现上述情况，应立即停用，并予以对症处理。近年来，亚甲蓝联合高压氧疗对急性重度亚硝酸盐中毒患者取得了很好的疗效。另外，亚甲蓝的刺激性大，外渗可引起组织坏死，在使用过程中宜缓慢静脉推注，注意防止药物外渗。

3. 对症治疗和支持治疗　合理使用糖皮质激素，使用脱水剂和利尿剂，治疗脑水肿。若患者出现呼吸衰竭，则应尽早行气管插管，并予以机械通气辅助呼吸。若患者出现血压降低，则可使用多巴胺、间羟胺等升压药物，并注意补充血容量。此外，还应注意维持水、电解质平衡，积极纠正酸中毒，加强营养支持，防止负氮平衡等。

（朱立群）

第十节 急性重金属中毒

重金属是指相对原子质量大于 65 的金属元素。在元素周期表中，铜以后（原子序数在 24 以上）的金属都属于重金属。在环境学领域，重金属主要是指对生物有明显毒性的金属元素或类金属元素，故常把砷中毒归类为重金属中毒。重金属在人体内以极其微量的浓度存在。重金属中毒是指重金属元素或其化合物引起的中毒，在临床上表现为一定的神经、消化和呼吸系统等症状。常见的重金属中毒包括铅中毒、汞中毒、砷中毒和铊中毒（thallium poisoning）等。

急性轻、中度铅中毒主要表现为倦怠、躁动、感觉异常、肌痛、腹痛、抖动、头痛、恶心、呕吐、便秘、体重减轻、性欲降低，严重者可出现运动神经病变、脑病变、抽搐、昏迷、严重腹部绞痛、急性肾衰竭。急性汞中毒主要表现为局部腐蚀作用，患者可出现腹痛、呕吐及消化道出血，严重者可出现呼吸衰竭、肝衰竭、肾衰竭。急性吸入砷中毒主要表现为咳嗽、呼吸困难、胸痛、肺水肿，甚至急性呼吸衰竭。急性食入砷中毒主要表现恶心、呕吐、腹痛、便血、休克、低血压、溶血、口腔内有大蒜及金属味、肝炎、黄疸、急性肾衰竭、昏迷、抽搐。急性铊中毒患者则以神经系统症状为主要表现。以下主要介绍铊中毒。

一、概念

铊曾用于治疗梅毒、淋病、结核、头癣等，后由于可引起中毒致死并有剧毒而被禁用。目前，铊时常被作为投毒工具或污染中药材等食品、药品而使人中毒。发生铊中毒后，起病较为隐匿，可引起全身各系统受损，不易诊断，可导致患者死亡。

二、毒理学特点及发病机制

铊中毒的主要方式是职业性接触以及口服（误服、投毒以及自杀等），也可以通过粉尘吸入，或经破损的皮肤进入人体。铊可被快速吸收，分布于全身各器官组织，但以肠道、肝、肾、心脏、脑及肌肉中的浓度最高。其半衰期为 1.7 天，主要经肠道排泄（51.4%）；其次是随尿液排出（26.4%），经肾小球滤过，但肾小管可以重吸收铊；此外，铊也可经胆汁分泌。

铊中毒的机制复杂，至今尚不明确。铊在体内发生三相代谢：第一时相发生于 4 h 内，铊可随血流迅速分布至血运丰富的器官，如肝、肾、肌肉；第二时相是中毒后 4~24 h，铊向中枢神经系统分布，此时脑脊液中铊浓度升高；第三时相即排泄相，发生于中毒后 24 h。铊离子和钾离子具有相似的离子半径和电荷量，且铊与 Na^+-K^+-ATP 酶的亲和力远远超过 K^+，铊在体内通过竞争性抑制 K^+ 的生理作用而产生毒理作用；铊可与蛋白质的巯基结合，影响体内的能量代谢，其中，铊与谷胱甘肽结合可使体内自由基生成增多。铊可造成动物脑组织脂质过氧化，引起神经系统损伤。此外，铊还具有细胞毒性、可拮抗钙离子对心肌的激活作用和致突变效应。

三、临床表现

多数患者中毒后症状缺乏特异性，且发病时间不一。潜伏期多为 2~24 h。早期表现为腹痛、恶心、呕吐等消化系统症状，数日后出现肌震颤、上睑下垂、下肢疼痛、手足感觉异常等周围神经系统症状（表13-7）。其中，脱发和以疼痛为主要表现的上行性周围神经病最具有特征性。

1. 脱发　多见于慢性暴露者。脱发为铊中毒的特异性症状，常于急性中毒后1~3周出现，患者毛发成簇状脱落。脱发严重，主要是由于铊干扰半胱氨酸代谢所致，但不会破坏毛囊，故接受治疗后，患者的毛发可重新生长。

2. 皮肤　暴露后2~4周，患者指（趾）甲根部可出现米氏线。其他症状还包括皮肤干燥、皮疹、痤疮、色素沉着等。

3. 消化系统　与其他重金属中毒不同，铊中毒患者的胃肠道症状较轻微甚至缺乏，可表现为腹痛、呕吐、腹泻或便秘。

4. 心血管系统　患者常出现心动过速、高血压，常见于毒物摄入后第1~2周。持续、严重的心动过速提示预后不良。

5. 中枢神经系统　症状常见于暴露后2~5天，主要表现为剧烈、快速进展的上行性周围神经病。疼痛及感觉异常发生在下肢，尤其是足底常见，手指、足趾常有麻木感。运动功能障碍程度不一，以远端为重。患者可出现不同程度的昏迷、幻觉、抽搐、精神异常、头痛、失眠、焦虑、共济失调等。多数患者脑神经可受损，常表现为动眼神经受累，出现单侧上睑下垂。视神经受累时，患者可出现程度不同的视力减退，甚至失明。重度中毒者可发生中毒性脑病，出现嗜睡、癫症样表现，提示预后不良。

6. 泌尿系统　危重症患者可发生肾衰竭，表现为少尿、蛋白尿、尿肌酐水平升高等。

7. 其他　铊还可对生殖系统造成损伤，引起阳痿、性欲降低等。

表 13-7　急性铊中毒的临床表现

临床表现	症状起始时间			残留效应
	早期（<6 h）	中期（数天至2周）	晚期（>2周）	
胃肠道				
恶心	有	—	—	—
呕吐	有	—	—	—
腹泻	有	—	—	—
便秘	有	有	—	—
心血管				
非特异性心电图表现	有	有	—	—
高血压	—	有	—	—
心动过速	—	有	—	—
呼吸系统				
胸膜炎	有	有	—	—
呼吸抑制	—	有	有	—
肾				
蛋白尿	—	有	—	—
肾功能不全	—	有	—	有
皮肤				
干燥	—	有	—	—

续表

临床表现	症状起始时间			残留效应
	早期（<6 h）	中期（数天至2周）	晚期（>2周）	
脱发		有	—	有
米氏线		—	有	有
神经系统				
上行性周围神经痛		有	有	有
运动神经元病		有	有	有
脑神经受损				
神志改变	有	有	—	有
抽搐	有	有	有	—

四、辅助检查

1. X 线检查 与其他急性重金属中毒一样，在中毒后数小时内，X 线检查食物及患者腹部，可以发现金属影，有助于辅助判断，但其敏感性、特异性还不明确。

2. 常规检查 血常规、电解质、尿常规及心电图检查的诊断作用有限。

3. 毛发检查 95% 的患者头发发根在显微镜下可见黑色素沉着。

4. 毒物分析 确定性诊断依赖于血铊水平增高。正常情况下，血铊水平<9.78 nmol/L（<2 μg/L），24 h 尿铊水平<24.5 nmol/L（<5 μg/L）。患者头发、指甲、粪便、唾液及尿液中可检出铊。

五、诊断

具有上述临床表现，尤其是感觉异常性上行性周围神经病、脱发；检查发现米氏线；实验室检查发现血液、尿液铊水平升高，即可诊断为铊中毒。对于有明确铊接触史的患者，结合铊中毒的典型三联征，即胃肠炎、多发性神经病和脱发，可做出早期诊断。对无明确接触史的患者，因其常就诊于消化科或神经内科而容易导致误诊。

六、鉴别诊断

铊中毒极易被误诊，应注意与其他重金属中毒、吉兰-巴雷综合征、肉毒中毒、艾滋病、维生素 B_1 缺乏等相鉴别。

铊中毒患者，尤其是服毒量小或者慢性中毒者，多因脱发或各类神经病而就诊。

发生铊中毒时，出现感觉异常性上行性周围神经病及各种反射存在，有助于鉴别吉兰-巴雷综合征和其他原因导致的急性神经病。肢体进行性无力、腱反射消失是临床诊断吉兰-巴雷综合征的必备条件，可借此可与铊中毒相鉴别。

当胃肠道症状与神经病、器官功能不全合并存在时，应考虑砷、汞等中毒。

脱发可见于砷、硒、秋水仙碱、长春新碱等中毒者，但砷中毒者一般没有脑部受损的表现。

米氏线不是铊中毒的专有特征，可见于砷等其他物质中毒者。

七、救治措施

与所有的中毒抢救一样，砷中毒的治疗原则是稳定生命体征、阻断毒物吸收及促进毒物排泄，见表13-8。

1. 清除肠道毒物 对服毒时间在4 h内的患者，应予以洗胃。对服毒时间超过4 h或出现剧烈呕吐者，则不必予以洗胃，应予以活性炭，以清除尚未吸收的毒物，并阻断肠肝循环。使用聚乙二醇可以进行全胃肠道灌洗，对于尚未吸收的铊的清除效果肯定。因此，若腹部X线检查提示胃肠内尚存有铊，则应予以彻底清除，直至粪便呈水样、无渣，腹部X线检查呈阴性为止。

2. 特效解毒剂 普鲁士蓝是美国食品和药品管理局批准用于铊中毒的特效解毒药物。普鲁士蓝经口服后，可在肠道内与铊结合，生成不溶于水的物质，并随粪便排出；早期口服后可结合肠道内未吸收的铊，减少铊的吸收；后期口服后可减少铊的肠肝循环，增加随粪便排泄的量，降低血液中的毒物水平。一旦明确铊中毒的诊断，即应立即使用普鲁士蓝，否则待铊引起全身各器官、组织的毒性作用，则治疗效果极其有限。普鲁士蓝剂量为250 mg/（kg·d），分2~4次口服或经胃管给药，直至血铊、尿铊水平恢复正常。若患者出现便秘，则建议与甘露醇同时服用。不建议使用硫酸镁，因其有神经系统抑制效应。

3. 血液净化 根据病史或临床表现，对高度怀疑为铊中毒或血铊浓度＞1.0 mg/L者，需要进行血液净化治疗。血液净化应在中毒后24~48 h内开始，直至血铊浓度＜0.1 mg/L，并维持至少72 h。

表13-8 急性铊中毒的治疗

分期	治疗措施
早期（服毒后1 h内就诊）	稳定患者的气道、呼吸及循环功能
	若患者没有呕吐，则考虑予以洗胃
	若患者摄入大量铊，或进行腹部X线检查可发现金属影，则应使用聚乙二醇进行全胃肠道灌洗
	开始时予以多剂活性炭治疗；若患者未出现腹泻，则在首剂活性炭后加用泻剂
	普鲁士蓝250 mg/（kg·d），分2~4次溶于水后口服，若患者未出现腹泻，则予以20%甘露醇导泻
	同时考虑应用活性炭进行血液灌流及血液透析，尤其是当患者合并肾功能不全时
后期（服毒后24 h就诊或慢性中毒）	根据心肺复苏原则，稳定患者的气道、呼吸及循环功能
	开始时予以多剂活性炭治疗；若患者未出现腹泻，则在首剂活性炭后加用泻剂
	普鲁士蓝250 mg/（kg·d），分2~4次溶于水后口服；若患者未出现腹泻，则予以20%甘露醇导泻

（朱立群）

思 考 题

1. 重度酒精中毒的临床表现有哪些？
2. 阿片类中毒的典型临床表现是什么？
3. 如何拒绝毒品？
4. 如何避免百草枯中毒？
5. 简述急性亚硝酸盐中毒的特效解毒剂及其用法。
6. 病例分析：患者，男性，33岁，因"牙龈渗血2 h"来诊。患者2 h前晨起刷牙时发现牙龈渗血，在当地口腔诊所行对症处理，渗血无明显改善，遂来诊。到急诊科就诊时，仍有牙龈渗血。既往身体健康，3天前曾在路边摊自行购买烤肉串20支并全部进食，无外伤史。体格检查：T 36.5℃，P 66次/分，R 18次/分，BP 128/81 mmHg；神志清楚，精神状态尚可，面色红润，牙龈渗血；右侧下背部可见一约4 cm×5 cm的瘀斑，触之无明显痛感。心脏、肺、腹部检查未见异常。双下肢无水肿。病理征（−）。辅助检查：白细胞计数 8.49×10^9/L，红细胞计数 4.23×10^{12}/L，血红蛋白 10^9 g/L，血小板计数 180×10^9/L，血细胞比容 0.439；凝血酶原时间 80.3 s，活化部分凝血活酶时间 99.5 s，凝血酶时间 85.2 s。

问题：

（1）如何对该患者进行诊断及鉴别诊断？
（2）应对该患者采取哪些处理措施？

第十四章 理化因素损伤

第十四章数字资源

理化因素所致疾病是指人体接触有害的物理因素和化学因素所导致的疾病。理化因素所致疾病的临床特点包括：①病因明确；②不同病因所致疾病临床表现迥异；③具有特殊的靶部位和损伤机制；④剂量-效应关系和时间-效应关系明显；⑤疾病可群体发生，但无传播性；⑥临床后果与作用强度密切相关。

有害物理因素可以引起中暑、电击伤、减压病、淹溺、冻伤、高原病、晕动病、放射性疾病、噪声性聋、电光性眼炎等。有害化学因素所致疾病主要是指各种急、慢性中毒性疾病。常见的急性中毒性疾病有农药中毒、药物中毒、工业性毒物中毒、有毒动物或植物中毒、生活性中毒、毒剂中毒、放射性毒物中毒等。某些疾病的发生是理化因素共同作用的结果，如粉尘可以引起肺尘埃沉着病。高温有毒环境作业时，既有高温物理因素损伤作用，又有毒物化学因素的影响。

第一节　中　暑

一、概念

中暑是在高温、高湿和无风的环境条件下，出现以体温调节障碍，水、电解质代谢紊乱，中枢神经系统和心血管系统功能障碍为特征的疾病。中暑根据病情的严重程度分为三级：先兆中暑、轻症中暑和重症中暑。重症中暑根据不同的致病机制和临床表现分为三型：热痉挛、热衰竭和热射病，其中热射病是一种致命性急症，死亡率高达40%～50%。因此，迅速而准确的诊断和及时、有效的治疗在降低死亡率和后遗症发生率方面就显得尤为重要。

案例 14-1

患者，王某，男，35岁，既往身体健康，1天前参加长跑比赛，户外温度达39℃、无风。患者当晚出现头晕、乏力、意识障碍，体温进行性升高，最高达41℃，立即被送至急诊科。查体：T 40.5℃，P 150次/分，R 48次/分，BP 80/60 mmHg，SpO_2 90%；昏睡，双侧瞳孔对光反射存在，面色苍白，口唇发绀，颈软，无抵抗；双肺呼吸音正常，未闻及明显干、湿啰音。心率150次/分，心律齐。腹部（－），病理征（－）。急诊头颅CT检查未见明显异常。患者尿量明显减少。

问题:
1. 该患者的诊断及诊断依据是什么?
2. 如何对该患者进行急救处理?

二、病因与发病机制

(一)病因

高温(温度超过32℃)、高湿(湿度大于60%)和通风不良的环境中长时间作业或强体力劳动是中暑常见的致病原因。某些特殊人群(如老年人、儿童、产妇、肥胖者)、甲状腺功能亢进症患者、慢性病患者、汗腺功能障碍(如硬皮病、先天性汗腺缺乏症、大面积皮肤烧伤后瘢痕形成)者,由于不能及时适应高温环境,所以容易发生中暑。

(二)发病机制

人体通过产热和散热维持体温平衡。当外界环境温度过高,长时间高温作业、强体力劳动或者机体处于高代谢状态时,可导致产热过多;当机体的产热超过散热时,体温就会逐渐升高,从而导致中暑的发生。热痉挛的发病机制是高温环境中,人体的散热方式主要是出汗,大量出汗使水和钠盐丢失过多,使肌肉痉挛,并引起疼痛。热衰竭的发病机制主要是由于人体对热环境不适应,引起周围血管扩张、循环血量不足,导致虚脱。热射病的发病机制主要是由于机体热应激机制失代偿,使核心体温骤然升高,可高达40~42℃,甚至更高。长时间高温引起机体各组织(肝、肾、肠道、肺、血管)发生程序性细胞死亡,使多系统器官发生衰竭,最终导致患者死亡。

知识拓展

程序性细胞死亡与热射病

体外研究发现,高温可引起细胞发生多种程序性细胞死亡,包括坏死性凋亡、细胞凋亡和细胞焦亡,其核心机制是热应激通过HSF1增加ZBP1的表达,并以不依赖于核酸感受器的机制激活ZBP1,介导多种程序性细胞死亡。进一步体内研究发现,敲除ZBP1基因可明显改善高温介导的小鼠多器官损伤(肝、肾、肺、小肠),降低死亡率。研究显示,在热射病致病的过程中,若不能及时、快速降低体温,持续高温本身即可引起细胞发生程序性死亡,使机体各组织器官发生损伤和功能异常,这可能是热射病引起多器官功能衰竭而导致患者死亡的根本原因。ZBP1可能是未来研究热射病防治的关键靶点。

三、临床表现

(一)先兆中暑

先兆中暑是指在高温环境下进行强体力劳动或运动时,出现头晕、头痛、口渴、多汗、四肢无力、胸痛、心悸、注意力不集中、动作不协调等，体温正常或略有升高。

（二）轻症中暑

轻症中暑是指在先兆中暑症状加重的基础上出现早期循环功能紊乱，包括大汗淋漓、面色潮红或苍白、皮肤湿冷、脉搏细速、心率加快、烦躁不安，体温升高至38℃以上。

（三）重症中暑

1. 热痉挛 在高温环境下进行高强度作业或运动，由于大量出汗后，水和盐分丢失，仅补充水或低渗溶液而补盐不足，导致氯化钠浓度急剧下降，引起骨骼肌痉挛伴疼痛，尤其以下肢腓肠肌痛为显著。热痉挛容易与热衰竭时过度通气导致的手足抽搐相混淆，后者常出现手腕、足踝痉挛，四肢末端及口周麻木。若合并全身症状，热痉挛可能是失盐型热衰竭的一部分。

2. 热衰竭 是指严重热应激后，以循环血容量不足为特征的一组临床综合征，多发生于老年人、儿童和慢性病患者。最初表现为头痛、头晕、乏力、恶心、呕吐、多汗，继而出现面色苍白、脉搏细弱或缓慢、血压下降，甚至休克；有时可表现为体位性眩晕、晕厥、手足抽搐，但一般神经系统损害不明显，体温可轻度升高。热衰竭若得不到及时诊治，则可发展为热射病。

3. 热射病 是中暑最严重的一种类型，死亡率高达40%~50%，且存活患者中约30%可遗留神经系统及其他系统损伤后遗症。热射病又称中暑高热，在高温环境下长时间作业或高强度运动可导致热应激机制失代偿，使核心体温骤升，体温达41~42℃，甚至更高，导致中枢神经系统损害和循环功能障碍。常见的临床表现包括高热、无汗或大量出汗、谵妄、昏迷、心动过速、呼吸急促，严重者可发生休克、心力衰竭、横纹肌溶解、急性肝衰竭、急性肾衰、DIC、脑水肿等多器官功能衰竭。

临床上根据热射病的病因和发病机制不同，可将其分为经典型热射病和劳力性热射病。经典型热射病发生于持续高温、高湿环境，如夏季热浪期。患者常为住处无空调、通风条件差的年老体弱者和伴有基础疾病者（如慢性心血管疾病、皮肤病和服用抗胆碱能药或抗精神病药的患者），主要是由于体温调节和散热能力下降所致。劳力性热射病通常是由于内源性产热过多而热量不能及时、有效地散发而导致，常见于运动员和新入伍士兵，多在高温、高湿和无风天气进行重体力劳动或剧烈体育运动时发病（表14-1）。

表14-1 热射病的一般特征

特征	经典型热射病	劳力性热射病
易感因素	有易感因素、服用药物	健康人
好发人群	中老年	年轻人
诱因	静息状态	运动时
起病时间	炎热期发病	散发
出汗	少汗	多汗后无汗
血压	血压正常	低血压
凝血功能异常	轻度凝血功能障碍	DIC
肌酸激酶	CK轻度升高	横纹肌溶解
肾表现	少尿	急性肾衰竭
酸中毒	轻度酸中毒	严重乳酸酸中毒
血钙	血钙正常	低钙血症

四、实验室检查

先兆中暑和轻症中暑患者一般无明显的实验室检查结果异常；重症中暑患者常出现不同程度的实验室检查结果异常，如白细胞计数增加，水、电解质及酸碱平衡紊乱，以及肝功能、肾功能、心功能以及凝血功能等变化。应及时完善血常规、尿常规、凝血功能、血液生化、心电图、动脉血气分析等检查。对出现意识障碍的患者，可行头颅 CT 或 MRI，以排除颅内病变。

五、诊断与鉴别诊断

在夏季高温、高湿的环境中长时间作业或高强度运动后，出现高热并伴有严重中枢神经系统功能障碍（抽搐、谵妄、昏迷）和循环功能障碍（皮肤湿冷、脉搏细弱、血压下降等）的患者，应首先考虑热射病的诊断。诊断热射病时，应与流行性乙型脑炎、细菌性脑膜炎、脑血管意外、甲状腺危象、中毒性痢疾等发热性疾病相鉴别。热痉挛伴腹痛应与各种急腹症相鉴别。热衰竭应与消化道出血、异位妊娠、低血糖等相鉴别。

六、急救处理

（一）先兆中暑和轻症中暑

立即将患者从高温环境转移到阴凉、通风处休息，补充水和盐分。当患者出现循环衰竭倾向时，可酌情予以葡萄糖盐溶液静脉滴注。对出现体温升高者，应及时行物理降温，患者数小时内即可恢复正常。

（二）重症中暑

1. 热痉挛 迅速将患者转移到阴凉、通风处休息或静卧。予以口服补充盐水或饮用电解质溶液，必要时静脉滴注 5% 葡萄糖盐溶液或生理盐水 1000~2000 ml，可迅速缓解症状。

2. 热衰竭 及时补充水容量，防止血压下降，纠正水、电解质和酸碱平衡紊乱。补充液体或电解质的量应根据血清电解质测定结果或临床和实验室检查对脱水程度的评估来综合判断。可予以 5% 葡萄糖盐溶液或生理盐水静脉滴注，可适当补充白蛋白、血浆，必要时监测中心静脉压，以指导补液。

3. 热射病

（1）降温：降温是治疗的基础，降温的速度与预后密切相关。体温越高，持续时间越长，组织损害越严重，预后越差。降温目标是应在 1 h 内将核心体温降至 39℃ 以下。

1）体外降温：将患者转移到通风良好的低温环境，脱去衣服，按摩患者四肢和躯干，使皮肤血管扩张，以加快血液循环和散热。对无循环障碍的患者，首选冷水浸浴（水温为 20~25℃），监测直肠温度，在最初 0.5 h 内将体温降至 40℃，2 h 内降至 38.5℃，4 h 内保持在 34.5~35.5℃，可达到良好的治疗效果。头部降温可采用冰帽，也可用湿毛巾包裹冰袋并紧贴双侧颈动脉、腋窝和腹股沟。全身降温可采用降温毯或用冷水擦拭皮肤。对有循环障碍的患者，可采用蒸发散热降温，如使用电风扇、空调。

2）体内降温：对体外降温效果欠佳者，可采用200 ml冰生理盐水进行胃或直肠灌洗；也可采用预冷的5%葡萄糖盐溶液1000~2000 ml静脉滴注；或用低温透析液进行血液透析或腹膜透析。

3）药物降温：常用氯丙嗪、异丙嗪。用法：将25~50 mg氯丙嗪加入500 ml葡萄糖盐溶液或生理盐水中静脉滴注1~2 h；病情紧急时，可将氯丙嗪和异丙嗪各25 mg加入100~200 ml 5%葡萄糖溶液中，在10~20 min内滴注完毕。若1 h内患者体温仍未下降，则可重复使用1次。既往有心血管疾病病史的患者应慎用。

（2）其他治疗：

1）改善通气：保持患者呼吸道通畅，并予以吸氧。对于昏迷患者，应进行气管插管，以防止误吸。

2）防治脑水肿和抽搐：对怀疑有脑水肿的患者，应予以甘露醇脱水；糖皮质激素对降温、改善机体应激反应以及防治脑水肿均有一定的效果。对出现谵妄、抽搐的患者，可予以镇静治疗。常用的镇静药物有地西泮、咪达唑仑。

3）纠正水、电解质及酸碱平衡紊乱：热射病患者常有不同程度的脱水，出现低血压时，应静脉输注生理盐水或乳酸盐林格液，必要时使用升压药（如多巴胺）以维持血压。及时纠正低钠、低氯、低钙等电解质紊乱，纠正酸中毒。

4）抗凝治疗：根据凝血功能、血小板计数，必要时监测血栓弹力图，以指导抗凝治疗。常用的抗凝药物包括肝素、低分子量肝素及磺达肝癸钠。

5）防治肺水肿、心律失常：在纠正脱水、改善循环的过程中容易诱发急性肺水肿、心律失常，尤其是对合并慢性心脏病的患者，应及时予以纠正。

6）防治肝、肾功能不全：热应激本身以及机体出现循环障碍，均可导致肝功能异常，应尽量避免使用肝毒性较强的药物；若机体出现横纹肌溶解，则应在大量补液的基础上碱化尿液，防止急性肾损伤的发生。

7）血液净化：目前常用的方式是持续性静脉-静脉血液滤过（continuousveno-venous hemofiltration，CVVH），具有多靶点治疗作用：有效降温；有效清除肌红蛋白等毒性物质；清除大量炎症介质，减轻全身炎症反应综合征，缩短病程。然而，热射病患者凝血功能紊乱，给CVVH的顺利实施带来了困难，需慎重选用持续抗凝药物，枸橼酸抗凝是目前认为安全、有效的方式。

8）保护胃肠黏膜：热射病患者常伴有低血压、组织器官灌注不良、颅脑损伤，容易造成肠黏膜屏障受损、应激性胃溃疡，在改善循环的同时，可酌情使用质子泵抑制剂。对不能进食的患者，应尽早予以肠内营养。

（吕　奔）

第二节　电击伤

一、概念

一定强度的电流通过人体引起组织损伤、器官功能障碍甚至呼吸、心搏骤停而死亡，称为电击伤，俗称触电。电击致伤的同时可能伴有电火花、电弧等高温及其引燃衣物导致的烧伤，包括雷电击伤。对电击伤引起意识障碍而倒地的患者，需注意摔倒所致的二次损伤可能。

二、病因与发病机制

1. 病因 多由于人体直接接触电源所致，也可因高压电或超高压电产生的电弧而导致损伤。引起电击伤的原因很多，如生活中缺乏安全用电知识，用电、接电时违规操作等。

2. 发病机制 电击对人体造成的损害程度取决于接触电流的种类、电压高低、电流强度、身体对电流的阻力、电流通过身体的途径、接触电流的时间和接触面积大小，电流入、出口之间的距离及机体触电时的状态等因素。①低压电击可造成心室颤动、心搏骤停，1000 V 以上的电流可引起呼吸中枢麻痹、呼吸肌强直收缩、呼吸停止。②电流强度大于 25 mA 时，可导致心室颤动、心搏骤停。③电阻较小的血管、肌腱、肌肉、神经等组织器官更容易受损。④电流穿过胸部时，可直接损伤心脏，导致心室颤动、心搏骤停；电流经过脑部时，可导致意识丧失，呼吸、心血管中枢受抑制而导致呼吸、心搏骤停，也可导致脑出血、脑水肿、脑坏死。⑤直流电、交流电、静电荷等，均可对人体造成伤害。

> **基础回顾**
>
> **电休克**
>
> 人体触电时，若电流强度和电压达到一定的程度，特别是电流通过头部时，可立即导致意识丧失，甚至呼吸、心搏停止而造成"假死"状态。若及时抢救，则患者多可恢复。继之可表现为意识不清，抽搐躁动，瞳孔缩小，呼吸急促而不规律，血压升高，脉搏缓慢、有力或稍快。这是触电时神经系统受到强烈刺激，大脑皮质处于抑制状态，皮质下失去正常调控而释放过量神经介质，使自主神经系统处于亢奋状态。电休克的症状可持续数分钟或数小时而自然恢复；若伴有较大面积烧伤，这种可出现血容量不足的表现，甚至转入典型的烧伤休克期。

三、临床表现

1. 全身表现 轻者可出现头晕、头痛、惊恐、心悸、恶心、面色苍白、肌肉酸痛、全身无力。重者可出现昏迷、抽搐。

2. 心脏 患者可出现多种心律失常，如心房颤动、心肌梗死和非特异性 ST 段压低，严重时可出现心室颤动、心搏骤停。

3. 皮肤 入口及出口处皮肤呈焦黄色或炭化，组织解剖结构清楚，多为Ⅲ度烧伤。一般低压电流的烧伤面积较小，高压电流的烧伤面积较大。

4. 神经系统 触电后，患者常有短暂性昏迷，意识多能恢复。若头部有击伤区，除短暂昏迷外，患者还可出现神志恍惚、兴奋，CT 检查可发现局部脑水肿，继之脑软化。轻者可仅有头晕、头痛，严重者可出现脑出血、脑水肿、意识障碍，脊髓损伤者可出现肢体感觉异常、瘫痪。

5. 循环系统 组织损伤区或体表烧伤处丢失大量液体，患者可出现低血容量性休克，表现为血压下降、心率加快，四肢厥冷等休克症状。

6. 呼吸系统 患者可出现气胸、血气胸、肺水肿、ARDS、呼吸衰竭，严重者可出现呼吸停止。

7. 泌尿系统 患者可出现急性肾衰竭，少尿或无尿，多继发于肌肉组织坏死、横纹肌溶解症。

8. 消化系统 少数受高压电击的患者可能会出现肠穿孔、胰腺坏死、肝损伤等脏器损伤，并出现相应的消化道症状。

9. 肌肉骨骼 电流走行区域肌肉组织大面积坏死，发生在四肢者可出现骨筋膜室综合征。触电时，可因剧烈的肌肉痉挛、收缩而引起骨折、脱位。有出入口的损伤区，沿电流经过的区域可出现夹花状肌肉坏死，骨周围软组织坏死较常见，骨关节损伤、外露；严重者可损伤头部，形成洞穿性缺损，以及腹部洞穿性缺损、肠损伤和肺损伤等。

四、辅助检查

1. 血常规 可有白细胞计数增高，高处坠落合并实质脏器破裂出血患者可出现血红蛋白下降。

2. 尿常规 可出现肌红蛋白、血红蛋白增高。

3. 心肌酶谱 CK-MB、LDH、肌红蛋白、肌钙蛋白可有不同程度的增高。

4. 电解质、肾功能 早期电解质及肾功能可正常，随着病情进展，发生肾衰竭时，患者可出现肌酐、尿素氮增高，高钾血症。

5. 心电图 可仅表现为心肌缺血、心肌损伤或急性心肌梗死的心电图变化，严重者可出现心律失常，甚至心室颤动、心搏骤停。

五、诊断

主要根据明确的触电、雷击史诊断。对不能提供病史的患者，若能发现电击后特征性的入口及出口，结合患者的临床症状、体征，即可诊断。

六、救治措施

1. 院前救治 立即使患者脱离电源，将电源电闸关闭或用绝缘的物品将患者与电源分开。施救者切勿用手或导电体等物品碰触患者，以保护自身安全。脱离电源后，应立即判断患者的生命体征，对呼吸、心搏停止的患者立即进行心肺复苏，对心室颤动患者立即进行电除颤。现场急救后，尽快将患者转运到医院进行救治。

雷电击伤特有的现象

1. 闪络效应 巨大电流迅速穿过皮肤，通常是由于雨水或汗水浸湿的皮肤电阻降低引起，可导致中枢神经系统障碍并随后恢复，导致暂时性心搏骤停和呼吸中枢麻痹，并在细胞水平上处于"假死"状态。雷击往往不会造成深部烧伤，因为电流在皮肤表面传输并接地，不会穿透更深层的组织。

2. **闪电性麻痹** 周围神经和血管系统的闪络效应，引起暂时性麻痹伴周围血管痉挛和感觉障碍。其特征是肢体呈斑驳的蓝色、无脉搏，多发于下肢。这些表现往往会在数小时到数日内消退，但也可能永久存在。

3. **自主神经功能障碍** 可逆，可导致瞳孔固定、散大或不对称，与脑损伤无关。

4. **冲击波所致创伤** 雷电的峰值温度可在数毫秒内上升至 30 000 开尔文，周围空气急剧升温、膨胀，可生成高达 20 个大气压的冲击波。冲击波可通过空气传递到人体，导致冲击波效应和继发性机械创伤。

2. 急诊室救治 立即对患者病情进行评估，完善相关检查。病情评估完毕，应根据患者的病情及危重程度，将其收入相应科室进一步治疗。

（1）液体复苏：高压电击伤时，深部组织的损伤较严重，渗出较多，补液量不能根据烧伤体表面积计算，应对深部组织损伤进行充分估计。进行输液治疗时，主要根据患者对输液治疗的反应调整输液量，监测每小时尿量、周围循环状况及对中心静脉压、血乳酸。

（2）焦痂清创及筋膜切开：高压电击伤时，由于深部组织损伤，大量液体渗出，筋膜下水肿明显，筋膜室内压力增高。增高的组织间压可使循环受到障碍，并造成继发性肌肉坏死。对环状区，应尽早实行清创及筋膜切开术，以减低肌间隙压力，改善循环。

（3）应用抗生素（可选青霉素）：因深部组织坏死供氧障碍，应警惕厌氧菌感染，局部应予以暴露，使用过氧化氢溶液冲洗、湿敷。注射破伤风抗毒素是绝对适应证。

3. ICU 救治 对危重症患者及存在心肌损伤的患者，应收入 ICU 进行加强监护治疗，并根据患者的病情予以相应的治疗。

4. 留观室救治 对于触电时间短、电压低、病情轻的患者，由于其可能存在不易发现的损伤，故应留院予以密切观察。

5. 其他专科救治 对已经发生或存在潜在的骨筋膜室综合征的患者，应尽早切开减压，避免发生肢体坏死、肾衰竭。尽早对电击创面进行清创，面积较大者，可外涂磺胺嘧啶银预防感染，同时根据患者的情况合理使用抗菌药，常规应用破伤风抗毒素及破伤风免疫球蛋白，以预防破伤风。对于需要截肢的患者，应严格把握手术适应证。电击伤对患者造成的损害可能多种多样，甚至是多种内科、外科病症共存，治疗应根据患者的病情综合考虑，注意避免漏诊、误诊。

（张　玲）

第三节　淹　溺

一、概念

淹溺是指人体浸没于一种液态介质中而导致呼吸障碍的过程，液体充塞于呼吸道及肺泡或反射性引起喉痉挛，发生窒息和缺氧，处于濒临临床死亡［呼吸和（或）心搏停止］的状态。由此导致呼吸、心搏停止而致死亡者称为溺死。浸没后出现暂时性窒息，尚有大动脉

搏动，经救治后至少存活 24 h 或浸没后经紧急心肺复苏存活者称近乎淹溺。近乎淹溺后数分钟到数日死亡为继发淹溺，常因淹没并发症所致。浸没冰水后的猝死称为淹没综合征。淹没后综合征是急性肺水肿、ARDS 的一种类型，常因肺泡表面活性物质减少或灭活继发肺泡毛细血管内皮损伤和渗漏，导致肺部炎症反应引起 ARDS 所致，见于 72 h 内近乎淹溺患者。淹溺是全世界各年龄组意外死亡的第 4 位原因。在我国，淹溺是伤害所致死亡的第 3 位原因。

案例 14-2

患者男性，58 岁，因溺水后意识不清 30 min 入院。患者于入院前 30 min 在野湖游泳时不慎溺水，其后出现意识不清，烦躁，恶心，呕吐 2 次，呕吐物为胃内容物。被他人发现施救并呼叫"120"送入院。查体：体温 36.5℃，脉搏 130 次/分，呼吸 25 次/分，血压 90/60 mmHg，脉搏氧 80%。昏迷，Glasgow 评分为 8 分，躁动不安；双侧瞳孔等大等圆，直径 4 mm，对光反射迟钝；口唇发绀；颈项强直；双肺听诊满布湿啰音；心率 130 次/分；四肢肌张力增高，双侧病理征未引出。鼻导管吸氧 10 L/min。动脉血气示 pH 7.1，$PaCO_2$ 45 mmHg，PaO_2 50 mmHg，血氧饱和度 78%，实际碳酸氢盐 10.3 mmol/L，标准碳酸氢盐 10 mmol/L，碱剩余 –15 mmol/L。心电图示窦性心律，ST 段压低。

问题：
1. 作为首诊医师，患者目前初步诊断？
2. 还需完善哪些检查？
3. 抢救室需做哪些处理？

二、病因与发病机制

溺水多发生于不会游泳或不慎落水及投水自尽者。意外事故中以洪涝灾害，翻船发生溺水者多见，此外，水上项目，潜水，工程意外等，也是发生溺水的原因之一。

当人淹没于水中，本能的出现反射性屏气，以避免水进入呼吸道，由于缺氧不能坚持屏气，被迫进行深呼吸，使大量水分、泥、杂草等进入呼吸道和肺泡，堵塞气管，引起窒息，使肺失去通气、换气功能，加剧缺氧，导致严重的低氧血症、CO_2 潴留和酸中毒。淹溺者双肺含水量增多、重量增加，伴有不同程度的肺出血、水肿，肺泡壁破裂。淹溺死亡者有肺泡上皮细胞脱落、出血，透明膜形成和急性炎性渗出。人体淹溺后出现高碳酸血症和低氧血症，刺激呼吸中枢，随着水进入呼吸道和肺泡，充塞呼吸道引发严重缺氧、代谢性酸中毒和高碳酸血症。根据浸没的介质不同，分为淡水淹溺和海水淹溺。决定溺水患者预后的重要因素是溺水时间的长短与缺氧的时间和严重程度。因此目前不主张区分海水或淡水溺水，尽管二者在理论上或实验室条件下有所不同，但在临床上并无明显区别。大部分淹溺猝死的原因是严重心律失常。冰水淹溺迅速致死的原因常为寒冷刺激迷走神经，引起心动过缓或心搏停止、神志丧失。

> **知识拓展**
>
> **缺氧**
>
> 氧气是生命活动的必需物质。缺氧是因为组织供氧或氧利用障碍引起细胞代谢、功能甚至形态结构异常改变的病理过程。缺氧是造成细胞损伤的最常见原因，是多种疾病的基本病理过程。成人静息状态下需氧量约为 250 ml/min，而体内储存的氧约为 1.5 L。故机体一旦出现呼吸、心搏停止，4～6 min 左右就可能死于缺氧。

三、临床表现

淹溺者出现意识丧失，呼吸停止或大动脉搏动消失，处于临床死亡状态。近乎淹溺病例个体差异较大，与溺水的持续时间长短，吸入水量多少，吸入介质性质和器官损伤严重程度有关。

1. 症状 近乎淹溺患者可有头痛、视觉障碍、剧烈咳嗽、胸痛、咳粉红色泡沫样痰、呼吸困难，全身乏力。溺入海水者口渴感明显，可伴有寒战、发热。

2. 体征 淹溺者口、鼻腔内充满泥污或泡沫。颜面肿胀、皮肤发绀，烦躁不安、抽搐、昏睡或昏迷，球结膜充血，呼吸浅表、急促或停止，肺部闻及干、湿啰音，心律失常、心音微弱或心搏停止，腹部膨隆，四肢厥冷。肌张力增高。有时可发现头部或颈椎损伤。

> **基础回顾**
>
> **淹溺导致肺损伤临床研究**
>
> 淹溺患者肺部主要的病理生理进程是肺泡表面活性物质被破坏，导致肺泡不稳定，肺泡塌陷、肺不张和伴有通气血流比失调的肺顺应性降低。多重肺损伤机制导致难治性的低氧血症。淹溺患者发生急性呼吸窘迫综合征（ARDS）的风险很高。虽然尚缺乏大样本的随机对照分析，但有证据表明淹溺后早期实施保护性通气策略可改善 ARDS 患者的存活率。

四、辅助检查

1. 血液、尿液检查 外周血白细胞轻度增高。淡水淹溺者血钾升高，尿液和血液中能检测出游离血红蛋白。海水淹溺者可出现短暂性血液浓缩，出现轻度高钠血症或高氯血症。严重者可出现凝血功能障碍。淹溺者出现致命性电解质紊乱极为罕见。

2. 心电图检查 常见窦性心动过速、非特异性 ST 段和 T 波改变。当出现室性心律失常或完全性心脏传导阻滞，提示病情严重。

3. 动脉血气分析 几乎所有淹溺患者都有不同程度的低氧血症和（或）高碳酸血症，甚至合并代谢性酸中毒。

4. X 线检查 早期胸部 X 线检查可无异常改变，继之常显示斑片状浸润或典型肺水肿征象。住院 12～24 h 吸收好转或进展恶化。对疑为颈椎损伤者应及时做颈椎 X 线或 CT 检查。

五、救治措施

（一）院前急救

1. 现场处理　尽快将淹溺者从水中救出，将患者置于平卧位，迅速清除口、鼻腔污水、污物、分泌物及其他异物。如患者存在自主有效呼吸，则应置于稳定的侧卧位（恢复体位），口部朝下，以免发生窒息。

2. 心肺复苏　对心搏、呼吸停止者，应立即现场施行心肺复苏，复苏期间注意防止呕吐物误吸。在转送过程中，心肺复苏不能中断，有条件时行气管插管和给氧。

3. 早期除颤　在心肺复苏开始后，尽快对可除颤的心律失常（心室颤动、心室扑动、无脉性室性心动过速）患者进行电除颤。

（二）院内处理

进入医院后，安排患者入住重症监护病房，进行高级生命支持，纠正或预防ARDS。

1. 给氧　进行动脉血气分析，监测氧合情况。予以吸入高浓度氧或行高压氧疗，根据病情可采用机械通气进行呼吸支持。

2. 复温　对体温过低者，可采用体外或体内复温措施。

3. 脑复苏　对颅内压增高者，静脉滴注甘露醇脱水、注射呋塞米利尿，以降低颅内压。对使用呼吸机的患者，用呼吸机增加通气，使 $PaCO_2$ 保持在 25～30 mmHg。

4. 处理并发症　对合并缺氧缺血性脑病、低血压、肺水肿、心律失常、惊厥、ARDS、感染、应激性溃疡并发消化道出血、电解质紊乱和酸碱平衡紊乱者，进行相应处理。

（张　玲）

第四节　冻　僵

冻僵又称意外低体温，是指下丘脑功能正常者处在寒冷环境（-5℃以下）中，核心体温（core body temperature，CBT）<35℃并伴有神经和心血管系统损害为主要表现的全身疾病。常在暴露于寒冷环境后 6 h 内发病。冻僵患者体温越低，病死率越高。

案例 14-3

患者，张某，男，51岁，上午5时左右被发现躺在路边，呼之不应，当时室外气温为2℃。患者有长期酗酒史，发病前1天午餐、晚餐均有大量饮酒。查体：T 26.8℃（直肠测温），P 45次/分，R 10次/分，BP 102/76 mmHg，格拉斯哥昏迷评分（GCS）为8分，皮肤苍白，瞳孔对光反射迟钝。

问题：
1. 考虑该患者为何种疾病？
2. 诊断该疾病的依据是什么？
3. 需要对患者采取哪些救治措施？

一、病因与发病机制

（一）病因

冻僵的发生多有区域性和季节性的特点，常见于以下 4 种情况：①长时间低温暴露，且无充分保暖和热能供给不足；②低温暴露合并年老、体弱、慢性疾病（如甲状腺功能减退症）和严重营养不良患者；③意外冷水或冰水淹溺者；④野外活动突遇较大温差及湿冷环境等。

（二）发病机制

人体之所以能维持体温相对稳定，是因为产热和散热两个生理反应过程在体温调节中枢控制下处于动态平衡。当机体暴露于寒冷环境中，下丘脑体温调节中枢通过肾上腺素能交感神经使体表血管收缩，以保持体温，同时通过运动神经增加肌肉张力和颤抖来产生热量。随着机体暴露时间延长，组织和细胞发生形态学改变，血管内皮损伤，通透性增高，导致微循环障碍、血栓形成和组织坏死。

冻僵的严重程度与暴露于寒冷环境的时间长短、温度、湿度、身体的耐受情况、暴露部位及营养状态等有关。冻僵时，患者核心体温状态不同，体内代谢改变不同，如图 14-1 所示。

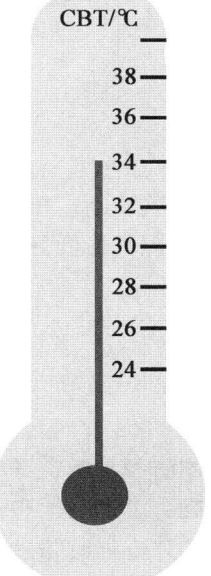

轻度冻僵 (CBT 35~32℃)：交感神经兴奋性增强，引起皮肤血管收缩，心率及呼吸频率增快，心输血量增加，血压升高，脑血流量增加及寒冷性利尿，机体防御性出现散热减少和基础代谢增加；肌张力增加和寒战，散热增加，加速寒冷伤害

中度冻僵 (CBT 32~28℃)：体温调节机制衰竭，寒战停止，代谢明显减慢，引起 MODS 或 MOF

严重冻僵 (CBT<28℃)：内分泌和自主神经系统热储备机制丧失，基础代谢率下降 50%，室颤阈下降，呼吸明显变慢；体温低于 24℃时，全身血管阻力降低，测不到血压，神志丧失，瞳孔散大，最终死于呼吸和循环衰竭

图 14-1 冻僵的发病机制

基础回顾

冻僵症状

冻僵的临床表现主要与低体温对脑和心肺的影响有关。大脑活动在机体核心体温（体核温度）为 33～34℃时开始减低，并随着进一步冷却而继续减低。大脑冷却可导致易怒、意识模糊、情感淡漠、嗜睡，并最终导致昏迷。大脑冷却可降低脑需氧量。这在缺氧条件下提供了临时保护，如冷诱导的心搏骤停和冷水淹溺。由于冷诱导利尿、血浆

向血管外转移和液体摄入不足,冷应激使循环血容量降低。当心脏冷却至30℃以下时,心输出量明显减少,通常会发生心动过缓。心电传导异常可导致心律失常,如房性期前收缩和室性期前收缩、心房颤动和心室颤动。冷却至28℃以下时,心脏易发生心室颤动,可由酸中毒、低碳酸血症、缺氧或运动引发。对二氧化碳的通气反应下降,可导致通气不足和呼吸性酸中毒。

二、临床表现

1. 轻度冻僵 疲乏、健忘,头痛,肌束震颤,多尿,血压升高,心率和呼吸加快,皮肤苍白冰冷。

2. 中度冻僵 表情淡漠或嗜睡,精神错乱,语言障碍,行为异常,心率和呼吸减慢。心电图可表现为心房扑动或心房颤动、室性期前收缩和出现特征性的J波,也可能显示PR间期、QRS波群和QT间期延长。

3. 严重冻僵 昏迷、瞳孔对光反射消失,血压下降,少尿,呼吸减慢,心律失常;体温降至24℃时可出现僵死状态、心搏和呼吸停止。

三、诊断

根据较长时间寒冷环境暴露史和临床表现,结合核心体温可明确诊断。核心体温测定方法有:①直肠测温;②食管测温。注意普通的体温计不适用于诊断,因其最低只能测到35℃。

 知识拓展

复温技术

复温分为被动复温和主动复温,根据患者情况选择复温方法和控制复温速度。被动复温是通过机体产热自动复温,适用于轻度冻僵者,包括:脱去湿衣服,移动至温暖环境中,应用较厚的棉毯或棉被覆盖或包裹患者。主动复温是将外源性热传递给患者,包括:①主动体外复温,如电热毯、热水袋或温水浴等(避免烫伤);②主动体内复温,如静脉输注40~42℃液体,吸入40~45℃湿化氧气,用40~45℃灌洗液进行胃、直肠、腹膜腔或胸腔灌洗升温,血液透析、体外循环和体外膜肺氧合等。

需要注意的是,最佳的复温速度可能不是最快的复温速度。即使是对严重的失温者,也可能需要缓慢、有控制的复温。只有对血流动力学不稳定的患者,才应考虑通过体外生命支持快速复温。

四、救治措施

1. 院前急救 将患者快速移至温暖环境,立即脱去潮湿衣服,用厚棉被或毛毯包裹身体,谨慎搬动以防骨折。

2. 院内处理

（1）急救处理：积极复苏救治，保持气道通畅，必要时行气管插管或气管切开。

（2）复温：包括被动复温和主动复温。

（3）支持治疗及监护：补充循环容量和热能，维持血压，恢复神志；胃肠减压，监测生命体征、血糖和尿量。

（4）治疗并发症：低体温持续时间较长时，易发生应激性溃疡、心律失常、酸中毒、脑水肿、肺水肿、心肌梗死、血栓形成、心功能和肾功能不全、脑血管意外等并发症，应早期防治处理。

（管向东）

第五节 强酸、强碱灼伤

一、强酸类灼伤

强酸类主要指硫酸、硝酸、盐酸三种无机酸，均有强烈的刺激性和腐蚀性。氢氟酸、铬酸毒性也强。浓有机酸（如醋酸、甲酸、草酸等）的腐蚀作用较硫酸、硝酸弱。经口误服，呼吸道吸入大量酸雾，皮肤接触等可导致腐蚀性灼伤。

（一）病因与发病机制

强酸作用于人体组织引起细胞脱水、组织蛋白凝固，发生凝固性坏死；浓硫酸、浓硝酸还能以气体或酸雾形式对皮肤黏膜、呼吸道产生刺激性炎症损害。

> **基础回顾**
>
> **强酸、强碱烧伤的预防**
>
> 强酸、强碱烧伤事件屡有发生，大致可分为两类。一类为职业相关，类似事故大多是由于违反操作规程、管理不严造成，如揭开容器倾倒化学物时发生喷溅，或由于剧烈的化学反应及管道破裂引起喷溅等；另一类发生在生活中，如储存不当或标签不明导致意外接触、自杀、故意伤害等。减少强酸、强碱烧伤事件发生的根本措施是预防。企业应在相应的操作岗位设置警示标识，加强安全管理和岗位培训；工人应严格按照操作规范作业，做好安全防护。加强宣传和普法教育，提高广大群众对强酸、强碱的社会危害性的认识，增强防护意识。部分患者伤前存在或伤后出现心理、精神方面的异常，应加强人文关怀和情绪疏导。

（二）临床表现

1. 皮肤灼伤 低浓度强酸直接污染皮肤时，可导致皮肤刺激或灼痛，局部充血、发红，形成水疱。皮肤接触高浓度强酸后即发生灼伤、腐蚀、坏死和溃疡形成，其程度因接触的时间、面积和强酸液的体积而不同。灼伤后创面干燥，边缘分界清楚，灼伤的痂皮或焦痂色泽随

酸的种类而异。

2. 眼部灼伤 眼部因受酸雾刺激或强酸液直接溅入，可发生结膜炎、角膜灼伤、混浊甚至穿孔；严重者可失明。

3. 口服灼伤 主要是消化道黏膜接触部位灼伤，口腔、咽喉、食管、胃部疼痛，反复恶心、呕吐，呕吐物内含血液和黏膜组织。食管及胃腐蚀严重者出现溃疡、穿孔、消化道大量出血等。可因喉头水肿和痉挛致声音嘶哑、吞咽困难，甚至窒息。部分患者因酸吸收入血，引起严重酸中毒，肝、肾损害。治愈后部分患者有食管、幽门狭窄等后遗症。

4. 吸入灼伤 出现呛咳，痰呈泡沫状或带有血性分泌物，可致喉痉挛或支气管痉挛、呼吸困难、发绀、肺炎及肺水肿；吸入高浓度强酸类烟雾，不仅可引起急性肺损伤，还可因呼吸中枢反射性抑制而发生猝死。

（三）辅助检查

灼伤后的呕吐物或清洗液中可检测到相应的强酸类物质，尿液中可有蛋白、红细胞、白细胞及管型。胃镜检查可见急性食管、胃黏膜病变改变。胸部影像学检查可见急性肺损伤或肺水肿改变。

（四）诊断

根据强酸接触史或误服史，结合临床表现不难做出诊断。

知识拓展

化学性皮肤灼伤分级标准

1. 轻度灼伤 具备以下任何一项者：① 1%以上的Ⅰ度灼伤；② 10%以下的Ⅱ度灼伤。
2. 中度灼伤 具备以下任何一项者：① 10%~30%以上的Ⅱ度灼伤；②Ⅲ度及Ⅲ度以上灼伤总面积在10%以下。
3. 重度灼伤 具备以下任何一项者：① 30%<Ⅱ度及Ⅱ度以上灼伤总面积≤50%；②Ⅲ度及Ⅲ度以上灼伤总面积在10%~20%。
4. 特重度灼伤 具备以下任何一项者：①Ⅱ度及Ⅱ度以上灼伤总面积在50%以上；②Ⅲ度及Ⅲ度以上灼伤总面积在20%以上。

（五）救治措施

1. 皮肤灼伤 立即脱去污染衣物，接触部位迅速用大量清水反复冲洗，一般要求20~30 min。其中，对硫酸灼伤者，应先吸附创面硫酸。必要时局部应用中和剂，如4%碳酸氢钠溶液。创面应彻底清创，局部水疱要剪掉，以免酸液残留。

2. 眼部灼伤 立即用清水或生理盐水彻底冲洗，再用1%~2%碳酸氢钠溶液冲洗，之后予以湿热敷，每天3~4次，同时以可的松溶液和抗菌药滴眼剂滴眼。

3. 口服灼伤 禁忌洗胃和催吐，防止胃穿孔及反复灼伤；可口服牛奶或蛋清保护胃黏膜。饮服7.5%氢氧化镁混悬液或10%氢氧化铝凝胶，以中和酸性物质。再口服橄榄油作为润滑剂。保留胃管，以防止灼伤后食管严重挛缩狭窄以致不能进食。禁止口服碳酸氢钠，以免产生气体而增加胃肠穿孔的危险。

4. 吸入灼伤 将患者迅速撤离灼伤现场，移到空气新鲜处进行相应处理。

5. 对症支持治疗　镇静、止痛，补液，纠正酸中毒，防治并发症。

二、强碱类灼伤

强碱类化合物主要以氢氧化钠、氢氧化钾、氧化钠和氧化钾等腐蚀作用最强，其他化合物，如碳酸钠、碳酸钾、氢氧化钙（石灰）和氢氧化铵（氨水），腐蚀作用较弱，但均可造成不同程度的灼伤。

（一）病因与发病机制

强碱可吸收组织水分，使组织细胞脱水、蛋白变性、脂肪皂化，破坏细胞膜结构，从而使组织溶解性坏死，严重者形成不易愈合的坏死性溃疡。局部肿胀明显，丧失液量多，灼伤面积较大者，可因补液不足而发生休克。粉尘、蒸气对眼、上呼吸道有刺激作用，口服可造成消化道灼伤，超过机体的调节功能时，即可发生代谢性碱中毒。

（二）临床表现

1. 皮肤灼伤　创面呈白色，周围红肿、剧痛，出现水疱，也可呈皮炎样改变；局部灼痒、红斑、丘疹。

2. 眼部灼伤　强碱溅入眼内引起急性结膜炎、角膜溃疡性坏死及穿孔，严重者可导致失明。

3. 口服灼伤　口腔黏膜呈红色或棕色，口腔、食管、胃部剧烈灼痛，腹部绞痛，呕吐血性胃内容物，血性腹泻。声音嘶哑，吞咽困难。强碱类较强酸类更易引起食管、胃肠溃疡及穿孔，愈合后常遗留食管狭窄。重症者可发生碱中毒，并发急性肺损伤、胸膜炎、心包炎、声门水肿而窒息、休克和昏迷，甚至死亡。

4. 吸入灼伤　强碱类可损伤呼吸道黏膜，少数患者可因反射性声门痉挛而发生呼吸骤停。患者可出现咳血性痰，重者可出现急性肺水肿、休克和昏迷，甚至死亡。

（三）辅助检查

灼伤后可检测呕吐物或清洗液中的相应强碱类物质。

（四）诊断

根据强碱接触史或误服史，结合临床表现做出诊断。

（五）救治措施

1. 皮肤灼伤　迅速用大量流动清水冲洗，再用 1%～5% 醋酸或 3% 硼酸溶液冲洗中和，然后外用抗碱药膏。对氢氧化钙（石灰）灼伤者，先用矿物油或植物油擦掉皮肤上的石灰颗粒，再用 3% 硼酸或 2% 稀盐酸冲洗中和。对石灰灼伤者，忌用生理盐水冲洗，因氢氧化钙与氯化钠作用，可生成碱性更强的氢氧化钠。中和剂忌在冲洗前应用，以免中和后产生的热量加重损伤。

2. 眼部灼伤　立即用清水冲洗，可的松和抗菌药滴眼剂。不可用酸性液体中和强碱类物质，否则可产生中和热量，加重灼伤。眼部剧痛可用 2% 丁卡因滴眼。对灼伤明显者，应积极按眼灼伤处理。

3. 口服灼伤　禁止洗胃和催吐，防止促发穿孔，可通过鼻胃管抽出碱性液体，再注入或口服 3%～5% 醋酸或 5% 稀盐酸、食醋、柠檬汁，以中和强碱，然后口服鸡蛋清或植物油 150～200 ml。对抽搐者，可静脉注射 10% 葡萄糖酸钙 10 ml。纠正水、电解质紊乱，防治休

克及急性肾衰竭。酌情应用肾上腺皮质激素，以减轻瘢痕形成。

4. 吸入灼伤　立即将患者移到空气新鲜处，保持呼吸道畅通。对发生急性喉水肿者，考虑行气管切开，防治肺水肿。

（菅向东）

第六节　高原病

由长期或短期不适应高原环境引起的以缺氧为主要表现的一组疾病，称为高原病，又称高原适应不全症或高山病。高原病分为：①急性高原病；②亚急性高原病；③慢性高原病。

一、病因与发病机制

（一）病因

高原地区大气压和氧分压降低，吸入气体和肺泡氧分压及动脉血氧饱和度降低，易发生机体组织细胞缺氧。高原病的发病快慢、病情严重程度和发病率与海拔高度、攀登速度、高原停留时间和个体易感性有关。儿童易发病，男性较女性发病率高。

（二）发病机制

从平原进入高原，为适应低氧环境，机体需要适应性改变，以维持毛细血管内血液与组织间必要的压力阶差。每个人对高原缺氧的适应能力有限，过度缺氧时易发生适应不全。

1. 神经系统　大脑皮质对缺氧的耐受性最低。缺氧引起脑组织肿胀、高原脑水肿，还可引起缓激肽、一氧化氮等介质释放，加重脑水肿。

2. 呼吸系统　动脉血氧分压降低可导致动脉血 pH 升高，$PaCO_2$ 降低，引起呼吸性碱中毒。急性缺氧可引起肺动脉压升高。血管内皮损伤可导致高原肺水肿。

3. 心血管系统　缺氧早期出现心率加快，易引起冠状动脉扩张、血压升高。长期缺氧可使血液黏滞度增高，加重心脏负荷。

4. 血液系统　缺氧可刺激红细胞磷酸甘油酯生成增加，引起红细胞增多症。

> **基础回顾**
>
> **高海拔阈值**
>
> 由于个体差异，不同群体发生急性高原病的海拔高度不同。既往经验表明，未适应高原环境的人上升到 2500 m 以上高度时有患急性高原病的危险，而易感人群在 2000 m 的海拔高度即可发生急性高山病，甚至高原肺水肿。急性高山病的症状和体征缺乏特异性，很难确定高原病发生的特定海拔阈值。因此，是否需要预防和治疗急性高原病，不完全取决于个体所处的海拔高度，还应考虑其既往在高海拔地区的症状、上升的速度和适应环境的天数等。不应由于海拔高度低于 2500 m，即排除急性高山病、高原肺水肿或高原脑水肿。

二、临床表现

（一）急性高原病

1. 急性高原反应 多见于快速攀登高原的健康人，发病与攀登速度和高度有关，多在抵达高海拔地区数小时到数天内发病。轻症患者出现头痛、头晕、心悸、胸闷、气短、恶心、乏力、呕吐等。体征包括口唇和甲床发绀、手足及颜面水肿。经休息或对症处理后，上述症状在数日内可缓解或消失。重症患者可发生高原肺水肿和（或）高原脑水肿。

2. 高原肺水肿 常发生在近期抵达海拔在 3000 m 以上的高原地区者，是致命的高原病。初期多有急性高原反应的表现，继而出现咳嗽、心悸、呼吸困难、咳大量白色或粉红色泡沫样痰，两肺布满湿啰音。重症患者可出现烦躁不安、神志模糊甚至昏迷，常合并脑水肿。部分患者可伴有发热，病情重者不经治疗即可在 6～12 h 死亡。劳累、寒冷、感染时更易发病。

3. 高原视网膜出血 表现为短暂视觉障碍，眼底镜检查可见视网膜出血、视神经乳头水肿，是高原脑水肿的先兆。

4. 高原脑水肿 是最危重的急性高原病，发病率低，但较易引起死亡，见于急速抵达海拔在 4000 m 以上高原者。表现为剧烈头痛伴精神异常、呕吐、共济失调、幻听、幻视、木僵或昏迷，也可发生抽搐、惊厥。大脑功能障碍是高原脑水肿的主要特点。症状出现后 12 h 内昏迷者，病死率在 60% 以上。

（二）亚急性高原病

患者主要出现心功能障碍、肺源性心脏病、红细胞增多症的表现。本病常发生于驻防高原的边防战士。

（三）慢性高原病

1. 慢性高原反应 急性高原反应持续 3 个月以上不恢复者称为慢性高原反应。表现为头痛、头晕、失眠、记忆力减退、心悸、气短、消化不良、手足麻木，重者可出现心律失常或短暂晕厥。

2. 高原红细胞增多症 是继发于高原缺氧的一种生理代偿反应。表现为头晕、头痛、失眠、颜面发绀或杵状指。由于血液黏滞度升高，可导致脑微血栓形成，出现短暂性脑缺血发作及血栓栓塞性疾病。

3. 高原血压改变 久居高原者血压偏低，可出现头痛、头晕等症状。血压升高者可诊断为高原高血压。临床表现与原发性高血压相似。

4. 高原心脏病 表现为心悸、气短、胸闷、咳嗽。发生右心衰竭时，可出现发绀、水肿、心律失常、肝大和腹水。

三、辅助检查

1. 血液学检查 急性高原病患者白细胞轻度增多；慢性者红细胞计数升高，血红蛋白浓度增高。高原肺水肿者动脉血气分析示低氧血症、低碳酸血症。

2. 心电图检查 可见肺型 P 波、电轴右偏、T 波改变或心律失常。

3. 胸部 X 线检查 双肺有弥漫性斑片或云絮状模糊阴影，肺动脉突出，右肺下动脉干增宽。

4. 肺功能检查 肺活量下降，峰值呼气流速降低，每分通气量下降。

四、诊断与鉴别诊断

（一）诊断

高原病的诊断依据：①进入海拔较高或高原地区后发病；②症状与海拔高度、攀登速度及是否有适应明显相关；③除外类似高原病表现的相关疾病；④氧疗或离开高原地区治疗明显有效。

高原病的预防

1. 逐渐升高海拔　研究发现，控制上升速度是预防急性高原病的有效手段。指南推荐，逐渐升高海拔可预防高原肺水肿；缓慢增加睡眠高度，可预防急性高山病和高原脑水肿。

2. 药物预防　①乙酰唑胺：攀登高海拔地区时，强烈推荐存在急性高山病中、高危危险因素的旅行者使用乙酰唑胺预防急性高山病和高原脑水肿，磺胺类过敏者除外。②地塞米松：对成人可作为乙酰唑胺的替代药。③布洛芬：不愿意使用乙酰唑胺或地塞米松，或对这 2 种药物过敏、不耐受者，可使用布洛芬预防急性高山病。④硝苯地平：推荐使用硝苯地平预防易感人群高原肺水肿的发生。⑤他达拉非：对不适合使用硝苯地平的易感人群，可考虑使用他达拉非预防高原肺水肿。

3. 预适应　是指在进入高海拔地区前数天或 1 周内反复暴露于低压或常压缺氧环境。在可行的情况下，预适应可用于预防 AMS，但尚无实施预适应的特定方案。

（二）鉴别诊断

1. 急性高原反应　与晕车、急性胃肠炎和基础原发病相鉴别。
2. 高原肺水肿　与肺炎、肺栓塞、气胸、哮喘或心血管疾病相鉴别。
3. 高原脑水肿　与代谢性碱中毒或中毒性脑病、脑卒中或颅脑损伤相鉴别。
4. 高原红细胞增多症　与真红细胞增多症相鉴别。

五、救治措施

1. 急性高原反应　出现症状时，应终止继续攀登，大部分患者可自行恢复。①休息、补液；②氧疗；③药物治疗：对症治疗为主；④转移：将患者转至低海拔地区。

2. 高原肺水肿　①休息保暖；②氧疗；③药物治疗；④转移：氧疗无效时，将患者转运到低海拔地区。

3. 高原脑水肿 ①通畅气道；②转移；③氧疗；④药物治疗：可应用甘露醇和呋塞米降低颅内压。

4. 慢性高原病 ①转移；②氧疗；③药物治疗；④血液净化治疗。

（菅向东）

思 考 题

1. 如何鉴别经典型热射病与劳力性热射病？
2. 简述电击伤的治疗。
3. 如何救治淹溺者？
4. 如何救治冻僵患者？
5. 如何治疗强酸、强碱灼伤？
6. 病例分析：患者，李某，男，40岁，既往身体健康。2天前由长期居住地济南（海拔约57.8 m）出发，中途至成都（海拔约500 m）换乘，飞往四川甘孜亚丁机场（海拔约4411 m）。离机后步行约500 m 即感头痛、头晕、胸闷、气促、全身乏力。遂向机场工作人员求助，经休息、吸氧，约10 min 后症状稍缓解，但仍感不适。查体：T 36.5℃，P 116次/分，R 20次/分，BP 135/86 mmHg，一般情况欠佳，痛苦面容，面色苍白，神志清楚，对答自如。口唇发绀，颈软，无抵抗。双肺呼吸音粗糙，未闻及明显干、湿啰音。心率116次/分，心律规整。腹部检查未见异常。

问题：
（1）考虑该患者为何种疾病？
（2）诊断该疾病的依据是什么？
（3）还需要做哪些辅助检查？

第十五章 儿科急症

第十五章数字资源

儿童处于生长发育阶段，不同年龄的儿童各有其解剖和生理特点，疾病谱也有很大变化，例如，新生儿和婴儿期各种先天性疾病更多见，因免疫功能不完善所导致的感染性疾病发病率相对较高。即使是同一种疾病，其临床表现也往往与成人有很多不同，如同为肺炎，不同年龄组儿童的主要病原谱差异较大，且由于气道相对狭窄、呼吸功能储备和代偿能力差，年龄越小，越容易发生呼吸衰竭等并发症。因此，常见的儿科急症也与成人有较大差异。

第一节 儿童及婴儿心肺复苏

心搏骤停（sudden cardiac arrest）是指心脏搏动突然停止，由于与呼吸骤停伴随发生，又称心搏、呼吸骤停。心肺复苏（cardiopulmonary resuscitation，CPR）是指通过心脏按压、人工呼吸、除颤等急救医学手段，恢复患儿的自主循环和呼吸功能。复苏成功后应予脑保护治疗，尽量减少神经系统后遗症发生。

案例 15-1

你在街上看到一名约10岁的儿童在行走过程中突然倒地不起。

问题：
1. 第一时间需要采取的措施是什么？
2. 应如何对该儿童进行评估和抢救？
3. 你最需要给予患儿的紧急帮助是什么？

一、病因与发病机制

导致心搏骤停的疾病以各种原因引起的呼吸衰竭、休克、心力衰竭、心律失常以及严重颅内压增高、严重电解质紊乱和酸碱失衡等较为常见。儿童心搏骤停的原因具有年龄特点，新生儿、婴幼儿以先天性疾病、感染等相对多见，幼儿及学龄期以上儿童则意外伤害明显增多。

不同疾病可通过严重缺氧、心肌缺血、心律失常导致心搏骤停。缺氧和心肌缺血是儿童心搏骤停的最常见原因，多数两者同时存在。10%～20%的心搏骤停由心律失常直接引起，主要是心室颤动（ventricular fibrillation，VF）和室性心动过速（ventricular tachycardia，VT）。

缺氧是心搏骤停最突出的问题。除心律失常直接导致的心搏骤停外,其他患者在心搏骤停发生前已存在严重的缺氧和代谢性酸中毒。若心搏停止,则血流和供氧完全中断,代谢性酸中毒加重,同时血液和组织中的 CO_2 浓度迅速升高,导致呼吸性酸中毒。严重的缺氧、酸中毒可使细胞的能量代谢停止、功能丧失,导致严重器官功能障碍,随时间延长,则出现不可逆性损伤。脑对缺氧尤其敏感,心搏停止后,个体可立刻出现意识丧失,4 min 即发生不可逆性脑损伤。

经心肺复苏,自主循环恢复(return of spontaneous circulation,ROSC)后,心搏骤停期间的严重缺氧、二氧化碳潴留、酸中毒以及自主循环恢复后的再灌注损伤等导致的细胞损害可引起全身多器官功能受损,以循环系统抑制和中枢神经系统受损最为突出,称为心搏骤停后综合征(post-cardiac arrest syndrome,PCAS)。

> **基础回顾**
>
> **心搏骤停的病理生理**
>
> 心搏骤停的病理生理可分为 4 个阶段。①心搏骤停前期:是指心搏停止之前的一段时间,除少数由心律失常导致的心搏骤停外,缺氧、心肌缺血是主要问题。②无血流灌注期:是指心搏停止至开始 CPR 之前,此期血流完全中断,持续时间越长,复苏成功率越低。③低血流灌注期:是指 CPR 开始至自主循环恢复,此期血流和供氧恢复,但明显低于正常,高质量 CPR 是提高存活率、改善预后的关键。④复苏后阶段:自主循环恢复后,严重缺氧、酸中毒及再灌注损伤等导致 PCAS。其病情发展具有明显的时间特征:ROSC 后 20 min 内,突出问题是自主循环极不稳定;20 min ~ 12 h,以循环系统抑制、中枢神经系统损害最为突出;12 ~ 72 h,病情处于进展期,可进行性加重;72 h ~ 7 d,病情在达高峰后逐渐减轻。

二、临床表现

1. **突然昏迷** 心搏停止 8 ~ 12 s 后即出现,部分患儿可有一过性抽搐。
2. **大动脉搏动消失** 颈动脉、肱动脉、股动脉搏动消失。
3. **呼吸停止** 心搏停止 30 ~ 40 s,呼吸即停止。过于浅弱、缓慢或倒气样呼吸的病理生理改变与呼吸停止相同。
4. **瞳孔扩大** 心搏停止后 30 ~ 40 s,瞳孔开始扩大,对光反射消失。
5. **心电图表现** 可为等电位线、严重心动过缓、心室颤动、无脉性室性心动过速(pulseless ventricular tachycardia,pVT)和无脉性心电活动(pulseless electrical activity,PEA)。无脉性心电活动又称电机械分离。

三、诊断、病情评估及危险分层

根据突然昏迷伴大动脉搏动消失,即可确诊。凡出现呼吸频率极慢或节律不整、心率<60 次/分且有灌注不良表现,均为心搏骤停前兆,应立即开始心肺复苏。对不能准确判断脉搏的患儿,须立刻开始心肺复苏,不可因反复触摸动脉搏动而延误心肺复苏。

四、救治措施

复苏全过程分为3个阶段：①基础生命支持（basic life support，BLS）：是由第一个发现心搏骤停患儿的施救者进行胸外心脏按压和人工呼吸，获取并尽快使用自动体外除颤器（automated external defibrillator，AED）；②高级生命支持（advanced life support，ALS）：是复苏团队到场后，在BLS的基础上，尽快准备并使用监护仪、除颤器，建立血管通路和高级气道，使用复苏药物；③复苏后稳定（post resuscitation stabilization）：是在自主循环恢复后，继续予以严密监测和生命支持治疗，稳定呼吸和循环功能，治疗PCAS，查找并治疗病因。儿童心肺复苏流程与成人相似。不同病因所致心搏骤停的复苏方法基本相同，开始复苏时无需强调寻找病因。

（一）儿童基础生命支持

1. 确认环境安全 首先确认环境安全。若患儿处于危险区域，则应将先其转移到安全区域，转移外伤患儿时要注意保护颈椎。

2. 评估患儿反应、呼吸和脉搏 轻拍患儿双肩，大声说："喂！你怎么了？"或呼唤其姓名；对婴儿，则轻拍其足底。注意观察患儿是否有表情变化、肢体活动或语言反应。

若患儿有反应，则快速评估其是否存在外伤或需要其他医疗帮助，并使其保持舒适体位。

若患儿无反应，立即现场呼救，并在5~10 s内同时检查呼吸和脉搏，方法是查看患儿是否有呼吸动作，同时触摸脉搏（婴儿触摸肱动脉，儿童触摸颈动脉）。如不能确认触摸到脉搏，或脉搏<60次/分，立即按照C-A-B的顺序开始心肺复苏，即胸外心脏按压（chest compression，C）-开放气道（airway，A）-人工呼吸（breathing，B）。若无自主呼吸或呼吸微弱，但脉搏>60次/分，予以人工呼吸20~30次/分，2 min后再次评估脉搏，若脉搏<60次/分，开始胸外心脏按压；如果呼吸和脉搏均正常，让患儿保持舒适体位，密切观察其病情变化，等待急救人员到场。

3. 启动紧急反应系统 两人在场时，一人开始心肺复苏的同时，另一人立刻启动紧急反应系统并获取除颤器/监护仪。单人在场时，对发生在医院外的心搏骤停，若未目击心搏骤停发生，首先进行5个循环心肺复苏，再启动紧急反应系统，获取AED；若目击心搏骤停发生，则首先启动紧急反应系统，获取AED，再进行心肺复苏。对发生在医院内的心搏骤停，立刻开始心肺复苏并呼救，启动紧急反应系统。启动紧急反应系统时，应简要说明患者的主要情况、具体位置及姓名和联系方式（例如手机号）、需要的关键抢救器械（如除颤器）。

4. 胸外心脏按压 是最重要的复苏措施。将患儿仰卧于地面或硬板上，施救者通过快速按压双侧乳头连线中点以下的胸骨下段，使心脏内血液被动排出而维持血液循环。按压频率为100~120次/分，按压深度至少达到胸廓前后径的1/3，婴儿约为4 cm，儿童约为5 cm，青少年和成人为5~6 cm。每次按压后，应保证胸廓完全回弹复位。按压的具体方法因患儿年龄而异，对儿童、青少年复苏时采用单掌或双掌按压法；单人对婴儿进行复苏时，采用双指按压法；双人对婴儿复苏采用环抱按压法。

5. 开放气道 单人心肺复苏按压30次后，双人心肺复苏按压15次后，将头部置于中线位以开放气道。对无头颈部损伤的患儿，使用抬头举颏法。若怀疑头颈部外伤，则使用推举下颌法。若推举下颌法无效，则仍可使用抬头举颏法。同时打开患儿口腔，检查气道内是否有异物或分泌物堵塞，若有，则应及时清除。

6. 人工呼吸 打开并清理气道后，随即予以2次人工呼吸。在院外或院内无气囊面罩情况下，采用口对口方式，对婴儿可采用口对口鼻方式，平静呼吸后予以通气。若有气囊面罩，则予以气囊面罩通气。每次送气时间为 1 s，等待 1 s 再予以第 2 次送气。人工呼吸过程中，应观察胸廓运动，能看到胸廓起伏即可。胸廓起伏过大提示过度通气，应予以避免。使用气囊面罩通气时，应使用 100% 氧气。

7. 按压与通气的协调 按压与通气比例单人复苏为 30∶2，双人复苏时为 15∶2。双人复苏时，两名施救者每 2 min 交换职责，以保证按压质量，每次交换应在 5 s 内完成。

8. 使用 AED 取来 AED 后，立刻连接并使用 AED。若 AED 提示为可电击心律，则按 AED 提示进行除颤，除颤后立刻予以胸外心脏按压开始心肺复苏；若提示为非可电击心律，则继续进行心肺复苏。AED 每 2 min 会自动分析心律并有语音提示，根据分析结果决定是否继续除颤。

9. 高质量心肺复苏 具体要求包括：①同时进行胸外心脏按压和人工呼吸，每次按压后保证胸廓完全回弹复位；②胸外心脏按压频率 100～120 次/分；③按压幅度至少达到胸廓前后径的 1/3；④尽量缩短中止按压的时间，每 2 min 检查脉搏是否恢复，检查时间不超过 10 s；⑤单人复苏时按压通气比例为 30∶2，双人复苏时为 15∶2，避免过度通气；⑥每 2 min 更换按压者，若按压者疲劳，则可提前更换。

（二）儿童高级生命支持

复苏团队到达后，应在继续进行高质量心肺复苏的基础上，立刻开始监护、除颤、建立血管通路和高级气道及药物治疗，以尽快实现自主循环恢复。

1. 监护和除颤 尽快连接监护仪并观察心电图表现，若为 VF 或 pVT，则在心肺复苏的基础上尽快除颤，除颤能量首次为 2 J/kg；若未成功，第 2 次及以后至少为 4 J/kg，最高不超过 10 J/kg 或成人量。每次除颤后立刻予以胸外心脏按压继续进行心肺复苏，2 min 后评估心律是否恢复；若为等电位线或严重心动过缓，则继续进行心肺复苏；若为 PEA，则在心肺复苏的同时，尽快查找并治疗导致 PEA 的可逆性病因。

2. 建立血管通路和使用复苏药物 首选外周静脉通道（intravenous access，IV），静脉穿刺困难时应立即建立骨髓通路（intraosseous access，IO）。所有需静脉输入的复苏药物均可经骨髓通路给药。若血管通路尚未建立，但已经成功进行气管插管，可经气管导管（endotracheal tube，ET）予以肾上腺素、利多卡因、纳洛酮和阿托品，其他药物不能经 ET 应用。常用复苏药物的适应证、剂量和用法见表 15-1。其中肾上腺素是一线用药，适用于所有心搏骤停，尽早予以能提高自主循环恢复率；胺碘酮和利多卡因适用于心电图显示为心室颤动或室性心动过速者，其效果相似，可选择其中一种；其他药物分别适用于不同情况，应根据患者的情况选择。

表 15-1 常用复苏药物及适应证、剂量和用法

药物名称	适应证	剂量和用法
肾上腺素	心搏骤停	IV/IO：1∶10 000 浓度，0.1 ml/kg（0.01 mg/kg），3～5 min 一次；单次最大剂量 1 mg ET：1∶1000 浓度，0.1 ml/kg（0.1 mg/kg）
胺碘酮	心室颤动、无脉性室性心动过速或室性心动过速	IV/IO：5 mg/kg，最大剂量 300 mg；无效可重复，每日最大剂量 15 mg/kg（或总量 2.2 g）
利多卡因	心室颤动、无脉性室性心动过速或室性心动过速	IV/IO：负荷剂量 1 mg/kg，若无效，15 min 后可重复，最大剂量 5 mg/kg；维持剂量 20～50 μg/(kg·min) 持续静脉滴注；若距负荷剂量给药时间＞15 min，开始持续静脉滴注前再予以 1 次负荷剂量 ET：2～3 mg/kg

续表

药物名称	适应证	剂量和用法
10% 葡萄糖酸钙	同 10% 氯化钙	IV/IO：50 mg/kg（0.5 ml/kg），必要时重复
硫酸阿托品	有症状的心动过缓	IV/IO：0.02 mg/kg，单次最大剂量儿童 0.5 mg，青少年 1 mg；无效可重复 1 次；总剂量最大儿童 1 mg，青少年 2 mg ET：0.04～0.06 mg/kg
纳洛酮	逆转阿片类麻醉药作用	IV/IO：0.1 mg/kg，必要时每 2 min 重复 1 次，最大剂量 2 mg ET：剂量为静脉剂量的 2～3 倍。
5% 碳酸氢钠	严重代谢性酸中毒、高钾血症	IV/IO：1 mmol/kg，缓慢注射，使用时要保证有效通气
10% 或 25% 葡萄糖	低血糖	IV/IO：0.5～1 g/kg

注：IV/IO，静脉/骨髓通路给药；ET，气管导管给药

3. 建立高级气道 尽快行气管插管或使用喉罩建立高级气道。进行气管插管或放置喉罩前，先予以气囊面罩通气，使患者有足够的氧储备。一旦高级气道建立，立刻连接气囊，以 100% 氧气提供通气，通气频率 20～30 次/分，按压频率仍为 100～120 次/分，二者不再按比例进行。

4. 及时发现并治疗可逆性病因 某些可逆性病因往往是无脉性心电活动、复苏不成功、或复苏后病情再次恶化的重要原因，必须快速识别并紧急处理。为方便记忆和查找，将其归纳为"6 H"和"5 T"。详见第四章第三节。

5. 终止复苏 对自主循环不能恢复者，目前尚无证据证明何时终止复苏最为恰当。意识和自主呼吸等中枢神经系统功能未恢复不能作为终止复苏的适应证；只要心脏对各种刺激（包括药物）有反应，心肺复苏应至少持续 1 h。

（三）复苏后稳定治疗

自主循环恢复后，应采取综合措施，积极治疗 PCAS，加强脑保护，避免脑损伤进一步加重。主要措施包括：①严密监护生命体征和器官功能，根据病情予以相应的支持治疗。②调节吸入氧浓度和呼吸机参数，使动脉血氧饱和度维持在 94%～99%，动脉血 CO_2 分压在正常范围。③使用血管活性药物，以改善心血管功能，对确认或可疑血容量不足者，予以液体复苏，目标是达到同年龄儿童的正常血压。④脑保护治疗：复苏后处于昏迷状态者，可予以治疗性低体温（核心温度 32～34℃）2 天、随后正常体温（36～37.5℃）3 天，或维持正常体温 5 天；体温≥38℃时，予以积极退热。对颅内高压者，予以降颅压治疗，控制惊厥发作或癫痫持续状态。⑤纠正内环境紊乱。⑥查找并治疗原发病。

（高恒妙　钱素云）

第二节　急性呼吸衰竭

急性呼吸衰竭（acute respiratory failure，ARF）是指呼吸功能严重障碍，以致动脉血氧分压（PaO_2）<60 mmHg，伴或不伴有二氧化碳分压（$PaCO_2$）增高，从而产生一系列生理功能紊乱及代谢障碍的临床综合征。

案例 15-2

患儿，男，1岁1个月；2天前接触感冒的家人后出现发热、流清涕；1天前出现咳嗽，呈犬吠样，伴声音嘶哑，并逐渐出现呼吸困难，在附近医院查"血常规+C反应蛋白"均大致正常，诊断为急性喉炎，予以"布地奈德雾化和静脉输液（名称、剂量均不详）"后无好转；约6h前出现呼吸频率增快、声音嘶哑加重，口周发绀，予以鼻导管吸氧和再次应用布地奈德雾化治疗后仍无好转，发绀加重；既往身体健康，生长发育与正常同龄儿童相似，无药物过敏史。查体：T 37.6℃，P 168次/分，R 58次/分，BP 92/56 mmHg；予以面罩吸氧、氧流量为8 L/min，经皮氧饱和度88%；神志清楚，烦躁不安，声音嘶哑，有明显吸气性喉鸣；口唇、口周和四肢末端皮肤轻度发绀；呼吸频率增快，可见鼻翼扇动，三四征（+）；两肺呼吸音稍低，无干、湿啰音；心脏、腹部和神经系统未见异常；四肢末梢暖，毛细血管再充盈时间为2 s；辅助检查：①血气分析（面罩吸氧、氧流量为8 L/min），pH 7.18，PaO_2 50.90 mmHg，$PaCO_2$ 62.34 mmHg，碱剩余 −8.6 mmol/L。②血常规+C反应蛋白：白细胞计数 $4.6×10^9$/L，血红蛋白 128 g/L，中性粒细胞比例 50.90%，血小板计数 $215×10^9$/L，C反应蛋白 3 mg/L。

问题：
1. 患儿是否存在呼吸衰竭及其类型？
2. 针对发绀，需要采取什么紧急治疗措施？
3. 除对患儿予以针对发绀的治疗外，还需要进行哪些处理？

一、病因与发病机制

（一）病因

引起小儿急性呼吸衰竭的原因多为呼吸系统疾病，但也有相当比例为肺外其他系统疾病。对儿童患者，尤其应警惕因神经肌肉疾病、先天性遗传代谢病等引起的急性呼吸衰竭。急性呼吸衰竭的病因见表15-2。

表15-2 急性呼吸衰竭的病因

呼吸系统疾病	呼吸泵异常	组织缺氧
上气道梗阻	神经和（或）肌肉病变	各种原因引起的休克
下呼吸道梗阻	胸廓外伤或畸形	心功能不全或衰竭
肺部疾病	胸腔积液、气胸	代谢紊乱
	脑、脊髓病变	中毒
		严重贫血

（二）发病机制

呼吸衰竭是由肺通气和（或）换气功能障碍所致。在急性呼吸衰竭发生过程中，单一机制引起的情况较少，往往是一种以上的病理生理改变同时存在或相继发生作用的结果。

1. 通气功能障碍 分为限制性通气功能障碍和阻塞性通气功能障碍。限制性通气不足是指吸气时肺泡扩张受限所致通气量不足。阻塞性通气不足是指气道狭窄或阻塞所引起的通气功

能障碍。无论是由何种原因的通气功能障碍，最终均导致肺泡总通气量不足，引起 PaO_2 降低和 $PaCO_2$ 升高。

2. 弥散功能障碍　肺泡气与肺泡毛细血管血液之间的气体交换通过弥散实现。弥散速度取决于肺泡毛细血管膜两侧的气体分压差、肺泡膜的面积与厚度以及气体弥散常数。当肺实变、肺不张等导致肺泡膜面积明显减小，或因肺水肿、肺泡透明膜形成、肺纤维化所等导致肺泡膜厚度增加时，均可引起弥散速度减慢。因 CO_2 的弥散速度比氧快 20 倍，血液中的 CO_2 很快就能充分地弥散入肺泡，因此在疾病早期或病情较轻时主要表现为低氧血症，随病情加重，逐渐出现 CO_2 潴留。

3. 通气血流比例失调　血液流经肺泡毛细血管网时能否获得足够氧合、充分排出 CO_2 使血液动脉化，还取决于肺泡通气量与血流的比例（V/Q）。V/Q 失调是呼吸衰竭最常见、最主要的发病机制。正常情况下，两者比例约为 0.8。根据发生原因，可将 V/Q 失调分为以下两种类型。

（1）肺泡通气不足：阻塞性和限制性通气功能障碍均可导致肺泡气明显减少，但肺泡毛细血管网血流正常或减少比例低于通气减少的比例，使 V/Q 显著降低，部分流经肺泡毛细血管网的静脉血未经充分气体交换即掺入动脉血，导致肺内病理性动静脉分流，分流量越大，低氧血症越严重，也越难以纠正。

（2）肺泡血流不足：肺动脉栓塞、弥散性血管内凝血等可使部分肺泡有通气，但无血流或血流不足，使无效腔样通气增多，导致呼吸衰竭。

二、临床表现

低氧血症和高碳酸血症所引起的症状和体征是急性呼吸衰竭最主要的临床表现，原发病表现出现在呼吸衰竭之前。

1. 低氧血症和高碳酸血症的表现　轻度低氧血症往往表现为面色苍白、精神差、烦躁等非特异性症状，当 $PaO_2 < 50$ mmHg 或 $SaO_2 < 85\%$ 时，口唇和甲床出现发绀，是缺氧的典型表现。高碳酸血症的表现缺乏特异性，$PaCO_2$ 轻度升高者多无明显症状，明显升高时可引起毛细血管扩张，表现为皮肤潮红、唇红、四肢湿润等。严重低氧血症和高碳酸血症者则出现其他器官系统受损的表现。

（1）神经系统：早期表现为烦躁不安，后期可出现头痛。随缺氧和 CO_2 潴留程度加重，意识障碍程度加重，可出现定向障碍、球结膜和视神经乳头水肿、抽搐、昏睡，甚至昏迷等。

（2）心血管系统：缺氧和 CO_2 潴留早期，交感-肾上腺髓质系统兴奋，引起心率加快、血压升高等。严重时血压下降，右心功能不全。

（3）消化系统：可出现消化道黏膜糜烂或溃疡出血、肠麻痹；还可引起转氨酶升高等肝损害表现。

2. 原发病表现　根据原发病不同而异。由非中枢神经系统和神经肌肉疾病导致者，突出表现为不同程度的呼吸困难，呼吸频率增快往往最早出现，随病情加重可有三凹征、鼻翼扇动，严重者呼吸频率减慢、无力；呼吸系统感染性疾病常有发热、咳嗽、咳痰等；上气道梗阻以吸气性呼吸困难为主，下气道阻塞以呼气困难为主，肺部疾病则常表现为双相呼吸困难；严重心力衰竭导致的肺水肿所致者则有心脏病史及心力衰竭的体征。中枢性呼吸衰竭的特征为在原发中枢神经系统疾病表现的基础上出现呼吸节律改变，如呼吸浅慢、潮式呼吸、抽泣样呼吸、叹息样呼吸、呼吸暂停等。由神经肌肉疾病导致者多首先表现为肢体肌力减弱，呼吸肌受累时可出现呼吸动度减弱甚至消失。

三、辅助检查

1. 血气分析及呼吸衰竭分型　确诊呼吸衰竭及其分型很大程度上依靠动脉血气分析。在海平面水平、静息状态、呼吸空气时，若 $PaO_2<60$ mmHg、$PaCO_2$ 正常或降低时为低氧血症型或 I 型呼吸衰竭；若 $PaO_2<60$ mmHg 伴 $PaCO_2\geqslant 50$ mmHg，则为高碳酸血症型或 II 型呼吸衰竭。氧疗状态下动脉血气所测得的 PaO_2 反映的是氧疗的效果，诊断呼吸衰竭需结合临床。

2. 影像学检查　胸部 X 线检查是明确呼吸衰竭的发生原因和病变范围、程度的重要的辅助检查。CT 较胸部 X 线检查更为灵敏。

3. 其他辅助检查　纤维支气管镜既可对气道灼伤、支气管阻塞或肺不张以及气管狭窄、软化、内出血等进行诊断，也可作为治疗手段。对于非呼吸道疾病所致的呼吸衰竭，应根据可能的原发病进行相应的辅助检查。

四、诊断和鉴别诊断

根据患儿的临床表现、体征、动脉血气分析结果，做出呼吸衰竭的诊断往往不难。但更重要的是做出病因诊断。对存在肺部病变者，要特别注意与心源性肺水肿、神经源性肺水肿鉴别。

1. 心源性肺水肿　由急性左心衰竭所致，儿童常见于急性或暴发性心肌炎、扩张型心肌病等。患儿常无明显感染中毒症状，肺部在短时间内出现湿啰音，可有心界增大、奔马律、杂音或心律失常。胸部 X 线检查可显示心影增大或正常，两侧肺门血管扩张增粗、阴影扩大，并自肺门向外呈扇形扩散。心脏超声可发现左室增大、收缩功能和心输出量降低。

2. 神经源性肺水肿　常见于脑干功能严重受损者，如创伤、脑干脑炎等。特征是在脑干功能障碍的基础上，首先出现心率加快、血压升高、外周血管收缩等表现，随后出现呼吸频率增快、呼吸困难，肺部短时间内出现大量湿啰音。胸部 X 线检查显示肺水肿表现与心源性肺水肿相似，但一般无心影增大等心脏异常表现。

五、救治措施

急性呼吸衰竭是需要紧急抢救的急症，治疗原则是尽快纠正缺氧和 CO_2 潴留，明确并治疗原发病。

1. 保持气道通畅　是进行各种呼吸支持治疗的先决必要条件。应保持头部处于中线位，避免因头部位置不当导致的上气道梗阻。昏迷引起舌后坠时，可予以口咽通气管，并将头偏向一侧，防止误吸；对急性喉炎、会厌炎等引起的严重上气道梗阻，必要时可行气管插管或气管切开。对痰液堵塞者，除予以雾化吸入治疗外，还应注意体位引流、拍背、吸痰等；对于深部大量分泌物积聚不易排出者，可通过纤维支气管镜吸除。

2. 氧疗和机械通气　常用方法有鼻导管、面罩或经鼻高流量吸氧，适用于轻、中度呼吸衰竭。对严重呼吸衰竭普通吸氧不能缓解者，需及时予以机械通气治疗。机械通气的原理是在吸气相和呼气相分别施以不同程度的正压，以维持有效通气，减轻 V/Q 比例失调，改善氧合。首先考虑无创通气，如无创双相气道正压通气（bilevel positive airway pressure，BiPAP）、经鼻

持续气道正压通气（nasal continuous positive airway pressure，NCPAP）。对无创通气不能缓解或因各种原因不能进行无创通气者，予以气管插管有创通气。常频机械通气效果不佳时，可考虑高频震荡通气、俯卧位通气等。应根据患儿的病情、病理生理机制等选择适当的通气方式和参数，尽量减少或避免呼吸机相关性损伤。病情仍不能缓解者，可考虑体外膜肺氧合技术。

肺和膈肌保护性通气策略

20世纪60年代发现，机械通气可致肺损伤；80年代发现可致膈肌功能失调，并逐渐认识到其后果是导致脱机困难、机械通气时间延长、病死率增加。对其发生机制的研究促进了机械通气策略的改进：①肺损伤的主要机制是部分肺泡过度充盈甚至破裂、部分萎陷的肺泡反复张开和闭合；2000年逐渐建立了以低潮气量（6~8 ml/kg）、适度限制吸气峰压或平台压（不超过28 cmH$_2$O）、适当的呼气末正压为核心的肺保护性通气策略。②膈肌功能失调主要由机械通气支持过度导致的膈肌失用性萎缩、支持力度不足时患者自主呼吸过强或人机对抗等造成的负荷相关性膈肌损伤引起。2010年提出了以保持适度自主呼吸、避免自主呼吸过强及人机对抗为主要内容的膈肌保护性通气策略。2020年提出将两种通气策略相结合的肺和膈肌保护性通气策略，以同时保护肺和膈肌，改善预后。

3. 病因治疗 是呼吸衰竭治疗的根本措施。对细菌性肺炎患者应予以适宜抗生素治疗；有张力性气胸或大量胸腔积液时应积极进行穿刺引流；对重症哮喘患者应予以支气管解痉剂及激素治疗等。但对于濒危患者，应先进行抢救，再争取时间明确病因。另外，有的疾病由呼吸衰竭开始，逐渐向多器官损害发展，需要尽早防治多器官功能衰竭的发生。

4. 维持循环稳定 急性呼吸衰竭治疗过程中，维持血流动力学及循环功能稳定是一个重要环节。除需密切观察各项心血管系统基本指标外，对血流动力学不稳定者，还可在心脏超声、动脉血压、中心静脉压及无创心输出量监测指导下，及时纠正低血容量及强心、利尿，必要时应用心血管活性药物，如肾上腺素、去甲肾上腺素等。

5. 纠正酸碱失衡，维持内环境稳定 以呼吸性酸中毒为主时，主要通过改善通气纠正，不能擅自补碱。当出现混合性酸中毒或代谢性酸中毒、pH<7.20时，在保证通气的前提下予以碱性液。常用5%碳酸氢钠溶液，每次2~5 ml/kg，稀释为1.4%等渗溶液后静脉注射，并密切监测血气。

6. 其他药物治疗 物理或药物降温；对进行机械通气的患儿，应适当镇痛、镇静；颅内高压时，予以20%甘露醇降颅压等。

（钱素云　高恒妙）

第三节　惊　厥

惊厥（convulsion）又称抽搐，是儿科常见急症，表现为突然发作的全身或局部肌群强直或阵挛性收缩，常伴有意识障碍。儿童惊厥的发病率高于成人，6岁以下儿童发病率为4%~6%，且年龄越小，发病率越高。

一、病因与发病机制

惊厥发作的机制是各种原因引起的大脑皮质异常放电导致机体全身或局部肌肉的强直或阵挛性收缩。儿童大脑皮质兴奋性活动占优势，抑制功能较差；神经纤维髓鞘发育不完善，绝缘作用差，兴奋性冲动易泛化，更容易发生惊厥。若惊厥频繁反复发作或长时间持续，则可因缺氧等导致脑和其他重要脏器损伤，遗留永久性神经系统损害，甚至死亡。

惊厥的病因分为感染性和非感染性，根据部位又可分颅内和颅外病变（表15-3）。儿童惊厥的病因具有明显的年龄特征，婴幼儿免疫功能不完善，血脑屏障功能差，易发生中枢神经系统感染；某些特殊疾病（如产伤、脑发育缺陷和先天性代谢异常）相对多见等，都是造成婴幼儿期惊厥发生率高的原因。

表 15-3 惊厥的病因及其分类

	颅内病变	颅外病变
感染性	病毒、细菌、真菌、寄生虫等导致的中枢神经系统感染	热性惊厥、各种严重颅外感染导致的脑病（如脓毒性脑病、病毒感染相关性脑病等）
非感染性	癫痫、缺氧缺血性脑损伤、颅内占位性病变、颅脑畸形、遗传性或代谢性脑病、脑出血、脑梗死、颅脑损伤、自身免疫性脑炎等	急性代谢紊乱（如低血糖、高氨血症、严重水电解质紊乱等）、急性中毒、各种原因导致的高血压脑病、非感染性全身疾病（如系统性红斑狼疮等）导致的脑损伤等

二、临床表现

惊厥分为全面性（全身性）和部分性（局限性）发作。以全面性发作常见，发作时典型表现为突然意识丧失，双眼上翻或凝视、斜视，头后仰或转向一侧，牙关紧闭，口吐白沫，面部、四肢呈强直-阵挛、强直或阵挛性抽搐；可伴屏气、发绀、排尿与排便失禁；每次发作持续时间多在 5 min 以内；抽搐停止后多数意识恢复，或经短时间昏睡后意识恢复，若意识不恢复，则提示病情严重。婴幼儿全面性发作多为阵挛性，部分为强直性，很少出现典型的强直-阵挛发作。部分性发作则表现为躯体某一部位的抽搐，伴或不伴意识障碍。少数病例初始为部分性发作，随后泛化为全面性发作。若部分性发作抽搐部位恒定，则常有定位意义。新生儿惊厥发作表现不典型，可仅表现为阵发性眼球转动、斜视、凝视或上翻，或反复眨眼、咀嚼、吸吮动作等，称为轻微发作。

若惊厥发作不缓解，则可发展为惊厥持续状态，国际上一般称为惊厥性癫痫持续状态（convulsive status epilepticus，CSE）。根据国际抗癫痫联盟 2015 年修订的诊断标准，全面性发作持续>5 min，部分性发作伴意识障碍>10 min，即为 CSE，是癫痫持续状态（status epilepticus，SE）最常见的表现形式，其中绝大部分表现为全面性发作。若 CSE 未得到及时控制，随时间延长，患儿可出现脑和其他器官损伤表现。

除惊厥表现外，不同病因导致的惊厥发作患儿常同时有原发病的临床表现。

三、辅助检查

1. 血常规、尿常规及粪便常规检查 可能提示惊厥的病因种类，如血常规可提示是否有感染或可能感染的病原体类型，尿常规可提示肾脏疾病的可能性，粪便常规可提示消化道感染。

2. 血液生化检查 疑有低血糖、电解质紊乱、高氨血症等时，应行相应检测。

3. 脑脊液检查 对疑为颅内感染或各种脑病者，需做脑脊液常规、生化检查、涂片染色和培养。

4. 头颅影像学检查 对疑为颅内出血、占位性病变、颅脑畸形和感染者，可根据患儿病情及条件选做头颅 CT、MR 及脑血管造影等检查。颅脑超声检查适用于前囟未闭合的婴儿，对颅内出血、脑积水等疾病的诊断有帮助。

5. 脑电图检查 对惊厥的诊断和预后判断有重要价值，并可指导抗惊厥或抗癫痫药物的选择及监测治疗效果。

6. 其他检查 根据可能的病因及并发症选择相应的辅助检查项目。

四、诊断、病情评估及危险分层

惊厥的诊断应包括三个方面：①是否为惊厥发作及发作形式；②是否为 CSE；③明确病因，特别是需立刻治疗的可逆性病因。

1. 是否为惊厥发作及发作形式 多数可根据典型临床表现确定为惊厥发作，但婴儿、特别是新生儿发作常不典型，应仔细询问、观察发作时的表现，确定发作形式。儿童期某些特殊情况表现与惊厥相似，须加以鉴别。

（1）新生儿震颤：是新生儿运动反射发育不完善的表现，常由突然的触觉刺激诱发，特征是全身或局部快速颤抖，不伴有异常的眼或口、颊运动，一般在出生后 4~6 周消失。

（2）屏气发作：多在 6~12 个月龄起病，发作前先有剧烈啼哭，随后出现屏气、呼吸暂停、发绀，可有短暂强直或阵挛，脑电图无异常。平时身体健康，生长发育正常。

（3）癔病性抽搐：多见于年长儿童，女性多于男性，多由不良情感刺激诱发，抽搐形式多样，无意识丧失，暗示性语言或动作可诱发或终止发作，不会发生跌伤，无排尿与排便失禁，面色无改变，瞳孔不扩大，无发作后睡眠，脑电图正常。

2. 是否为 CSE 须准确询问发作形式和持续时间，以确定是否为 CSE。抽搐持续时间越长，病情越严重，死亡率越高，与 CSE 在 30 min 内获得控制者相比，发作时间＞60 min 者死亡率增高 5 倍。

3. 明确病因 对惊厥发作进行紧急处理的同时，应采集详细病史、观察临床表现、进行细致的体格检查，并结合年龄、发病季节等综合分析，选做必要的辅助检查，以尽快明确病因。

伴有发热的惊厥发作绝大多数与感染相关。以热性惊厥（febrile seizures，FS）最常见，遗传因素在其发病中起重要作用。其他因素包括中枢神经系统感染、感染相关性脑病、自身免疫性脑炎、伴有发热的非感染性疾病（如系统性红斑狼疮等）引起的脑病等。

FS 分为单纯型和复杂型。单纯型 FS 的特征为：①发病高峰年龄为 6 个月~3 岁，＞6 岁者罕见，平时身体健康；②可有 FS 家族史；③多由呼吸道或消化道病毒感染性疾病诱发；④惊厥发生于发热后 24 h 内体温上升阶段，发作时体温多≥38.5℃；⑤每次发热过程仅有 1 次惊厥发作，形式为全面性发作，持续时间在 5 min 以内；⑥发作停止后可短暂入睡，随后神志清楚，精神反应正常，无神经系统异常体征。出现下述任何一项应考虑复杂型 FS 的可能，需在排除其他相似疾病后才能诊断：①发病年龄＜6 个月或＞6 岁；②惊厥发作发生于开始发热 24 h 后，或发作时体温＜38.5℃；③惊厥发作形式为部分性，或全面性发作持续时间＞5 min；④一次发热过程中有多次惊厥发作；⑤发作停止后存在意识障碍或神经系统异常体征。

中枢神经系统感染者除有发热表现外，还常有脑膜刺激征阳性等体征，脑脊液常规和生化检查因病原体种类不同而具有不同的特征，病原学检查可明确病原体。

感染相关性脑病以脓毒症相关性脑病（既往称为中毒性脑病）、病毒感染（如流感病毒、新型冠状病毒等）相关性脑病多见。其特征为：①可发生于任何年龄；②多发生在严重感染的极期或病毒感染初期；③惊厥发作大多频繁或持续时间较长；④常有意识障碍等脑病表现；⑤脑脊液压力可增高，细胞数量基本正常，蛋白多升高，糖和氯化物正常，病原学检查呈阴性；⑥临床和辅助检查有颅外严重感染或病毒感染的证据。

自身免疫性脑炎表现为认知和运动障碍、精神症状、癫痫发作及周围神经损害等，脑脊液或血液中检出针对神经元表面或细胞内抗原的自身抗体阳性可确定诊断。非感染性发热性全身疾病导致的脑病患者除有脑病表现外，还有原发疾病的临床表现，可资鉴别。

不伴发热的惊厥发作可由颅内或颅外非感染性疾病引起，以癫痫、缺氧缺血性脑病、创伤性脑损伤、低血糖、低钙血症等常见，详细的病史和查体常可提示病因的线索，结合必要的辅助检查可明确诊断。

五、救治措施

治疗原则是维持气道和呼吸，尽快控制惊厥发作，治疗原发病，预防复发。CSE 病死率和致残率高，须尽快予以治疗。

1. 维持气道和呼吸 惊厥发作时，将患儿头转向一侧，并取侧卧位，清除口咽部分泌物或呕吐物，保持呼吸道通畅，防止窒息。有条件时可立即予以氧气吸入。对惊厥持续时间长、气道梗阻不缓解或有严重缺氧者，予以气囊面罩正压通气；对仍无效者，予以气管插管、机械通气。

2. 尽快控制惊厥发作 多数惊厥发作持续时间短暂，到达医院时已停止发作，此时不必立刻予以抗惊厥药物，应重点查找病因，严密观察是否有惊厥反复发作。若为 CSE 或惊厥频繁发作，则应立刻建立血管通路，首选静脉通道，静脉通道建立困难时尽快建立骨髓通路，开始抗惊厥药物治疗。所有抗惊厥药物均应及时、足量予以，给药延迟、剂量不足是导致惊厥控制率降低、治疗失败的重要原因。

（1）一线药物：苯二氮䓬类药物为首选，应在惊厥发作后 10 min 内应用。①咪达唑仑：每次 0.2 mg/kg，最大剂量为 10 mg，经静脉或骨髓通路注射；如果无血管通路，则可予以肌内注射；若无效，则可在 10 min 后重复用药 1 次。②地西泮：若已建立血管通路，则每次 0.2~0.5 mg/kg，最大剂量为 10 mg，经静脉或骨髓通路注射，速度为 1 mg/min；若无效，则可在 10 min 后重复用药 1 次；若尚未建立血管通路，则经肛门直肠给药，每次 0.5 mg/kg，最大剂量为 20 mg。地西泮肌内注射吸收不稳定，不能达到尽快控制惊厥的目的，因此用于控制惊厥发作时不推荐肌内注射。此类药物快速静脉注射可导致呼吸抑制和低血压，应控制注射速度，并做好监测和正压通气准备。

（2）二线用药：若一线药物未能控制惊厥发作，则应在 30 min 内开始予以二线药物。所有二线药物应先予以负荷剂量，随后予以维持量。①苯巴比妥：负荷剂量 20 mg/kg，静脉注射；维持量 5 mg/(kg·d)，q 8 h，静脉或骨髓通路注射、肌内注射或口服。主要不良反应为呼吸抑制。②丙戊酸：负荷剂量为 20~40 mg/kg，最大剂量 1.5 g，15 min 内静脉或骨髓通路注射；维持量 1~2 mg/(kg·h) 持续静脉输入，或 30~60 mg/(kg·d)，q 6 h，口服。主要不良反应为血氨增高、血小板减少、胰腺炎，<2 岁者易发生肝毒性，不能除外代谢病者慎用。③左乙拉西坦：每次 30 mg/kg，15 min 内静脉或骨髓通路注射，q 12 h；一般静脉用药不超过 4 天，随后改为口服或管饲，剂量不变。该药无明显不良反应。④苯妥英：负荷剂量为

20 mg/kg，以 25～50 mg/min 速度静脉或骨髓通路注射；维持量 5～7 mg/（kg·d），q 8 h，静脉或骨髓通路注射，或口服。主要不良反应为心肺抑制、心律失常、低血压、代谢性酸中毒。

（3）三线药物：若加用二线药物仍未能控制惊厥发作，则为难治性癫痫持续状态（refractory status epilepticus，RSE），应在 1 h 内开始三线药物治疗，目标是使惊厥发作停止、脑电图达到爆发抑制状态，并维持 24～48 h。可选择的药物包括咪达唑仑、丙泊酚、氯胺酮、戊巴比妥、利多卡因等。用法：以负荷剂量静脉注射后，予以持续静脉输注；或吸入麻醉剂异氟烷。三线药物治疗过程中，多数患儿呼吸循环抑制较重，必须入住 ICU，在严密监护和生命支持治疗下进行。三线药物多为超说明书用药，疗效不确定，使用时必须按流程获得批准并征得患儿家长知情同意，用药过程中仔细观察效果和不良反应。

（4）其他药物：经三线药物治疗仍未缓解，惊厥持续＞24 h，则为超难治性癫痫持续状态（super-refractory status epilepticus，SRSE），患儿易发生高热、心肺衰竭、电解质紊乱、横纹肌溶解、肾小管堵塞及多器官功能障碍，病死率可达 40%，存活者多遗留严重后遗症。可试用硫酸镁，对考虑免疫因素引起者可试用甲强龙、静脉注射用丙种球蛋白、血浆置换或血浆吸附治疗。

（5）非药物治疗：对 SRSE，近年来正在探索生酮饮食、迷走神经刺激术等非药物疗法，但其疗效及安全性的证据级别低，有条件的单位可经多学科讨论，评估风险和获益后决定是否使用。

3. 治疗原发病 在控制惊厥的同时，尽快查找并治疗病因，尤其要注意快速寻找并治疗需紧急干预的可逆性病因，如低血糖、低钙血症、低钠血症等代谢性因素，并立刻纠正。

4. 预防复发 在控制惊厥、针对病因进行治疗的同时，根据病因和惊厥的发作类型、持续时间等决定是否长期使用抗癫痫药物。若为单纯型热性惊厥、电解质紊乱等暂时性因素所致，则一般不需长期抗癫痫药物治疗。若惊厥频繁反复发作或为癫痫持续状态、原发病为癫痫或伴有严重脑损伤，则应在惊厥控制后继续使用抗癫痫药物。其他措施包括：积极预防和治疗继发性脑损伤；控制颅内高压；维持内环境稳定；予以适当的生命支持治疗；避免诱发惊厥发作的因素，减少刺激等。

（高恒妙 钱素云）

思 考 题

1. 对心搏骤停患儿，如何做到不延迟开始心肺复苏？
2. 对怀疑为呼吸衰竭的患儿，判读血气分析结果时应注意什么？
3. 病例分析：患儿，男，10 个月，2 天前无明确诱因出现发热，每天有 3～4 次发热高峰，体温峰值为 39.0～39.8℃。近 1 天来精神差，有时出现烦躁，偶尔出现咳嗽；呕吐 2 次，为非喷射性，呕吐物为食物。4 h 前开始出现抽搐，共发作 3 次，表现为突然意识丧失，双眼凝视，牙关紧闭，面部规律性抽动；双上肢屈曲、双手握拳，双下肢伸直，规律性抽搐。最初 2 次每次持续 2～3 min，缓解后表现为烦躁、哭闹，最后一次发作已持续约 10 min。查体：意识不清，双眼睑、面部、口周及四肢肌肉快速规律性、阵挛性抽搐，牙关紧闭，面色发绀，前囟隆起，张力高。心脏、肺部检查未见明显异常。

问题：
（1）此时最关键的紧急处理是什么？
（2）该患儿惊厥最可能的病因是什么？
（3）为明确病因，最关键的辅助检查是什么？

第十六章 女性生殖系统急症

女性生殖系统急症是与女性生殖系统相关的、严重威胁女性及胎儿生命安全的急性病症的统称，又称妇产科急症。其中，妇科急症包括妇科急腹症、急性阴道出血和女性生殖器官损伤；产科急症特指发生在妊娠期、分娩期和产褥期的严重威胁母儿生命安全的突发危急病症。女性生殖系统急症的临床表现多样，多为阴道大量出血、急剧下腹痛甚至休克。应密切监测患者的生命体征，注意询问月经史、婚育史和性生活史。进行腹部和盆腔检查时，动作应轻柔；对无性生活者，可行直肠 - 腹部诊；对可疑盆腹腔内出血者，可行阴道后穹隆穿刺或腹腔穿刺；对产科患者，注意胎心听诊。特别注意患者的血常规、凝血功能和妊娠试验结果，超声检查对诊断具有重要价值。

第一节 异位妊娠

异位妊娠（ectopic pregnancy）是指受精卵着床于子宫体腔外，俗称宫外孕（extrauterine pregnancy），是常见的妇产科急腹症，是妊娠早期女性死亡的主要原因。异位妊娠可发生于输卵管、卵巢、宫颈、腹腔及剖宫产瘢痕等处（图 16-1）。输卵管妊娠（图 16-2）最常见，占异位妊娠的 95% 左右。本节重点介绍输卵管妊娠。

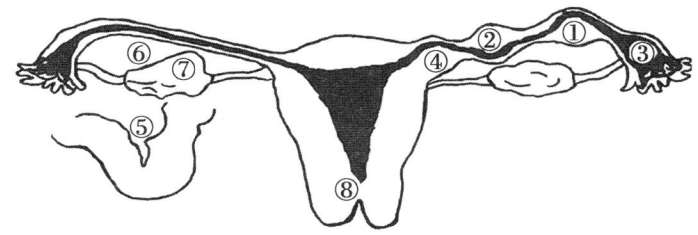

①输卵管壶腹部妊娠；②输卵管峡部妊娠；③输卵管伞部妊娠；④输卵管间质部妊娠；
⑤腹腔妊娠；⑥阔韧带妊娠；⑦卵巢妊娠；⑧宫颈妊娠

图 16-1　异位妊娠发生部位示意图

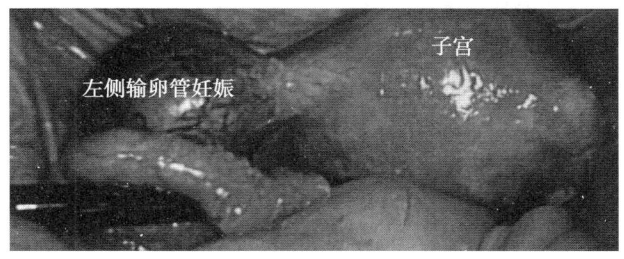

图 16-2　腹腔镜下左侧输卵管妊娠

基础回顾

输卵管解剖

根据形态不同,可将输卵管分为以下4部分。
1. 间质部　潜行于子宫壁内的部分,短而腔窄,长约1 cm。
2. 峡部　紧接间质部外侧,长2~3 cm,直径约为2 mm。
3. 壶腹部　峡部外侧,长5~8 cm,管腔直径为6~8 mm。
4. 伞部　是输卵管的最外侧端,游离,开口于腹腔,管口为须状组织,呈伞状,故名伞部。伞部长短不一,常为1~1.5 cm,有"拾卵"作用。

案例 16-1

患者,女,27岁,出现阴道出血3天,颜色暗红,出血量少于月经量。2 h前出现右下腹持续性坠痛,伴有恶心、呕吐及肛门坠胀感,于2022年8月17日被轮椅推入诊室。既往月经规律,14岁 $\frac{7}{30}$ 天,LMP:2022年7月2日;面色苍白,表情淡漠。查体:T 36.9 ℃,P 120次/分,R 21次/分,BP 80/60 mmHg。

问题:
1. 考虑该患者为何种疾病?
2. 诊断该疾病的依据是什么?
3. 还需要完善哪些辅助检查,下一步的治疗方案是什么?

一、病因与发病机制

异位妊娠的病因与发病机制见表16-1。

表16-1　异位妊娠的病因与发病机制

病因	发病机制
输卵管炎症	是输卵管妊娠的主要病因,包括输卵管黏膜炎和输卵管周围炎
输卵管妊娠或手术史	既往有输卵管妊娠史者,再次异位妊娠的概率高达10%;既往有输卵管手术史者,输卵管妊娠的发生率为10%~20%
输卵管发育不良或功能异常	输卵管过长、肌层发育差、黏膜纤毛缺乏、双输卵管、输卵管憩室或有输卵管副伞等,均可造成输卵管妊娠;输卵管功能异常可影响受精卵正常运行
辅助生殖技术	受精卵游走
避孕失败	包括宫内节育器避孕失败、口服紧急避孕药失败
其他	子宫内膜异位症、卵巢肿瘤或子宫肌瘤压迫、吸烟等

二、临床表现

输卵管妊娠的临床表现与受精卵着床部位、是否有流产或破裂、腹腔内出血量以及停经时间长短等有关。

（一）症状

典型症状为停经、腹痛与阴道流血，即异位妊娠三联征。

1. 停经　除输卵管间质部妊娠有较长的停经史外，多数患者停经6～8周，20%～30%的患者可将停经后的不规则流血误认为月经。

2. 腹痛　是输卵管妊娠患者就诊的主要原因之一。输卵管妊娠流产或破裂前，表现为一侧下腹部隐痛或酸胀感。当发生流产或破裂时，患者突感一侧下腹部撕裂样疼痛，常伴有恶心、呕吐，若血液积聚在直肠子宫陷凹，则有肛门坠胀感。内出血多时，血液由盆腔流至全腹，可导致全腹痛，刺激膈肌可引起肩胛部放射性疼痛。

3. 阴道流血　患者常有不规则阴道流血，色暗红、量少、淋漓不尽，一般不超过月经量。少数患者流血似月经，可伴有蜕膜管型或碎片排出。

4. 晕厥与休克　由于腹腔内出血及剧烈腹痛，轻者出现晕厥，重者发生失血性休克。其严重程度与腹腔内出血速度及出血量呈正比，与阴道流血量不呈比例。

（二）体征

1. 一般检查　腹腔内出血多时呈贫血貌。失血性休克者面色苍白，四肢湿冷，脉快而细弱，血压下降，体温一般正常或略低，腹腔内血液吸收时，体温可略升高。

2. 腹部检查　下腹部有明显压痛、反跳痛，尤以患侧为著，但腹肌紧张程度较轻。内出血多时，可出现移动性浊音。少数患者下腹部可触及包块。

3. 妇科检查　阴道内可有少量暗红色血液，后穹隆可饱满、触痛，宫颈可有举痛或摇摆痛，宫体质软、略大或与停经月份基本相符，宫旁可触及有轻度压痛的包块。内出血多时，子宫有漂浮感。

　知识拓展

输卵管妊娠的转归

1. 流产　多发生在妊娠8～12周内的输卵管壶腹部或伞部妊娠。
2. 破裂　峡部妊娠多在妊娠6周左右破裂，间质部妊娠可持续3～4个月。输卵管妊娠破裂可致大量出血及休克。
3. 胚胎停育并吸收。
4. 陈旧性异位妊娠　输卵管妊娠流产或者破裂，长期反复内出血形成盆腔血肿不吸收，血肿逐渐机化并与周围组织粘连，可存在多年。
5. 继发性腹腔妊娠　输卵管妊娠破裂或流产后，囊胚脱落至腹腔，重新种植于腹腔内脏器并继续生长发育，形成继发性腹腔妊娠，较少见。

三、辅助检查

（一）尿妊娠试验

操作简单、快捷。结果呈阳性者可协助诊断，但不能确定是宫内还是宫外妊娠；结果呈阴性

者需进一步检查血人绒毛膜促性腺激素（human chorionic gonadotrophin，hCG），以确定是否妊娠。

（二）血 hCG 测定

血 hCG 测定是协助诊断异位妊娠的重要方法。患者血 hCG 水平通常低于正常宫内妊娠。异位妊娠时，血 hCG 增高在 48 h 内常低于 53%。

（三）超声检查

超声检查对诊断异位妊娠具有重要价值。经盆腔超声优于经腹超声，诊断异位妊娠准确率为 70%~94%。异位妊娠的声像特点是宫腔内无孕囊，宫旁探及不均质回声区，典型者呈"面包圈"征，若其内同时发现卵黄囊、胚芽及心管搏动，则可确诊。盆、腹腔液性暗区提示有内出血。

（四）阴道后穹隆穿刺或腹腔穿刺

阴道后穹隆穿刺是一种简单、可靠的诊断方法，用于怀疑有盆、腹腔内出血的患者。对移动性浊音阳性者可选择进行腹腔穿刺，抽出不凝血提示腹腔内出血。当形成血肿或粘连时，可能抽不出血液，故穿刺结果阴性不能排除异位妊娠。

（五）子宫内膜病理检查

目前较少使用该方法，仅用于阴道流血较多不能排除宫内妊娠流产的患者。通过诊断性刮宫，将刮出组织送病理检查，若仅见蜕膜而未见绒毛，则有助于诊断异位妊娠。

四、诊断及鉴别诊断

输卵管妊娠流产或破裂后，症状典型，诊断多无困难。输卵管妊娠未破裂或流产时，无明显症状，诊断较困难。如果血 hCG>2000 IU/L，超声检查宫腔内未见明显妊娠像、子宫内膜厚度<1.0 cm 时，需高度警惕异位妊娠，连续监测 hCG 水平及盆腔超声，有助于诊断。

输卵管妊娠应与流产、黄体破裂、卵巢囊肿蒂扭转、急性输卵管炎及输尿管结石相鉴别（表 16-2）。

五、救治原则

异位妊娠的治疗包括手术治疗、药物治疗及期待治疗。

（一）手术治疗

腹腔镜或开腹手术，开腹手术适用于生命体征不稳定，需要快速止血并完成手术者，其余情况均可腹腔镜手术。手术治疗适应证：生命体征不稳定或有腹腔内出血；异位妊娠有进展，如血 hCG>3000 IU/L 或持续升高、有心管搏动、附件区包块较大等；随诊不可靠；药物治疗禁忌或无效；持续性异位妊娠。

1. 输卵管切除术 对于有严重内出血并发休克的患者，应在积极纠正休克、补充血容量的同时行患侧输卵管切除术。

2. 保守性手术 适用于有生育要求的年轻女性。具体术式应根据输卵管妊娠部位和病变情况而定：输卵管伞部妊娠，可将妊娠组织自伞端挤出；壶腹部妊娠，可切开输卵管，取出胚

第十六章 女性生殖系统急症

表16-2 异位妊娠的鉴别诊断

疾病	停经	腹痛	阴道流血	休克	体温	妇科检查	阴道后穹隆穿刺	血hCG测定	超声检查	血常规、尿常规
输卵管妊娠	多有	突发撕裂样下腹痛,从下腹一侧向全腹扩散	量少,呈暗红色,可有蜕膜组织排出	程度与外出血不呈正比	正常或稍升高	宫颈举痛,宫旁有压痛性包块	可抽出不凝血	阳性	一侧附件不均质回声区,其内无或有妊娠囊	血白细胞计数正常或稍高,血红蛋白下降;尿隐血试验可呈阳性
流产	有	下腹坠痛	先有少量,之后增多,呈鲜红色,有血块或胚胎组织排出	程度与外出血呈正比	正常	子宫增大、变软	阴性	阳性	宫内可见妊娠囊	血白细胞计数正常,血红蛋白正常或下降;尿隐血试验可呈阳性
黄体破裂	无	下腹一侧突发疼痛	无或有少量流血	无或有轻度休克	正常	一侧附件区压痛	可抽出不凝血	阴性	一侧附件低回声区	血白细胞计数正常或稍高,血红蛋白下降;尿隐血试验可呈阳性
卵巢囊肿蒂扭转	无	下腹一侧突发疼痛	无	无	稍高	宫颈举痛,附件区肿物,边缘清晰,蒂部触痛明显	阴性	阴性	一侧附件有囊性包块,边界清晰,有条索状蒂	血白细胞计数稍高,血红蛋白正常,尿隐血试验呈阴性
急性输卵管炎	无	下腹持续性疼痛	无	无	升高	宫颈举痛,下腹部压痛	可抽出渗液或脓液	阴性	两侧附件有类囊性或混合回声团块,其内可呈"云雾状"及不全分隔征象	血白细胞计数升高,血红蛋白正常;尿隐血试验呈阴性
急性阑尾炎	无	持续性疼痛,从上腹开始,经脐周转移至右下腹	无	无	升高	无肿块触及,直肠指检右侧高位压痛	阴性	阴性	子宫附件区无异常	血白细胞计数升高,血红蛋白正常;尿隐血试验呈阴性
输尿管结石	无	阵发性、剧烈腰部或下腹部疼痛	无	无	正常或升高	阴性	阴性	阴性	子宫附件区无异常,肾集合系统扩张,积水	尿隐血试验呈阳性;感染时血液、尿液白细胞计数均升高

胎组织再缝合；峡部妊娠，可以将病变部位切除行端端吻合。手术后应密切监测血 hCG 水平，若血 hCG 水平下降不理想，甚至上升，应考虑是残余的滋养细胞继续生长，称为持续性异位妊娠，或需要再次手术或药物治疗。

（二）药物治疗

以甲氨蝶呤为首选，治疗期间应严密监测血 hCG 及超声。

药物治疗适应证：无药物治疗禁忌证；输卵管妊娠未发生破裂；妊娠囊直径<4 cm；血 hCG<2000 IU/L；无明显内出血。禁忌证：生命体征不稳定；异位妊娠破裂；妊娠囊直径≥4 cm 或≥3.5 cm 伴心管搏动；合并药物过敏、慢性肝病、血液系统疾病等。

（三）期待治疗

适应证：无临床症状或临床症状轻微；异位妊娠包块直径≤3 cm，无心管搏动，无腹腔内出血或估计内出血量<100 ml；血 hCG<1000 IU/L 并持续下降。嘱患者休息，每周复查血 hCG，腹痛加重应随时就诊。

（罗　霞）

第二节　卵巢囊肿蒂扭转

卵巢囊肿蒂扭转是指供应卵巢囊肿的血管发生扭曲，使卵巢囊肿缺血，甚至坏死、破裂，引起剧烈腹痛，为妇产科急腹症之一，以育龄期女性最常见，其次为儿童期和青春期女性。卵巢囊肿属于广义上的一种卵巢肿瘤，多为良性。

> **案例 16-2**
>
> 患者，女，20 岁，半天前活动后出现右下腹绞痛，伴恶心、呕吐而就诊。既往月经规律，12 岁 $\frac{5 \sim 7}{28 \sim 30}$ 天，月经量中等，痛经（-），LMP：2022 年 7 月 2 日，未婚，有性生活史。查体：T 37.1 ℃，P 80 次/分，R 21 次/分，BP 100/71 mmHg；腹部平坦，右下腹有明显压痛、轻度反跳痛，无移动性浊音。直肠-腹部诊：子宫前位，正常大小，无压痛及反跳痛；右侧附件区可扪及大小约 6 cm 的包块，压痛明显，反跳痛不明显，左侧附件区未见明显异常。急诊超声检查显示：右侧附件区有囊性回声，大小为 6.9 cm×5.2 cm×5.6 cm，边界清晰。
>
> 问题：
> 1. 考虑该患者为何种疾病？
> 2. 为进一步明确诊断，还需要做什么检查？
> 3. 下一步应如何处理？

一、病因与发病机制

卵巢囊肿蒂扭转的病因及发病机制见表 16-3。

表 16-3　卵巢囊肿蒂扭转的病因及发病机制

病因	发病机制
急剧的体位变动或腹压变化	是最常见的诱因，如体育运动、舞蹈、体力劳动、膀胱充盈或排空、咳嗽、肠蠕动剧烈
卵巢囊肿蒂较长	儿童时期卵巢位置较高，固有韧带较长，囊肿居于腹腔，易发生蒂扭转；若囊肿蒂较长，则变动体位时易发生扭转；妊娠时，盆腔充血，骨盆漏斗韧带变长变软
囊肿活动度良好	多见于中等大小、比较光滑、与周围无粘连的囊肿
囊肿位置变动	妊娠时，囊肿随子宫升高进入腹腔，活动空间增大
囊肿重量不均衡	卵巢冠囊肿或卵巢旁囊肿呈长椭圆形，重心偏向一侧

卵巢囊肿扭转的蒂由骨盆漏斗韧带、输卵管和卵巢固有韧带组成。急性蒂扭转时，因静脉回流受阻，囊肿内充血或血管破裂出血，导致囊肿迅速增大。若动脉血流受阻，囊肿可发生坏死、破裂和继发感染（图16-3）。由于右侧盲肠蠕动多，盆腔活动空间大，卵巢囊肿蒂扭转多发生于右侧（图16-4）。发生扭转时间不到1周为不完全扭转，临床症状较轻，有自然复位的可能；发生扭转时间超过1周为完全扭转，临床症状典型，一般不能自然复位。

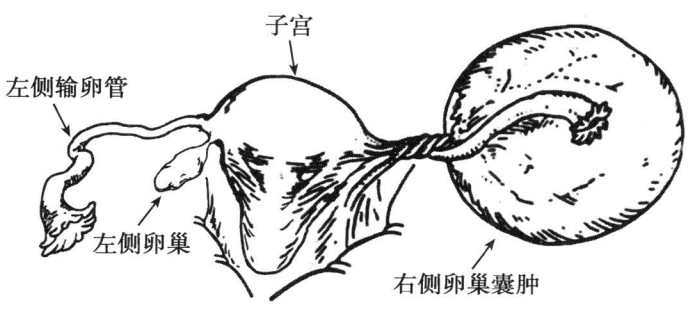

图 16-3　右侧卵巢囊肿蒂扭转示意图

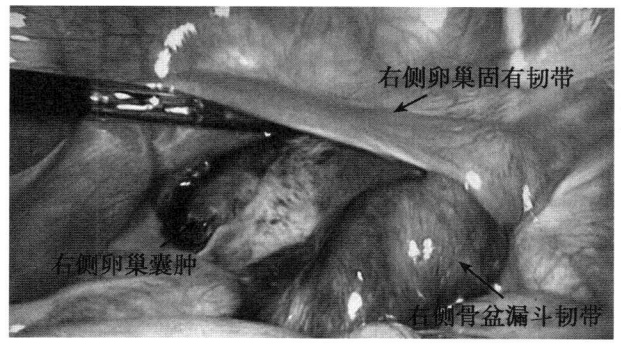

图 16-4　腹腔镜下右侧卵巢囊肿蒂扭转

二、临床表现

（一）症状

大多缺乏特异性，最常见的症状为体位改变后突发一侧下腹剧痛，常伴恶心、呕吐。

1. 下腹痛　初始为一侧下腹部突发性疼痛，疼痛性质可为持续性剧痛、间歇性绞痛或逐渐加重的疼痛，并可放射至侧腹、背部或腹股沟。患者多采取被动体位，难以直立行走，患侧卧位后症状或可减轻。此外，在不完全扭转的情况下，随着囊肿扭转的自然复位，疼痛可出现消长变化，或表现为不典型的慢性腹痛，再次扭转时则出现疼痛加剧。

2. 腹部包块 多数患者可出现附件包块。若囊肿直径≥5 cm，发生扭转的概率更大。

3. 恶心、呕吐 下腹痛的同时常有阵发性恶心，伴或不伴呕吐。

4. 发热 部分患者可出现低热并伴有白细胞增多，提示附件坏死可能。

（二）体征

主要表现为局限性腹部压痛，部分患者存在腹膜刺激征，触诊时或可扪及腹部包块。妇科检查（有性生活史者行双合诊，无性生活史者行直肠-腹部诊）可能扪及附件区肿物，张力较大，有压痛，以蒂部最明显。

三、辅助检查

（一）妊娠试验

有性生活史的患者必须行妊娠试验以除外异位妊娠，以及是否存在妊娠合并卵巢囊肿蒂扭转的可能。

（二）超声检查

超声为首选影像学检查，表现为一侧附件的囊性包块，边界清晰，典型者其一侧可探及条索状扭转的蒂。当扭转时间较长时，囊液透声差，患侧卵巢显示不清，或伴有卵巢血流减少或消失。

（三）CT 或 MRI 检查

CT 主要协助鉴别非妇科疾病，如胃肠道、泌尿系统疾病引起的急性腹痛。MRI 检查可用于妊娠期卵巢囊肿蒂扭转的诊断和鉴别诊断。CT 和 MRI 二者均不能评估卵巢的血流灌注情况，且费用昂贵，不推荐作为首选影像学检查。

（四）肿瘤标志物检测

肿瘤标志物检测包括 CA-125、CA-199、CEA、AFP 等检测。

四、诊断及鉴别诊断

根据病史、急剧发作的腹痛、盆腔触及包块和压痛，结合影像学检查，即可做出诊断，但需与其他急腹症鉴别，如异位妊娠、黄体破裂、急性阑尾炎、急性输卵管炎、输尿管结石等（见本章第一节）。老年患者发生卵巢囊肿蒂扭转时，因其对疼痛刺激不敏感，常以持久发作的腹部钝痛为主，伴有腹胀、肛门停止排气、排便，临床表现类似肠梗阻。

> **知识拓展**
>
> **妊娠合并卵巢囊肿蒂扭转**
>
> 妊娠合并卵巢囊肿蒂扭转，多见于孕6~16周，临床表现缺乏特异性，易误诊而导致卵巢功能丧失甚至坏死。早孕期卵巢生理性增大，怀疑不完全扭转时可短期观察是否自然缓解，若不缓解应手术治疗。中、晚期妊娠高度怀疑扭转时，应立即手术治疗，术中尽量避免刺激子宫，术后予以抑制宫缩等对症治疗。对有剖宫产适应证者，可先行剖宫产，再行卵巢囊肿剥除术。

五、救治原则

卵巢囊肿蒂扭转的治疗，需综合考虑患者的年龄、生育要求、发病情况及既往病史等因素。早期识别并迅速手术干预是保护卵巢功能和生育力的最佳处理。腹腔镜探查为首选治疗方案。

（一）扭转复位术或附件切除术的选择

年龄是关键因素，对绝经前患者可行扭转复位，尽量保留卵巢组织，不建议切除患侧附件；对绝经后患者应考虑行附件切除术。术前应充分告知患者术中快速冰冻病理诊断的必要性及局限性。

（二）扭转复位后卵巢囊肿的处理

根据术中探查情况进行评估，如扭转卵巢颜色正常，无明显水肿，可复位后行囊肿剥除术；如组织严重水肿，强行剥除囊肿有可能会导致严重的卵巢组织损伤、出血，可暂行扭转复位术，待血运恢复、水肿减轻后再行囊肿剥除术。

（三）卵巢固定术

复发性卵巢囊肿蒂扭转可以考虑行卵巢固定术，但不推荐作为常规术式。

（罗　霞）

第三节　卵巢黄体破裂

卵巢黄体破裂（rupture of ovarian corpus luteum）是指在黄体（corpus luteum）发育过程中卵巢表面的小血管破坏，导致黄体内部出血、内压增加，引起破裂，为育龄期女性常见的急腹症之一。

> **基础回顾**
>
> **黄体**
>
> 排卵后，残留于卵巢内的卵泡壁逐渐发育成富含血管的内分泌细胞团，新鲜时呈黄色，称为黄体。人类黄体生存期为14天，如卵子受精，则继续发育增大，可维持3个月。

案例 16-3

患者，女，25岁，性交后出现下腹痛，伴恶心、呕吐，于2022年9月7日就诊。既往月经规律，12岁$\frac{5\sim6}{30}$天，月经量中等，痛经（-），LMP：2022年8月15日。查体：T 36.6 ℃，P 89次/分，R 20次/分，BP 122/78 mmHg；腹部平坦，右下腹压痛，无反跳痛。妇科检查：宫颈光滑，举痛不明显，宫体前位，无压痛，右侧附件区有增厚感、轻度压痛，无反跳痛，左侧附件区未见异常。血常规：WBC 8.58×10^9/L，HGB 100 g/L，血 hCG（-）。急诊超声检查显示：子宫前位，大小 5.3 cm×5.0 cm×4.5 cm，内膜厚度 1.0 cm，右侧附件区探及范围约 5.5 cm×3.7 cm×3.0 cm 的混合回声团块，边界欠清晰，内探及血流信号，左侧卵巢正常；盆腔内探及游离液性暗区 4 cm，透声差，内见细密点状回声。

问题：
1. 考虑该患者为何种疾病？
2. 为进一步明确诊断，还需要做哪些检查？
3. 下一步应如何处理？

一、病因与发病机制

1. 自发破裂 卵巢黄体血管化时期毛细血管容易破裂，内出血多、囊内压力增大导致黄体破裂、出血。合并凝血功能障碍者，易出血且不易止血。

2. 外力作用 下腹部受到撞击、剧烈运动、用力咳嗽或排便时，腹腔内压力突然升高，可导致成熟黄体破裂。性生活时女性生殖器官扩张充血，黄体内张力升高，下腹部受到强烈冲击也可导致黄体破裂。

二、临床表现

（一）症状

一般出现在排卵期后（月经周期最后1周），偶尔可在月经周期第1、2天，少数在月经周期的第20～26天。临床表现不典型，多为突发单侧下腹痛，疼痛程度不一，部分有不同程度肛门坠胀感，偶伴有少量阴道流血。黄体破裂出血量不同，其他非特异性表现也不同，包括恶心、呕吐、腹胀、疼痛伴活动后加剧，腹腔积血进行性增加会出现眩晕、晕厥等低血容量性表现。

（二）体征

最主要的体征是腹膜刺激征，反跳痛常比压痛明显。有性生活者双合诊盆腔触痛极为明显。发生活动性出血时，患者可出现低血压、心动过速等症状，甚至发生低血容量性休克。

三、辅助检查

（一）妊娠试验

若患者有性生活史，必须行妊娠试验以鉴别异位妊娠。

（二）超声检查

卵巢黄体破裂患者因病情严重程度不同，超声检查有不同表现。轻者表现为一侧附件的无回声区，有时因卵巢周边絮状血块附着呈低回声表现；重者表现为盆腹腔大量游离液性暗区，一侧附件区探及不均质回声团块，为血块包绕卵巢、输卵管等宫旁组织形成。

（三）血常规检查

活动性出血时血红蛋白及血细胞比容进行性下降。

（四）CT 检查

较超声检查能更好地评估出血部位和出血量。

（五）阴道后穹隆穿刺

抽出不凝血提示腹腔内出血。

四、诊断及鉴别诊断

卵巢黄体破裂好发于卵巢功能旺盛期，即 20~40 岁，对于下腹痛且无明显停经史、超声提示盆腹腔积液、血 hCG 呈阴性的育龄期女性，可考虑黄体破裂。

黄体破裂需与异位妊娠、急性输卵管炎、急性阑尾炎、输尿管结石、卵巢囊肿蒂扭转等相鉴别（见本章第一节）。

五、救治原则

（一）保守治疗

对于凝血功能正常的患者，若血流动力学稳定，随访血红蛋白无进行性下降，超声检查盆腹腔积液无进行性增多，可予以期待治疗。密切注意病情变化，酌情予以静脉补液、抗炎、止血治疗。

（二）手术治疗

适用于发病急、临床症状严重、内出血多者。应急诊开腹或腹腔镜探查，剔除破裂的黄体后再行缝合，彻底止血，并尽量保留卵巢功能。

（罗　霞）

第四节 子痫前期-子痫

子痫前期（preeclampsia）是指妊娠20周后出现血压升高、尿蛋白阳性，严重时可导致多个终末器官损伤的妊娠并发症。子痫（eclampsia）是子痫前期基础上发生的不能用其他原因解释的强直性抽搐。子痫前期-子痫是妊娠期特有的、严重威胁母儿健康的疾病，是造成孕产妇死亡和围生儿死亡的主要原因之一，在我国发病率为4%~10%。

案例 16-4

患者，女，30岁，因"停经33周，发现血压升高3天，腹痛伴阴道流血1h"入院。既往月经规律，12岁 $\frac{6}{28}$ 天，月经量中等，痛经（-），G1P0。孕期查OGTT及甲状腺功能正常，之后未进行规律产检。1个月前出现双下肢水肿，3天前于当地医院行产前检查，发现血压升高，最高可达160/110 mmHg，尿蛋白（+），口服抗高血压药物治疗。1h前出现腹痛伴阴道流血，量少于月经量，偶尔有头晕、头痛，无心悸、胸闷及视物模糊。体格检查：BP 180/105 mmHg，双下肢凹陷性水肿（++）。产科检查：宫高31 cm，腹围98 cm，胎方位ROA，胎心142次/分，可扪及不规律宫缩。尿蛋白（++）。

问题：
1. 考虑该患者为何种疾病？
2. 为进一步明确诊断，还需要进行哪些辅助检查？
3. 下一步应如何治疗？

一、病因与发病机制

本病的病因及发病机制尚不明确，相关的病因学说和发病机制见表16-4。

表16-4 子痫前期-子痫的病因学说和发病机制

病因学说	发病机制
胎盘形成不良	绒毛膜滋养细胞侵蚀不良，螺旋小动脉血管重铸异常，引起管腔狭窄，使胎盘血流减少，释放胎盘因子，引起系统炎性反应
氧化应激反应	胎盘缺血、缺氧后释放的炎性因子（如TGF-α、白介素、前列环素等）可导致氧化应激和血管内皮细胞受损
免疫失调	胎儿母体间免疫平衡失调引起一系列免疫反应
遗传因素	调节血管舒缩功能、血管内皮功能、炎性因子、脂质代谢、氧化应激、免疫的相关基因可能发生改变
营养缺乏	蛋白质、钙、镁、锌、硒、维生素C、维生素E等（可保护血管内皮细胞、降低血管和神经肌肉敏感性、抗氧化）缺乏
胎盘缺血	子宫张力增高（如羊水过多、双胎、巨大儿等）影响子宫胎盘血供

二、临床表现

根据《妊娠期高血压疾病诊治指南（2020）》，子痫前期-子痫的临床表现见表16-5。

表16-5 子痫前期-子痫的临床表现

分类	临床表现
子痫前期	妊娠20周后出现收缩压≥140 mmHg和（或）舒张压≥90 mmHg，伴有尿蛋白定量≥0.3 g/24 h，或尿蛋白/肌酐比值≥0.3，或随机尿蛋白≥（+），或虽然无蛋白尿，但合并下列任意1项者：血液系统损害（血小板<100×10⁹/L）；肝功能损害（血清转氨酶水平为正常值的2倍以上）；肾功能损害[血肌酐水平>97 μmol/L（1.1 mg/dl）或为正常值的2倍以上]；肺水肿；新发的中枢神经系统异常或视觉障碍；胎盘-胎儿受累等 若仅有妊娠20周后血压升高，不伴有蛋白尿及其他临床表现，且在产后12周内恢复正常，则为妊娠高血压，一般预后较好
子痫	在子痫前期的基础上发生不能用其他原因解释的强直性抽搐
慢性高血压并发子痫前期	慢性高血压患者妊娠20周前无蛋白尿，妊娠20周后出现尿蛋白定量≥0.3 g/24 h或随机尿蛋白≥（+）；或妊娠20周前有蛋白尿，妊娠20周后尿蛋白量明显增加；或出现血压进一步升高等子痫前期的任意1项表现

三、辅助检查

包括血常规、尿常规、凝血功能、肝功能、肾功能、血脂、血糖及电解质检查；胎心监护、超声检查胎儿及其附属物、心电图检查。条件允许时，可检查超声心动图、自身免疫性疾病相关指标，如抗核抗体、抗心磷脂抗体等。重视子痫前期-子痫患者凝血功能的检查，如果出现纤维蛋白原进行性下降，应警惕严重产后出血的发生。

视病情发展和诊治需要，应酌情增加以下检查项目：眼底检查，超声等影像学检查肝、胆、胰、脾、肾等脏器，动脉血气分析，脐动脉血流、子宫动脉等多普勒血流监测，头颅CT或MRI检查。

四、诊断及鉴别诊断

（一）诊断

子痫前期-子痫的诊断主要依据病史、临床表现及辅助检查作出，其相关病史主要包括以下内容：孕前是否有高血压、肾病、糖尿病、系统性红斑狼疮、血栓性疾病等，是否有妊娠期高血压疾病家族史，患者此次妊娠后高血压、蛋白尿、头痛、视物模糊、上腹部疼痛、少尿、抽搐等症状出现的时间和严重程度。

子痫前期孕妇出现下述任一表现，即可诊断为重度子痫前期：①收缩压≥160 mmHg和（或）舒张压≥110 mmHg；②持续性头痛、视觉障碍或其他中枢神经系统异常；③持续性上腹部疼痛及肝包膜下血肿或肝破裂表现；④血丙氨酸转氨酶（ALT）或天冬氨酸转氨酶（AST）水平升高；⑤尿蛋白定量>2.0 g/24 h，少尿（24 h尿量<400 ml，或每小时尿量<17 ml），或

血肌酐水平>106 μmol/L；⑥低蛋白血症伴腹水、胸腔积液或心包积液；⑦血小板计数低于 100×10^9/L；微血管内溶血，表现为贫血、血乳酸脱氢酶（LDH）水平升高或黄疸；⑧心力衰竭；⑨肺水肿；⑩胎儿生长受限或羊水过少、胎死宫内、胎盘早剥等。

（二）鉴别诊断

子痫前期-子痫主要与自身免疫性疾病、血栓性血小板减少性紫癜、溶血尿毒症综合征、肾脏疾病、癫痫、脑炎、脑肿瘤、脑出血、糖尿病高渗性昏迷、低血糖性昏迷等相鉴别。

1. 自身免疫性疾病　孕期常见的自身免疫性疾病主要有系统性红斑狼疮（systemic lupus erythematosus，SLE）和抗磷脂综合征（antiphospholipid syndrome，APS），二者均能导致孕期血压升高、水肿及蛋白尿，抗核抗体、抗心磷脂抗体、dsDNA、血沉、补体、狼疮抗凝物等风湿指标可以辅助鉴别。

2. 血栓性血小板减少性紫癜（thrombotic thrombocytopenic purpura，TTP）与溶血尿毒症综合征（hemolytic uremic syndrome，HUS）　均属于血栓性微血管病，其主要特征是微血管病性溶血性贫血、血小板减少以及微血管血栓造成的多器官功能障碍，可伴发热及肾损伤甚至肾衰竭，患者死亡率高，治疗以血浆置换为主。

3. 肾脏疾病　妊娠前已存在肾脏疾病者，妊娠期常可出现蛋白尿，重者可出现管型及肾功能损害，伴持续性血压升高，眼底可出现肾炎性视网膜病变。慢性肾小球肾炎可有血尿、蛋白尿、水肿和高血压的临床表现，多见于妊娠20周前。妊娠20周前出现水肿、蛋白尿或（及）高血压者往往存在隐匿性肾炎，若蛋白尿先于高血压出现或其严重程度与高血压不符，应疑为慢性肾炎。

4. 癫痫　子痫和癫痫在临床症状上有一定的相似性，但子痫发生在产前、产时或产后，而癫痫可以发生在任何年龄。子痫会伴有明显的血压升高、水肿和尿蛋白。详细的病史、神经系统查体及脑电图检查有助于鉴别。

5. 脑部疾病　如脑炎、脑肿瘤、脑出血，可有脑膜刺激征及相关病史，可出现病理反射，影像学检查有助于进一步鉴别。

6. 糖尿病高渗性昏迷　患者既往有糖尿病史，近期糖尿病症状加重可鉴别。

7. 低血糖性昏迷　低血糖性昏迷通常发生在饭后、运动后或注射胰岛素后，其特征是血糖水平低于2.8 mmol/L。

五、救治原则

子痫前期-子痫应根据病情严重程度，进行个体化治疗，终止妊娠是最有效的治疗措施。子痫前期的救治原则主要为解痉、降压，密切监测母儿情况，适时终止妊娠；子痫应控制抽搐，病情稳定后终止妊娠。

（一）子痫前期的处理

1. 解痉　硫酸镁是预防子痫发作和治疗子痫的一线药物。用法：负荷剂量为2.5~5.0 g，溶于20 ml 10%葡萄糖溶液（静脉推注15~20 min）或溶于100 ml 5%葡萄糖溶液快速静脉滴注（15~20 min），继而以1~2 g/h静脉滴注维持。一般每日静脉滴注6~12 h，24 h总量不超过25 g，用药时限一般不超过5~7日。注意事项：血清镁离子的有效治疗浓度为1.8~3.0 mmol/L，超过3.5 mmol/L可能出现中毒症状。使用硫酸镁的必要条件有：①膝腱反射存在；②呼吸≥16次/分；③尿量≥17 ml/h或≥400 ml/24 h；④备有10%葡萄糖酸钙溶液。镁离子

中毒时，应停用硫酸镁，并缓慢（5～10 min）静脉推注10%葡萄糖酸钙溶液10 ml。如孕妇同时合并肾功能障碍、心功能受损或心肌病、重症肌无力等，或体重较轻者，则硫酸镁应慎用或减量使用。

2. 降压　降压过程中力求血压下降平稳，不建议低于130/80 mmHg，以保证子宫胎盘的血流灌注。口服用药效果不佳时可静脉用药。①拉贝洛尔：为α、β肾上腺素受体阻滞剂，降低血压但不影响肾及胎盘血流量，并可对抗血小板凝集，促胎肺成熟。该药显效快，不引起血压过低或反射性心动过速。用法：口服50～150 mg，每日3～4次；静脉注射初始剂量为20 mg，10 min后如未有效降压则剂量加倍，最大单次剂量80 mg，直至血压被控制，每日最大总剂量220 mg；静脉滴注：50～100 mg加入250～500 ml 5%葡萄糖溶液中，根据血压调整滴速，待血压稳定后改口服。②硝苯地平：为钙离子通道阻滞剂。用法：口服5～10 mg，每日3～4次，24 h总量不超过60 mg；缓释片30 mg口服，每日1～2次。③酚妥拉明：为α肾上腺素受体阻滞剂。用法：静脉滴注，10～20 mg溶于100～200 ml 5%葡萄糖溶液中，以10 μg/min的速度开始静脉滴注，根据降压效果调整滴速。④硝酸甘油：可同时扩张静脉和动脉，降低心脏前、后负荷，主要用于合并急性心力衰竭和急性冠脉综合征时的高血压急症的降压治疗。用法：静脉滴注起始剂量5～10 μg/min，每5～10 min增加滴速至维持剂量20～50 μg/min。⑤甲基多巴：可抑制外周交感神经而降低血压，妊娠期使用效果较好。用法：口服250 mg，每日3～4次，根据病情增减最高不超过每日2 g。其不良反应为嗜睡、便秘、口干及心动过缓。

3. 镇静　应用镇静药物的目的是缓解孕产妇的精神紧张、焦虑症状，改善睡眠，预防并控制子痫，只有存在硫酸镁应用禁忌或治疗效果不佳时，方可考虑使用地西泮和苯妥英钠等镇静药物，应个体化酌情使用。①地西泮：2.5～5.0 mg口服，每日2～3次，或睡前服用；必要时地西泮10 mg肌内注射或静脉注射超过2 min。②苯巴比妥：口服剂量为30 mg，每日3次。③冬眠合剂：冬眠合剂由氯丙嗪（50 mg）、哌替啶（100 mg）和异丙嗪（50 mg）3种药物组成，通常以1/3～1/2量肌内注射，或以半量加入5%葡萄糖溶液500 ml缓慢静脉滴注。注意氯丙嗪可使血压急剧下降，导致肾及胎盘血流量降低，对孕妇及胎儿的肝功能也有一定的损害，可致胎儿呼吸抑制，仅用于硫酸镁治疗效果不佳者。

4. 利尿及低蛋白血症的纠正　当孕妇出现全身性水肿、肺水肿、脑水肿、肾功能不全、急性心力衰竭等情况时，可以考虑使用呋塞米等快速利尿剂。对于脑水肿，可以使用甘露醇。对于出现严重低蛋白血症伴有腹水、胸腔积液或心包积液的孕妇，应补充白蛋白，并注意与利尿剂的联合使用。

5. 促胎肺成熟　妊娠<34周并预计1周内分娩的子痫前期孕妇，均应接受糖皮质激素促胎肺成熟治疗。用法：地塞米松5 mg或6 mg肌内注射，每12 h 1次，连用4次；或倍他米松12 mg，肌内注射，每日1次，连用2日。

6. 终止妊娠时机　子痫前期孕妇经积极治疗，母儿状况无改善或者病情持续进展，或者达到一定孕周，应考虑终止妊娠。终止妊娠方式根据患者情况选择剖宫产或阴道试产，试产应注意缩短产程。

（二）子痫的处理

1. 一般紧急处理　保持气道通畅，心电监护，密切观察生命体征、尿量（留置导尿管监测），完善各项辅助检查。

2. 控制抽搐　硫酸镁是治疗子痫和预防抽搐发作的一线药物；如果存在硫酸镁应用禁忌或硫酸镁治疗效果不佳时，可考虑使用地西泮、苯妥英钠或冬眠合剂等镇静药物。降低颅内压可使用20%甘露醇250 ml快速静脉滴注。

3. 控制血压和预防并发症 脑血管意外是子痫患者死亡的最常见原因。

4. 纠正缺氧和酸中毒。

5. 适时终止妊娠 子痫控制且病情稳定后,应尽快终止妊娠。

(三)子痫前期 – 子痫并发症的处理

子痫前期 – 子痫表现为多脏器和系统的损害,孕产妇并发症常见并威胁母儿生命安全。常见的并发症有胎盘早剥、溶血肝功能异常血小板减少综合征(hemolysis, elevated liver function and low platelet count syndrome, HELLP syndrome)(简称 HELLP 综合征)、DIC、心力衰竭、急性肾衰竭、脑卒中、成人呼吸窘迫综合征,以及肝血肿、梗死和破裂等。积极处理子痫前期 – 子痫、适时终止妊娠是防治并发症的最有效处理。以下重点介绍胎盘早剥和 HELLP 综合征。

1. 胎盘早剥 妊娠 20 周后或分娩期,正常位置的胎盘在胎儿娩出前,部分或全部从子宫壁剥离,称为胎盘早剥。胎盘早剥起病急、发展快,如不及时处理,可危及母儿生命。严重胎盘早剥可致胎死宫内、DIC、失血性休克、急性肾衰、羊水栓塞等。胎盘早剥的真正发病机制尚未明确,子痫前期 – 子痫是常见的诱因,有报道胎盘早剥者中有 2/3 合并子痫前期。胎盘早剥的典型临床表现:阴道流血、腹痛,可伴有子宫张力增高和子宫压痛。子痫前期 – 子痫患者发生胎盘早剥的临床表现可不典型,出现下述任一表现:①阴道流血;②胎心监护无反应型或者减速,甚至胎死宫内;③不伴随宫颈管消失、宫口扩张的"临产"表现,均应警惕胎盘早剥。胎盘早剥的诊断主要依据病史和临床表现,超声可协助诊断胎盘后血肿,但对诊断胎盘早剥价值有限,超声诊断阴性者不能除外胎盘早剥。血小板、出凝血时间、血纤维蛋白原等有关 DIC 检查,对诊断胎盘早剥严重程度有重要价值。胎盘早剥的预后取决于处理是否及时与恰当,治疗原则为早期识别、积极补充血容量、及时终止妊娠、控制 DIC。

2. HELLP 综合征 HELLP 综合征是子痫前期 – 子痫的严重并发症,以溶血、肝酶升高及血小板减少为特点。多器官功能衰竭及 DIC 是 HELLP 综合征患者最主要的死亡原因。本病多无特异性表现,对出现上腹部疼痛、恶心、呕吐的子痫前期 – 子痫患者应保持高度警惕。诊断标准:①微血管内溶血:LDH 水平升高;外周血涂片见破碎红细胞、球形红细胞;胆红素≥20.5 μmol/L(即 1.2 mg/dl);血红蛋白轻度下降。②转氨酶水平升高:ALT≥40 U/L 或 AST≥70 U/L。③血小板减少:血小板计数<100×10^9/L。HELLP 综合征的处理是在治疗重度子痫前期的基础上,注意应用糖皮质激素,输注血小板、血浆等对症处理,并及时终止妊娠。

 知识拓展

羊水栓塞

羊水栓塞(amniotic fluid embolism, AFE)是由于羊水进入母体血液循环,引起肺动脉高压、低氧血症、循环衰竭、DIC 及多器官功能衰竭等一系列病理生理变化的过程,较为罕见,但病死率高,发病机制尚不明确。目前,羊水栓塞尚无有效的实验室诊断依据,主要基于临床诊断和排除诊断。其临床特点是分娩过程中或胎儿娩出后短时间内出现喘憋、血压下降、发绀、呼吸衰竭、心搏骤停,或由 DIC 引起产后大量出血,且无法用其他原因解释。典型的临床表现是:①急性发生低血压或心搏骤停;②急性低氧血症,表现为呼吸困难、发绀或呼吸停止;③凝血功能障碍,有血管内凝血因子消耗或纤溶亢进的实验室证据,或临床表现为严重出血,但无法用其他原因解释。

思 考 题

1. 如何诊断异位妊娠？
2. 简述急性卵巢囊肿蒂扭转的处理措施。
3. 简述黄体破裂的主要临床特点。
4. 病例分析：患者，女，35岁，主诉"停经32周，头晕伴视物模糊1天"入院。既往月经规律，13岁$\frac{5\sim6}{30}$天，月经量中等，痛经（~）。G1P1L1。前次妊娠因"孕37周，妊娠高血压"行剖宫产。自停经以来，未规律进行产检，孕26周时产检测量血压140/86 mmHg，患者未再监测血压。现孕32周，昨晚出现头晕伴视物模糊，未就诊，今晨出现头痛、头晕加重。患者就诊后突然出现抽搐，意识不清，呼之不应，持续约1 min后清醒。查体：体温36.3 ℃，脉搏108次/分，呼吸24次/分，血压181/112 mmHg。宫底位于脐上3指，胎位LOA，先露浮，胎心162次/分，水肿（+++）。急诊超声检查显示：胎儿符合孕30周大小，LOA。

问题：

（1）患者的初步诊断是什么？
（2）如何对患者进行急救处理？

第十七章 皮肤急症

第十七章数字资源

皮肤急症包括急性皮肤软组织感染，药疹尤其是重症药疹、急性荨麻疹、血管性水肿、快速进展的大疱性皮肤病等。其中，药疹及急性荨麻疹的发生与超敏反应密切相关，起病急骤，可伴有多脏器功能损害。重症药疹的致死率可高达30%，而荨麻疹所致的过敏性休克也严重危及患者的生命安全，因此需要引起急诊医生关注，进行紧急救治。

第一节 药　疹

一、概念

药疹（drug eruption）又称药物性皮炎，是药物通过口服、注射、吸入、栓剂、灌注、透皮吸收等各种途径进入人体后引起的皮肤、黏膜炎症性反应，严重者可累及机体多个系统，甚至危及患者生命。

案例 17-1

患者，女性，25岁，发热1周，全身出现红斑、水疱5天入院。1周前，患者因上呼吸道感染伴发热于当地卫生所就诊，应用红霉素、利巴韦林、安痛定等药物治疗；5天前，患者口唇、颈部出现红斑，伴高热，当地医院予以地塞米松，每日5 mg，病情无缓解，水肿性红斑迅速增多，累及躯干、四肢，并出现水疱、大疱，迅速波及全身。查体：T 39.2℃，P 107次/分，R 23次/分，BP 90/57 mmHg。双肺呼吸音粗糙，双下肺可闻及湿啰音，左侧肺部呼吸音明显减低。皮肤科查体：头面部、躯干、四肢弥漫性分布水肿性红斑，表皮大面积脱落，尼氏征（+），局部渗液较多，体表受累面积大于90%。辅助检查：白细胞、粒细胞及血小板计数降低，肝酶、肌酶升高；胸部CT检查结果显示：双肺炎症，左侧胸腔积液。

问题：
1. 根据患者的病情，考虑临床诊断是什么？
2. 可能的致敏药物是什么？
3. 救治原则及方案是什么？

二、病因及发病机制

药疹的发生包括个体及药物两方面因素。个体因素包括遗传因素（过敏体质）、某些酶缺陷以及机体病理生理状态的影响等。不同个体对不同药物反应的敏感性不同；同一个体在不同时期对药物的敏感性也不尽相同。

临床上常引起药疹的药物有：①抗生素类，以青霉素和头孢菌素类为多见；②解热镇痛类药物；③镇静催眠药及抗癫痫药；④其他，抗甲状腺功能药物、痛风药物、异种血清制品、生物制剂及某些中草药等药物。

药疹的发病机制复杂，可分为变态反应和非变态反应两大类。多数药疹属于变态反应类，各型超敏反应均可参与药疹的发生，表现为不同的临床特征。

>
>
> **超敏反应**
>
> 超敏反应（hypersensitivity reaction，HR）是指机体接触抗原并致敏后，再次受到相同抗原刺激时表现出增高的敏感性或增强的反应性，出现生理功能紊乱或组织细胞损伤的异常适应性免疫应答。主要分为以下四型：①Ⅰ型速发型超敏反应，由 IgE 介导，肥大细胞等释放生物活性介质引起局部或全身反应，可导致药物过敏性休克，荨麻疹型药疹等。②Ⅱ型细胞毒性超敏反应，指当抗体与细胞表面特异性抗原结合后，通过补体、NK 细胞等参与导致靶细胞损伤，可见于药物过敏导致的血细胞减少症等。③Ⅲ型免疫复合物型超敏反应，抗原抗体复合物沉积于组织内，通过激活补体而导致细胞组织损伤，见于血管炎型药疹等。④Ⅳ型迟发型超敏反应，为受抗原刺激产生的效应 T 细胞介导的炎症性免疫应答，可见于药物超敏反应综合征，中毒性表皮坏死松解症等。

三、临床表现

药疹的临床表现复杂，不同药物可引起同种类型药疹，而同种药物在不同的个体可以引起不同类型的临床表现。药疹一般具有一定的潜伏期，首次用药一般 4~20 天出现临床表现，再次用药数分钟至 24 小时内即可发病。机体在高敏状态下可发生药物的交叉过敏或多价过敏，因此需要注意药疹患者治疗药物的选择。急诊常见或较为严重的药疹有以下几种。

1. 荨麻疹型药疹 临床表现与急性荨麻疹相似，风团可泛发全身、潮红水肿，严重时可有喉头水肿、呼吸困难、腹痛等症状，甚至出现过敏性休克导致患者死亡。多由血清制品、青霉素等 β-内酰胺类抗生素以及阿司匹林等非甾体抗炎药引起。

2. 麻疹型或猩红热型药疹 又称发疹型药疹，是药疹中最常见的类型，约占所有药疹的 90%。常于用药后 1~2 周内发生，起病突然，皮损初始为针头至粟米大小的红色斑丘疹或鲜红斑疹，多自面颈部或躯干部向四肢分布，可泛发全身，瘙痒明显，严重者可出现瘀点（图 17-1）。常见于应用青霉素（尤其是半合成青霉素）、磺胺类、解热镇痛药等药物患者，可伴有发热、头痛、全身不适，需要及时停药，避免向重型药疹进展。

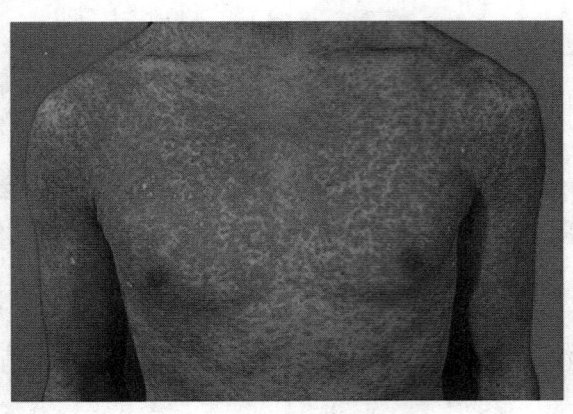
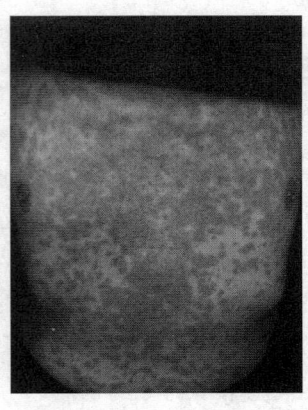

图 17-1　麻疹型药疹　　　　　图 17-2　多形红斑型药疹

3. 多形红斑型药疹　典型皮损为圆形或椭圆形水肿性红斑，呈同心圆状分布，中央为紫癜或水疱，边界较清楚，形如靶形损害，可有糜烂渗出（图17-2），多分布于面颈部、躯干和四肢伸侧，伴有瘙痒和疼痛，常累及口腔及外生殖器黏膜。严重时皮疹可相互融合，出现水疱大疱，尼氏征阳性，泛发全身，伴高热、肝功能和肾功能损害等，称为Stevens-Johnson综合征（Stevens-Johnson syndrome，SJS），表皮剥脱面积小于10%体表面积，为重型药疹之一，病情凶险，可导致患者死亡。主要由磺胺药、抗癫痫药、解热镇痛药、巴比妥类及别嘌醇等药物引起。

4. 中毒性表皮坏死松解症（toxic epidermal necrolysis）　为药疹中最严重的类型。患者起病急骤，皮疹开始为弥漫性鲜红或紫红色斑片，进而迅速出现松弛性大疱，尼氏征阳性，表皮大片剥脱，如烫伤样外观，受累面积大于30%体表面积，黏膜多受累（图17-3）。伴有高热、多脏器功能损害者，预后差，病死率为25%~35%。常见的致敏药物有抗癫痫药、解热镇痛药、巴比妥类、别嘌醇、抗结核药等。

5. 急性泛发型发疹性脓疱病　是一种急性发热性药疹，表现为水肿型红斑基础上泛发的无菌性小脓疱，临床表现为高热，皮损从面部及皱褶部位开始，迅速波及全身，有瘙痒感和烧灼感，有时可出现紫癜，水疱等表现，常见致病药物包括：抗生素，尤其是青霉素及头孢菌素类，以及钙通道阻滞剂、解热镇痛药等。

6. 药物超敏反应综合征　又称伴嗜酸性粒细胞和系统症状的药疹，为重症药疹之一，常于首次用药后2~6周内发生，再次用药可在1天内发病。初始表现为高热，面部水肿为其特征性表现，躯干红斑、丘疹或麻疹样皮损（图17-4），可迅速波及周身，发展为剥脱性皮炎样皮损，可有多形红斑样靶形损害或紫癜，常合并肝损伤，甚至发生肝衰竭；血液系统异常表现为非典型性淋巴细胞增多、嗜酸性粒细胞增多，也可见白细胞计数减少或溶血性贫血；可导致多器官系统受累，甚至死亡，死亡率为10%左右。人疱疹病毒（主要是HHV6、HHV7、CMV或EBV）的感染可能参与了药物超敏反应综合征的发病。诱发药物主要是抗癫痫类药物和磺胺类药物、别嘌醇、钙通道抑制剂等药物。

四、诊断及鉴别诊断

药疹起病突然，发病迅速，急诊医师要时刻警惕发生药疹的可能性。目前药疹的诊断主要根据明确的近期服药史、潜伏期和各型药疹的典型临床皮损进行诊断，皮疹多呈广泛对称性分布，数量多，色泽鲜红，常伴有不同程度的瘙痒或发热等全身症状。对于致敏药物的分析需要根据患者的服药史，药疹史及此次用药与发病的关系等信息综合分析判断。

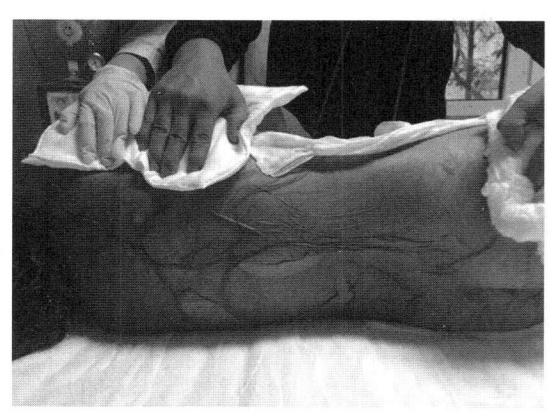
图 17-3 中毒性表皮坏死松解型药疹

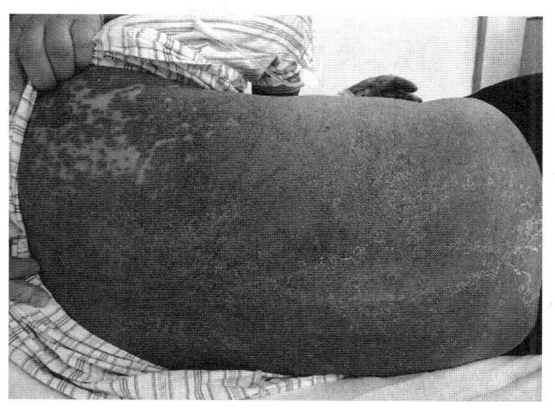
图 17-4 药物超敏反应综合征

需要排除具有类似皮损的其他皮肤病,发疹性药疹需要与如麻疹或猩红热进行鉴别;中毒性表皮坏死松解型药疹需要与葡萄球菌烫伤样皮肤综合征进行鉴别等。

五、救治措施

停用一切可疑致病药物是首要的治疗原则,应仔细询问药物使用情况和药物过敏史,查找病因,防治并发症。可根据病情表现和严重程度采取相应措施。

1. 轻型药疹 可予以抗组胺药、维生素 C 及钙剂等。必要时加用小剂量泼尼松,皮损好转之后逐渐减量停药。

2. 重型药疹 加强生命体征监护,积极处理并发症,避免再次发生交叉过敏或多价过敏反应。

(1)抗休克及解除气道梗阻:对过敏性休克者必须争取时间,就地抢救,待病情稳定后方能转院。一般抢救措施如下:①立即皮下或肌内注射 1:1000 肾上腺素 0.5~1.0 ml,对病情严重者,可考虑静脉给药;②积极进行液体复苏,必要时予以血管活性药物维持血压;③予以足量的糖皮质激素静脉输注;④予以抗组胺药肌内注射,如苯海拉明或氯苯那敏等药物;⑤对喉头水肿造成呼吸道梗阻者,应及时予以气管插管,必要时进行气管切开,情况紧急下可行环甲膜穿刺术;心搏、呼吸骤停时,应立即进行心肺复苏。

(2)尽早足量使用糖皮质激素:根据病情选择糖皮质激素种类及剂量,病情应在 3~5 天内控制,病情稳定好转后可逐步减量,病情迁延反复者可延长维持量给药时间。

(3)防治继发感染:皮损严重、伴发感染者酌情选用抗生素,但需注意交叉过敏的可能。

(4)加强支持疗法:补充热量、纠正水、电解质紊乱及进行脏器功能支持。

(5)静脉注射人血丙种免疫球蛋白:用于重型药疹,尤其是大疱性药疹,常与激素联合应用,一般连用 3~5 天。

(6)TNF-α 抑制剂:近年的研究表明 TNF-α 抑制剂用于 SJS 及 TEN 的治疗可缩短控制病情及皮损愈合时间,显示具有良好的疗效。

(7)加强护理及外用药物治疗:保温、通风、隔离,定期消毒,注意眼部、口腔及外生殖器受损黏膜的清洁与护理,选用无刺激性、具有保护性并有一定收敛作用的外用药物。

(李 颖)

> **知识拓展**
>
> **HLA 等位基因与重症药疹发病机制的相关性**
>
> 目前已被提出可用于解释重症药疹的免疫机制包括：①半抗原-半抗原前体，药物或其代谢物可与内源肽共价结合形成合成半抗原，该复合物被 MHC 识别。②药物免疫反应：HLA-药物复合物的形成，直接激活 T 细胞免疫应答。③直接 HLA-药物反应，特定的药物（如卡马西平、阿巴卡韦）可非共价结合肽槽内特定的 HLA，从而改变内源性肽结构，诱发药疹。
>
> 特定的 HLA 等位基因已被认为是重症药疹的重要危险因素，特别是对于 SJS/TEN 和 DRESS，目前研究显示，亚洲人群中 HLA-B*1502 与卡马西平诱导的 SJS/TEN 密切相关，别嘌醇导致的 SJS/TEN/DRESS 与 HLA-B*5801 密切相关，以及 HLA-B*5701 与阿巴卡韦诱导的 DRESS 密切相关，因此推荐患者在临床用药之前做相应的 HLA 等位基因筛查，有利于预防重症药疹的发生，而对于重症药疹患者相应等位基因位点的检测也有助于致敏药物的辨别和确认。

第二节　急性荨麻疹及血管性水肿

一、概念

急性荨麻疹（acute urticaria）是由于病变部位小血管扩张及通透性增高所致的皮肤及黏膜暂时性局限性充血与水肿，为一种常见的皮肤黏膜过敏性疾病。血管性水肿（angioedema）是一种发生于真皮深层和皮下组织疏松部位或黏膜的局限性水肿，分为获得性和遗传性，后者罕见。

二、病因与发病机制

荨麻疹的发病机制尚不明确，可以分为免疫机制和非免疫机制，前者主要为 I 型超敏反应介导，后者主要指各种理化等因素通过肥大细胞膜表面的受体和配体间的直接作用，导致肥大细胞等多种炎症细胞活化和脱颗粒，释放具有炎症活性的化学介质，如组胺、白三烯、前列腺素等，引起血管扩张，血管通透性增高，平滑肌收缩及腺体分泌增加，导致荨麻疹发病。

获得性和遗传性血管性水肿的发病机制不同，前者发生在有过敏体质的个体，在药物、食物、粉尘等因素诱导下发病；后者是一种常染色体显性遗传病，因 C1 酯酶抑制因子减低或缺乏导致发病。

三、临床表现

急性荨麻疹可见于任何年龄，主要临床特征为风团及不同程度的瘙痒，可伴或不伴血管性水肿。患者常突然自觉皮肤瘙痒，随即于局部出现鲜红色或淡红色风团，周围有红晕，皮肤表面凹凸不平，呈橘皮样外观。风团大小不等，可相互融合呈环形、地图形或不规则形（图17-5）。风团持续数分钟至数小时消退，一般不超过24小时，不留瘢痕，反复发作。病情严重者可伴发全身症状，感染诱发的患者可伴有发热；累及喉头、支气管时可有气促、胸闷、呼吸困难甚至窒息；胃肠道黏膜受累时可有恶心、呕吐、腹痛；严重者可出现心悸、血压下降等过敏性休克症状。

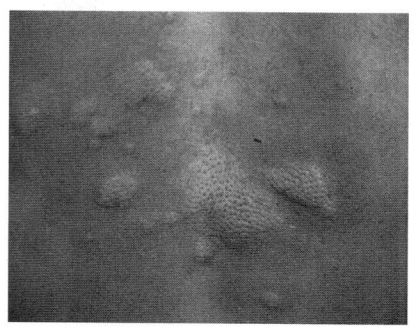

图17-5　急性荨麻疹

血管性水肿好发于眼睑、口唇、外阴等松弛部位，也可见于肢端等部位，多为单发。表现为突发的局限性肿胀，边界不清，呈肤色或淡红色，表面光亮，触之有弹性，瘙痒不明显。皮损一般持续数小时或2~3天后消退，退后不留痕迹。常并发荨麻疹，累及舌、喉时可出现严重的气道梗阻甚至窒息死亡。

遗传性血管性水肿多于儿童期发病，损伤或感染等因素可诱发，临床表现为局限性、非凹陷性皮下水肿，常单发，有时伴发喉头水肿等全身症状，部分患者首次就诊就出现气道梗阻或休克。

四、诊断及病情评估

根据快速发生及消退的风团，消退后不留痕迹等临床特点，本病不难诊断，详细询问病史、生活史及生活环境变化有利于寻找可能的诱因。由于严重病例可在短时间内出现呼吸系统和循环系统表现，进展为过敏性休克，甚至危及生命，因此在询问病史和体格检查时，应注意观察患者是否有呼吸困难、发音不清、头晕、面色苍白等症状，加强呼吸、脉搏、血压等生命体征监测，及时救治。

急性荨麻疹应与丘疹性荨麻疹、多形红斑、荨麻疹性血管炎相鉴别；伴有腹痛的患者，应与外科急腹症及胃肠炎鉴别；伴高热等症状，应考虑合并感染的可能；血管性水肿应与丹毒、蜂窝织炎、接触性皮炎等相鉴别。补体C_2、C_4水平明显下降，血清C_1酯酶抑制因子水平降低有助于遗传性血管性水肿的诊断。

五、救治措施

首先积极处理呼吸系统和循环系统的危险情况，同时寻找病因并去除。

1. 单纯皮损表现者　首选镇静作用较轻的第二代H_1受体拮抗剂治疗，钙剂及维生素C可降低血管通透性，与抗组胺药有协同作用，必要时可加用糖皮质激素。

2. 伴发全身症状者　对伴发腹痛的患者，可予以解痉药物；对感染诱发的患者应同时控制感染。对病情严重，伴有休克、喉头水肿及呼吸困难者，应立即抢救：①置患者于平卧位，抬高下肢，同时建立静脉通道；②1∶1000肾上腺素0.5~1ml，对病情严重者，可考虑静脉给药；③予以足量的糖皮质激素静脉输注；④可予以抗组胺药肌内注射，如苯海拉明或氯苯那敏等药物；⑤实施有效的液体复苏；⑥支气管痉挛严重者可予以静脉注射氨茶碱，喉头水肿者可行气管插管，必要时行气管切开；⑦心搏、呼吸骤停时，应立即进行心肺复苏。

3. 血管型水肿　获得性血管性水肿的治疗原则与荨麻疹相同，遗传性血管性水肿通常对糖皮质激素治疗无效,而肾上腺素在发作期暂时有效,激肽释放酶抑制剂和缓激肽受体拮抗剂可用于急性发作患者。

(李 颖)

思 考 题

1. 简述急性荨麻疹的临床表现。
2. 简述中毒性表皮坏死松解型药疹的临床表现。
3. 病例分析:患者男性,19岁,出现全身皮肤红斑、风团、腹痛40 min,胸闷、憋气5 min。患者1 h前外出就餐食用海鲜,40 min前开始出现全身瘙痒,多发性水肿性红斑,风团弥漫分布,伴腹痛,遂紧急就医,5 min前开始胸闷憋气,面色苍白,出冷汗。患者既往有食用海虾过敏史。查体:T 36.8℃,P 118次/分,R 25次/分,BP 60/40 mmHg;面部弥漫性分布水肿性红斑,躯干四肢多发性水肿性红斑、风团;双肺听诊呼吸音略粗糙,无明显干、湿啰音;腹部平软,脐周压痛,无反跳痛。

问题:
(1) 考虑患者的诊断是什么?
(2) 如何对患者进行救治?

第十八章 五官急症

五官急症是发生在眼耳鼻咽喉部位的急性病症的统称。头颈部暴露于外界，缺乏保护，临床急症除常规的头颈部外伤外，还有很多与五官特殊解剖密切相关的疾病，如鼻腔、外耳道、气管、咽部等自然腔道的异物嵌顿；高血压或者鼻腔黏膜干燥引起的鼻腔出血；咽喉部肿瘤或者炎性疾病引起的急性喉梗阻；颈部外伤引起的开放性或闭合性喉外伤；化学物品的溶液、粉尘或气体接触眼部所致的化学性眼外伤等等。在临床处理五官科急症时，要时刻遵循气道优先的原则，保证呼吸道通畅。另外，对于小儿鼻腔、气管异物及鼻出血等患者，还需要安抚患者情绪，避免紧张及哭闹引起病情加重。本章节将选取部分五官科常见急症的诊断及治疗措施进行详细讲解。

第一节 急性喉梗阻

急性喉梗阻（acute laryngeal obstruction）又称急性喉阻塞，是短时间迅速出现的喉部组织或邻近组织病变导致喉部呼吸道阻塞，引起的以吸气性呼吸困难为主的症候群。如不及时正确处理，可迅速导致窒息死亡。喉腔声门区是上呼吸道最狭窄部位，是最容易发生急性喉梗阻的部位。

案例 18-1

患者，张某，男，55岁，声音嘶哑3年，呼吸费力半个月，不能平卧1天。四凹征（+），吸气时可闻及喉鸣音。既往有吸烟史30年。

问题：
1. 考虑该患者为何种疾病？分度如何？
2. 导致该疾病的病因可能是什么？
3. 应如何救治患者？

一、病因与发病机制

1. 小儿急性喉炎 幼儿喉腔较小，声带短，黏膜下组织疏松，炎症组织稍肿胀即可导致声门区狭窄或声门关闭；小儿神经系统不稳定，咳嗽能力弱，喉神经易受刺激而痉挛，发生喉

梗阻的机会较成人多。

2. 急性会厌炎 又称急性声门上喉炎，是一种突然起病、发展迅速、危及生命的严重感染。成人、儿童均可患病，全年均可发生。感染为本病最主要的原因。吸入有害气体、误咽化学物质及放射线损伤均可引起。由于会厌舌面黏膜下组织较松弛，故会厌舌面肿胀明显，可呈球状，阻塞喉部。

> **◎ 基础回顾**
>
> **喉的软骨**
>
> 喉软骨包括甲状软骨、环状软骨及成对的杓状软骨。甲状软骨为盾甲状结构，其中央突起在成年男性较女性更呈锐角。喉的位置在婴幼儿与成人不同，在婴儿，环状软骨位于第4颈椎水平，甲状软骨常位于舌骨后方而不易摸到。会厌尖则贴于软腭的背面，随着婴幼儿的发育，喉逐渐下降到成人位置，而环状软骨则达到第6颈椎水平。

3. 气管、支气管异物 通常指气管、支气管的外源性异物在气管内随呼吸上下活动，易嵌顿于声门下区和气管内。嵌顿于声门可引起死亡。常见异物有花生、瓜子、豆类等。

4. 急性咽喉水肿 药物及过敏反应易引起咽喉血管神经性水肿。

5. 双侧喉返神经麻痹 各种原因引起双侧声带外展瘫痪，双侧声带固定于中线、不能外展，声门裂狭小或闭合。

6. 喉肿瘤 良性和恶性肿瘤均能引起喉梗阻。

7. 外伤 喉部损伤、切割伤、烧灼伤、毒气或高热蒸汽吸入等。

8. 其他 慢性喉梗阻病变突然感染、先天性畸形（巨大喉蹼、先天性喉喘鸣等）。

二、临床表现

短时间迅速出现呼吸困难，可突然加重。

1. 吸气性呼吸困难 吸气运动加强，时间延长，吸气深而慢，通气量不增加，如无显著缺氧，则呼吸频率不变。呼气困难并不显著。

2. 吸气性喉喘鸣 吸气时气流通过狭窄声门裂，发出高调尖锐的哮鸣声。喉哮鸣声的大小与阻塞程度呈正相关。

3. 吸气性软组织凹陷 吸气时气体不易通过狭窄声门进入肺部，胸腹辅助呼吸肌均代偿性加强运动，将胸部扩张，而肺叶不能相应膨胀，故胸腔内负压增加，胸壁及其周围软组织胸骨上窝、锁骨上下窝、胸骨剑突下和肋间隙于吸气时向内凹陷，称为四凹征。儿童肌张力较弱，此凹陷尤为显著。四凹征的程度与呼吸困难的程度一致。

4. 缺氧、发绀 因缺氧而面色、口唇发绀，坐卧不安，烦躁不能入睡。严重者表现为面色苍白、出冷汗、脉搏细弱、心律失常、心力衰竭，最终发生昏迷、排尿与排便失禁、窒息死亡。

5. 声音嘶哑 若病变位于声带，则出现声音嘶哑，甚至失声。

6. 伴发其他特异性表现

（1）急性会厌炎：咽喉痛，吞咽加重，无声音嘶哑。言语含糊，如口中含物。间接喉镜检查可见会厌红肿，呈半球形或球形肿胀。

（2）小儿急性喉炎：声音嘶哑伴犬吠样咳嗽。

（3）小儿气管异物：多有异物吸入史或进食呛咳史，异物较大时呼吸困难明显，异物较小常伴阵发性、持续性呛咳。

（4）急性咽喉水肿：接触变应原后 30 min 到数小时迅速出现症状，可见咽黏膜水肿。

三、辅助检查

可行直接或间接喉镜、纤维喉镜检查，但小儿一般不做喉部检查，避免刺激喉而导致喉痉挛。可行喉部侧位 X 线检查，显示肿大的会厌。X 线检查可显示金属等不透 X 线异物、确定异物位置及形状。对可透 X 线异物不能显示，早期胸部 X 线检查可基本正常。CT 喉扫描等。

四、病情评估、危险分层及诊断标准

根据病史、症状和体征，对喉梗阻的诊断并不难，重要的是对呼吸困难进行准确分度。把握药物治疗的时间和气管切开的时机，对呼吸困难加重者应果断行气管切开术，可提高患者的治愈率，减少死亡。查明病因后根据病情轻重决定。呼吸困难严重者，应先解除其呼吸困难，再进行检查以明确病因。

1. 呼吸困难的分度

一度：安静时无呼吸困难表现。轻度活动或哭闹时稍有呼吸困难，无软组织凹陷。

二度：安静时有轻度呼吸困难，活动后加重，并有吸气喘鸣及软组织凹陷，无缺氧症状，脉搏正常。

三度：安静时呼吸困难明显，喘鸣及四凹征明显，并出现烦躁不安，不易入睡，口唇轻度发绀。有脉搏加快等症状。

四度：呼吸极度困难。有三度的所有症状并手足乱动、出冷汗、面色苍白或发绀。随着脑缺氧和脑水肿加剧，发生意识不清或完全丧失；排尿与排便失禁，昏迷等。有循环衰竭表现，如心律失常、脉搏细弱、血压下降、心力衰竭、窒息死亡。三度和四度呼吸困难属危险状态，需高度重视。

2. 与支气管哮喘、气管支气管炎等引起的阻塞性的吸气性、呼气性、混合性呼吸困难相鉴别。关键点为病变阻塞部位不同。吸气性呼吸困难与呼气性及混合性呼吸困难的鉴别见表 18-1。

表 18-1　吸气性呼吸困难与呼气性及混合性呼吸困难的鉴别

病因及临床表现	吸气性呼吸困难	呼气性呼吸困难	混合性呼吸困难
病因	咽、喉、气管上段等处的阻塞性疾病，如咽后脓肿、喉炎、肿物、异物或白喉	小支气管阻塞性疾病，如支气管哮喘、肺气肿	气管中、下段阻塞性疾病或上、下呼吸道同时有阻塞性疾病、如喉气管支气管炎、气管肿瘤
呼吸深度与频率	吸气运动加强，延长，呼频率基本不变或衰减	呼气运动增强延长，吸气运动亦稍加强	吸气与呼气均增强
颈部软组织凹陷	有	无	无明显四凹征，若以吸气性呼吸困难为主者则有之
呼吸时伴发声音	吸气期喉喘鸣	呼气期喉喘鸣	除上气道伴有病变者外，呼吸时一般不伴发明显声音
咽喉、肺部检查	咽、喉检查有阻塞性病变，肺部有充气不足的体征	肺部有充气过多的体征	胸骨后可闻气管内呼期哮鸣声

五、救治措施

1. 明确病因 重点解除呼吸困难，争分夺秒使严重缺氧患者尽早脱离缺氧状态，挽救生命。依据呼吸困难分度决定药物和手术治疗。

（1）一度：病因及药物治疗。若由炎症引起，使用足量抗菌药和糖皮质激素。糖皮质激素可全身应用加局部雾化吸入。

（2）二度：由炎症及过敏引起者，用足量、有效的抗菌药和大剂量糖皮质激素，大多可避免气管切开术。若为异物，应尽快取除；喉肿瘤、喉外伤、双侧声带瘫痪等暂时不能去除病因者应做气管切开术。

（3）三度：由炎症引起且喉梗阻时间较短者，除密切观察外可积极使用药物治疗，同时做好气管切开术的准备。若应用药物治疗未见好转、全身情况较差，立即行气管切开术。

（4）四度：立即行气管切开术。病情十分紧急时，行环甲膜切开、环甲膜穿刺或紧急气管切开术。待呼吸困难解除后，再根据病因予以相应治疗。对一些咳嗽功能差和有下呼吸道分泌物阻塞的严重喉梗阻患者，在气管切开术进行过程中可能发生窒息，因而在行气管切开术前先行气管插管或气管镜，抽吸分泌物并吸氧，保证呼吸道通畅，然后再行气管切开术，更为安全。气道异物的紧急处理：如出现窒息和四度呼吸困难，迅速将患儿卧向一侧，拍击其背部，使位于隆突处或声门下的阻塞异物活动，呼吸困难缓解再行异物取出。对位于声门的较大异物，难以经喉镜取出时，应先行紧急气管切开，再于直接喉镜下取出异物。

2. 吸氧 予以吸入混合氧。避免予以高浓度氧，以免导致呼吸抑制。

3. 快速建立静脉通道。

（雷大鹏）

第二节 开放性喉外伤

开放性喉外伤（open injury of larynx）是指颈部软组织裂开，累及喉软骨及周围组织的喉部外伤，包括喉切割伤、刺伤及火器伤。若贯通喉腔，则称为喉贯通伤（penetrating injury of larynx）。这类喉外伤常可累及颈部大血管（颈动脉、颈内静脉），引起大量出血和呼吸困难，弹片、枪弹等火器伤可累及颈椎。因此，及时、正确的急救处理是挽救患者生命、避免或减少并发症的关键。

案例 18-2

患者，陈某，女，50岁，既往有抑郁症病史，未进行规律治疗。3 h前患者情绪激动后使用水果刀切割颈部。查体：颈部肿胀明显，皮下可触及捻发感，颈前可见一长约4 cm的创口，未见明显活动性出血。

问题：
1. 考虑患者可能的诊断是什么？
2. 还需要做哪些辅助检查？
3. 下一步救治措施是什么？

一、病因

1. 斗殴或自杀刎颈时喉部被锐器切割。
2. 交通事故中喉部被玻璃切伤或被尖锐的金属物刺伤。其他意外或爆炸事故中的喉部被碎片击伤、锐物刺伤。
3. 战争中喉部被弹片、枪弹击伤。弹片可将喉部击碎，创伤范围大。枪弹伤多为贯通伤，创伤范围相对较小。

二、临床表现

1. 出血 颈部伤口出血一般多来自面动脉，喉上、下动脉，甲状腺上、下动脉及甲状腺组织。出血严重时，可引起休克。血液流入下呼吸道，引起刺激性咳嗽，加重出血，可导致窒息。如伤及颈动脉、颈内静脉，常来不及救治，患者即死亡。

2. 呼吸困难 原因包括：①喉软骨骨折、环状软骨弓骨折、喉黏膜肿胀或血肿等导致喉腔狭窄。②血流入下呼吸道，血凝块、分泌物、异物阻塞气管。③纵隔气肿及气胸使肺受压。

3. 休克 大量出血后发生，表现为面色苍白，四肢湿冷，脉搏细速，血压下降。

4. 皮下气肿 颈部皮下气肿多因咳嗽所致。受伤者咳嗽时，空气通过破损的喉黏膜进入颈部皮下，引起颈部皮下气肿。空气可沿颈深筋膜进入纵隔，引起纵隔气肿。如肺尖壁胸膜损伤，可引起气胸。

5. 声音嘶哑 如伤及声带、环杓关节、喉返神经均可引起声音嘶哑或失声。

6. 吞咽困难 喉切割伤、刺伤及火器伤引起喉痛，吞咽时喉上、下运动，可使喉痛加剧，因此患者不敢吞咽。如开放性喉外伤与喉咽或食管上端相通，则发生伤口漏气，唾液、食物从颈部伤口流出。

> **基础回顾**
>
> **喉的解剖与病理生理**
>
> 喉部由一种类似遮阳板的装置保护，免受外伤，当颈部弯曲时，下颌骨覆盖在接近胸骨的喉头上。在侧面，胸锁乳突肌也提供保护，脊柱提供后路保护，因此，大多数喉部损伤发生在机动车事故减速时，头部伸展，颈部接触方向盘或其他仪表盘结构，导致喉部压迫脊柱。自杀斗殴及弹片增加了颈部和喉部穿透伤的发生率。男性甲状软骨在25岁左右的发生骨化。环状软骨发生的稍晚一些，而女性甲状软骨在一生的大部分时间里都是软骨状的。环状软骨作为气道内唯一完整的环，由于没有膜层吸收压缩力，更容易发生骨折，相比之下，儿童喉部主要是软骨，倾向于压迫而不是骨折。了解骨化模式对于预测骨折部位和指导手术修复是很重要的。

三、辅助检查

及时准确、全面完整的创伤评估是成功救治喉外伤患者的关键。应尽早明确喉部及气管

内黏膜损伤的程度,软骨是否骨折、移位或缺失及周围组织的损伤情况。同时,所有喉部外伤都必须排查颈椎、血管、神经及消化道的损伤。评估工具主要包括内镜和影像学检查,其中柔性内镜和CT扫描是评估缺乏明确颈部探查指征的喉部损伤的最常用工具。在确保患者颈椎稳固安全、血流动力学和气道稳定的情况下,建议首先行电子鼻咽喉镜检查,可直观查看喉腔解剖骨架结构完整性、黏膜损伤、声带动度等情况。CT检查被认为是评估喉部损伤程度的金标准,有助于迅速区分保守治疗和急需颈部探查的患者。不仅可明确皮下及组织间隙内的气肿,清晰显示喉部硬性骨架结构及周围软组织的损伤情况,还有助于排除颈椎及全身其他部位的合并损伤。若想要进一步评估喉内软组织和软骨撕脱等轻微损伤,还可在CT检查的基础上结合MRI。此外,随着近年影像学技术的发展,很多新型的检查手段,如二维多平面评估和三维重建技术,应用于评估气道狭窄、杓状软骨脱位和黏膜损伤等效果佳。

四、诊断及鉴别诊断

根据外伤史、呼吸时自颈前伤口漏气、出现血性泡沫即可诊断。正确判定伤情,阻止伤口继续出血。出血导致失血性休克,血液流入呼吸道可发生窒息,甚至死亡。静脉破裂出血为暗红色血液涌出。动脉出血常为鲜红色喷射状或涌出。呼吸道梗阻表现为呼吸困难,提示喉腔受损。

五、救治措施

抢救原则是解除呼吸困难、控制出血、抗休克及修复损伤。

(一)现场急救

1. 保持呼吸道通畅 凝血块、异物、气管塌陷是喉外伤呼吸道梗阻的主要原因,迅速寻找原因并解除呼吸困难。如果血液流入下呼吸道,应立即从气管破口处插入气管导管或麻醉插管,抽出气管内分泌物及血凝块,气囊充气,避免血液流入下呼吸道。待情况稳定后,再行气管切开。若发生纵隔气肿或气胸,则行胸腔闭式引流。紧急情况下可行环甲膜切开。

2. 止血 立即压迫止血,忌用绷带环形加压包扎,以免压迫颈内动静脉和气管。如有明显的活动性出血,须找到出血点结扎,出血剧烈者可手指压迫止血后,再查找出血点。如出血位置深,出血点不易寻找,可在喉气管两侧填塞止血。

3. 抗休克 如有休克症状应快速建立静脉通道,实施静脉输液或输血等抗休克治疗。

4. 抗感染 尽早应用抗菌药、止血药物和破伤风抗毒素。

(二)手术治疗

1. 清创缝合 多数患者在清理伤口前先行气管切开,利于保持气道通畅。术后吸引下呼吸道血液及分泌物,有助于喉部伤口愈合。可局部麻醉或全身麻醉。如为喉切割伤、刺伤,则尽量保留破碎的喉软骨及组织;如为火器伤,应切除无生机的组织。颈部组织血供丰富,切除时尽量保留。清创时还应注意检查伤口是否有异物,一旦发现,应及时取出。

2. 修复 将喉部组织创缘仔细对合,缺损较小的只需缝合软骨外膜;破碎的软骨予以复位并缝合固定,逐层缝合喉腔内黏膜、软骨膜、颈前肌肉、皮下组织和皮肤。缝合时注意消除喉腔内创面。若气管软骨已完全破碎或断离,将气管上下端游离后对端吻合。估计术后可能发

生气管狭窄者，复位后放置扩张管。胸段气管损伤者应行开胸术。

3. 放置鼻饲管 关闭喉腔前放置鼻饲导管比手术结束后放置更方便，目的是减少术后吞咽，以利于伤口愈合。5~7天后可拔出导管。

4. 放置喉模 如喉腔损伤严重，喉腔内放置喉模并固定，以防止喉狭窄。

5. 抗感染、镇静、镇痛 应用有效足量的抗菌药。适当镇静、镇痛。

（雷大鹏）

第三节　鼻出血

鼻出血（epistaxis）指各种原因引起的鼻腔、鼻窦黏膜血管或周围血管破裂，血液经前后鼻孔流出的临床现象。鼻出血可因鼻腔、鼻窦局部原因（如外伤、炎症、畸形和肿瘤）所致，也可由全身系统性血管和凝血机制功能障碍的局部表现或与局部因素协同作用所致。出血部位以鼻中隔居多，单侧出血多见，也可见双侧出血。

一、病因与发病机制

（一）局部病因

1. 外伤 各种鼻、鼻窦及邻近组织外伤可损伤血管或黏膜引起出血。如鼻骨、鼻中隔及鼻窦的外伤；骨折；鼻及鼻窦手术；用力擤鼻；剧烈喷嚏；鼻腔异物等。严重的头颈外伤引起鼻及毗邻大中血管破裂，出血迅猛。

2. 肿瘤 鼻腔、鼻窦及鼻咽部恶性肿瘤溃烂出血经鼻流出。血管性良性肿瘤，如鼻腔血管瘤或鼻咽纤维血管瘤出血一般较剧烈。

3. 血管性炎症 各种鼻腔、鼻窦的感染，导致黏膜血管壁张力降低，通透性增高，血管损伤而出血。

（二）全身病因

凡可引起动脉压或静脉压升高、凝血功能障碍或血管张力改变的全身疾病均可导致鼻出血。

1. 心血管疾病 出血多因动脉压升高所致。鼻出血为一侧性，来自动脉的出血凶猛。静脉压增高的肺气肿、肺源性心脏病等，鼻和鼻咽静脉怒张淤血，遇剧烈咳嗽或其他诱因，血管破裂出血。

2. 急性发热性传染病 多因高热及鼻黏膜重度充血、肿胀或发干，致毛细血管破裂出血。出血部位多位于鼻腔前段，量较少。

3. 血液病 出血由于毛细血管受损和血液成分改变所致。常伴身体其他部位的出血。鼻出血为双侧性、持续性渗血，可反复发生。如白血病、再生障碍性贫血、血小板减少性紫癜等。

4. 慢性肝、肾疾病 肝功能损伤致凝血障碍，尿毒症易致血小板、小血管损伤。

5. 其他少见原因 长期服用水杨酸类药物，女性内分泌失调，各种理化因素刺激，中毒，遗传性出血性毛细血管扩张症等。

二、临床表现

1. 症状 一侧或双侧鼻出血,从前鼻孔流出或经口中吐出,出血量大时可咽下。出血量达 500 ml 时,可出现头晕、口渴、乏力、面色苍白等。出血量为 500~1000 ml 时,患者有肢冷出汗、血压下降、脉搏细速等休克表现。

2. 体征 鼻腔检查可见小动脉搏动性出血。

三、辅助检查

止血后可行:

1. 血常规检查、凝血功能检查 初期急性鼻出血红细胞计数及血红蛋白测定尚不能完全反映出血量。

2. 影像学检查 鼻窦 X 线、CT、MRI 检查。

3. 间接鼻咽镜、纤维喉镜。

四、诊断及鉴别诊断

根据外伤史,出血、失血症状及体征做出诊断。应快速确定出血部位。测量血压、脉搏,以评估出血量,判断出血原因。鼻中隔前下方黏膜下血管交织成丛(图 18-1)。儿童、青少年鼻出血多数发生在鼻中隔前下方的易出血区。中、老年人多发生在鼻腔后段。高血压患者血压降至正常是严重失血的表现。

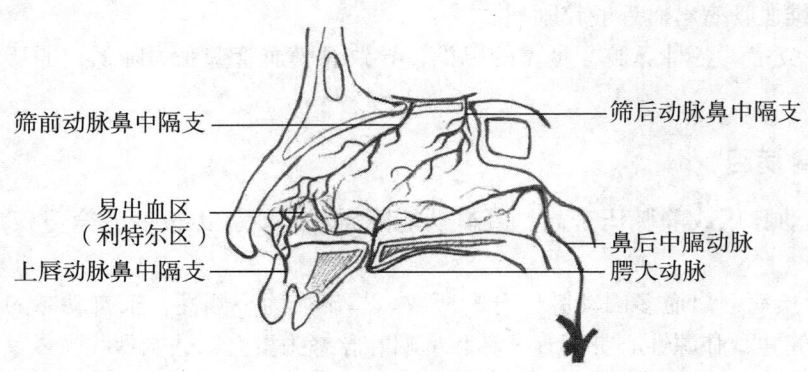

图 18-1 鼻中隔动脉的分布

五、救治原则

救治原则是止血、抗休克,待患者病情稳定后进行病因治疗。

(一)鼻局部处理

1. 指压止血法 多数情况下出血位于鼻中隔前下部易出血区,距前鼻孔 1.5~2 cm。在出血侧鼻孔迅速填入棉纱球，用手指压紧出血侧鼻翼或紧捏两侧鼻翼并向鼻中部压迫 10～15 min（图 18-2），同时用冰袋或湿冷毛巾敷前额和颈部，促使血管收缩，减少出血。指压患侧上唇于颌骨处可减轻来源于上唇动脉的出血。

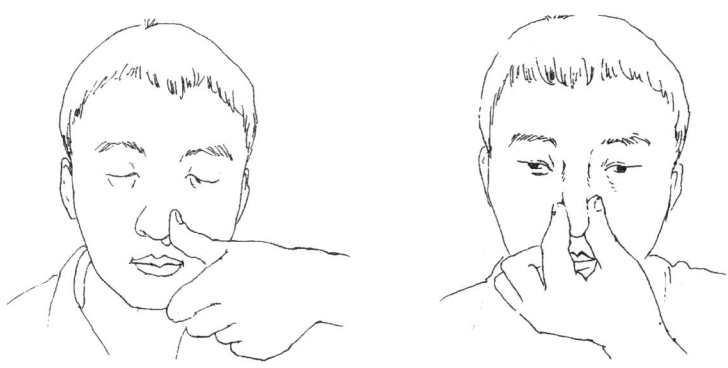

图 18-2　单侧鼻孔指压止血及双侧鼻孔指压止血

2. 鼻腔填塞法　为治疗鼻出血的主要方法。适用于出血较剧烈、出血部位不明确或后鼻孔出血者。

（1）鼻腔和后鼻孔止血气囊和水囊：使鼻腔填塞由繁变简，操作简单迅速有效，且患者痛苦小，有单腔气囊和双腔气囊（图 18-3）。根据出血情况选择气囊，直接将止血气囊送至鼻腔或鼻咽部，前鼻孔或后鼻孔囊内充气或充水 10～20 ml。气囊囊壁周边由止血成分包绕有助于止血。视出血情况将气囊继续充气或放气。

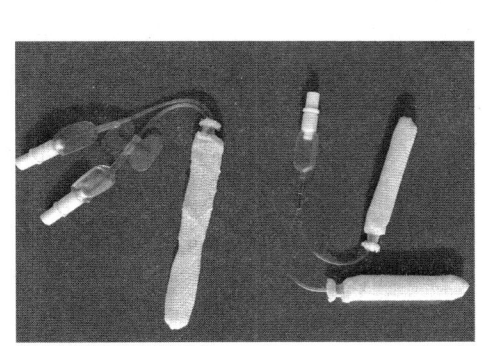 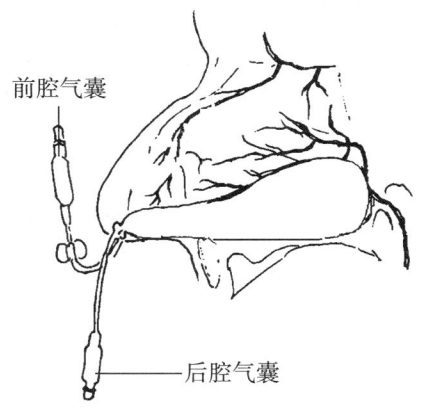

前腔气囊

后腔气囊

图 18-3　鼻腔止血气囊经前鼻孔置入气囊后，鼻孔压迫止血

（2）鼻腔新型高分子止血材料：适用于渗血面较大（如血液病）的鼻出血。可吸收性材料有高分子膨胀止血棉、数字止血纱布等。其优点是膨胀迅速，快速止血，选择多样。必要时辅以小块凡士林油纱条以加大压力。可吸收性材料止血棉可自行吸收。膨胀止血棉 1～3 天后经引线拉出。

（3）鼻腔纱条填塞：是较常用的有效止血方法，适用于出血较剧或其他止血方法无效者。

鼻内镜在良好照明下视野清晰，出血部位明确。填塞物一般在 48 h 内取出。对年龄大或血压高者取出时间可适当延长。鼻腔填塞可致血氧分压降低和二氧化碳分压升高，对老年患者应用鼻腔纱条填塞时应注意心、肺、脑功能，慎用止血药物，防止并发心脑血管意外。

3. 血管结扎法　适用于对鼻腔填塞无效的严重鼻出血患者。结扎部位由鼻出血部位决定。鼻腔血供来源：①颈内动脉-筛前、筛后动脉。②颈外动脉-上颌动脉、面动脉分支。中鼻甲下缘平面以下出血者可考虑结扎上颌动脉、颈外动脉；中鼻甲下缘平面以上出血者应结扎筛前动脉。

4. 血管栓塞法　对严重出血者可采用此法，包括数字减影血管造影（digital subtraction angiography，DSA）和超选择性栓塞技术。在 DSA 下，动脉导管插入出血侧动脉并栓塞之。此法费用较高，有失语和一过性失明等风险。

5. 烧灼法　其原理是使出血点组织蛋白凝固，血管封闭或凝血。一般由鼻科处理。适用于反复少量出血且明确出血点的患者。

（二）全身治疗

患者取坐位或半坐卧位，休克者应取侧身平卧低头位，按休克急救。意识障碍者，血液流入气管造成窒息，应保持呼吸道通畅，必要时予以吸氧。

1. **镇静剂**　患者安静有助于减少出血。
2. **止血剂**　常用肾上腺色腙（安络血）、氨甲苯酸、酚磺乙胺（止血敏）等。
3. **补液输血**　有贫血或休克者应纠正贫血或进行抗休克治疗。
4. **病因治疗**。

（雷大鹏）

第四节　化学性眼外伤

化学性眼外伤（chemical ophthalmic injury）是由化学物品的溶液、粉尘或气体接触眼部所致。多发生于化工厂、实验室或施工场所，其中以酸、碱烧伤最为常见。常见的致伤酸性物质为硫酸和盐酸，石灰和氢氧化钠是常见的致伤碱性物质。由于日常生活和工农业生产中用到碱性物质的机会多，因此碱烧伤的发生率是酸烧伤的 2 倍。在小于 16 岁的化学性烧伤患者中，石灰是最常见的致伤物，其次是洁厕剂。致伤物质的浓度、剂量、作用方式、与眼部接触面积、时间等情况不同，其对眼部的损害程度也不同。一旦发生化学性眼外伤，应立即采取紧急处理措施，争分夺秒地在现场就地取材，用大量清水或其他水源反复冲洗。及时就医，根据病情的轻重及不同阶段予以相应的治疗。

案例 18-3

患者，男，50 岁，3 小时前工作时生石灰不慎溅入左眼，当即出现左眼剧烈疼痛，不能睁眼，现场稍进行冲洗后，患者被送来我院就诊。入院查体：左眼上、下睑皮肤明显红肿，球结膜充血、水肿，角膜上皮缺损，基质水肿、混浊明显，不能看到虹膜纹理，角膜缘缺血区约占 1/3 周。

问题：
1. 考虑该患者的诊断是什么？
2. 该患者的病情严重程度及预后如何？
3. 对该患者的现场处理是否合理？
4. 如何向患者及家属告知预后情况？如何治疗化学性眼外伤的后遗症？

一、病因与发病机制

（一）病因

日常生活和工农业生产中的多种化学物质接触眼部后可造成眼部的化学烧伤。中华人民共和国国家卫生和计划生育委员会2017年发布的GBZ54-2017《职业性化学性眼灼伤的诊断》中列举了可导致眼灼伤的化学物质（表18-2）。

表18-2 导致眼灼伤的化学物质（举例）

分类	化学品名称
酸性化合物	盐酸、氯磺酸、硫酸、硝酸、铬酸、氢氟酸、乙酸（酐）、三氯乙酸、羟乙酸、巯基乙酸、乳酸、草酸、琥珀酸（酐）、马来酸（酐）、柠檬酸、己酸、2-乙基乙酸、三甲基己二酸、山梨酸、大黄酸
碱性化合物	碳酸钠、碳酸钾、铝酸钠、硝酸钠、钾盐镁钒、干燥硫酸钙、碱性熔渣、碳酸钙、草酸钙、氰氨化钙、氯化钙、碳酸铵、氢氧化铵、氨水
金属腐蚀剂	硝酸银、硫酸铜或硝酸铜、乙酸铅、氯化汞（升汞）、氯化亚汞（甘汞）、硫酸镁、五氧化二钒、锌、铍、肽、锑、铬、铁及锇的化合物
非金属无机刺激及腐蚀剂	无机砷化物、三氧化二砷、三氯化砷、砷化三氰（胂）、二硫化硒、磷、五氧化二磷、二氧化硫、硫酸二甲酯、二甲基亚砜、硅
氧化剂	氯气、光气、溴、碘、高锰酸钾、过氧化氢、氟化钠、氢氰酸
刺激性及腐蚀性碳氢化物	酚、来苏儿、甲氧甲酚、二甲苯酚、薄荷醇、木溜油、三硝基酚、对苯二酚、间苯二酚、硝基甲烷、硝基丙烷、硝基萘、氨基乙醇、苯乙醇、异丙醇胺、乙基乙醇胺、苯胺染料（紫罗兰维多尼亚蓝、孔雀绿、亚甲蓝）、对苯二胺、溴甲烷、三氯硝基甲烷
起疱剂	芥子气、氯乙基胺、亚硝基胺、路易士气
催泪剂	氯乙烯苯、溴苯甲腈
表面活性剂	氯化苄烷胺、局部麻醉剂、鞣酸、除虫菊、海葱、巴豆油、吐根碱、围涎树碱、秋水仙、蓖麻蛋白、红豆毒素、柯亚素、丙烯基芥子油
有机溶剂	汽油、苯精、煤油、沥青、苯、二甲苯、乙苯、苯乙烯、萘、α和β萘酚、三氯甲烷、氯乙烷、二氯乙烷、二氯丙烷、甲醇、乙醇、丁醇、甲醛、乙醛、丙烯醛、丁醛、丁烯醛、丙酮醛、糠醛、丙酮、丁酮、环己酮、二氯乙醚、二恶烷、甲酸甲酯、甲酸乙酯、甲酸丁酯、乙酸甲酯、乙酸乙酯、乙酸丙酯、乙酸戊酯、乙酸苄、碘乙酸盐、二氯乙酸盐、异丁烯酸甲酯
其他	速灭威、二月桂酸二丁基锡、N,N'二环乙基二亚胺、己二胺、洗净剂、除草剂、新洁尔灭、去锈灵、环氧树脂、龙胆紫、甲基硫代磷酰氯、甲胺磷、二异丙胺基氯乙烷、四氯化钛、三氯氧磷、异丙嗪、苯二甲酸二甲酯、正香草酸、辛酰胍氨酸、氟硅酸钠、环戊酮、聚硅氧烷、网状硅胶、溴氰菊酯

（二）发病机制

酸、碱性物质烧伤的损伤机制各异。

1. 酸性物质烧伤 酸性物质对蛋白质有凝固作用。浓度较低时，仅有刺激作用；高浓度的酸性化学物质与眼组织接触后会使蛋白质发生凝固变性和坏死，并在损伤表面形成所谓屏障，一定程度上可阻止酸性物质继续向深层渗透。因此，酸烧伤的临床特点是损伤区界限比较

分明，创面相对较浅，深部组织损伤相对较轻，一般修复较快、预后较好。

2. 碱性物质烧伤 碱性物质接触组织后发生皂化反应，溶解脂肪和蛋白质，渗透入组织深层和眼内，使眼组织细胞分解。临床上，碱烧伤的特点是碱性物质渗入组织的速度快，损伤区界限比较模糊，不能确切地认定损伤面的范围和深度，除眼表组织受损外，虹膜、睫状体、小梁网及晶状体等均可受损。碱烧伤后以持续性的角膜上皮缺损及角膜溃疡为其主要特征。

3. 其他 化学性烧伤除受致伤物的浓度、数量及 pH 值影响外，还可有其他损伤效应，如浓硫酸（H_2SO_4）和生石灰（CaO）遇水所产生的热效应可造成热灼伤，使眼组织遭受双重损害。

> **基础回顾**
>
> 化学性眼外伤的机制
>
> 角膜上皮和内皮是嗜脂性的，角膜基质和巩膜是嗜水性的，结膜和角膜上皮相似。凡脂溶性物质容易穿透角膜上皮而储留在角膜基质内；水溶性物质很难穿过角膜上皮，但容易穿过基质，所以除非上皮组织损害，水溶性物质很难进入角膜。
>
> 酸是水溶性的。碱、二氧化硫、氢氧化氨和芥子氧等皆具有水溶性和脂溶性，故具有穿透和破坏作用。很多有机溶剂（如甲醛、氯仿、酒精、丙酮和乙醚）具有高度的脂溶性，可使角膜上皮发生暂时性损害。重金属盐类主要起沉淀作用，即所谓收敛反应。低浓度时，表面组织由于沉淀作用，使细胞表面和毛细血管细胞之间的结合质变硬，组织发白，炎性渗出减少；当浓度增高时，即呈腐蚀作用，可使细胞蛋白质凝固、坏死。

二、化学性烧伤的临床表现及分度

（一）临床表现及并发症

根据酸碱烧伤后的组织反应，可分为轻度、中度、重度三种不同程度的烧伤。

1. 轻度 多由弱酸或稀释的弱碱引起。眼睑与结膜轻度充血水肿，角膜上皮有点状脱落或水肿。数日后水肿消退，上皮修复，不留瘢痕，无明显并发症，视力多不受影响。

2. 中度 由强酸或稀释的碱引起。眼睑皮肤可起水疱或糜烂；结膜水肿，出现小片缺血坏死；角膜有明显混浊、水肿，上皮层完全脱落或形成白色凝固层。治愈后可遗留角膜斑翳，影响视力。

3. 重度 多为强碱引起。结膜出现广泛的缺血性坏死，呈灰白色混浊；角膜全层灰白或者呈瓷白色，出现角膜溃疡或穿孔。碱性物质可立即渗入前房，引起葡萄膜炎、继发性青光眼和白内障等。角膜溃疡愈合后会形成角膜白斑，角膜穿孔愈合后会形成前黏性角膜白斑、角膜葡萄肿或眼球萎缩。由于结膜上皮的缺损，在愈合时可造成睑球粘连、假性翼状肉等。最终引起视功能或眼球的丧失。此外，眼睑、泪道的烧伤还可引起眼睑畸形、眼睑闭合不全和溢泪等并发症。

（二）分度

在我国，根据眼外伤学组制定的眼化学性烧伤分度标准，也把伤情分为以下四度。

Ⅰ度烧伤：主要表现为眼睑及结膜轻度充血水肿，角膜上皮受损。

Ⅱ度烧伤：主要表现为眼睑水肿，结膜血管稀少、贫血，角膜基质浅层水肿、混浊，角膜缘缺血区<1/4周。

Ⅲ度烧伤：主要表现为眼睑皮肤及结膜组织坏死，角膜基质浅层水肿、混浊明显，角膜缘缺血区1/4~1/2周。

Ⅳ度烧伤：主要表现为眼睑及结膜全层坏死，角膜呈瓷白色混浊，角膜缘缺血区>1/2周。

其中，Ⅰ度和Ⅱ度烧伤预后良好，后者经治疗可能遗留少许角膜翳。Ⅲ度和Ⅳ度烧伤预后差，后者常多发生角膜穿孔、睑球粘连、视力丧失。

三、诊断

根据眼接触化学物质、外伤史和临床表现即可诊断。第一时间判断化学物质的性质。化学物质的浓度和性质、受伤后到开始冲洗眼部时间长短决定是否发生永久性视力损伤。碱烧伤对视力的危害大于酸烧伤。

四、救治措施

1. 冲洗眼部 立即彻底冲洗眼部是酸碱烧伤救治最为重要和关键的一步，可使眼损伤降到最低。切勿包扎伤眼送医院，应立即就地取材，用大量清水或其他干净水源反复冲洗。冲洗过程中应经常翻转眼睑，转动眼球，暴露穹窿部，将眼内化学物质彻底冲出，不残留颗粒性物质。应至少持续30 min，送至医院后根据时间早晚可再次冲洗，并检查结膜囊内是否仍有异物存留。

2. 酸碱中和治疗 碱烧伤可局部或全身大量应用维生素C。酸烧伤可用弱碱性滴眼液，常用2%碳酸氢钠滴眼。

3. 控制感染 局部或联合全身应用抗生素。1%阿托品每日散瞳。使用降低眼压药。局部或全身使用糖皮质激素，伤后1周停用。

4. 切除坏死组织 防止睑球粘连。也可进行羊膜移植、角膜缘干细胞移植，或自体口腔黏膜和对侧球结膜移植。

5. 应用胶原酶抑制剂 防止角膜穿孔，可使用自体血清等。

6. 晚期并发症治疗 如手术矫正睑外翻、睑球粘连、进行角膜移植术等。

知识拓展

羊膜移植术

羊膜含有丰富的胶原、糖蛋白、蛋白酶、生长因子和细胞因子。羊膜含有的这些因子在组织再生和伤口愈合中至关重要，可以促进上皮细胞迁移和分化、抑制炎症反应、减轻炎症程度，促进损伤组织修复愈合。用羊膜修复眼结膜、角膜缺损区的创面，可提供一个理想的基底膜，使其迅速上皮化及创口愈合，已受到眼科学界的广泛重视。此法保存的羊膜其上皮细胞已经灭活，移植后羊膜需要受眼的眼表上皮细胞增殖、移行并覆盖才能完成眼表病灶区的上皮化。

思 考 题

1. 急性喉阻塞应如何治疗？
2. 开放性喉外伤救治原则是什么？
3. 应如何诊断开放性喉外伤？
4. 化学性眼外伤的严重程度如何分度？
5. 病例分析：患者，张某，女，52岁，右侧鼻出血2h入院，颜色鲜红，量较多，不能自行停止。患者将前鼻孔填塞卫生纸，仍有出血。既往无用药史。查体：T 36.6℃，P 115次/分，R 26次/分，BP 180/95 mmHg，神志清楚，精神状态尚可，双侧鼻腔填塞卫生纸，间歇性自口腔中吐出血凝块及血性分泌物。

问题：
（1）应对该患者采取什么处理措施？
（2）如何判断鼻出血的位置？
（3）患者鼻出血的可能原因是什么？

（雷大鹏）

第十九章

休 克

休克（shock）是指多种致病因素引起有效循环血量减少、组织灌注不足所导致的细胞缺氧和功能障碍的临床综合征。氧供不足无法满足组织的氧需求是休克的本质。产生炎症介质是休克的特征。休克的常见病因有创伤、失血、中毒、感染、烧伤、心力衰竭、过敏、呕吐、腹泻、肺栓塞等，是临床常见的急危重症。如果诊断不及时或治疗不当，休克最终将发展成器官功能衰竭，危及生命。

根据休克的病理生理改变，临床上可以将休克分为四种类型：分布性休克、心源性休克、低血容量性休克和梗阻性休克。2种或2种以上的休克类型可同时存在。

基础回顾

休克时微循环的改变

休克时微循环的变化分三个时期：①微循环收缩期：休克早期，机体通过一系列神经及内分泌激素调节，选择性收缩外周及内脏小血管，循环血量重新分布保证心、脑等重要器官灌注。此时积极治疗，休克较易纠正。②微循环扩张期：休克中期，动静脉短路和直接通路大量开放，组织灌注不足加重，细胞处于无氧代谢状态。血液滞留、血管通透性增高、血浆外渗。器官灌注不足，休克进入抑制期。患者出现血压进行性下降、意识障碍和酸中毒。③微循环衰竭期：休克后期进入不可逆性休克。微循环内瘀滞的血液在酸性环境中处于高凝状态，可导致弥散性血管内凝血（disseminated intravascular coagulation，DIC）。此时细胞缺乏血液灌注，严重缺氧，细胞自融破坏，最终导致器官功能障碍。

第一节 分布性休克

分布性休克是指由于血管舒缩功能异常，引起全身血容量分布不均、组织灌注相对不足，导致器官功能障碍的一类临床综合征。分布型休克共同的病理生理改变是血管收缩舒张功能异常，导致体液在血管内外或不同血管内分布变化，而导致有效循环血量不足。患者体液总量并没有减少或仅有轻微减少，但出现组织灌注不足、细胞严重缺氧和器官功能障碍。

分布性休克的致病因素很多，可据此分为感染性休克、过敏性休克和神经源性休克3种主要类型。其中，感染性休克是临床最常见的类型，发病率呈逐年增多的趋势，且死亡率极高。

感染性休克

感染性休克是指各种感染因素（以细菌感染为主）诱发的休克综合征，发病率高可达 25% 以上，呈逐年上升的趋势，近年来治疗方法有很大改进，但死亡率仍居高不下，约为 20%。

案例 19-1

患者，刘某，男，28 岁，建筑工人。5 天前，患者工作时被玻璃划伤右足背，至外院急诊，予以清创止血后，患者返回工地继续工作。3 天前，患者伤口逐渐出现红肿，疼痛加重，自行口服抗生素治疗效果不佳。1 天前，患者出现寒战、高热，并逐渐出现嗜睡。查体：T 39.6℃，P 166 次/分，R 30 次/分，BP 82/46 mmHg；嗜睡，可唤醒，双肺呼吸音粗糙，未闻及干、湿啰音，心律齐，心率 166 次/分，右足背可见长约 7 cm 的伤口，红肿明显，右下肢皮温较左侧高。

问题：
1. 考虑该患者为何种疾病？
2. 诊断该疾病的依据是什么？
3. 还需要做哪些辅助检查？
4. 初步救治措施包括哪些？

一、病因与发病机制

（一）病因

1. 根据致病微生物分类 见表 19-1。

表 19-1 感染性休克的致病因素分类（根据致病微生物）

分类	常见病原体
细菌	1. 革兰氏阴性菌：大肠杆菌、克雷伯菌、假单胞菌属（铜绿假单胞菌）、不动杆菌属、脑膜炎球菌或类杆菌等； 2. 革兰氏阳性菌：葡萄球菌（金色葡萄球菌为主）、溶血性链球菌、肺炎链球菌、梭状芽胞杆菌等
真菌	念珠菌（白念珠菌、热带念珠菌、光滑念珠菌等）、曲霉菌、隐球菌、毛霉菌等
病毒	呼吸道病毒（流感病毒、冠状病毒、禽流感病毒等）、出血热病毒、虫媒病毒、肠道病毒（柯萨奇病毒等）、巨细胞病毒等

2. 根据感染灶分类 见表 19-2。

表 19-2 感染性休克的致病因素分类（根据感染灶）

系统	常见疾病
呼吸系统	各种细菌、病毒或真菌所致的肺炎，肺脓肿；胸外科手术后引流不畅形成的胸腔积脓；吸入性肺炎等
泌尿系统	化脓性肾盂肾炎、肾综合征出血热、医源性操作导致的感染等
消化系统	急性梗阻化脓性胆管炎、急性腹膜炎、绞窄性肠梗阻、肠坏死、急性重症胰腺炎、肛周脓肿、气性坏疽、各种原因导致的腹腔脓肿等

续表

系统	常见疾病
心血管系统	主要见于急性、亚急性感染性心内膜炎等
神经系统	细菌性脑膜炎、暴发型流行性脑脊髓膜炎、外科手术后或创伤后颅内感染等
其他	某些特殊传染性疾病，如细菌性痢疾、流行性出血热、钩端螺旋体病、麻疹等

3. 宿主因素 宿主相关的高危因素包括：高龄、低龄、围产期女性、合并慢性基础疾病（肝硬化、糖尿病、恶性肿瘤、烧伤、器官移植等）、长期接受免疫抑制治疗等。

（二）发病机制

脓毒症是机体对抗感染时，宿主反应失调导致的致命性器官功能障碍综合征，感染性休克是脓毒症的一个亚型。此综合征发病机制极为复杂，尚未完全阐明。目前认为，感染性休克最主要的病理生理改变是舒血管物质大量释放以及血管平滑肌反应性降低，外周血管舒张、血管内血液重新分布导致有效循环血量严重不足。另外，血管通透性增高、血浆向组织间隙和第三腔隙渗漏，血容量减少也是导致休克的重要原因。

外周血管的舒张主要受两个因素的影响，一氧化氮增加以及前列环素合成。病原体入侵机体后，其成分脂多糖（lipopolysaccharide，LPS）等与模式识别受体（pattern-recognition receptor）结合，诱发巨噬细胞、中性粒细胞、NK细胞、树突网状细胞等天然免疫细胞释放细胞因子（如白细胞介素-1、白细胞介素-6、肿瘤坏死因子-α等），激活生理状态下不表达的诱导性一氧化氮合酶，导致一氧化氮爆发性释放，同时也促进前列环素合成增加。在这些舒血管物质的影响下，血管强烈扩张，严重时甚至出现对儿茶酚胺等缩血管物质无反应的"血管麻痹状态"。另外，炎症因子可以直接损害血管内皮细胞，使血管通透性明显增加，同时破坏骨骼肌细胞膜，使液体进入组织间隙；也可以经经典及旁路途径激活补体系统，C3a和C5a等补体激活下游产物，引起毛细血管扩张和通透性增高。血浆大量渗漏至组织间隙，导致有效循环血量进一步下降，构成感染性休克体循环阻力明显降低和血液分布异常的基础。

二、临床表现

（一）临床特点

根据病程的发展过程，可分为以下三个时期。

1. 休克代偿期 患者早期可出现交感-肾上腺髓质系统兴奋的症状，表现为烦躁不安、面色苍白、口唇和甲床轻度发绀、四肢湿冷、尿量少、皮温及肛温下降。交感神经兴奋导致外周阻力增加时，可出现呼吸增快、脉搏细速、脉压减小。早期动脉血压尚正常或略有降低时，患者神志清楚。在此阶段，若能及时消除病因、积极予以液体复苏、恢复血容量，患者往往较容易恢复，否则病情将进一步恶化。

2. 休克抑制期 由于微循环淤血，回心血量减少，心输出量减少，脑灌注不足，出现意识障碍，呼吸浅快、心音低钝、脉搏细速，皮肤湿冷，可呈"花斑"样改变。血压下降，收缩压降至 90 mmHg 以下，原有高血压者，血压较基础水平降低 20%~30%，脉压减小，少尿甚至无尿。血管内皮细胞广泛损伤，出现毛细血管渗漏，组织及脏器水肿。此期患者恢复困难，已出现器官功能障碍，治疗效果较差。

3. 休克晚期 这个时期由于出现弥散性血管内凝血，进一步加重了重要脏器的缺血、缺

氧，加速器官功能衰竭。患者神志不清，血压下降，甚至难以测到，可见皮肤、黏膜、内脏、腔道出血，毛细血管渗漏进一步加重，序贯出现多器官功能衰竭：

（1）急性肾衰竭：少尿或无尿，血肌酐、尿素氮升高，全身水肿。

（2）急性呼吸功能衰竭：常出现Ⅰ型呼吸衰竭，严重时也可出现Ⅱ型呼吸衰竭。患者进行性呼吸困难和发绀。双肺可闻及细湿啰音。胸部X检查可见双肺散在渗出影。

（3）急性心力衰竭：患者可出现严重的呼吸困难、心率加快、心律失常，双肺可闻及干、湿啰音及哮鸣音，心电图还可出现心肌缺血表现。

（4）神经系统功能障碍：主要是中枢神经系统症状，患者可出现脑水肿，表现为昏迷、抽搐等。

（5）消化系统功能障碍：因肝细胞缺血、缺氧导致肝衰竭、黄疸，凝血功能异常，导致弥散性血管内凝血，消化道黏膜水肿导致腹胀、菌群失调和迁移，并可发生应激性溃疡、出血等。

（二）血流动力学特点

感染性休克及其他分布性休克，均呈现"高排低阻"的血流动力学表现，即心输出量增高，外周血管阻力下降。

1. 体循环阻力下降 体循环阻力下降是分布性休克最典型的血流动力学特点。感染性休克时，病理性血管舒张是血压下降的主要原因，包括阻力血管、微循环和静脉系统血管。

2. 心输出量正常或增加 感染性休克时，一般表现为心输出量正常或增加，其原因包括外周阻力下降，导致心脏后负荷降低；儿茶酚胺浓度增加，导致心率加快、心肌收缩力增强、每搏输出量增加。

3. 肺循环阻力改变 感染性休克体循环阻力下降的同时，肺循环阻力可增加，如出现急性呼吸窘迫综合征，肺循环阻力增加更为明显。

4. 低容量状态 尽管心输出量正常或增加，但由于全身血容量分布异常，有效循环内呈现低容量状态。另外血浆渗漏至组织间隙，也是血容量降低的原因。

三、辅助检查

1. 血常规 白细胞计数大多显著升高，中性粒细胞增多，伴核左移现象，少数患者可出现白细胞减少，甚至粒细胞缺乏提示感染严重血细胞比容和血红蛋白增高，并发弥散性血管内凝血时，血小板进行性减少。

2. 肾功能检查 尿常规可有少量蛋白质、红细胞和管型。发生急性肾衰竭时，尿比重逐渐由偏高转为偏低且固定。尿渗透压降低，尿/血浆渗透压<1.5，尿肌酐/血肌酐<10。

3. 动脉血气分析 血乳酸水平升高是感染性休克诊断的重要指标，可反应组织灌注状态及休克程度，也能提示预后及病情变化。大部分患者可出现代谢性酸中毒。

4. 肝功能检查 休克中晚期出现转氨酶升高，部分患者晚期出现酶胆分离，胆红素升高显著，多提示严重肝衰竭。

5. 病原学检查 在应用抗生素前，推荐对所有可疑部位留取培养寻找病原体，用于指导针对性抗感染治疗。但该检查不应造成抗感染治疗的延迟。

6. 凝血功能检查 主要检查血小板计数、凝血酶原时间、纤维蛋白原定量、血浆鱼精蛋白副凝试验等，可协助诊断弥散性血管内凝血。通过检测纤维蛋白溶解产物，可反映继发性纤溶亢进。

7. 炎症指标 血降钙素原、白细胞介素-6、白细胞介素-1以及肿瘤坏死因子-α等，可

反映机体炎症反应的程度。

四、诊断标准

1. 脓毒症的诊断标准 满足①有可疑或明确的感染；②序贯脏器衰竭评分（Sequential Organ Failure Assessment score，SOFA score）（表 19-3）≥2 分。

表 19-3 序贯脏器衰竭评分（SOFA score）

指标	评分（分）				
	0	1	2	3	4
呼吸系统					
PaO_2/FiO_2（mmHg）	≥400	<400	<300	<200 且有呼吸机支持	<100 且有呼吸机支持
凝血系统					
血小板计数（$\times 10^9$/L）	≥150	<150	<100	<50	<20
肝					
胆红素（μmol/L）	<20	20~32	33~101	102~204	>204
中枢神经系统					
GCS 评分	15	13~14	10~12	6~9	<6
肾					
血肌酐（μmol/L）	<110	110~170	171~299	300~440	>440
尿量（ml/24 h）				<500	<200

注：6 个系统分别评分后相加为总分，每个系统取当天最差值；GCS，格拉斯哥昏迷评分；PaO_2，动脉血氧分压；FiO_2，吸入氧浓度

2. 感染性休克的诊断标准 诊断脓毒症的基础上，液体复苏后仍需血管活性药才能维持平均动脉压≥65 mmHg，同时血乳酸>2 mmol/L。

五、救治原则

感染性休克的救治原则是纠正休克与控制感染并重。研究显示早期诊断和治疗可以显著改善患者预后。因此，应该明确诊断后，迅速启动"1 小时集束化治疗"：

（1）检测血乳酸水平，如果乳酸>2 mmol/L，重复检测。
（2）在予以抗感染治疗前，留取血培养。
（3）予以广谱抗感染治疗药物。
（4）低血压或乳酸≥4 mmol/L，快速予以 30 ml/kg 晶体溶液，以补充血容量。
（5）如果患者在液体复苏时或液体复苏后仍存在低血压，予以血管活性药维持平均动脉压≥65 mmHg。

1. 液体复苏 治疗感染性休克是临床急危重症，保证足够的有效循环血量、改善组织灌注、提高机体氧供是治疗感染性休克的根本目标。因此，应在确诊 1 小时内开始液体复苏，予以至少 30 ml/kg 的晶体溶液（主要是平衡盐溶液，不建议大量输注生理盐水）输注。晶体溶液是复苏安全有效的选择，输入大量晶体溶液时，可予以白蛋白作为补充，避免晶体溶液过多加重组织水肿。如果出现凝血功能障碍，可输注血浆。人工胶体大量输注后可加重凝血功能障

碍，不建议使用。

开始早期液体复苏后，应反复评估血流动力学指标，评估机体对容量的反应性，指导后续液体复苏，避免出现容量负荷过重，降低并发症的发生率。监测血流动力学指标也有助于明确休克的诊断。如充分液体复苏后仍存在低血压，应及时予以血管活性药维持平均动脉压≥65 mmHg。可以将乳酸水平降至正常作为复苏的目标。

2. 控制感染 在确诊感染性休克 1 小时内，即应予以静脉抗感染治疗。可联合两种及以上广谱抗感染药物，覆盖所有可能的病原体，包括细菌、真菌和病毒等。一旦明确病原体或临床症状明显改善，应尽快改为精准性抗感染治疗或抗生素降阶梯治疗。应根据患者的药代/药效动力学以及不同药物的作用机制，调整抗感染药物的剂量。对粒细胞缺乏或发生血行感染的患者，可常规联合 2 种以上抗感染药物治疗。对于绝大部分感染性休克患者，抗感染治疗 7~10 天后感染即可控制。延长抗感染疗程仅用于治疗效果不佳、有未引流的脓肿、葡萄球菌血行感染、真菌或病毒感染，以及免疫功能缺陷的患者。可检测降钙素原评估感染情况，并指导早期经验性抗感染治疗的疗程。积极去除感染灶，尽早采用可能的外科干预手段，并尽量移除血管内导管或人工植入物。

3. 血管活性药物 血管活性药物应该充分液体复苏后应用，目标是维持平均动脉压≥65 mmHg。去甲肾上腺素是感染性休克中用于维持血压的首选血管收缩药，如有必要，也可联用血管加压素或肾上腺素。多巴胺容易诱发心房颤动，不建议使用。患者同时存在心脏收缩功能减退时，可联合应用多巴酚丁胺。由于血管收缩药有很多不良反应，如肢端缺血、坏死，静脉炎等，用药时应持续监测有创动脉压，及时降低药物剂量或停药。

4. 其他治疗 充分液体复苏且应用血管活性药后，如果平均动脉压仍不能达标，可应用氢化可的松静脉输注。红细胞是携氧的重要载体，血红蛋白＜70 g/L 时，可输注红细胞。出现肾衰竭的患者，可应用血液净化治疗。呼吸功能衰竭的患者，可予机械通气支持。此外，还应予以患者镇痛、镇静治疗、降低氧耗，加强营养支持，控制血糖水平，预防应激性溃疡等。目前，对于体外膜肺氧合在脓毒症中应用的益处，尚无明确统一的循证医学证据。

过敏性休克

一、概念

过敏性休克（anaphylactic shock）即变应性休克，是由于已致敏的机体对抗原物质（如药物、异种蛋白、虫螨、血清、花粉等）发生强烈的全身性变态反应综合征，抗原与抗体结合，机体释放一些生物活性物质，如组胺、缓激肽、5-羟色胺和血小板激活因子等，导致全身毛细血管扩张和通透性增高，有效血容量急剧减少导致休克。此外，还可以出现荨麻疹、喉头水肿、支气管痉挛和呼吸窘迫等其他过敏症状。

二、病因及发病机制

（一）常见致病过敏原

1. 医源性物质

（1）药物：抗生素（如青霉素、头孢菌素、两性霉素 B）、麻醉药（如普鲁卡因、利多卡因)、解热镇痛药(如阿司匹林、吲哚美辛)、维生素(如维生素 B_1、叶酸),以及酶类(糜蛋白酶、链激酶、胰蛋白酶)。

(2)血制品及异种蛋白:各种血制品、异体血清、抗蛇毒血清、丙种球蛋白、人血白蛋白。各种疫苗如破伤风,类毒素等。

(3)造影剂:含碘的造影剂均有可能引起过敏性休克。

2. 日常生活接触物

(1)食物:较常见,如蛋清、牛奶、海产品(贝类、虾类)、巧克力、坚果等。

(2)蜇伤和咬伤:黄蜂、蜜蜂、蜘蛛、毒蛇、膜翅目昆虫等。

(3)其他生活接触物:动物皮屑、天然橡胶、染料、油漆、乳胶等。少部分女性对精液过敏。

(二)主要发病机制

变应原进入机体后出现的变态反应,可分为致敏和发敏两个阶段。变应原刺激机体内的淋巴细胞或浆细胞产生对变应原具有特异性的 IgE 抗体,其 Fc 片段亲和在嗜碱性粒细胞和肥大细胞表面时是为致敏期。当机体再次接触同样的致敏原时,将在这些致敏的细胞表面发生抗原-抗体结合进入发敏期。嗜碱性粒细胞和肥大细胞脱颗粒释放大量组胺、5-羟色胺、激肽、缓激肽和白三烯等过敏性物质,使血管舒缩功能发生紊乱,毛细血管扩张、通透性增高、血浆外渗,循环血量减少,导致器官灌注不足。临床表现的严重程度与致敏期产生的 IgE 抗体数量及宿主的敏感性等因素相关。

死亡患者的病理表现为有多个器官嗜酸性粒细胞浸润,急性肺淤血、肺间质水肿和出血;气道黏膜下极度水肿,小气道内分泌物增加,支气管及肺间质血管充血、水肿伴嗜酸性粒细胞浸润;肝、脾及肠系膜血管也多伴有嗜酸性粒细胞浸润。

三、临床表现

过敏性休克进展迅速,毛细血管极度扩张出现有效循环血量不足,且多伴有过敏相关表现。

1. 循环系统症状 与其他休克表现类似,但进展极为迅速,可在数分钟内从皮疹发展为休克并导致心搏停止。患者出现心悸、面色苍白、大汗、脉搏细速,继而迅速发展为四肢厥冷、发绀、血压下降、意识障碍,最终心搏停止。

2. 呼吸系统症状 最常见的过敏相关症状,也是最重要的死因。表现为声音嘶哑、窒息感、刺激性干咳、喘鸣等。听诊双肺可闻及哮鸣音及湿啰音。

3. 神经系统症状 焦虑、淡漠、烦躁、抽搐、昏迷等。

4. 皮肤黏膜症状 过敏性休克最早最常出现的征兆,包括皮肤潮红、荨麻疹、风团、皮肤瘙痒,严重者可出现血管神经性水肿。

四、辅助检查

主要是测定血清 IgE。

五、诊断及鉴别诊断

根据过敏原接触史、患者特征性临床表现即可诊断。应注意与以下疾病相鉴别：

1. 迷走血管性晕厥 多发生在注射后，尤其是患者有发热、脱水或低血糖倾向时。但此类患者无瘙痒或皮疹，血压虽低，但经平卧后可较快恢复，一般不出现循环障碍和器官功能障碍。

2. 低血糖性晕厥 多发生在饥饿或劳累后，多见于女性。经过休息、补充糖分可缓解，无过敏的症状，既往可有类似发作史。

3. 遗传性血管性水肿 一种常染色体遗传的缺乏补体 C1 酯酶抑制因子所致的疾病。患者在一些非特异性因素（如感染、创伤等）刺激下突然发病，表现为皮肤和呼吸道黏膜的血管性水肿。但本病起病缓慢，不少患者有家族史或幼年发作史。发病时，通常无血压下降，也无荨麻疹。

六、救治原则

1. 立即脱离过敏原，清除引起过敏反应的物质。
2. 切断或干扰过敏反应发生和发展的环节，肾上腺素皮下或静脉注射。
3. 平卧、吸氧、建立深静脉通道进行液体复苏。
4. 解除呼吸道痉挛、平喘，保持呼吸道通畅，必要时可行气管插管或气管切开。
5. 早期使用糖皮质激素和抗组胺药，必要时使用血管活性药物。
6. 积极防止肺水肿、脑水肿、电解质及酸碱平衡紊乱，甚至心搏停止等并发症。

神经源性休克

神经源性休克是由于严重的脑部或脊髓损伤、麻醉、疼痛等神经刺激引起血管舒缩调节功能失调，导致血液瘀滞在扩张的血管内，有效循环血量减少而引起的休克。

一、病因及发病机制

在正常情况下，血管运动中枢不断发放冲动，沿传出的交感缩血管纤维到达全身小血管，使其维持一定的紧张性。当血管运动中枢抑制或传出的交感缩血管纤维被阻断时，小血管就因紧张性的丧失而发生扩张，结果使外周血管阻力降低，大量血液瘀滞于外周，静脉回心血量减少、心输出量降低、血压下降，引起神经源性休克。如果脊髓损伤平面在中胸段以下，那么损伤平面以上存留的肾上腺素能神经系统被激活，心率加快和心肌收缩力增强。如果心脏交感神经输出端受累，则出现心动过缓。

1. 严重的脑部或脊髓损伤 可引起血管运动中枢抑制或交感缩血管纤维被阻断；血管运动中枢主要位于延髓的菱形窝内，可以分为血管收缩中枢和血管扩张中枢，目前研究提示主要是前一种中枢的作用。这部分或其以下受损时，可引起血管扩张，血压下降。

2. 药物 很多药物（如神经节阻滞剂、肾上腺素能神经元阻滞剂和肾上腺受体拮抗剂以及麻醉药物）均可阻断自主神经，使周围血管扩张，血液淤积，发生低血压导致休克。

3. 严重创伤、剧烈疼痛刺激 可引起某些血管活性物质如缓激肽、5-羟色胺等释放增加，导致周围血管扩张。

二、临床表现

临床表现以原发病和分布性休克的表现为主。

1. 原发病的表现　大多数患者有原发病表现，如脑部或脊髓损伤、剧烈疼痛、深度麻醉、神经功能缺失等。

2. 分布性休克的一般表现　病情进展迅速，发病后很快出现低血压、胸闷、心动过缓；意识障碍如焦虑、易激惹、淡漠、乏力；尿量减少等。血流动力学特点为"高排低阻"型。

三、辅助检查

1. CT 或 MRI 明确脑部或脊髓损伤。
2. 关于休克诊断和指导治疗的其他检查。

四、诊断

1. 原发病表现。
2. 具有分布性休克的临床表现。
3. 排除其他类型的休克。

五、救治原则

1. 治疗原发病和病因　去除神经刺激因素。予镇痛药物治疗剧烈疼痛，镇静药物治疗情绪紧张。停止静脉注射麻醉药和致休克药物，如巴比妥类、神经节阻滞药物等。

2. 一般紧急处理　吸氧，平卧或下肢抬高 15°~30°，使其处于休克体位，增加回心血量。如有意识丧失，应建立人工气道。外伤患者应固定脊柱、骨折部位，防止进一步损伤。

3. 补充有效血容量　常用平衡盐溶液，也可少量应用人工胶体。根据血压调整输液量及速度。

4. 肾上腺素　可注射 0.5~1 mg 肾上腺素，必要时可 5 min 后重复 1 次。

5. 血管活性药物　一般予去甲肾上腺素或多巴胺，维持平均动脉压在 65 mmHg 以上。

6. 纠正水、电解质和酸碱平衡紊乱。

（李　纾）

第二节　心源性休克

心源性休克（cardiogenic shock）是指在血容量充足的情况下出现心输出量下降及循环低灌注，进而导致组织低氧血症而引起的休克。心源性休克发病急骤，病死率高，可达 50% 以上。快速准确的病情评估、及时有效的治疗对于改善心源性休克患者的短期及长期预后有重要意义。

案例 19-2

患者，郭某，男，60岁，既往有冠心病、高血压及2型糖尿病病史，未规律随诊。5天前，患者活动后出现频繁恶心、呕吐，上腹部疼痛，自认为急性胃炎，自行口服药物治疗（具体不详），效果差。2天前，患者活动后出现进行性乏力、呼吸困难，休息后难以缓解，不能平卧，嗜睡。查体：T 37.6℃，P 116次/分，R 22次/分，BP 84/56 mmHg；意识不清，可唤醒；双肺满布湿啰音；心率116次/分，S1/S2心音遥远，可闻及S3杂音，胸骨左缘可闻及收缩期杂音；双下肢明显水肿。

问题：
1. 患者最可能的诊断是什么？诊断依据是什么？
2. 需要进一步完成的辅助检查是什么？
3. 下一步需采取哪些治疗措施？

一、病因与发病机制

急性心肌梗死（acute myocardial infarction，AMI）继发心脏泵衰竭是心源性休克最重要的病因。急性广泛前壁心肌梗死常可导致心源性休克，部分已存在心功能异常的患者发生小面积心肌梗死也可出现心源性休克症状。此外，心肌梗死后机械性并发症，如乳头肌断裂所致二尖瓣反流、室间隔穿孔、心脏压塞等也可导致心源性休克。其他病因还包括合并重度心脏瓣膜疾病、终末期心肌病、长时间体外循环、瓣膜破裂所致二尖瓣反流、心肌挫伤、暴发性心肌炎、相关药物应用过量及严重心律失常等。

心源性休克最主要的首发因素是心脏泵功能下降，外周循环灌注量降低。AMI导致心功能下降，心脏每搏输出量和心输出量下降，使外周循环灌注量下降，导致组织的无氧代谢增加和乳酸酸中毒，进一步损害心肌功能，形成恶性循环。

此外，心功能下降、肾素-血管紧张素-醛固酮系统激活及交感神经兴奋等代偿机制使心肌需氧量增加和灌注量下降，加重心肌缺血，进一步促进心源性休克发展。

基础回顾

每搏输出量

每搏输出量（stroke volume）是指一侧心室一次心脏搏动所射出的血液量。其多少主要取决于心室肌的前、后负荷以及心肌收缩能力。①前负荷：反映心室舒张末期容积，可使心室肌在收缩前处于一定的初长度。增加前负荷（初长度），使心肌收缩力加强，每搏输出量增多。这种通过改变心室肌初长度从而使心肌收缩力改变的调节，称为异长自身调节。②后负荷：反映大动脉血压。后负荷增加，可使射血期缩短，射血速度减慢，最终导致每搏输出量减少，反之每搏输出量增加。③心肌收缩能力：心肌不依赖于前、后负荷而改变其收缩的强度和速度，称为心肌收缩能力；通过改变心肌收缩能力调节心脏泵功能，称为等长调节。

二、临床表现

循环低灌注是心源性休克最重要的特点，其表现包括低血压、神志改变、皮肤湿冷、少尿等。低血压通常定义为收缩压<90 mmHg，或收缩压较基础值下降>30 mmHg，并伴有脉压<30 mmHg。早期患者烦躁不安、面色苍白、诉口干、出汗，脉搏细速，四肢发冷，尿量减少等；随病情加重逐渐出现表情淡漠、意识模糊、神志不清直至昏迷，四肢厥冷，皮肤出现花斑样改变，尿量进一步减少，甚至无尿。休克晚期可出现弥散性血管内凝血和多器官功能衰竭。此外常伴有原发病的症状和体征，如胸骨后或心前区剧烈的压榨性疼痛伴或不伴放射性疼痛等典型的缺血性胸痛或等同症状，也可表现为呼吸困难、恶心、呕吐、出汗以及不能解释的疲劳等。

三、辅助检查

1. 心电图检查 AMI患者的心电图常有特定的表现及演变规律。对休克患者应常规行心电图检查。

2. 超声心动图检查 通过观察总体及局部心肌的收缩功能发现心肌梗死部位，同时发现乳头肌断裂或功能不全、室壁瘤、室间隔穿孔、心脏压塞等机械并发症，有助于确诊心源性休克并协助排除其他原因所致的休克。

3. 血流动力学监测 ①肺毛细血管楔压（pulmonary capillary wedge pressure，PCWP）：PCWP正常最高不超过15 mmHg，PCWP>18 mmHg提示心源性休克。②心指数（cardiac index，CI）：正常情况下，CI>2.5 L/（min·m^2），CI<2.2 L/（min·m^2）提示心源性休克。③中心静脉压（central venous pressure，CVP）：CVP正常值为5~12 cmH$_2$O，CVP>15 cmH$_2$O提示右心功能不全，多数心源性休克患者CVP升高，但需除外肺循环阻力增加、血容量过高等引起CVP升高的情况。④动脉导管直接测压。

4. 其他检查 心肌损伤标志物、B型利钠肽（brain natriuretic peptide，BNP）、肝功能、肾功能、凝血功能等检查有助于了解心功能及重要脏器灌注情况并指导治疗。动脉血气分析可以提示是否存在呼吸功能衰竭，了解酸碱平衡情况。

四、病情评估、临床分期及诊断

（一）病情评估和临床分期

心源性休克的病因多样，病情复杂多变，及时、准确的病情评估至关重要。结合美国心血管造影和介入学会（Society for Cardiovascular Angiography and Interventions，SCAI）的标准，根据患者的临床表现、体格检查、实验室检查及血流动力学监测等，可将心源性休克分为A期（风险期）、B期（开始期）、C期（典型期）、D期（恶化期）和E期（终末期）（表19-4）。

表 19-4 SCAI 心源性休克分期

分期	临床表现	体格检查	实验室检查	血流动力学监测
A期（风险期）	目前尚未出现心源性休克的症状或体征，但存在进展为心源性休克的风险	颈动脉搏动正常，肢体温暖且灌注良好，远端脉搏强，肺部呼吸音清晰，精神状态正常	实验室指标正常，乳酸水平及肾功能正常	血压正常，CI≥2.5 L/(min·m^2)
B期（开始期）	出现血压相对下降或心动过速等血流动力学不稳定表现，但无低灌注的临床证据	颈动脉搏动增强，肢体温暖且灌注良好，远端脉搏强，肺部听诊可闻及啰音，精神状态正常	乳酸水平正常，轻度肾功能损害，BNP升高	收缩压<90 mmHg，脉搏≥100次/分，CI≥2.2 L/(min·m^2)
C期（典型期）	表现为低灌注，除需补充血容量外，还需其他干预措施，如应用血管活性药物等	皮肤厥冷、苍白、花斑、晦暗等，出现尿量减少（<30 ml/h），肺部听诊可闻及广泛啰音，精神状态不佳	乳酸≥2 mmol/L，肌酐升高或肾小球滤过率下降>50%，BNP升高	收缩压<90 mmHg，脉搏≥100次/分，CI<2.2 L/(min·m^2)，PCWP>15 mmHg
D期（恶化期）	经过初始治疗，病情仍未稳定或趋于恶化	同C期	符合C期的任意1项表现，且出现恶化	符合C期的任意1项表现，且需要多种升压药物或机械循环辅助装置维持灌注
E期（终末期）	已经或即将出现循环衰竭	脉搏几乎消失，心力衰竭，多次除颤，机械通气	乳酸≥8 mmol/L，严重酸中毒，pH<7.2，持续心肺复苏	最大血流动力学支持下，仍表现为低血压

（二）诊断

当患者出现以下情况时，应考虑诊断为心源性休克：①存在可导致心源性休克的病因；②持续低血压，收缩压<90 mmHg，或收缩压较基础值下降>30 mmHg，至少持续30 min；③脏器低灌注表现：神志改变、皮肤冰冷、少尿（<30 ml/h）等。结合以下血流动力学参数更有助于诊断：CI<2.2 L/(min·m^2)，PCWP>18 mmHg。

五、救治措施

（一）一般措施

1. 维持气道通畅及氧合　常规予以鼻导管或面罩吸氧，必要时进行气管插管及呼吸机辅助通气。保证动脉血氧饱和度在90%以上。对于严重低氧血症患者，推荐应用机械通气，以提供充分的氧合，扩张肺膨胀不全区域，并改善肺顺应性，减轻呼吸肌的工作量，降低前、后负荷。

2. 心电、尿量、血流动力学监测　持续进行心电监测，及时掌握心率及节律变化，及时处理严重心律失常等并发症。放置Foley导尿管，监测每小时尿量。置入中心静脉置管、漂浮导管等，即时监测CVP、PCWP等血流动力学参数。

（二）稳定血流动力学

1. 补充血容量　血容量的补充应根据血流动力学监测结果。若CVP<5 cmH$_2$O，提示存

在血容量不足，可适当补充晶体溶液或胶体溶液；CVP在正常范围或者升高时，应慎重补液。

2. 应用血管活性药物

（1）升压药物：临床上常用多巴胺和去甲肾上腺素。多巴胺是心源性休克时的一线升压药，兼有正性肌力作用。常用的中剂量[2.5~10 μg/(kg·min)]主要兴奋β_1受体，增加心肌收缩力，提高心输出量，同时兴奋外周血管α受体，收缩血管从而升高血压；大剂量[>10 μg/(kg·min)]以兴奋外周血管α受体收缩血管作用为主。去甲肾上腺素兴奋β受体的作用较弱，具有强烈的兴奋α受体作用，引起血管收缩，血压升高，常用量为0.01~3.0 μg/(kg·min)。较大剂量单药无法维持血压时，应尽快联合应用，并监测药物不良反应。

（2）血管扩张药物：可降低心脏前、后负荷及改善微循环灌注，适用于PCWP>15 mmHg的患者。常用药物为硝酸酯类药，如硝普钠，起始剂量为10 μg/min，每5~10 min增加5~10 μg。不当使用会加重低血压，应注意严密监测血流动力学。

3. 应用正性肌力药物

（1）磷酸二酯酶抑制剂：抑制磷酸二酯酶活性以增加细胞内钙离子浓度，使心肌收缩能力增强。常用药物为米力农，负荷剂量为25~75 μg/kg静推10~20 min，后以0.125~1.0 μg/(kg·min)持续静脉滴注，因其致心律失常及扩血管作用，不宜长期维持。

（2）钙增敏剂：左西孟旦，通过结合心肌细胞上的肌钙蛋白C而促进心肌收缩，负荷剂量为12 μg/kg静推10 min，后以0.05~0.2 μg/(kg·min)持续静脉滴注。因其具有扩血管作用，为防止低血压，对于收缩压<100 mmHg的患者，可直接用维持剂量。

（3）洋地黄类药物：在AMI早期易引起心律失常，增加心肌耗氧，矛盾运动增强甚至心脏破裂，故不常规应用。

4. 经皮机械辅助治疗

（1）主动脉内球囊反搏（intra-aortic balloon pump，IABP）：IABP可改善舒张期冠脉灌注，增加心肌血供，降低收缩期主动脉内压，进而降低心室后负荷并提高射血分数，增加心输出量，是心源性休克有效的支持性治疗措施之一。但IABP本身并不能逆转心源性休克，只是一种暂时性支持装置。

（2）体外膜肺氧合（extracorporeal membrane oxygenation，ECMO）：ECMO提供氧合和循环支持，降低双心室前负荷，但也在一定程度上增加左心室后负荷，增加心肌耗氧量。ECMO应用于心源性休克治疗已取得良好的临床效果，是国内外相关指南或共识的一致推荐。

（三）纠正酸碱失衡和电解质紊乱

酸中毒会影响心肌收缩力，及时纠正酸中毒是控制心源性休克的重要环节。对于升压药物治疗效果不理想者，可经静脉滴注5%碳酸氢钠，需根据血气分析结果随时调整剂量。低钾、低镁等电解质紊乱会增加发生室性心律失常的风险，应及时纠正。

（四）病因治疗——冠状动脉再灌注治疗

1. 溶栓　静脉溶栓已经被确认有助于降低AMI病死率，但多项研究未能证明溶栓治疗可以降低急性心肌梗死伴心源性休克患者的病死率。目前认为可能与心源性休克患者的血流动力学、机械、代谢等因素以及冠脉再灌注率有关。

2. 冠状动脉血运重建　经皮冠状动脉介入治疗（percutaneous coronary intervention，PCI）和冠状动脉旁路移植术（coronary artery bypass grafting，CABG）可改善急性心肌梗死伴心源性休克患者的预后，早期血运重建联合应用IABP的远期效果优于药物治疗。PCI通过开通闭塞血管，改善局部心肌的血流供应，恢复缺血心肌的功能，明显降低AMI导致心源性休克患

者的病死率。CABG 同样被多项临床试验支持可使心源性休克患者获益，然而手术耗时较长且易出现各种并发症，使其应用受限。

（徐　峰）

第三节　低血容量性休克

一、概念

低血容量性休克（hypovolemic shock）是指各种原因引起的循环容量减少（包括各种显性或不显性丢失），导致心输出量下降而引起的休克。低血容量休克的主要病理生理改变是有效循环血量迅速减少，组织低灌注、无氧代谢增加、乳酸酸中毒、再灌注损伤以及内毒素异位，最终导致多器官功能障碍综合征（multiple organ dysfunction syndrome，MODS）。

二、病因与发病机制

（一）病因

低血容量性休克的循环容量丢失包括显性丢失和不显性丢失。

1. 显性丢失　是指循环容量丢失至体外。

（1）失血是典型的显性丢失：如创伤、外科大手术引起的失血及产后大量出血等疾病引起的急性大量失血等。

（2）经胃肠道显性丢失：呕吐、腹泻、腹腔引流、消化道溃疡、食管静脉曲张破裂等胃肠道出血等。

（3）经肾丢失：利尿剂作用、糖尿病或甘露醇引起的渗透性利尿、低醛固酮血症等。

2. 不显性丢失　是指循环容量的血管外渗出或循环容量进入体腔内以及其他方式的不显性体外丢失。其原因主要是血管通透性增高。

（1）第三间隙滞留：腹膜炎、肠梗阻、挤压伤、骨折和急性胰腺炎等。

（2）经皮肤丢失：出汗、烧伤和其他皮肤疾病引起渗出等。

（3）经呼吸道丢失：深大呼吸、气管切开和使用呼吸机等。

（二）发病机制

基本病理生理变化是有效循环血量减少，致组织器官灌注减少，其主要特征包括以下几方面。

1. 微循环改变　①休克代偿期：微循环以收缩为主，有效循环血量减少，反射性引起交感神经-肾上腺髓质系统激活、心肌收缩力增强、小血管收缩，周围血管阻力增加，以维持血压水平。此外，毛细血管网的血流减少，毛细血管内流体静压降低，有利于液体进入血管，从而也增加了回心血量。此阶段微循环血流的特点是"少灌少流，灌少于流"。②休克进展期：休克未能有效控制时，毛细血管前阻力显著增加，大量真毛细血管网关闭，组织细胞缺血、缺氧状态，导致微循环内淤血加重，回心血量减少，血压下降，休克发展至不可逆，周围血管的阻力也降低，重要器官出现严重缺血。此阶段微循环血流的特点是"多灌少流，灌大于流"。③微循环衰竭期：微循环淤血后缺氧激活凝血因子Ⅻ，启动内源性凝血系统，引起弥散性血管内凝血（DIC）。微循环障碍更加明显，形成微血栓。由于 DIC 早期时消耗了大量凝血因子和血小板，之后继发出血，一旦发生 DIC，临床预后较差。此期微循环血流的特点是"不灌不流"。

2. 体液及代谢改变　①休克时儿茶酚胺释放能促进胰高血糖素生成，促使血糖升高。肝灌注不良时，乳酸在肝内不能正常代谢，而引起酸中毒。由于蛋白质分解代谢增加，致使血液中尿素、肌酐及尿酸增加。②有效循环血量减少，导致肾血流量减少，醛固酮及抗利尿激素分泌增加，以保留水分，增加血容量。③细胞缺氧，导致血管内皮细胞中的促凋亡蛋白激活，线粒体肿胀、溶酶体破裂，甚至细胞死亡。④缺氧使三磷酸腺苷生成减少，代谢性酸中毒导致组织蛋白分解为具有生物活性的多肽，如缓激肽、心肌抑制因子和前列腺素等。这些物质具有强烈的扩张血管作用，使微循环障碍更为显著。线粒体膜破坏，使细胞的呼吸功能中断而导致细胞死亡。

3. 过度炎症反应和缺血再灌注损伤。

4. 血管低反应性　血管受体脱敏机制、膜超极化机制、钙离子脱敏机制等造成休克后的血管低反应性。

（三）重要器官的继发损害

1. 心脏　休克中晚期，血压明显降低使冠状动脉血流减少，心肌缺血；低氧血症、酸中毒、高钾血症、心肌抑制因子均使心脏功能抑制；DIC 发生后心肌血管微血栓形成，影响心肌的营养，造成心肌局灶性坏死和心内膜下出血使心肌受损，心脏收缩力下降，最终发生心功能不全。

2. 肺　肺微循环障碍使肺泡表面活性物质减少，出现肺泡塌陷，发生肺不张。肺内分流、无效腔样通气、通气/血流比例失调和弥散功能障碍导致动脉血氧分压进行性下降，出现急性呼吸衰竭，即急性呼吸窘迫综合征（acute respiratory distress syndrome，ARDS）。

3. 脑　当收缩压<60 mmHg 时，脑灌流量严重不足，微循环障碍又加重了脑缺氧程度，产生脑水肿，表现为神经系统的功能紊乱，患者可出现烦躁不安、神志淡漠、谵妄，甚至昏迷。

4. 肾　早期时大量儿茶酚胺使肾血管痉挛，产生功能性少尿。随着缺血时间延长，肾小管受累出现急性肾小管坏死，导致急性肾损伤。

5. 肝　休克时，肝细胞缺血、缺氧，使肝的代谢过程延缓或停顿，凝血因子合成障碍，经肠道吸收的毒素不能在肝内解毒。

6. 胃肠　胃肠小血管的痉挛，使黏膜细胞因缺氧而坏死，最终形成急性胃黏膜病变、急性出血性肠炎、肠麻痹、肠坏死。

7. 多器官功能障碍综合征　休克晚期可发生 MODS。

三、临床表现与分级

（一）临床表现

低血容量性休克发生过程的不同时期，有着不同的临床表现。

1. 休克代偿期 神志清楚，精神兴奋，有口渴感，心率<100次/分，有力，血压正常或稍低或升高，脉压小，尿量可正常，体温可降低，面色苍白，皮肤正常或发凉等，周围循环正常（浅表静脉无塌陷、毛细血管充盈时间正常）。此期血压往往无明显降低，易被临床医师所忽视，而继续发展进入休克进展期。

2. 休克进展期 微循环持续灌流不足，组织处于严重的淤血性缺氧状态中；由于大量的血液淤滞在微血管内和（或）进入组织间隙，有效循环血量锐减，心输出量显著减少，动脉压显著降低。进入此期，患者临床表现进一步加重，皮肤可出现苍白湿冷，神志淡漠甚至意识不清，脉率增快，收缩压或脉压减少，尿量进一步减少或无尿，浅表静脉塌陷、毛细血管充盈时间延迟>2 s。此期如仍未能得到及时、有效的治疗，则病情进一步发展而转入休克失代偿期。

3. 休克失代偿期 由于持续的组织低灌流及体液向组织间隙渗出，引起血液浓缩，血液黏滞度进一步增高。血小板和红细胞更易于聚集，持续缺血、缺氧导致血管内皮损伤，继而形成微血栓，进而导致DIC，表现为广泛微血栓形成和出血。

4. 多器官功能障碍期 表现为急性呼吸窘迫综合征、急性肾功能受损、骨髓造血功能受抑制等。

（二）失血的分级

低血容量休克的临床表现取决于机体血容量丢失的量和速度。以失血性休克为例估计血容量的丢失，根据失血量等指标将失血分成4级（表19-5）。成人的平均血容量估计占体重的7%（或70 ml/kg），即一个体重70 kg为的成人约有5 L血液。

表19-5 失血的分级（以体重为70 kg的成人为例）

分级	失血量（ml）	失血量占血容量比例（%）	心率（次/分）	血压	呼吸频率（次/分）	尿量（ml/h）	神经系统症状
I	<750	<15	<100	正常	14~20	>30	轻度焦虑
II	750~1500	15~30	>100	下降	20~30	20~30	中度焦虑
III	1500~2000	30~40	>120	下降	30~40	5~20	萎靡
IV	>2000	>40	>140	下降	>40	无尿	昏睡

四、辅助检查

1. 血常规检查 红细胞计数、血红蛋白以及血细胞比容测定有助于对失血性休克的诊断。非失血性液体丢失引起的容量不足可导致血浆容积下降，造成血细胞比容增高（即相对性红细胞增多症）。

2. 尿量及肾功能检查 尿量<0.5 ml(kg·h)，提示肾灌流不足；早期注意监测尿量有助于识别休克并指导治疗。低血容量可引起肾小球滤过率下降而导致血尿素氮和肌酐升高。

3. 血液生化检查 血浆胶体渗透压、血清白蛋白水平可反映病情严重程度。近来研究发现，血中精氨酸和非对称性二甲基精氨酸的比例有助于评估死亡率及循环衰竭的程度。

4. 出血、凝血功能检查 包括血小板计数、出血与凝血时间、凝血酶原时间、纤维蛋白原及纤维蛋白降解产物测定，有助于判断休克的进展情况及DIC的发生。

5. 动脉血气分析 是指导治疗所必需的，鉴别体液酸碱紊乱的性质，常表现为代谢性酸中毒，后期可出现混合型酸碱失衡。

6. 血乳酸含量测定 动脉血乳酸浓度是反映组织灌注及缺氧状态的敏感指标之一,其增高常较其他休克征象先出现,可作为识别、评估休克严重程度及预后并指导治疗的重要生化指标,但该指标受肝功能的影响,可检测乳酸清除率,以协助判断。

7. 影像学检查 包括X线检查和超声心动图。临床上若不能明确休克的类型或患者存在血流动力学不稳定,则可将超声心动图检查作为明确休克类型的非侵袭性优先选择,可评估治疗的反应性,帮助选择最佳的治疗方案。

8. 中心静脉压监测 若留置中心静脉导管,则可监测中心静脉压(CVP)、中心静脉氧饱和度($ScvO_2$)和动静脉二氧化碳分压差($V-ApCO_2$),有助于评估休克类型和心输出量是否足够,并且指导治疗。

五、诊断与鉴别诊断

1. 诊断 ①病史:对存在严重创伤、烧伤、大量出血、体液大量丢失病史者,应考虑低血容量性休克。②症状和体征:包括精神神志改变,皮肤湿冷,尿量<0.5 ml/(kg·h),心率>100次/分,收缩压下降(<90 mmHg或较基础血压下降>40 mmHg),或脉压减小(<20 mmHg)。③血流动力学特征:心输出量减少,前负荷减小,充盈压降低;体循环阻力增大。④组织灌注和氧代谢指标:血乳酸水平是反映休克与组织灌注状态较好的生化指标,其临床诊断价值高于血压。

2. 鉴别诊断 需与低血压状态、直立性低血压、无脉病等相鉴别。

六、救治措施

提高低血容量性休克救治成功率的关键在于尽早去除休克病因,同时尽快恢复有效的组织灌注,以改善组织细胞的氧供,重建氧的供需平衡和恢复正常的细胞功能。

(一)监测

休克期间,应动态连续监测血流动力学指标,而不是单一静态指标指导复苏,早期识别是优化治疗的关键,维持血流动力学稳定,进行休克病因治疗。

1. 一般监测

(1)意识状态:反映脑组织的灌注。

(2)生命体征:心率加快常出现在血压降低前,血压正常伴心率逐渐恢复正常,提示休克可能得到纠正;呼吸频率逐渐恢复正常也表明休克好转;血压回升和脉压增大,提示休克好转;但血压正常并不代表休克完全纠正,休克治疗过程中应个体化确定目标血压,对于除外重度颅脑损伤的尚未控制出血的患者应设置较低目标血压,而有高血压病史的患者应设置较高的目标血压。

(3)皮肤、尿量:若患者四肢转暖、皮肤干燥,则表明休克好转(暖休克除外);若尿量>0.5 ml/(kg·h),则表明休克得到纠正;但需排除复苏时应用高渗溶液或应激状态下高血糖引起的利尿、尿崩。

2. 动态有创血流动力学监测

(1)有创血压监测:有创动脉血压(IBP)较无创动脉血压(NIBP)高5~20 mmHg。持续低血压状态时,无创动脉血压监测难以准确反映实际大动脉的压力,而有创动脉血压监测较

为可靠，可保证连续观察血压和即时变化。此外，有创动脉血压监测还可提供动脉采血通道。

（2）中心静脉压（CVP）监测：是最常用的、易于测得的监测指标，用于监测前负荷容量状态和指导补液，有助于了解机体对液体复苏的反应性，及时调整治疗方案。有助于鉴别休克的病因。发生低血容量性休克时，CVP 降低。

（3）肺动脉楔压：有助于了解左室充盈压，并指导补液。由于创伤性大，不推荐常规使用。

（4）心输出量及心指数：有助于了解心脏功能状态。

（5）脉搏指示连续心输出量监测：该技术可迅速、方便地测定心输出量，并可连续做心输出量测定和血管外肺水监测。

（6）功能性血流动力学监测：有助于评估液体复苏过程中机体对容量的反应性。①收缩压变异度、每搏量变异度、脉压变异率：是功能性血流动力学中最常用的参数，分别代表 30 s 内收缩压、每搏量和脉压的变异程度。②被动抬腿试验：是通过检测被动抬腿试验前后心输出量或其替代指标（主动脉血流峰值、脉压等）的变化来预测机体的容量反应性。具有操作简单、不受监测设备限制、安全性高的特点，适合急诊临床使用。

（7）跨肺热稀释法：能准确测定肺外水，对于合并有 ARDS 或肺水肿患者有临床意义。

3. 组织灌注、氧代谢监测 以下 3 个参数可以间接评估休克患者的全身组织氧合度和灌注情况。

（1）pH 和血乳酸水平：代谢性酸中毒和乳酸水平升高是反映组织缺氧的常用指标，具有判断预后、评估治疗的作用。

（2）静脉 - 动脉 $PaCO_2$ 差：静脉和动脉 $PaCO_2$ 间的差值按照同期中心静脉或者混合静脉 $PaCO_2$ 与动脉 $PaCO_2$ 的差值计算，反映心输出量。

（3）中心静脉氧饱和度（$ScvO_2$）：$ScvO_2$ 作为一种简单和容易获得的参数，可用于评估供氧量和耗氧量之间的平衡状态。

4. 微循环监测 目前有几种技术可进行微循环监测，提示微循环改变和不良预后相关，包括手持式正交偏振光谱和侧流暗视野成像技术。但仍需进一步大规模研究，以评估其在休克复苏治疗中的潜在益处。

（二）治疗

1. 病因治疗 尽快纠正引起容量丢失的病因是治疗低血容量性休克最基本的措施。

2. 优化液体复苏 可以选择晶体溶液和胶体溶液，由于 5% 葡萄糖溶液很快分布到细胞间隙，因此不推荐用于液体复苏治疗。液体复苏种类包括：

（1）晶体溶液：常用的晶体溶液为生理盐水和乳酸盐林格液。故低血容量性休克时若以大量晶体溶液进行复苏，可以引起血浆蛋白的稀释而致胶体渗透压的下降，出现组织水肿。大量输注生理盐水可引起高氯性代谢性酸中毒；大量输注乳酸盐林格液应考虑其对血乳酸水平的影响，同时存在诱发凝血障碍、肺水肿、急性肾损伤的高风险。研究发现，3%、7.5% 高渗盐溶液可取得在短时间内和乳酸盐林格液相同的效果，所需液体量减少一半，但 7.5% 高渗盐溶液较乳酸盐林格液更易发生高钠高氯血症及心律失常，而 3% 高渗盐溶液的并发症较低，对于创伤后低血容量安全有效。

（2）胶体溶液：临床中应用的胶体溶液主要有右旋糖酐、明胶、羟乙基淀粉和人血白蛋白，其扩容效果强，效果持久，有利于控制输液量及减轻组织水肿，但人工胶体存在过敏、干扰凝血功能及肾功能损害等不良反应。

（3）输血及血制品：输注血制品在低血容量性休克治疗中应用广泛。但输血可能引起某些不良反应，如血源传播性疾病、免疫抑制、红细胞脆性增加等。①浓缩红细胞：血红蛋白≤70 g/L 时，应考虑输注。②血小板：主要适用于血小板数量减少或功能异常伴有出血倾向，尤其是对需要手术去除病因的休克患者，可考虑输注。③新鲜冰冻血浆：对于伴有凝血功能障碍的失血性休克患者，可输注新鲜冰冻血浆，以改善凝血功能。④冷沉淀物：适用于特定凝血因子缺乏所引起的疾病、肝移植围手术期以及肝硬化食管静脉曲张等出血患者。对大量输血后并发凝血异常的患者，及时输注冷沉淀物可缩短凝血时间、纠正凝血功能异常。

3. 血管活性药物　不建议常规使用。通常对于进行充分的液体复苏之后仍存在低血压或者输液还未开始的严重低血容量性休克患者，可考虑应用，首选去甲肾上腺素。

4. 纠正酸中毒　严重的代谢性酸中毒可以引起难以纠正的严重低血压、心律失常和心搏骤停。临床上使用碳酸氢钠能短暂改善酸中毒，但是不主张常规使用。研究表明，代谢性酸中毒的处理应着眼于病因处理、容量复苏等干预治疗，在组织灌注恢复过程中酸中毒状态可逐步纠正，过度的血液碱化治疗使氧解离曲线左移，不利于向组织供氧。

5. 控制体温　严重的低血容量性休克患者常伴有顽固性低体温、严重酸中毒、凝血障碍，应予以保暖和酌情予以升温治疗。但对于合并颅脑损伤的患者，采取低温治疗可通过降低脑细胞代谢率、减轻脑水肿、抑制兴奋性神经递质释放以及减少钙超载等保护机制，降低病死率，促进神经功能的恢复。

6. 对未控制出血的低血容量性休克的处理　对于创伤后存在进行性失血需要急诊手术的患者，应尽可能缩短创伤至接受决定性手术的时间，以改善预后，提高存活率。

（1）未控制出血的低血容量性休克：常见于严重创伤（贯通伤、血管伤、实质性脏器损伤、长骨和骨盆骨折、胸部创伤、腹膜后血肿等）、消化道出血、妇产科出血等。死亡原因主要是大量出血导致严重持续的休克甚至心搏骤停。对于存在低血容量性休克又无法确定出血部位的患者，早期发现、早期诊断才能早期进行处理。进行床旁超声可以明确出血部位，CT 检查比超声有更高的灵敏度和特异度。

（2）限制性液体复苏：是指在活动性出血控制前，予以小容量液体复苏，在短期允许的低血压范围内维持重要脏器的灌注和氧供。

7. 伴颅脑损伤的低血容量性休克的复苏　合适的灌注压是保证中枢神经组织氧供的关键。颅脑损伤后，患者颅内压增高，此时若机体血压降低，则可因脑血流灌注不足而继发脑组织缺血性损害，进一步加重颅脑损伤。因此，一般认为对于合并颅脑损伤的严重低血容量性休克患者，宜早期输液，以维持血压，必要时合用血管活性药物，将收缩压维持在正常水平，以保证脑灌注压，而不宜延迟复苏。

（李晓娟）

第四节　梗阻性休克

一、概念

梗阻性休克（obstructive shock）是指血液循环的主要通道（心脏和大血管）发生机械性梗阻，造成回心血量或心输出量下降而引起循环灌注不良、组织缺血缺氧所导致的休克。所有导致血液流动通道受阻的因素均可引起梗阻性休克，根据梗阻的部位可分为心外和心内梗阻性休克。心外梗阻性休克常见于缩窄性心包炎、心脏压塞、腔静脉梗阻、肺动脉栓塞/非栓塞性急

性肺动脉高压、主动脉夹层、张力性气胸等患者；心内梗阻性休克常见于瓣膜狭窄、心室流出道梗阻等患者。各种致病因素中，以肺栓塞、心脏压塞、张力性气胸和主动脉夹层最为常见。梗阻性休克患者往往会出现急剧的血流动力学改变，需要快速明确梗阻部位，并解除梗阻。

二、病因和发病机制

1. 病因 梗阻性休克的常见梗阻部位和原因见表 19-6。

表 19-6 梗阻性休克的常见梗阻部位和原因

梗阻部位	梗阻原因
腔静脉	血栓、压迫
心包	缩窄、心脏压塞
心腔	瓣膜狭窄、血栓形成、黏液瘤、梗阻性肥厚型心肌病
肺循环	栓塞、气胸、血胸、胸腔积液、正压通气
主动脉	瓣膜狭窄、主动脉夹层动脉瘤、主动脉缩窄

2. 发病机制 引起血液流入或流出通道梗阻的因素不同，但最终的结果都是导致心输出量降低，造成氧输送减少，组织细胞缺血、缺氧等休克的一系列病理生理演变过程。心脏压塞以及瓣膜狭窄等常被误认为心源性休克，但其本质并非泵功能衰竭，治疗上也与泵功能衰竭明显不同，因此，梗阻性休克需要与心源性休克相鉴别。

三、临床表现

不同部位梗阻可有相应的临床表现。

1. 急性肺栓塞 急性肺栓塞引发休克主要见于大面积肺动脉栓塞。肺栓塞累及 2 个以上肺动脉主干或者 50% 以上的肺血管床，即可引起梗阻性休克，慢性肺栓塞可以影响 75% 的血管床，但患者无休克症状，缺乏典型临床表现，部分患者无任何症状，易被漏诊和误诊。常见症状包括呼吸困难、胸痛、晕厥、咳嗽、咯血等。查体可有呼吸急促、发绀，听诊可闻及哮鸣音和（或）湿啰音，可有心动过速、血压下降、颈动脉充盈或异常搏动、肺动脉瓣区第二心音亢进或分裂、三尖瓣区收缩期杂音。下肢深静脉血栓形成（deep vein thrombosis，DVT）是引起急性肺栓塞最常见的原因，多数患者可找到深静脉血栓形成的证据。

2. 急性心脏压塞 急性心脏压塞患者心包积液量达 150 ml 时，即可有休克症状，慢性心包积液可以达 2000 ml 而没有休克表现。呼吸困难是急性心脏压塞的突出症状。患者可出现心前区疼痛、胸闷，若有气管或食管受压，可出现干咳、声音嘶哑或吞咽困难。多表现为急性面容、烦躁不安、面色苍白、大汗淋漓，心脏叩诊浊音界向两侧增大，心尖搏动减弱，心音遥远，心动过速，脉压减小，可有奇脉、颈静脉怒张等表现。典型的心脏压塞三联征称为 Beck 三联征，即低血压、颈静脉怒张和心音遥远。

3. 张力性气胸 胸膜腔内压骤然升高，肺大面积被压缩，使纵隔移位，患者可迅速出现严重呼吸、循环障碍。急性发作症状以突感胸痛、呼吸困难和刺激性咳嗽多见，占 80%~90%。患者表情紧张、胸闷、挣扎坐起、烦躁不安、发绀、出冷汗、脉搏加快、心律失常，甚至发生意识不清、呼吸衰竭。查体可见呼吸增快、发绀，气管向健侧移位，颈、胸部甚至头及腹部可出现皮下气肿，患侧胸部饱满，肋间隙增宽，呼吸运动和触觉语颤减弱，叩诊呈鼓音，听诊呼吸音减弱或消失，左侧气胸时，心浊音界可消失。

4. 主动脉夹层 多见于中老年患者，约 90% 的患者有高血压病史。约 96% 的患者有突发剧烈而持续且不能耐受的疼痛。疼痛的部位常提示撕裂口部位；若仅为前胸痛，90% 以上在升主动脉；疼痛在颈、喉、下颌或面部，也强烈提示升主动脉夹层；若肩胛间区疼痛最明显，则病变 90% 以上在降主动脉；背部、腹部疼痛或下肢痛也强烈提示降主动脉夹层。当夹层累及主动脉瓣或破入心包时，患者可出现急性心力衰竭、心脏压塞、低血压和晕厥；累及分支动脉时，患者可出现心脏、脑、肢体、肾等脏器缺血症状。1/3 ~ 1/2 的患者发病后表现为面色苍白、大汗淋漓、皮肤湿冷、气促、脉搏加快、脉弱或消失等表现，血压下降程度常与上述症状表现不平行。两侧肢体血压及脉搏明显不对称，常高度提示为本病。

四、辅助检查

（一）急性肺栓塞

1. 实验室检查 血浆 D- 二聚体水平升高，其阴性预测值高，可排除肺栓塞诊断。随着年龄增加，D- 二聚体可呈现生理性增高。为降低 D- 二聚体在高龄人群中的假阳性，美国急诊医师协会等机构推荐"年龄校正的 D- 二聚体数值"用于该类人群，即患者年龄＞50 岁，D- 二聚体的校正公式为：年龄（岁）× 0.01（单位：mg/L）。该公式的数值作为正常参考值上限。动脉血气分析常表现为低氧血症、低碳酸血症。

2. 心电图检查 最常见的表现是窦性心动过速。当有肺动脉及右心压力升高时，可出现相应的特征性改变，对于心肌梗死的鉴别有重要意义。

3. 胸部 X 线检查 可见肺动脉阻塞、肺动脉高压的表现，可有肺野局部片状或楔形阴影、肺不张或膨胀不全、横膈抬高以及胸腔积液等改变。

4. 超声检查 心脏超声可发现右心室壁局部运动幅度降低，右心室和（或）右心房扩大，室间隔左移和运动异常，近端肺动脉扩张，三尖瓣反流速度增快，下腔静脉扩张等异常。偶尔可发现肺动脉近端的血栓而直接确诊。双下肢超声检查为诊断深静脉血栓形成最简便的方法，对肺栓塞有重要的提示意义。

5. CT 检查 肺动脉造影能够准确发现段以上肺动脉内的血栓，是目前最常用的肺栓塞确诊手段。

6. 临床预测评分 应用 Well 量表和改良的 Geneva 量表对疑似急性肺栓塞患者进行个体化测量。

（二）急性心脏压塞

1. 实验室检查 取决于原发病，感染时常有白细胞计数增加、红细胞沉降率加快等炎症反应的表现。

2. X 线检查 透视下心脏搏动减弱或消失，胸部 X 线检查显示心脏阴影正常或向两侧增大。肺部无明显充血征象而心影显著增大是心包积液的有力证据，可与心力衰竭相鉴别。

3. 心电图检查 心包本身不产生电活动。发生急性心包炎时，心电图异常来自心包下的心肌电活动。主要表现包括：①ST 段弓背向下抬高（aVR 导联除外）。②QRS 低电压，大量渗液时可见电交替。③无病理性 Q 波，无 QT 间期延长。④常有窦性心动过速。

4. 超声心动图检查 为诊断心包积液最敏感、简而易行的可靠方法，可见心包膜脏、壁

层之间出现无回声区,有助于观察心包积液量的变化,具有敏感性高,重复性好,对患者无创,可动态观察积液量增长等优点。

5. 心包穿刺 可证实心包积液的存在并对抽取的液体进行病原学(细菌、真菌等)、生化、细胞分类及脱落细胞等检查,以明确病因。抽取一定量的积液也可解除心脏压塞症状,必要时可在穿刺时向心包腔内注入抗菌药物或化疗药物等。

(三)张力性气胸

1. X线检查 是诊断气胸最可靠的方法,还可了解肺萎陷的程度。胸部X线检查上患侧外带透光度增强,肺纹理消失,内侧见肺压缩影,两者间可见线状阴影,即气胸线;有积液者可见液平面。伤侧胸腔大量积气,纵隔明显向健侧移位。

2. 胸部CT检查 可清楚显示胸膜腔积气的位置,尤其在纵隔面的胸膜腔可与纵隔气肿区别,并且能显示肺内炎症、空洞或肿瘤。

(四)主动脉夹层

1. 胸部X线检查 多数患者可有主动脉增宽。虽然无诊断价值,但可提示进一步做确诊检查。

2. 心电图检查 一般无特异性ST段-T波改变,少数急性心包积血时,可有急性心包炎改变,累及冠状动脉时可出现心肌梗死的心电图改变。急性胸痛患者注意与急性心肌梗死鉴别。

3. 超声心动图检查 可识别主动脉夹层的真、假腔或主动脉的内膜裂口下垂物,其优点是可在床旁检查。经食管超声心动图检查的灵敏度和特异度更高,但对局限于升主动脉远端和主动脉弓部的病变,因受主气道内空气的影响,超声探测可能漏诊。

4. CT血管造影、螺旋CT及MRI血管造影检查 均有很高的确定性诊断价值,其灵敏度和特异度可达98%。

5. 主动脉逆行性造影 是术前确诊、判定裂口部位及假腔血流方向并制订介入或手术计划必须进行的检查。

五、病情评估、危险分层及诊断

(一)病情评估及危险分层

目前尚无指南或研究对梗阻性休克的危险程度进行分级,影响其预后的主要因素包括以下几方面。

1. 休克的进展程度 早期休克相对容易处理。若进展至中、后期,则难以纠正。

2. 原发病的危险程度 急性大面积肺栓塞、主动脉夹层等疾病起病迅速、进展快,威胁重要脏器功能,病情相对危险。

3. 梗阻的部位、性质、程度 发生在心血管内的血栓、夹层等病变危险性大;因血管外积液、压迫等造成的梗阻容易解除。

(二)诊断

常用梗阻性休克的诊断标准包括以下几项。

1. 有导致循环血流通道梗阻的病因 临床可根据患者的临床表现对其致病原因作出初步

判断，如端坐呼吸、颈静脉怒张提示心脏压塞；晕厥及低氧血症提示肺栓塞。机械通气患者突然出现呼吸机峰压报警，合并低氧血症，应考虑张力性气胸。

2. 符合梗阻性休克的特点 包括血流主要通路受阻；心输出量下降，氧输送减低；体循环阻力增加。

3. 符合休克的诊断标准。

六、救治措施

梗阻性休克的治疗原则是控制原发病和提高氧输送（DO_2）。在病因治疗的同时，特别强调休克治疗的时间性。延误治疗的必然后果是多器官功能障碍综合征（MODS）。

1. 早期救治，维持生命体征 患者多病情危重、变化迅速，需常规吸氧并保持气道通畅，及时建立液体通路。循环支持治疗应该先了解和调整前负荷，随着心输出量的增加，组织的缺氧通常也可得到相应的纠正，临床上可以根据患者皮肤温度、色泽、尿量等反映组织灌注的指标作为指导循环支持的目标。如有需要，可经中心静脉置管监测血流动力学变化，并在此基础上应用升压药物维持血压。尽管患者此时心输出量降低，但并不建议使用 β 受体激动剂（如多巴酚丁胺）。这是由于存在梗阻因素，即便使用 β 受体激动剂，心输出量也难以增加，反而表现出 β 受体激动剂的血管扩张作用，可能导致血压降低。

2. 病因治疗，及时解除梗阻 梗阻性休克治疗的关键是解除梗阻。临床可根据患者的临床表现对其致病原因作出初步快速判断。如术后卧床患者，活动后晕厥及低氧血症提示肺栓塞，应快速诊断，积极溶栓或抗凝治疗，甚至手术切开取栓；端坐呼吸、颈静脉怒张，若提示心脏压塞，确诊后尽快进行心包穿刺引流，迅速降低心腔内压，以缓解症状，并开展针对积液形成病因的治疗；机械通气患者突然出现呼吸机峰压报警，合并低氧低血压，应考虑张力性气胸，及时判断进行胸腔穿刺抽气或胸腔闭式引流，对引流失败者应行手术治疗。主动脉夹层并发休克时，应行介入治疗或外科手术，去除撕裂口，排空假腔，扩大真腔，如有心包积液应及时处理。

3. 维持循环灌注压力 梗阻性休克的病程发展中往往是一种休克形式与另一种形式并存或过渡。例如，在急性肺栓塞时，肺动脉高压导致前列腺素等炎症介质的释放，前列腺素作用于血管内 α 受体，直接导致血管扩张，外周循环阻力下降，使梗阻性休克合并分布性休克。因此，不同类型休克可以共同存在，相互转化，应进行连续血流动力学评估并动态调整治疗措施，才能达到优化血流动力学的治疗目的。

（李晓娟）

思 考 题

1. 简述休克的定义和分类。
2. 感染性休克的救治原则包括哪些？
3. 简述心源性休克的治疗方法。
4. 梗阻性休克的诊断标准是什么？
5. 病例分析：患者，王某，男性，45 岁，半小时前行走时被汽车撞倒致全身多处疼痛，由"120"急救车送入急诊科。查体：血压 126/80 mmHg，脉搏 92 次/分，呼吸 26 次/分，氧饱和度 97%；神志清楚，面色苍白；右侧胸廓饱满，叩诊呈浊音，呼吸音较左侧减低，左

侧呼吸音清晰；腹部平坦，左上腹压痛、腹肌紧张，无明显反跳痛，肠鸣音 1～2 次/分，耻骨联合上可见皮肤瘀斑，骨盆挤压分离试验为可疑阳性。四肢感觉、运动功能正常，巴宾斯基征未引出。到达急诊科 10 min 后，患者出现恶心，呕吐大量胃内容物，面色苍白；心电监护显示血压 105/80 mmHg，心率 110 次/分，氧饱和度 84%。立即进行气管插管后，予以呼吸机辅助通气。

问题：

（1）需要对患者做哪些辅助检查？

（2）患者可能的诊断是什么？

（3）需要动态监测哪些检查指标？

（4）血气分析：pH 7.19，二氧化碳分压 41 mmHg，氧分压 54 mmHg，HCO_3^- 20.7 mmol/L，乳酸 6 mmol/L；血常规：白细胞计数 20.6×10^9，血红蛋白 60 g/L；血型"O" RH（−）；CT 检查示：两侧胸腔积液、气胸，创伤性湿肺，两侧多发肋骨骨折，脾包膜下血肿，横突骨折（左侧 L_1 - L_4），耻骨骨折可疑，颅骨骨折。初步救治措施包括哪些？

第二十章 多器官功能障碍综合征

第二十章数字资源

多器官功能障碍综合征（multiple organ dysfunction syndrome，MODS）目前较为统一的定义是机体原本无器官功能障碍或者相对正常的情况下遭受严重创伤、感染以及外科手术等急性损害 24 h 后，同时或者序贯呈现 2 个或者 2 个以上的系统或者器官功能障碍或衰竭的综合征。MODS 发展到终末期最严重的阶段，即各脏器、系统功能衰竭时，即称为多器官功能衰竭（multiple organ failure，MOF）。现代医学对于单一脏器损伤与功能障碍的救治成功率已显著提高；而超过 2 个脏器功能障碍或衰竭的患者死亡率仍然居高不下。由于 MODS 往往起病急骤，涉及全身炎症反应、组织代谢异常、营养物质和能量消耗异常等，病情进展迅速，治疗花费巨大，目前已经成为全球医学研究的热点之一。

第一节 急性心力衰竭

一、概念

急性心力衰竭（acute heart failure，AHF）是指急性心脏病变引起的心脏收缩力明显降低或心室负荷加重而导致急性心输出量显著急剧降低，体循环或肺循环压力突然增高，造成组织器官灌注不足和（或）急性肺淤血的一种临床综合征。临床上以急性左心衰竭最为常见，急性右心衰竭较少见。本节主要介绍急性左心衰竭。

案例 20-1

患者，李某，男，65 岁，既往有高血压病史 10 年，糖尿病病史 5 年，未规律治疗。1 周前，患者开始出现活动后气短，呈进行性加重，夜间不能平卧。查体：T 36.6℃，P 110 次 / 分，R 30 次 / 分，BP 170/100 mmHg，意识清楚，言语流利，口唇发绀，呼吸急促，双肺呼吸音粗糙，可闻及广泛湿啰音；心率 140 次 / 分，第一心音强弱不等；肝、脾未触及，双下肢水肿明显。

问题：
1. 考虑该患者为何种疾病？
2. 诊断该疾病的依据是什么？
3. 还需要做哪些辅助检查？

二、病因、诱因与发病机制

1. 常见病因 约 80% 的患者为慢性心力衰竭急性加重，其他病因包括急性心肌损伤和急性血流动力学障碍（表 20-1）。老年人发生急性心力衰竭的主要病因是冠心病、高血压和老年性退行性心瓣膜病，而年轻人发生急性心力衰竭多由风湿性心瓣膜病、扩张型心肌病、急性重症心肌炎等所致。

2. 常见诱因 严重呼吸道感染或全身感染，如败血症；慢性心力衰竭药物治疗依从性差；心脏容量超负荷；肾功能异常；医源性因素（如药物相互作用、应用非甾体或甾体类药物）；快速型心房颤动或恶性室性心律失常；甲状腺功能减退或亢进；酗酒等。

3. 发病机制 急性心力衰竭的病理生理学存在显著的异质性，是潜在病因、启动机制和放大机制相互作用的结果。无论基础疾病和启动因素如何，各种放大机制（如持续心肌损伤、血流动力学障碍、神经激素激活和肾功能恶化）均可促进急性心力衰竭的发展。

表 20-1 急性左心衰竭的常见病因

病因分类	疾病
慢性心力衰竭急性加重	大多数（约为 80%）为急性心力衰竭
急性心肌损伤	急性冠脉综合征
	急性重症心肌炎
	围生期心肌病
急性血流动力学障碍	药物所致的心肌损伤与坏死
	急性大量瓣膜反流和（或）原有瓣膜反流加重
	高血压危象
	重度主动脉瓣或二尖瓣狭窄
	主动脉夹层
	心脏压塞
	急性舒张性左心衰竭

三、临床表现

临床表现以肺淤血、肺水肿、体循环淤血，以及低心输出量和组织器官低灌注为特征，严重者可并发急性呼吸衰竭、心源性休克。

1. 基础心血管疾病的病史和表现 大多数患者有各种心脏病病史，存在引起急性心力衰竭的各种病因。

2. 早期表现 原来心功能正常者出现原因不明的疲乏或运动耐力明显降低以及心率增加 15~20 次/分，可能是左心功能降低的早期征兆。若病情继续发展，则可出现劳力性呼吸困难、夜间阵发性呼吸困难、入睡需要用枕头抬高头部等；检查可发现左心室增大，听诊可闻及舒张早期或中期奔马律、P_2 亢进、两肺尤其是肺底部可闻及湿啰音，还可闻及干啰音和哮鸣音，提示已出现左心功能障碍。

基础回顾

心力衰竭患者心率加快的机制

心率加快主要是由交感神经兴奋和儿茶酚胺分泌增加引起的。其机制为：①发生心力衰竭时，心输出量（cardiac output，CO）减少，动脉血压降低，对压力感受器的刺激减弱，引起心率加快；②由于心输出量减少，使右心房和腔静脉压力升高，刺激压力或容量感受器，反射性地引起儿茶酚胺分泌增多，作用于心肌细胞膜上的β和（或）α受体，引起心率加快，心肌收缩性增强；③缺氧刺激主动脉体和颈动脉体化学感受器，使呼吸中枢兴奋，导致呼吸加深、加快，反射性地引起心率加快。

3. 急性肺水肿 起病急骤，患者可突发严重的呼吸困难、端坐呼吸、喘息不止、烦躁不安并有恐惧感，呼吸频率可达 30～50 次/分，频繁咳嗽并咳大量粉红色泡沫样痰；听诊心率加快，心尖部常闻及奔马律，两肺满布湿啰音和哮鸣音等。

4. 心源性休克

（1）持续低血压：收缩压＜90 mmHg，或平均动脉压自基线下降≥30 mmHg，持续时间＞30 min。

（2）组织低灌注状态：患者精神状态改变，常有烦躁不安、激动、焦虑、恐惧和濒死感；皮肤湿冷、苍白或发绀；尿量显著减少（＜20 ml/h），甚至无尿；血清乳酸水平升高。

（3）心指数显著降低：出现肺淤血或左心室充盈压升高；无循环支持情况下，心指数低于 1.8 L/(min·m^2)；有循环支持的情况下为 2.0～2.2 L/(min·m^2)。

四、辅助检查

1. 心电图检查 可提供心脏频率、节律、传导等信息，心肌缺血性改变、ST 段抬高或非 ST 段抬高型心肌梗死以及陈旧性心肌梗死的病理性 Q 波等可提示病因。

2. X 线检查 可显示肺淤血的程度和肺水肿征象，如出现肺门血管影模糊、蝶形肺门影，甚至弥漫性肺内大片阴影等；还可根据心影增大及其形态改变评估基础或伴发的心脏和（或）肺部疾病以及气胸等。

3. 超声心动图检查 可了解心脏的结构和功能、心瓣膜状况、是否存在心包病变、急性心肌梗死的机械性并发症以及室壁运动失调，还可测定左室射血分数（left ventricular ejection fraction，LVEF），监测急性心力衰竭时的心脏收缩、舒张功能相关指标。多普勒超声成像可用于间接测定肺动脉压以及左、右心室充盈压等。

4. 动脉血气分析 急性左心衰竭患者常伴有低氧血症，出现明显肺淤血可影响肺泡氧气交换。应监测动脉血氧分压（PaO_2）、二氧化碳分压（$PaCO_2$）和氧饱和度，以评价氧含量（氧合）和肺通气功能。还应监测酸碱平衡状况。

5. 实验室检查 包括血常规和血液生化检查，如电解质（钠、钾、氯等）、肝功能、血糖、白蛋白及高敏 C 反应蛋白。

6. 心力衰竭标志物测定 脑利尿钠肽（brain natriuretic peptide，BNP）及其 N 末端脑利尿钠肽原（NT-proBNP）有助于急性心力衰竭的诊断和鉴别诊断，还可用于评估病情的严重程度和预后。若 BNP＜100 ng/L 或 NT-proBNP＜300 ng/L，则发生急性心力衰竭的可能性很小；诊

断急性心力衰竭时,NT-proBNP 水平根据患者的年龄和肾功能分层:50 岁以下成人血浆 NT-proBNP 浓度>450 ng/L,50 岁以上>900 ng/L,70 岁以上>1800 ng/L;肾功能不全(肾小球滤过率<60 ml/min)时,NT-proBNP 浓度应>1200 ng/L。评估其临床意义需结合患者的临床情况,排除其他可引起测定值增高的情况,如急性冠脉综合征、高血压、心房颤动等心血管疾病和慢性阻塞性肺疾病、肺动脉高压、感染、贫血、肝硬化等非心血管疾病。

7. 心肌损伤标志物测定 旨在评价是否存在心肌损伤或坏死及其严重程度。心肌肌钙蛋白 T 或 I 检测心肌受损的特异度和灵敏度均较高。重症有症状的心力衰竭患者存在心肌细胞坏死、肌原纤维不断裂解,血清中心肌肌钙蛋白水平可持续升高。

五、病情评估、诊断及鉴别诊断

1. 危险分层 我国目前一般推荐使用危险程度分级。危险程度分级的标准主要根据末梢循环和肺部听诊情况,无需特殊的检测条件,适用于一般门诊和住院患者。Ⅰ级病情最轻,逐级加重,Ⅳ级为最重。急性左心衰竭的危险程度分级见表 20-2。

表 20-2 急性左心衰竭的危险程度分级

分级	皮肤	肺部啰音
Ⅰ级	干燥、温暖	无
Ⅱ级	潮湿、温暖	有
Ⅲ级	干燥、发冷	无或有
Ⅳ级	潮湿、发冷	有

2. 诊断与鉴别诊断 根据典型的临床表现和体征,即可做出诊断(图 20-1)。但需与可引起明显呼吸困难的疾病(如支气管哮喘和哮喘持续状态、急性大面积肺栓塞、肺炎、严重的慢性阻塞性肺疾病尤其是伴有感染者)相鉴别,还应与其他原因所致的非心源性肺水肿(如急性呼吸窘迫综合征)以及非心源性休克等疾病相鉴别。

六、救治措施

急性心力衰竭的治疗目标因心力衰竭的不同阶段而不同,早期急诊抢救阶段以迅速稳定血流动力学状态、纠正低氧、改善症状、维护重要脏器灌注和功能、预防血栓栓塞为主要治疗目标;后续阶段应进一步明确心力衰竭的病因和诱因,并予以相应处理、控制症状和淤血,控制血压,制订随访计划,改善远期预后。

急性心力衰竭治疗原则是减轻心脏前、后负荷,改善心脏收缩与舒张功能,积极去除诱因以及治疗原发病变。

(一)一般处理

1. 体位 静息时出现明显呼吸困难者应取半坐卧位或端坐位,双腿下垂,以减少回心血量,降低心脏前负荷。

2. 吸氧 适用于低氧血症和呼吸困难明显(尤其是指端血氧饱和度<90%)的患者。应尽早予以吸氧,使患者 $SaO_2 \geq 95\%$(伴慢性阻塞性肺疾病者 $SaO_2 \geq 90\%$)。

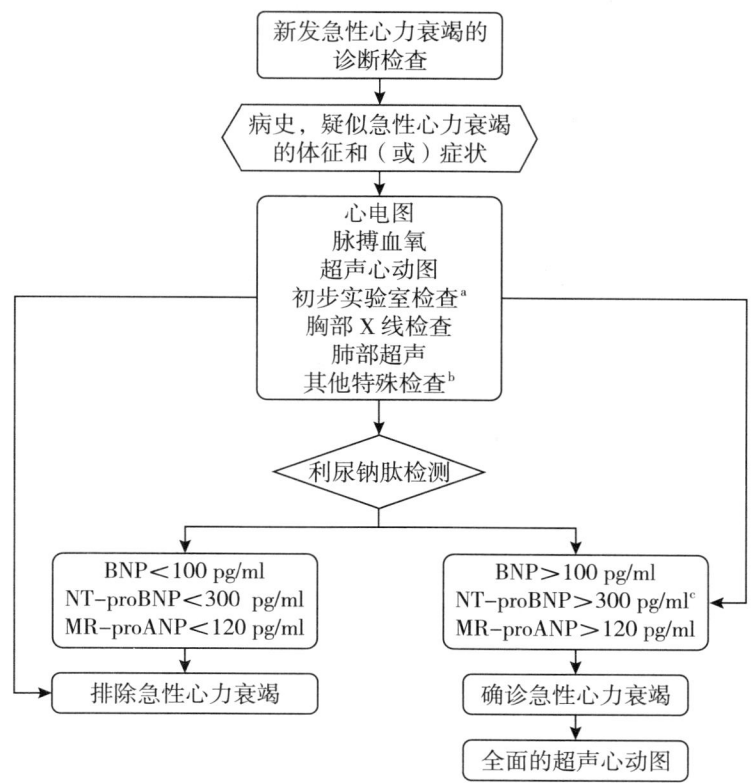

图 20-1　新发急性心力衰竭的诊断流程

a 初步实验室检查包括肌钙蛋白、血清肌酐、电解质、血尿素氮或尿素、促甲状腺激素（TSH）、肝功能检查，怀疑发生肺栓塞或感染时，应检测 D- 二聚体和降钙素原；出现呼吸窘迫时，应进行动脉血气分析，出现低灌注时，应检测乳酸水平；

b 特殊检查包括冠状动脉造影（疑似急性冠脉综合征）和胸部 CT（疑似肺栓塞）

c 急性心力衰竭的诊断 Rule-in 值为：<55岁，>450 pg/ml；55～75岁，>900 pg/ml；>75岁，>1800 pg/ml

吸氧方式：①鼻导管吸氧，从低氧流量（1～2 L/min）开始，根据动脉血气分析结果调整氧流量；②面罩吸氧，适用于伴有呼吸性碱中毒的患者；③对常规氧疗效果不满意或呼吸频率>25 次 / 分、SpO_2<90% 的患者，除有禁忌证者外，应尽早使用无创正压通气（non-invasive positive pressure ventilation，NIPPV）；④对于有无创正压通气适应证而又不能良好耐受的轻、中度低氧血症型呼吸衰竭患者，可予以经鼻高流量氧疗（high-flow nasal cannula oxygen therapy）；⑤经积极治疗后，对病情仍继续恶化（出现意识障碍，呼吸节律异常，呼吸频率>35～40 次 / 分或<6～8 次 / 分，自主呼吸微弱或消失，$PaCO_2$ 进行性升高或 pH 进行性降低者）、不能耐受无创正压通气或存在无创正压通气禁忌证者，应行气管插管，予以有创正压通气（invasive positive pressure ventilation，IPPV）。

（二）药物治疗

1. 基础治疗　阿片类药物（如吗啡）可扩张血管，降低前负荷，并抑制交感神经兴奋，减慢心率，减轻焦虑。对出现烦躁不安且除外持续低血压、意识障碍、严重慢性阻塞性肺疾病的患者，可应用小剂量（3～5 mg）吗啡缓慢静脉注射，同时注意用药个体化。

2. 利尿剂　利尿剂是治疗急性心力衰竭的主要药物，可通过增加尿量和减轻水肿有效治疗急性心力衰竭，适用于急性心力衰竭伴肺循环和（或）体循环明显淤血以及容量负荷过重的患者。

袢利尿剂作为治疗急性心力衰竭的一线药物，多首选静脉注射或静脉滴注。呋塞米一般首次剂量为 20～40 mg，也可用布美他尼 1～2 mg 或托拉塞米 10 mg。利尿剂的用药剂量应个体化，一般情况下，起始静脉治疗应采用较低的常规剂量，而对长期使用袢利尿剂的患者或有大量水、钠潴留的患者或高血压患者，可能需要更高的剂量，静脉给药剂量应为口服维持剂量的 2~2.5 倍，之后可根据疗效和患者情况逐步调整剂量。

托伐普坦属于血管加压素受体拮抗剂，可选择性阻断肾小管上的精氨酸血管加压素受体，具有排水、保钠的作用。短期应用可使容量负荷加重的患者呼吸困难和水肿明显减轻，临床症状明显好转，并使低钠血症患者的血钠正常化，适用于心力衰竭合并低钠血症的患者。

3. 血管扩张药 经静脉常用的血管扩张药包括硝酸酯类、硝普钠、α-受体阻滞剂（乌拉地尔），重组人脑利尿钠肽具有较强的扩血管作用，也归入此类。血管扩张药可降低静脉张力（减轻前负荷）和动脉张力（降低后负荷），是治疗急性心力衰竭的主要药物，特别是对伴有高血压的急性心力衰竭患者有效。除有应用血管扩张药的禁忌证外，对 SBP＞110 mmHg 的急性心力衰竭患者，均可安全使用血管扩张药；对 SBP 为 90~110 mmHg 的患者，可酌情谨慎使用，并注意严密观察患者的病情变化；对 SBP＜90 mmHg 或有症状性低血压的患者，应避免使用血管扩张药。

下列患者禁用血管扩张药：①收缩压＜90 mmHg，或持续低血压伴肾功能不全的患者；②严重阻塞性心瓣膜疾病患者；③梗阻性肥厚型心肌病患者。

（1）硝酸酯类药物：可扩张静脉和动脉，减轻心脏前、后负荷，降低左、右心室充盈压，减轻肺淤血，改善冠状动脉血流灌注，降低心肌耗氧量。适应证为急性心力衰竭合并高血压、冠心病、二尖瓣反流者。使用方法：静脉滴注，紧急应用时可选择舌下含服硝酸甘油。硝酸甘油可每 10~15 min 喷雾 1 次（400 μg），或每次舌下含服 0.3~0.6 mg。硝酸酯类药物持续应用可能会导致耐药。

（2）硝普钠：适用于严重心力衰竭、后负荷增加以及伴有肺淤血或肺水肿的患者，特别是高血压危象、急性主动脉瓣反流、急性二尖瓣反流及急性室间隔缺损合并急性心力衰竭等需快速减轻后负荷的患者。使用方法：初始剂量为 0.2~0.3 μg/（kg·min），最大剂量为 5 μg/（kg·min），使用不应超过 72 h，停药应逐渐减量，并加用口服血管扩张药，以避免出现反跳现象。

（3）乌拉地尔：属于 α 受体阻滞剂，可有效降低血管阻力，增加心输出量。适用于高血压合并急性心力衰竭、主动脉夹层合并急性心力衰竭的患者。使用方法：100~400 μg/min，对严重高血压患者，可缓慢静脉注射 12.5~25 mg。

（4）重组人脑利尿钠肽：可扩张静脉和动脉（包括冠状动脉），降低心脏前、后负荷；同时具有一定的促进钠排泄、利尿及抑制 RAAS 和交感神经系统的作用。该药对急性心力衰竭患者较为安全，可明显改善患者的血流动力学状态和呼吸困难的相关症状。使用方法：负荷剂量为 1.5~2 μg/kg，缓慢静脉推注或不用负荷剂量，继而以 0.0075~0.01 μg/（kg·min）的速度维持用药，根据血压变化情况调整剂量。

4. 正性肌力药 临床上应用的正性肌力药主要包括儿茶酚胺类、磷酸二酯酶抑制剂、钙增敏剂和洋地黄类药。其主要作用是使心输出量增加、血压升高，改善外周组织灌注和维持器官功能。适应证包括：外周低灌注伴或不伴有充血症状者；利尿剂和血管扩张药治疗无效的肺水肿患者。

（1）洋地黄类：可轻度增加心输出量和降低左心室充盈压，是唯一既有正性肌力作用又有负性传导作用的药物，对伴有快速心室率的心房颤动合并急性心力衰竭患者，可作为首选治疗药物。一般应用毛花苷 C 0.2~0.4 mg 缓慢静脉注射，必要时可在 2~4 h 后再予以 0.2~0.4 mg，24 h 总量不超过 1.0~1.2 mg。

（2）多巴胺：属于剂量依赖性药物，小剂量 1~4 μg/（kg·min）应用时，主要兴奋多巴胺受体，有轻度正性肌力和肾血管扩张作用；用药剂量为 5~10 μg/（kg·min）时，主要兴

奋 β-受体，可引起心肌收缩力增强和心输出量增加；用药剂量为 10～20 μg/（kg·min）时，α-受体激动效应占主导地位，可使外周血管阻力增加。一般从小剂量开始用药，逐渐增加剂量，短期应用。

（3）多巴酚丁胺：主要通过激动 $β_1$-受体发挥作用，具有很强的正性肌力效应，在增加心输出量的同时，可引起左室充盈压降低，且具有剂量依赖性，常用于严重收缩性心力衰竭的治疗。多巴酚丁胺的剂量一般为 2～20 μg/（kg·min），药物反应的个体差异较大，老年患者对药物的反应性显著降低。常见不良反应有心律失常、心动过速，用药 72 h 后可出现耐受。

（4）磷酸二酯酶抑制剂：适用于利尿剂联合血管扩张药治疗无效且外周循环较差的急性心力衰竭患者，可稳定血流动力学状态，改善临床症状及生活质量，其作用机制不受 β-受体阻滞剂的影响。常用药物有米力农、奥普力农、依诺昔酮等。常见不良反应有低血压和心律失常。临床证据表明，此类药物可使病死率增高，目前临床上较少使用。肥厚性梗阻型心肌病患者、孕妇与妊娠期妇女禁用。

（5）钙增敏剂（左西孟旦）：适用于传统治疗（利尿剂、血管紧张素转化酶抑制剂和洋地黄类）效果不佳，并且需要增强心肌收缩力的急性失代偿性心力衰竭患者的短期治疗。负荷剂量为 12 μg/kg，静脉注射（>10 min），继而以 0.1～0.2 μg/（kg·min）的速度滴注，维持用药 24 h；若患者血压偏低，则可直接静脉滴注维持量 24 h。

5. 血管紧张素-脑啡肽酶抑制剂（ARNI） 是新型抗心力衰竭药物，对于新发心力衰竭或急性心力衰竭住院的患者，可考虑起始即使用沙库巴曲/缬沙坦进行治疗，以减少发生不良事件的短期风险，并可简化管理流程。

6. 伊伐雷定 属于选择性 If 通道抑制剂，可减慢窦房结冲动的发放频率，从而减慢心率，并可显著降低心肌耗氧量。对于急性心力衰竭住院患者，经治疗血流动力学稳定后，可恢复窦性心律，且心率≥75 次/分。若患者对 β-受体阻滞剂暂时无法耐受，可考虑小剂量（2.5 mg，每 12 h 1 次）起始使用伊伐雷定，并根据患者的心率、血压等调整剂量 5～7.5 mg，每 12 h 1 次。

（三）非药物治疗

对药物治疗效果不佳或无效的患者，可考虑非药物治疗，包括主动脉内球囊反搏、机械通气、血液净化治疗及机械辅助循环等。急性心力衰竭的推荐治疗路径见表 20-3。

表 20-3 急性心力衰竭的推荐治疗路径

	急性失代偿性心衰	急性肺水肿	孤立性右心衰竭	心源性休克
主要机制	左室功能障碍 水、钠潴留	后负荷增加和（或）明显左室舒张功能障碍 心脏瓣膜病	右室功能障碍和（或）毛细血管前性肺动脉高压	严重心功能不全
引起症状的主要原因	体液潴留 心室内压增高	肺充血 急性呼吸衰竭	中心静脉压升高 持续低灌注	全身灌注不足
发作	渐进（数天）	迅速（数小时）	渐进或迅速	渐进或迅速
主要血流动力血异常	LVEDP 和 PCWP 增高 心输出量正常或降低 收缩压正常或降低	LVEDP 和 PCWP 增高 心输出量正常或升高 收缩压正常或升高	RVEDP 增高 低心输出量 低收缩压	LVEDP 和 PCWP 增高 低心输出量 低收缩压
主要临床表现	皮肤湿润、温暖或湿冷组织	皮肤湿润、温暖	皮肤湿冷	皮肤湿冷

续表

	急性失代偿性心衰	急性肺水肿	孤立性右心衰竭	心源性休克
主要治疗方案	利尿剂 正性肌力药/血管加压药（如果外周灌注不足/低血压） 若有需要，则可短期予以 MCS 或 RRT	利尿剂 血管扩张药	利尿剂用于外周充血 正性肌力药/血管加压药（如果外周灌注不足/低血压） 如需要可短期 MCS 或 RRT	正性肌力药/血管加压药 短期 MCS RRT

注：LVEDP，左室舒张末压；MCS，机械辅助循环；PCWP，肺毛细血管楔压；RVEDP=右室舒张末压；RRT=肾替代治疗

（朱立群）

第二节 急性肺损伤及呼吸衰竭

一、概念

急性肺损伤（acute lung injury，ALI）和急性呼吸窘迫综合征（acute respiratory distress syndrome，ARDS）是在严重感染、休克、创伤及烧伤等非心源性疾病过程中，肺毛细血管内皮细胞和肺泡上皮细胞损伤，造成弥漫性肺间质及肺泡水肿，导致急性低氧血症型呼吸功能不全或呼吸衰竭。

二、病因与发病机制

多种危险因素可诱发 ALI/ARDS，包括直接肺损伤因素和间接肺损伤因素（表 20-4）。

表 20-4 ALI/ARDS 发病的危险因素

肺内因素	肺外因素
常见因素	常见因素
胃内容物吸入性肺炎等重症肺部感染	严重的肺外感染所致的脓毒症
少见因素	重症非胸部创伤
肺挫裂伤	休克
吸入刺激性气体	大量输血、输液
淹溺	少见因素
氧中毒	重症急性胰腺炎
放射性肺损伤	体外循环
	弥散性血管内凝血
	中毒

ALI/ARDS 的基本病理生理改变是肺泡上皮和肺毛细血管内皮通透性增高所致的非心源性肺水肿。由于肺泡水肿、肺泡塌陷，导致严重通气血流比例失调，特别是肺内分流明显增加，从而导致严重的低氧血症。肺血管痉挛和肺微小血栓形成，引发肺动脉高压。ARDS 早期，促

凝机制增强，而纤溶过程受到抑制，引起广泛血栓形成和纤维蛋白大量沉积，导致血管堵塞以及微循环结构受损。

> **基础回顾**
>
> **全身炎症反应综合征**
>
> ARDS 不是一个独立的疾病，而是一个连续发展的复杂的临床综合征，发病急骤，进展迅速，损害广泛，病情严重，病死率高，常常是多器官功能障碍综合征（multiple organ dysfunction syndrome，MODS）在肺部的表现。ARDS 的发病机制尚不清楚，但从本质来看，全身炎症反应综合征（systemic inflammatory response syndrome，SIRS）是 ARDS 的根本原因，也是各种因素导致 ARDS 的共同途径。在脓毒症所致的 MODS 患者中，肺往往是最早发生衰竭的器官，原发病并发 ARDS 后，可以使病情复杂化、严重化，病死率明显增高，与 ARDS 密切相关的动态病理变化过程是：原发病 → SIRS → ARDS → MODS → 多器官功能衰竭（multiple organ failure，MOF）。因此，早期发现和诊断 ARDS，及时采取处理措施，可能阻止病情的进展和恶化。

三、临床表现

ALI/ARDS 常具有以下临床特征。

1. **急性起病**　通常在直接或间接肺损伤后 12～48 h 内发病。
2. **低氧血症**　常规吸氧后，低氧血症难以纠正。
3. **肺部体征**　缺乏特异性，急性期双肺可闻及湿啰音或呼吸音减低。
4. **X 线表现**　早期以间质性病变为主，胸部 X 线检查常无明显改变。病情进展后，可出现肺实变，表现为双肺普遍密度增高，透亮度减低，肺纹理增多、增粗，可见散在斑片状密度增高影，即弥漫性肺浸润影。
5. **无心功能不全的证据**　患者除有相应的发病征象外，肺受损最初数小时内，可无呼吸系统症状，随后呼吸频率加快，气促，肺部体征无异常发现，或可闻及吸气时细湿啰音。动脉血气分析显示 PaO_2 和 $PaCO_2$ 偏低。随着病情进展，患者出现呼吸窘迫、胸部紧束感、吸气费力、发绀，常伴有烦躁、焦虑不安。由于明显低氧血症引起过度通气，$PaCO_2$ 降低，导致呼吸性碱中毒。呼吸窘迫不能通过氧疗改善。若上述病情继续恶化，则呼吸窘迫和发绀进行性加重，呼吸肌疲劳，导致混合性酸中毒、心脏停搏。部分患者可出现多器官功能衰竭。

> **案例 20-2**
>
> 患者刘某，男，65 岁，既往身体健康。10 天前，患者受凉后出现发热、咳嗽、咳痰、肌肉酸痛，体温最高可达 38.7℃，自行口服药物治疗，症状持续加重。5 天前行胸部 CT 检查显示双肺散在斑片状密度增高影，考虑为炎症性改变，予以面罩吸氧 15 L/min，指尖氧饱和度波动在 88%～92%。入院查体：T 38.6℃，P 112 次/分，R 32 次/分，BP 86/43 mmHg，神志清楚，表情痛苦，呼吸频率偏快、呼吸窘迫，双肺呼吸音粗糙，可闻及湿啰音；心率偏快，心律齐；双下肢无明显水肿。

问题：
1. 考虑该患者为何种疾病？
2. 诊断该疾病的依据是什么？
3. 还需要做哪些辅助检查？

四、辅助检查

1. 胸部 X 线检查 早期胸部 X 线检查常呈阴性，进而出现肺纹理增多和斑片状阴影，后期为大片实变阴影，并可见支气管充气征。ARDS 的 X 线改变常较临床症状延迟 4～24 h 或更长时间，而且受治疗干预的影响很大。

2. 胸部 CT 检查 与正位胸部 X 线检查相比，CT 检查能更准确地反映肺部病变范围。通过评估病变范围，可以较准确地判定气体交换和肺顺应性病变的程度。

3. 肺气体交换监测 动脉血气分析是评价肺气体交换功能的主要临床手段。从 ARDS 早期至急性呼吸衰竭阶段，常表现为呼吸性碱中毒和不同程度的低氧血症，肺泡-动脉血氧分压差 $[P(A-a)O_2]$ 升高，高于 35～45 mmHg。对于肺损伤恶化、低氧血症进行性加重、PaO_2/FiO_2 下降的患者，该指标也常用于评价肺损伤的程度。另外，换气功能障碍还表现为无效腔通气增加，在 ARDS 后期往往表现为 $PaCO_2$ 升高。

4. 肺动力学监测 应用床旁呼吸功能监测仪监测。主要改变包括肺顺应性降低和气道阻力增加。

5. 肺功能检查 肺容量和肺活量、功能残气量和残气量均减少，呼吸无效腔增加，无效腔量/潮气量＞0.5，肺动静脉分流量增加。

6. 血流动力学监测 ARDS 的血流动力学常表现为肺动脉楔压正常或降低。监测肺动脉楔压有助于与心源性肺水肿相鉴别，可指导 ALI/ARDS 的液体治疗。

7. 血管外肺水 对评价肺损伤程度具有重要意义。血管外肺水增加是肺泡毛细血管屏障受损的表现。

五、诊断标准

目前应用较多的 ALI/ARDS 诊断标准是以下两个诊断标准。

1. 1994 年欧美共识会议提出的 ARDS 诊断标准 ①急性起病；②氧合指数（PaO_2/FiO_2）≤200 mmHg［无论呼气末正压（positive end expiratory pressure, PEEP）水平如何］；③正位胸部 X 线检查显示双肺均有斑片状阴影；④肺动脉楔压≤18 mmHg，或无左心房压力增高的临床证据。若 PaO_2/FiO_2≤300 mmHg，且满足上述其他标准，则诊断为 ALI。

2. ARDS 柏林诊断标准 2011 年由欧洲危重症协会在德国柏林成立了一个全球性专家小组，主持修订了 ARDS 诊断标准，即 ARDS 柏林诊断标准，见表 20-5。

表 20-5　ARDS 柏林诊断标准

指标	数值
起病时间	从已知临床损害，以及新发呼吸系统症状（或加重）到符合诊断标准的时间≤7 天
胸部影像学表现*	双侧浸润影，不能用积液、肺不张或结节来完全解释

续表

指标	数值
肺水肿原因	呼吸衰竭不能用心力衰竭或液体负荷过重来完全解释；若无相关危险因素，则需进行客观检查（如超声心动图），以排除静水压增高型肺水肿
氧合情况[#]	轻度[△]：PEEP 或 CPAP≥5 cmH$_2$O 时，200 mmHg<[#]PaO$_2$/FiO$_2$≤300 mmHg； 中度：PEEP≥5 cmH$_2$O 时，100 mmHg<PaO$_2$/FiO$_2$≤200 mmHg； 重度：PEEP≥5 cmH$_2$O 时，PaO$_2$/FiO$_2$≤100 mmHg

[*]胸部影像学包括胸部 X 线或 CT 表现；[#]如果海拔超过 1000 m，PaO$_2$/FiO$_2$ 值需用公式校正，校正后 PaO$_2$/FiO$_2$=PaO$_2$/FiO$_2$×（当地大气压/760）；[△]轻度 ARDS，可应用无创通气时输送的持续气道正压；CPAP：持续气道正压；FiO$_2$：吸入氧浓度；PEEP：呼气末正压；1 mmHg=0.133 kPa；1 cmH$_2$O=0.098 kPa

ALI/ARDS 的早期识别非常困难，当氧合指数下降，同时不能用其他疾病（如心功能不全）的临床特征和检查结果来解释时，应尽早行影像学（最好采用高分辨率 CT）检查，可以更清晰地了解肺部的病变程度和范围，从而为早期明确 ALI/ARDS 的诊断提供依据。ARDS 的诊断流程如图 20-2 所示。

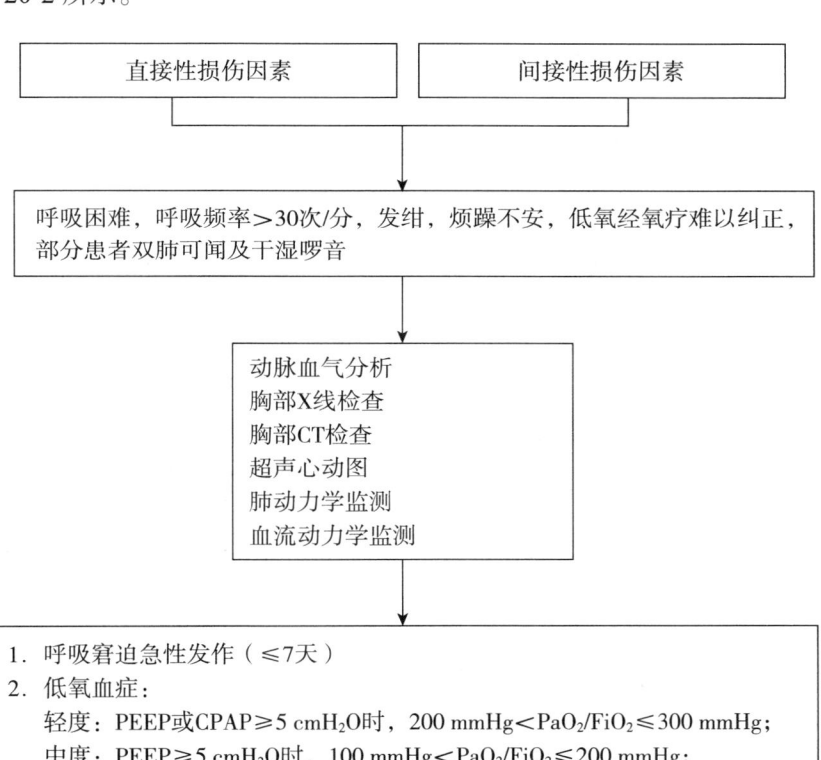

图 20-2　ARDS 的诊断流程

六、救治措施

(一) 治疗原发病

全身性感染、创伤、休克、烧伤、重症急性胰腺炎等是导致 ALI/ARDS 的常见病因。25%~50% 的严重感染患者可发生 ALI/ARDS，而且在感染、创伤等导致的多器官功能障碍综合征患者中，肺往往也是最早发生衰竭的器官。控制原发病，遏制其诱导的全身失控性炎症反应，是预防和治疗 ALI/ARDS 的必要措施。

(二) 呼吸支持治疗

1. 氧疗 可根据低氧血症的改善程度和治疗反应调整氧疗方式，先使用鼻导管，当需要较高吸氧浓度时，采用文丘里面罩或带贮氧袋的非重吸式氧气面罩。

2. 无创机械通气（non-invasive ventilation，NIV） 可以避免气管插管和气管切开的并发症。对免疫功能低下发生 ALI/ARDS 的患者，早期可先试用无创机械通气。一般认为，当患者出现以下情况时，不宜应用无创机械通气：①神志不清；②血流动力学不稳定；③气道分泌物明显增加，而且气道自净能力不足；④因面部畸形、创伤或手术等不能佩戴口鼻面罩；⑤上消化道出血、剧烈呕吐、肠梗阻，以及近期行食管和上腹部手术；⑥危及生命的低氧血症。

3. 有创机械通气

（1）时机选择：对 ARDS 患者，经高浓度吸氧仍不能改善低氧血症时，应进行有创机械通气。早期进行气管插管机械通气可以更有效地改善低氧血症，降低呼吸功，缓解呼吸窘迫，改善全身缺氧症状，防止肺外器官功能损害。

（2）肺保护性通气：在实施肺保护性通气策略时，限制气道平台压比限制潮气量更重要。由于发生 ARDS 时肺容积明显减小，为限制气道平台压，有时不得不将潮气量降低，允许 $PaCO_2$ 高于正常，即形成所谓的允许性高碳酸血症，一般主张保持 pH>7.20。

（3）肺复张：充分复张塌陷的肺泡是纠正低氧血症和保证 PEEP 效应的重要手段。实施控制性肺膨胀常采用恒压通气方式，常用吸气压为 30~45 cmH_2O，持续时间为 30~40 s。

（4）PEEP 的选择：充分复张塌陷的肺泡后，应用适当水平的 PEEP，以防止呼气末肺泡塌陷，改善低氧血症，并避免剪切力，防治呼吸机相关性肺损伤。因此，应采用能防止肺泡塌陷的最低 PEEP。若有条件，应根据静态压力-容量曲线低位转折点压力 +2 cmH_2O 来确定 PEEP。

在循环功能稳定、人机协调性较好的情况下，对 ARDS 患者进行机械通气时，有必要保留自主呼吸。除非有脊髓损伤等体位改变的禁忌证，否则行机械通气的患者均应保持半坐卧位，以预防呼吸机相关性肺炎的发生。采用俯卧位通气可通过降低胸腔内压力梯度、促进分泌物引流和促进肺内液体移动，明显改善氧合。对于常规机械通气治疗无效的重度 ARDS 患者，可考虑采用俯卧位通气。严重的低血压、室性心律失常、颜面部创伤及未处理的不稳定性骨折为其相对禁忌证。

对进行机械通气的患者，应考虑使用镇静药、镇痛药，以缓解焦虑、躁动、疼痛，减少机体耗氧量。每天均需中断应用镇静药或减少药物剂量，直到患者清醒，以判断患者的镇静程度和意识状态。应尽量避免使用肌松药。如果确有必要使用肌松药，则应监测肌肉松弛水平，以指导用药剂量，预防膈肌功能不全和呼吸机相关性肺炎的发生。

4. 液体通气 部分液体通气是在常规机械通气的基础上经气管插管向肺内注入相当于功能残气量的全氟碳液，以降低肺泡表面张力，促进肺重力依赖区塌陷的肺泡复张。部分液体通气可改善 ALI/ARDS 患者的气体交换，增加肺顺应性，可作为严重 ARDS 患者常规机械通气无效时的一种选择。

5. 体外膜肺氧合　理论上建立体外循环后，可减轻肺负担，有利于肺功能恢复。目前也有临床研究支持应用体外膜肺氧合治疗 ARDS。

（三）液体管理

高通透性肺水肿是 ALI/ARDS 的病理生理特征，肺水肿的程度与 ALI/ARDS 患者的预后呈正相关。因此，积极实施液体管理对改善 ALI/ARDS 患者的肺水肿具有重要的临床意义。在保证组织器官灌注的前提下，实施限制性液体管理，有助于改善 ALI/ARDS 患者的氧合和肺损伤。

（四）药物治疗

糖皮质激素对 ARDS 的预防和治疗作用一直存在争议，不推荐常规应用糖皮质激素。对于早期 ARDS 患者，可短期应用糖皮质激素。

（张国强）

第三节　急性肝损伤及肝衰竭

急性肝衰竭（acute hepatic failure，AHF）并非独立的疾病，而是各种损伤因素（如严重感染、创伤、休克、药物与毒物等）直接或间接作用于原无肝病或虽有肝病但已长期无症状者的肝脏 2 周内所引发的，以肝细胞广泛坏死或脂肪浸润而肝细胞再生能力不足以进行性代偿进而导致肝细胞合成、解毒和生物转化、转运和排泄等功能障碍为共同病理生理特征，以进行性黄疸、意识障碍、出血和肾衰竭等为主要临床表现的一组临床综合征。

急性肝损伤（acute hepatic injury，AHI）为 AHF 的早期表现，两者是一个连续渐进的病理生理过程。若在 AHI 阶段及时采取措施消除损肝因素，则可限制肝细胞损害的程度和范围；若已发生的损害无限制的加重与扩散，则将导致肝细胞广泛坏死，肝细胞功能急剧减退直至衰竭。AHF 起病急，早期阶段很难被识别，病情进展快，一旦出现肝性脑病（hepatic encephalopathy），或发展为多器官功能障碍综合征（multiple organ dysfunction syndrome，MODS）病死率高达 70%~80%。

案例 20-3

患者，刘某，女，45 岁，体重 50 kg。因呕吐、皮肤巩膜黄染 3 天，意识障碍 6 h 来我院就诊。患者 3 天前因食用蘑菇后出现恶心、呕吐、乏力，到当地医院就诊，予以洗胃、止吐等对症治疗，患者出现进行性黄疸，鼻黏膜出血，皮肤瘀斑，6 h 前逐渐出现意识障碍。发病以来，患者进食量减少，尿量减少。既往身体健康，无特殊病史。查体：T 37.4℃，P 89 次 / 分，R 17 次 / 分，BP 113/72 mmHg；意识模糊，不能配合查体，皮肤、巩膜重度黄染，上肢静脉输液穿刺处可见大片瘀斑，右上腹压痛，肝下界未触及，其余检查未见异常。

问题：
1. 考虑该患者为何种疾病？
2. 诊断该疾病的依据是什么？
3. 需要做什么辅助检查？

一、病因与发病机制

（一）病因

1. 感染因素

（1）病毒感染：在我国，病毒性肝炎引起的肝损伤和功能障碍最常见，其中以乙型、丙型和丁型病毒性肝炎多见，甲型和戊型病毒性肝炎相对较少。其他病毒性肝炎以巨细胞病毒、EB病毒和单纯疱疹病毒性肝炎较为常见，而腺病毒、流行性出血热病毒性肝炎等少见。

（2）严重细菌感染：大量细菌毒素入血，或细菌通过血流感染直接产生影响。例如，在脓毒症发病过程中，肝作为机体物质能量代谢的中心而成为较容易受损的靶器官之一。

2. 非感染因素

（1）药物及有毒物质：在国外，药物引起的急性肝损伤及功能障碍较常见，其中以解热镇痛药、抗感染药、抗结核药、降血脂药和抗癫痫药等比例较高，中草药及其提取物引起肝损害者也不少见。很多有毒物质也可造成肝损害，如毒蕈、有机溶剂、乙醇、四氯化碳、毒蜂蜇伤等。

（2）缺血、缺氧性肝损害：各种类型休克、严重低氧血症均可造成肝损害，多数仅引起一过性肝酶升高和轻度黄疸，但去除病因后，患者可较快恢复，仅少数患者因长时间缺血、缺氧而导致急性肝功能障碍。肝也是MODS常见的受累器官之一。

（3）创伤与手术打击：研究报道，创伤后急性肝损伤的发生率为2%～47%。

（4）代谢异常：肝豆状核变性（Wilson病）为先天性代谢障碍性疾病，多呈慢性活动性肝病过程，少数青少年患者可以急性肝衰竭为首发表现；妊娠急性脂肪肝、瑞氏综合征所致的脂肪代谢紊乱均可导致肝衰竭；半乳糖血症、酪氨酸血症、α1-抗胰蛋白酶缺乏症等，也可引起肝衰竭。

（5）其他：成人Still病、肝移植后移植物抗宿主病、高热等，也是导致肝衰竭的原因。肝衰竭的常见病因见表20-6。

表20-6 肝衰竭的常见病因

病因	常见分类
感染因素	病毒感染：甲型、乙型、丙型、丁型、戊型肝炎病毒，以及巨细胞病毒、EB病毒、肠道病毒、疱疹病毒、黄热病毒等
	严重细菌感染：脓毒症
非感染因素	药物：对乙酰氨基酚、抗结核药、抗肿瘤药、部分中草药、抗风湿药、抗代谢药等
	有毒物质：毒蕈、乙醇、有机溶剂、四氯化碳、毒蜂蜇伤等
	缺血、缺氧性肝损害：缺血、缺氧、休克、充血性心力衰竭
	创伤与手术打击：创伤、肝肿瘤、肝手术、肝移植术后等
	代谢异常：肝豆状核变性、遗传性糖代谢障碍等
	其他：热射病、先天性胆道闭锁、胆汁淤积性肝病等

（二）发病机制

AHF的发病机制比较复杂，主要包括以下几方面。①患者因素：研究显示，宿主遗传背景在乙型病毒性肝炎重症化过程中具有重要作用。②病毒因素：病毒可直接破坏肝细胞。研究表明，细胞内过度表达的 HBsAg 可导致肝细胞损伤及功能衰竭。病原体 HBV 前 C 区和 C 区基本核心启动子突变是目前研究得最多的两个区域，基因变异可引起细胞坏死，导致严重肝损害。③毒素因素：内毒素入血后，未经肝库普弗细胞解毒，直接破坏肝细胞。另外，内毒素也可通过激活库普弗细胞释放的化学介质而引起肝坏死，且与其他毒素共同作用，导致肝衰竭。④代谢因素：代谢因素及血供异常可导致肝缺血、缺氧，营养物质缺乏，代谢废物堆积，导致肝细胞损伤，加快肝病进展。

不同病因造成肝损伤所导致的急性肝功能障碍或衰竭，可分为原发性肝损伤和继发性肝损伤所导致的急性肝功能障碍或衰竭。前者主要为直接或间接作用造成肝细胞大量坏死所致的急性肝功能障碍，毒素及有害物质可直接作用而加速肝衰竭；继发性肝损伤主要是病理打击因素作用于机体产生炎症和代谢反应，超出肝代偿能力而引起的肝损伤及功能障碍。病毒性肝损伤主要是病毒直接造成肝细胞结构改变或细胞破坏，并诱发免疫反应以清除病毒而引起感染的肝细胞破坏、溶解，继而使肝解毒和清除有害物质的能力降低，形成恶性循环，最终导致肝功能障碍或衰竭。严重创伤、休克和严重感染时，机体炎症反应失控，产生大量炎症介质和细胞因子，引起全身炎症反应综合征，对组织细胞具有损害作用，可继发肝细胞损伤及功能障碍。

肝细胞损伤的病理表现分为两种类型。Ⅰ型以细胞肿胀，细胞内线粒体等细胞器严重受损，肝细胞结构破坏、坏死为特征；肝小叶区结构破坏、网状支架塌陷，坏死区及汇管区炎症细胞浸润。Ⅱ型以肝细胞脂肪浸润、细胞肿胀为特征，而肝细胞坏死不明显。由肝直接损伤或者炎症反应造成的间接损伤主要表现为Ⅰ型，Ⅱ型多由代谢性疾病引起。

基础回顾

肝的血液循环

肝的血液循环十分丰富，由门静脉和肝动脉双重供血。流入肝的血液有 1/4 来自肝动脉，主要供应肝所需的氧气，称为营养血管；另外 3/4 来自门静脉，主要将来自消化道的各种营养和有害物质输入肝，经肝加工处理后，进入全身血液循环，因此称为功能血管。门静脉反复分支，发出很多微静脉，伸入肝小叶，血流汇入肝血窦；肝动脉分支形成小叶间动脉，其血液也注入肝血窦。因此，肝血窦是由门静脉和肝动脉血汇合而成的。

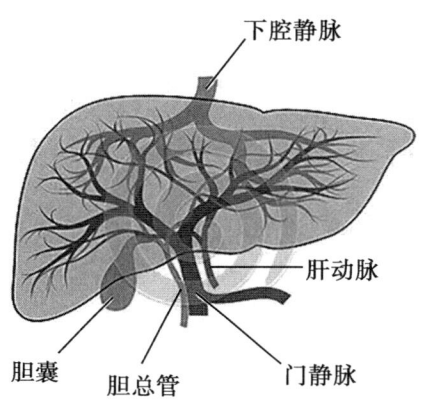

二、临床表现

AHI/AHF 不仅可累及肝，还可引起多器官损害，所以临床表现也复杂多样。患者除可出现原发疾病的相关症状和体征外，还可出现以下临床表现及并发症。

1. 全身症状　患者体质极度虚弱，全身状态极差，表现为乏力。

2. 消化系统　表现为恶心、呕吐，上腹部胀痛、腹胀、胃肠动力减弱；可出现消化道出血、腹水、进行性加重的黄疸；呼吸和呃逆时，可闻及肝臭味。

3. 中枢神经系统　患者可出现肝性脑病，表现为手抖，行为改变、躁动、言语混乱、精神错乱、嗜睡、昏睡，甚至昏迷。

4. 血液系统　全身表现为出血和出血倾向，牙龈出血、鼻出血、呕血、黑便。特别是黏膜出血或皮肤出血点、瘀斑。肝衰竭所致凝血功能障碍与 DIC 患者的凝血功能障碍临床表现相同，但二者的病理机制不同，前者又是 DIC 的病因，应注意鉴别。

5. 泌尿系统　急性肝功能障碍患者常合并肾功能不全（肝肾综合征），表现为少尿、氮质血症，早期可由肾灌注不足引起，后期主要是由于毒素及炎症介质损害肾单位所致。

6. 循环系统　AHI/AHF 患者存在高动力循环状态，表现为心输出量增加和外周血管阻力降低，是由于周围动脉扩张所致。

7. 呼吸系统　30% 以上的 AHI/AHF 患者可发生急性肺损伤与急性呼吸窘迫综合征。

8. 代谢系统　患者可出现严重低蛋白血症及全身水肿，以及低血糖性昏迷等内分泌功能紊乱。急性肝功能障碍或衰竭可造成低钠、低钾、低钙和低镁血症，以及严重的酸碱失衡。此外，急性肝功能障碍或衰竭还可引起循环和呼吸功能障碍，患者可出现心律失常、低血压及难以纠正的低氧血症。

9. 其他　患者可发生感染，由于肝单核巨噬细胞系统清除肠源性内毒素的功能急剧降低，63%～100% 的 AHF 患者可发生内毒素血症，继而加重肝损害。

三、辅助检查

1. 肝功能检查

（1）酶学指标：包括丙氨酸转氨酶（ALT）、天冬氨酸转氨酶（AST）。虽然肝内 AST 含量较 ALT 多，但由于 ALT 分布在肝细胞的胞质水溶相中，AST 主要分布在线粒体中，少数分布在胞质水溶相中。因此，损伤初期，肝细胞膜通透性增高，血清 ALT 增高明显；肝细胞坏死严重时，则 AST 增高。因此 AST/ALT 比值可以反映肝损伤的严重程度，正常值为 1.15，肝损害越严重，AST/ALT 比值越高。肝损伤严重时，ALT 可下降或不升高，与持续升高的胆红素呈现"酶胆分离"现象，提示大量肝细胞坏死，预后不良。

（2）胆汁分泌与排泄指标：包括总胆红素、直接胆红素、间接胆红素、总胆汁酸、碱性磷酸酶、γ-谷氨酰转移酶等。胆道通畅性受阻时，除间接胆红素升高不明显外，其余指标均升高；肝细胞破坏可表现为以间接胆红素升高为主的黄疸。

（3）肝合成功能指标：包括蛋白和凝血因子合成功能相关指标，主要包括前白蛋白、白蛋白、凝血酶原时间、胆碱酯酶等。病程进展越迅速、时间越长，上述指标异常越明显。

（4）其他生化指标：血氨升高、血糖波动较大、血乳酸升高，表明组织灌注不良及肝清除能力降低，进行血气分析可用于评价酸碱平衡状况。

2. 影像学检查　进行上腹部 CT、MRI 有助于了解肝结构的改变情况，肝动态超声监测已经成为常规检查项目。肝血管与胆管造影、放射性核素显像、腹腔镜检查、肝组织活检和病理学检查等，可明确肝的大小、质地、占位性病变和结构异常，对 AHI/AHF 的诊断及病因鉴别有重要价值。急性肝衰竭的典型病理表现为肝细胞呈一过性坏死，坏死面积≥肝实质的 2/3；或呈亚大块坏死，或桥接坏死，伴存活肝细胞严重变性，肝血窦网状支架不塌陷或非完全性塌陷。

3. 其他常规检查　包括血常规、尿常规、粪便常规检查，动态监测有助于判断是肝衰竭还是 DIC 所致的凝血功能障碍；另外，还包括电解质监测、病原学监测、血药浓度监测等。

四、诊断标准

中华医学会感染病学分会肝衰竭与人工肝学组、中华医学会肝病学分会重型肝病与人工肝学组于 2018 年发布的《肝衰竭诊疗指南》中提出，急性肝衰竭的诊断标准为：急性起病，2 周内出现 Ⅱ 度及以上肝性脑病（按 Ⅳ 级分类法划分）并有以下表现者：①极度乏力，并伴有明显厌食、腹胀、恶心、呕吐等严重消化道症状；②短期内黄疸进行性加深，血清总胆红素（TBil）≥正常值上限的 10 倍或每日上升≥17.1 μmol/L；③有出血倾向，凝血酶原活动度（PTA）≤40%，或国际标准化比值（INR）≥1.5，且排除其他原因；④肝进行性缩小。肝性脑病（hepatic encephalopathy）是由于严重肝功能失调或障碍引起的，以代谢紊乱为基础并排除其他已知脑病的中枢神经系统综合征。根据患者的意识障碍程度，可分为四度。Ⅰ 度：行为改变伴轻度意识障碍；Ⅱ 度：以行为异常为主，伴有定向力障碍、嗜睡，可出现扑翼样震颤；Ⅲ 度：表现为明显精神错乱，言语不连贯，大部分时间处于昏睡状态，但能被唤醒；Ⅳ 度：处于昏迷状态，对疼痛刺激无反应，呈去大脑皮质状态。目前，国际上将诊断名称统一为急性肝衰竭。在 MODS 的诊断中，血清总胆素＞34 μmol/L、转氨酶升高超过 2 倍以上时，表明存在肝损伤、肝功能障碍。但需要排除原发性肝病、胆道疾病所引起的肝功能指标改变。

五、救治措施

（一）病因治疗

1. 病毒性肝炎　对乙型、戊型病毒性肝炎患者，应重视初发阶段的治疗，防止病情反复及转为慢性活动性病程，可予以核苷类似物进行抗病毒治疗；对其他病毒所致肝炎患者，可予以阿昔洛韦等抗病毒治疗。进行抗病毒治疗的同时，可予以肾上腺皮质激素、胸腺素和干扰素等治疗。

2. 药物、毒物性肝损伤　及时洗胃，并选择相应的拮抗剂和解毒剂。对于药物、毒物已吸收入血者，可早期进行血液灌流和血液滤过治疗。对服用对乙酰氨基酚的患者，可予以乙酰半胱氨酸。对异烟肼中毒患者，可予以维生素 B_6 对抗。

3. 低灌注、低氧血症　对各种原因导致的低血容量、组织灌注不足、严重低氧血症患者，应积极进行液体复苏，改善微循环灌注，尽快纠正高乳酸血症；积极纠正贫血，予以机械通气，以改善氧合；对于严重脓毒症及感染性休克患者，应加强针对性抗感染治疗。

4. 妊娠急性脂肪肝　应积极创造手术条件，终止妊娠；对中毒、肝豆状核病变所致的急性肝衰竭患者，应尽早争取进行肝移植术。

（二）维护生命体征和稳定内环境

1. 维持生命体征 维持血流动力学稳定，纠正低氧血症。积极实施液体复苏和容量管理，纠正低蛋白血症。根据血红蛋白水平予以输注浓缩红细胞，必要时予以血管活性药物，如多巴胺、去甲肾上腺素等，维持有效灌注压和灌注容量；尽早予以机械通气，以维持有效氧合。

2. 维持内环境稳定 急性肝损伤及肝衰竭容易造成复杂的水、电解质紊乱和酸碱失衡，应根据检测结果予以对症治疗。对于出现腹水及全身水肿的患者，可予以白蛋白，以提高胶体渗透压，使血管外的水向血管内转移，减轻组织间隙水肿。

3. 心脏功能支持 可予能量合剂、左卡尼汀等；存在低心输出量的患者，可予以多巴酚丁胺、多巴胺，必要时予以强心药毛花苷C；经静脉应用参附注射液可提高心肌收缩力，同时不增加心肌耗氧量，每次可予以50~100 ml，静脉滴注。

4. 呼吸功能支持 肺是敏感的靶器官，肝损伤常继发引起肺损伤，肺间质渗出增多；另外，肺部感染也是常见的并发症。上述因素均可导致呼吸功能不全。应积极予以通气支持，维持正常氧合；预防和控制感染，加强气道护理，合理使用抗生素。

5. 调节凝血功能 肝衰竭患者均存在凝血功能障碍，可出现皮肤黏膜出血、消化道出血，严重者甚至发生颅内出血。由于凝血因子、纤维蛋白原生成障碍，导致凝血酶原时间延长。应及时补充新鲜血浆，冷沉淀，重组Ⅶ因子、Ⅷ因子，若纤维蛋白原低于1.0 g/L，则需补充纤维蛋白原及凝血酶原复合物；常规补充维生素K；若患者出现消化道出血，则可予以止血药、抗酸药，局部予以去甲肾上腺素冰生理盐水反复冲洗，再予以凝血酶、云南白药等；若上述治疗措施无效，则可考虑进行三腔二囊管压迫止血或胃镜下局部止血。

6. 胃肠功能支持 改善胃动力及肠内环境，保护黏膜屏障功能，可予以生大黄灌肠或经胃管给药，或应用乳果糖及微生态制剂；可予以口服新霉素等肠道抗生素。目的是促进胃肠蠕动，减少肠道细菌和毒素易位，预防和减轻肝性脑病的发生。

7. 神经功能支持 防治肝性脑病的关键是消除各种诱因，减少肠源性毒素的生成、吸收，并促进排泄。当患者出现脑功能异常时，可予以精氨酸20 g；予以支链氨基酸，以纠正氨基酸代谢失衡；维持血糖稳定，纠正低钠血症，减轻脑水肿，必要时予以甘露醇脱水治疗；予以醒脑剂注射液20~40 ml静脉滴注；预防韦尼克脑病时可予以补充B族维生素。

（三）保护肝功能和促进肝细胞再生

去除肝损伤的病因，恢复和维持肝灌注是保护肝功能的重要前提，在此基础上，可应用合适的保肝药物。

1. 甘草酸制剂 主要成分是甘草酸、半胱氨酸和甘氨酸，具有降低胆红素和转氨酶的作用。

2. 门冬氨酸钾镁 天冬氨酸在体内是草酰乙酸的前体，在三羧酸和鸟氨酸循环中起重要作用，并具有降血氨作用；钾、镁离子均是生物合成与分解代谢过程中的催化剂。

3. 中药制剂 中医药治疗是保肝治疗的重要措施，常用的中药制剂有苦黄注射液、茵栀黄注射液和丹参注射液等。苦黄、茵栀黄具有利湿退黄、清热解毒的作用；丹参具有活血化瘀的作用，可改善肝内微循环，促进肝细胞再生等。

4. 肝细胞生长因子 是从猪肝细胞内提纯的多肽，具有促进DNA合成、促进肝细胞生长、稳定肝细胞膜、抑制肿瘤坏死因子、增强库普弗细胞功能的作用。

5. 必需氨基酸 富含支链氨基酸，可改善支链氨基酸与芳香族氨基酸含量的比值，减少肝性脑病的发生；谷氨酸钠和精氨酸也有助于降低血氨水平。

6. 其他药物 可选择葡醛内酯、谷胱甘肽制剂和乙酰半胱氨酸等。

(四)肝功能支持与肝移植治疗

1. 肝功能支持　人工肝是指通过体外的机械、物理化学或生物装置,清除各种有害物质,补充必需物质,改善内环境,暂时替代衰竭肝部分功能的治疗方法,可以为肝细胞再生及肝功能恢复创造条件或等待机会进行肝移植。人工肝支持系统分为非生物型、生物型和混合型三种。非生物型人工肝已在临床广泛应用并被证实具有一定的疗效。目前应用的非生物型人工肝方法包括血浆置换、血液灌流、血浆胆红素吸附、血液滤过等。由于各种人工肝的原理不同,应根据患者的具体情况选择不同的方法单独或联合使用。生物型及混合型人工肝不仅具有解毒功能,还具有部分合成和代谢功能,是人工肝发展的方向。

人工肝的适应证:①各种原因引起的肝衰竭早、中期,INR 为 1.5~2.5 和血小板 > 50×10^9/L;对晚期肝衰竭患者也可进行治疗,但并发症较多见,应慎重;对未达到肝衰竭的诊断标准,但有肝衰竭倾向者,也可考虑早期干预;②晚期肝衰竭患者在肝移植术前等待供体、肝移植术后发生排斥反应、移植肝无功能期。

人工肝的禁忌证:①严重活动性出血或 DIC。②对治疗过程中所用血制品或药品(如血浆、肝素和鱼精蛋白)高度过敏。③循环功能衰竭。④心肌梗死或脑梗死非稳定期。⑤妊娠。

2. 肝移植　若引起急性肝损伤的病因可以去除,由于肝细胞具有较强的再生和修复能力,则通过采取上述措施,可以使多数患者度过急性期,有机会为患者争取较好结果。对不可逆性肝损伤导致的肝衰竭患者,需要进行肝移植治疗。

(刘　刚)

第四节　急性肾损伤及肾衰竭

一、概念

急性肾损伤(acute kidney injury,AKI)是指任何原因导致患者血肌酐在 48 h 内上升 0.3 mg/dl(25 μmol/L)或较原水平增高 50% 以上,和(或)尿量减少至 <0.5 ml/(kg·h)并持续 6 h 以上的肾脏病变。与慢性肾衰竭相比,AKI 的病理改变大多可逆。

二、病因与发病机制

根据致病因素对肾直接作用部位的不同,可将急性肾损伤分为三类,即肾前性、肾性和肾后性急性肾损伤。

1. 肾前性急性肾损伤　各种原因导致肾血流量急剧减少,肾灌注不足,引起肾功能损害,肾小球滤过率降低,导致急性肾功能障碍甚至肾衰竭;若肾组织灌注恢复及时,则肾功能有望恢复正常,甚至不遗留器质性病变。常见原因包括以下两方面。

(1)有效循环血量减少:细胞外液大量丢失、心输出量减少、休克。

(2)肾血流动力学改变:应用前列腺素合成抑制剂、血管收缩药、腹主动脉瘤、出球小动脉扩张。

2. 肾性急性肾损伤　常见原因包括肾小球疾病、急性肾小管坏死、急性肾间质疾病和肾

血管疾病。急性肾损伤最常见类型是急性肾小管坏死，是由于肾长时间灌注不足或肾毒性物质损伤肾小管上皮细胞所致。

3. 肾后性急性肾损伤　肾以下部位，从肾盏到尿道任意部位的梗阻，使肾盏以上部位压力升高，导致肾功能减退，引起急性肾损伤。常见原因包括尿路结石、前列腺肥大或肿瘤、输尿管及尿道畸形或狭窄等。

三、临床表现

急性肾损伤的临床表现分为两种类型，即少尿型和非少尿型。

（一）少尿型 AKI

少尿型 AKI 根据其发生、发展过程，可分为少尿期、多尿期和恢复期。

1. 少尿期

（1）尿量：表现为少尿（24 h 尿量少于 400 ml）或无尿（24 h 尿量少于 100 ml）。

（2）体液过多：尿量减少致使体内水潴留，肢体、躯干下垂部位水肿，患者可有高血压、胸闷、气促等表现，严重者可出现心力衰竭、脑水肿和肺水肿。

（3）电解质紊乱：机体无法维持内环境稳定，患者常出现高钾血症、低钠血症、低钙血症和高镁血症等。少尿期最危险的电解质紊乱是高钾血症，可引起心脏传导阻滞以及诱发心律失常，严重者可出现心室颤动或心搏骤停。对药物治疗后高钾血症改善不明显者，需紧急进行肾脏替代治疗。

（4）代谢性酸中毒：患者可出现意识障碍、深大呼吸、心肌收缩乏力等表现。

（5）氮质血症：尿素、肌酐呈进行性升高。早期患者可出现食欲减退、恶心、呕吐、腹胀等消化道症状，后期可出现表情淡漠、嗜睡或烦躁不安、昏迷等意识障碍表现，呼出气带有尿素味等。

2. 多尿期　24h 尿量超过 2500 ml 称为多尿，进行性尿量增多提示肾功能开始恢复。进入多尿期后，患者尿量可达 3000～5000 ml/d。多尿期尿毒症的症状逐渐改善，血清尿素氮、肌酐水平逐渐下降。由于大量水分和电解质排出，仍需密切监测患者的酸碱平衡状况及评估容量负荷。

3. 恢复期　一般发病后 1 个月即进入恢复期，患者尿量基本恢复正常。肾功能恢复正常需要 3 个月至 1 年，但肾小管浓缩功能完全恢复通常需要较长时间。患者精神和食欲明显好转，但还有乏力、消瘦等表现。少数患者可有永久性肾损伤。

（二）非少尿型 AKI

临床表现通常较轻，病程短且并发症少，预后较好。主要临床特点包括：①患者 24 h 尿量为 600～800 ml，甚至尿量无明显减少；②尿素氮每日升高约 3.5 mmol/L，血肌酐每日升高约 44.2 μmol/L；③多无高钾血症；④尿比重低，尿钠含量低。

四、辅助检查

1. 电解质测定　了解患者是否有危及生命的电解质紊乱，判断是否需要紧急处置。

2. 生化检查　①血清尿素氮与肌酐比值：对鉴别肾前性与急性肾小管坏死有重要意义；②血清肌酐水平；③血清胱抑素水平：是判断危重症患者早期发生 AKI 的可靠指标；④肾小

管功能检查。

3. 血气分析 有助于判定酸碱失衡类型及电解质紊乱情况。

4. 尿液分析和镜检 ①尿量变化；②尿常规检查；③尿生物标志物检测。

5. 超声检查 是鉴别急、慢性肾损伤首选的无创性检查。可应用床旁实时超声检查协助评估容量负荷。

6. CT 检查 对肾、肾上腺、膀胱和前列腺疾病的诊断优于超声检查。

7. 肾活检 对大多 AKI 患者无需进行肾活检。对少尿期超过 2 周，或病因不明且肾功能在 3~6 周内未能恢复者，可考虑进行肾活检。

五、病情评估、危险分层及诊断

1. AKI 的诊断 符合下列情况之一者，即可诊断为 AKI：① 48 h 内血清肌酐水平升高≥26.5 μmol/L（0.3 mg/dl）；②血肌酐在 7 天内超过基础值的 1.5 倍及以上；③尿量＜0.5 ml/（kg·h），且持续 6 h 以上。

2. AKI 的分期标准 急性肾损伤的 RIFLE 分期标准见表 20-7。RIFLE 即代表危险期（risk stage）、损伤期（injury stage）、衰竭期（failure stage）、丧失期（loss stage）和终末期（end stage）5 个阶段。

表 20-7 急性肾损伤的 RIFLE 分期标准

分期	尿量	GRF
危险期（R）	＜0.5 ml/（kg·h）持续＞6 h	Scr 达基线值的 1.5~1.9 倍，或升高≥26.5μmol/L；或 GRF 下降＞25%
损伤期（I）	＜0.5 ml/（kg·h）持续≥12 h	Scr 达基线值的 2.0~2.9 倍；或 GRF 下降＞50%
衰竭期（F）	＜0.5 ml/（kg·h）持续≥24 h 或无尿≥12 h	Scr≥基线值的 3 倍；或升高≥353.6 μmol/L，需要肾替代治疗；或 GRF 下降＞75%
丧失期（L）		持续急性肾衰竭，即肾功能彻底丧失＞4 周
终末期（E）		肾功能彻底丧失＞3 个月

注：Scr，血肌酐；GRF，肾小球滤过率

六、救治措施

AKI 的治疗原则包括卧床休息、消除诱因、促进肾功能恢复、防治并发症以及降低病死率。

1. 病因治疗 积极寻找 AKI 的病因，消除诱因，如解除尿路梗阻、纠正休克、清除肾毒物、治疗肾炎、抗感染和处理创伤等。

2. 维持容量负荷及内环境稳定 根据 AKI 的进展情况密切评估容量负荷及监测机体内环境变化。少尿期须严格控制输液量和输液速度，防治高钾血症、低钠血症、低钙血症和高镁血症。多尿期应及时补液、补充电解质。对发生代谢性酸中毒的患者，当 HCO_3^-＜15 mmol/L 时，应以适当速度适量补充碳酸氢钠。

3. 治疗心力衰竭 由于体内水、钠潴留，心脏前负荷增加，肾对利尿剂的反应性降低，血容量增加，使心脏负担加重，患者往往容易并发心力衰竭。对于抗心力衰竭药物治疗效果

差、容量负荷及内环境持续不能纠正者，应及时行肾替代治疗。

4. 避免使用肾毒性药物 以免加重肾功能损害。

5. 营养支持 急性肾损伤往往继发于重症感染、创伤、大手术、心力衰竭等严重疾病，患者常处于应激的高代谢状态。对于急性肾损伤患者，应提供糖和脂肪双能源非蛋白热量，脂肪的热量补充可增加。同时为了减少氮质的生成，须严格限制食物蛋白质的摄入，建议选用高生物学价值的优质蛋白。

6. 肾替代治疗 主要根据 AKI 患者的容量负荷、内环境紊乱情况及并发症的严重程度评估是否需行肾替代治疗，包括血液滤过、血液透析。应注意在危及生命的情况下，需紧急行肾替代治疗，包括但不限：①血钾>6.0 mmol/L；②容量超负荷，导致急性肺水肿、心力衰竭。

（彭　绵）

第五节　急性肠损伤及肠衰竭

急性肠损伤与肠衰竭是两个不同的病理阶段。以肠黏膜缺血、水肿和通透性增高为病理基础的综合征称为急性肠损伤。肠黏膜屏障在机体的特异性和非特异性防御机制中起着重要的作用。在休克、创伤、手术、严重感染等危重疾病应激状态下，患者肠黏膜结构和功能受到严重损伤，肠道内毒素及细菌移位，发生肠源性感染、脓毒症甚至诱发多器官功能障碍综合征（MODS），肠黏膜屏障功能受损和肠功能损害，导致消化、吸收、营养障碍，称为肠衰竭。

一、肠黏膜屏障损伤的机制

1. 肠黏膜屏障的组成

（1）机械屏障：由构成肠上皮层的具有吸收功能的肠上皮细胞、分泌黏液的杯状细胞和具有内分泌功能的细胞构成，可维持肠黏膜稳态。肠上皮细胞通过不断更新，以维持黏膜屏障的完整性。

（2）化学屏障：胃肠道分泌的胃酸、胆汁、各种消化酶、溶菌酶、黏蛋白及肠腔内正常寄生菌产生的抑菌物质共同构成化学屏障。

（3）免疫屏障：肠黏膜上皮细胞分泌的 IgA 等抗体及黏膜下淋巴组织共同组成肠黏膜免疫屏障。

（4）生物屏障：肠道是体内最大的微生物库，正常胃肠道内有 1000 多种细菌。肠道正常菌群有助于肠道营养物质的消化、吸收，与人体形成"共生"关系。危重症患者由于长时间进行全胃肠外营养、营养不良以及胃肠动力异常等多种因素，致使体内外环境发生变化，出现菌群失调，使肠源性感染的风险增加。

2. 肠黏膜屏障损伤的机制

（1）肠黏膜机械屏障损伤：在应激状态下，肠黏膜缺血、缺氧、血管通透性增高，黏膜上皮水肿、上皮细胞膜及细胞间连接断裂、细胞坏死或凋亡，导致肠黏膜通透性增高。

（2）肠黏膜化学屏障损伤：在危重病应激状态下，胃肠道功能受抑制，消化液和黏液分泌减少，肠蠕动减慢，导致肠黏膜化学屏障损伤。

（3）肠黏膜免疫屏障损伤：①体液免疫功能受损，即肠道产生 IgA 的功能受到抑制，IgA 含量减少，合成 IgA 的浆细胞数量减少，促使细菌移位。②细胞免疫功能受损，细菌内毒素可直接损伤细胞免疫功能，同时激活局部和全身炎症介质的释放。

（4）肠黏膜生物屏障损伤：在应激状态下，胃肠道蠕动受抑制，肠黏膜上皮细胞摄氧障碍，肝肠循环紊乱，导致肠道细菌繁殖并移位，引起菌群失调。肠道微生态平衡失调，导致肠黏膜生物屏障功能障碍。

知识拓展

肠黏膜和肝的屏障功能

正常情况下，肠黏膜上皮是防止细菌或毒素从胃肠道进入体循环的重要机械防御屏障。当肠黏膜持续缺血或继发浅表溃疡时，可引起肠黏膜上皮损伤，其天然防御屏障功能减弱，细菌和内毒素进入肠壁组织，通过肠淋巴管和肠系膜淋巴结进入门静脉和体循环，引起全身感染和内毒素血症，这种肠内细菌侵入肠外组织的过程称为细菌移位。SIRS 产生的炎症介质也可直接损伤肠黏膜上皮。正常情况下，进入门静脉系统的少量肠道细菌和内毒素可以被肝内的库普弗细胞清除，因此，肝内的库普弗细胞作为防止肠源性感染的第二道防线，具有关键作用。在创伤、休克或大手术等危重病患者中，往往存在肝供血不足、肝细胞和库普弗细胞功能受损的情况，此时，肝清除肠源性毒素或细菌的能力丧失，容易引发全身性感染或内毒素血症，促进 MODS 的发生。

二、临床表现

除原发病表现外，出现腹胀、腹痛、恶心、呕吐、腹泻、消化道出血及肠梗阻症状等，严重者引起水及电解质紊乱、酸碱平衡失调、营养不良、休克，甚至威胁生命，预后不良。

三、辅助检查

1. X 线检查 ①用于可以口服钡剂的患者；②但钡剂容易导致粘连，影响检查效果；③检查结果受患者排便习惯的影响。

2. 内镜检查 在病情允许的情况下，应进行内镜检查。

3. 超声检查 安全、无放射性，操作简单，但容易受到超声测量技术、胃近端收缩力、进餐食物及时间、测量时间等因素的影响。

4. 血 D- 乳酸水平检测 人体内的 D- 乳酸主要由胃肠道细菌发酵产生，肠道菌群中的多种细菌均可产生 D- 乳酸。因此，检测外周血 D- 乳酸水平可反映肠黏膜损害程度。D- 乳酸水平变化在 24 h 内维持高水平，有早期预警价值。

5. 细菌培养 通常在无菌条件下取肠系膜淋巴结等进行细菌培养，直至结果呈阳性。此方法有较大的创伤性，主要用于动物实验，难以在人体应用。

四、诊断

胃肠道是发生多器官功能障碍综合征（MODS）时最易受损的靶器官。符合以下任何一项者，均可诊断为肠功能障碍或肠衰竭。

1. 患有引起肠衰竭的原发病 如重症感染、休克、黄疸、烧伤、脑血管意外、大手术后消化道出血，以及出现急性心脏、肺、脑、肾、肝等器官受损的临床表现。

2. 患有胃肠道疾病 如重症急性胰腺炎、急性胆道感染等疾病。

3. 存在肠道菌群失调、肠黏膜屏障结构与功能异常变化，影响消化、吸收，以及存在水、电解质紊乱。

急性胃肠功能损伤的临床表现

欧洲重症学会对急性胃肠损伤的临床表现进行了明确的描述：
（1）食物不耐受综合征（food intolerance syndrome，FI）
（2）腹腔内高压（intra-abdominal hypertension，IAH）
（3）腹腔间室综合征（abdominal compartment syndrome，ACS）
（4）胃潴留
（5）腹泻
（6）胃肠道出血
（7）下消化道麻痹（麻痹性肠梗阻）
（8）肠管扩张

五、救治措施

1. 胃肠促动药 可加速胃排空，减少胃酸及潴留物对胃肠道黏膜的刺激，减少内毒素的吸收，防治肠道菌群移位。

2. 胃肠道黏膜保护药
（1）H_2受体拮抗剂：可选择性作用于胃壁细胞H_2受体，抑制胃酸分泌，保护胃黏膜细胞和增加胃黏膜血流。
（2）质子泵抑制剂：是抗酸作用最强的药物，可抑制基础胃酸及刺激后胃酸分泌。
（3）胃黏膜保护剂：可刺激胃黏膜上皮细胞分泌黏液，促进细胞自身修复。

3. 微生态制剂 具有调节肠内微生态的作用，对致病微生物有抑制作用，以利于恢复肠道正常菌群，促进肠道功能恢复。

4. 肠道黏膜上皮细胞营养因子 谷氨酰胺是肠黏膜的必需营养物，是蛋白质合成所需要的单体和核苷酸合成的必需前体，是肠黏膜的主要能量物质。

5. 肠内营养 除消化、吸收功能丧失者外，对绝大多数患者均可予以肠内营养。

6. 肠外营养 适用于肠衰竭患者。

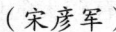

第六节 全身炎症反应综合征与多器官功能障碍综合征

一、概念

全身炎症反应综合征（systemic inflammatory response syndrome，SIRS）是机体对感染、创伤、烧伤、手术以及缺血-再灌注等感染性或非感染性因素的严重损伤所产生的全身性的非特异性炎症反应，最终导致机体对炎症反应失控所引起的一组临床综合征。SIRS是一种病理生理过程，属于免疫系统在机体保护和组织损伤应答之间失平衡的结果，严重者可导致多器官功能障碍综合征。

多器官功能障碍综合征（muliple organ dysfunction syndrome，MODS）是指在多种急性致病因素导致机体原发病变的基础上，相继引发2个或2个以上器官同时或序贯出现的可逆性功能障碍，其恶化的结局是多器官功能衰竭（multiple organ failure，MOF）。

SIRS 和 MODS 并不是两个孤立的概念，而是一组临床综合征的不同阶段，即MODS是SIRS失衡的后果。

二、病因和发病机制

引发SIRS/MODS的原因较多，一般是由于对机体造成严重且难以遏制的损伤，包括严重感染、创伤、烧伤、重症胰腺炎等。

严重损伤最终可导致MODS，炎症反应在其中发挥重要的中介作用。SIRS概念的提出使人们的关注点从感染、创伤本身转移到全身性炎症反应，对治疗策略的制订提供了理论基础，具有重要的意义。若SIRS的炎症反应过度，则可诱发机体抗炎症反应，促炎/抗炎失衡即导致机体免疫功能障碍，称为代偿性抗炎反应综合征（compensatory anti-inflammatory response syndrome，CARS），进而导致MODS。该过程可分为3个阶段。

1. 局限性炎症反应阶段 局部损伤或感染导致炎症介质在组织局部释放，诱导炎症细胞向局部聚集，促进病原微生物的清除和组织修复，对机体具有保护作用。

2. 有限全身炎症反应阶段 少量炎症介质进入血液循环后诱发SIRS，内源性抗炎介质释放又导致CARS，使SIRS与CARS处于平衡状态，炎症反应仍属于正常范围，目的是增强局部防御功能。

3. SIRS/CARS 失衡阶段 表现为两个极端，一个极端是大量炎症介质释放入血液循环，刺激炎症介质瀑布样释放，而内源性抗炎介质又不足以抵消其作用，即导致SIRS；另一个极端是内源性抗炎介质释放过多而导致CARS。SIRS/CARS失衡的后果是炎症反应失控，使其作用由保护性转变为自身破坏性，导致MODS。

MODS作为SIRS/CARS失衡的结果，其发病机制较为复杂，目前公认的学说是二次打击学说（图20-3）。当第一次打击强度足够大时，可直接诱发全身炎症反应，导致MODS，即原发性MODS。但大多数患者MODS并不是一次打击的结果，而是多元性和序贯性的，此类MODS即继发性MODS。第一次打击并不足以导致MODS，继而引起第二次打击，如继发感染、休克、缺氧、缺血、创伤、手术等。危重患者的病情往往较为复杂，机体将遭受二次或多次打击。多次反复打击可导致机体炎症反应放大和失控，使患者更易发生 MODS。

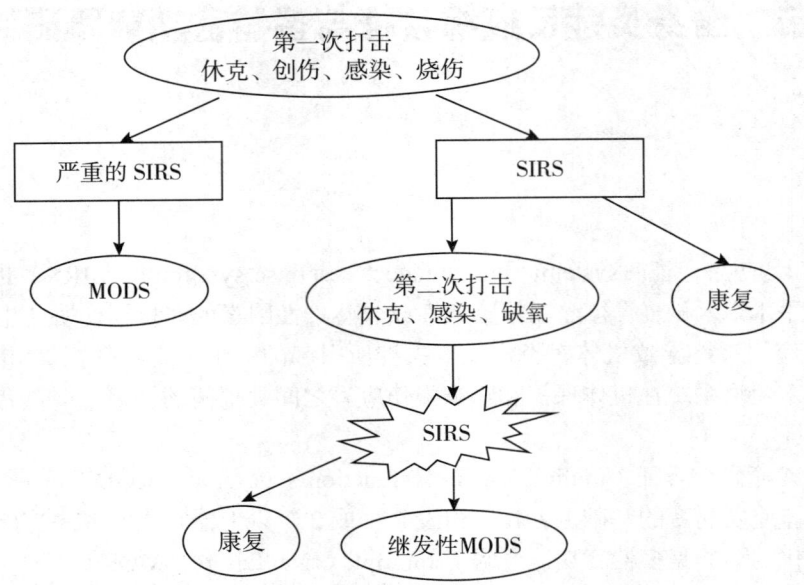

图 20-3　多器官功能障碍综合征的二次打击学说示意图

三、临床表现

1. SIRS 的临床表现　缺乏特征性，一般在原发疾病（如创伤、急性胰腺炎、感染等）临床表现的基础上，出现明显的炎症反应，如发热、心率加快、呼吸加快等。患者可出现心悸、胸闷、气短、呼吸困难、发绀、头痛等。实验室检查可见白细胞计数增高或减低，中性粒细胞比例升高，或出现幼稚粒细胞比例大于 10%。在危重症患者中，严重脓毒症患者还可出现器官功能障碍的表现，如低氧血症、血小板进行性减少、意识改变、少尿或无尿、休克、肝功能异常和黄疸等。

2. MODS 的临床表现　也很复杂，存在个体差异。患者通常会经历休克、复苏、高分解代谢状态和器官衰竭阶段，每个阶段都有其明显的临床特征（表 20-8）。

MODS 患者的临床表现虽然存在差异，但都具有以下明显的特征。

（1）发生功能障碍的器官往往是直接损伤器官的远隔器官。
（2）从原发损伤到发生器官功能障碍，在时间上有一定的间隔。
（3）高排低阻的高动力状态是循环系统的特征性表现。
（4）高氧输送和氧利用障碍及内脏器官缺血、缺氧，使氧供需矛盾更突出。
（5）持续高代谢状态和能量利用障碍。

表 20-8　多器官功能障碍综合征的临床分期和特征

项目	第 1 阶段	第 2 阶段	第 3 阶段	第 4 阶段
一般情况	正常或轻度烦躁	急性病容，烦躁	一般情况差	有濒死感
循环系统	容量需要增加	高动力状态，容量依赖	休克，心输出量下降，水肿	需要营养血管活性药物维持血压，水肿、SvO_2 下降
呼吸系统	轻度呼吸性碱中毒	呼吸急促，呼吸性碱中毒、低氧血症	严重低氧血症，ARDS	高碳酸血症、气压伤

续表

项目	第1阶段	第2阶段	第3阶段	第4阶段
肾	少尿，对利尿药的反应性降低	肌酐清除率下降，轻度氮质血症	氮质血症，有血液透析适应证	少尿，进行血液透析时循环功能不稳定
胃肠道	胃肠胀气	不能耐受食物	肠梗阻，应激性溃疡	腹泻，缺血性肠炎
肝	正常或轻度胆汁淤积	高胆红素血症，PT延长	临床黄疸	转氨酶升高，严重黄疸
代谢	高血糖，胰岛素需要量增加	高分解代谢状态	代谢性酸中毒，高血糖	骨骼肌萎缩，乳酸酸中毒
中枢神经系统	意识模糊	嗜睡	昏迷	昏迷
血液系统	正常或轻度异常	血小板计数降低，白细胞计数增高或减低	凝血功能异常	不能纠正的凝血功能障碍

四、诊断标准

1. SIRS 的诊断标准　不是单独的疾病，而是在原发病的基础上全身炎症反应过度的临床状态。临床上符合以下 2 项或 2 项以上者，即可诊断为 SIRS。

（1）体温＞38℃或＜36℃。

（2）心率＞90 次/分。

（3）呼吸＞20 次/分，或 $PaCO_2$＜32 mmHg。

（4）白细胞计数＞12×10^9/L 或＜4×10^9/L，或幼稚粒细胞＞10%。

2. MODS 的诊断标准　最早于 1980 年由 Fry 提出，仅包含呼吸、肝、肾和胃肠道系统，我国在其基础上提出了新的 MODS 诊断标准（表 20-9）。

表 20-9　多器官功能障碍综合征的诊断标准

系统或器官	诊断标准
循环系统	收缩压低于 90 mmHg，并持续 1 小时以上，或需要药物支持才能使循环功能保持稳定
呼吸系统	急性起病，动脉血氧分压/吸入氧浓度（PaO_2/FiO_2）≤200 mmHg（无论是否应用 PEEP），胸部正位 X 线检查可见双侧肺浸润影，肺动脉楔压≤18 mmHg 或无左心房压力升高的证据
肾	血肌酐＞176.8 μmol/L，伴有少尿或多尿，或需要血液净化治疗
肝	血胆红素＞34.2 μmol/L，并伴有转氨酶升高且大于正常值的 2 倍以上，或已发生肝性脑病
胃肠	上消化道出血，24 小时出血量超过 400 ml，或胃肠蠕动消失而不能耐受食物，或出现消化道坏死、穿孔
血液	血小板计数＜50×10^9/L 或降低 25%，或出现弥散性血管内凝血
代谢	不能为机体提供所需的能量，糖耐量降低，需要应用胰岛素；或出现骨骼肌萎缩、无力等表现
中枢神经系统	格拉斯哥昏迷评分（GCS）＜7 分

3. 疾病严重程度　主要采用感染相关器官衰竭评分（SOFA）（表 20-10），可连续反映多器官功能障碍综合征由轻到重的动态发展过程。评分越高，代表病情越重。

表 20-10 感染相关器官衰竭评分（SOFA）

SOFA 评分	1	2	3	4
呼吸系统				
PaO_2/FiO_2（mmHg）	<400	<300	<200（机械通气）	<100（机械通气）
血液系统				
血小板（10^9/L）	<150	<100	<50	<20
肝				
胆红素（μmol/L）	20.52～32.49	34.2～100.89	102.6～203.5	>205.2
循环系统				
低血压	MAP<70 mmHg	多巴胺≤5[a]或多巴酚丁胺（无论剂量如何）	多巴胺>5[a]或肾上腺素≤0.1[a]或去甲肾上腺素≤0.1[a]	多巴胺>15[a]或肾上腺素>0.1[a]或去甲肾上腺素>0.1[a]
神经系统				
GSC（分）	13～14	10～12	6～9	<6
肾				
肌酐（μmol/L）	110～170	171～299	300～440	<440
尿量（ml/d）			<500	<200

注：MAP，平均动脉压；[a]. 血管活性药物泵入速度［μg/(kg·min)］持续最少 1 小时

五、治疗原则

1. 控制原发病 及时处置引起 SIRS/MODS 的损伤因素是治疗的关键，避免器官功能的进一步损伤。例如，对于感染患者，及时进行抗感染治疗或穿刺引流；对于外伤患者，及时进行有效的清创。

2. 纠正组织缺氧 组织缺氧在 MODS 序贯性损伤中发挥重要作用，纠正缺氧是治疗目标之一。具体措施包括以下几方面。

（1）增加氧输送：可通过提高氧分压、增加心输出量、输注红细胞，以提高携氧能力。

（2）降低耗氧量：导致耗氧量增加的原因很多，应针对不同的原因采取不同的措施。例如，对发热患者予以降温，对烦躁患者予以镇静等。

（3）改善内脏器官血流灌注：MODS 可导致全身血流分布异常，肾和肠道最易处于缺血状态，可通过补液、应用血管活性药物来改善相关脏器的血供。

3. 代谢支持 是指为机体提供适当的营养底物，以维持细胞代谢的需要。与营养支持的区别是，代谢支持既要避免营养不足而导致代谢障碍，又要防止营养过量而加重器官的结构和功能损伤。

4. 免疫调节治疗 由于炎症反应失控是导致 MODS 的原因，所以抑制 SIRS 可能阻断炎症反应的发展，改善 MODS 患者的预后。实施该治疗方法的前提是准确判断 SIRS/CARS 失衡的方向。

（张劲松）

思 考 题

1. 简述急性心力衰竭的临床表现。
2. 如何对 ARDS 患者进行机械通气的选择？
3. 简述急性肝衰竭的诊断标准。
4. 发生 AKI 后，应如何治疗？
5. 简述 MODS 的治疗原则。
6. 患者李某，男，83 岁，因发热 4 天入院；既往有高血压、脑梗死病史，13 年前行食管癌根治术。入院诊断：重症肺炎、呼吸衰竭、高血压。入院第 2 天予以肠内营养乳剂 50 ml/h，营养泵持续泵入；2 天后，患者出现腹泻，为黄绿色水样便，每次 50～100 ml，每半小时至 1 h 1 次，腹泻数次后予以止泻药，腹泻无明显好转；腹泻 10 余次后，暂停肠内营养，继续应用止泻药，腹泻逐渐停止。

问题：

（1）患者出现腹泻的原因可能是什么？
（2）如何处置腹泻？
（3）后续应如何进行肠内营养？

第二十一章

急诊危重症监测及管理

急救与危重症患者密不可分。由于危重症患者的生命体征不稳定，病情变化快，救治时间窗有限，因此需要予以持续、密切观察，需要及时收集更多的患者信息，危重症监测就是要实现此目的。医护人员通过对监测指标进行解读，对患者全身各系统、器官是否存在病变及其严重程度做出判断，可以更好地制订治疗策略。监测内容主要包括患者的体温、呼吸、血压、心电活动、血氧饱和度和神志等。根据患者疾病严重程度的不同，还需要对各个系统的功能进行监测，包括脑功能监测、呼吸功能监测、心血管功能监测、肝功能监测、肾功能检测及代谢功能监测等。

第一节 心血管功能监测

维持有效循环的三个要素包括血管内容量、心脏泵功能和血管张力，监测这三个要素的功能状态，可以了解心血管功能及其代偿情况。常用的监测手段包括心电和血压监测、超声心动图、动静脉置管测压、Swan-Ganz 导管、脉搏指示连续心输出量监测（pulse indicator continuous cardiac output，PiCCO）等。

一、血管内容量的监测

1. 下腔静脉直径及呼吸变异率 采用床旁超声测量下腔静脉（inferior vena cava，IVC）直径和呼吸变异率，可用于评估血管内容量及液体反应性，操作简便，易于推广。可选用剑突下腹部正中纵切面、横切面探查，获取 IVC 汇入右房口的超声图像，选取距右房口 2 cm 处进行测量，分别测量呼气末和吸气末的 IVC 直径，评估其变异率。平静呼吸时，IVC＜2 cm 伴呼吸变异率＞50%，提示有效循环血量不足。IVC 受胸腔内压力变化的影响，所有影响静脉回流的因素，（如右心功能、肺循环阻力、机械辅助通气），均可对 IVC 产生影响。

2. 中心静脉压（central venous pressure，CVP） 即上、下腔静脉进入右心房处的压力，通过中心静脉导管连接压力传感器测量，可反映右心前负荷，还可对循环容量进行评估。CVP 同时受心功能和静脉回流的影响，正常值为 5~12 cmH_2O。低血容量、外周血管扩张可导致腔静脉回流减少，CVP 降低；循环容量过多、心力衰竭、三尖瓣关闭不全、肺动脉高压、正压机械通气等，可导致 CVP 升高。

二、血管张力的监测

1. 全身血管阻力（systemic vascular resistance，SVR） 反映体循环血管阻力和左心室后负荷大小。体循环中大小动脉病变，或因神经、体液等因素导致血管收缩舒张状态改变，均可影响结果。SVR 可通过平均动脉压（mean artery pressure，MAP）、CVP 和心输出量（cardiac output，CO）测算。其计算公式为：SVR=60×（MAP-CVP）/CO。正常值为 800～1500 dyn·s/cm^5。经体表面积化后，全身血管阻力指数（SVRI）较 SVR 能更准确地反映左心室后负荷。其计算公式为：SVRI=SVR×体表面积。正常值为 2000～2400 dyn·s·m^2/cm^5。

2. 肺血管阻力（pulmonary vascular resistance，PVR） 反映肺循环血管阻力和右心室后负荷，肺血管及肺实质病变时，可影响检测结果。其计算公式为：PVR=60×（平均肺动脉压-肺动脉楔压）/CO。正常值为 100～250 dyn·s/cm^5。经体表面积化后，肺血管阻力指数（pulmonary vascular resistance index，PVRI）较 PVR 能更准确地反映右心室后负荷。其计算公式为：PVRI=PVR×体表面积。正常值为 220～320 dyn·s·m^2/cm^5。

三、心脏泵功能的监测

心脏泵功能的评估内容包括：每搏输出量、心输出量、左室射血分数、心指数和每搏功。心输出量是反映心脏泵功能的一个综合性指标，受心脏前、后负荷，心肌收缩性，心率以及房室协调性等因素的影响。

（一）心脏前负荷监测指标与方法

前负荷主要是指容量负荷，心室舒张末期容积可反映心室的前负荷。前负荷的常用监测指标包括 CVP、肺毛细血管楔压（pulmonary capillary wedge pressure，PCWP）和左心室舒张末期容积（left ventricle end-diastolic volume，LVEDV）等。临床上常以左心室舒张末压（left ventricle end-diastolic pressure，LVEDP）来代替 LVEDV，其受心室顺应性的影响。临床上可借助 Swan-Ganz 导管测量 PCWP，以反映肺毛细血管的压力。由于肺静脉与左心房之间没有瓣膜，PCWP 可反映左心房压力。

肺毛细血管楔压（PCWP）是通过漂浮导管（Swan-Ganz 导管）尖端的充盈球囊阻断与其内径相同的肺动脉而产生的压力（正常值为 6～12 mmHg）。PCWP 可反映肺静脉压力，通常肺循环毛细血管阻力较低，故 PCWP 能较准确地反映左心室舒张末压（LVEDP），从而反映左心室前负荷，但肺动脉压远远低于主动脉压。发生左心衰竭、肺栓塞时，PCWP 可升高；PCWP 降低可见于低血容量性休克及肺动脉狭窄患者。出现下列情况时，PCWP 可能高于 LVEDP：①二尖瓣狭窄或左心房黏液瘤致使左心室流入道梗阻；②肺静脉阻塞；③肺泡内压增高（如持续正压通气）。而左心室壁病变、僵硬时，PCWP 可能低于 LVEDP。

（二）心脏后负荷监测指标与方法

后负荷是指心肌收缩后所遇到的阻力或负荷，又称压力负荷，主动脉压和肺动脉压即反映左、右心室的后负荷。

1. 外周动脉血压 动脉血压与器官血流量呈正相关，主要受心功能、外周血管阻力、有效循环血量等因素的影响。足够的灌注压是保证器官血流灌注的基本条件，常以平均动脉压（MAP）来反映。MAP 即一个心动周期中动脉血压的平均值。其计算公式为：MAP=（收缩压+2×舒张压）/3，也可表示为：MAP=舒张压+1/3 脉压，反映左心室的后负荷，正常值为 70～105 mmHg。①脉压减小：见于各种原因的低血压、心包积液、缩窄性心包炎、心功能不全、严重主动脉瓣或二尖瓣狭窄、甲状腺功能减退症、慢性消耗性疾病等患者。②脉压增大：见于主动脉瓣关闭不全、甲状腺功能亢进症、严重贫血、风湿性心脏病、部分先天性心脏病及

高血压心脏病和老年动脉硬化患者。外周血压监测的方式主要包括无创动脉压监测和有创直接动脉压监测。

2. 肺动脉压 是指血液流经肺循环对肺动脉血管产生的侧压力，反映右心室后负荷。正常值：收缩压 15~25 mmHg，舒张压 8~14 mmHg，平均肺动脉压为 10~20 mmHg。可经 Swan-Ganz 导管直接测量肺动脉压，或采用超声心动图进行估测。

（三）心肌收缩性的监测指标与方法

1. 心输出量 是指一侧心室每分钟射出的总血量，正常成人心输出量约为 5000 ml。心输出量是反映心脏功能的直接指标，与每搏输出量和心率直接相关，因此，测量心输出量对低血压、休克等病理生理状态的病因判断具有重要意义。

（1）心输出量的测量方法：分为无创和有创两种方法。无创测量方法包括多普勒超声、生物电阻抗法；有创测量方法主要采用热稀释法。

1）多普勒超声：使用经胸超声心动图测定升主动脉血流速度及主动脉截面面积，可测得心输出量。或使用经食管超声，测定降主动脉内血流速度，可提供一个连续评估心输出量的参考指标。

2）生物电阻抗法：在心动周期中，随着心脏舒缩引起的血流动力学变化，组织的阻抗也随之变化。当心脏收缩时，血液由心脏射出，使血管充盈，管径增大，导致血液阻抗降低，从而使组织的总电阻也稍有降低。当心脏舒张时，血液回流到心脏，血管弹性收缩，管径减小，血液电阻增大，组织总电阻也增大。总电阻的变化随心动周期的变化而变化，因此，电阻的变化可以反映血流量的变化。

（2）每搏输出量的相关指标：左室每搏功指数（left ventricular stroke work index，LVSWI）正常值为 40~60 g/（min·m^2），反映左室心肌收缩能力。若 LVSWI 低于正常值，则表明左心室收缩无力；若 LVSWI 高于正常值，则表明左心室收缩能力增强，但此时心肌耗氧量也增加。其计算公式为：LVSWI=0.0136×SVI×（MAP-PAWP）。其中，SVI 为每搏指数（stroke volume index）。

右室每搏功指数（RVSWI）正常值为 5~10 g/（min·m^2），反映右室心肌收缩能力。其计算公式为：RVSWI=0.0136×SVI×（MPAP-CVP）。

2. 心脏射血分数（ejection fraction，EF） 是指每搏输出量与心室舒张末期容积的比值，是反映心室肌收缩功能的常用指标。EF 的正常范围为 50%~70%。发生心力衰竭时，由于每搏输出量减少，心室舒张末期排出量减少，结果使心室舒张末期容积增大，导致 EF 降低。心肌病变、心脏负荷过重以及长期心律失常患者均可出现 EF 下降。

3. 心指数（cardiac index，CI） 是指将心输出量除以体表面积得到的数值，是评估心脏功能的指标，正常范围为 2.6~4.2 L/min。如果心指数超出正常范围，则建议进一步检查，以确定心脏功能是否正常。

（四）心率的监测指标与方法

心率低于 60 次/分，称为窦性心动过缓。可见于长期从事重体力劳动的人群或运动员；病理性心动过缓见于甲状腺功能低下、颅内压增高、阻塞性黄疸患者及洋地黄、奎尼丁或普萘洛尔等药物使用过量或中毒的患者。若心率低于 40 次/分，则应考虑病态窦房结综合征，并与房室传导阻滞相鉴别。由于临床表现相近，房室传导阻滞及窦性心动过缓患者均表现出心动过缓的症状。二者主要是通过观察超声心动图中 P-P 间期、P-S、QRS 波群的波长及临床表现，结合患者的病史及临床评估进行鉴别。心动过速是指心率超过 100 次/分。心动过速分为生理性和病理性两种。跑步、饮酒、重体力劳动及情绪激动引起的心率加快为生理性心动过

速;高热、贫血、甲亢、出血、疼痛、缺氧、心力衰竭和心肌病等疾病引起的心动过速,称为病理性心动过速。

四、脉搏指示连续心输出量监测

脉搏指示连续心输出量监测(pulse indicator continuous cardiac output,PiCCO)是一种有创循环监测技术,可监测心输出量、容量和血管阻力。PiCCO 采用经肺热稀释法和脉搏轮廓分析技术,连续监测心输出量和动脉压的同时,可以测量胸腔内血容量和血管外肺水,并在短时间内对多种反映心功能和循环容量的指标进行测量,评估患者的血流动力学状态并指导临床治疗(图 21-1)。PiCCO 需要进行中心静脉置管和 PiCCO 动脉导管置管。其局限性是不能直接测定肺动脉压和肺动脉楔压,因此不能用于评估肺循环阻力和左、右心功能。另外,经肺热稀释法也容易受到患者体温的影响。

PiCCO 决策树(图 21-2):将 PiCCO 测量的各种参数相结合,可以有效地指导临床患者的液体管理,准确、客观的掌握临床决策的时机,如增加或减少血容量、使用血管活性药物的时机。

案例 21-1

患者刘某,男,64 岁,因胸痛 1 h 来急诊科就诊。入院查体:体温 38.5℃,心率 111 次/分,呼吸 22 次/分,血压 80/50 mmHg,经皮血氧饱和度 87%;患者呈憋喘貌,心音低钝,节律规整;双肺可闻及散在湿啰音,双下肢无水肿;实验室检查:白细胞 24.7×10^9/L,中性粒细胞比例 93%,高敏肌钙蛋白 3400 ng/L,降钙素原 8.7 ng/ml,血乳酸 4.5 mmol/L。心电图表现如下图所示。

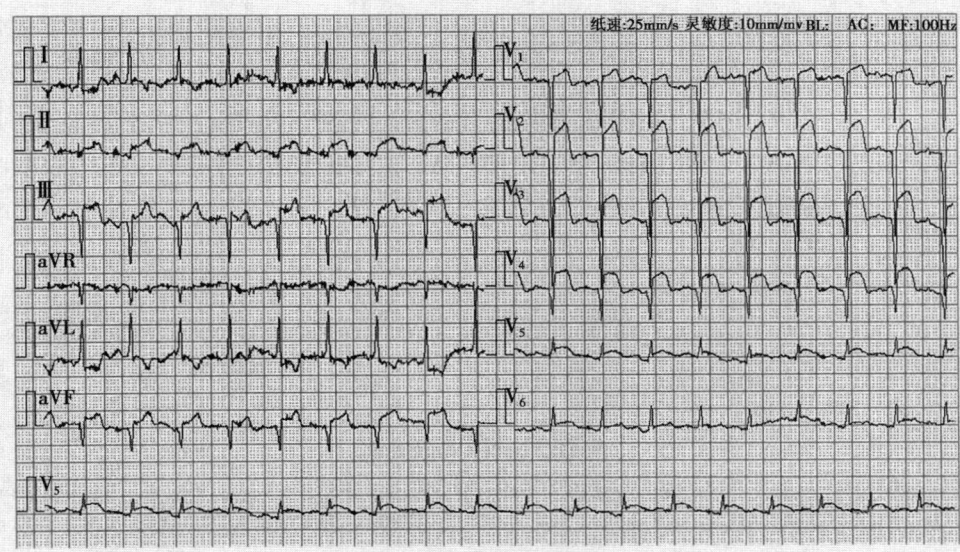

问题:
1. 此时应对患者进行的首要处理是什么?
2. 在治疗过程中,患者血氧饱和度进行性下降,行气管插管,予以呼吸机辅助通气。测 CVP 为 8 cmH$_2$O。PiCCO 监测示 CI 2.8 L/(min·m^2),GEDVI 620 ml/m^2,EVLWI 15 ml/kg。下一步应如何处理?

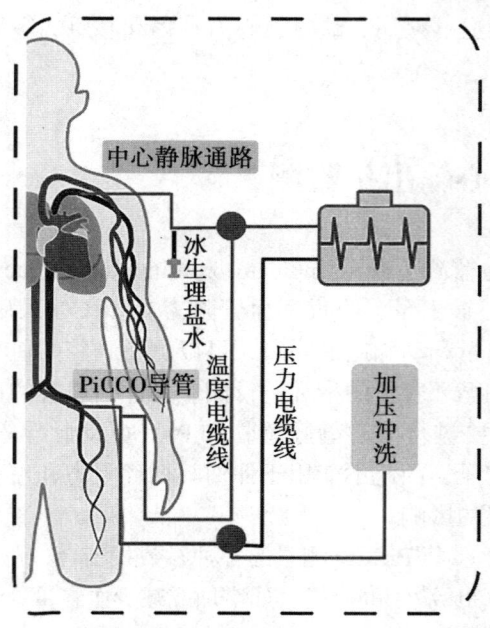

图 21-1　PiCCO 模式图

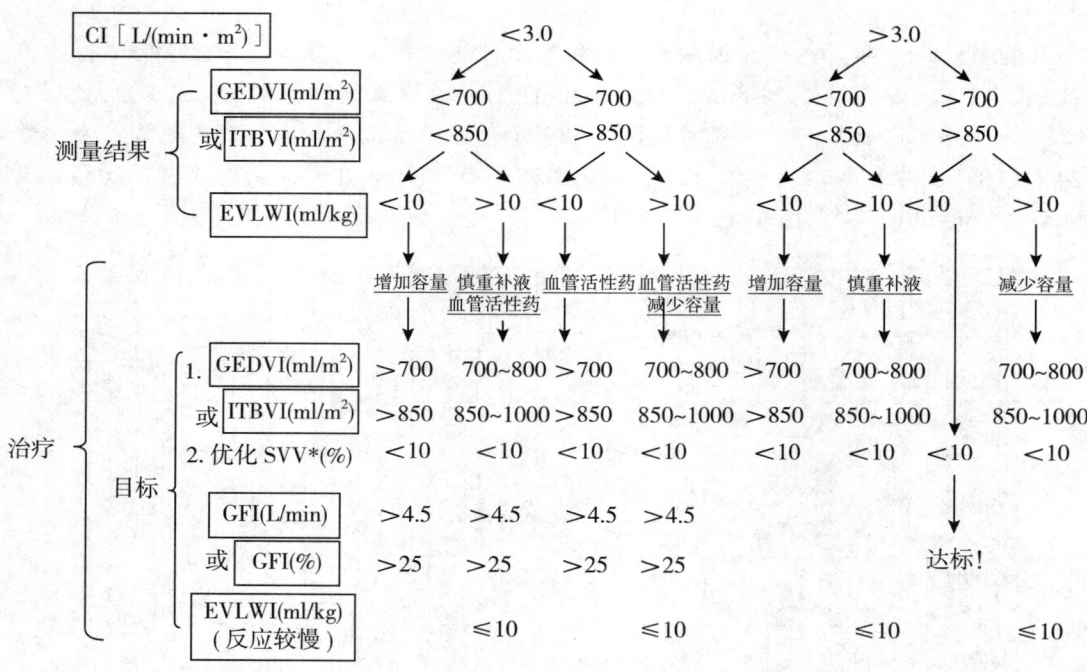

图 21-2　PiCCO 决策树

CI，心指数；GEDVI，全心舒张末期容积指数；ITBVI，胸腔内血容积指数；EVLWI，血管外肺水指数；SVV，每搏量变异度；CFI，心功能指数；GEF，全心射血分数；*，SVV 仅适用于无心律失常的机械通气患者

（庞佼佼）

第二节　呼吸功能监测

呼吸功能是人体重要的生命功能之一。呼吸是将外界的氧气输送到全身组织，并将细胞代

谢所产生的二氧化碳排出体外的过程。呼吸功能监测在急危重症患者的抢救中具有重要意义。广义的呼吸功能包括氧分子经口腔、鼻腔、气道、肺泡弥散入血，再通过循环系统输送、组织摄取、进入细胞，经呼吸链接受电子生成能量和水分子，以及将细胞产生的二氧化碳以反向途径排出体外的过程。狭义的呼吸功能主要包括气道、肺容量、呼吸运动及空气在气道内的流动等过程。前者需要通过一系列方法才能进行评估，后者在临床上主要通过肺功能检查进行评估。对急危重症患者进行呼吸功能监测有一定的特殊性，由于患者病情的限制，不能对其进行肺功能检查，但可以通过临床体格检查、监护仪、血气分析、呼吸机、呼吸力学、影像学、床旁胸部超声、支气管镜等方法对呼吸功能进行较为全面的监测。

一、体格检查

体格检查是各种诊疗的基础，对于呼吸功能监测也同样重要。检查主要包括：面容、口唇及皮肤颜色、呼吸频率及节律、呼吸方式、呼吸音、颈部血管充盈、三凹征等。呼吸功能监测与其他体征的相互关系也非常重要。例如，由于心脏和肺在解剖上是一个连通的系统，因此心脏检查相关的指标也与呼吸功能密切相关。这些体征可以从不同的方面为呼吸功能监测提供重要的线索和依据。例如，皮肤口唇发绀提示全身缺氧；颈静脉充盈或怒张提示肺动脉高压合并右心功能不全；三凹征提示大气道梗阻；呼吸音异常提示气道或肺组织病变；呼吸频率及节律异常提示呼吸中枢受累等。

二、监护仪

监护仪是监测急危重症患者常用的设备，其中与呼吸功能直接相关的是呼吸频率、脉搏血氧饱和度、呼气末二氧化碳等。呼吸频率可以与体格检查结果一致，但经常会受到体位和活动的干扰，因此需要对检测数值进行重新判定。

1. 呼吸频率（respiratory rate，RR） 是指每分钟的呼吸次数，是代表通气的临床体征。呼吸频率由中枢神经系统的呼吸中枢进行调节。呼吸频率的变化是为了将血液中的氧气和二氧化碳浓度保持在接近正常范围。任何导致低氧血症、低碳酸血症或高碳酸血症的疾病，如肺炎、肺栓塞、急性心力衰竭或 COPD 急性加重，都可以通过呼吸频率的改变被快速发现。正常成人的呼吸频率为 12~20 次 / 分，一般认为 RR>25 次 / 分或 RR<8 次 / 分即表明患者病情严重。

2. 脉搏血氧饱和度（SpO_2） 经皮血氧饱和度监测是一种无创连续的动脉氧饱和度监测方法，根据血红蛋白的光吸收特性，利用脉搏血氧饱和度监测仪经皮肤连续监测血氧饱和度和脉率的非损伤性监测方法。用光度仪夹于手指、足趾、耳垂等末梢血管丰富的部位，测定特定波长（通常为 940 nm 和 660 nm）的吸收值，经过计数得到的动脉含氧血红蛋白（HbO_2）占全部血红蛋白（Hb）的百分比。与动脉血气分析对照：SaO_2>98% 时，患者基本无缺氧，动脉血气分析显示 PaO_2>70 mmHg；SaO_2 为 91%~97% 时，患者轻度缺氧，动脉血气分析显示 PaO_2 为 55~70 mmHg；SaO_2<90% 时，患者明显缺氧，动脉血气分析显示 PaO_2≤60 mmHg。SpO_2 的优点是无创，但会受到血压、末梢循环的影响，如严重低氧、肢体活动引起接触不良、异常血红蛋白血症、黄疸或涂有指甲油、贫血（Hb<5 g/dl）及末梢灌注差（如低血压、体温降低）等，可能使仪器出现误读，此时需要进行血气分析。

3. 呼气末二氧化碳分压（$PetCO_2$） 是使用无创监测技术监测气体交换功能，是肺通气功能监测的重要手段。$PetCO_2$ 是基于 CO_2 可吸收红外线的原理，将传感器整合到鼻导管或气管

插管，连接监护仪并读取相应的数值。根据传感器在气流中的位置不同，可将 $PetCO_2$ 监测装置分为主流型和旁流型两种，目前均应用于临床。监测重症患者的 $PetCO_2$ 可以及时反映患者通气功能的变化情况，了解患者的呼吸节律、呼吸形式及肺泡无效腔通气和肺内血流的变化情况，有助于及时发现呼吸机技术故障，并为调整呼吸机参数、指导撤机以及体内 CO_2 生成量监测提供依据。通常，$PetCO_2$ 仅比 $PaCO_2$ 低 2~3 mmHg，因此，$PetCO_2$ 监测可以作为 $PaCO_2$ 的无创监测方法，当两者差值大于 3 mmHg 时，表明无效腔增加，提示可能存在 COPD、低心输出量、肺栓塞；当 $PetCO_2$ 大于 $PaCO_2$ 时，则提示 CO_2 生成增多（高代谢综合征或代谢性酸中毒）、高心输出量、低通气量、吸入氧浓度过高等情况。

三、辅助检查

（一）血气分析

血气分析可以提供患者气体交换功能的基本数据，是急危重症患者诊疗过程中常用的检测手段。随着技术的进步，已经实现了床旁检测，并且整合了离子、乳酸、不同类型血红蛋白、胆红素等重要的生化指标，为短时间快速评价提供了重要的技术支撑。以下主要介绍与呼吸功能监测最为密切的动脉血氧分压、动脉血二氧化碳分压、氧合指数以及肺泡-动脉血氧分压差。

1. 动脉血氧分压（PaO_2） 是指物理溶解在动脉血中的 O_2 所产生的压力，PaO_2 的正常值为 75~100 mmHg。PaO_2 主要作为监测肺换气与通气功能的重要指标，可了解患者是否存在低氧血症，还可用于指导氧疗。PaO_2 主要受吸入氧浓度、肺通气功能、弥散功能及肺内分流量的影响，并随年龄的增长而略有降低［年龄预计公式为：PaO_2=100 mmHg-（年龄×0.33）±5 mmHg］。PaO_2 可用于判断患者是否存在低氧血症及其程度，并可作为判断呼吸衰竭的指标。低氧血症可分为轻度、中度和重度。轻度：PaO_2 60~80 mmHg；中度：PaO_2 40~60 mmHg；重度：PaO_2<40 mmHg。根据血气分析，可将呼吸衰竭分为Ⅰ型和Ⅱ型。其中，Ⅰ型呼吸衰竭是指缺氧而无 CO_2 潴留（PaO_2<60 mmHg，动脉血 $PaCO_2$ 降低或正常）；Ⅱ型呼吸衰竭是指缺氧伴有 CO_2 潴留（PaO_2<60 mmHg，且 $PaCO_2$>50 mmHg）。通常，治疗时宜予以较低吸氧浓度，保持 PaO_2>60 mmHg，但当 PaO_2<60 mmHg 时，可逐步提高吸氧浓度或加用呼气末正压（positive end-expiratory pressure，PEEP），以保证氧供。在持续低氧血症的情况下，应反复进行体格检查，以及时发现是否有足以引起低氧血症的肺部或胸部病变，如呼吸道是否畅通、是否有气道痉挛等；检查机械通气情况，是否有呼吸拮抗、单肺通气，或呼吸机管道系统是否密闭等。排除可能的原因后，应逐步提高吸氧浓度，纠正低氧血症。

2. 动脉血二氧化碳分压（$PaCO_2$） 是指物理溶解在动脉血中的 CO_2 所产生的压力。$PaCO_2$ 的正常值为 35~45 mmHg。$PaCO_2$ 是判断呼吸衰竭类型及其程度和呼吸性酸碱失衡的指标，还可以作为判断代谢性酸碱失衡代偿反应的指标。由于二氧化碳的弥散能力远大于氧气的弥散能力，肺换气功能障碍对氧气的影响远大于对 CO_2 的影响，单纯换气功能障碍通常不引起 $PaCO_2$ 的明显改变，所以 $PaCO_2$ 主要作为肺通气功能的监测指标。在急性呼吸衰竭患者中，$PaCO_2$>50 mmHg 常作为开始进行机械通气的指标之一。

3. 氧合指数（PaO_2/FiO_2） 是指动脉血氧分压与吸入氧浓度的比值，是临床常用的呼吸功能不全病情程度和疗效的观察指标。PaO_2/FiO_2 正常值为 400~500 mmHg，PaO_2/FiO_2<300 mmHg 提示气体交换异常，PaO_2/FiO_2<200 mmHg 提示为重度低氧血症。

（二）影像学

胸部 X 线、CT 检查是绝大多数胸部疾病的诊断和评价手段。危重症患者如果不宜到固定的检查区域进行检查，则可予以床旁胸部 X 线检查，甚至床旁 CT 检查，这些检查均可应用于呼吸功能监测。可以通过这些检查对慢性阻塞性肺疾病、急性呼吸窘迫综合征、肺部感染、气胸、血胸、纵隔气肿等患者进行呼吸功能评估及临床风险分层，制订针对性的治疗方案，并评价治疗效果。

（三）床旁胸部超声

由于超声波在气体界面会发生散射，在进行胸部超声检查时，含气的肺可形成回声伪影，因此长期以来除了有限地应用于胸腔积液的定量和穿刺定位以外，超声很少用于呼吸功能监测。自 20 世纪 80 年代以后，医学界对超声伪影有了更新的认识，同时随着超声设备的小型化，其逐渐应用于急危重症患者的诊断和呼吸功能监测，如气胸、胸腔积液、肺实变、肺栓塞、慢性阻塞性肺疾病、急性呼吸窘迫综合征、哮喘及肺炎等患者。当肺内空气含量与组织液含量发生变化时，超声影像可出现垂直于胸膜线的高回声发散伪影，即 B 线，这意味着 B 线的出现即表明机体发生肺水肿或肺不张。机械通气中可视化肺复张和保护性机械通气常需要在超声指导下进行。患者脱机、拔管的预后与呼吸肌的耐受性直接相关，其中，膈肌功能起到重要的作用，膈肌以及肝、脾随呼吸运动的移动距离、收缩速度与呼吸肌强度密切相关，这些移动也可以通过超声进行评估。

四、呼吸机

呼吸机是常见的急危重症患者抢救治疗设备之一，可分为无创呼吸机和有创呼吸机，可以提供多项指标，在不能进行肺功能检查的情况下，对相关指标进行分析可以为诊断和评估病情提供有价值的信息。

1. 潮气量（tidal volume，VT） 是指平静呼吸时每次吸入或呼出的气量。潮气量过大可导致呼吸性碱中毒，并使胸膜腔内压增加，回心血量减少。潮气量过低则可导致通气不足，CO_2 潴留。目标潮气量为 6~8 ml/kg，在监测中应与呼吸频率相结合。

2. 呼吸频率（respiratory rate，RR） 呼吸频率与潮气量共同决定每分通气量，因此设置呼吸频率时，须同时考虑潮气量及有效肺泡通气量。通气频率的设置与通气模式有关。此外，还需考虑机体代谢率、$PaCO_2$ 的目标水平和自主呼吸水平。控制通气的成人频率一般为 12~20 次/分。对限制性肺疾病患者，可能需要设置较高的频率，而对阻塞性肺疾病患者，则需要设置较慢的呼吸频率。一般来说，潮气量与吸气流速决定吸气时间，而呼吸频率则与呼气时间有关，呼气频率越快，呼气时间越短；反之，呼气频率越慢，呼气时间越长。为了获得较低的平均气道压，避免气体陷闭和内源性 PEEP，尤其是对阻塞性肺疾病患者，设置足够的呼气时间是有必要的。

3. 每分通气量（minute ventilation，MV） 是潮气量与呼吸频率的乘积，正常人为 6~10 L/min。每分通气量>10 L/min 提示通气过度，可引起呼吸性碱中毒；每分通气量<3 L/min，则提示通气不足，可造成低氧血症和呼吸性酸中毒。

4. 呼气末正压（PEEP） 是指呼气末在气道保持一定的正压，其作用是增加功能残气量、避免肺泡萎陷、提高动脉血氧分压，还可以降低呼吸功。在机械通气过程中，若吸入氧浓度大于 60%，而 PaO_2 仍低于 60 mmHg，就可应用 PEEP，一般不超过 15 cmH_2O。

5. 吸气压峰值（peak inspiratory pressure，PIP） 吸气压峰值的高低取决于气道阻力、肺顺应性、潮气量及呼气末压力等。良好的机械通气治疗是以最小的气道压力获得适当的潮气量。潮气量增加、气道阻力升高或顺应性下降均可使 PIP 升高，甚至对循环产生影响。PIP 过高最常见的原因是咳嗽、呼吸道分泌物堵塞、气道痉挛等。PIP 过高，尤其是大于 50 cmH_2O 时，易导致气压伤及循环不稳定；PIP 过低，常表示管道漏气或脱落，每分通气量亦随之下降。进行机械通气时，应保持 PIP＜40 cmH_2O；PIP 过高则可增加气压伤的发生风险。

6. 气道平台压（airway plateau pressure，Pplat） 气道平台压是吸气末屏气（吸气阀和呼气阀均关闭，气流为零）时的气道压力，用于克服肺和胸廓的弹性阻力，与潮气量、肺顺应性和呼气末压力有关。若吸入气体在体内有足够的平衡时间，气道平台压则可代表肺泡压。进行机械通气时，气道平台压超过 30~35 cmH_2O，则气压伤的可能性增加，同时，气道平台压过高可使循环受到影响。

五、呼吸力学监测

自主呼吸时，呼吸肌是呼吸运动的主要动力，呼吸动力的作用主要是克服以下三方面阻力：①肺与胸廓的弹性回缩力；②肺与胸廓运动时产生的非弹性阻力，即肺与胸廓变形造成的摩擦力；③通气过程中，气体在气道内流动的阻力。这些阻力越大，则呼吸越费力，可引起呼吸困难的症状。呼吸力学监测主要包括压力、阻力、顺应性监测等。

1. 压力 呼吸是通过呼吸肌收缩和舒张，产生呼吸运动，引起肺通气。在机械通气过程中，最常监测的压力包括气道峰压（Ppeak）、气道平台压（Pplat）和呼气末正压（PEEP），气道平台压和呼气末正压监测对于呼吸机参数的设定具有重要意义。设定适当的呼吸机参数可有效降低内源性 PEEP。

2. 阻力 呼吸运动需要克服一定的阻力，包括肺与胸廓的弹性回缩力，肺与胸廓运动产生的非弹性阻力，以及通气过程中气体在气道内流动的阻力。气体在气道内流动时的阻力即为气道阻力（Raw），用单位时间内维持一定量的气体进入肺泡所需的压力差表示。生理状态下，气道阻力的正常值为 1~3 $cmH_2O/(L·s)$。一般来说，气道阻力与气体黏滞度及气道长度呈正比，与气道半径的 4 次方呈反比。若气道管径大、管壁光滑、气体流速缓慢、气流为层流，则阻力较小。相反，若气道管径狭窄、曲折、气体流速快，尤其是呈湍流时，阻力增加。监测气道阻力的意义是：了解在各种病理情况下，特别是发生阻塞性肺疾病时，气道功能的变化；估计人工气道、加热湿化器和细菌滤网等对气道阻力的影响；观察支气管扩张药的疗效；选择合理的机械通气方式；判断患者是否可以停用呼吸机。

3. 顺应性 反映肺与胸廓的弹性特征，其定义是单位压力变化引起的肺容量改变，所用单位是 L/cmH_2O。监测顺应性的意义是：①监测病情变化；②判断肺疾患的严重性；③观察治疗效果；④判断是否可以停用呼吸机，顺应性＜25 ml/cmH_2O 时，不能撤机。

六、支气管镜

自 1897 年人类首次应用内镜技术对气管进行诊治，之后发展到电子支气管镜、便携支气管镜，至今已有 120 多年的历史。随着该技术的成熟和发展，支气管镜目前已成为急危重症患者重要的诊疗技术。在呼吸功能监测方面，支气管镜的主要作用是对气道进行评估，这方面作用往往不能被临床体格检查、影像学检查所替代。同时，在进行检查的过程中，除可判断气道

病变、狭窄的性质和程度外，支气管镜还可通过保护性毛刷采样和肺泡灌洗等方法采集样本进行病原微生物培养，以及清理气道分泌物、止血。该技术已逐渐成为急诊医师必须掌握的技术之一。

（李 燕）

第三节 肝功能监测

肝是人体内最大的实质性腺体器官。其基本的主要功能是物质代谢功能，在体内蛋白质、氨基酸、糖、脂类、维生素、激素等物质代谢中起重要作用；同时，肝还有分泌、排泄、生物转化及参与胆红素、胆汁酸代谢等功能。对急性肝损伤及急性肝衰竭患者，密切监测肝功能具有指导意义。肝功能监测主要包括常规实验室检查及肝形态学和病理学检查。

一、常规肝功能监测

（一）肝细胞损伤监测

1. 血清转氨酶及其同工酶 血清转氨酶（transaminase）是肝细胞膜通透性变化或肝细胞破坏程度的敏感监测指标，有数十种，临床上用于监测肝细胞损伤的主要是丙氨酸转氨酶（alanine transaminase，ALT）和天冬氨酸转氨酶（aspartate transaminase，AST）。很多脏器和组织均含有这两种转氨酶，其分布量大致为 ALT：肝＞肾＞心脏＞肌肉；AST：心脏＞肝＞肌肉＞肾；肝内 AST 的绝对值超过 ALT。需要注意的是：①很多肝外疾病均可导致 ALT 活性增强；②酶活性降低可以是疾病恢复的表现，也可提示预后不良（酶-胆分离现象）；③发生酒精性肝病时，ALT 常无明显升高，这与乙醇导致吡哆醇缺乏有关；④急性胆道梗阻早期，酶活性可升高至正常值的 8 倍以上，无论梗阻是否消除，24~72 h 内均可降至正常或接近正常水平。

2. 血清 AST/ALT 含量比值 正常人血清 AST/ALT 含量比值平均为 1.15。ALT 主要分布在肝细胞的细胞质水相中，AST 主要分布在线粒体中，少数分布在细胞质水相中。细胞通透性增高时，从细胞内逸出的主要是 ALT，而肝细胞严重变性、坏死时，线粒体内的 AST 释放出来，导致 AST/ALT 含量比值升高。

3. 乳酸脱氢酶及其同工酶 乳酸脱氢酶（lactate dehydrogenase，LDH）是一种糖酵解酶，广泛存在于人体组织内。正常人血清 LDH 水平为：LDH2＞LDH1＞LDH3＞LDH4＞LDH5；发生肝病时，同工酶以 LDH5 增加为主，且 LDH5＞LDH4，往往比转氨酶能更敏感地反映肝损害；发生心肌梗死时，同工酶以 LDH1 增加为主，且 LDH1＞LDH2；发生肺梗死时，同工酶以 LDH3 增加为主。

（二）肝合成功能监测

肝合成功能监测主要用于反映病理生理状态下患者的有效肝细胞总数或肝储备功能。常用的监测项目包括血清蛋白质、凝血因子和有关凝血试验、脂质和脂蛋白代谢产物、蛋白质代谢产物等。

1. 血清蛋白质测定
（1）血清总蛋白、白蛋白/球蛋白比值：血清总蛋白的参考值为 60~80 g/L，白蛋白为

35~55 g/L，白蛋白/球蛋白比值为（1.5~2.5）：1。肝是合成白蛋白的唯一场所，若能除外其他因素，则血清白蛋白降低通常反映肝细胞合成减少。需要注意的是：白蛋白的体内半衰期长达 21 天，即使白蛋白合成完全停止，8 天后也仅减少 25%，所以肝损害后白蛋白降低常在发病后 1 周才能检测出。

（2）血清前白蛋白：主要由肝合成，正常人血清前白蛋白含量为 280~350 mg/L，体内半衰期为 1.9 天，远比白蛋白半衰期短，因此能更敏感地反映肝实质损害，也是营养不良时的评估指标。

2. 凝血因子测定

（1）凝血酶原时间（prothrombin time，PT）：可以反映凝血因子 I、II、V、VII、X 的活性，而不受凝血因子 VIII、IX、XI、XII 和血小板的影响。在急性肝衰竭患者中，国际标准化比值（international normalized ratio，INR）≥1.5，凝血酶原活性（prothrombin activity，PA）≤40%。

（2）活化部分凝血活酶时间（activated partial thromboplastin time，APTT）：是反映内源性凝血系统活性的筛选试验，肝细胞损害时，APTT 延长者多见；APTT 缩短见于严重肝损伤所致弥散性血管内凝血的高凝期。

3. 脂质和脂蛋白代谢监测　血浆中的脂质包括游离胆固醇、胆固醇酯、磷脂、三酰甘油和游离脂肪酸等，监测血清脂质和脂蛋白的变化可反映肝胆系统的功能状况。胆固醇明显降低是判断肝衰竭的一个参考指标。

4. 血氨（blood ammonia）监测　生理情况下，体内的氨主要在肝内经鸟氨酸循环合成尿素，再随尿液排出体外。血氨升高的主要机制是：①肝细胞损害，导致鸟氨酸、瓜氨酸、精氨酸循环障碍，氨清除减少；②门静脉高压，导致门-体静脉短路，门静脉内的氨避开肝的解毒而直接进入体循环。血氨正常值因测定方法不同而异，血氨＞118 μmol/L（200 μg/dl）者常伴有不同程度的意识障碍，意识障碍的程度与血氨浓度呈正比，提示氨中毒是引起此类肝性脑病的主要原因，故又称氨性肝性脑病。急性肝衰竭患者虽然肝清除氨的能力降低，但往往在血氨尚未明显升高时即已陷入深昏迷，提示此类肝性脑病的发生与血氨浓度无关，故又称非氨性肝性脑病，其发病可能与神经介质异常及内环境紊乱等密切相关，因此，血氨测定不能作为判断此类肝性脑病的主要依据。

（三）肝排泄功能监测

肝细胞每天分泌 600~1000 ml 胆汁，其主要成分为胆色素和胆汁酸。临床上主要通过监测血清胆红素与胆汁酸水平及进行吲哚氰绿清除试验来反映肝的排泄功能。原发性或继发性肝损害均可导致直接胆红素和间接胆红素升高。如果出现胆红素持续升高而转氨酶降低的情况，则提示发生严重肝坏死，预后不良。

（四）胆汁淤积的监测

肝内、外胆汁淤积时，患者除可出现内源性胆红素、胆汁酸和胆固醇代谢异常外，还可出现某些血清酶指标异常。

1. 碱性磷酸酶（alkaline phosphatase，ALP）　ALP 由肝细胞合成分泌，自胆道排泄。血清 ALP 反映肝细胞损害并不敏感。

2. γ-谷氨酰转移酶（γ-glutamyl transferase，γ-GT）　正常人血清 γ-GT 主要来自肝，由肝细胞线粒体产生，经胆道排出。急性肝衰竭累及胆管导致胆汁淤积时，γ-GT 可明显升高。

（五）肝免疫防御功能监测

肝实质细胞损害时，网状内皮系统也受损，其吞噬、杀灭细菌以及对细菌毒素的解毒功能均受到抑制，加之球蛋白合成受到影响，致使免疫功能减退。血清 γ-球蛋白、免疫球蛋白（immunoglobulin，Ig）、补体测定和鲎试验（limulus test）可以反映肝免疫防御功能的变化情况。

二、肝的形态学及病理学检查

肝的形态学检查包括超声、影像学检查（CT 及 MRI）、肝血管与胆道造影、放射性核素显像、肝组织活检和病理学检查等。其中，腹部 CT 和超声检查可以在无损伤的情况下显示肝的结构及病变，是首选的检查方法。肝动脉造影对诊断肝占位性病变和血管病变有重要的价值，常在 B 超和 CT 检查不能确诊的情况下，或在介入治疗前施行。对部分患者，可能需要进行肝组织活检及病理学检查，以明确诊断。

三、人工智能评估

近年来，人工智能的迅速发展使得医学影像学检查从一种基础的诊断手段演变为个体化精准医疗的重要工具。在此背景下，深度学习和影像组学应运而生，其在各种肝病的影像学评估中的作用越来越受到重视。

（刘　刚）

第四节　肾功能监测

肾是机体最为重要的排泄器官，具有排泄代谢废物、维持体液容量、调节电解质及稳定内环境、内分泌等重要功能。肾功能极易受损，尤其是急危重患者常并发急性肾损伤（acute kidney injury，AKI）。因此，密切监测肾功能具有重要的临床意义。临床需密切监测肾功能的患者包括：药物、毒物所致肾受损的患者；有效循环血量不足致使肾灌注不足的患者。

一、急性肾损伤的定义

急性肾损伤泛指各种原因致使肾小球滤过率突然降低，使机体无法在电解质、体液容量等方面保持平衡。2005 年，AKI 国际合作研讨会制定的诊断标准是：48 小时内血肌酐上升 ≥ 0.3 mg/dl（36.5 μmol/L）或血肌酐升高 ≥ 50% 和（或）尿量 < 0.5 ml/（kg·h）。

二、急性肾损伤的诊断与分期标准

在 2004 年急性透析质量倡议（Acute Dialysis Quality Initiative，ADQI）第二次会议中，根据肾小球滤过率（glomerular filtration rate，GFR）降低（或血肌酐的变化）幅度、尿量及

持续时间三个层面提出 AKI 的 RIFLE 分级标准，即危险性（risk）、肾损伤（injury）、肾衰竭（failure）、肾功能丧失（loss）、终末期肾病（end stage renal disease，ESKD）5 个层级。

2012 年《KDIGO 急性肾损伤临床实践指南》提出的 AKI 的诊断标准是：48 h 内血清肌酐（serum creatinine，Scr）水平升高≥0.3 mg/dl（≥26.5 μmol/L）或超过基础值的 1.5 倍及以上，且明确或经推断该情况发生在 7 天之内；或持续 6 h 尿量<0.5 ml/（kg·h）。

表 21-1　2021 年 KDIGO 推荐的 AKI 的分期标准

尿量标准	Scr 标准
1 期　尿量<0.5 ml/（kg·h），持续 6~12 h	Scr 达基线值的 1.5~1.9 倍，或升高值≥0.3 mg/dl（≥26.5 μmol/L）
2 期　尿量<0.5 ml/（kg·h），持续≥12 h	Scr 达基线值的 2~2.9 倍
3 期　尿量<0.3 ml/（kg·h），持续≥24 h；或无尿≥12 h	Scr 达基线值的 3 倍或升高值≥4 mg/dl（≥353.6 μmol/L）；需启动肾替代治疗；或年龄<18 岁，eGFR 降至<35 ml/（min·1.73 m^2）

eGFR 为估计的肾小球滤过率；Scr 为血清肌酐

三、肾功能监测

1. 尿液检测

（1）尿量：尿量可直接反映肾小球滤过率；正常成人 24 h 尿量为 1000~2000 ml。当 24 h 尿量少于 400 ml 或尿量少于 17 ml/h 时，称为少尿；若 24 h 尿量少于 100 ml 或 12 h 完全无尿，则称为无尿；24 h 尿量超过 2500 ml 称为多尿。对 AKI 患者，需详细记录每小时尿量及 24 小时尿量。若需准确记录尿量，则需留置导尿管。少尿的病因可分为肾前性、肾性和肾后性。

（2）尿常规：包括尿液外观、尿比重、pH、渗透压、尿蛋白、尿糖等。①外观：正常尿液清澈、透明。病理情况下，血尿呈洗肉水样、血红蛋白尿呈浓茶样、胆红素尿呈酱油色、脓尿呈白色浑浊等。②尿比重：反映单位容积尿液中的溶质质量，可用于粗略评估肾的浓缩与稀释功能。正常尿比重为 1.015~1.025。尿比重升高见于低血容量性休克、糖尿病、急性肾小球肾炎、肾病综合征等患者。尿比重降低更具有临床诊断价值，见于大量补液及饮水、慢性肾小球肾炎、尿崩症、氨基糖苷类抗生素肾损害等情况。③pH：反映肾对体液酸碱平衡的调节能力，尿液 pH 约为 6.5，波动范围为 5~7。尿液 pH 降低见于酸中毒、痛风、糖尿病等情况；尿液 pH 增高见于碱中毒、尿潴留、膀胱炎等情况。④渗透压：正常范围为 600~1000 mOsm/L。尿液/血浆渗透压比值是反映肾小管浓缩功能的重要指标（血浆渗透压 280~310 mOsm/L）。发生急性肾衰竭时，尿液/血浆渗透压比值<1.1。⑤尿蛋白：正常人 24 h 尿蛋白含量为 40~80 mg，上限为 150 mg。尿蛋白>150 mg/d 即为阳性，称为蛋白尿。尿蛋白<1 g/d 为轻度蛋白尿，1~3.5 g/d 为中度蛋白尿，>3.5 g/d 为重度蛋白尿。蛋白尿见于肾小球肾炎、慢性肾盂肾炎、多发骨髓瘤等患者。⑥尿糖：当血糖水平升高超过肾小管的重吸收能力时，尿糖呈阳性，见于糖尿病、一过性高血糖等情况。

2. 肾功能损伤的生化指标　AKI 是危重症患者常见的并发症，发病率高达 30%~50%。

（1）血肌酐（Scr）、尿素氮（BUN）：肌酐是肌肉组织中肌酸的终末产物，正常值：男性 53~106 μmol/L，女性 44~97 μmol/L。当肾小球滤过率降低时，血肌酐升高。

BUN 正常值为 2.9~7.5 mmol/L，但易受感染、发热、消化道出血、进食高蛋白食物等因素的影响。

BUN/Scr 通常为 10/1。发生氮质血症，且 BUN/Scr 增高时，常提示由肾前性因素所致；发生氮质血症时，且 BUN/Scr 下降时，常提示由肾实质性病变所致。

长期以来，AKI 的诊断依赖于血肌酐等常规指标，但 Scr 异常往往滞后于肾损伤，对 AKI 的诊断缺乏敏感性。

（2）肾损伤分子-1（kidney injury molecule-1，KIM-1）：KIM-1 是一种跨膜糖蛋白，正常在肝、肾、脾组织细胞内微量表达，而在缺血或毒素所致的急性肾损伤患者近端肾小管上皮细胞内显著表达。鉴于 KIM-1 可以特异、迅速、灵敏地反映肾损伤及修复情况，可将其作为早期监测肾损伤的标志物，用于间接判断脓毒症的预后及转归。

知识拓展

肾损伤分子-1

肾损伤分子-1（KIM-1）首先被 Ichimura 等在大鼠肾缺血再灌注损伤模型中识别，是一种跨膜蛋白，位于大鼠 20 号常染色体短臂，由 *CST3* 基因编码，含有 120 个氨基酸。而人类的 *KIM-1* 基因则在 5 号染色体长臂（5q33.2），由 334 个氨基酸残基组成，包括特征性的 Ig 结构域、黏蛋白结构域、信号肽、跨膜区和胞质区。

KIM-1 的表达具有组织特异性，在正常人的肝、肾、脾组织内表达甚微，而在急性肾损伤后的肾组织内表达明显增强。利用 RNA 原位杂交及免疫组化染色技术发现，肾髓质外层及皮质髓射线的近曲小管 S3 区再生上皮细胞内有 KIM-1 mRNA 表达。

关于 KIM-1 的生物学功能及机制迄今尚未完全阐述清楚，有待祖国年轻科学家深入探索、挖掘。

（3）白介素-18（IL-18）：一种多效细胞因子，在肾缺血损伤早期 IL-18 即释放入尿液中，亦可作为早期肾损伤标志物。

（4）中性粒细胞明胶酶相关脂质运载蛋白（neutrophil gelatinase-associated lipocalin，NGAL）：NGAL 是脂质运载蛋白超家族的新成员，正常在肾、肺上皮细胞内低度表达。肾发生缺血或毒性损伤时，NGAL 可诱导肾小管间质中浸润的中心粒细胞凋亡，以保护肾组织免受炎症细胞损害并促进肾小管上皮细胞再生，故表达显著增强。密切监测 NGAL 有利于 AKI 的早期诊断和预防。

（5）半胱氨酸蛋白酶抑制剂 C（cystatin C）：又称胱抑素 C，属于低分子蛋白质，属于半胱氨酸蛋白酶抑制剂家族，存在于各种体液中，其中以脑脊液含量最高，尿液中最低。胱抑素 C 在体内持续恒定表达，在血浆中含量稳定，几乎完全经肾小球滤过，在近曲小管降解后由肾小管重吸收入血，而完整的胱抑素 C 分子则不被肾小管重吸收。因此，血浆或血清中的胱抑素 C 完全取决于肾小球滤过率，可作为评估肾小球滤过功能的指标。同时，血清胱抑素 C 表达增高的时间比血清肌酐早 1～2 天。

（6）肝脂肪酸结合蛋白（fatty acid-binding protein，FABP）：属于脂质结合蛋白超家族，在哺乳动物的肝和小肠组织细胞内表达丰富，只有极少量在肾内表达。生理状态下，肝来源的 FABP 释放入血液循环，经肾小球滤过作用，在肾小管被重吸收。研究发现，对危重病患者进行尿液 FABP 监测可预测 AKI 的发生。

（彭　绵）

第五节 肠功能监测

肠道包括小肠及大肠，是人体重要的组织器官，其主要功能包括消化和吸收功能、免疫功能及肠道屏障功能等。研究表明，肠道参与重症患者全身炎症反应综合征（SIRS）及多器官功能障碍综合征（MODS）的病理生理过程。目前临床上认为肠道可能是 MODS 的枢纽器官，是炎症介质的扩增器。因此，监测肠功能具有非常重要的临床意义。

一、临床观察

1. **症状** 是否有腹痛、腹泻、腹胀、呕吐等。
2. **体征** 是否有腹部压痛、反跳痛、膨隆、胀气、肠鸣音改变等。
3. **呕吐物、排泄物和引流液的性状与量等。**

二、急性胃肠功能损伤评分

急性胃肠损伤（acute gastrointestinal injury）是由于重症患者急性疾病本身导致的胃肠道功能障碍。这个概念是由欧洲重症监护医学会（ESICM）于 2012 年正式提出的。根据患者粪便或胃内容物中可见出血、腹泻次数、下消化道麻痹、喂养不耐受、恶心、呕吐、排便次数、肠鸣音、胃潴留和腹腔内压等客观指标，可将急性胃肠损伤按严重程度分为 4 级：Ⅰ级是存在胃肠道功能障碍和衰竭的风险；Ⅱ级为胃肠功能障碍；Ⅲ级为胃肠功能衰竭；Ⅳ级是胃肠功能衰竭并伴有远隔器官功能障碍。

案例 21-2

患者马某，男，87 岁，既往有 COPD、Ⅱ型呼吸衰竭病史 10 余年，肺栓塞、慢性血栓栓塞性肺动脉高压、肺源性心脏病病史 6 年，长期进行家庭氧疗；因呼吸困难 5 天急诊入院。患者 5 天前受凉后出现呼吸困难加重住院治疗，因气管插管及呼吸机辅助呼吸，不能经口进食，予以肠内营养，持续泵入肠内营养乳剂，约 10 h 后出现腹胀，鼻饲管内可以抽出约 250 ml 棕色混浊液，隐血试验呈阴性。查体：T 36.6℃，P 106 次/分，R 30 次/分，BP 92/56 mmHg；面色潮红，意识清楚，精神极差，可被唤醒，不能正确回答问题；双肺呼吸音粗糙，可闻及散在湿啰音，以双下肺底部明显，心率 106 次/分；其余检查未见异常，双下肢凹陷性水肿。

问题：
1. 患者出现腹胀的原因是什么？
2. 如何明确诊断？
3. 还需要如何处置？

三、肠功能监测的内容

肠功能监测的内容包括肠黏膜屏障功能监测、胃肠蠕动功能监测、腹内压监测等。

1. 血浆内毒素 内毒素是革兰氏阴性杆菌细胞壁的脂多糖成分。当机体肠黏膜屏障功能降低时,肠道内细菌或内毒素向肠腔外迁移,血浆内毒素含量可升高。目前临床上主要采用改良鲎试验进行定量测定,易出现假阴性和假阳性,须结合临床情况进行判断。

2. 血浆二胺氧化酶(diamine oxidase,DAO) DAO是肠黏膜上层绒毛细胞胞质中具有高度活性的细胞内酶,在其他组织和细胞中几乎不存在。肠黏膜细胞受损或坏死后,该酶释放入血,导致血浆和肠腔DAO活性增高,而肠黏膜细胞DAO活性降低。外周血中DAO活性稳定,故可通过测定外周血DAO活性变化评估肠黏膜屏障功能。目前通常采用ELISA法和分光光度法测定。

3. 血浆D-乳酸 D-乳酸是肠道固有细菌的代谢终产物。当肠道发生急性缺血等损伤时,肠黏膜通透性增高,肠道中的细菌产生的大量D-乳酸通过受损的肠黏膜入血。哺乳动物不具备分解和代谢D-乳酸的酶系统,故血D-乳酸水平监测可及时反映肠黏膜损害程度及通透性变化。D-乳酸水平增高可作为评估肠系膜缺血的标志物,可用于急性肠黏膜损害的早期诊断。D-乳酸水平检测可用于创伤、应激后肠黏膜损害的预测。

4. 糖分子探针比值测定 目前最常采用的是甘露醇和乳果糖探针,具有回收率较高、受肠腔内渗透压影响较小的特点,被广泛用于肠黏膜通透性的测定。乳果糖/甘露醇比值增加,提示肠通透性增高。

5. 血液内细菌移位检测 创伤应激引起的肠黏膜缺血、缺氧及肠黏膜屏障功能损害时,原本存在于肠腔内的细菌和(或)内毒素通过受损的肠黏膜屏障进入肠系膜淋巴结、门静脉系统,继而进入血液循环,累及肝、脾、肺等远隔器官,大量细菌和(或)内毒素向肠腔外迁移,即细菌移位。通过外周血培养增菌、平板接种等方法,进行革兰氏染色镜检及生化鉴定。

6. 外周血中细菌DNA片段检测 在外周血中发现肠道细菌,可以间接推断肠黏膜屏障破坏。临床及动物实验表明,PCR法检测肠道细菌移位较血培养更敏感,且不受抗生素的影响,检测迅速,可直接反映细菌移位,间接反映肠黏膜屏障变化。

7. 木糖检测 是一种主要由小肠上段吸收的游离戊糖,可与葡萄糖竞争性抑制吸收,而不是与半乳糖或果糖竞争。木糖的吸收既不受肠黏膜电化学变化的影响,也不受葡萄糖吸收率的影响,因此,其吸收机制有别于其他单糖。木糖在十二指肠和空肠被吸收后,不参与体内代谢,经肾排出。

8. 瓜氨酸检测 体内的瓜氨酸是氨基酸代谢中间产物,不参与蛋白质合成,正常浓度为20~40μmol/L。由于瓜氨酸主要由小肠上皮细胞合成,故可在一定程度上反映肠上皮细胞的数量和功能,进而反映肠功能情况。

9. 胃肠蠕动功能监测 动物实验中可经肠道予以葡聚糖蓝染色后再测定肠蠕动速度;临床上可以用24h钡剂胃肠道通过试验。

10. 胃肠道pH(pHi)监测 是监测肠功能障碍的敏感指标,可以反映MODS发生过程中最易受累的肠黏膜缺血、缺氧情况,较其他指标更早地发现患者的病情变化。目前主要的监测方法包括张力计法和胃管法,二者均能连续测定胃内pH值,及时、准确地反映胃肠功能障碍患者的病情变化。

11. 腹内压(intra-abdominal pressure,IAP)监测 腹内压是指腹腔封闭腔隙内,在稳定状态下所产生的压力。正常情况下,IAP与大气压相近,多数学者认为IAP≥10 mmHg即

为腹内高压（intra-abdominal hypertension，IAH）。根据腹内压高低，可将腹内高压分为4级：IAP 达 10～14 mmHg 为Ⅰ级，15～24 mmHg 为Ⅱ级，25～35 mmHg 为Ⅲ级，＞35 mmHg 为Ⅳ级。危重患者 IAP 通常波动在 5～7 mmHg，IAP 病理性持续增高或反复增高＞12 mmHg，可导致腹内高压状态；若 IAP 持续升高至＞20 mmHg，同时伴有新的器官功能障碍或衰竭，则可能发生腹腔间室综合征（abdominal compartment syndrome，ACS）。研究表明，在开始肠内营养前，IAP 约为 14 mmHg 的患者有很高的不耐受概率，而 IAP＜11 mmHg 者则可以耐受。监测方法包括直接法和间接法。间接法包括胃内压、下腔静脉压、直肠测压及膀胱内压（intravesical pressure）监测，UBP 为临床广泛使用的方法。

四、影像学监测

（一）腹部 X 线、CT 检查

腹部 X 线、CT 检查是大多数腹部疾病的重要诊断和监测手段。腹部器官较多，病情复杂多变，且有时起病隐匿，容易误诊、漏诊。腹部 X 线检查主要用于肠梗阻、肠扭转、胃肠穿孔、胃肠道或腹腔异物及尿路结石的诊断与评价。腹部 CT 检查可以发现腹腔积液、腹部包块、腹部血管病变（如腹主动脉瘤、腹主动脉夹层及腹腔血管栓塞）等，并可用于腹部病变治疗的监测与评价。

（二）腹部 B 超检查

腹部 B 超检查具有简便、经济的优点，可迅速在床旁实施。腹部 B 超检查对腹腔实质脏器病变及泌尿系统疾病、妇科疾病的诊断价值较高，主要用于腹腔积液、肝脾破裂出血、肝癌破裂出血、肾及输尿管结石、子宫破裂出血、急性盆腔炎等疾病的诊断及监测，对腹部血管性疾病（如腹主动脉瘤、腹主动脉夹层）也具有一定的诊断价值。

肠功能障碍

肠衰竭最早于 1956 年由 Irving 提出，是指随着功能性肠道总体衰减，无法正常进行食物的消化、吸收，即消化和吸收障碍。而随着医学的发展，人们对肠道除消化和吸收以外的功能有了新的认识，某些急性病患者往往也会出现肠功能衰竭，进而引发严重的全身反应，由此发现了肠道屏障功能，并提出肠功能障碍一词较肠衰竭更为合适。

肠功能障碍及粪菌移植研究进展

随着人们对肠功能及肠功能障碍的认识不断深入，目前肠功能障碍可分为功能性肠道绝对减少型、小肠实质广泛损伤型、肠黏膜屏障功能损害型，相应的，其治疗包括短肠综合征的治疗、肠外瘘的治疗及营养支持等内容，目的是维护和修复正常的肠道黏膜屏障功能。粪菌移植是指将健康人粪便中的功能菌群移植到患者胃肠道内，从而重建具有正常功能的肠道菌群;粪菌移植将肠道微生态治疗由消除单个微生物或某类病原体(如疫苗、抗菌药物)、增加肠道内的有益菌群(如益生菌、益生元),推动到重建肠道微生态的水平,是治疗严重肠道菌群失调、慢性难治性肠病等肠道疾病的新选择。

(宋彦军)

第六节 脑功能监测

危重症患者常合并多系统器官功能障碍。脑是管理躯体感觉、运动以及高级神经活动的中枢,监测脑功能对于评估病情、判断预后、提高救治成功率具有重要意义。由于人脑的结构和功能十分复杂,因此选择合理的参数进行监测尤为重要。目前临床上常用的脑功能监测手段主要有颅内压监测、脑电监测、脑血流监测以及脑氧供和代谢监测等。

一、颅内压监测

成人静息状态下颅内压正常值为 5.26~15 mmHg。脑体积的压缩性很小,而脑脊液和脑血容量相对有一定的缓冲范围。颅缝闭合后,颅腔容积就固定不变,因此,当颅腔某种内容物的容量或体积增加并超过人体的代偿范围时,即可发生颅内压增高。常见的引起颅内压增高的病因包括:颅内占位性病变、脑水肿、脑脊液循环失调和脑血容量增加等。当颅内压持续超过 15 mmHg 时,称为颅内压增高。颅内压增高分为 3 级:①轻度增高,颅内压为 15~20 mmHg;②中度增高:颅内压为 21~40 mmHg;③重度增高:颅内压>40 mmHg。颅内压增高到一定程度时,可引起脑疝,危及生命。当椎管无梗阻时,通常以侧卧位时蛛网膜下腔穿刺所测得的脑脊液压力来代表颅内压。临床上还有一些直接监测颅内压的有创性方法,包括脑室内测压、硬膜下测压、硬膜外测压,其优、缺点见表 21-2。因为有创颅内压监测的主要并发症是感染和出血,所以上述有创颅内压监测手段主要适用于严重的颅脑疾患,如脑出血、脑水肿、颅内占位性病变等。目前无创颅内压监测技术已经比较成熟,有望在临床上进一步推广使用。

表 21-2 常用颅内压监测方法的优、缺点

监测方法	优点	缺点
脑室内测压	准确、可靠;可进行脑脊液引流和采样;可作为给药途径	感染发生率较高;对部分患者操作难度大
硬膜下测压	不穿过脑组织	准确性有限
硬膜外测压	感染风险低	费用较高
无创颅内压监测	无创、简便、可靠	对部分眼病患者不适用

二、脑电监测

常用的脑电监测手段包括脑电图和诱发电位。

1. 脑电图 是一种通过测定自发的脑生物电活动了解脑功能状态的技术。正常的脑电波波幅为 10～200 μV，癫痫发作时可高达 750～1000 μV。脑皮质锥体细胞排列方向一致且同步放电时，电兴奋通过神经元回路产生节律性 α 波。当放电不同步、电兴奋通过皮质内小神经元回路时，则出现快波。神经细胞代谢速度减慢或形态改变时，则出现各种慢波。当神经细胞兴奋性异常增高时，引起超同步放电，则出现棘波、慢棘波。基本脑电图的波形、频率及提示状态表 21-3。

表 21-3　基本脑电图的波形、频率及提示状态

波形	频率（Hz）	提示状态
δ 波	<4	深睡眠、麻醉或脑缺血
θ 波	4～7	早产儿或儿童深睡眠状态的正常波形
α 波	8～13	正常成人清醒、安静（闭眼）状态
β 波	>13	清醒、警觉或浅麻醉

脑电图是监测患者是否有癫痫发作的最佳手段。有时临床不易观察到的癫痫小发作或亚临床癫痫，均可通过脑电图明确诊断。同时，脑电图也可用于评估不同原因昏迷患者的神经功能状态。脑死亡患者的脑电活动消失，呈等电位改变，结合其他临床指标即可诊断脑死亡。需注意脑电图可受麻醉药物的影响，在应用脑电图判断脑功能状态时，须排除麻醉药物的影响。

定量脑电图可以将脑电活动信号数字化，以分析不同频率的脑电波强度，还可通过计算机将脑电波强度处理转化为脑功能彩色图，可用于评估轻型颅脑创伤后发生脑震荡后综合征的风险。基于定量脑电图的脑功能网络分析对评估慢性意识障碍具有重要价值，可提高慢性意识障碍不同类型评估的准确性。

2. 诱发电位 当神经系统受到外界刺激时，冲动沿特殊通路上传至皮质，中枢神经系统感受刺激而产生的生物电反应称为诱发电位。诱发电位技术主要用于评估脑干、脊髓和视神经病变患者。常用的诱发电位包括躯体感觉诱发电位、视觉诱发电位、听觉诱发电位、运动诱发电位等。躯体感觉诱发电位是指刺激肢体末端粗大纤维，在躯体感觉上行通路不同部位记录到的电位。根据受到刺激后诱发电位出现的潜伏时间长短不同，可将其分为短潜伏期、中潜伏期、长潜伏期诱发电位。其中，短潜伏期诱发电位受到的影响因素相对较少，波形较稳定，可以反复记录，因此在临床上应用较多。短潜伏期诱发电位可以在一定程度上反映脑功能状态以及大脑皮质的反应，对心搏骤停患者有很高的预测预后的价值，临床最常用的是短潜伏期诱发电位 N20。在缺血缺氧性脑损伤患者中，短潜伏期诱发电位 N20 可能表现为延迟或缺失，反映从脑干或丘脑到大脑皮质的神经传导受损。临床研究表明，双侧短潜伏期诱发电位 N20 缺失提示神经功能预后不良，无论是否进行低温治疗。应用短潜伏期诱发电位 N20 评估预后的最佳时间点是低温治疗过程中以及复温后（恢复自主循环后 72 h）。

三、脑血流监测

脑缺血是导致脑损伤患者不良转归的重要因素之一，因此，脑血流是此类患者的重要监测指标。目前监测脑血流的方法主要有经颅多普勒血流测定、激光多普勒血流测定、热弥散血流测定等。以下主要介绍经颅多普勒超声测定脑血流。

经颅多普勒超声目前主要通过检查颞、枕、眶三个窗口，记录血流速度、信号音频特点、波形变化等参数特征。

1. 血流速度参数 主要有收缩期峰值流速、舒张末期峰值流速和平均流速。

2. 动脉参数 主要有收缩/舒张比值、动脉阻力指数和动脉传递指数。

经颅多普勒超声异常表现主要有血流信号消失、两侧血流不对称、杂音、血流方向异常、血流频谱异常等。临床上主要用于诊断脑血管痉挛，间接评估脑血流量和评价脑血管的自身调节功能。

脑死亡的确认试验

脑死亡是指包括脑干在内的全脑所有功能不可逆的停止。脑死亡的判定过程包括三个部分：判定先决条件、临床判定标准和确认试验标准。确认试验包括：①脑电图检查显示电静息。②正中神经短潜伏期躯体感觉诱发电位显示双侧 N9 和（或）N13 存在，P14、N18 和 N20 消失。③经颅多普勒超声检查显示颅内前循环和后循环血流呈振荡波、尖小收缩波或血流信号消失。

四、脑氧供和代谢监测

当脑组织缺氧或脑血流灌注不足时，可使患者出现一系列生化异常。因此，对重症患者进行脑氧供和代谢监测是十分有必要的。目前临床上常用的方法是脑氧饱和度监测和颈静脉球部氧饱和度监测，两者之间存在相关性，可相互印证结果的准确性。脑氧饱和度监测是根据红外光谱学方法，对大脑局部区域的混合血液进行氧饱和度测定，从而评估脑组织代谢状况的方法。很多因素可影响脑氧饱和度的监测结果，如头部的位置、颈动脉狭窄、椎基底动脉供血不足等。此外，患者的血压情况、吸入氧浓度、动脉血二氧化碳分压、血红蛋白浓度以及心输出量等，均可影响脑氧饱和度监测的准确性。研究表明，脑氧饱和度降低与临床不良结局直接相关。而颈静脉球部氧饱和度测定的原理是颈静脉血中含有未被脑组织利用的氧，通过测定其饱和度，可以了解脑部氧供与氧耗之间的平衡情况，并间接反映脑血流情况。健康成人颈静脉球部氧饱和度的正常范围是 55%~71%。正常情况下，当脑耗氧量增高时，脑血流量随之增加，称为脑代谢-血流偶联，此时颈静脉球部氧饱和度保持不变。在病理情况下，脑代谢-血流偶联受损，表现为颈静脉球部氧饱和度升高或降低。导致颈静脉球部氧饱和度降低的主要原因包括：①全身缺氧，或由低血压、血管痉挛或颅内高压导致脑灌注压降低；②脑耗氧量增加，常见原因为发热和癫痫发作。导致颈静脉球部氧饱和度升高的主要原因包括：①脑血流呈高动力循环状态；②脑耗氧量降低，如低温；③脑组织不能提取和利用氧，如颅内压增高达到平均动脉压水平时；④脑细胞不能利用氧，如脑死亡。

（李　欣）

第七节　凝血功能监测

危重症患者的凝血功能异常非常常见，除血液系统本身疾病所致外，也可继发于药物、感染、肿瘤、严重创伤、应激等因素，即所谓的获得性凝血功能异常。如果在凝血功能异常的基础上合并出血则将会给患者造成致命打击，常常是病情加重和导致死亡的重要原因。凝血功能监测主要适用于显性出血或有出血倾向、血液呈高凝状态或正在进行抗凝治疗的危重症患者。目前临床上常用的监测指标见表 21-4。

表 21-4　凝血常用的监测指标

传统凝血指标 （凝血六项）	血浆凝血酶原时间（prothrombin time，PT） 活化部分凝血活酶时间（APTT） 血浆凝血酶时间（thrombin time，TT） 血浆纤维蛋白原（fibrinogen，FIB） 凝血时间（clotting time，CT） 血浆 D- 二聚体（D-dimer，D-D）
新型凝血指标 （血栓前四项）	凝血调节蛋白（thrombomodulin，TM） 凝血酶 - 抗凝血酶复合物（thrombin-antithrombin complex） 纤溶酶 -α2 纤溶酶抑制剂复合物（plasmin-α2-plasmin inhibitor-plasmin complex，PIC） 组织型纤溶酶原激活物 - 纤溶酶原激活物抑制物复合物（tissue plasminogen activator-plasminogen activator inhibitor complex，t-PA-PAI-C）

一、血浆凝血酶原时间

血浆凝血酶原时间（PT）比正常对照延长超过 3 s 通常有意义。PT 延长见于先天性凝血因子（如因子 Ⅱ、Ⅶ、Ⅹ）缺乏，或严重肝病、维生素 K 缺乏、使用抗凝药物（如华法林）或灭鼠药中毒等情况。PT 缩短通常见于血液高凝状态，如 DIC 早期、心肌梗死、深静脉血栓形成等情况。

二、活化部分凝血活酶时间

活化部分凝血活酶时间（APTT）比正常对照延长超过 10 s 通常有意义。APTT 延长提示内源性凝血系统中的凝血因子活性低于正常水平的 25%，常见于凝血因子 Ⅷ、Ⅸ、Ⅺ、Ⅻ 缺乏和使用肝素的患者。APTT 缩短见于血栓性疾病患者和血栓前状态。

三、血浆凝血酶时间

血浆凝血酶时间（TT）比正常对照延长超过 3 s 通常有意义。TT 延长见于低（无）纤维蛋白血症和异常纤维蛋白原血症，或血液中有肝素或类肝素物质存在时。

四、血浆纤维蛋白原

血浆纤维蛋白原（FIB）升高见于休克、急性心肌梗死、急性感染、结缔组织病、急性肾炎、多发性骨髓瘤、恶性肿瘤等疾病患者及血栓前状态。FIB 降低见于 DIC、重症肝炎、原发性纤溶亢进等患者。

五、凝血时间

凝血时间（CT）延长见于：①凝血因子Ⅷ、Ⅸ、Ⅺ明显缺乏，如甲型或乙型血友病；②凝血酶原严重减少，如肝损伤；③纤维蛋白原显著减少；④应用肝素或口服抗凝药物；⑤循环中抗凝物质增加。CT缩短见于高凝状态。

六、血浆D-二聚体

血浆D-二聚体呈阳性或升高提示继发性纤溶亢进；而原发性纤溶亢进时，血浆D-二聚体呈阴性或不升高。

七、凝血调节蛋白

凝血调节蛋白（TM）是血管内皮细胞损伤的标志物。TM升高提示血管内皮受损。其临床意义是：①具有结合凝血酶、抗凝以及抗炎作用，可用于判断血管内皮损伤或恢复情况；②浓度升高提示内皮系统受损、肾功能受损、DIC等；③TM升高可用于预测动脉粥样硬化的发生和进展。

八、凝血酶-抗凝血酶复合物

体内凝血酶形成后，部分迅速与抗凝血酶结合形成凝血酶-抗凝血酶复合物。该指标是反映凝血酶生成的分子标志物，可灵敏地反映凝血系统的激活程度，直接反映凝血系统启动情况。凝血酶-抗凝血酶复合物升高可用于早期预测血栓形成和复发风险、早期预测DIC风险。

九、纤溶酶-α2纤溶酶抑制剂复合物

纤溶酶-α2纤溶酶抑制剂复合物（PIC）是纤溶酶与α2纤溶酶抑制剂以1∶1结合形成的复合物，是直接反映纤溶系统激活程度的生物标志物，可用于早期预测血液高凝状态，也可用于溶栓治疗的监测。临床上常评估TAT/PIC比值，用于评估凝血与纤溶激活程度、判断血液高凝状态及纤溶亢进程度。若TAT/PIC比值小于5，则应考虑为继发性纤溶亢进。

十、组织型纤溶酶原激活物-纤溶酶原激活物抑制物复合物

组织型纤溶酶原激活物-纤溶酶原激活物抑制物复合物（tissue plasminogen activator-plasminogen activator inhibitor complex，t-PA-PAI-C）是血管内皮细胞受损时，组织型纤溶酶原激活物及纤溶酶原激活物抑制物-1同时释放到血液中形成的复合物。理论上，t-PA-PAI-C是内皮损伤和纤溶系统激活的产物。临床研究发现，t-PA-PAI-C对休克严重状态特别是脓毒症休

克的诊断价值很高，而且脓毒症休克患者的 t-PA-PAI-C 水平显著高于脓毒症患者，t-PA-PAI-C 水平与乳酸和 SOFA 评分均呈正相关。合并器官功能衰竭特别是心力衰竭的患者 t-PA-PAI-C 水平较无器官功能障碍患者显著升高。

另外，血栓弹力图是由血栓弹力图仪描记的凝血过程动态曲线，是一种能动态分析血小板、凝血因子、纤维蛋白原等血液成分之间相互作用、血凝块形成和纤维蛋白溶解全过程的曲线图。血栓弹力图检测能够全面展现血凝块形成、发展的全过程，从凝血因子激活到血小板纤维蛋白形成、血小板聚集并形成稳定的血凝块再到纤维蛋白溶解，显示凝血过程的全貌，包括凝血速率、凝血强度和纤维蛋白溶解等，是评估凝血功能障碍的敏感性试验，目前已广泛开展。

临床上对患者进行凝血功能监测时，应结合病史和临床表现，选择最适合患者的检查，避免增加患者的痛苦和医疗负担。例如，患者在口服华法林抗凝时，常规需监测 PT、INR；患者使用普通肝素时，常规需监测 APTT；需要了解抗凝效果时，应监测抗 Xa 因子活性。另外，还需注意凝血功能监测是一个动态过程，应定期复查相关指标，不断地评估和总结，有助于观察病情的发展，为最终明确诊断提供线索。对于暂时诊断不明确、病情复杂的患者，有明显出血倾向且危及生命时，应在积极安排相关检查的同时，早期经验性地予以替代治疗，如予以新鲜冰冻血浆、凝血酶原复合物等，以迅速纠正凝血功能障碍，及时挽救患者的生命，并为接下来的诊治争取更多时间。

（王　岗）

思 考 题

1. 如何理解中心静脉压与血压之间的关系及临床意义？
2. 肝功能障碍患者为什么容易出血？
3. 如何诊断急性胃肠功能损伤？
4. 常用颅内压监测手段的优、缺点是什么？
5. 病例分析：患者，女性，50 岁，近年间断出现右上腹不适。B 超检查提示："脂肪肝"；既往身体健康，否认胆囊炎、胆石症、糖尿病、高脂血症等病史。饮食结构合理，饮酒 6 年，每天饮高度白酒约 50 g，不吸烟。查体：一般情况良好，中等体型，巩膜无黄染，心、肺检查无异常，腹部平软，无压痛，肝、脾肋下未触及，双下肢无水肿。血清 ALT 60 U/L，AST 80 U/L，γ-GT 83 U/L，乙肝"两对半"呈阴性。

问题：
(1) 目前的临床诊断是什么？
(2) 应采取的治疗措施是什么？

第二十二章 急诊检查与治疗技术

第一节 气管插管术

气管插管术（endotracheal intubation）是为解除呼吸困难、保证呼吸道通畅，予以气管内麻醉及进行人工呼吸或机械通气，将特制的气管导管通过口腔或鼻腔插入患者气管内的一种方法。

一、适应证

1. 呼吸、心搏骤停，窒息及任何原因引起的呼吸障碍。
2. 呼吸衰竭，吸入氧分压（FiO_2）为 50% 的情况下，氧分压（PaO_2）<50 mmHg、二氧化碳分压（$PaCO_2$）>60 mmHg，需进行机械通气的患者。
3. 任何原因引起的呼吸保护反射（咳嗽、吞咽反射）迟钝或消失，如淹溺、中毒、外伤、电击、反复惊厥发作、癫痫持续状态等引起的昏迷。
4. 上气道阻塞（如严重的阻塞性睡眠呼吸暂停、上气道创伤）导致舌根后坠及其相邻软组织后移。
5. 气道分泌物过多且不能有效排出的患者。
6. 外科手术和麻醉，如需要长时间麻醉的手术、低温麻醉及控制性低血压手术，以及部分口腔内手术患者，以预防血性分泌物阻塞气道等。

二、禁忌证

气管插管术无绝对禁忌证，以下几种情况可列为相对禁忌证。
1. 喉部病变，如喉头急性炎症、喉头严重水肿、咽喉部血肿或脓肿。
2. 严重凝血功能障碍。
3. 胸主动脉瘤压迫或侵蚀气管壁。
4. 鼻咽部有血管瘤、鼻息肉或反复出血史者，禁忌行经鼻气管插管。

三、操作步骤

通常分为经口明视插管术、经鼻气管插管术，急诊最常用的是前者。

（一）经口明视插管术

1. 体位 患者取仰卧位，头部适当后仰，尽量使口、咽、喉成一条直线。

2. 暴露声门 术者用右手撑开患者下颌，左手持喉镜柄从患者右侧口角置入，将舌体推向左侧，沿中线向前推进，见到悬雍垂后，再将镜片推进咽部至会厌谷（应用直喉镜时，镜片头端需插至会厌下方），然后上提喉镜暴露声门。

3. 插入气管导管 术者用右手持气管导管沿右侧气管将喉镜送入口咽部，对准声门轻旋导管，使之进入气管内。待气管导管进入声门后，取出导丝，再将导管向前送入 3~5 cm。

4. 确认导管位置 成功插管并向导管气囊充气后，需确认导管已进入气管内再固定。确认方法有以下几种。

（1）按压胸部时，导管口有气流。

（2）进行人工呼吸或机械通气时，可见双侧胸廓对称起伏，并可听到清晰、对称的肺泡呼吸音。

（3）使用透明导管时，吸气时管壁透亮，呼气时可见明显的"白雾"样变化。

（4）患者如果有自主呼吸，则连接呼吸机后可见自主潮气量（呼吸机波形）。

（5）呼气末 $ETCO_2$ 时，若有波形，则可确认。

（6）球囊通气或连接呼吸机通气后，听诊双肺呼吸音对称。

5. 固定导管 放置牙垫，退出喉镜，将气管导管和牙垫一起固定于面颊部。

（二）经鼻气管插管术

经鼻气管插管术的优点是易于固定，便于清洁口腔，尤其适用于需长期插管或有口腔、颌面部创伤的患者。患者有自主呼吸时可行经鼻盲探气管插管术。

1. 体位 患者取仰卧位，头部适当后仰。

2. 麻醉 向鼻腔内滴入 1% 丁卡因及 3% 麻黄碱。

3. 插管 选用管径合适的气管导管，并将其插入鼻腔至咽部。

4. 确认导管位置 插管过程中，若能在导管外口听到确切的呼吸音，则表明导管已到达声门，继续将导管轻轻推进 1~2 cm，若呼吸音更响亮、清晰，再将导管稍向前推，确定导管在气管内。

5. 固定导管 插管成功后，适当固定导管。

四、并发症

1. 循环系统并发症 如心率加快及一过性高血压可导致心肌缺血。严重的迷走神经反射可导致心律失常，甚至心搏骤停。因此，气管插管对于高血压、严重心脑血管疾病患者有潜在危险。

2. 导管相关并发症 导管可能出现扭折、阻塞、误入一侧主支气管或食管，引起通气不足、缺氧、肺不张或胃膨胀、胃内容物反流。

3. 插管操作相关并发症 插管操作不规范，可导致牙齿损伤或脱落，口腔、咽喉部和鼻腔黏膜损伤而引起出血。用力不当或过猛可引起下颌关节脱位。另外，插管还可导致喉痉挛、误吸、喉或声门下水肿、喉溃疡、气管炎、副鼻窦炎、气管狭窄、声带麻痹及鼻穿孔等。

五、注意事项

1. 插管前应予以患者吸入纯氧数分钟，以进行预氧合。
2. **防止牙齿脱落、误吸** 术前应检查患者是否有义齿和牙齿是否松动，若有，则将其去除或摘掉。
3. 根据患者的年龄、性别和体格检查情况选择型号合适的气管导管，并检查导管气囊是否漏气，是否在有效期内。
4. 上提喉镜时，应将着力点始终放在喉镜片的顶端，严禁以上中切牙作为支点用力。
5. 插管时动作应轻柔，以免损伤牙齿。插入喉镜时，避免触碰牙齿，更应避免以牙齿为支点撬动喉镜。待声门开启时，再插入导管，避免导管与声门相顶，以保护声门、喉部黏膜，减少喉头水肿的发生。
6. 插管完成后，须确定导管插入深度，通常成人上中切牙至气管隆嵴的距离为22～24 cm，插管至气管隆嵴以上1～2 cm为最佳位置。另外，还应判断导管是否误插入食管。一般气管插管后，应常规行床旁X线检查，以确定导管位置。

（张国强）

第二节 气管切开术

一、适应证

1. 各种原因引起的上呼吸道梗阻，如喉头水肿、喉部肿瘤、异物卡喉等。
2. 呼吸衰竭或呼吸停止，需行呼吸机辅助呼吸且短时间内难以恢复者。
3. 对气管插管时间过长，以预防喉痉挛、坏死者，均应行气管切开术。

二、禁忌证

根据救治需要，确定是否行气管切开术。气管切开术无绝对禁忌证，以下几种情况可列为相对禁忌证。

1. 年龄在16岁以下者。
2. 气管切开区域内有急性感染或恶性肿瘤浸润。
3. 极度循环衰竭。
4. 甲状腺明显肿大。
5. 有严重出血倾向。

三、操作步骤

（一）常规气管切开术

1. 体位 患者取仰卧位，垫高肩部，使头后仰，伸直颈部并位于正中位；不能仰卧者，可行半坐卧位，仍垫高肩部，头后仰。常规消毒皮肤并适当镇痛及镇静。

2. 气管切开 术者用左手拇指和中指固定喉部，示指按压喉结，以确定中线，选择环状软骨下缘至胸骨上切迹稍上方位置行颈前正中切口，依次切开皮肤、皮下组织、颈浅筋膜，分离两侧胸骨舌骨肌及胸骨甲状肌，充分暴露气管，将气管前筋膜分离；暴露气管软骨环，用抽取无菌生理盐水的空针穿刺，可见大量气泡，即可确认气管。

3. 插入气管套管 用尖刀于第2、3气管软骨环正中自下而上切开气管前壁，用中弯血管钳撑开气管切口，插入气管套管，取出管芯，予以负压吸引气道内分泌物。

4. 检查切口，固定气管套管 检查切口是否有活动性出血，必要时结扎出血的血管，可在皮肤切口上端缝合2针；固定气管套管，向气囊充气，然后覆以纱布保护伤口。

（二）经皮微创气管切开术

经皮微创气管切开术是一项新型微创操作方式，其操作比常规气管切开术更容易、更便捷。其优势是：微创、快速、简易、并发症少、适合在床旁操作。

1. 体位与消毒 患者经气管导管吸入高流量氧气，取仰卧位，肩部垫高，头后仰，充分暴露颈部。常规消毒皮肤并适当镇痛及镇静。

2. 气管切开 在胸骨切迹上2 cm处，选择第1~2或第2~3气管软骨环间隙做一长1~1.5 cm的切口，深至皮下，然后用血管钳轻轻钝性分离气管前组织，进一步明确解剖标志，注意止血。

3. 穿刺针及其套管 将气管导管拔出至距门齿18 cm左右处，一手确认气管位置，另一手持穿刺针垂直刺入，其尖端略指向患者足端。将穿刺针及其套管插入气管，边穿刺边回抽注射器，回抽见到大量气泡即证实进入气管后。然后拔出穿刺针，留置套管。

4. 置入导丝和扩张器 经套管置入J形导丝，随后去除套管，固定导丝。沿导丝伸入扩张器，退出扩张器后再沿导丝伸入扩张钳，充分扩开气管前壁和颈前组织。

5. 插入并固定气管导管 沿导丝送入气管导管，及时吸出痰液和血液，以预防窒息的发生。切口下垫一块纱布，固定气管导管。

四、并发症

1. 皮下气肿 最常见，多见于颈部，可累及面部、胸部、腹部甚至会阴部。主要是由于术中软组织分离过多、气管切口过大及伤口缝合过紧所致。应注意皮下气肿常与纵隔气肿及气胸同时发生，应及时行胸部影像学检查。

2. 气胸 左侧胸膜顶较高，尤其是儿童，若手术位置较低、偏向左侧，则易损伤胸膜顶而引起气胸。

3. 纵隔气肿 多由于剥离气管前筋膜过多所致。轻者症状不明显，一般表现为胸痛；重者可出现呼吸急促，叩诊心浊音界不明显，听诊心音低钝而遥远；X线检查显示纵隔影增宽，

侧位片可见心脏与胸壁之间的组织内有条状空气阴影。若纵隔部位的壁胸膜破裂，则可由纵隔气肿转变为气胸。

4. 出血 术后早期出血多由于手术止血不彻底所致，中后期少量出血多由于创口感染或肉芽组织增生所致；致命性大量出血多由于气管套管压迫损伤气管前壁及无名动脉，加之感染引起无名动脉糜烂所致。若发生大量出血，则可用带气囊的气管导管经口插入，使气囊充气，吸出气管内的血液及分泌物，保持呼吸道通畅，同时请胸外科医生协助进行手术止血。

5. 窒息或呼吸骤停。

6. 急性肺水肿 由于气管切开后，肺内压骤降，肺内毛细血管通透性增高所致。

7. 肺炎及肺不张。

8. 气管食管瘘 多发生在术后 2~10 周内，表现为进食时食物或反流物经瘘管进入气管内而引起吞咽性咳嗽。若从气管内抽吸出食物残渣，则应高度怀疑发生气管食管瘘。

9. 空气栓塞 空气栓塞是死亡率很高的并发症，主要是由于患者深吸气时颈部静脉内存在较高的负压，一旦静脉破损，使空气进入，则可导致空气栓塞。

10. 气管狭窄 气管狭窄主要是由于手术损伤环状软骨所致；气管切开处愈合后，其表面形成肉芽肿，也可导致气管狭窄；气管切开处形成瘢痕和凹陷也是导致气管狭窄的原因。

11. 拔管困难。

12. 顽固性气管皮肤瘘。

13. 误伤甲状腺或（和）甲状旁腺。

14. 局部蜂窝组织炎、脓肿或纵隔炎。

五、注意事项

1. 操作时需注意沿颈前中线进行，按解剖层次每深入一层，即可用手指再次确认是否在颈前中线。

2. 气管切开后，应安排专人护理，使患者取仰卧位，定期协助其翻身、叩背。

3. 定期清洗导管内管，防止分泌物干涸在管内壁而阻塞导管。

4. 拔管前须先夹闭导管，确认呼吸道通畅、咳嗽反射良好、吞咽及肺功能正常后再拔管。夹闭导管多采用渐进堵管法。拔管后用蝶形胶带将切口两侧皮肤向中线拉拢并固定，一般不需缝合。1~2 天后，切口多可自愈。气管切开术后至少 5 天才能考虑拔管，以防止出现皮下气肿及纵隔气肿。

（张国强）

第三节　环甲膜切开术

环甲膜切开术（cricothyrotomy）与环甲膜穿刺术（thyrocricoid puncture）适用于需建立紧急气道，以抢救危及生命的呼吸道阻塞患者。该术式是在无法行气管插管的情况下所采取的紧急建立气道的外科手段，可缓解因异物阻塞、喉头水肿或严重创伤所导致的呼吸困难。其操作简单易行，迅速有效，并发症也较少。

广义的环甲膜位于环状软骨和甲状软骨之间，是具有弹性的圆锥形纤维结缔组织膜。狭义的环甲膜是指弹性圆锥的前部，其上界为甲状软骨下缘，下界为环状软骨上缘，两侧界为环甲肌内侧缘。环甲膜前方为皮肤及皮下组织，血管仅有来自甲状腺上动脉发出的环甲动脉，左、右环甲动脉之间常有小吻合支（环甲动脉弓）自两侧横行并发出穿支，从环甲膜上部进入喉内。神经只有迷走神经发出的喉上神经外支，与甲状腺上动脉及环甲动脉伴行，穿过咽下缩肌而终止于环甲肌。

环甲膜的后方即喉腔的声门下腔部，其后壁为环状软骨板。由于环甲膜位置表浅，无重要的血管、神经及特殊的组织结构，且终生不钙化，因此是穿刺或切开最方便、最安全的部位（图22-1）。

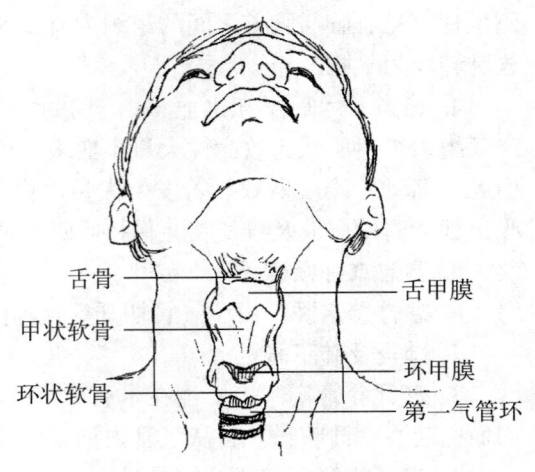

图22-1 环甲膜部位简图

一、适应证

环甲膜切开术是无法紧急建立气道（如气管插管）或其他无创方法失败时的外科手段，临床应用比例小于1%。

1. 病情危急，须立即解除呼吸道阻塞而又无法立即行气管插管及气管切开术时。
2. 无法进行人工通气时。
3. 无法维持血氧饱和度在90%以上者。

二、禁忌证

1. 难以在体表正确判定解剖部位。
2. 环甲膜以下的呼吸道梗阻性病变。
3. 局部解剖构造异常。

三、操作步骤

1. 体位与麻醉 患者取平卧位或半坐卧位，头尽量向后仰，喉部充分向前突出。进行局部浸润麻醉，患者出现意识障碍时，也可不进行麻醉。

2. 环甲膜切开 术者用拇指及中指固定患者喉部，示指触及甲状软骨下缘和环状软骨上缘，环状软骨正中稍突出是其标志。环甲膜可容纳示指指尖（图22-2）。另一手持刀片，于环甲膜中央横行切开皮肤1~1.5 cm（图22-3）。或可直接横行切开皮肤及皮下组织，然后垂直于皮肤进刀切开环甲膜1 cm，并进入喉腔，有落空感（图22-4）。

3. 置入套管并固定 立即用刀柄沿切口平行插入声门下腔，然后将刀柄旋转90°，使空气进入。或用止血钳撑开切口，迅速置入套管或中空管并固定（图22-5）。注意同时吸出分泌物及血液。套管置入后，在用绷带固定前，应先用手固定，以免套管被咳出。插入气管套管后，用绷带将套管两侧固定于颈部，以防止套管滑脱（图22-6）。

4. 环甲膜穿刺 待患者呼吸恢复或呼吸困难缓解后，应尽快行常规气管切开术。若情况十分紧急，则可使用水果刀、裁纸刀等。也可用特制的环甲膜穿刺针（图22-7）或粗注射针头先行环甲膜穿刺术。以示指指尖确认环甲膜部位后，将穿刺针垂直刺入喉腔（图22-8），使空气进入，以暂时缓解呼吸困难。刺入后应有落空感，注射器回吸有空气。

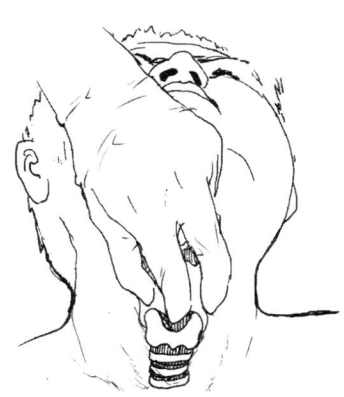

图 22-2　示指尖抵于环甲膜之间

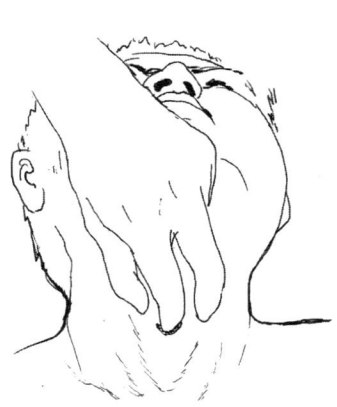

图 22-3　示指指引下经皮横行切开环甲膜

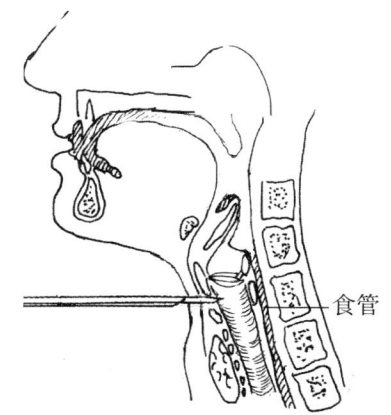

图 22-4　刀尖于环甲膜中央切入声门下腔

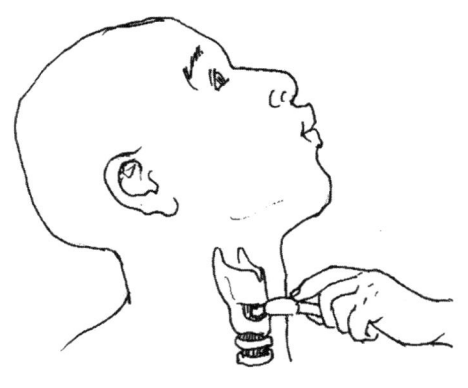

图 22-5　插入空腔管

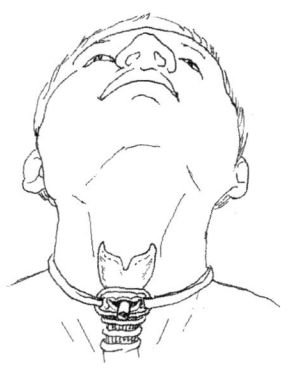

图 22-6　固定插入管

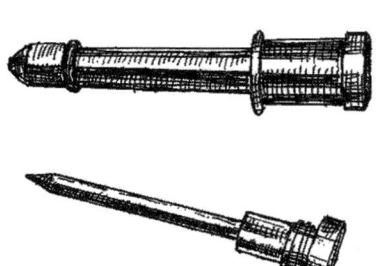

图 22-7　环甲膜穿刺针管套及管芯

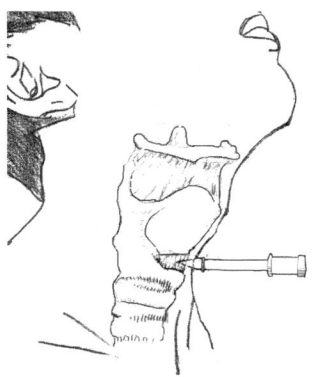

图 22-8　环甲膜穿刺

四、并发症

主要并发症是出血。切口出血可向下流入气管,进而加重呼吸困难。环甲膜正中线旁约 1 cm 是双侧环甲动脉沿环状软骨入喉处。横行切口偏离正中或大于 1.5 cm 时,易损伤该动脉而引起出血。切开及穿刺部位均在环甲膜正中可避免伤及血管。若出血较多,则应在明视下检查扩大切口,用止血钳钳夹止血,也可结扎出血点或进行电凝止血。

五、注意事项

1. 进行环甲膜穿刺时,穿刺针越粗,通气效果越好。但针尖过于粗大时,穿刺阻力过大,不容易进针,还有可能损伤环甲肌及环甲动脉弓,甚至造成喉软骨损伤。

2. 气管套管需固定牢靠,以防止管道脱落。一旦呼吸困难缓解,即应尽快补进行正规气管切开术。经环甲膜插入套管的时间一般不超过 48 h,以免环状软骨受损感染而导致喉狭窄。

3. 及时清除套管内、气管内及口腔内分泌物,保持呼吸道通畅。

(邵　菲)

第四节　机械通气

机械通气(mechanical ventilation)是指当患者的呼吸器官不能维持正常的通气和(或)换气,即发生呼吸衰竭时,以机械装置(主要是指呼吸机)代替或辅助呼吸肌工作,以维持或改善患者的通气和换气的治疗方法。虽然负压通气更符合人体的生理特点,但限于技术原因,目前临床上主流的呼吸机均为正压通气式,即呼吸机在气道开口直接施加压力,吸气相气体在正压作用下进入患者肺内,而呼气相仍靠肺和胸廓的弹性回缩力将气体排出。机械通气是一种替代性治疗,主要是为引起呼吸衰竭的各种病因治疗争取时间和创造条件。

根据是否建立人工气道,可将机械通气分为无创机械通气和有创机械通气。

一、无创机械通气

无创机械通气是指无须建立人工气道,主要通过鼻面罩、口鼻面罩或鼻塞等装置连接患者与呼吸机的通气方式。不同于经人工气道通气需将气管导管放置在气道内,无创机械通气直接利用人体原有的气体交换通路,因而可以有效地避免人工气道相关并发症。现代无创呼吸机在漏气补偿和同步性方面效果更佳,同时可以更好地兼顾疗效与舒适性。

随着无创通气技术的不断发展,其临床应用范围和适应证也不断扩展,目前已成为一种常用的辅助通气技术,在中枢性睡眠呼吸暂停综合征、神经-肌肉接头疾病、慢性阻塞性肺病急性加重、急性左心功能不全、ARDS 等疾病所致急、慢性呼吸衰竭的救治中发挥了重要的作用。尤其是涡轮技术的不断进步,使呼吸机常集成了有创通气、无创通气和经鼻高流量氧疗,可以更便捷地满足患者不同程度的氧疗需求。

1. 适应证　无创正压通气主要适用于轻度和中度呼吸衰竭，但没有紧急气管插管适应证、生命体征相对平稳并且没有无创通气禁忌证的患者。对急性呼吸衰竭进行患者无创正压通气针的适应证包括以下几种情况。

（1）中度到重度呼吸困难：表现为呼吸急促（慢性阻塞性肺疾病患者呼吸频率＞24次/分，充血性心力衰竭患者呼吸频率＞30次/分）；需要辅助呼吸肌辅助或出现胸腹矛盾运动。

（2）血气异常：pH＜7.35，$PaCO_2$＞45 mmHg或氧合指数＜200 mmHg。

2. 禁忌证

（1）绝对禁忌证：①心搏或呼吸停止；②昏迷；③自主呼吸微弱；④误吸危险性高，不能清除口咽及上呼吸道分泌物，呼吸道保护能力差；⑤颈部和面部创伤、烧伤及畸形；⑥上呼吸道梗阻。

（2）相对禁忌证：①合并其他器官衰竭（血流动力学指标不稳定、不稳定型心律失常、消化道穿孔或大量出血、严重脑部疾病等）；②未进行引流的气胸；③近期进行过面部、颈部、口咽部、食管及胃部手术；④患者明显不合作或极度紧张；⑤严重低氧血症（PaO_2＜45 mmHg）、严重酸中毒（pH≤7.20）；⑥严重感染；⑦气道分泌物多，伴轻度排痰障碍。

3. 操作要点

（1）患者准备

1）患者通常采取半坐卧位（30°~45°）。

2）提前充分与患者沟通，以消除其紧张情绪，指导其避免张口呼吸及有咳痰或呕吐需求时快速摘除面罩的方法。

（2）物品准备

1）单纯无创呼吸机或有创/无创一体机。

2）选择合适的鼻面罩或口鼻面罩。

（3）操作步骤

1）开启呼吸机，确认仪器处于正常工作状态，选择初始模式、设置通气参数。

2）正确佩戴面罩，然后连接呼吸机，避免漏气补偿而引起患者不适。

3）若为单管路呼吸机，则需要在面罩处提供连续氧源，将初始氧流量调节至5 L/min。若为双管路呼吸机，则通过呼吸机调节。

4）逐渐增加通气压力，监测潮气量的变化，直至达到预期值。

5）密切监护患者，及时观察是否有漏气、咳痰等。

6）在初始治疗1~2 h后，通过患者的意识状态、症状改善情况及动脉血气分析等评估疗效。

7）决定治疗的时间和疗程。

8）监控和防治并发症和不良反应。

9）辅助治疗，如予以湿化、雾化吸入等。

4. 通气模式　①持续气道正压（continuous positive airway pressure，CPAP）通气；②双相气道正压（bi-level positive airway pressure，BiPAP）通气；③压力控制通气（pressure control ventilation，PCV）；④压力支持通气（pressure support ventilation，PSV）；⑤压力调节容积控制通气（pressure regulated volume controlled ventilation，PRVCV）；⑥成比例辅助通气（proportional assist ventilation，PAV）等。对于Ⅱ型呼吸衰竭患者，目前最常用的模式是BiPAP；而对于Ⅰ型呼吸衰竭患者，多采用CPAP和BiPAP。

5. 通气参数设置　通常，CPAP的压力和（或）吸气压从低压力数值开始，每隔20~30 min逐渐增加压力值。根据呼吸功能监测指标以及患者的病情和感受设置其能够耐受的最高压力值。无创正压通气的常用通气参数参考值见表22-1。

表 22-1 无创正压通气的常用通气参数参考值

参数	常用参考值
潮气量	6~12 ml/理想体重
呼吸频率	16~30 次/分
吸气流速	自动调节或递减型，峰值流速 40~60 L/min
吸气时间	0.8~1.2 s
吸气压	0.98~2.45 kPa（10~25 cmH₂O）
呼气末正压	根据患者的病情设定，常用 0.4~0.5 kPa（4~5 cmH₂O），对 I 型呼吸衰竭患者需要增加至 0.59~0.98 kPa（6~10 cmH₂O）

6. 并发症 无创正压通气的常见不良反应包括：口咽干燥、眼部气流刺激、面罩压迫和鼻部皮肤损伤、恐惧（幽闭症）、胃胀气、误吸、漏气、排痰障碍、人机不同步、气胸、吸入性肺炎等。以上情况以漏气发生率最高，其他相对较低，但气胸和吸入性肺炎属于较严重的并发症，在通气过程中应注意观察和及时防治，以利于提高无创正压通气的临床疗效。

 基础回顾

生理性呼吸与正压通气的区别

人体脏胸膜与壁胸膜紧密相接，两者之间的胸膜腔压力呈负值。中枢神经系统发放的吸气冲动可刺激膈肌收缩，以克服胸廓的弹性阻力做功，使胸膜腔内负压增加，肺内压变成负压，低于气道开口压力，气体顺压力梯度流入肺内，即完成吸气；随后膈肌放松，在胸廓回弹力的作用下，胸膜腔内负压减小，肺内压变成正压，高于气道开口压力，气体经肺排出，即完成呼气。正压通气由呼吸机按指令送气，气体流入肺内，呼吸机克服胸廓的弹性阻力做功，使肺内压和胸膜腔内压力均升高，由负压变成正压；随呼吸机切换转为呼气时，肺内气体在胸廓回弹力的作用下排出。生理性呼吸是负压通气，先有胸膜腔内压力的变化，再发生气体流动，胸膜腔内负压有利于血液回流至右心；而正压通气是先有气体流动，再发生胸膜腔内压力变化，胸膜腔内正压可阻碍血液回流至右心。

二、有创机械通气

有创机械通气是指经人工气道（如气管插管或气管切开术所建立的气道）实施的机械通气，是临床上治疗各型呼吸衰竭时最常用的呼吸支持技术。

1. 适应证 对各种原因引起的急性呼吸衰竭或慢性呼吸衰竭急性加重，经保守治疗后效果不佳且呈进行性发展者，以及呼吸停止者，均应实施有创机械通气。此外，需要达到某些特殊治疗目的时，也可考虑进行有创机械通气，如手术治疗。与无创机械通气相比，有创机械通气通常应用于更为严重的呼吸功能障碍患者。有创机械通气的适应证包括以下几种情况。

（1）经其他积极治疗后病情恶化者。

（2）意识障碍患者。

（3）呼吸形式严重异常，如呼吸频率>35 次/分或<8 次/分，或呼吸节律异常，或自主

呼吸微弱或停止，或 $V_T<5$ ml/kg。

（4）血气分析提示严重通气和（或）氧合障碍，如 $PaO_2<50$ mmHg，尤其是充分氧疗后仍 <50 mmHg；$PaCO_2$ 进行性升高，血 pH 进行性下降。

2. 禁忌证 作为一种重要的生命支持技术，有创机械通气无绝对禁忌证，其相对禁忌证包括以下几种情况。

（1）张力性气胸及纵隔气肿未行引流。

（2）肺大疱和肺囊肿。

（3）低血容量性休克未补充血容量。

（4）严重肺出血。

（5）气管食管瘘。

需要强调的是，当患者出现致命性通气和氧合障碍时，应在积极处理原发疾病，如立即行胸腔闭式引流、积极补充血容量的同时，尽早实施有创机械通气，避免患者因出现严重的低氧血症和 CO_2 潴留而死亡。

3. 操作要点

（1）患者准备

1）需预先建立人工气道。

2）患者通常采取半坐卧位（30°左右）。

3）酌情予以镇静、镇痛。

（2）物品准备

1）有创呼吸机。

2）模拟肺。

3）呼吸管路。

4）湿化罐套装。

5）压缩空气源（采用涡轮技术的呼吸机不需要），氧源，接头适配。

（3）操作步骤

1）选择合适的有创呼吸机，连接好氧源、压缩空气源。

2）安置湿化器并加入适量蒸馏水，调节至合适的湿化温度，连接呼吸管路，调整呼吸管路集液杯处于最低处，连接好模拟肺。

3）连接电源并开机，根据患者的体重和基础疾病情况设置呼吸机模式及参数。

4）检查呼吸机工作是否正常，是否有报警显示，模拟肺充气量与节律是否正常。

5）将患者与呼吸机连接，观察通气环路是否有漏气，确定呼吸机正常工作，无报警。

6）机械通气治疗后 0.5～1 h，应进行动脉血气分析，以评估治疗效果。

7）及时清除呼吸道分泌物和呼吸回路中的积水，按时向湿化器加水。

8）积极处理基础疾病，针对引起呼吸衰竭的原因进行治疗。

9）进行其他辅助治疗，如雾化治疗、营养支持。

10）待患者病情好转后，应及时指导其进行锻炼和进入脱机程序。

4. 通气模式 患者在机械通气时能够获得的或者呼吸机能够允许的呼吸（或通气）方式有两种：控制通气方式和自主呼吸方式。控制通气方式包括呼吸机触发的控制通气和患者触发的控制通气。机械通气的模式与算法和目标有关，按算法可以分为辅助-控制通气、同步间歇指令通气和双相气道正压通气等；按目标可以分为容积控制通气、压力控制通气和压力支持通气等。当前主流的机械通气模式有 12 种，以前 5 种最为常见。

（1）辅助-控制通气（assist-control ventilation，ACV）：该模式结合了辅助通气（AV）和控制通气（CV）的特点，通气由患者触发，以 CV 的预设频率作为后备。此模式既可定压力，

又可定容积通气,对患者的辅助程度较高,适用于无自主呼吸或自主呼吸微弱的患者,有利于呼吸肌休息,提高人机协调性,但可能引起通气过度。设定相关参数后,吸气时间相对固定。随自主呼吸频率增加,呼气时间明显缩短,当患者自主呼吸频率过快时(>30次/分),人机协调性可明显降低,甚至呈反比通气(吸呼比>1∶1)。

(2)同步间歇指令通气(synchronized intermittent mandatory ventilation,SIMV):该模式是在间歇指令通气(即呼吸机按照指令间歇对患者提供正压通气)的基础上,为了保证人机同步,避免呼吸机在吸气末或呼气时送气,加入同步触发窗的概念,在触发窗内由患者自主呼吸触发呼吸机按预设参数通气;若未触发,则按预设的频率送气,在间歇期允许患者自主呼吸。因此,同步间歇指令通气是一种混合通气模式。该模式既可定压力,又可定容积通气,对患者的辅助程度较辅助-控制通气低,呼吸机支持水平可调范围较大,人机协调性好,有利于锻炼呼吸肌,防止呼吸肌萎缩,常与压力支持通气联合应用,从而对间歇期的自主呼吸进行额外的支持。

(3)容积控制通气(volume control ventilation,VCV):即定容积通气,是指预设潮气量的控制通气。由于此模式与机械通气的总目标完全一致,常作为各类疾病患者的首选模式,且常与辅助-控制通气或同步间歇指令通气联合应用。需提前设定呼吸频率和吸气流速及波形。其特点是在通气过程中,潮气量和吸气峰值流速保持恒定,气道压力是变量。当呼吸系统顺应性下降或气道阻力升高时,吸气峰压也升高。

(4)压力控制通气(pressure control ventilation,PCV):即定压力通气,是指预设压力水平的控制通气。此模式也可与辅助-控制通气或同步间歇指令通气联合应用。需提前设定呼吸频率和吸气时间。其特点是在通气过程中,气道压力和吸气时间恒定,吸气流速和潮气量是变量。当呼吸系统顺应性下降或气道阻力升高时,吸气流速减慢,潮气量减小。部分疾病(如ARDS)患者,进行容积控制通气时,吸气峰压往往较高,容易超过报警上限而停止送气,不能保证足够的潮气量,而此模式可以更低的吸气峰压达到相同的潮气量,在保证通气的同时,可预防气压伤的发生,改善气体分布和通气/血流比值;其不足之处是,潮气量可随肺顺应性和气道阻力发生变化,从而偏离目标潮气量,需要加以注意。

(5)压力支持通气(pressure support ventilation,PSV):是一种自主呼吸模式,所有通气均由患者自主呼吸触发。当患者吸气时,呼吸机提供达到预设压力所需的初始流速(峰值流速),使气道压力在短时间内达到预设水平。随肺泡充盈,所需流速逐渐降低,但压力保持不变,此时的正压有助于克服气道阻力;随流速减慢,达到某一阈值时(一般固定在峰值流速的25%),切换为呼气。此模式对患者的支持程度较低,可在一定程度上减少患者呼吸肌做功,增加潮气量,减慢呼吸频率,常用于脱机前进行呼吸机功能锻炼,也可与同步间歇指令通气联合使用,支持间歇期自主呼吸。由于不需要预设呼吸频率,当患者自主呼吸频率不足或窒息时,以(后备)通气保证安全。

(6)双相气道正压(biphasic positive airway pressure,BiPAP)通气:是一种时间切换压力控制的机械通气模式。此模式不同于无创通气下的BiPAP模式。两种不同水平的正压按照一定的频率进行切换,高水平和低水平正压各自所占的时间可调,而在两个压力水平的任何时刻均允许患者进行自主呼吸。通过调节参数,BiPAP可衍生出其他呼吸模式,如将高、低压调为一致,并允许患者进行自主呼吸,即CPAP模式;当患者无自主呼吸时,即为PCV模式;当自主呼吸只出现在低压相时,即为PCV-SIMV。这种变化使BiPAP可以贯穿有创机械通气的整个治疗过程,因此,有学者将BiPAP称为"全能型"机械通气模式。

(7)指令分钟通气(mandatory minute volume,MMV):该模式是呼吸机按预设的每分通气量通气。患者自主呼吸时的每分通气量若低于预设的每分通气量,不足部分将由呼吸机提供;若等于或大于预设的每分通气量,则呼吸机停止送气。此模式可保证每分通气量不低于预设水平,但在呼吸浅快者,由于生理无效腔的存在,可能导致有效通气量不足。

（8）反比通气（inverse ratio ventilation，IRV）：应用该模式时，吸气时间大于呼气时间，可增加功能残气量，降低气道峰压，改善氧合。其缺点是可能难以与自主呼吸同步，对心血管系统有抑制作用。

（9）气道压力释放通气（airway pressure release ventilation，APRV）：该模式通过预设的周期性呼气末正压的释放提供部分通气支持，也是一种反比通气，可由 BiPAP 变化而来。其优点是可以降低气道峰压和气压伤的危险，增加潮气量和每分通气量。对于气道阻力增高的患者，采用 APRV 可能会导致肺过度膨胀。

（10）压力调节容积控制通气（pressure regulated volume controlled ventilation，PRVCV）：该模式以切换压力的方式进行通气，可自动切换压力水平，以保证潮气量。其优点是可以保证较恒定的潮气量，有利于降低气道峰压和减小气道阻力。

（11）成比例辅助通气（proportional assist ventilation，PAV）：是一种自主呼吸模式，当患者吸气时，呼吸机提供与吸气压成比例的容量辅助和流速辅助，从而使患者舒适地获得自由支配的呼吸方式和通气水平，更贴近于生理情况。该模式适用于呼吸驱动力正常或偏高的患者。

（12）呼气末正压通气（positive end-expiratory pressure，PEEP）和持续气道正压（continuous positive airway pressure，CPAP）：严格来说不是一种通气模式，而是一种技术手段。PEEP 是指在患者呼气末，人为地使气道和肺泡内压保持在高于大气压的水平。而 CPAP 可以看成是 PEEP 在自主呼吸时的特殊形式。二者的作用类似，包括增加功能残气量，使塌陷的肺泡复张，改善通气/血流比值，对血管外肺水的分布产生有利影响。其缺点是可导致气道峰压增高，对循环系统产生不利影响。

上述通气模式也可以一定的方式组合应用，如 PC-SIMV、VC-ACV、SIMV+PSV，从而满足临床多样化的通气需求。

5. 通气参数设置 需要指出，没有任何一种模式适用于所有患者。针对不同的患者及其具体的病情，应强调按个体化原则设置通气参数。有创机械通气的常用通气参数参考值见表 22-2。

表 22-2 有创机械通气的常用通气参数参考值

参数	常用参考值
潮气量	6～10 ml/IBW
呼吸频率	12～20 次/分
吸气流速	40～60 L/min
吸气时间	0.8～1.2 s 或吸呼比为 1:（1.5～2）
触发灵敏度	压力触发：-0.15～-0.05 kPa（-1.5～-0.5 cmH$_2$O）；流速触发：2～5 L/min
氧浓度	维持氧饱和度（SaO$_2$）>90% 的最低氧浓度
呼气末正压（PEEP）	根据患者的情况而定，常用 0.4～0.5 kPa（4～5 cmH$_2$O）；对 I 型呼吸衰竭患者需要增加压力值

6. 并发症

（1）与人工气道相关的并发症：气管导管移位、气道损伤和出血、气道梗阻、气管软化等。

（2）与正压通气相关的并发症：呼吸机相关肺损伤、呼吸机相关性肺炎、氧中毒、呼吸机相关膈肌功能不全等。

（3）机械通气对肺外器官的影响：低血压、心律失常、肾功能不全、精神心理异常等。

7. 呼吸机的撤离 当促使患者机械通气的病因好转或去除后，应尽快予以脱机。因为延

迟脱机可增加机械通气的并发症和医疗费用，但过早撤离呼吸机又可导致脱机失败，使再插管率和病死率增高。因此，呼吸机的撤离应该是一个有计划的过程。前期包括 SIMV、PSV 等多种呼吸机模式的切换，在脱机前，还应进行常规的筛查试验（表 22-3）。

表 22-3 脱机常用的筛查标准

标准	说明
客观测量结果	（1）足够的氧合（如 $PaO_2 \geq 60$ mmHg 且 $FiO_2 \leq 0.4$；PEEP$\leq 5 \sim 10$ cmH_2O；$PaO_2/FiO_2 \geq 150 \sim 300$）； （2）心血管系统功能稳定，如心率≤140 次/分，血压稳定，不需或需要应用最小剂量的血管活性药； （3）无高热（体温<38℃）； （4）无明显呼吸性酸中毒； （5）血红蛋白≥80～100 g/L； （6）足够的精神活动（如可被唤醒，GCS≥13，没有连续输注镇静药）； （7）代谢状态稳定（如电解质水平无明显异常）；
主观临床评估	（1）疾病处于恢复期； （2）医生评估后认为可以脱机； （3）充分咳嗽

需要注意的是，通过筛查试验的患者并非都能成功脱机，因此还应对患者进行自主呼吸试验（spontaneous breathingtrial，SBT），以进一步评估患者的自主呼吸功能。目前最常用的方法是 3 min 自主呼吸试验，包括 T 管试验和 5 cmH_2O CPAP/PSV 试验。进行自主呼吸试验时，医生应在床旁密切观察患者。当出现下列情况时，应立即中止自主呼吸试验，重新恢复机械通气：①呼吸指数（呼吸频率/潮气量）>105；②呼吸频率<8 次/分或>35 次/分；③自主呼吸潮气量<4 ml/kg；④心率>140 次/分或出现新的心律失常；⑤氧饱和度<90%。只有在患者通过 3 min 自主呼吸试验，并能够耐受自主呼吸 30～120 min 后，才可考虑脱机。

（姚冬奇）

第五节 电除颤与电复律

电除颤或电复律，是指用高能电脉冲直接或经胸壁作用于心脏，使各部分心肌瞬间同时除极，心脏自律性最高的起搏点重新主导心脏节律，从而将异位快速性心律转复为窦性节律的治疗方法。电除颤属于非同步电复律，可在任何时间放电。电复律需要通过心电图上的 R 波触发同步放电，使电刺激落入 R 波降支，即心室绝对不应期内，为同步电复律。

一、适应证

（一）电除颤

电除颤的适应证包括心室颤动、心室扑动和无脉性室性心动过速。

（二）电复律

1. 室性心动过速 经药物治疗无效或伴有血流动力学改变（如出现意识障碍、严重低血压、急性肺水肿）的患者，应紧急行同步电复律；对无法识别 R 波的快速室性心动过速患者，应进行非同步电除颤治疗。

2. 心房颤动 对出现下列情况者，可考虑进行电复律。

（1）心房颤动病史在 1 年内，发生心房颤动前，窦房结功能正常。

（2）发生心房颤动后，心力衰竭或心绞痛恶化不易控制。

（3）心房颤动伴心室率较快，且药物控制不佳。

（4）去除或有效控制基本病因（如甲状腺功能亢进、心肌梗死等）后，心房颤动仍持续存在。

（5）风湿性心脏病行瓣膜置换术或修复术 3~6 个月或以上，先天性心脏病修补术后 2~3 个月或以上仍有心房颤动。

（6）预激综合征伴发心室率较快的心房颤动。

3. 心房扑动 心房扑动以 1:1 下传时，心室率快，易导致血流动力学迅速恶化，甚至危及生命，是同步电复律的最佳适应证。

4. 阵发性室上性心动过速 对少数顽固性阵发性室上性心动过速经物理方法和药物治疗无效，伴有血流动力学障碍的患者，应立即行同步电复律。

5. 异位性心动过速性质不明 如室上性心动过速伴差异性传导或室性心动过速不能明确鉴别诊断，导致用药困难且伴有明显血流动力学障碍者。

二、禁忌证

1. 洋地黄中毒引起的快速型心律失常　洋地黄中毒时心脏对电击的敏感性增强，容易导致恶性室性心律失常（如心室颤动）的发生，因此，若此时予以电刺激，则可引起不可逆的心搏停止。

2. 室上性心律失常伴高度或完全性房室传导阻滞或持续心房扑动、心房颤动，在未用影响房室传导药物的情况下，心室率已较缓慢。

3. 缓慢型心律失常　包括病态窦房结综合征（即心动过缓 - 心动过速综合征）。

4. 近期有动脉栓塞或经超声心动图检查发现心房内存在血栓而未接受抗凝治疗者。

5. 心房颤动患者存在下列情况时，不宜进行电复律。

（1）拟近期接受心脏外科手术。

（2）若存在电解质紊乱，尤其是低钾血症，则电复律应在低钾血症纠正后进行。

（3）甲状腺功能亢进伴心房颤动，且未对前者进行正规治疗。

（4）左心功能严重损害者，转复后有发生急性肺水肿的可能。

（5）心脏明显增大（心胸比例＞65%，超声检查显示左房内径＞55 mm）者，即使成功转复，维持窦性心律的可能性也不大。

（6）复律后在奎尼丁或胺碘酮的维持下又复发或不能耐受抗心律失常药物维持治疗者。

（7）心房颤动呈阵发性，既往发作次数少、持续时间短，预期可自动转复者，因为电复律并不能预防其复发。

（8）尖端扭转型室性心动过速或多形性室性心动过速伴有低钾血症，QT 间期延长者，应慎用电复律。异位起搏点自律性增高所致的快速型心律失常，电复律疗效较差，即使复律成功，也容易复发。因此，对自律性增高的房性心动过速、非阵发性交界性心动过速、加速性室性自主心律患者，一般不主张进行电复律治疗。

上述适应证及禁忌证都是相对的，应根据每个患者的具体临床情况全面评估获益与风险。

三、操作步骤

（一）患者准备

1. 紧急电除颤/电复律患者 对心室颤动（心室扑动）、无脉性室性心动过速、严重血流动力学障碍的快速型心律失常等紧急情况，需立即进行电除颤/电复律。对心房颤动患者，进行电复律前，应经静脉予以肝素1次。在准备及操作的同时，应向家属交代电复律的目的、风险和成功率等。

2. 择期电复律患者 复律前，应进行必要的体格检查、实验室检查、胸部X线检查、心脏彩超等检查，予以禁食6 h，停用洋地黄制剂24~48 h，纠正电解质紊乱和酸碱失衡，控制心力衰竭。对心房颤动持续时间大于48小时或持续时间不详者，在进行电复律前，应予以口服华法林3周，并经食管超声检查无左心房血栓迹象；电复律后应继续予以抗凝治疗4周。对心房颤动持续时间小于48小时者，需在进行电复律前，经静脉予以肝素1次。应告知患者及家属电复律的目的、风险和成功率等，并签署知情同意书。

（二）器械准备

1. 除颤设备 除颤器、导电糊或导电膏、生理盐水纱布。
2. 麻醉、抢救复苏设备 麻醉药品、抢救车、吸氧设备、气管插管用品、吸引器、临时起搏器，以及心电、血压、血氧监测设备等。

（三）操作步骤

1. 电除颤
（1）患者平卧于硬质地面上，若在床上，则需去枕、垫硬板，去除金属饰品，身体不接触床上的任何金属部分，并暴露胸部。注意避免因进行以上准备而延误除颤。
（2）准备除颤器的同时，予以持续胸外心脏按压。
（3）打开除颤器，选择能量：单相波为360 J，双相波为150~200 J。
（4）两电极板分别涂以导电糊或导电膏，或在患者胸部电极板放置部位垫4~6层湿生理盐水纱布。
（5）将电极板正确放置于胸部相应位置，避开皮肤破溃、伤口、起搏器囊袋等部位。一般选择的部位是：胸骨电极板放置于胸骨右缘第2肋间；另一个电极板放置于左侧腋中线第5肋间，两个电极板之间的距离大于10 cm。
（6）按下"充电"按钮，充电到所需复律的电能量。所有人员不得接触患者、病床以及与患者相连接的仪器设备。
（7）用力按压电极板，使其紧贴皮肤，再次确认患者的心律失常类型是可除颤的心律失常。双手同时协调按下电极板的两个放电按钮，当观察到电极板放电后，即松开按钮。
（8）除颤后，立即进行心肺复苏。进行5个周期的心肺复苏后，评估是否需要再次除颤。

2. 电复律 紧急电复律操作的前期步骤与电除颤相同，不同之处是开启同步功能，选择R波较高的导联进行示波观察。择期电复律前的操作步骤如下所述。
（1）麻醉：静脉缓慢注射镇静药物（地西泮、咪达唑仑、硫喷妥钠等）。嘱患者报数至其进入朦胧状态，睫毛反射消失。

（2）能量选择：根据心律失常的类型和患者的病情选择合适的能量水平，在实际操作中还需要考虑患者的体重等，如对体重较轻者，可选用较低的能量水平，而对体重较重者，则常需采用较高的能量水平。常规情况：心房颤动能量为100~150 J，心房扑动能量为50~100 J，室上性心动过速能量为100~150 J，室性心动过速能量为100~200 J，心室颤动单相波能量为360 J，双相波电复律能量为150~200 J。

放置电极板的方式有4种，其中常用前侧位。

1）前侧位：将胸骨电极板放置于胸骨右缘第2肋间，靠近但不与胸骨重叠；另一个电极板放置于左侧腋中线第5肋间。

2）前后位：将一个电极板放置于左侧肩胛下区，另一个电极板放置于胸骨左缘第4肋间水平。

3）前-左肩胛位：将一个电极板放置于右前壁锁骨下，另一个电极板放置于背部左肩胛下。

4）前-右肩胛位：将一个电极板放置于心尖部，另一个电极板放置于患者背后右肩胛角，注意避开脊柱。

注意事项：

1）按下"充电"按钮，充电到所需复律的电能量。所有人员不得接触患者、病床以及与患者相连接的仪器设备，以免触电。

2）用力按电极板，使电极板与胸壁充分接触，双手同时协调按下电极板的两个放电按钮。放电后，松开按钮，但避免立即移除电极板，可观察心电波形，判断是否复律成功。

3）电复律后，应立即观察患者的心电图或进行心电监测，观察复律是否成功。若未复律，则可增加复律能量，间隔2~3 min再次复律。若反复电击3次或能量达到300 J以上仍未转复为窦性心律，则应停止电复律治疗。

4）若电复律后转为窦性心律，则应立即进行常规导联心电图检查，与术前对照，并进行心电、血压、呼吸和意识监测，观察患者的肢体运动及语言情况，注意是否有血尿、腹痛等，防止栓子脱落。一般需持续监测24 h，直至患者病情稳定。

> **基础回顾**
>
> **动作电位的形成机制**
>
> 动作电位是指细胞受到刺激时细胞膜产生的一次可逆的、可传导的电位变化。其形成机制包括以下几方面。
>
> 1. 动作电位上升支——Na^+内流所致　阈刺激或阈上刺激使膜对Na^+的通透性增高，Na^+顺浓度梯度及电位差内流，使膜发生去极化，形成动作电位的上升支。动作电位的幅度取决于细胞内外的Na^+浓度差，细胞外液Na^+浓度降低，动作电位幅度也相应降低，而阻断Na^+通道（河豚毒）则可阻碍动作电位的形成。
>
> 2. 动作电位下降支——K^+外流所致　Na^+通道失活，而K^+通道开放，导致K^+外流，使膜发生复极化，形成动作电位的下降支。
>
> 3. 钠泵的作用　钠泵将进入膜内的Na^+泵出膜外，同时将膜外多余的K^+泵入膜内，恢复兴奋前时离子分布浓度。
>
> 动作电位的特点是：①全或无现象；②不衰减传播；③脉冲式发放。

四、并发症

1. 皮肤灼伤　是最常见的并发症,与电极板按压不紧、导电糊涂抹不足、皮肤表面潮湿导电等有关,一般无须治疗。对灼伤严重者,可涂抹药膏,以保护创面。

2. 心肌损伤　多见于高能量电复律之后,心肌酶谱轻度升高,数天后可自行恢复,无需特殊处理。

3. 心律失常　多为一过性,可出现房性期前收缩、室性期前收缩、交界性逸搏。少部分窦房结功能低下者可出现严重窦性心动过缓、窦性停搏,常不需要特殊处理。

4. 低血压　少数患者可短暂出现低血压,可能与心肌损伤、血管扩张有关,可自行恢复。

5. 急性肺水肿　多发生于电复律后 1~3 h 内,常见于瓣膜性心脏病或左室功能障碍伴心房颤动的患者。其发病机制可能是电复律后,左心功能恢复迟于右心,引起左心衰竭,从而发生急性肺水肿。

6. 血栓栓塞　常见于心房颤动持续时间较长、左心房显著增大,尤其是术前未接受抗凝治疗的患者。

(陈凤英)

第六节　临时心脏起搏

临时心脏起搏是通过体外脉冲发生器发放一定频率和节律的脉冲,经过导线和起搏电极刺激心室肌或心房肌,从而引发心肌有规律的收缩的一项技术。临时起搏的目的是利用电刺激来治疗缓慢型心律失常,直到心律失常得到缓解,纠正因缓慢型或快速型心律失常而导致的血流动力学障碍。常用于心律失常患者的急诊处理,也可作为外科手术中预防心动过缓的保护性措施。其主要途径包括:①经静脉临时心脏起搏;②经皮临时心脏起搏;③经心外膜临时心脏起搏;④经食管临时心脏起搏;⑤外科术后心外膜起搏。临床上 95% 以上采用经静脉临时心脏起搏。临时心脏起搏通常使用单腔按需型起搏器,主要由脉冲发生器、导线、起搏电极三部分组成。

一、适应证

1. 治疗方面　主要用于威及生命的心律失常患者,以维持适当的心律。临时心脏起搏的具体适应证包括以下几方面。

(1) 最常见的是各型房室传导阻滞、慢心率心房颤动。

(2) 急性心肌梗死。

(3) 窦房结功能障碍、窦性心动过缓、窦性停搏或窦房传导阻滞。

(4) 急性心肌炎、药物中毒、电解质紊乱等引起的缓慢型心律失常。

(5) 抗心动过速治疗过程中预防心动过缓;经起搏终止心动过速。

(6) 心脏手术中引起的房室传导阻滞。

(7) 心搏骤停。

（8）永久起搏器失效。

2. 诊断方面 可作为某些临床诊断和电生理检查的辅助手段。①判断预激综合征的类型。②检测房室结功能。③检测窦房结功能。④诊断折返性心律失常。⑤判断抗心律失常药物的治疗效果。

3. 预防方面

（1）作为有心脏传导功能障碍的患者拟行外科手术、血管造影、介入性治疗或电复律时所采取的保护性措施。

（2）作为植入或更换永久性起搏器的过渡性措施。

二、禁忌证

临时心脏起搏常用于紧急抢救，没有绝对禁忌证。但是对于穿刺部位感染或有静脉栓塞、血小板明显减少及凝血功能障碍的患者，应慎行经中心静脉穿刺心内膜起搏术。另外，严重低体温患者经心脏起搏时偶尔会出现心室颤动，所以对严重低体温伴心动过缓的患者，进行心脏起搏时一定要小心，建议先迅速对患者保暖升温，若患者情况无改善，再考虑进行心脏起搏治疗。

三、操作步骤

1. 术前准备

（1）术前常规检查：包括血常规、电解质、凝血功能、心电图等检查。若发现电解质紊乱，则需立即纠正。

（2）病情告知：向患者及家属交代操作的必要性、可靠性及其可能造成的风险和并发症，并签署知情同意书。

（3）建立静脉通道，持续予以心电监护。

（4）用物：准备除颤器、急救药品及插管器械。

2. 静脉通道的选择 可供选择的静脉通道包括颈内静脉、锁骨下静脉和股静脉。进行紧急心脏起搏时，首选右侧颈内静脉和锁骨下静脉置入电极导管。

3. 静脉穿刺及置管

（1）根据待穿刺的静脉，安置患者体位，常规进行消毒、铺无菌巾。

（2）对所选择的穿刺部位用2%利多卡因进行局部麻醉。

（3）麻醉成功后，保持针管内负压，于穿刺部位进针，见到回血并确认进入静脉后，将导丝送入血管腔内，然后退出穿刺针。

（4）沿导丝置入扩张管和静脉鞘管，退出导丝和扩张管，经静脉鞘管送入电极导管，进入适当距离（颈内静脉通常15~20 cm），到达右心房，向气囊充气1~1.5 ml，电极导管可通过三尖瓣进入右心室，此时打开气囊开关，放出气体，将导管固定于心尖处。

4. 电极导管的定位 在置入电极导管的过程中，可根据心电图表现指导电极导管的定位。导管位于上腔静脉时，P波高大、倒置；位于右心房中部时，P波双向；导管穿过三尖瓣进入右心室时，P波振幅降低而QRS波群振幅增大。导管接触到心内膜时，ST段呈弓背型抬高是重要的电极定位指标。若导管进入肺动脉流出道，则P波倒置且QRS波群幅度减低。在操作时，可据此调整电极导管的位置，直至出现稳定的波形。

5. 电极导管到达理想位置后，用无菌导线连接电极导管和脉冲发生器，将导管缝合在皮肤上，消毒后，覆盖无菌纱布。

6. 设置脉冲发生器参数
（1）起搏方式：常用的起搏方式为 VVI 起搏。对右心室梗死者选用 VDD 起搏。
（2）起搏频率：根据患者的临床情况而定，一般选择频率为 60～80 次/分。
（3）起搏电压或电流：一般为阈值的 2～3 倍。电流一般为 3～5 mA，电压为 3～6 V，感知灵敏度为 1～3 mV。

7. 术后操作 进行 X 线检查，并记录 12 导联心电图。

四、并发症

1. 建立静脉通道相关并发症
（1）误穿入动脉后，应能够及时识别，退出穿刺针后，予以局部压迫数分钟。
（2）穿刺过程中，有时会出现气胸、血胸或血气胸，极少数情况下会出现空气栓塞、静脉血栓形成、血栓性静脉炎等。

2. 置入电极导管相关并发症
（1）导管移位：是临时起搏器最常见的并发症。心电图表现为不起搏或间歇不起搏，X 线检查可显示电极移位，需要重新调整电极位置。
（2）导管断裂、打结：较罕见。
（3）多次尝试或起搏失败。

3. 感染 多为局部感染，少见全身感染。

4. 心律失常 较常见，与电极导管位置不稳定、导管头部机械性刺激心肌有关，可能在操作过程中出现室性期前收缩、室性心动过速甚至心室颤动。

5. 心脏穿孔 目前已经很少见。一旦穿孔，患者可能会出现起搏失效、胸痛等症状，甚至心脏压塞，X 线检查显示导管头端位于心影之外。

五、注意事项

1. 成功植入临时起搏器后，患者应控制活动，取平卧位或左侧卧位，尽量减少穿刺部位的活动，避免电极脱位；移动患者时，应注意防止电极脱落或刺破右心室。
2. 常规使用抗生素预防感染，穿刺处每天更换敷料，注意保持穿刺部位清洁，防止感染。
3. 经股静脉途径植入临时起搏器时，需予以下肢制动。对有发生静脉血栓等危险的患者，应常规予以低分子量肝素皮下注射。
4. 除颤放电可能损坏起搏器，每次除颤后应注意仔细检查起搏器是否处于正常工作状态。
5. 备好异丙肾上腺素，防止起搏器失效。
6. 由于起搏器的终端暴露于体外，应注意保护，并及时更换电池。
7. 临时起搏器植入时间一般以 1～2 周为宜，通常不超过 4 周。

（邵 菲）

第七节 心包穿刺置管引流术

一、适应证

1. 对大量心包积液导致出现心脏压塞症状的患者，进行穿刺抽液，以解除压迫症状。
2. 抽出心包积液检查，以协助诊断、明确病因。
3. 心包腔内给药治疗。

二、禁忌证

1. 主动脉夹层所致心包积液。
2. 正在接受抗凝治疗、有出血倾向或血小板低于 $50 \times 10^9/L$ 为相对禁忌证。
3. 烦躁不能配合的患者。

三、操作步骤

1. 体位 取半坐卧位。

2. 穿刺部位 穿刺引流点首选剑突下，其次为心尖部。

（1）剑突下：在剑突与左侧肋弓缘交界处，穿刺针紧贴胸骨后向上刺入，深度为 4~8 cm。穿刺此部位可以避免损伤冠状动脉和内乳动脉，而且可以抽出心包底部的液体。剑突下穿刺的优点是不经过胸膜腔，不易导致气胸。积液相对较少时，穿刺置管引流也容易成功。其缺点是肥胖患者穿刺路径长，肝淤血明显、肿大时，易损伤肝。

（2）心尖部：于左侧第 5~6 肋间心浊音界内 2 cm 处，针头向后向上向内，刺入 3~5 cm 即到达心包。心尖部穿刺的优点是深度浅、操作简单，在一般成年患者，此处皮肤至心包腔的距离不超过常规肌内注射针头的长度，穿刺成功率高。其缺点是损伤肺叶，易导致气胸。

3. 操作过程 采用 Seldinger 导管法，穿刺点首选剑突与左侧肋弓缘交界点下 2 cm。严格消毒后，在穿刺部位进行皮肤、皮下组织及心包壁层麻醉，然后用刀片切开皮肤及皮下组织，在切口内进穿刺针，指向预定穿刺靶区，触及肋弓缘后注射少量麻醉药；将穿刺针稍微后撤，压低针头后沿原方向继续推进；触及肋弓缘后，将穿刺针后撤，并重复上述过程，直至紧贴肋骨（或胸骨）后面进入。边注射少量麻醉药，边负压推进穿刺针，推进时要以"寸移"推进，待有突破感和抽出液体后，即停止进针。若抽出血性液体，则应先验证是否确实为心包积液。然后将其滴在干净纱布上，若中心为深红色沉积物，周围为蟹足样淡红色渗液，则证实为心包积液。送入导丝，沿导丝导入扩张管，扩张胸壁皮肤及皮下组织，送入中心静脉导管至心包腔后进行引流。在 B 超或 X 线透视下，将导管尽量置于心脏最低处且易于充分引流的位置。

4. 引流导管的选择 目前常用的引流导管是中心静脉导管，其优点是导管柔软并有很强的形状记忆能力和较好的生物相容性，对心包、心肌的损伤小，管径较小，置管后出渗液概率低，但容易发生导管堵塞；其次是带侧孔的猪尾导管和右心导管，这两种导管的优点是外径较粗，引流充分，堵塞导管概率低，但管壁较硬，外径较粗，引流过程中随积液量减少，导管触及心包脏层时容易诱发心律失常或胸痛。

5. 引流方法及导管留置时间　引流方法包括间断引流及持续引流两种。目前对这两种引流方法均主张从小量、低速度开始，以防止发生肺水肿。引流后及时进行床旁二维B超复查非常有必要。留置时间应根据心包积液的病因及引流后心包内的积液量而定。若留置时间超过1周，则局部感染机会明显增加。

> **基础回顾**
>
> **心包腔**
>
> 　　心包腔是由浆膜心包的壁层和脏层构成的密闭狭窄腔隙，生理情况下内含少量稀薄、透明的液体，起到润滑作用。心包内液体的增多的现象称为心包积液。心包积液是血清的滤出液，内含少量蛋白质。在心底部有大血管出入心包，浆膜的壁层和脏层在此处反折，形成心包横窦及心包斜窦，两者均为心包腔的一部分。

四、并发症

1. 心肌或冠状血管损伤　多由心包穿刺置管时穿刺针穿透心肌全层所致，严重时可引起致命性心律失常和心包出血，甚至导致新的心脏压塞。处理方法是再次穿刺引流或行外科心包开窗引流术。

2. 肝或腹部脏器损伤　主要见于经剑突下途径穿刺时，在肝淤血明显肿大时容易发生。预防方法是紧贴肋骨后（或胸骨后）进针，并注意进针方向。若肝明显肿大、患者肥胖或操作者经验不足，则最好改用心尖部穿刺点。

3. 气胸　气胸是采用剑突以外途径穿刺时误穿刺肺组织所致，多为闭合性气胸，能自行吸收。若肺压缩30%以上，则应进行胸腔穿刺以排气。

4. 急性肺水肿　引流量过多和速度过快可造成新的严重的血流动力学异常，回心血量显著增加，致使右心室或左心室负荷过重，引发急性心功能不全，甚至心搏骤停。控制心包积液的引流量和引流速度是避免发生血流动力学并发症的关键。

5. 神经性晕厥　某些特异体质的患者，在心包穿刺置管开始或心包积液引流量明显减少时可发生神经性晕厥，发生率为5%。患者可突然出现心悸、头晕、出汗、面色苍白、血压下降、窦性心动过缓或伴频发室性期前收缩，主要是由于导管对心包刺激所致。发生晕厥时，应及时平卧。静脉注射阿托品可减轻临床症状，若临床症状无改善，则应及时拔管。

6. 其他　包括心包内继发感染，引流管周围渗液及导管阻塞等。

五、注意事项

1. 严格掌握适应证，心包穿刺应由有经验的医生操作或指导，并在心电监护下进行，穿刺及引流过程中应密切观察患者的症状及生命体征的变化。若穿刺过程中出现期前收缩，则提示可能触及心肌，应及时后撤穿刺针。

2. 操作者应在心包穿刺置管前观察二维B超图像，了解心包积液的分布情况，同时测量皮肤到心包壁层的距离。正确选择穿刺点，掌握好进针方向及深度。

3. 开始即抽出红色污秽的液体、3~5 min 内血液不凝固，则表明为血性心包积液；若液体颜色较新鲜且抽出后即凝股，则提示可能为血管损伤。

4. 导管引流心包积液以剑突下途径为最佳选择。有的患者在抽液时感到不适，应测量心包内压。若抽液后心包内压已下降，而中心静脉压仍然很高，则表明出现心包缩窄。

（薛　丽）

第八节　主动脉内球囊反搏

主动脉内球囊反搏（intra-aortic balloon counterpulsation，IABP）是目前应用较为广泛的机械辅助循环装置。IABP 由球囊导管和主动脉反搏泵组成，通过动脉系统置入一根带有气囊的导管到左锁骨下以远、肾动脉以上的降主动脉内。当球囊在舒张早期快速充气时，主动脉内舒张期压力增加，使冠状动脉灌注压增加，以改善冠状动脉血流灌注；当球囊在舒张末期放气时，主动脉收缩压降低，外周阻力下降，左心室壁张力降低，心肌耗氧量减少。IABP 通过这种工作原理调节心肌氧的供需平衡，以改善心肌缺血、增加心输出量，达到辅助心脏功能的目的。

一、适应证

1. 心源性休克。
2. 顽固性心绞痛。
3. 顽固性心力衰竭。
4. 冠心病高危患者的介入治疗。
5. 急性心肌梗死伴或不伴急性期并发症。
6. 缺血性顽固性室性心律失常。
7. 感染性休克。
8. 体外循环脱机。
9. 非心脏手术的心脏支持。
10. 危重心脏病手术前的预防性措施。
11. 术后心功能异常、低心输出量综合征。
12. 心肌顿抑。
13. 作为植入其他左心室辅助装置的过渡性治疗措施。
14. 作为纠正心脏解剖缺陷手术后的心脏支持。

二、禁忌证

1. 严重主动脉瓣关闭不全。
2. 主动脉病变（夹层或动脉瘤等）。
3. 外周血管畸形，致使导管不能到位。

4. 血小板减少症及凝血功能异常。

研究证实，IABP 可作为高危患者 CABG 的术前预防性应用；对体外循环手术中停机失败 1 次以上者，药物治疗无效的低心输出量综合征，尤其是缺血导致的低心输出量综合征者，围术期右心衰竭药物治疗无效者，辅助应用 IABP 均可以获益。而对急性心肌梗死，特别是并发心源性休克的患者，应用 IABP 不能使其获益，也不能改善心肌梗死并发心源性休克、但未出现机械并发症的患者的预后，因此不建议常规植入 IABP。但对于合并严重二尖瓣功能不全、室间隔缺损等机械并发症的患者，可考虑植入 IABP，并且可能获益。

对符合 IABP 植入适应证的患者，应尽早植入 IABP。

三、操作步骤

1. 经皮穿刺左侧或右侧股动脉后，插入球囊导管，插入前建议行血管超声检查，以评估股动脉及髂动脉，排除外周动脉狭窄性病变，以免插入不成功。
2. IABP 的球囊导管可通过 8 Fr 的鞘管插入，或采用无鞘插入球囊导管的方法。
3. 在插入球囊导管前，需排出球囊内的气体。
4. 在 X 线透视下沿导丝送入球囊导管，将球囊留置于左锁骨下动脉开口下方 2 cm 处和肾动脉开口上方的降主动脉内。
5. 撤出导丝，冲洗中心腔，连接压力转换器，固定球囊导管，并与主动脉反搏泵相连。
6. 反搏开始时，应在透视下观察球囊的充气情况，根据心电图或压力自动调节球囊的充气、排气时间；充气应控制在主动脉瓣恰好闭合以后，在主动脉压力曲线重搏波处；排气应控制在主动脉瓣开放前，在主动脉舒张压的波谷处。

四、IABP 的撤机时机

1. 小剂量血管活性药物支持且依赖性低，心输出量满意。
2. 出现下肢缺血、气囊功能障碍、严重的血小板减少或者感染等并发症。
3. 撤除 IABP 时，可考虑减少辅助频率或者减小球囊容积，也可以将两者结合。

五、并发症

并发症包括：肢体缺血、血管损伤、出血、感染、脑卒中、其他栓塞事件（截瘫、肾动脉以及肠系膜上动脉缺血）、球囊破裂、球囊内血栓形成、血小板减少等。

六、注意事项

1. 对所有患者，均应使用肝素抗凝，并且穿刺远端肢体应定时按摩，以防止深静脉血栓形成。
2. 注意监测血红蛋白、血小板等血液指标的变化。
3. 患者应保持平卧位或 <45° 半坐卧位，并保持穿刺侧下肢伸直，避免屈膝屈髋。

4. 穿刺部位每天消毒、更换敷料。

> **知识拓展**
>
> **主动脉内球囊反搏**
>
> 主动脉内球囊反搏（IABP）的实验研究始于20世纪60年代。德国心脏外科医生Helmut K. Wiggers等进行了动物实验，向主动脉内植入可充气的球囊，探索通过改变主动脉血流的方式来调节心脏负荷的可能性，并成功地将IABP技术应用于临床。

（陈玉国）

第九节　急诊介入技术

介入治疗在急诊医学中的应用越来越显示出其优越性，尤其是在血栓栓塞性疾病和出血性疾病中，已经成为重要的急诊治疗手段。在急性心肌梗死（acute myocardial infarction，AMI）的治疗中，经皮冠状动脉介入治疗（percutaneous coronary intervention，PCI）可迅速改善临床症状，挽救患者的生命；在脑血管疾病，尤其是动脉瘤性蛛网膜下腔出血的栓塞治疗中，介入治疗已经成为首选方法；在急性脑梗死的治疗中，急诊动脉溶栓也具有良好的临床疗效；对消化道出血、支气管大量咯血、鼻出血、产后大量出血以及外伤性肝、脾、肾破裂出血患者，介入治疗能够在短时间内发现病变并进行栓塞治疗，从而稳定患者的生命体征。以下主要介绍急诊介入技术在急性心脑血管疾病和消化道出血治疗中的应用。

一、急诊心血管介入技术

（一）ST段抬高型心肌梗死（STEMI）的急诊PCI治疗

1. 直接PCI　是指在胸痛或其他症状出现后12小时内对梗死相关动脉等直接进行导管介入治疗。

适应证：①发病12小时内（包括正后壁心肌梗死）或伴有新出现的左束支传导阻滞；②伴心源性休克或心力衰竭时，即使发病超过12小时，也适用；③发病超过12小时，但具有临床和（或）心电图进行性缺血的证据；④发病超过12小时，但血流动力学不稳定或出现致死性心律失常。

2. 溶栓后PCI　溶栓后，应尽早将患者转运到有PCI条件的医院，对溶栓成功者症2~24小时内行冠脉造影及血运重建治疗；对溶栓失败者，应尽早实施挽救性PCI。

3. 首诊（first medical contact）与转运PCI　若ST段抬高型心肌梗死患者首诊是在无直接PCI条件的医院，当预计首诊至PCI的时间延长<120 min时，则应尽可能将患者转运至有直接PCI条件的医院；若预计时间延长>120 min，则建议就地进行溶栓治疗，再行转运（应在30 min内进行溶栓治疗）。

4. 血栓抽吸　不推荐对所有ST段抬高型心肌梗死患者行常规血栓抽吸，但对于血管再通后血栓负荷仍较重的患者，可通过血栓抽吸降低血栓负荷，减少慢血流或无复流的发生。

(二)非 ST 段抬高型心肌梗死(NSTEMI)的急诊 PCI 治疗

目前多主张对非 ST 段抬高型心肌梗死患者尽早行急诊 PCI,但也并非适用于所有患者。稳妥的策略是结合患者的病史、症状、生命体征、体检发现、心电图和实验室检查等进行危险分层,采用确定的风险评估模型(GRACE、TIMI 评分)进行预后评估。

1. 极高危 血流动力学不稳定或心源性休克;药物治疗无效,反复发作或持续性胸痛;致命性心律失常或心搏骤停;心肌梗死合并机械并发症;急性心力衰竭;ST-T 动态改变,尤其是伴随间歇性动态改变(ST 段抬高),均属于极高危。建议对具有任意 1 项极高危标准的患者,均选择紧急介入治疗策略(2 小时内)。

2. 高危 心肌梗死相关的肌钙蛋白升高;ST-T 动态改变(有或无症状);GRACE 评分>140 分,均属于高危。对具有任意 1 项高危标准的患者,均建议采用早期侵入性治疗策略(24 小时内)。

3. 中危 糖尿病;肾功能不全 [eGFR<60 ml/(min·1.73 m^2)];LVEF<40% 或慢性心力衰竭;早期心肌梗死后心绞痛;既往有 PCI 史;既往有 CABG 史;109 分<GRACE 评分<140 分,均属于中危。对具有任意 1 项中危标准的患者,均建议采用侵入性治疗策略(72 小时内)。

(三)操作步骤

PCI 包括股动脉和桡动脉两种入路。目前,桡动脉途径以其易压迫止血、术后活动限制少、恢复快等优点被越来越多地应用。以下以桡动脉途径为例,介绍 PCI 的操作步骤。

1. 术前准备 桡动脉穿刺前要做好患者筛选、Allen 试验、桡动脉和尺动脉多普勒超声检查等充分准备,并明确桡动脉的走行。通常穿刺部位为距桡骨茎突 1 cm 处,也有学者认为应选择桡动脉搏动最强点进行穿刺。

穿刺针的方向应与桡动脉走行一致,穿刺针和皮肤的角度通常为 30°~45°。置入动脉鞘管后,注射 100~200 μg 硝酸甘油,以预防和解除血管痉挛,然后注入普通肝素 70~100 U/kg,并每隔 1 h 追加注入 2000~3000 U。

2. 插入导引导管 选择型号合适的导引导管,在导丝指引下经桡动脉鞘管将导引导管送至主动脉根部;操纵导引导管,使其进入目标血管的冠状动脉开口处。

3. 插入导丝 观察压力情况,当导引导管压力正常、无压力衰减且其与目标血管保持良好同轴的情况下,将合适的导丝在体外根据病变特点塑形后,通过导引导管将其送至靶血管远端。

4. 插入球囊导管 选择合适的球囊导管,将球囊导管尾端与加压泵相连,使球囊处于负压状态,沿导丝将球囊推送至靶病变处,予以加压扩张,直至造影显示扩张效果满意。

5. 放置球囊支架 选择合适的球囊支架导管系统,经导丝推送至病变部位,经造影确认支架到位并完全覆盖病变部位后,加压扩张球囊,最终再进行冠脉造影,以确定支架的置入效果。

(四)并发症

1. 冠状动脉无复流现象 无复流是指急诊 PCI 术后机械性阻塞已经消除,冠状动脉造影显示血管腔再通,无显著残余狭窄或夹层,但仍然存在前向血流障碍(冠状动脉造影 TIMI 血流分级≤2 级)。10%~30% 的 ST 段抬高心肌梗死患者在急诊 PCI 术中可发生慢血流或无复流现象。

2. 冠状动脉痉挛 PCI 过程中可诱发冠状动脉痉挛,持续、严重的冠状动脉痉挛常可导

致急性冠状动脉闭塞，引起急性心肌梗死，甚至死亡。

3. 冠状动脉夹层 冠状动脉夹层是一种血管非闭塞性表现，在球囊成形术后较常见，在冠状动脉严重扭曲、成角病变、严重钙化病变的情况下更易引发夹层。

4. 冠状动脉穿孔 冠状动脉穿孔是冠状动脉介入治疗中少见但非常严重的并发症，发现和处理不及时常可危及患者生命。

5. 支架内血栓形成 急性和亚急性支架内血栓形成是 PCI 术后严重的并发症，可导致置入支架的血管闭塞，引起急性心肌梗死甚至死亡，应予以积极处理。

6. 其他并发症 包括侧支血管闭塞、穿刺部位出血或血肿、血管迷走神经反射等。

（五）注意事项

1. 对于 AMI 或心绞痛高危患者（包括顽固性心绞痛、心肌酶谱升高、心电图显示 ST 段严重压低、血流动力学及心电活动不稳定等），应强调早期行 PCI。

2. 急诊 PCI 应当由有经验的医生（每年至少独立完成 50 例 PCI）完成，并在具备条件的导管室（每年至少完成 100 例 PCI）进行。

二、急诊脑血管介入技术

目前，急诊脑血管介入技术主要包括动脉溶栓术、机械取栓术、支架置入术和血管栓塞术等，主要用于治疗缺血性脑卒中和出血性脑卒中（脑动静脉畸形或颅内动脉瘤破裂等）。

（一）缺血性脑卒中的急诊介入治疗

1. 适应证 ①年龄在 18 岁以上。②对大血管闭塞重症患者，应尽早实施血管内介入治疗。建议动脉溶栓：前循环闭塞 6 h 内，后循环闭塞 24 h 内；机械取栓：前循环闭塞 8 h 内，后循环 24 h 内。③ CT 检查排除颅内出血、蛛网膜下腔出血。④急性缺血性脑卒中，影像学检查证实为大血管闭塞。

2. 禁忌证 ①若进行动脉溶栓，则参考静脉溶栓禁忌证；②活动性出血或有已知出血倾向；③ CT 检查显示早期明确的前循环大面积脑梗死（超过大脑半球的 1/3）；④血小板计数 $<100\times10^9$/L；⑤严重心脏、肝、肾功能不全或糖尿病；⑥近 2 周进行过大型外科手术；⑦近 3 周有胃肠或泌尿道出血；⑧血糖 <2.7 mmol/L 或 >22.2 mmol/L；⑨药物无法控制的高血压；⑩预期生存期 <90 d 或妊娠。

3. 治疗方法

（1）动脉溶栓：相对于静脉溶栓，动脉溶栓的再通效果更好，二者的出血概率基本一致。操作方法：在指引导管到位后，以 0.356 mm 微导丝携带微导管尽可能置于闭塞部位附近或置入血栓内部，以恒定速度缓慢自微导管推注溶栓药物，药物剂量一般不超过静脉溶栓剂量的 1/3。操作过程中，推荐每 10 min 经指引导管观察血管再通情况，以最小的剂量达到再通目的。

（2）机械取栓：目前绝大多数观点认为，取栓装置无论是再通率还是患者获益方面，均优于其他单一治疗模式。

（3）支架置入术：急诊介入治疗中的球囊碎栓及支架置入并无较多证据支持，理论上这种方案易造成血栓移位，并可能引起血管夹层或者穿孔。但对于动脉粥样硬化性病变导致的原位血栓形成，此方案可能是合理的选择。

4. 并发症及处理

（1）颅内出血：无论采取何种再通方式，均有 1.5%～15% 的缺血性脑卒中急诊介入治疗

患者发生颅内出血，其中 40% 左右为症状性出血。具体治疗方式未达成共识，临床多以外科治疗和对症处理为主，以控制颅内压、维持生命体征为主要目的。

（2）脑血管栓塞：在再通手术中，多出现责任血管的邻近分支或次级分支血管闭塞，此时可根据原定再通模式、栓塞位置、患者的整体情况等因素，综合选择进一步的治疗策略。

（3）血管再通后闭塞：多见于中度、重度狭窄伴原位闭塞的患者，目前暂无共识处理方案。可考虑支架置入或使用血小板糖蛋白Ⅱb/Ⅲa受体拮抗剂。

（二）出血性脑卒中的急诊介入治疗

出血性脑卒中的常见原因是颅内动静脉畸形、动脉瘤破裂等。血管栓塞术作为主要的治疗手段，具有不可替代的重要地位。目前普遍采用的是液体栓塞剂，以 NBCA 和 ONYX 的应用较广泛。高浓度 NBCA 易与导管粘连，不能长时间注射，故对操作的要求较高，且对于较大动静脉畸形的栓塞效率较低；而 ONYX 不易与导管粘连，具有更好的弥散性和可控性。但 ONYX 价格昂贵，且其中所含二甲亚砜是一种有毒溶剂，易引起血管痉挛，可能导致微导管拔管困难，故其临床安全性、长期疗效仍有待进一步观察。

1. 颅内动静脉畸形的血管栓塞术

（1）适应证：对微导管能够到达位置的颅内动静脉畸形机制，均可进行血管栓塞治疗。具体包括：不能手术切除的颅内动静脉畸形，且患者有明显临床症状；深部颅内动静脉畸形，功能区脑动静脉畸形和巨大的脑动静脉畸形；伴有动脉瘤、巨大动静脉瘘等。

（2）禁忌证：全身情况不能耐受麻醉者；目前介入技术不能达到治疗目的者。

2. 颅内动脉瘤的血管栓塞术

（1）适应证：动脉瘤破裂时，如果患者的全身情况可耐受麻醉且介入技术可以达到治疗目的，则可进行介入治疗。按照 Hunt-Hess 分级，对Ⅰ~Ⅲ级患者应予以积极治疗；对Ⅳ~Ⅴ级患者，应酌情处理。若动脉瘤未破裂、患者的全身情况可耐受麻醉，且治疗技术可以达到治疗目的，则可进行介入治疗。

（2）禁忌证：全身情况不能耐受麻醉；目前的介入技术不能达到治疗目的。

三、消化道出血的急诊介入治疗

消化道出血是临床常见的急症之一，而血管造影对消化道出血的诊断和治疗非常有效。经导管灌注血管收缩药（如加压素）或血管栓塞治疗安全、简便，疗效迅速、可靠。

（一）适应证

1. 各种原因所致的难治性消化道出血、经血管造影检查发现有明确的消化道出血直接征象者，以及外伤性出血、医源性出血、原发性或继发性肿瘤性出血、炎症性出血、门静脉高压、动脉瘤、血管畸形等难治性出血患者。
2. 不明原因的消化道出血，经内镜检查仍不能明确出血原因者。
3. 各种原因引起的消化道出血，经内科保守治疗无效者。
4. 急性消化道大量出血，临床上暂不能行外科手术者。
5. 外科手术、介入操作、经皮肝穿刺等医源性原因引起的肝损伤导致胆道出血者。

（二）禁忌证

消化道大量出血的介入治疗无绝对禁忌证，以下几种情况可列为相对禁忌证。

1. 对于重要脏器（心脏、肝、肾）功能严重不全者、出血与凝血功能障碍者、严重感染者等，应慎重。

2. 近期发生心肌梗死、高血压危象、心肌储备能力差者等，应视为加压素禁忌证。

3. 碘造影剂过敏者。

（三）操作要点

选择性血管造影发现出血的原因和部位后，应根据患者的病情选择药物灌注治疗或栓塞治疗，以控制消化道出血。

1. 对于弥散性毛细血管出血（如出血性胃炎、食管贲门黏膜撕裂综合征、门静脉高压食管静脉曲张、炎症）患者，可采用血管收缩药灌注止血。

2. 对于肿瘤性病变、溃疡、血管发育不良等病变，血管对血管收缩药反应不良以及动脉性出血患者，在可能的情况下，可选用血管栓塞治疗。

3. 加压素灌注治疗的优点是不需要超选择性插管，如果治疗失败，则可再次选择血管栓塞治疗，其缺点是需要严密监护，且患者的心血管并发症多。

4. 血管栓塞治疗所需的栓塞材料分为可吸收性栓塞剂（如吸收性明胶海绵）以及非吸收性栓塞剂（不锈钢弹簧圈、丝线、球囊、聚乙烯醇等）。其优点是止血迅速、无需留置导管、无心血管不良反应等，缺点是治疗成功率和并发症与操作者的技术水平密切相关，易引起消化道组织缺血、坏死。

（四）并发症

1. 加压素所致的胃肠道组织局部缺血、坏死，以及非靶器官动脉栓塞等，可引起不同程度的腹痛。

2. 加压素引起的常见全身不良反应有抗利尿激素反应和心脏反应，表现为水潴留、电解质紊乱、血压升高、心律失常、心绞痛、心肌梗死等。

3. 小肠和结肠除脾曲和直肠外，仅有一条供血动脉，侧支吻合不丰富，栓塞后常造成肠缺血，引起疼痛甚至肠坏死。

4. 一般血管造影检查可能发生的并发症 大血肿、血栓或栓塞和假性动脉瘤等。

（五）注意事项

1. 对行药物灌注的患者，应在监护室进行心电监护，并计算尿量。若发现患者对加压素出现全身反应，则应立即调整灌注剂量或停止灌注，并予以对症处理。

2. 进行血管栓塞治疗时，除应选择合适的栓塞剂外，操作过程中还应在透视下仔细观察导管的位置、注射速度、压力等，并尽可能行超选择性插管，防止栓塞剂反流，减少栓塞血管的范围。

3. 术后常规观察穿刺点是否有出血或血肿，防止穿刺部位血肿形成。同时，还需观察下肢动脉搏动情况，防止血栓形成。

（李传保）

第十节　中心静脉置管术

中心静脉穿刺置管是测量静脉压、监测右心负荷和长期静脉输液及肠外营养的重要手段。

中心静脉置管术可分为：锁骨下静脉置管术、颈内静脉置管术、股静脉置管术、经外周中心静脉置管（peripherally inserted central catheter，PICC）。

一、适应证

1. 各种类型休克、脱水、失血、血容量不足和其他危重症无法行周围静脉穿刺者。
2. 急救时需要大量、快速静脉输液、输血者。
3. 因病情需要进行全静脉营养或输注高渗、有刺激性的药物者。
4. 需要测量中心静脉压的危重患者。
5. 需行右心导管检查或植入心脏起搏器者。
6. 周围静脉穿刺困难、需采集标本或长期输液者。

二、禁忌证

1. 有出血倾向者。
2. 局部有感染者。
3. 锁骨骨折不宜进行同侧锁骨下静脉穿刺者。
4. 躁动不配合穿刺者。
5. 严重凝血功能障碍者。

三、操作步骤

（一）锁骨下静脉置管术

1. 体位 取仰卧位，肩下垫薄枕，头转向对侧（一般首选右侧穿刺）。

2. 穿刺点 一般选择在锁骨下缘的内、中 1/3 交点下 1~2 cm 处（图 22-9）。

3. 消毒、铺洞巾及局部麻醉 以穿刺点与同侧胸锁关节上缘所形成的连线作为进针方向，穿刺针于胸壁平面水平穿刺。

4. 穿刺针到达锁骨处应保持针尖在锁骨后面进入，并且一边进针一边回抽，观察回血并确认针尖进入静脉血管。

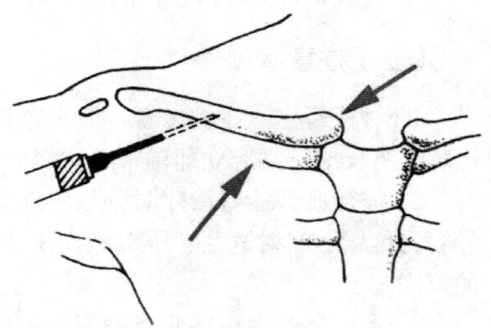

图 22-9 锁骨下静脉置管术穿刺点

5. 固定穿刺针，置入导丝的同时退出穿刺针，沿导丝用扩张器扩张皮下组织，将中心静脉导管沿导丝置入静脉，同时撤出导丝，尽量保持动作协调。

6. 用装有肝素生理盐水的注射器与导管相连，反复回抽顺利时再接静脉输液管路，用缝针将导管固定于皮肤上，覆盖敷料。

（二）颈内静脉置管术

1. 体位 同锁骨下静脉置管术。

2. 穿刺点 ①前路：胸锁乳突肌的前缘中点；②中路：胸锁乳突肌的胸骨头、锁骨头与锁骨上缘组成的三角称为胸锁乳突肌三角，该三角的顶点即为穿刺点；③后路：胸锁乳突肌的外缘中、下 1/3 交点或锁骨上 2～3 横指为进针点（图 22-10）。

3. 其余操作同锁骨下静脉置管术。

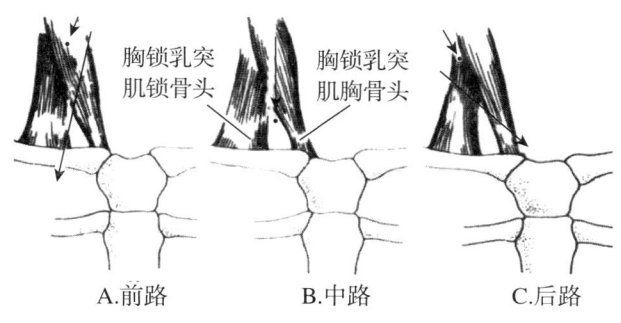

图 22-10 颈内静脉置管术穿刺点

（三）股静脉置管术

1. 体位 取仰卧位，穿刺侧的下肢伸直并外展，与身体长轴成 45°。

2. 穿刺点 腹股沟韧带中点下 2～3 cm 搏动最明显处的内侧。

3. 其余操作同锁骨下静脉置管术。

（四）经外周中心静脉置管（PICC）

1. 穿刺点 首选肘窝处贵要静脉为预定穿刺点（图 22-11）。

2. 体位和测量 患者手臂与躯干成 90°。测量自预定穿刺点至同侧胸锁关节，然后向下至第 3 肋间的长度并记录（图 22-12）。

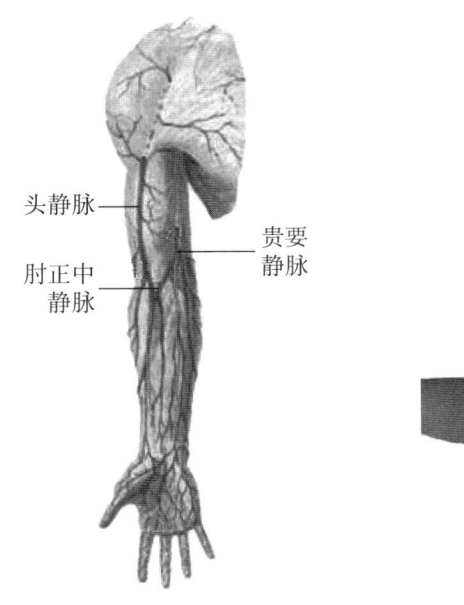

图 22-11 上肢血管解剖图

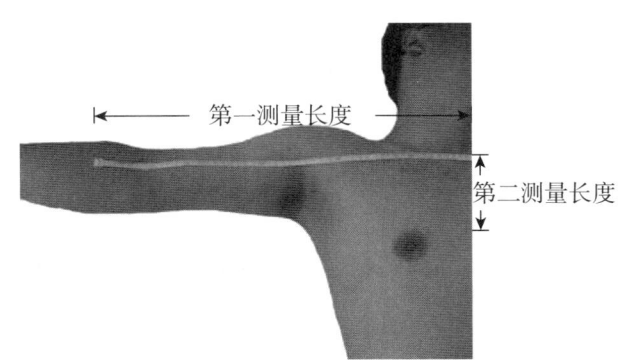

图 22-12 PICC 穿刺点测量穿刺位置

3. 消毒 进行局部消毒。在预定穿刺点上方绑扎止血带,使血管充盈。铺手术巾,暴露预定穿刺部位。

4. 静脉穿刺 用穿刺针穿刺静脉,观察回血情况,确认针尖全部进入血管后固定针头,以左手固定针头,右手向内送管。

5. 放置导管 当导管进入时,让患者头部转向穿刺上肢方向并尽量靠近锁骨,以防止误插至颈静脉。保持手臂与躯干成90°,继续将导管推进到预定位置。穿刺完毕,进行X线检查,确定导管置入上腔静脉。

6. 拔出止血针芯,连接装有生理盐水的注射器,抽吸至回血并冲洗,以保证导管通畅。使用专用固定器,采用S形固定导管。用无菌敷料覆盖穿刺点,弹力绷带包扎24 h。

四、并发症

1. 出血及血肿 由于穿刺方法不当、反复多次穿刺,导致血管分支或周围组织毛细血管损伤。误穿周围动脉特别是不易压迫止血的动脉,或患者存在凝血功能障碍,可导致局部出血及血肿。对于股静脉及贵要静脉等血肿可以压迫止血,严重的颈部血肿需要外科切开引流。

2. 感染 表现为穿刺部位红、肿、热、痛,严重者出现败血症。预防重点是建立最大无菌屏障、严格无菌操作以及导管留置期间的无菌护理。对出现发热而原因不明者,应拔管进行管尖培养,同时留取血培养并予以抗菌药治疗。

3. 血栓及栓塞 当患者存在高凝状态、静脉压高、卧床时间过长等情况时,易导致深静脉血栓形成、肺栓塞发生率增加,应注意预防。血管多普勒超声检查可以明确深静脉血栓形成的诊断。对高危患者可以预防性应用抗凝药物。

4. 其他 如血气胸、胸导管损伤、纵隔气肿等,较多见于左侧,由锁骨下静脉穿刺插管技术不熟练所致。

五、注意事项

1. 如果穿刺未成功,应将针头退至皮下,切忌在深处探测或改变方向。
2. 插管时如果遇阻力,应退出少许,改变方向后再插管。
3. 输注液体前,应行X线检查,以确定导管位置。确认无血胸、气胸等,方可进行静脉输液,并注明穿刺日期、时间、部位、操作者。
4. 插管时,导管不宜置入过深,避免将导管置入心房内。拔管时如果遇阻力,不宜强行拔出。
5. 有条件者可在超声引导下完成穿刺。

(甘桂芬)

第十一节 胸腔闭式引流术

胸腔闭式引流术(closed chest drainage,CCD)是一种常用于血胸、胸腔积液、气胸引流及开胸术后的治疗方法。该术式通过将引流管一端放入胸腔内,另一端连接至比胸腔位置低的

水封瓶内，以排出胸腔内的气体或液体，促使肺组织复张并恢复功能。

一、适应证

1. 中、大量气（血）胸，开放性气胸，张力性气胸。
2. 拔除胸腔引流管后气胸或血胸复发者。
3. 需要使用机械通气或人工通气的气（血）胸患者。
4. 持续性增加的胸腔积液或胸腔积气。
5. 内科治疗无效的脓胸，尤其是伴有支气管胸膜瘘或食管胸膜瘘者。
6. 开胸术后。

二、禁忌证

没有绝对禁忌证，相对禁忌证包括正在进行抗凝治疗、凝血功能障碍、局部皮肤软组织感染、既往有胸膜固定术或肺部手术后等。

三、操作步骤

1. 患者取半坐卧位；生命体征不稳定者，取平卧位。通常情况下，胸腔积血（液）引流选腋中线与腋后线第 6～7 肋间进针，气胸引流选锁骨中线第 2 肋间。或可根据 B 超和 X 线、CT 等资料协助定位。术野皮肤用聚维酮碘（聚维酮碘）常规消毒，铺无菌手术巾，术者戴灭菌手套。

2. 局部麻醉　一般用 2% 利多卡因局部浸润麻醉。局部浸润麻醉达壁胸膜后，进针一定的深度，待抽出液体或气体后即可确诊。

3. Seldinger 技术置管　对于少量非创伤性气胸或胸腔积液，选用低频凸阵列探头对胸部进行超声扫描定位，明确积液或气胸的位置和大小，并选择合适的穿刺点，同时避免损伤周围的重要解剖结构。在确认穿刺点后，将带针芯的穿刺针穿刺进入胸腔，并通过此针插入导丝。移除穿刺针，沿导丝使用扩张器进行扩皮，以便于引流管顺利插入。引流管顺利插入后，将其连接至引流系统并固定。操作完成后，再次进行超声检查，以确保引流管的准确位置，并对引流效果进行评估。这种结合技术不仅精确，还显著降低了可能的并发症风险。

4. 传统切开置管　沿肋间做 2～3 cm 的切口，依次切开皮肤及皮下组织。用止血钳钝性分离胸壁肌层达肋骨上缘，于肋间穿破壁胸膜进入胸膜腔，此时可有明显的突破感，同时切口中有液体溢出或气体喷出。用止血钳撑开，扩大创口，用另一把止血钳沿长轴夹住引流管前段，顺着撑开的血管钳将引流管送入胸腔，其侧孔应在胸内 3 cm 左右，引流管进入胸腔的深度不宜超过 4～5 cm。将引流管与水封瓶相连接后，松开夹闭的止血钳，嘱患者咳嗽，以查看闭式引流是否通畅、是否有漏气，必要时调整引流管位置。待负压水柱波动良好后，予以切口间断缝合 1～2 针，并固定引流管，以防脱出（图 22-13）。

5. 脓胸经肋床置管引流　通常需要全身麻醉，切口应在脓腔底部。沿肋骨做一长 5～7 cm 的切口，切开胸壁肌肉，显露肋骨，切开骨膜，剪除一段 2～3 cm 长的肋骨。经肋床切开脓腔，吸除脓液，分开粘连，放置一较粗的闭式引流管。2～3 周后，如果脓腔仍未闭合，可将

引流管剪断，改为开放引流。

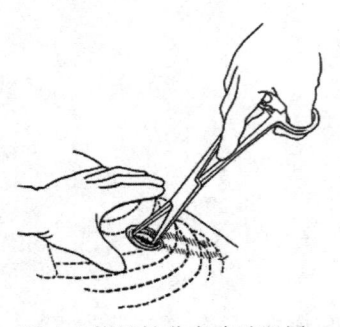
A. 用止血钳钝性分离胸壁肌层

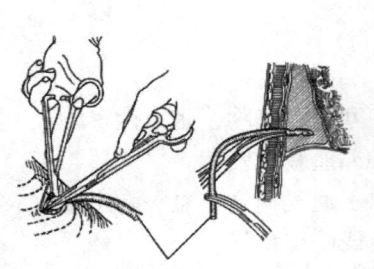
B. 将引流管送入胸腔

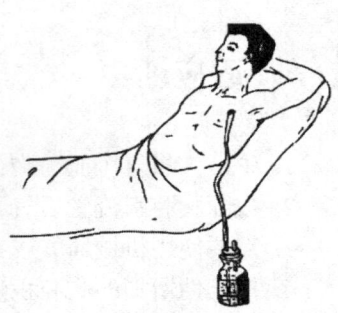
C. 将引流管与水封瓶相连接

图 22-13　胸腔闭式引流术

四、并发症

1. 穿刺过程中的并发症

（1）出血：由于穿刺位置靠近肋骨下缘损伤肋间血管或穿刺时误伤肺、肝、脾、膈肌等组织所致。

（2）气胸：多由于胸腔积液穿刺引流过程中误伤肺组织所致。

2. 穿刺后的并发症

（1）复张性肺水肿：排放气体或液体时，速度不宜过快，交替开放、关闭引流管，可预防纵隔摆动及肺水肿的发生。

（2）肺不张：患者术后未进行有效咳嗽、咳痰或引流不畅所致。

（3）胸腔内感染：引流时间过长、引流不充分、伤口逆行感染等均可引起。

（4）引流不畅或皮下气肿：插管深度不够或固定不牢，导致引流管或其侧孔位于胸壁软组织中；引流管连接不牢固，大量漏气也可造成皮下气肿。

（5）引流管断裂：由于引流管材质问题或长时间使用引流管引起的机械伤害，引流管可能在胸腔内断裂，应尽快进行影像学检查，如 CT，以确定引流管的位置和情况。如有需要，应采取措施移除断裂的部分，并根据患者的情况重新放置新的引流管。

五、注意事项

1. 开放引流大量积血（液）时应缓慢，首次引流量应低于 600 ml，以防患者纵隔快速摆动或复张性肺水肿的发生，待病情稳定后，再逐步开放止血钳。

2. 注意保持引流管畅通，定时挤压引流管。

3. 记录每日引流量及其颜色的变化，并定期行超声或 X 线检查。

4. 更换水封瓶时，应先以止血钳阻断引流管，待更换完毕再重新放开引流管，以防止空气被胸腔负压吸入。

5. 帮助患者每日适当变动体位，并鼓励患者咳嗽或吹气球，以加强排痰、充分引流、促进肺复张。

6. 拔管适应证　胸腔闭式引流术后 48～72 h，引流液量少于 50 ml，无气体溢出，胸部 X

线检查或 CT 检查示肺复张完全，患者无胸闷、气促，即可考虑拔管。拔管时，指导患者深吸一口气，吸气末迅速拔管，用纱布封住伤口，并予以包扎固定。拔管后注意观察患者是否有胸闷等症状，是否有切口漏气、出血等情况。

7. 胸腔闭式引流　是一种常规的治疗方法。然而，在某些情况下，需要外科手术干预。例如：大量出血（如果初始引流血性液达到 20 ml/kg，或累积每小时超过 3 ml/kg，提示需要行开胸手术止血）、血凝块形成、肺组织受损、胸腔积液持续增加、持续或复发性气胸等。

（王旭东）

第十二节　洗胃术

洗胃术是将胃管插入患者胃内，反复注入和吸出一定量的溶液，以冲洗并排出胃内容物，减轻或避免吸收中毒的胃灌洗方法。

一、适应证

1. 经口吞食各种非腐蚀性有毒物质，如药物、农药、重金属、食物中毒等。
2. 进行某些手术及检查准备。
3. 减轻胃黏膜炎症、水肿，如幽门梗阻等。

二、禁忌证

1. 口服强腐蚀性（如强酸、强碱）毒物者。
2. 胃食管静脉曲张、上消化道出血、胸主动脉瘤患者。
3. 严重心肺疾病患者。

三、常用洗胃方法

1. 催吐洗胃。
2. 注洗器洗胃。
3. 漏斗洗胃。
4. 电动洗胃机洗胃。
5. 全自动洗胃机洗胃。

四、操作步骤

全自动洗胃机洗胃法是目前临床上最常用的方法。

1. 评估患者　测量患者的生命体征、意识状态，询问相关病史，服用毒物的种类、剂量、

时间等，综合评估病情。

2. 沟通与解释 对清醒患者，需告知其即将进行的洗胃操作，解释操作的必要性、过程及相关风险，排除相关禁忌证，签署知情同意书。若患者已经昏迷，则需向其家属解释并征得家属签字同意。

3. 物品准备 全自动洗胃机，消毒洗胃连接管，一次性洗胃管，50 ml 注射器，液体石蜡，牙垫，开口器，护理垫，胶布，手套，治疗碗，弯盘，水桶。

4. 洗胃液的准备 洗胃液的温度一般为 35℃ 左右，总量一般为 10 000~20 000 ml，每次用量一般为 300 ml，不超过 500 ml。

（1）清水或生理盐水：对毒物性质不明的急性中毒患者，可选用温水或生理盐水。毒物性质确定后，可根据情况选用对抗剂洗胃。

（2）碳酸氢钠溶液：一般用 2%~4% 的溶液，常用于有机磷农药、砷（砒霜）、硫、铬等中毒。美曲膦酯（敌百虫）在碱性环境中变成毒性更强的敌敌畏，故敌百虫中毒时禁用。

（3）高锰酸钾溶液：为强氧化剂，一般浓度为 1∶（2000~5000），常用于急性巴比妥类药物、阿托品及毒覃中毒的洗胃。对硫磷中毒时，能使其氧化成毒性更强的对氧磷，故不可应用。

5. 操作者准备 戴好帽子、口罩，七步洗手法消毒手部。

6. 体位 患者取坐位或左侧卧位，昏迷患者取左侧头低位，有活动性义齿应先取出，将护理垫铺于头部肩下，弯盘置于口角旁。

7. 置入洗胃管 测量胃管长度，可选用前额发际-剑突途径或鼻尖-耳垂-剑突途径，成人长度为 55~60 cm，做好标记。洗胃管前端涂液状石蜡后，自鼻腔（不能经鼻插入者，可置入牙垫后经口腔插入；对有意识障碍者，可用开口器撑开上下牙列）缓慢插入。插入 10~15 cm（咽喉部）时，检查胃管是否在口腔内盘曲，对清醒患者可嘱其做吞咽动作，并顺势插入至测量长度。插入后用注射器向洗胃管内快速注入少量空气，用听诊器听诊胃区，若可闻及气过水声（气泡声），则表明已经到达胃内。

8. 洗胃机洗胃 正确连接管路后，将洗胃机药液管一端放入溶液桶内液面以下，出水管放入污水桶内。调节液量大小，一般为 250~300 ml，接通电源后按"手吸"键，吸出胃内容物，再按"自动"键开始自动冲洗。待冲洗干净后，按"停机"键停止洗胃。

9. 予以解毒剂、导泻 洗胃完毕，可根据病情向洗胃管内注入解毒剂、药用炭、泻药等，反折洗胃管后迅速拔出，以防管内液体误入气管。

10. 整理、记录 协助患者漱口、擦拭面部，整理用物并消毒，记录灌洗液及洗出液的总量及性状。

五、并发症

1. 急性胃扩张 洗胃液体只进不出、多灌少排、进液量明显大于出液量可导致急性胃扩张；洗胃过程中未及时添加洗胃液，使空气吸入胃内也可造成急性胃扩张。

2. 胃穿孔 ①多见于误食强酸、强碱等腐蚀性毒物而洗胃者；②有活动性消化性溃疡，近期有上消化道出血、肝硬化并发食管静脉曲张等；③出入量不平衡，短时间内急性胃扩张，胃壁过度膨胀，造成破裂；④医务人员操作不慎，大量气体吸入胃内，导致胃破裂。

3. 上消化道出血 ①插管所致损伤；②患者剧烈呕吐造成食管黏膜撕裂；③洗胃机抽吸造成胃黏膜破损和脱落而引起胃出血。

4. 窒息 ①洗胃时因患者呕吐误吸，导致窒息；②毒物对患者咽喉部的刺激造成喉头水

肿，导致呼吸道梗阻；③洗胃管误入气道引起窒息。

5. 吸入性肺炎 呕吐物、洗胃液进入气道，引发吸入性肺炎。

6. 急性水中毒 ①洗胃时多灌少排；②洗胃导致失钠，水分过多地进入体内；③洗胃时间过长，水的吸收量增加。

7. 电解质紊乱 洗胃液过多、洗胃时间过长，使胃液大量丢失，引起电解质紊乱，如低钾血症等。

8. 呼吸、心搏骤停。

六、注意事项

1. 在无洗胃机、病情不重、所服毒物量不多或毒性不强，或在院前急救时，可采用催吐法排出胃内毒物。

2. 当毒物不明时，应抽出胃内容物送检。

3. 在洗胃过程中，应密切观察患者生命体征的变化。如果患者感觉腹痛、流出血性灌洗液或出现休克、呼吸困难等现象，应立即停止洗胃。

4. 注意每次灌入量与吸出量应基本平衡。每次灌入量不宜超过 500 ml，灌入量过多可导致胃穿孔、心搏骤停等严重并发症。

5. 对于呼吸衰竭或生命体征不平稳的患者，应根据病情进行相应处理，待生命体征平稳后再行洗胃。

6. 在插入洗胃管过程中，若患者剧烈呛咳、呼吸困难、面色发绀，则应立即拔出洗胃管，休息片刻后再插管，避免误入气管。

7. 自动洗胃机洗胃前须接地线，以防触电。注意观察洗胃机上的正压表，压力不超过 40 kPa，并观察洗胃液的出入量。若水流不畅，进、出液量相差较大，则可交替按"手冲"和"手吸"键进行调整。

8. 关于洗胃时间，总体原则是越早越好，尽快实施。原则上在服毒后 4~6 h 内洗胃。某些患者就诊时虽然已超过 6 h，仍可酌情考虑洗胃。

9. 洗胃液灌入过多，易造成急性胃扩张，增加胃内压力，促进毒物吸收；洗胃液过热，易烫伤食管、胃黏膜或使血管扩张，促进毒物吸收。

（胡 毅）

第十三节 血液净化技术

血液净化（blood purification）技术是指各种连续或间断清除体内过多水分、溶质的方法的总称。血液净化包括肾脏替代治疗（renal replacement therapy，RRT）、血液灌流及血浆置换等。RRT 的基本模式有三类，即血液透析、血液滤过和血液透析滤过。连续性肾脏替代治疗（continuous renal replacement therapy，CRRT）是指所有连续 24 h 及 24 h 以上、缓慢清除水分和溶质的治疗方式的总称。CRRT 有多种治疗模式，包括连续性静脉-静脉血液滤过、缓慢连续性超滤、连续性静脉-静脉血液透析、连续性静脉-静脉血液透析滤过、连续性高通量透析、配对血浆滤过吸附、高容量血液滤过、脉冲式高容量血液滤过等。每一种血液净化方式都各有特点，且适用于不同疾病或不同状态。目前，血液净化技术在急诊、危重症领域得到广泛

的应用,已经成为急诊、ICU治疗急危重症患者的重要技术。

一、血液透析

血液透析(hemodialysis)是采用弥散和对流原理清除血液中的代谢废物、有害物质和过多水分,是终末期肾脏病患者最常用的肾脏替代治疗方法之一,也可用于治疗药物或毒物中毒等。

1. 适应证 ①终末期肾病;②急性肾损伤;③药物或毒物中毒;④严重水、电解质和酸碱平衡紊乱;⑤其他:如严重高热、低体温,以及常规内科治疗无效的严重水肿、心力衰竭、肝衰竭等。

2. 禁忌证 无绝对禁忌证,但出现下列情况时应慎用:①颅内出血或颅内压增高;②药物难以纠正的严重休克;③严重心肌病变,伴有难治性心力衰竭;④活动性出血;⑤精神障碍,不能配合血液透析治疗。

3. 并发症 ①透析时低血压(intra-dialytic hypotension):没有统一的定义,一般是指血液透析过程中,患者血压下降一定的数值或比值,并出现需要进行医学干预的临床症状或体征;②肌肉痉挛;③恶心和呕吐;④头痛;⑤胸痛和背痛;⑥皮肤瘙痒;⑦失衡综合征:是指发生于透析过程中或透析过程后早期,以脑电图异常及全身和神经系统症状为特征的综合征,轻者可表现为头痛、恶心、呕吐及躁动,重者出现抽搐、意识障碍甚至昏迷;⑧透析器反应;⑨心律失常;⑩溶血;⑪空气栓塞;⑫发热;⑬透析器破膜;⑭体外循环凝血。

4. 注意事项 小分子溶质清除指标单次血液透析尿素下降率(urea reduction rate)达到65%,代表血液透析溶质清除效果较好;合理选择和应用抗凝剂;注意治疗中的并发症并及时予以对症处理,必要时调整治疗方案。

二、血液滤过

血液滤过(hemofiltration,HF)是模仿正常人肾小球滤过和肾小管重吸收原理,以对流方式清除体内过多的水分和尿毒症毒素。与血液透析相比,血液滤过具有对血流动力学影响小,中分子物质清除率高等优点。

1. 适应证 适用于急性肾损伤和慢性肾衰竭患者,特别是伴有以下情况不能耐受血液透析治疗的患者:①常规透析易发生低血压;②顽固性高血压;③常规透析不能控制的体液过多和心力衰竭;④严重继发性甲状旁腺功能亢进;⑤尿毒症神经病变、尿毒症心包炎;⑥心血管功能不稳定、多器官功能障碍综合征(multiple organ dysfunction syndrome,MODS)及病情危重。

2. 禁忌证 无绝对禁忌证,但出现以下情况时应慎用:①患者处于濒危状态,伴有药物难以纠正的严重休克;②精神障碍,不能配合血液净化治疗。

3. 并发症 可能出现与血液透析相同的并发症,除此之外,还可出现以下并发症:①致热原反应和败血症;②氨基酸与蛋白质丢失;③透析不充分。

4. 注意事项 血液滤过时,需输入大量置换液,建议增加饮食中的蛋白质摄入量。对置换液被污染而出现发热者,应同时进行血液和置换液细菌培养及置换液内毒素检测。置换液的成分应与细胞外液一致。尽量做到个体化治疗,钾、钠、钙浓度可调。

> **知识拓展**
>
> **血液净化技术中的主要作用机制**
>
> 1. 弥散 溶质通过半透膜从浓度高的一侧到达浓度低的一侧。
> 2. 对流 在跨膜压差的作用下，溶质和溶剂一起通过半透膜。
> 3. 吸附 利用吸附剂与血液中的有害物质和毒素进行物理或化学吸附，将其从血液中清除。

三、血液透析滤过

血液透析滤过（hemodiafiltration，HDF）是血液透析和血液滤过的结合，具有两种治疗模式的优点，可通过弥散和对流两种机制清除溶质，在单位时间内比单独的血液透析或血液滤过清除更多的中小分子物质。

1. 适应证和禁忌证 同血液滤过。

2. 并发症 可能出现与血液透析及血液滤过相同的并发症，除此之外还可出现以下并发症：①反超滤：低静脉压、低超滤率或采用高超滤系数的透析器时，在透析器出口，血液侧的压力可能低于透析液侧，从而出现反超滤，严重可致患者肺水肿；②耗损综合征。

3. 注意事项 高通量透析膜的应用，使得白蛋白很容易丢失，可溶性维生素、微量元素和小分子多肽等物质的丢失增加，应及时补充营养。

四、连续性肾脏替代治疗

连续性肾脏替代治疗（CRRT）是一组体外血液净化治疗技术，是所有连续、缓慢清除水分和溶质治疗方式的总称。传统 CRRT 应持续治疗 24 h 以上，但临床上可根据患者的治疗需求灵活调整治疗时间。CRRT 的目的不仅仅局限于替代功能受损的肾，近来已扩展到常见危重疾病的急救，成为各种危重病救治中较为重要的支持治疗措施之一。目前，CRRT 主要包括以下治疗模式：缓慢连续性超滤（slow continuous ultrafiltration，SCUF）、连续性静脉-静脉血液滤过（continuous veno-venous hemofiltration，CVVH）、连续性静脉-静脉血液透析滤过（continuous veno-venous hemodiafiltration，CVVHDF）、连续性静脉-静脉血液透析（continuous veno-venous hemodialysis，CVVHD）、连续性高通量透析（continuous highflux dialysis，CHFD）、连续性高容量血液滤过（highvolume hemofiltration，HVHF）、连续性血浆滤过吸附（continuous plasma filtration adsorption，CPFA）。除此之外，CRRT 还常与其他急诊危重症治疗技术联合使用，如血浆置换（plasma exchange）、双膜血浆置换（double filtration plasmapheresis，DFPP）、内毒素吸附技术、体外二氧化碳去除技术（extracorporeal carbon dioxide removal，$ECCO_2R$）、体外膜肺氧合（extracorporeal membrane oxygenation，ECMO）及人工肝技术。CVVH、CVVHD 及 CVVHDF 是 CRRT 最为常用的治疗方式，下面以 CVVH 为例具体介绍。

1. 适应证 ①重症急性肾损伤；②慢性肾脏病合并急性肺水肿、尿毒症脑病、心力衰竭、血流动力学不稳定等；③非肾脏疾病，包括多器官功能障碍综合征、脓毒血症或感染性休克、急性呼吸窘迫综合征、挤压综合征、乳酸酸中毒、急性胰腺炎、心肺体外循环手术、慢性心力衰竭、肝性脑病、药物或毒物中毒、严重容量负荷、严重的电解质和酸碱平衡紊乱、肿瘤溶解综合征、热射病等。

2. 禁忌证　无绝对禁忌证。

3. 操作步骤

（1）血管通路：急重症患者血液净化的疗程较短，因此血管通路一般选择中心静脉置管，而不是动静脉瘘。常用置管方式为颈内静脉、股静脉，右侧颈内静脉及股静脉置管均可作为首选。提倡在超声引导下置管，可提高成功率和安全性。

（2）置换液的配制与补充：因碳酸氢钠配方中的碳酸氢根离子可自由通过滤器而丢失，故需补充。可直接或间接提供碳酸氢根离子的常用配方有碳酸氢盐配方、乳酸盐配方、柠檬酸盐配方。对危重患者首选碳酸氢盐。置换液的补充有前稀释法和后稀释法两种模式。前稀释法具有使用肝素量小、不易凝血、滤器使用时间长等优点；不足之处是进入血滤器的血液已被置换液稀释，清除效率降低。后稀释法可节省置换液用量、清除效率高，但容易凝血。

（3）抗凝选择：在评估患者凝血状态的基础上，个体化选择合适的抗凝剂和剂量，定期监测、评估和调整，以维持血液在透析管路和透析器中的流动状态，保证血液净化的顺利实施；避免体外循环凝血而引起血液丢失；预防因体外循环引起血液凝血活化所诱发的血栓栓塞性疾病；防止体外循环过程中血液活化所诱发的炎症反应，提高血液净化的生物相容性，保障血液净化的有效性和安全性。对无出血风险的患者行血液净化治疗时，可采用全身抗凝；对高出血风险的患者，应首先考虑局部抗凝；无相关技术条件或凝血功能障碍严重时，可采取无抗凝剂方法。抗凝剂有：普通肝素抗凝有较高出血风险、诱导血小板减少的风险，但肝素易获得、抗凝效果容易监测、价格低廉，且鱼精蛋白的拮抗作用可靠，因此应用较多；其他包括低分子量肝素、枸橼酸钠、磺达肝素、水蛭素、阿加曲班和萘莫司他等。

4. 并发症　CRRT的并发症种类与血液透析和血液滤过等技术相同，但由于CRRT的治疗对象为危重患者，其血流动力学常不稳定，且治疗时间长，故某些并发症的发生率较高，且程度较重，处理相对困难。

5. 注意事项　由于连续性血液净化多用于危重症患者，故应注意血液净化对药物清除的影响。影响血液净化清除的药物因素包括：药物的清除途径、药物分布容积、蛋白结合率、药物分子量及电荷。

五、单纯超滤

单纯超滤（simple ultrafiltration，SUF）是通过对流转运机制，采用容量控制或压力控制，经过透析器/滤器的半透膜等渗地从全血中除去水分的一种治疗方法。在单纯超滤治疗过程中，不需要使用透析液和置换液。

1. 适应证　①严重水肿，药物治疗效果不佳；②难治性心力衰竭；③急、慢性肺水肿。

2. 禁忌证　无绝对禁忌证。

3. 并发症　透析器/滤器破膜漏血、透析器/滤器和管路凝血、出血、低血压、心律失常等。

4. 注意事项　原则上每次超滤量（脱水量）以不超过体重的4%～5%为宜，一次总超滤量不宜超过4 L。对于血细胞比容较高的患者，应减少超滤率或适当增加抗凝药物的剂量。超滤结束后，患者血清钾水平可能升高。

> **知识拓展**
>
> **连续性肾脏替代治疗联合体外 CO_2 去除**
>
> 连续性肾脏替代治疗（CRRT）联合体外二氧化碳去除技术（$ECCO_2R$）是一种新的治疗模式，可以在 CRRT 回路中结合 $ECCO_2R$，以进行肾病治疗和提供呼吸支持。CRRT 可以清除患者体内的代谢废物和多余水分，维持电解质和酸碱平衡。$ECCO_2R$ 利用 CO_2 具有更好的溶解性，比氧气更容易从膜肺中弥散的原理，通过体外气体交换装置（人工膜肺），将血液中的 CO_2 排出，同时将氧分子弥散入血，从而改善氧合。CRRT 联合 $ECCO_2R$ 的治疗模式可以在重症监护病房等医疗机构中应用，为需要肾脏替代治疗和呼吸支持的患者提供更好的治疗选择。然而，这种治疗方法还需要进一步的研究和改进，以提高治疗效果和安全性。

六、血浆置换

血浆置换（plasma exchange，PE）是一种清除血液中大分子物质的血液净化疗法。是将血液引出至体外循环，通过膜式或离心式血浆分离方法，从全血中分离并弃除血浆，再补充等量新鲜冰冻血浆或白蛋白溶液，以非选择性或选择性地清除血液中的致病因子（如自身抗体、免疫复合物、冷球蛋白、轻链蛋白、毒素等），并调节免疫系统、恢复细胞免疫及网状内皮细胞吞噬功能，从而达到治疗疾病的目的。膜式血浆分离置换技术根据治疗模式的不同，分为单重血浆置换和双重血浆置换。单重血浆置换是将分离出来的血浆全部弃除，同时补充等量的新鲜冰冻血浆或一定比例的新鲜冰冻血浆和白蛋白溶液；双重血浆置换是将分离出来的血浆再通过更小孔径的膜型血浆成分分离器，弃除含有较大分子致病因子的血浆，同时补充等量的新鲜冰冻血浆、白蛋白溶液或一定比例的两者混合溶液。

1. 适应证 ①肾脏疾病：ANCA 相关的急进性肾小球肾炎、抗肾小球基底膜病、重症狼疮性肾炎等；②免疫性神经系统疾病：吉兰-巴雷综合征、重症肌无力、多发性硬化、神经系统副肿瘤综合征等；③风湿免疫性疾病：重症系统性红斑狼疮、重症过敏性紫癜、抗磷脂抗体综合征、白塞病等；④消化系统疾病：急性肝衰竭、重症肝炎、肝性脑病、胆汁淤积性肝病、高胆红素血症等；⑤血液系统疾病：血栓性微血管病、自身免疫性溶血性贫血、血友病、巨噬细胞活化综合征等；⑥器官移植：器官移植前去除抗体、器官移植后排斥反应等；⑦自身免疫性皮肤疾病：硬皮病、特异性皮炎、特异性湿疹等；⑧代谢性疾病：家族性高胆固醇血症和高脂蛋白血症等；⑨药物/毒物中毒；⑩其他：肝豆状核变性（威尔逊病）、特发性扩张型心肌病、甲状腺危象、脓毒血症所致多器官功能衰竭等。

2. 禁忌证 无绝对禁忌证。

3. 并发症 过敏和变态反应、低血压、溶血、血源性传染疾病感染、出血倾向、低钙血症、脑水肿。

4. 注意事项 血浆置换频度取决于原发病、病情的严重程度、治疗效果及所清除致病因子的分子量、半衰期、体内分布及血浆中的浓度，应个体化制订治疗方案。单次单重置换剂量以患者血浆容量的 1~1.5 倍为宜，不建议超过 2 倍。置换液多选择晶体溶液、新鲜血浆、4%~5% 浓度的人白蛋白注射液等。

七、血浆吸附

血浆吸附（plasma adsorption，PA）是血液引出后先进入血浆分离器，应用膜式分离技术，将血液的有形成分（血细胞、血小板）与血浆分离，血浆再进入吸附柱进行吸附，清除血浆中的特定物质，吸附后血浆与分离的有形成分再回输至体内。

1. 适应证 ①肾脏疾病：狼疮性肾炎、抗肾小球基底膜病、新月体肾炎、局灶节段性肾小球硬化、溶血尿毒症综合征、脂蛋白肾病等；②风湿免疫系统疾病：重症系统性红斑狼疮、类风湿关节炎、抗磷脂抗体综合征等；③神经系统疾病：重症肌无力、吉兰-巴雷综合征、神经系统副肿瘤综合征等；④血液系统疾病：血栓性微血管病、血栓性血小板减少性紫癜、特发性血小板减少性紫癜、血友病A等；⑤血脂代谢紊乱：家族性高胆固醇血症、高脂蛋白血症、周围血管病等；⑥消化系统疾病：重症肝炎、免疫性肝病、严重肝衰竭尤其是合并高胆红素血症者等；⑦器官移植排斥；⑧自身免疫性皮肤疾病：特异性皮炎、特异性湿疹、寻常性天疱疮等；⑨重症药物或毒物的中毒；⑩其他疾病：MODS、特发性扩张型心肌病等。

2. 禁忌证 无绝对禁忌证。

3. 并发症 低血压、过敏反应、溶血、出血、凝血等。

4. 注意事项 血浆吸附治疗模式包括免疫吸附、血浆灌流吸附（分子筛吸附）、血浆滤过吸附、双重血浆分子吸附等，采用不同的血浆吸附柱。

八、血液灌流

血液灌流（hemoperfusion，HP）是将患者血液从体内引到体外循环系统，通过灌流器中吸附剂（活性炭、树脂等材料）与体内待清除的代谢产物、毒性物质以及药物间的吸附结合，达到清除这些物质的治疗方法。

1. 适应证 ①急性药物或毒物中毒；②终末期肾脏病（尿毒症），特别是合并顽固性瘙痒、难治性高血压、高 $β_2$ 微球蛋白血症、继发性甲状旁腺功能亢进、周围神经病变等；③重症肝炎，特别是暴发性肝衰竭导致的肝性脑病、高胆红素血症；④全身炎症反应综合征、脓毒症等；⑤银屑病或其他自身免疫性疾病；⑥其他疾病：如二醋吗啡等药物成瘾、家族性高胆固醇血症、重症急性胰腺炎、甲状腺危象等。

2. 禁忌证 对体外循环通路或灌流器等材料过敏者。

3. 并发症 ①生物不相容性：吸附剂生物不相容的主要临床表现为灌流治疗开始后 0.5~1.0 h，患者出现寒战、发热、胸闷、呼吸困难、白细胞或血小板一过性下降（可低至灌流前的 30%~40%）。一般不需要中止灌流治疗，可静脉注射地塞米松、吸氧等处理；②吸附剂颗粒栓塞；③出血、凝血功能紊乱；④空气栓塞。

4. 注意事项 常用树脂、活性炭吸附剂对大多数溶质的吸附一般在 2 h 内达到饱和。如果临床需要，可每隔 2 h 更换 1 个灌流器，但一次连续灌流治疗的时间一般不超过 6 h。急性药物中毒抢救结束后，可采用空气回血。

（潘曙明）

第十四节 镇静、镇痛疗法

镇静、镇痛疗法是指应用药物手段减轻或消除患者的疼痛及躯体不适感,改善患者睡眠,减轻患者焦虑、躁动甚至谵妄,防止患者的无意识行为干扰治疗,降低患者的基础代谢率,减少氧耗,有利于器官功能的恢复。

一、适应证

危重症患者合并疼痛、焦虑、躁动、谵妄、睡眠障碍。

二、禁忌证

镇静、镇痛疗法无绝对禁忌证,应注意以下相对禁忌证:
1. 未建立人工气道者,慎用静脉镇静、镇痛药物。
2. 意识障碍原因不明,特别是怀疑发生肝性脑病的患者。

三、操作步骤

(一)疼痛和镇静水平评估

对疼痛程度和镇静水平的评估是进行镇痛、镇静治疗的基础,是合理、恰当进行镇痛、镇静治疗的保证。评估需贯穿镇痛、镇静治疗的全过程,包括初始评估和治疗过程中的定期评估。

1. 疼痛评估 镇痛是镇静的基础。疼痛是一种主观感受,目前对于疼痛评估最可靠的方法仍然是患者的自我描述。常用的评分方法有语言评分法、视觉模拟法、数字评分法、疼痛行为量表(BPS)、重症监护疼痛观察工具(CPOT)等。

2. 镇静水平评估 理想的镇静水平是既能保证患者安静入睡,又容易被唤醒。目前临床常用的镇静评分系统有 Ramsay 镇静评分法、Richmond 躁动镇静评分法、镇静躁动评分法(SAS)等主观镇静评分法。客观镇静评分法有脑电双频指数(BIS)等。谵妄的评估,目前推荐采用 ICU 谵妄诊断的意识状态评估法(CAM-ICU)。

(二)镇静、镇痛治疗

1. 镇痛治疗 治疗药物主要包括阿片类镇痛药、局部麻醉药、非阿片类中枢性镇痛药及非甾体抗炎药等。

(1)阿片类镇痛药:此类药物为危重症患者镇痛的首选。目前临床常用的阿片类药物多为相对选择性的 μ 受体激动剂,如吗啡、芬太尼等。此类药物可根据患者病情选择口服或静脉制剂、长效或短效制剂,瑞芬太尼和舒芬太尼的作用效果强于吗啡,不良反应相对较少。阿片类药物的不良反应主要是引起呼吸抑制、血压下降和胃肠道蠕动减弱,老年人尤其明显。此外,还有 κ 受体激动剂布托啡诺,目前临床应用也较为广泛。

（2）其他镇痛药物：某些非阿片类中枢性镇痛药的治疗剂量对呼吸没有抑制作用，可用于老年人。非甾体类镇痛药多用于外伤术后止痛，应警惕其肝、肾毒性。

2. 镇静治疗 目前最常用的镇静药物为苯二氮䓬类和丙泊酚等。

（1）苯二氮䓬类：此类药物在临床使用广泛，通过与中枢神经系统 γ-氨基丁酸受体的相互作用，产生剂量相关的催眠、抗焦虑和逆行性遗忘作用，其本身无镇痛作用，但与阿片类镇痛药有协同作用，可明显减少阿片类药物的用量。常用药物有咪达唑仑、地西泮和劳拉西泮等。但此类药物容易在脂肪组织中蓄积，停药后苏醒时间较长，且可引起反跳性焦虑、烦躁，诱发谵妄的概率较高，目前在重症患者中不推荐大剂量长期应用。

（2）丙泊酚：特点是起效快、作用时间短、撤药后迅速清醒，镇静深度呈剂量依赖性，容易控制，同时具有减少脑血流量、降低颅内压、降低脑氧代谢率的作用。

（3）右美托咪定：属于中枢神经 α_2 受体激动剂。镇痛镇静作用较弱，与阿片类药物联用时，可减少后者的用量，具有起效快、苏醒时间短的特点，对呼吸功能没有抑制作用，可用于没有人工气道的患者。

（4）对于病情较轻的患者，也可应用口服镇静药物，如阿普唑仑等，但应从小剂量开始，密切观察呼吸抑制的不良反应。

四、并发症

1. 绝大部分镇痛、镇静药物都可导致呼吸抑制、胃肠道麻痹、恶心、呕吐等不良反应。长期大量应用阿片类药物可能导致完全麻痹性肠梗阻。
2. 心血管不良反应 常见低血压、心动过缓，尤其是大剂量快速推注时可导致难以逆转的低血压甚至心脏停搏。
3. 长时间大量应用丙泊酚可引起丙泊酚输注综合征。

五、注意事项

1. 深度镇静可导致患者咳嗽和排痰能力减弱，影响呼吸功能的恢复和气道分泌物的清除，增加误吸及肺部感染的机会。
2. 长时间镇静、制动时，患者关节、肌肉活动减少，可导致深静脉血栓形成及肌肉萎缩，应注意预防深静脉血栓形成并保护关节肌肉的运动功能。
3. 阿片类镇痛药可引起肠道蠕动功能下降，引起肠梗阻，可酌情应用胃肠促动药。

（李 纾）

第十五节 床旁超声技术

床旁即时超声（point-of-care ultrasound，POCUS）是指由临床医师在床旁完成的针对急危重症患者的目标明确的重点超声评估，除具备传统专科超声无创、无辐射、经济等特点，还有简单易学、规避转运风险、快速评估病情等优势。临床上急诊医师可以根据急危重症患者的诊断与治疗需求，在床旁快速进行有目的、有重点的超声检查及评估，从而辅助诊断、指导治疗，作出正确的临床决策。

一、适应证

床旁超声适用于各类急危重症患者的诊断与鉴别诊断、治疗和评估。诊断与鉴别诊断方面包括：胸痛的鉴别诊断（急性心肌梗死、主动脉夹层、肺栓塞、气胸等），呼吸困难的鉴别诊断（急性心力衰竭、气胸、肺炎等），腹痛的鉴别诊断（急性阑尾炎、胰腺炎、胆囊炎、消化道穿孔、肠梗阻、妇科急症等）。治疗方面包括：胸腔穿刺、腹腔穿刺、心包穿刺、中心静脉穿刺置管、动脉置管、鼻空肠管置入等。评估方面包括：容量评估（是否存在B线、下腔静脉直径、下腔静脉变异度等）、心功能评估（收缩、舒张功能）、积液量变化的评估、下肢静脉血栓评估、肾血流评估、颅内压、脑血流监测等。

二、禁忌证

无明确的绝对禁忌证。

三、操作步骤及要点

1. 创伤重点超声检查（focus assessment withsonography for trauma，FAST） 是1995年提出的概念，可快速排查肝周、脾周、心包、盆腔周围是否存在游离液体（液性暗区），适用于血流动力学不稳定的严重创伤、亚急性创伤患者的快速评估，尤其适用于突发群体性创伤事件，可以帮助急诊医生迅速对伤员进行检伤分类。目前，FAST检查的范围已扩大到肺部检查，以排除胸部创伤中存在血胸和气胸的情况，称为eFAST检查。eFAST检查的内容包括：两侧胸腔，心包腔，右上腹（包括肝肾隐窝、膈下间隙、右肾下方），左上腹（包括脾肾间隙、膈下间隙、左肾下方），两侧结肠旁沟，盆腔。

2. 急诊床旁肺部超声（bedside lungultrasound in emergency，BLUE） 既往认为肺等含气组织是超声检查的盲区，但近年来的研究证实遵循一定的原则和方法，超声可以像X线一样对肺部疾病进行快速、准确的判断。评估部位包括上BLUE点、下BLUE点、膈肌点、PLAPS点，改良方案增加了后BLUE点。正常肺组织的超声征象包括蝙蝠征、A线、肺滑行征、沙滩征，若胸膜腔或肺组织出现病变，则超声征象有特定改变，可用于诊断气胸（肺滑行征、沙滩征消失，出现平流层征、肺点等）、胸腔积液（出现液性暗区、四边形征、正弦波征等）、肺不张或实变（支气管充气征、破布征等）、急性呼吸窘迫综合征或肺水肿（B线增多、A线消失）、炎症渗出性病变（B线增多，胸膜线不连续等）。BLUE程序检查对于快速判断呼吸困难的病因有重要价值，有学者认为肺部超声的诊断效能甚至可以媲美肺部CT。

3. 床旁心脏和大血管超声 通过对心脏和大血管进行有针对性的超声检查，可对循环系统进行快速评估。心脏超声常用四个切面（胸骨旁左室长轴切面、胸骨旁左室短轴切面、心尖四腔心切面、剑突下切面）。结合上、下腔静脉及主动脉超声检查可用于：①容量状态评估，包括左心室最大前后径、左室缩短分数、目测心腔充盈情况、下腔静脉（inferior vena cava，IVC）直径及呼吸变异度（在距离右心房出口1~2cm处测量IVC直径及呼吸变异

度，IVC<1.5 cm 且呼吸变异度>50% 提示容量不足，IVC>2.5 cm 且呼吸变异度<50% 提示容量过度）；②心脏泵功能评估，包括左室收缩功能（胸骨旁短轴或剑突下切面目测室壁运动情况、M 超测左室缩短分数或左室射血分数、Simpson 法测量左室射血分数等）、左室舒张功能（E/A、E/e 等）及右室功能（TAPSE）；③心脏瓣膜及反流情况；④心脏压塞、主动脉夹层等。

4. 超声引导有创操作 急危重症患者面临众多有创操作，包括动脉置管（桡动脉、肱动脉、颈内动脉、股动脉等）、静脉置管（颈内静脉、锁骨下静脉、腋静脉、股静脉等）、穿刺引流（胸膜腔、腹腔、心包腔、胆囊、脓腔等）、人工气道的建立等。利用超声可视技术引导穿刺置管，可提高穿刺成功率，减少并发症，特别是对置管困难者（肥胖或解剖变异、严重呼吸困难不能平卧、严重休克患者、心肺复苏患者等）尤为重要。

5. 深静脉血栓的监测 下肢深静脉血栓形成是肺栓塞的重要危险因素，包括股静脉、股浅静脉、腘静脉以及肌间静脉血栓。二维超声显示病变处静脉扩张、探头加压管腔不能被压瘪，则高度提示可能有血栓形成，但应注意区分淋巴结、腘窝囊肿和假性动脉瘤等。

6. 颅脑损伤监测 床旁超声对颅脑损伤的检查是基于传统经颅多普勒超声（transcranial Doppler，TCD），但又有别于 TCD，主要适用于颅骨透照良好的患者，尤其是开颅术后患者，可在二维超声模式下直视颅内组织结构，观察是否有血肿、中线移位、脑室扩张等形态异常，还可通过动态监测颅内血管的血流动力学参数，评估颅内压、脑血管顺应性和脑灌注等情况。

7. 眼部超声 适用于眼部损伤及眼睑水肿患者，通过对瞳孔、眼球结构、视神经鞘及球后血流的检查，以评估眼部损伤情况及颅内压情况。

8. 肌肉骨骼、软组织超声 主要用于对骨折、软组织感染、异物和皮肤肿块的评估，适用于长骨骨折的诊断，通过超声观察骨皮质是否连续，判断骨折周围组织水肿情况。

9. 急腹症超声 急腹症作为常见急症，需要在快速诊断及鉴别诊断后予以及时治疗。超声在急腹症的诊断与鉴别诊断中应用广泛，包括急性阑尾炎、急性胆囊炎、急性胰腺炎、急性肠梗阻、消化道穿孔、异位妊娠等。下面以急性阑尾炎和急性胆囊炎的超声表现为例加以介绍。

（1）急性阑尾炎：急性阑尾炎是外科最常见的急腹症之一。一般成人正常阑尾直径为 3~6 mm，管腔细、管壁薄、位置深且多变，故不易被超声显示。当阑尾因梗阻或感染导致肿胀、化脓或穿孔时，超声能准确地显示肿胀的阑尾及其周围组织情况。观察的主要指标包括：①阑尾的直径，有炎症的阑尾直径>7 mm，炎症越重，直径越大；②阑尾管壁是否增厚，管腔是否扩张；③阑尾周围是否有积液、包块；④阑尾腔是否有粪石强回声；⑤回肠末段肠壁是否有水肿或肠腔积液。

（2）急性胆囊炎：急性胆囊炎是常见急症，早期胆囊多稍增大、壁稍增厚。超声因其便利性和准确性，已被公认为首选的辅助检查手段。急性胆囊炎的超声主要观察指标包括：①胆囊的形态；②胆囊体积增大，长径>10 cm，横径>3.5 cm；③胆囊壁毛糙、增厚，>3 mm，有双边或多边征；④囊腔内回声，常可见到腔内强回声或在颈部嵌顿后伴声影，有时可见致密的、细小或粗大的强弱回声点。

四、注意事项

1. 医生应该接受规范的床旁超声评估技术培训，并在取得相应资质后才能进行临床决策。
2. 床旁超声的准确性受到检查条件、被检查者的自身条件和检查者经验等多种因素影响，熟练掌握是将这一工具充分发挥作用的基础。

3. 在进行相关有创操作时注意无菌操作，防止交叉感染。
4. 超声检查结果应结合临床实际情况进行综合分析。

（姚冬奇）

第十六节　重点照护检验技术

重点照护检验（point of care testing）是指在患者附近、治疗处或患者所在地，由未接受过临床实验室培训的临床人员或者患者（自我检测）进行的临床检测，是指在传统、核心或中心实验室以外进行的一切检测。重点照护检验技术省去了标本的预处理，可以即时进行临床检测，具有体积小、使用方便和报告及时等诸多优点，是适合急诊医学应用的技术手段之一。

重点照护检验技术应用广泛，包括血糖检测、妊娠试验、凝血状态、心肌损伤、酸碱平衡、电解质情况、感染性疾病和治疗药物浓度等检测，可以 24 小时随时进行临床检测，对于早期诊断和早期治疗具有重要的临床意义。以下介绍我国急诊中常用的重点照护检验项目。

一、血糖检测

我国急诊血糖检测的目的主要是发现低血糖、高血糖危象及进行急危重症患者的血糖控制。空腹血糖正常值为 3.9 ~ 6.1 mmol/L。

1. 急诊血糖检测

（1）低血糖：根据患者的临床症状，结合血糖检测做出诊断，正常人群诊断标准≤2.8 mmol/L，糖尿病患者≤3.9 mmol/L。

（2）高血糖危象：糖尿病酮症酸中毒患者血糖一般大于 13.9 mmol/L，高渗性高血糖状态患者一般大于 33.3 mmol/L。

（3）急诊非危重症患者应根据患者个体情况选择血糖控制，一般情况下可以选择餐前血糖＜7.8 mmol/L，随机血糖＜10.0 mmol/L。

（4）急诊危重症患者血糖控制：血糖持续＞10.0 mmol/L 启动胰岛素治疗，使血糖维持在 7.8 ~ 10.0 mmol/L，可适当放宽血糖控制水平，避免低血糖发生。

2. 临床意义　低血糖及高血糖危象均可导致危及生命事件的发生，急危重症患者维持正常或者接近正常的血糖水平对于降低死亡率有重要的临床意义。然而，随着对血糖的控制，低血糖的发生率也随之增高。因此，无论是低血糖、高血糖危象还是急危重症患者的血糖控制，快速的床旁血糖检测均有重要的临床意义。

3. 注意事项　目前，我国专家共识指出，血糖的测定结果应统一以静脉血浆葡萄糖浓度为标准。虽然床旁毛细血管取血进行血糖检测与静脉血浆葡萄糖检测具有良好的相关性，但是影响急诊危重症患者检测结果的因素较多（如水肿、局部缺血等），因此应根据患者临床具体情况选择检测方法。当检测结果与临床情况不相符时，应及时进行血糖生化检测。

二、心血管疾病指标检测

胸痛、胸痛类似症状以及胸闷（呼吸困难）是急诊就诊患者常见的心血管病症状。肌红

蛋白（MYO）、肌酸激酶同工酶MB（CK-MB）、心肌肌钙蛋白（cTnI、cTnT）和B型利钠肽（BNP）、N末端B型利钠肽原（NT-proBNP）可用于急性冠脉综合征（ACS）和急、慢性心力衰竭的诊断、鉴别诊断和危险分层，以指导相关治疗。D二聚体（D-dimer）是机体高凝状态、血栓形成、继发性纤溶亢进的标志物，有助于血栓性疾病的临床诊断。

1. 心肌酶学检测

（1）心肌损伤标志物的变化趋势：见表22-4。

表22-4 心肌损伤标志物的变化趋势

心肌损伤标志物检测	出现时间	峰值时间	持续时间
肌红蛋白（MYO）	1~3小时	9~12小时	20~36小时
肌酸激酶同工酶（CK-MB）	3~6小时	12~24小时	3天
肌钙蛋白I（TNI）	4~8小时	12~24小时	5~10天

（2）临床意义：结合常规的病史询问、体检和心电图检查，采用重点照护检验技术检测心肌酶学，可对疑似急性冠脉综合征患者进行排除、诊断及危险分层，为急诊急性冠脉综合征患者的合理救治、急诊PCI治疗的开展提供有力的临床依据。

（3）注意事项：我国专家共识指出，尽量于30 min内完成，应注意假阴性的可能性。肌钙蛋白水平升高可反映心肌细胞损伤，检测值出现动态上升和（或）下降都表明发生了急性心肌损伤，但是临床上应注意非冠状动脉事件及其他干扰检测结果的因素。心肌蛋白释放可由多种原因造成，如心肌细胞的正常更新与凋亡、细胞膜通透性增高、心肌细胞坏死等，应针对具体情况解释检测结果。高敏肌钙蛋白因其较高的敏感度得到广泛应用，但目前的重点照护检验设备尚未达到实验室标准的高敏肌钙蛋白检测要求，必要时需进行中心实验室肌钙蛋白检测。

（4）其他：心肌脂肪酸结合蛋白（heart muscle fatty acid-bindingprotein，HFABP）对于急性心肌梗死的诊断具有更高的敏感性，其对于发病3 h内的超急性期心肌梗死诊断的敏感性为93.1%，特异性为64.3%，重点照护检验可以在15 min得到结果，因此认为HFABP在超急性期心肌梗死的筛选中具有一定的临床意义。

2. B型利钠肽检测

（1）利钠肽的变化情况：见表22-5。

表22-5 利钠肽的变化情况

检测项目	诊断临界值（pg/ml）	半衰期	敏感性	特点
BNP	>500	20 min	97%	更适合动态监测，在急诊中应用，使用冻干重组人脑利尿钠肽者不宜应用
NT-proBNP	>500（<50岁） >900（50~75岁） >1800（>75岁）	120 min	95%	受肾功能影响较大，肾功能不全者不宜应用

BNP：B型利钠肽；NT-proBNP：N末端B型利钠肽原

（2）临床意义：BNP和NT-proBNP是利钠肽中反映心力衰竭严重程度的血清标志物，与心力衰竭的预后不良有关。国内外指南均建议，对所有急性呼吸困难和疑似急性心力衰竭患者，均应测量血清BNP或NT-proBNP水平，以区分急性心力衰竭与非心脏原因引起的急性呼吸困难。在紧急情况下，推荐重点照护检验用于疑似心力衰竭患者的排除、诊断、危险分层。BNP值小于100 ng/L或NT-proBNP值小于300 ng/L时，可排除急性心力衰竭的诊断，但BNP

和 NT-proBNP 在排除心力衰竭的效能方面有差异。BNP 值高于 400 ng/L 与心力衰竭的诊断有关，而 NT-proBNP 的诊断临界值随患者年龄和性别而变化。

（3）注意事项：利钠肽对诊断心力衰竭具有很高的敏感度和特异度，然而其他心脏和非心脏因素也可影响 BNP 或 NT-proBNP 水平，心脏因素包括急性冠脉综合征、左心室肥厚、瓣膜性心脏病、心包疾病、心房颤动、心肌炎、心脏手术、心律转复后和癌症化疗药物的心脏毒性等；非心脏原因包括性别、年龄、贫血、肥胖、肾功能不全、脓毒症、肺感染和慢性阻塞性肺脏疾病等，不能单纯依据利钠肽升高来诊断心力衰竭，需要结合临床情况综合判断。

3. D-二聚体检测

（1）D-二聚体是纤维蛋白单体经活化因子XIII交联后，由纤溶酶水解所产生的一种特异性降解产物，能够反映体内的凝血功能和纤溶活性，是机体高凝状态、血栓形成、继发性纤溶亢进的标志。

（2）临床意义：D-二聚体具有极高的敏感性，阴性结果的预测值具有重要的临床意义。其对于深静脉血栓特别是肺血栓栓塞性疾病的诊断意义得到了国内外专家的认可。同样，D-二聚体对于主动脉夹层的诊断也具有重要的临床意义，敏感性良好，特异性较差，其阴性预测效果对于临床工作具有更重要的意义。

（3）注意事项：专家共识认为，重点照护检测 D-二聚体，尤其是进行结果分析时，应该在有经验的医务人员指导下，结合临床实际情况进行。

三、感染性疾病指标检测

重点照护检验的感染性指标检测通常包括：感染相关急性期蛋白、微生物抗原、抗原特异性抗体，以及病原体核酸或代谢物等，有助于避免多次就诊或转诊，减少对经验性治疗的依赖，从而促进抗菌药物的合理应用。

1. 病原体抗原检测 使用侧流免疫层析技术，目前可以应用的包括：A 群链球菌抗原检测、甲型/乙型流感病毒抗原检测、肺炎链球菌抗原检测、军团菌和肺炎衣原体抗原检测等。侧流免疫层析技术的性能取决于临床样本中的分析物浓度，分析物浓度低于检测限可能会导致假阴性结果。

2. 病原体特异性抗体检测 包括 HCV、梅毒、疟疾、登革热、肺炎支原体等抗体检测，但是抗体检测呈阳性不能代表现症感染，尤其是多种抗体同时检测呈阳性时，可能会干扰临床诊断，并且存在漏诊的风险。

3. 病原体核酸分子检测 微流控（micofluidics）芯片具有样本及试剂消耗少、分析时间短、微型化、集成化、自动化等优势，尤其是核酸分析整合了从细胞裂解、核酸提取扩增到产物分析的全部测定步骤，降低了检测的复杂性，推动了重点照护检验的发展。目前，流感 A/B 检测已获批 PCOT 方法检测。

4. 感染生物学标志物检测

（1）C 反应蛋白（CRP）：是一种急性时相反应蛋白，是鉴别细菌或病毒感染的基本工具，可动态监测病程和观察疗效，对于抗菌药的合理应用有提示作用。超敏 CRP（0.1~10 mg/L）与心血管疾病的发生有密切的关系。

CRP 的变化及其临床意义见表 22-6。

表 22-6 CRP 的变化及其临床意义

检查项目	检测结果（mg/L）	临床意义
超敏 CRP	<1.0	心血管疾病危险性：低危
	1.0～3.0	心血管疾病危险性：中危
	>3.0	心血管疾病危险性：高危
常规 CRP	儿童	
	<10	病程>6～12 小时，可排除细菌感染或细菌已清除
	10～25	病毒感染？已行抗菌治疗？病程短，不能除外细菌感染
	>25	细菌感染
	成人	
	10～25	病毒感染？已行抗菌治疗？病程短，不能除外细菌感染
	25～50	细菌或病毒感染
	50～100	细菌感染的可能性大
	>100	细菌感染、病毒感染的可能性小

（2）降钙素原（PCT）：在细菌感染引起全身性炎症反应早期（2～3 小时）即可升高，感染后 12～24 小时达到高峰，PCT 浓度与感染严重程度呈正相关，感染消失后恢复正常，对严重细菌感染的早期诊断、判断病情严重程度和预后、评价抗感染疗效、指导抗菌药物应用等方面具有较高的临床价值。

（3）白介素 6（IL-6）：是固有免疫系统对损伤和感染最初反应所表达的重要细胞因子，2 小时达高峰，其升高水平与感染的严重程度相一致。当 IL-6>1000 μg/L 时，提示预后不良。

四、血气分析检测

血气分析是医学上常用的判读酸碱平衡紊乱、缺氧及其程度的临床指标，主要提供酸碱度、二氧化碳分压、氧分压、氧饱和度、实际碳酸氢根、乳酸水平等临床指标。

1. 血气分析检测指标及其临床意义　见表 22-7。

表 22-7 血气分析检测指标及其临床意义

检查项目	正常值	临床意义
pH	7.35～7.45	<7.35 失代偿酸中毒 >7.45 失代偿碱中毒
氧分压	80～100 mmHg	判断低氧血症的客观指标
二氧化碳分压	35～45 mmHg	反映肺通气的临床指标，升高提示肺通气不足
氧饱和度	95%～99%	氧合血红蛋白占全部血红蛋白的百分比
碳酸氢根	22～27 mmol/L	判断呼吸性、代谢性酸碱平衡紊乱的重要指标； 标准碳酸氢根不受呼吸因素的影响； 实际碳酸氢根受呼吸及代谢双重因素的影响
乳酸	0.5～1.7 mmol/L	评估组织氧供改善的简单、准确指标

2. 注意事项　不同血液样本的正常值及其临床意义是不同的，中心静脉氧饱和度、动静脉氧分压差均有其独特的临床意义。在没有中心静脉氧饱和度时，可以考虑使用乳酸水平作为判断组织灌注不足的指标。但是应注意在室温下 30 min 后，全血乳酸水平可升高 0.3～0.5 mmol/L，

故应及时完成检查。

五、妇产科疾病指标检测

人绒毛膜促性腺激素（hCG）检测主要用于产科、妇科患者的临床诊断及疗效观察。hCG在受精卵植入子宫后24～48小时就可以出现在血液、尿液及体液中并被检测出。

hCG检测的临床意义：对于早期妊娠及异位妊娠的诊断有重要的临床意义。

hCG检测的注意事项：目前我国关于重点照护检验的专家共识指出，在人工流产、异位妊娠等重大医疗决策时，采用重点照护检验方式进行尿液中hCG检测，结果需经过中心实验室确认，以保证检测结果准确、可靠，有助于医生做出正确的医疗决策。

六、止血与血栓形成相关指标指标检测

激活全血凝血时间（activated coagu-lation time，ACT）是其中应用较多的指标，主要在临床科室使用，检测一滴末梢血即可得到肝素抗凝的大致效果。其次是INR，在国外已经发展到像血糖那样发展患者自测的阶段，极大地方便了治疗性监测，其可行性和实用性也在专门的抗凝诊所得以证实。

PT和INR，基于黏度法通过电磁法或电阻抗法，使用微量手指末梢血在数分钟内即可获得检测结果。在INR<4的情况下，重点照护检验与凝血仪检测的偏差是可以接受的，INR>4时，差异较大。

肝素抗凝监测的重点照护检验与自动化仪器APTT检测的相关性不理想，APTT的一致性不及PT。一般而言，重点照护检验结果略高于自动化凝血仪，肝素治疗患者的差异可能高达200%。

目前认为，重点照护检验凝血分析检测中，PT和INR可以达到要求，APTT准确度不甚理想。

（朱继红）

第十七节　高压氧疗

一、基本概念

将机体置于高压氧舱内，在高于1个大气压（1ATA）的条件下吸入纯氧或高浓度氧，称为高压氧。用高压氧治疗疾病的方法称为高压氧疗（hyperbaric oxygen therapy）。高压氧疗增加了血中物理溶解的氧，可改善机体对氧的摄取和利用，使血氧含量增加，血氧分压升高，氧弥散到组织的能力增强，从而改善组织的微循环和有氧代谢，使组织获得大量氧气，改善全身缺氧状况。此外，高压氧疗可促使组织内气泡消失，抑制厌氧菌生长，减少渗出，减轻组织或细胞水肿及增强化疗、放疗对恶性肿瘤的作用等。高压氧疗于1887年由Valenzuela首创，目前已广泛用于急危重症医学领域。

二、适应证和禁忌证

高压氧疗的适应证和禁忌证见表 22-8。

表 22-8 高压氧疗的适应证和禁忌证

适应证	禁忌证
急性一氧化碳中毒及其他有害气体中毒	绝对禁忌证
气性坏疽、破伤风及其他厌氧菌感染	未经处理的气胸
减压病	相对禁忌证
气体栓塞症	重症上呼吸道感染
各种原因引起的心肺复苏后急性脑功能障碍	重度肺气肿
休克的辅助治疗	支气管扩张症
脑水肿	重度鼻窦炎
肺水肿（除心源性肺水肿）	Ⅱ度以上房室传导阻滞
挤压综合征	血压过高者（>160/100 mmHg）
断肢（指、趾）再植及皮肤移植术后血运障碍	心动过缓（<50 次/分）
药物及化学中毒	未经处理的恶性肿瘤
急性缺血缺氧性脑病	视网膜剥离
	早期妊娠（3 个月内）
	活动性内出血及出血性疾病
	结核性空洞形成并咯血者
	早产儿、极低体重新生儿（≤2000 g）
	肺大疱

案例 22-2

患者，李某，男，66 岁，农民，因发现昏迷 40 min 来诊。40 min 前晨起时，患者女儿发现其无法被唤醒，未出现呕吐。患者前 1 天正常进食、休息，未见异常，近期未服用药物，卧室内未见异常药瓶，但有一煤炉。患者既往身体健康，无高血压、糖尿病、心脏病、脑血管病等病史，无药物过敏史。查体：T 36.4℃，P 78 次/分，R 23 次/分，BP 130/86 mmHg；患者昏迷，呼之不应，双侧瞳孔等大、等圆，直径为 3 mm，对光反射灵敏，口唇樱桃红色。颈软，无抵抗。巴氏征（-），克氏征（-），四肢肌力对称。

问题：
1. 患者是否有高压氧疗的适应证？
2. 高压氧治疗一氧化碳中毒的机制是什么？

三、操作步骤

将患者送入高压氧舱内，关闭舱门，在密闭的环境下进行治疗。治疗过程分为 3 个阶段，即加压、稳压吸氧和减压。高压氧疗方案需根据治疗需要而定，一般按疗程进行，每天治疗 1~3 次，10 天为 1 个疗程，每个阶段进行 2~3 个疗程。对慢性病患者，可根据病情评估，做出延长治疗方案。在急救中经常应用 2~2.5 个绝对大气压；治疗时间应根据病情而定，一般性治疗时间为 1.5~2.5 小时。如果是间隔供氧，可交替进行吸氧治疗，通常予以吸纯氧 30 min，吸空气 5~10 min，再吸纯氧 30 min。也可吸氧 20 min 3 次，中间间隔 5 min 吸入空气。在 2 个绝对大气压下，用氧不超过 5 小时；在 2.5 个绝对大气压下，吸氧不超过 4 小时。

四、并发症

1. 氧中毒 常见于在高压下吸氧或长时间吸入高浓度氧的患者，主要影响中枢神经系统和肺。常压下连续吸纯氧 12~24 h 以上，2 个绝对大气压下吸纯氧 4~6 h 以上，3 个绝对大气下吸纯氧 2 h 以上，即可导致氧中毒，分为神经型、肺型及眼型氧中毒等类型。神经型氧中毒只要处理恰当，即不会导致永久性损害。高压氧可使未成熟婴儿产生晶状体后纤维组织增生、血管增生、视网膜功能障碍等。故应严格控制压力、吸氧时限，采用间歇吸氧法，对孕妇和 6 个月以内婴儿进行高压氧疗应当慎重。巴比妥类，地西泮，维生素 C、维生素 E 等药物有一定的防护作用。

2. 减压病 多因快速减压使机体组织和血液中形成气泡而发生气栓。患者在减压后出现皮肤瘙痒，肌肉、关节痛，皮肤丘疹、斑纹，气肿，脉搏细弱，胸痛，咳嗽，胸闷，气促，感觉失常，四肢强直，失语，头痛，听觉、视觉障碍，运动失调，瘫痪，甚至休克、死亡。预防方法是按现有的减压程序正确减压。再加压治疗是唯一有效的治疗方法。

3. 气压伤 在高压下由于某种原因使机体不均匀受压而引起，常发生在含气腔的器官，如胃肠、中耳、内耳、鼻窦和肺等处。临床表现为相应部位疼痛、出血，发生在肺部可引起呼吸困难、肺不张、肺水肿等表现。预防方法包括：①避免中耳、鼻窦、肺有炎症者应用；②加压前用 1% 麻黄碱滴鼻；③严格按规定加压；④加压时做张开咽鼓管口动作，如吞咽；⑤减压时匀速呼吸，绝对避免屏气。对肺气压伤者，需立即予以再加压治疗，其他可对症处理。

高压氧舱

高压氧舱是借助密闭、安全的压力容器。让康复者在 1.3 个大气压环境下吸入较高浓度氧气，从而发挥对某些人群或者疾病患者的保健和康复辅助作用。高压氧舱的舱体是一个密闭容器，通过管道及控制系统把纯氧或净化压缩空气输入。在高气压环境下，吸氧能够显著提高人体的血氧含量和血氧分压，可以尽快纠正组织缺氧，改善和恢复并提高人体的机能。

五、注意事项

1. 掌握适应证与禁忌证 严格执行工作制度，遵守操作规程，做好陪舱工作，确保治疗和设备运行安全。

2. 进舱治疗的患者人数必须严格控制，按人均占有舱容计算，不得低于《氧舱安全技术监察规程》所规定的人均舱容（≥3.0 m³），额定进舱人数不能多于 18 人。

3. 防止火灾 严禁火种、易燃易爆物品入舱；不穿引起静电火花的服装；舱内禁止使用一切有产生过载或电火花可能的电子元件医疗设备及易燃药物。

4. 防止损伤性事故 人员进舱前排尿、排便，摘除手表、钢笔。舱内若用气囊式供氧装置吸氧，则严禁拍打、挤压气囊；抢救危重患者必须保持呼吸道通畅，应用开放式输液法，用 10 ml 以上安瓿，应在舱外开启后经传递舱送入。舱内氧浓度不得超过 30%，如超过，应及时通风换气（单人氧舱除外）。减压前，患者身上所有的引流管均需开放并保持通畅，若带有气囊导管，则需放气。加压、减压时注意温度变化。

5. 备好抢救药品和器械 氧舱内必须配备急救药，便于随时急用，做好抢救治疗记录。在治疗全过程中，岗位人员不得擅离职守。对讲机必须保持舱内外通畅，舱外必须由 2 人以上人员值班。

6. 严格执行消毒、隔离制度 除做好日常性的舱体环境、呼吸器具等消毒。在安排手术前或治疗厌氧菌感染后，须按规定要求，严格消毒，预防交叉感染。

7. 做好经常性的设备维护工作 按使用年限，做好设备的年检及小修、中修、大修，保证安全运行。

8. 新购氧舱必须按中华人民共和国国家标准 GB-12130-1995 验收合格后，方可投入使用。

（陈　兵）

第十八节　营养支持治疗与技术

营养支持治疗有肠内和肠外两大途径。其中，肠内营养（enteral nutrition，EN）是指经口服或管饲途径，通过胃肠道提供营养物质的一种营养支持治疗方式。肠外营养（parenteral nutrition，PN）是指经静脉供给营养，全部营养从肠外供给称为完全肠外营养（total parenteral nutrition，TPN）。

一、营养风险评估

对急诊留观患者，入院 48 h 内应常规进行营养风险评估。目前常用的评价方法包括营养风险筛查 2002（nutritional risk screening，NRS 2002）评分（表 22-9）、NUTRIC 评分等。

NRS 2002 评分简单、易学，可操作性强。量表包括 3 部分，即疾病严重程度评分、营养状态受损评分和年龄评分，前 2 部分包括 1~3 分 3 个评分等级。根据评分标准最终得分为 3 项的总和，最高 7 分。如果评分≥3 分，即认为有营养风险。

表 22-9　营养风险筛查 2002（NRS 2002）

评估项目	分值
疾病严重程度	
髋关节骨折；慢性疾病合并急性并发症（肝硬化、COPD）；血液透析；糖尿病；肿瘤	1
腹部重大手术、卒中、重症肺炎、血液系统肿瘤	2
颅脑损伤、骨髓抑制、ICU 患者（APACHE>10 分）	3
营养状态受损	
3 个月内体重丢失>5%；或者前 1 周食物摄入低于正常需求 50%~75%	1

续表

评估项目	分值
2 个月内体重丢失＞5%；或者 BMI 18.5～20.5 且一般状况差；或者前 1 周食物摄入低于正常需求的 25%～50%	2
1 个月内体重丢失＞5%；或者 BMI＜18.5 且一般状况差；或者前 1 周食物摄入低于正常需求的 0～25%	3
年龄	
年龄≥70 岁	1

二、营养支持方式

（一）肠内营养

对胃肠道功能正常或存在部分功能者应首选肠内营养。食物的直接刺激有利于预防肠黏膜萎缩，保护肠屏障功能。

【适应证】
1. 意识障碍和某些神经系统疾病，如神经性厌食等。
2. 吞咽困难和咀嚼能力丧失的患者。
3. 上消化道梗阻或术后患者，如食管癌、幽门梗阻等。
4. 高代谢状态患者，如严重创伤、大面积烧伤等。
5. 消化道瘘患者，用于低流量瘘或瘘的后期。
6. 营养不良者的术前准备。
7. 炎症性肠病的缓解期。
8. 短肠综合征。
9. 胰腺疾病。
10. 慢性营养不良患者。
11. 器官功能不全患者。
12. 器官移植。
13. PN 的补充或过渡。

【禁忌证】
1. 完全性机械性肠梗阻、胃肠道出血、严重腹腔感染。
2. 严重应激状态早期、休克状态。
3. 短肠综合征早期。
4. 高流量空肠瘘。
5. 持续严重呕吐、顽固性腹泻，严重小肠、结肠炎。
6. 胃肠道功能障碍或某些要求肠道休息的病情。
7. 无法建立肠内营养喂养通路。
8. 3 个月内的婴儿、糖尿病或糖代谢异常者、氨基酸代谢异常者不宜应用要素型制剂。

【肠内管道喂养途径】

适宜的喂养途径是保证肠内营养安全、有效实施的重要前提。肠内营养的管道喂养途径包括鼻胃（十二指肠）管、鼻空肠管、胃造口、空肠造口等。喂养途径的选择取决于喂养时间长短、患者疾病情况、精神状态及胃肠道功能（表 22-10）。

表 22-10 不同喂养途径的适用范围

喂养途径	适用范围
鼻胃管	胃肠道完整，不能主动经口摄食或经口摄食不足；代谢需要增加，短期应用；口咽、食管疾病而不能进食者；精神障碍或昏迷；早产儿、低体重儿
鼻空肠管	短期营养但有高吸入风险者（如昏迷患者、老年人、婴幼儿等）；胃动力障碍者；急性胰腺炎
胃造口	长期营养支持者；食管闭锁、狭窄、癌肿；意识障碍、昏迷患者；肺部并发症危险性大而不能耐受经鼻置管者
空肠造口	长期营养支持者；高吸入风险者；胃动力障碍者；急性胰腺炎；多发性创伤、重大复杂手术后；发生胰瘘、胆瘘或胃肠吻合口瘘者

【并发症】

1. 机械性并发症 肠内营养的机械性并发症与喂养管的质地、粗细以及置管方法及部位有关，主要包括鼻、咽及食管损伤，喂养管堵塞，喂养管拔除困难，造口并发症等。

2. 胃肠道并发症 胃肠道并发症是肠内营养支持治疗中最常见的并发症，也是影响肠内营养实施的主要因素，主要表现为腹胀、腹泻、肠痉挛、恶心、呕吐、便秘等。

3. 代谢并发症 肠内营养的代谢并发症常与营养制剂的质量、管理、监护等相关。主要包括水、电解质及酸碱代谢异常、糖代谢异常、微量元素异常、维生素及必需脂肪酸缺乏、肝功能异常。

4. 感染并发症 肠内营养相关的感染并发症主要包括营养液的误吸和污染两方面。营养液误吸主要表现为吸入性肺炎。

（二）肠外营养

肠外营养的途径有周围静脉营养和中心静脉营养。肠外营养供应患者所需要的营养要素，包括热量、必需和非必需氨基酸、维生素、电解质及微量元素。对于不能接受肠内营养的患者，宜使用肠外营养。静脉输注途径和输注技术是成功实施肠外营养的必要保证。

【适应证】

1. 无法进食或通过消化道吸收营养物质：广泛小肠切除、小肠疾病、放射性肠炎、严重腹泻、顽固性呕吐等。
2. 接受大剂量放疗、化疗的营养不良患者。
3. 进行骨髓移植的患者。
4. 无法进行或不能耐受肠内营养的重症胰腺炎患者。
5. 消化道功能障碍的严重营养不良患者。
6. 营养不良的获得性免疫缺陷疾病患者。
7. 严重分解代谢状态下患者，如颅脑外伤、严重创伤、严重烧伤等，在 5~7 天内无法利用其胃肠道者。

【禁忌证】

1. 胃肠道功能正常，能获得足量营养者。
2. 估计需肠外营养支持少于 5 天者。
3. 心血管功能紊乱或严重代谢紊乱尚未控制或纠正期。
4. 预计发生肠外营养并发症的风险大于其可能带来的益处者。
5. 需急诊手术者，术前不宜强行予以肠外营养。
6. 临终或不可逆昏迷患者。

【肠外营养的输注途径】

1. 周围静脉营养途径 适用于：短期肠外营养（<2 周）、营养液渗透压低于 1200 mOsm/L 者；有中心静脉置管禁忌证或不可行者；导管感染或有脓毒症者。

（1）优点：该方法简便易行，可避免中心静脉置管相关并发症（机械性、感染性），且容易早期发现静脉炎。

（2）缺点：输液渗透压不能过高，需反复穿刺，易引起静脉炎，不宜长期使用。

2. 中心静脉营养途径 适用于肠外营养超过 2 周、营养液渗透压高于 1200 mOsm/L 者。

（1）置管途径：经颈内静脉、锁骨下静脉或上肢的外周静脉达上腔静脉。

（2）优、缺点：①经锁骨下静脉置管易于活动和护理，主要并发症是气胸。②经颈内静脉置管使转颈活动和贴敷料稍受限，局部血肿、动脉损伤及置管感染并发症稍多。③经外周中心静脉置管（PICC）：贵要静脉较头静脉宽，易置入，可避免气胸等严重并发症，但增加了血栓性静脉炎和置管错位的发生率及操作难度。

【并发症】

1. 导管相关并发症

（1）机械性并发症：常发生在中心静脉置管的穿刺过程中。不同穿刺部位并发症的种类和发生率不尽相同。穿刺前应纠正患者的凝血功能异常，选择合适体位，采用超声引导定位静脉，穿刺时先用细针头定位，有助于减少并发症的发生。

（2）感染性并发症：肠外营养的感染性并发症主要是导管性脓毒症。临床表现为突发寒战、高热，重者可发生感染性休克。导管性脓毒症的预防措施包括：放置导管应严格遵循无菌技术；避免中心静脉导管的多用途使用，应用全营养混合液的全封闭输液系统；规范进行导管护理等。

（3）血栓栓塞导管相关的静脉血栓形成：常见于锁骨下静脉和上肢静脉，血栓形成后可逐渐增大并脱落，造成血栓栓塞，严重者可导致患者死亡。

2. 代谢性并发症

（1）脂肪超载综合征：是由于脂肪乳剂输注速度和剂量超过机体的脂肪廓清能力，导致以血甘油三酯升高为特征的综合征。临床表现为肝脾大、黄疸、低蛋白血症、发热、急性呼吸窘迫综合征、代谢性酸中毒、血小板减少、出血、弥散性血管内凝血等。

（2）再喂养综合征：开始营养支持后，特别是过快、过量摄入能量底物后，ATP 合成增加，可能导致血磷浓度迅速降低，磷补充不足时更易发生低磷血症。此外，还可合并低镁血症、低钾血症、维生素缺乏、液体潴留。临床可表现为危及生命的心律失常，神经精神改变，如谵妄、癫痫发作等，严重低磷血症引起呼吸肌无力、通气不足甚至呼吸衰竭。

（3）肠外营养相关肝病。

（4）肠外营养相关胆囊疾病：如胆囊炎、胆结石。

（5）长期完全肠外营养可能破坏肠黏膜的正常结构，导致肠黏膜上皮萎缩，肠壁变薄，肠通透性改变，肠屏障功能减退，肠道细菌移位，引起肠源性感染。应尽早改为肠内营养。

（6）长期完全肠外营养治疗的儿童易患佝偻病，原因是完全肠外营养中提供的钙、磷远远不能满足儿童的生长发育需要，必须额外补充。

（郭树彬）

第十九节　亚低温技术

亚低温治疗是利用对中枢神经系统具有抑制作用的镇静药物，使患者进入深度镇静状态，再配合物理降温，使患者体温处于一种可调控的低温状态，从而使中枢神经系统处于抑制状态，以降低机体新陈代谢及组织器官耗氧量，是控制颅内高压重要的临床治疗手段之一。亚低温可降低脑代谢，还可导致低血压、心律失常、凝血功能障碍等并发症。目前在心搏骤停后的应用强调体温控制，不仅是亚低温治疗，而且需要控制体温过高，称为目标性体温管理（targeted temperature management，TTM）。

案例 22-3

患者，刘某，女，70岁，既往有糖尿病、冠心病、脑梗死病史，未规律治疗。12小时前，患者受凉后出现发热、咳痰，体温最高可达39.5℃，自行口服解热药物、祛痰药物治疗，病情持续加重，出现喘憋。查体：T 39.5℃，P 133次/分，R 33次/分，BP 70/40 mmHg；患者在急诊突发呼吸、心搏骤停，意识不清，双肺呼吸音粗糙，可闻及广泛湿啰音，双下肢水肿明显，立即予以心肺复苏、气管插管。

问题：
1. 考虑该患者为何种疾病？
2. 是否能对患者进行亚低温治疗？
3. 简述该患者的亚低温治疗流程。

一、适应证和禁忌证

低亚温治疗的适应证和禁忌证见表22-11。

表22-11　低亚温治疗的适应证和禁忌证

适应证	禁忌证
心肺复苏后脑病	亚低温具有显著的神经保护作用，无绝对禁忌证，生命体征不平稳者酌情应用
创伤性颅脑损伤	相对禁忌证
缺血性脑卒中	严重的感染以及感染性休克
脊髓损伤	难以控制的出血
新生儿缺氧缺血性脑病	顽固性休克
各种高热状态	
急性癫痫持续状态等	

二、操作步骤

1. 亚低温的诱导　当确定进行亚低温治疗时，应该以最快的速度达到目标温度，同时应使用镇静、镇痛药物，以消除寒战，如应用丙泊酚、咪达唑仑、芬太尼、氯丙嗪和异丙嗪

等，必要时可以用肌肉松弛药。目前国际上将低温划分为：浅低温（33～35℃）、中度低温（28～32℃）、深低温（17～27℃）、超深低温（4～16℃）。其中浅低温和中度低温属于亚低温，临床应用最为普遍。多数研究表明，33℃是亚低温治疗最合适的温度，对缺血损伤保护效果最佳。亚低温诱导方法主要包括血管内降温和血管外降温。

（1）血管内降温：①静脉输液法：30 min 内静脉输注 4℃ 晶体溶液（等渗林格液，30 ml/kg）；对于心功能较差或容量负荷过重的患者需谨慎使用。②体外循环法：建立体表血管通路（股动、静脉建立循环），经体外循环机变温器或者体外膜肺氧合（ECMO）进行降温，该方法效果最显著，但创伤较大，需全身肝素化；对于脑出血患者不建议使用，其可增加出血面积以及出血量。与体表降温、复温相比，血管内降温、复温更加迅速、均匀，温差小，对血流动力学影响小。但血管内降温存在导致导管相关性感染、静脉血栓以及其他血管内置管并发症的风险。

（2）血管外降温：常规使用冰袋、冰帽。可用毛巾包裹冰袋，置于头部和大血管体表部位，该方法简单、易行。推荐使用降温毯以及亚低温治疗仪等可控电子化降温设备实施靶向目标降温。

进行亚低温治疗时，需要连续监测体温。其中，肺动脉和颈静脉窦处的体温最可靠，但测量困难，临床上常测量食管、口腔、鼻腔、膀胱、直肠或外耳道近鼓膜处的温度。此外，还应监测心图、血氧饱和度、有创血压、中心静脉压、呼气末二氧化碳以及每小时尿量等生理指标。亚低温状态下机体代谢和氧供降低，应该定期监测动脉血气并调整呼吸机参数，以避免过度通气和缺血性脑血管痉挛。

2. 亚低温治疗的维持 亚低温治疗维持的时间因疾病不同而有差异。心搏骤停患者通常维持 12～24 h，窒息的新生儿通常维持 72 h，并发脑水肿的肝衰竭患者甚至需要维持 5 d。持续监测体温和镇静深度，确保维持在目标温度。治疗期间需要维持循环稳定：血容量正常的患者在浅度亚低温的条件下，心率减慢，心肌收缩力增强，血压正常或轻度升高；深度亚低温时，心肌收缩力减弱，心率减慢，容易发生心律失常。

3. 亚低温治疗的复温 复温过程需要缓慢进行，为 12～24 h，体温升高的平均速度每小时为 0.25～0.5℃。脑部温度的急剧上升可能会导致脑血流量的波动，引起颅内压增高、脑疝，甚至死亡。

三、并发症

1. 诱导过程
（1）亚低温治疗降温过程中的常见并发症为寒战和血管痉挛，加用肌肉松弛药时，可能会掩盖癫痫发作和镇静过浅，必要时可以连续监测脑电活动。

（2）胰岛素抵抗并导致高血糖：应适当调整葡萄糖和（或）胰岛素的供应。

（3）相对性血容量不足和脱水：多尿的原因包括静脉回心血量增加、心房钠尿肽释放增多、血管升压素释放减少以及肾小管功能不全。可以增加液体入量、控制每小时尿量，以预防低血压的发生。

（4）电解质紊乱：常见的有低钾血症、低镁血症和低磷酸盐血症。其中，低钾血症尤其危险，应该每 3～4 h 检测钾离子浓度。

2. 维持过程 凝血功能异常及出血风险增加。当体温降到 35℃ 以下时，可出现血小板功能不全和血小板计数下降，降到 33℃ 以下时，可出现凝血功能受损。

3. 复温过程 复温时，外周血管舒张可导致低血压，能量需要增加可导致低血糖，细胞膜内外离子转移可导致高钾血症。快速复温可能会导致体温过高，进而引起心搏骤停、脑损害、脑血管意外。

4. 治疗后 亚低温会影响免疫功能，原因是低体温时细胞因子、氧自由基的产生减少，白细胞功能受损，同时感染的风险增加，尤其是肺炎。低体温时，由于皮肤血管痉挛，发生压疮的风险增加。

> **知识拓展**
>
> **亚低温技术**
>
> 1959年，美国学者FAY首次应用冬眠低温疗法治疗颅脑损伤，开创了"低温脑保护"的时代。20世纪50年代，深低温用于开胸心脏手术的器官保护。到了20世纪60年代，深低温用于颅内动脉瘤的直视手术。从20世纪90年代开始，低温脑保护研究逐渐成为研究热点。1993年，我国神经外科学者江基尧和朱诚提出了"亚低温脑保护"的概念。多年来，经过众多临床研究证实，亚低温可以有效改善脑功能预后，具有显著的脑保护作用。

四、注意事项

1. 必须尽早开始亚低温治疗，并争取在尽可能短的时间内达到目标温度。对于符合亚低温治疗适应证的患者（如心搏骤停患者），应在进行心肺复苏的同时注意降温，可采用头部重点降温和体表降温，待自主循环恢复后立即进行更有效的降温。积极采取综合措施，包括镇静、镇痛、予以肌肉松弛药和冬眠合剂，配合各种物理降温措施。
2. 亚低温治疗过程中必须保证体温平稳，避免体温超出目标范围或者波动过大。
3. 对于合并其他部位出血的颅脑损伤患者，应该在出血得到控制后再实施亚低温治疗。

（陈　兵）

第二十节　体外膜肺氧合技术

体外膜肺氧合（extracorporeal membrane oxygenation，ECMO）是一种持续体外生命支持（ECLS）手段，通过将静脉血从体内引流到体外，经膜式氧合器氧合后再用离心泵将血流灌注回体内，能部分或全部替代心肺功能，使心、肺得以充分休息。ECMO具有置入方便、不受地点限制、可同时提供心肺功能支持等优点，越来越多地被应用于常规治疗无效的各种急性循环和（或）呼吸衰竭，并为患者的救治赢得宝贵时间，是急危重症医学领域代表性的新技术之一。

一、适应证

1. 循环支持 急性心肌炎、急性心肌梗死导致的心源性休克和心脏术后心源性休克，安装心室辅助、人工心脏和心脏移植前后的过渡。

2. 呼吸支持　成人呼吸窘迫综合征、新生儿肺疾病。

3. 替代体外循环　肺移植、供体器官支持、急性肺栓塞。

二、禁忌证

1. 绝对禁忌证　①不可逆性脑损伤；②恶性肿瘤；③严重的不可逆性多器官损害。

2. 相对禁忌证　①严重出血；②严重心功能不全的孕妇；③心脏术后仍然合并不能矫治的先天和后天性疾病者；④心肺复苏时间超过 30 min 者；⑤不可恢复的心肺损伤。

三、ECMO 呼吸、循环支持时机

1. 严重心力衰竭，常规治疗效果不佳，预计死亡率在 50% 以上的患者。
2. 大量正性肌力药物效果不佳，血流动力学仍难以维持。
3. **心脏指标**　①心指数 <2 L/($m^2 \cdot min$) 持续 3 h；②成人平均动脉压（MAP）<60 mmHg，持续 3 h；③血乳酸 >5 mmol/L，持续 3 h 并进行性增高；④尿量 <0.5 ml/(kg·h)，持续 5 h 以上。
4. **肺指标**　①肺氧合功能障碍，$PaO_2<50$ mmHg 或肺泡-动脉血氧分压差（$DA-aO_2$）>620 mmHg；②急性肺损伤，$PaO_2<40$ mmHg，pH<7.3，持续 2 小时以上；③机械通气 3 小时后，$PaO_2<55$ mmHg，pH<7.3；④机械通气引起气道损伤。

四、操作步骤

ECMO 可分为静脉-静脉方式 ECMO（V-V ECMO）和静脉-动脉方式 ECMO（V-A ECMO）两种。V-V ECMO 适用于仅需要呼吸支持的患者，V-A ECMO 可同时支持呼吸和循环功能，并已在难治性心搏骤停患者中得到广泛应用。目前临床应用最广泛的是超声引导下经皮穿刺置管技术，以下是 ECMO 置管的具体步骤。

1. 选择穿刺点　根据患者的解剖结构和 ECMO 的类型（V-V 或 V-A），选择合适的穿刺点。常见的穿刺点包括颈静脉、颈动脉、股静脉和股动脉。

2. 穿刺和置入导丝　局部麻醉，在超声引导下使用穿刺针穿刺选定的血管，并通过穿刺针插入导丝。如果出现导丝进入血管不顺利、有阻力，不可强行用力再进入导丝，需排查原因，确保导丝顺利进入血管，达到合适的深度。

3. 置入导管　根据患者的血管情况，逐级使用血管扩张器（6F、8F、10F、12F、14F、16F、18F），沿导丝对穿刺血管的皮肤、皮下组织进行逐层扩张。扩张过程中，根据 ECMO 插管的大小使用刀片切开皮肤，保证扩张器和 ECMO 插管顺利进入血管。

4. 确认导管位置　成人股静脉置管 40~55 cm 到达右心房与下腔静脉交界处，颈内静脉置管 12~15 cm 到达上腔静脉与右心房交界处。通过 X 射线或超声等影像学技术，确认导管的位置是否正确，以及是否存在任何并发症，如气胸或血肿。

5. 固定导管　一旦确认导管位置正确，即将导管固定在适当的位置，以防止移位。

五、并发症

①出血，尤其是颅内出血。②感染。③血栓、栓塞。④远端肢体缺血性坏死。⑤神经功能不全。⑥溶血。⑦技术故障。

六、撤机步骤

1. V-V ECMO 撤机流程 ①评估：绝大多数 ECMO 中心对于肺功能恢复情况的评估指标主要有原发病的控制及改善、肺顺应性、二氧化碳清除能力、氧合情况及肺部影像学等，当上述指标改善后，可考虑试验性脱机；②试验性脱机：V-V ECMO 的试验性脱机通过直接关闭 ECMO 气流的方式进行，无须对 ECMO 血流量进行调整；③拔管：经外科切开后留置的管路，应在外科修补后拔出；经皮穿刺留置的管路，可局部压迫穿刺点后拔出。

2. V-A ECMO 撤机步骤 V-A ECMO 撤离时，应确保患者有正常平稳的动脉血气指标和乳酸水平，并在床旁超声指导下进行。在超声确定有充分的心室充盈和射血时，逐步增加呼吸机和正性肌力药物的支持，同时逐渐减小 ECMO 流量，再检查血气、乳酸水平，从而确定有充分的气体交换和氧气供应。随着心功能的改善，ECMO 逐步减流量，当流量降至正常血流量的 10%～25% 后，仍能维持血流动力学稳定，血气指标满意，可考虑停机拔管。通常先拔出动脉插管，首先应分离并控制好相应血管，钳闭动脉插管，然后拔出插管，最后修复血管。

七、注意事项

1. ECMO 作为一种生命支持手段，对原发病本身没有直接治疗作用。
2. ECMO 全程使用肝素抗凝，需严密监测凝血功能。
3. 注意补充血容量，维持水、电解质平衡。
4. 进行无菌操作及清洁护理，应用抗菌药物预防感染。
5. ECMO 辅助期间尽量减少血管活性药物用量，以使心脏得到充分休息。
6. 注意泵、管的维护，避免血栓形成。

（彭正良）

第二十一节　清创术

清创术是对新鲜开放性伤口进行清洗去污、清除异物、切除失活组织、缝合等，尽可能减少伤口污染，甚至使其转为清洁伤口，达到一期缝合，使受伤部位形态和功能恢复的过程。

一、适应证

1. 所有的开放性皮肤外伤。

2. 开放性骨折。
3. 开放性关节损伤与脱位。
4. 已发生感染的伤口。

二、禁忌证

清创术没有明显的禁忌证，重度污染或化脓性伤口不应直接缝合。

三、操作步骤

1. 操作前准备

（1）准备无菌清洁包（无菌换药碗、无菌软毛刷、清创包），注射器，2% 利多卡因，无菌纱布、棉球若干，聚维酮碘，生理盐水，无菌手套。

（2）询问相关病史，测量患者的生命体征，完善检查，综合评估病情，如果患者有明显的活动性出血，或已经出现休克征象，需及时采取相应的治疗措施。

（3）对清醒患者，需告知其即将进行的清创操作的必要性，排除相关禁忌证，签署知情同意书。若患者已经昏迷，需向其家属解释并征得家属签字同意。

（4）操作者戴好帽子、口罩，用七步洗手法清洁、消毒手部。

2. 伤口周围皮肤清洁 操作者佩戴无菌手套，用无菌纱布覆盖伤口，剃去伤口周围毛发（范围至少距离伤口边缘 5 cm）。操作者使用无菌软毛刷蘸取消毒皂液刷洗伤口周围皮肤，清除油污，并用大量生理盐水冲净后更换无菌覆盖纱布、无菌手套、无菌软毛刷，再次用消毒肥皂液刷洗并用生理盐水冲洗，反复进行 2～3 次。注意勿使冲洗液流入伤口。

3. 伤口清洁

（1）揭去覆盖伤口的无菌纱布，用无菌生理盐水和 3% 过氧化氢溶液反复冲洗伤口 3 遍，冲洗过程中用镊子或无菌纱布轻轻去除伤口内的污物、血凝块和异物，明显坏死的皮肤、肌肉应切除，严重污染的骨骼应用咬骨钳咬除。如果有明显活动性出血，可用血管钳夹住后临时结扎。

（2）用无菌纱布擦干伤口，操作者脱掉手套，用聚维酮碘消毒伤口。根据伤口类型选择消毒方式，清洁伤口由内向外消毒，污染伤口由外向内消毒。消毒共 3 遍，后一遍消毒范围略小于前一遍，最后一遍消毒范围至少大于伤口周围 15 cm。然后，铺无菌单或无菌洞巾，准备手术。

4. 伤口清创及修复

（1）操作者常规洗手、穿手术衣、戴无菌手套。用 2% 利多卡因进行伤口局部麻醉。

（2）由浅入深仔细探查，是否有血管、神经、肌腱与骨骼损伤，切除失活的组织和明显挫伤的创缘组织（包括皮肤和皮下组织等）。彻底切除失活的筋膜和肌肉，但不应将有活力的肌肉切除，以免切除过多而影响功能和伤口覆盖。为了处理较深部伤口，有时可适当扩大伤口，清理伤口深部盲袋样无效腔，直至清洁和显露血液循环较好的组织。

（3）骨折断端如有污染，应以咬骨钳、骨刀或线锯切除，污染的髓腔用刮齿清除，挫灭的骨膜应予以去除，骨膜表层的污物可用刀片剔除并尽量保留清洁骨膜；清洁的未被污染的骨折块应尽量保留，污染的以及已与主干骨分离的骨块则应予以清除。大块游离骨片在清创后用 0.1% 苯扎溴铵浸泡 5 min，用生理盐水冲洗后进行原位植入。

（4）对伤口在清创前临时结扎止血者，此时要重新清理、结扎，去除污染的线头；栓塞的非主要血管残端可以切除，而栓塞的主要血管（如股血管、腘血管等）应小心分离出动、静脉后，用止血钳夹住，切除残端及不洁的外膜，同时将血管周围污物小心去除，保护健康血管，留待吻合；对断裂的神经，应仔细清除坏死及污染组织，保留健康组织留待缝合。

（5）再次用无菌生理盐水冲洗伤口，并用3%过氧化氢溶液冲洗伤口，最后用无菌生理盐水冲干净。更换手术器械、手套，伤口周围再铺一层无菌巾。

5. 伤口闭合　对于污染较轻、清创及时（伤后6~8小时以内）的伤口，可以直接行一期缝合。否则，应先行引流术，再择期缝合。

（1）伤口缝合：逐层缝合，用圆针缝合皮下组织以及筋膜层，再次消毒伤口周围，换三角针间断缝合皮肤。缝合过程不要残留无效腔，缝合结束后对皮，再次消毒伤口周围，覆盖无菌敷料。

（2）伤口引流：再次消毒伤口周围。将凡士林纱布条填入伤口内，尽量将伤口填满，切勿塞入过多，以恰好能充满为宜，将多出部分的凡士林纱布条剪掉，稍留一部分用以引流，记录放置引流物的数量。覆盖无菌纱布，用胶布固定。必要时予以持续负压封闭引流（VSD）。

四、并发症

1. 严重的开放性骨折，在清创时可能丢失碎骨块，导致骨缺损增加。
2. 开放性关节损伤可导致关节软骨缺损。
3. 清创不彻底可导致感染。

五、注意事项

1. 清创前注意询问病史，完善必要的检查，综合评估病情。
2. 对于神经损伤者，须加倍小心，减少医源性损伤。
3. 在处理开放性骨折时，刺出的骨折端在清创前不可直接还纳至伤口内，以免造成感染。
4. 离断的肢体应注意降温保存，切忌被无菌生理盐水以外的液体浸泡。
5. 化脓性伤口不宜采用一期缝合。
6. 清创后有皮肤缺损时，使用创面负压吸引材料有利于控制或减少感染，缩短伤口闭合时间。

（胡　毅）

思考题

1. 经皮微创气管切开术较常规气管切开术的优势有哪些？
2. 辅助-控制通气（ACV）与同步间歇指令通气（SIMV）的主要区别是什么？
3. 电复律的适应证有哪些？
4. 如何选择合适的血液净化模式及治疗方案？
5. 简述ECMO治疗的时机以及可能的并发症。
6. 病例分析：患者薛某，男，47岁，既往腰椎骨折1个月，间断发热伴呼吸困难8天后

出现呼吸衰竭,血气分析提示Ⅰ型呼吸衰竭,全身 CT 提示双肺感染,其余检查未见异常。查体:T 39.5℃,P 126 次/分,R 33 次/分,BP 120/68 mmHg;痛苦面容,肢端发绀,诊断为重症肺炎(多重耐药菌感染),予以气管插管接呼吸机辅助通气,抗感染治疗。循环功能相对稳定,凝血功能未见明显异常,因肺部感染迁延不愈,呼吸功能进行性恶化,气管插管 15 天后在床旁行经皮气管切开。

问题:

(1)该患者行气管切开的适应证是什么?

(2)对该患者尽早行气管切开能有哪些获益?

(3)应关注的并发症有哪些?

参考文献

1. 陈玉国.急诊医学.2版.北京:北京大学医学出版社,2019.
2. 王天有,申昆玲,沈颖.诸福棠实用儿科学.9版.北京:人民卫生出版社,2022.
3. 张学军,郑捷.皮肤病学.9版.北京:人民卫生出版社,2018.
4. 葛均波.内科学.9版.北京:人民卫生出版社,2018.
5. 张文武.急诊内科学.4版.北京:人民卫生出版社,2017.
6. 陈灏珠.实用内科学.15版.北京:人民卫生出版社,2017.
7. 王吉耀,葛均波,邹和建.实用内科学.16版.北京:人民卫生出版社,2022.
8. 孙承业.适用急性中毒全书.2版.北京:人民卫生出版社,2020.
9. 于凯江,杜斌.重症医学.北京:人民卫生出版社,2015.
10. 刘大为.实用重症医学.2版.北京:人民卫生出版社,2017.
11. 王辰,王建安.内科学.3版.北京:人民卫生出版社,2015.
12. 陈世耀,汪昕,姜林娣.内科临床思维.4版.北京:科学出版社,2023.
13. 张根葆.病理生理学.2版.合肥:中国科学技术大学出版社,2017.
14. 王庭槐.生理学.9版.北京:人民卫生出版社,2018.
15. 吕国荣,柴艳芬.急重症超声诊断学.北京:人民卫生出版社,2019.
16. 刘大为,王小亭.重症超声.北京:人民卫生出版社,2017.
17. 张文武,朱华栋,王立军.急诊内科学.北京:人民卫生出版社,2017.

中英文专业词汇索引

1 型糖尿病（type 1 diabetes mellitus，T1DM） 215
γ-谷氨酰转移酶（γ-glutamyl transferase，γ-GT） 484
CT 血管成像（CT angiography，CTA） 38
C 反应蛋白（C reactive protein，CRP） 187

B

白细胞介素-1（interleukin-1，IL-1） 47
半胱氨酸蛋白酶抑制剂 C（cystatin C） 487
鼻出血（epistaxis） 413
便血（hematochezia） 63
标准碳酸氢盐（standard bicarbonate，SB） 300
丙氨酸转氨酶（alanine transaminase，ALT） 483
病态窦房结综合征（sick sinus syndrome，SSS） 132
不明原因发热（fever of unknown origin，FUO） 46
不稳定型心绞痛（unstable angina pectoris，UAP） 37，125

C

肠内营养（enteral nutrition，EN） 550
肠外营养（parenteral nutrition，PN） 550
超敏反应（hypersensitivity reaction，HR） 401
潮气量（tidal volume，VT） 481
成比例辅助通气（proportional assist ventilation，PAV） 505
持续气道正压（continuous positive airway pressure，CPAP） 505
持续性单形性室性心动过速（sustained monomorphic ventricular tachycardia，SMVT） 134
持续性植物状态（persistent vegetative state） 226
抽搐（tic） 95
床旁即时超声（point-of-care ultrasound，POCUS） 540
促甲状腺激素（thyroid stimulating hormone，TSH） 230
猝死（sudden death，SD） 104

D

代偿性抗炎反应综合征（compensatory anti-inflammatory response syndrome，CARS） 469

单纯超滤（simple ultrafiltration，SUF） 536
胆碱酯酶（cholinesterase，ChE） 307
低血容量性休克（hypovolemic shock） 434
低血糖（hypoglycemia） 224
低血糖脑病（hypoglycemic encephalopathy） 224
低血糖性昏迷（hypoglycemic coma） 224
第一秒用力呼气量（forced expiratory volume in first second，FEV_1） 163
癫痫持续状态（status epilepticus，SE） 379
动静脉畸形（arteriovenous malformation，AVM） 44
动脉血二氧化碳分压（arterial partial pressure of carbon dioxide，$PaCO_2$） 55
动脉血氧分压（arterial partial pressure of oxygen，PaO_2） 55
短暂性脑缺血发作（transient ischemic attack，TIA） 84，195
短暂性意识丧失（transient loss of consciousness，TLOC） 87
多发伤（multiple trauma） 279
多器官功能衰竭（multiple organ failure，MOF） 445，469
多器官功能障碍综合征（multiple organ dysfunction syndrome，MODS） 337，434，445，453，457，469，534
多形性室性心动过速（polymorphic ventricular tachycardia，PMVT） 133

E

恶性心律失常（malignant arrhythmia） 132

F

发热（fever） 46
发作性前庭综合征（episodic vestibular syndrome，EVS） 83
反比通气（inverse ratio ventilation，IRV） 509
非 ST 段抬高心肌梗死（non-ST segment elevation myocardial infarction，NSTEMI） 37，125
肺毛细血管楔压（pulmonary capillary wedge pressure，PCWP） 431，475

肺血管阻力（pulmonary vascular resistance, PVR） 475
肺血管阻力指数（pulmonary vascular resistance index, PVRI） 475
肺血栓栓塞症（pulmonary thromboembolism, PTE） 168
肺炎严重程度指数（pneumonia severity index, PSI） 160
辅助-控制通气（assist-control ventilation, ACV） 507
负压封闭引流（vacuum sealing drainage, VSD） 274
复合伤（combined injury） 283
复苏后多器官功能障碍综合征（post-resuscitation multiple organ dysfunction syndrome, PRMODS） 121
腹内高压（intra-abdominal hypertension, IAH） 490
腹内压（intra-abdominal pressure, IAP） 489
腹腔间室综合征（abdominal compartment syndrome, ACS） 490

G

改良的早期预警评分（modified early warning score, MEWS） 7
肝性脑病（hepatic encephalopathy） 457, 461
感觉障碍（paresthesia） 45
高级生命支持（advanced life support, ALS） 372
高级心血管生命支持（advanced cardiovascular life support, ACLS） 111
高血糖高渗状态（hyperglycemic hyperosmolar status, HHS） 220
高压氧（hyperbaric oxygen, HBO） 119
高压氧疗（hyperbaric oxygen therapy） 547
格拉斯哥昏迷评分（Glasgow coma score, GCS） 7, 142
梗阻性休克（obstructive shock） 439
功能性磁共振显像（functional magnetic resonance imaging, fMRI） 121
冠状动脉旁路移植术（coronary artery bypass grafting, CABG） 433
国际前列腺症状评分（international prostate symptom score, IPSS） 76

H

海姆利希手法（Heimlich maneuver） 19
鲎试验（limulus test） 485
呼气末正压（positive end-expiratory pressure, PEEP） 480
呼吸机相关性肺炎（ventilator associated pneumonia, VAP） 159
呼吸困难（dyspnea） 53
呼吸频率（respiratory rate, RR） 479, 481
化学性眼外伤（chemical ophthalmic injury） 416
环甲膜切开术（cricothyrotomy） 501
缓冲碱（buffer base, BB） 300
缓慢连续性超滤（slow continuous ultrafiltration, SCUF） 535
黄疸（jaundice） 66
活化部分凝血活酶时间（activated partial thromboplastin time, APTT） 484

J

机械通气（mechanical ventilation） 504
基础生命支持（basic life support, BLS） 106, 372
急性肺栓塞（acute pulmonary embolism, APE） 168
急性肺损伤（acute lung injury, ALI） 452
急性肺血栓栓塞症（acute pulmonary thromboembolism, APTE） 168
急性肝衰竭（acute hepatic failure, AHF） 457
急性肝损伤（acute hepatic injury, AHI） 457
急性高甘油三酯血症胰腺炎（acute hypertriglyceridemic pancreatitis） 186
急性冠脉综合征（acute coronary syndrome, ACS） 34, 125
急性喉梗阻（acute laryngeal obstruction） 407
急性呼吸窘迫综合征（acute respiratory distress syndrome, ARDS） 435, 452
急性呼吸衰竭（acute respiratory failure, ARF） 374
急性酒精中毒（acute alcoholic intoxication） 322
急性前庭综合征（acute vestibular syndrome, AVS） 83
急性缺血性脑卒中（acute ischemic stroke, AIS） 193
急性肾衰竭（acute renal failure, ARF） 286
急性肾损伤（acute kidney injury, AKI） 463, 485
急性生理学和慢性健康状况评价Ⅱ（acute physiology and chronic health evaluation Ⅱ, APACHE Ⅱ） 64, 142
急性心肌梗死（acute myocardial infarction, AMI） 430, 521
急性心力衰竭（acute heart failure, AHF） 445
急性荨麻疹（acute urticaria） 404
急性一氧化碳中毒（acute carbon monoxide poisoning） 325
急性胰腺炎（acute pancreatitis, AP） 185
急性有机磷农药中毒（acute organophosphorus pesticide poisoning） 307
急性镇静催眠药中毒（acute sedative-hypnotic poisoning） 313
急性主动脉综合征（acute aortic syndrome, AAS） 145
急诊医疗服务体系（emergency medical service system, EMSS） 16
急诊医学（emergency medicine） 1
急诊重症监护病房（emergency intensive care unit, EICU） 2
脊柱骨折（fracture of the spine） 269
挤压综合征（crush syndrome） 286
甲状腺激素（thyroid hormone, TH） 229
甲状腺素结合前白蛋白（thyroxine-binding prealbumin, TBPA） 229

中英文专业词汇索引

甲状腺素结合球蛋白（thyroxine-binding globulin, TBG） 229
甲状腺危象（thyroid crisis, thyroid storm） 228
简明检伤分类法（simple triage and rapid treatment, START） 30
碱剩余（base excess, BE） 300
碱性磷酸酶（alkaline phosphatase, ALP） 484
健康护理（医疗）相关性肺炎（health care-associated pneumonia, HCAP） 159
经鼻持续气道正压通气（nasal continuous positive airway pressure, NCPAP） 377
经鼻高流量给氧（high flow nasal oxygenation, HFNO） 162
经颅多普勒超声（transcranial Doppler, TCD） 542
经皮冠状动脉介入治疗（percutaneous coronary intervention, PCI） 38, 433, 521
经食管超声心动图（transesophageal echocardiography, TEE） 148
经外周中心静脉置管（peripherally inserted central catheter, PICC） 526
经胸超声心动图（transthoracic echocardiography, TTE） 148
惊厥（convulsion） 378
惊厥性癫痫持续状态（convulsive status epilepticus, CSE） 379
静脉血栓栓塞（venous thromboembolism, VTE） 168

K

抗利尿激素分泌失调综合征（syndrome of inappropriate antidiuretic hormone, SIADH） 290
抗磷脂综合征（antiphospholipid syndrome, APS） 396
咯血（hemoptysis） 58

L

连续性静脉-静脉血液滤过（continuous veno-venous hemofiltration, CVVH） 354, 535
连续性静脉-静脉血液透析（continuous veno-venous hemodialysis, CVVHD） 535
连续性静脉-静脉血液透析滤过（continuous veno-venous hemodiafiltration, CVVHDF） 535
连续性肾脏替代治疗（continuous renal replacement therapy, CRRT） 533
良性位置性眩晕（benign positional vertigo） 84
临床肺部感染评分（clinical pulmonary infection score, CPIS） 160

M

麻痹（paralysis） 45
慢性前庭综合征（chronic vestibular syndrome, CVS） 83
每搏输出量（stroke volume） 430

每分通气量（minute ventilation, MV） 481
弥散性血管内凝血（disseminated intravascular coagulation, DIC） 233, 239, 337
免疫球蛋白（immunoglobulin, Ig） 485
灭鼠药（rodenticide） 317
模式识别受体（pattern-recognition receptor） 423

N

脑出血（intracerebral hemorrhage, ICH） 201
脑电图（electroencephalogram, EEG） 120
脑复苏（cerebral resuscitation, CR） 116
脑栓塞（cerebral embolism） 195
脑血栓形成（cerebral thrombosis） 195
凝血酶-抗凝血酶复合物（thrombin-antithrombin complex） 494
凝血酶时间（thrombin time, TT） 494
凝血酶原时间（prothrombin time, PT） 484, 494
凝血时间（clotting time, CT） 494
凝血调节蛋白（thrombomodulin, TM） 494

O

呕吐（vomiting） 70
呕血（hematemesis） 63

P

膀胱内压（intravesical pressure） 490
排尿困难（dysuria） 75
平均动脉压（mean artery pressure, MAP） 475

Q

气道平台压（airway plateau pressure, Pplat） 482
气道压力释放通气（airway pressure release ventilation, APRV） 509
气管插管术（endotracheal intubation） 497
气管导管（endotracheal tube, ET） 373
气胸（pneumothorax） 176
前列腺特异性抗原（prostate-specific antigen, PSA） 76
腔隙性脑梗死（lacunar infarction） 195
轻症急性胰腺炎（mild acute pancreatitis） 185
躯体感觉诱发电位（somatosensory evoked potential, SEP） 120
全身血管阻力（systemic vascular resistance, SVR） 474
全身炎症反应综合征（systemic inflammatory response syndrome, SIRS） 453, 469

R

热性惊厥（febrile seizures, FS） 380
人绒毛膜促性腺激素（human chorionic gonadotrophin, hCG） 385

容积控制通气（volume control ventilation, VCV） 508
溶血尿毒症综合征（hemolytic uremic syndrome, HUS） 241
乳酸脱氢酶（lactate dehydrogenase, LDH） 483

S

ST 段抬高心肌梗死（ST segment elevated myocardial infarction, STEMI） 125
社区获得性肺炎（community-acquired pneumonia, CAP） 159
射血分数（ejection fraction, EF） 476
深静脉血栓形成（deep venous thrombosis, DVT） 168
神经递质（neurotransmitter） 208
神经阻滞剂恶性综合征（neuroleptic malignant syndrome, NMS） 232
肾绞痛（renal colic） 45
肾上腺危象（adrenal crisis） 234
肾小球滤过率（glomerular filtration rate, GFR） 485
肾脏替代治疗（renal replacement therapy, RRT） 533
室性心动过速（ventricular tachycardia, VT） 370
数字减影血管造影（digital subtraction angiography, DSA） 416
双相气道正压（biphasic positive airway pressure, BiPAP） 505, 508
水肿（edema） 78
损伤严重程度评分（injury severity scale, ISS） 279

T

铊中毒（thallium poisoning） 345
瘫痪（paralysis） 98
糖尿病（diabetes mellitus, DM） 215
糖尿病酮症酸中毒（diabetic ketoacidosis, DKA） 215
疼痛（pain） 45
体外二氧化碳去除技术（extracorporeal carbon dioxide removal, ECCO$_2$R） 535
体外膜肺氧合（extracorporeal membrane oxygenation, ECMO） 4, 433, 535, 556
体外心肺复苏（extracorporeal cardiopulmonary resuscitation, ECPR） 116
天冬氨酸转氨酶（aspartate transaminase, AST） 483
同步间歇指令通气（synchronized intermittent mandatory ventilation, SIMV） 508
酮体（ketone body） 216
头痛（headache） 41

W

完全肠外营养（total parenteral nutrition, TPN） 550
微血管病性溶血性贫血（microangiopathic hemolytic anemia, MAHA） 241
未测定阳离子（undetermined cation, UC） 299
未测定阴离子（undetermined anion, UA） 299
无创通气（noninvasive ventilation, NIV） 162
无创正压通气（non-invasive positive pressure ventilation, NIPPV） 449
无脉（pulselessness） 45
无脉性室性心动过速（pulseless ventricular tachycardia, PVT） 112, 371
无脉性心电活动（pulseless electrical activity, PEA） 110, 112, 371

X

吸气压峰值（peak inspiratory pressure, PIP） 482
系统性红斑狼疮（systemic lupus erythematosus, SLE） 396
下腔静脉（inferior vena cava, IVC） 541
纤溶酶-α2纤溶酶抑制剂复合物（plasmin-α2-plasmin inhibitor complex, PIC） 494
纤维蛋白原（fibrinogen, FIB） 494
消化道出血（gastrointestinal hemorrhage） 179
心搏骤停（sudden cardiac arrest） 104, 370
心搏骤停后综合征（post-cardiac arrest syndrome, PCAS） 121
心肺复苏（cardiopulmonary resuscitation, CPR） 18, 105, 370
心肺脑复苏（cardiopulmonary cerebral resuscitation, CPCR） 105
心悸（palpitations） 50
心律失常（arrhythmia） 132
心室颤动（ventricular fibrillation, VF） 112, 370
心输出量（cardiac output, CO） 475
心源性休克（cardiogenic shock） 429
心脏性猝死（sudden cardiac death, SCD） 104
心指数（cardiac index, CI） 431, 476
胸腔闭式引流术（closed chest drainage, CCD） 528
休克（shock） 421
序贯器官功能衰竭评分（sequential organ failure assessment, SOFA） 64, 142
眩晕（vertigo） 82
血管紧张素受体阻滞剂（angiotensin receptor blocker） 145
血管紧张素转化酶抑制剂（angiotensin-converting enzyme inhibitor） 145
血管内超声（intravascular ultrasound, IVUS） 148
血管性水肿（angioedema） 404
血管性血友病因子（von Willebrand factor, vWF） 241
血浆置换（plasma exchange, PE） 535, 537
血清肌酐（serum creatinine, Scr） 486
血栓性微血管病变（thrombotic microangiopathies, TMA） 241

血栓性血小板减少性紫癜（thrombotic thrombocytopenic purpura，TTP） 241，396
血液净化（blood purification） 533
血液滤过（hemofiltration，HF） 534
血液透析（hemodialysis） 534
血液透析滤过（hemodiafiltration，HDF） 535

Y

压力控制通气（pressure control ventilation，PCV） 505，508
压力调节容积控制通气（pressure regulated volume controlled ventilation，PRVCV） 505，509
压力支持通气（pressure support ventilation，PSV） 505，508
严重急性呼吸综合征（severe acute respiratory syndrome，SARS） 28
药疹（drug eruption） 400
一氧化碳（carbon monoxide，CO） 325
医院获得性肺炎（hospital-acquired pneumonia，HAP） 159
胰岛素样生长因子（insulin-like growth factor，IGF） 226
异位妊娠（ectopic pregnancy） 383
意识障碍（disturbance of consciousness） 90
阴离子间隙（anion gap，AG） 216，299
隐血（occult blood） 63
硬脑膜动静脉瘘（dural arteriovenous fistula） 204
有创正压通气（invasive positive pressure ventilation，IPPV） 449
有机磷农药（organophosphorus pesticide） 307
晕厥（syncope） 87
早期预警评分（early warning score，EWS） 7

脂肪酸结合蛋白（fatty acid-binding protein，FABP） 487
直立性低血压性晕厥（orthostatic hypotensive syncope） 87
指令分钟通气（mandatory minute volume，MMV） 508
中度重症急性胰腺炎（moderately severe acute pancreatitis） 185
中间综合征（intermediate syndrome，IMS） 309
中心静脉压（central venous pressure，CVP） 431，474
肿瘤坏死因子（tumor necrosis factor，TNF） 47
肿瘤坏死因子α（tumor necrosis factor-α，TNF-α） 216
中毒（poisoning） 307
重点照护检验（point of care testing） 543
重症肺炎（severe pneumonia，SP） 158
重症急性胰腺炎（severe acute pancreatitis） 185
蛛网膜下腔出血（subarachnoid hemorrhage，SAH） 204
主动脉夹层（aortic dissection，AD） 145
主动脉内球囊反搏（intra-aortic balloon pump，IABP） 4，433，519
子痫（eclampsia） 394
子痫前期（preeclampsia） 394
自动体外除颤器（automated external defibrillator，AED） 106，372
组织因子（tissue factor，TF） 239
左室每搏功指数（left ventricular stroke work index，LVSWI） 476
左室射血分数（left ventricular ejection fraction，LVEF） 447
左心室舒张末期容积（left ventricle end-diastolic volume，LVEDV） 475
左心室舒张末压（left ventricle end-diastolic pressure，LVEDP） 475

Z